国际传播论文集

（第十六辑）

王明华　主编

中国国际广播出版社

编纂人员

主　　编：王明华

编　　委：罗林平　肖红旗　关来顺　张冬梅
肖丽林　卜伟才　徐朝清　魏敏华
黎惠娟　马　琳　王　莉　梁国壮
王　健

目　录

传播理论

品牌建设

编播实践

媒体融合

语言研究与推广

翻译园地

播音主持

影视天地

他山之石

技术研究

其 他

传播理论

试论大数据对国际传播的重要意义

杜佳宁

近年来，伴随互联网的飞速发展，全球数据存储量出现了爆炸式增长。2011年麦肯锡研究所在其报告中指出：大数据，将成为全世界下一个创新、竞争和生产率提高的前沿[①]。此后，“大数据”一词越来越引人关注，甚至形成了一股波涛汹涌的潮流，影响着社会各个领域。在本文中，笔者将探讨大数据对于国际传播的意义。

一、大数据让所有数据“发声”

方兴未艾的“大数据”实际上并非一个确切的概念，对于“大数据”至今也没有统一的定义。徐子沛的《大数据》一书中认为“大数据（Big Data）是指那些大小已经超出了传统意义上的尺度，一般的软件工具难以捕捉、存储、管理和分析的数据”，但究竟多大的数据才能称之为“大”，并没有绝对的定义，而且“大”的定义也会随适用的领域不同和技术的进步而产生变化。英国人维克托·迈尔-舍恩伯格的《大数据时代》一书则认为“大数据是指不用随机分析法（抽样调查）这样的捷径，而采用所有数据进行分析处理”。

笔者认为，当下被热议和广泛应用的大数据实际上更应被看作是一种方法，是对那些尺寸庞大的数据进行分析的方法，区别于传统的抽样调查法的、对全体数据进行分析处理的方法。大数据具有体积巨大、来源多样、增长速度快和价值高的特点。大数据主要来自于互联网、社交媒体产生的媒体数据；企业的生产、销售、管理等数据；政府部门的数据；物联网、各种传感器所产生的数据以及民众个人存储的数据。

很长一段时间以来，受制于记录、存储和分析数据的工具，只有少量的数据能被收集，并进行分析。于是，抽样调查法成为现代测量领域的主要方法。但这种方法的有效性很大程度上依赖于采样的绝对随机性，一旦采样过程出现任何偏差，就可能得到南辕北辙的结果。随着技术的进步，大数据的利用成为可能，并且有效地弥补了“小数据时代”抽样调查法的先天不足。大数据时代，采样的“样本”等于“总体”，有效地排除了因样本采集的随机性不足而产生误差的可能性。

此外，“大数据”让预测成为可能，或者说大数据的核心就是预测。将数学算法运用到海量的数据上，从而分析出事情发生的可能性，这在“小数据时代”几乎是不可想象的。

“大数据”让每一个数据“发声”，让每一个数据都能发挥自己的作用。大数据开启了一次重大的时代转型，也给人们的思维带来了巨大的变革。大数据是人们获得新的认知、创造新的价值的源泉；大数据还是改变市场、组织机构以及政府与公民关系的方法[②]。

二、大数据显出大威力

早在2008年，大数据还不像现在这般引人注目时，谷歌公司就已经通过对全球用户的键入习惯和行为进行分析，在流感爆发前几周就做出了提前预测。

2011年上映的改编自真实故事的影片《点球成金》（*Money Ball*）中讲述了小球队奥克兰运动家棒球队总经理比利·比恩（Billy Beane）运用历史比赛数据，优化队员配置，最终带领球队取得联赛胜利，成为联盟中最有价值的球队的故事。电影中的比利·比恩打破传统，通过每个球员的比赛数据来确定其场上位置，让每个球员打其最擅长的位置，最终取得了一系列重要比赛的胜利。这是一个以小博大的真实故事，同时也是“大数据”应用的一次成功案例。

2013年红极一时的美剧《纸牌屋》（*House of Cards*）也是大数据的一次成功应用。《纸牌屋》的出品方奈飞公司（Netflix）是一家由会员制影视DVD租赁公司转型而来的视听新媒体服务商。奈飞公司通过对用户的大数据挖掘，选用了最受观众欢迎的演员、按照观众的喜好编排出了最受欢迎的故事情节，并拍摄、制作出了这部剧集。在剧集的营销上，奈飞公司也充分利用了大数据。他们改变了美剧的周播模式，一次性地推出了整季13集剧集，满足了用户的观剧需求。大数据的娴熟运用，让奈飞公司展现出了远超传统广播影视的优势。目前，剧集的每个播出季，奈飞公司在全球不同国家的数千万用户使用超过1000种设备，收看40多亿个小时的节目[③]。

除了预测疾病、提高比赛获胜率和编制出火爆的电视剧外，大数据的影响也体现在近年来发展势头正猛的电子商务中。无论是亚马逊、淘宝还是京东，用户在挑选自己所需要的商品的同时，网站还会为用户自动推荐商品。各大电商之所以能自动为用户推荐“可能需要”、“可能感兴趣”的商品，正是由于其对用户数据的深度挖掘与分析，针对不同的个体，提供不同的推荐列表。再比如2015年年初，社交软件“微信”朋友圈功能中悄然出现的商业广告，“可口可乐”、“VIVO智能手机”和“宝马汽车”的三款不同广告依据“微信”获得的用户大数据分析结果，针对不同用户进行精准投放。这样的广告投放每天可为微信带来1000万元的收益[④]。

如果说大数据在医疗卫生、体育、文化和商务领域所取得的成功尚不足以彰显其威力的话，那么下面这个在政治领域应用大数据所取得成功的实例，或许可以显示出大数据的“大威力”了。

2012年美国大选，奥巴马击败对手罗姆尼，赢得连任。奥巴马的这次胜选可谓创造了奇迹：他是近70年内第一位在国内高失业率的情况下成功连任的美国总统；他在整个竞选过程中花销不到3亿美金，低于对手罗姆尼的4亿美金；甚至在大选的前一周，55%的被调查选民都认为罗姆尼比奥巴马更有可能获胜，但竞选结果却是奥巴马以高出罗姆尼近100张选票的绝对优势获胜。在奥巴马当选后不久，美国《时代》杂志就曾撰文道出了奥巴马获胜的秘密——大数据[⑤]。奥巴马的竞选团队利用大数据，对每个选民个体进行“微观”分析，知其所想、投其所好地制订了相应的策略，从而赢得了选举。

综上罗列出的大数据在医疗卫生、体育、文化、经济和政治领域的成功案例，不难看出大数据已经渗透进了社会生活的方方面面。但在国际传播领域，大数据还未被广泛应用。大数据对于我国国际传播事业发展的重要意义也未引起足够的重视。

三、大数据对国际传播的重要意义

当今世界，美国等西方发达国家几乎垄断和控制了全球新闻、文化和传播[⑥]。如何打破西方发达国家对舆论的“霸权”，积极争取到我国的国际话语权，是我国国际传播事业的目标。近年来，我国国际传播事业取得了快速发展，但在发展过程中也遇到了一些问题。

国际传播的主要功能，是通过传播实现不同文化民族和国家的个人、组织之间的沟通、理解与协调。目前，国际传播呈现出了全球化的趋势，即传播范围全球化、传播信息全球化和传播受众全球化[⑦]。国际传播过程中应使用现代化的传播理念——在满足大众传播的基础上，有针对性地展开分众传播[⑧]。分众传播也是英国广播公司（BBC）和美国之音（VOA）等当今世界主要国际传播机构所采用的传播理念，即根据目标受众的需求和特点，确定宣传报道的原则和内容。根据受众的求同心理和心理定势特点，分众传播更容易让受众接受其所传播的内容，达到更佳的传播效果。

因此，在现代国际传播过程中，了解目标受众的需求和特点，成为生产传播内容的重要条件。但了解目标受众的需求和特点，却显得并不容易。

国际传播的受众遍布全球，其政治、宗教和文化背景千差万别。我国的大多数国际传播工作者身处国内，与对象国存在着时空差异；又因为与传播对象间存在的意识形态、社会文化差异，很难准确了解目标受众的需求和特点。对不同的受众进行有针对性的传播，似乎成了一项庞大而不可能完成的任务。国际传播本土化虽然可以有效地解决这一问题，但本土化媒体的建设却需要大量的人力、财力、物力甚至政策的投入，是一项需要长期规划和建设才能达成的目标。“远水不能解近渴”，以中国国际广播电台（以下简称国际台；英文简称CRI）为例，通过进行受众研究来制订传播策略成为目前普遍应用的方法。各个语言部门在对外传播的过程中，积累了大量的忠实听众，这些听众是传播效果的直接反馈来源，也是国际传播受众调查的主要对象。各语言部受众研究的主要方法还主要停留在通过邮寄问卷调查、面访、电话采访和网络问卷等传统手段上。这是一种抽样调查的形式，所采集样本有限，且相对固定。受样本的限制，其所得出的分析结果的有效性尚有待商榷。受众，就好像是选举中的选民，除了部分明确表现出积极或消极态度的受众外，还有大量的潜在沉默受众（silence listener）。由于沉默受众不会主动给予反馈，所以了解这部分受众的需求和特点很难，但争取沉默受众却是媒体扩大自身影响力、提高传播效果的必然要求。这就如大选中选举双方谁能获得大多数中间选民的选票，谁就能获胜一样。大数据的出现能够有效地解决国际传播过程中不能及时、有效地了解目标受众的需求和特点的问题。

大数据具有完整性和综合性的特性。信息时代下，互联网已普及应用，特别是近年来社交网络、物联网、云计算和多种传感器的广泛应用，让每个个体的一举一动都会留下数据的“脚印”。因此，无论是国际传播过程中所遇到的积极受众、消极受众还是沉默受众，他们的每一次网络活动都必然会留下数字化的痕迹。这些痕迹即数据，是在网络活动中客观被动必须留下的。日积月累，这些痕迹就会形成一套完整、综合的大数据，每个个体都有属于自己的“私人定制”大数据，可反映出个体的行为习惯和偏好。通过对完整、综合的大数据进行分析，就能有效地排除在使用抽样调查法时因采样不够随机而产生的结果偏差。就使得对所有受众进行分析、研究、了解其需求和特点成为可能，从而使得所进行的分析、研究更为准确，进而为进行分众传播、制订精准传播策略打下坚实的基础。

大数据具有开放性和公共性的特性，完整的、综合性的大数据必然产生于一个开放的、公共的网络环境之中。如果数据是私人的、封闭的，那么就无法达到“大”这一属性。正是其开放性和公共性，让数据规模可以超出传统意义。这也为国际传播工作者利用大数据进行受众研究和制订传播策略提供了相当的便利。

此外，大数据还具有动态性和及时性的特性。时效性是媒体竞争中的重要砝码。但目前的国际传播囿于时空限制，在时效性方面并不具备强势竞争力，对受众需求的实时了解也很困难。大数据的动态性和及时性正好可以解决这一难题。通过网络，通过大数据分析，可以实时掌握受众的需求，并及时地调整传播策略。受众心理存在求异性，想要迎合受众心理、增强传播效果，就需要不断地为受众提供新的、有针对性的内容。运用大数据，能随时为受众“诊脉”，并“对症下药”。

大数据的完整性和综合性，让研究全体积极受众、消极受众和沉默受众成为可能；大数据的开放性和公共性，为使用大数据提供了便利；而大数据的动态性和及时性，为及时了解受众的所想所需提供了保障。大数据对于国际传播的意义，除了上述帮助进行受众研究、制订分众传播的精准传播策略，以达到增强传播效果的目的外，在传播内容的生产上也有不可忽视的作用。

内容为王是传媒业永恒的主题，国际传播更不例外。传播内容的更新和发展，是提高传媒核心竞争力的关键。大数据在传播内容生产中的影响主要应体现在预测上。在大数据时代，相关关系显得比因果关系更为重要和实用，相关关系可以帮助我们捕捉现在和预测未来[9]，通过找出一个关联物，并监控它，预测未来就成为可能。具体来说，在国际传播过程中，通过对受众网页浏览数据[10]的分析，可以了解受众的行为习惯和偏好，根据受众的行为习惯和偏好，就可以在合适的时间为其推荐其所喜爱的内容，甚至为其量身打造定制产品。前文所举的奈飞公司推出的剧集《纸牌屋》、亚马逊等电商网站为用户推荐商品的实例就是依据相似的原理实现的。通过大数据技术，也让对新闻的预测成为可能。例如前文中所举《点球成金》中对体育赛事结果的预测，就可以成为体育新闻报道发展的方向。早在 1936 年，就已有了通过预测新闻而帮助媒体在竞争中取胜的例子。美国民意调查科学化的先驱乔治·盖洛普（George Gallup）通过对美国总统选举结果的成功预测，一举击败了当时风头正劲的《文学文摘》（*Literary Digest*）杂志，成为新的行业领袖。在大数据已经得到广泛运用的今天，预测对媒体的关键作用不言而喻。

大数据已经开启了一个崭新的时代，如风暴一般席卷着社会各个领域，为人类带来了前所未有的思维变革。在这场大数据风暴中，我国的国际传播不应也不能独善其身，而应主动出击，通过利用大数据技术，了解受众的需求、特点和喜好，制订分众传播、精准传播的策略，从而达到提升传播效果和国际影响力，增强国际舆论话语权的目的。大数据为国际传播事业的发展带来了新的机遇、新的思维和新的方法，对国际传播具有重要意义。在不久的将来，大数据必会成为推动国际传播创新、发展和前进的巨大驱动力。

（作者单位：中国国际广播电台乌尔都语部）

注释：

① 涂子沛：《大数据》，广西师范大学出版社，2013 年第 2 版，第 58 页。

②（英）维克托·迈尔-舍恩伯格、肯尼思·库克耶：《大数据时代》（盛杨燕、周涛译），浙江人民出版社，2013 年第 1 版，第 9 页。

③ 数据来自奈飞公司官方网站：https：//signup. netflix. com/MediaCenter。

④《微信内测朋友圈广告一天广告入账或达 1000 万元》：http：//news. xinhuanet. com/tech/2015-01/22/c_127408810. htm。

⑤ 美国《时代》杂志文章：*Inside the Secret World of the Data Crunchers Who Helped Obama Win*，http://swampland. time. com/2012/11/07/inside-the-secret-world-of-quants-and-data-crunchers-who-helped-obama-win/。

⑥ 王庚年：《当代世界的国际传播》，《中国广播电视学刊》，2011 年第 11 期。

⑦ 王庚年：《当代世界的国际传播》，《中国广播电视学刊》，2011 年第 11 期。

⑧ 王庚年：《国际传播发展战略》，中国传媒大学出版社，2011 年第 1 版，第 69 页。

⑨（英）维克托·迈尔-舍恩伯格、肯尼思·库克耶：《大数据时代》（盛杨燕、周涛译），浙江人民出版社，2013 年第 1 版，第 72 页。

⑩ 这部分数据可以来自媒体网站的后台数据，也可以通过大数据中介获得。

参考文献：

1. 涂子沛：《大数据》，广西师范大学出版社，2013 年第 2 版。

2.（英）维克托·迈尔-舍恩伯格、肯尼思·库克耶：《大数据时代》（盛杨燕、周涛译），浙江人民出版社，2013 年第 1 版。

3. 王庚年：《国际传播发展战略》，中国传媒大学出版社，2011 年第 1 版。

4. 王庚年：《当代世界的国际传播》，《中国广播电视学刊》，2011 年第 11 期。

5. 张潇：《大数据时代传媒业的变革》，《今传媒》，2014 年第 1 期。

6. 吕艳梅：《大数据与现代视听传媒建构思考》，《声屏世界》，2013 年第 10 期。

7. 刘燕南、谷征：《我国国际传播受众研究的现状与问题探讨》，《现代传播》，2012 年第 9 期。

从语言符号学角度解读跨文化传播的内涵

董筱娉

引 子

符号学和人类传播活动有着密切的联系。符号交往是人类特有的交往方式，人类符号互动的能力和所及范围，体现了人类传播的本质特征。正如符号学家罗兰·巴尔特（Roland Barthes）指出：大众传播的发展使人们空前地关注着有关符号的广泛领域，“语言学、信息学、形式逻辑以及结构人类学等学科所取得的成就，又为语义分析提供了新的手段”[①]。符号学家霍克斯（Terence Hawkes）则认为，符号学应包括在容量更大的传播学科之内[②]。

人通过符号与客观世界发生联系，而客观世界也只有通过符号才能为人所认知。随着符号学的发展，文化与传播研究的各个领域已经清楚地看到了人类文化现象的符号学实质，开始用符号学的理论和方法去分析语言、历史、宗教和艺术等人类文化现象。对于跨文化传播这一领域而言，符号学还是一种跨学科的方法论。

人们在交往中的符号系统大致分为两类：一是语言符号系统，包括了口语和文字的语言符号。语言在一切符号形式中占据着基础地位。文化的各个要素都在语言中烙下了深深的印记，通过语言差异去了解文化差异，才能客观地把握不同文化之间差异的本质。二是非语言符号系统，人们可以运用表情、手势、姿态等不同的非语言符号进行传播，分享不同的文化经验。

进入跨文化实践中，人们对语言与非语言符号的理解往往会出现歧义和误读，这就需要传播双方能恰当地选择语言和非语言符号来传递信息，揭示文化差异。本文将主要讨论语言符号，以及在不同语言、文化体系中传播是如何进行的。

语言符号由某一社会群体约定俗成，代表某一社会的文化经验。每一个人都生活在语言中，世界是建构在特定文化群体的语言习惯之上的。语言差别是不同文化间最重要的区别，是跨文化传播实践的最大障碍之一。

一、语言与文化

语言学家索绪尔（Ferdinand de Saussure）对语言的定义为：“语言是一种表达观念的符号系统，因此，可以比之于文字、聋哑人的字母、象征礼仪、军用信号等等”[③]。

德国哲学家卡西尔（Ernst Cassirer）认为：“（语言）不仅存在着由声音、词汇、词语、句子构成的语言，而且还存在着由艺术、宗教、科学符号建构起来的更为广博的语言。这类语言的每一种都有其相应的用法和相应的规则；每一种都具有其自身的语法”[④]。

语言和文化是分不开的：语言源于文化，语言只有置于其所属的社会文化语境中才具有意义；文化在语言中存在，社会经验、传统保存于语言中。譬如，马来语的语言结构就要求说话人重视人际关系和特定的情境。在不同场合，语言使用存在着很大区别。在称呼上级、下级和同级时，要使用不同的词汇和表达方式。在马来西亚，不同的阶层使用不同的代词来表达级别和亲疏程度。马来语中，表达“我”的代词有5种，包括aku（用于与普通朋友交谈或对真主祷告），saya（用于和刚认识的人交谈或正式的场合如：致辞、会议等），hamba（用于古时我的卑称），patik（用于平民和国王或苏丹说话时的自称），beta（用于国王或苏丹对平民说话时的自称）；表达“你”的代词有6种，包括awak（用于与自己关系亲密的谈话对象），engkau（用于与自己身份、地位相同或长辈称呼晚辈时抑或对真主祷告），tuanku（称呼国王或苏丹），kamu（用于与自己关系较好的谈话对象），anda（当无需区分谈话对象的阶层、官衔、年龄时，较为正式而笼统的称呼），tuan/puan（用于较为正式的场合如：致辞、会议等）。由于不同阶层使用不同的语言形式，马来语可以分为宗教语言、皇家语言、大众语言和俚语。由此可见，不同的使用者将不同的文化附着在了同一种语言之上。

语言是作为一个整体与文化发生关系的。构成一种语言，必须具备的基本要素主要有语音、词汇/词义和语言规则等。无论是文化对语言的影响，还是语言对文化的承载，两者之间的相互作用都主要发生在语音、词汇/词义和语言规则这些方面。所以，对语言系统的分析，可以归结为对语音、词汇/词义和语言规则这几个子系统的分析。

1. 语音

语音来自人类的发音器官，负载并传达着特定的语义信息。语音也是构筑语言的主要材料，是基于影响听者的行为这一目的发出的声音。关于语音的重要性，索绪尔有个生动的比喻：“语言就像一张纸。声音是纸的一面，观念思想是纸的另一面。我们不能只拿起纸的一面，而不要另一面。”语音除了具有和自然界其他声音一样的物理特性，例如音高、音强、音长等，还具有社会特性，主要表现为音义结合的任意性，以及语音对其所表达的意义、语言表达的风格等方面具有重要影响。譬如，对于汉语而言，【sy】【ny】【ng】【kh】【gh】【r】可能是奇怪的声音，但这些音素之于马来语，则是不可缺少的声音。

在不同文化的交往过程中，一种语言的语音会对另一种语言产生影响。13世纪末期，伊斯兰教传入马来半岛，阿拉伯语对当时的马来语产生了深远的影响。譬如，在马来语的24个辅音中，诸如【kh】【gh】这样的喉壁音，便是源自阿拉伯语的发音。辅音【q】则大多出现在与伊斯兰教有关的词汇里，其读音已马来化，即发【k】的音。随着西方殖民者的入侵，马来半岛先后遭到葡萄牙、荷兰和英国的殖民统治，19世纪起，马来语受英语的影响更为突出。【x】这个音素在马来语中很少出现，它一般只作为音节的起音，读【z】的音。英语中有很多连读辅音，如【bl】【pl】【dr】等，这类音素吸收进马来语后，大多仍保留辅音连续形式，例如：block-blok，clinic-klinik，drama-drama。但是那些已经长期通用的马来化的英语词汇则仍沿用原来的拼写形式，例如：class-kelas，glass-gelas，club-kelab。由此可见，适应发音时流畅方便的要求已经成为语音发展的一种趋势。总之，语言是不断发展变化的，语音同样也处于不断地演变中。

2. 词汇/词义

词汇是语言的基本要素。语言学家奈达（Eugene Nida）指出，词汇能反映文化，因为词汇反映了人们对世界的了解和分类方法。由于各个文化都给词汇赋予了特有的含义，每个词汇代表着一定的对象或现象，就使词汇与词义的问题成为文化与传播研究的重要领域。在不同的文化和不同的时期中，同一词汇会产生不同的词义，不了解这种差别，就无法完全接受一个词汇承载的全部信息。这里就涉及词义的两个特性，即稳定性和多变性。词义必须具备相对的稳定性，否则难以进行正常的传播，例如，太阳、月亮等。不过，稳定性是相对的，而多变性是绝对的。只要词汇被使用，词义就会发生变化。语言学家分析，马来语是一种拼音文字，因此马来语词义的变化速度较之象形文字的汉语来讲则是快得多。

由于文化差异，不同语言中的词汇数量是不等的，一种语言中的词汇在另一种语言中往往找不到对等或契合的词汇，这种情况可以称为词汇空缺（lexical gap）。比如，汉语中“麻将”、“豆腐”、“功夫”等，在马来语中就找不到对应的词汇。所以，本着社会发展和交往的需要，必须不断产生新词才能适应社会的需要。例如，马来语中的“teko”（茶壶）、“loceng”（钟）、“longan”（龙眼）和“tanglung”（灯笼）则是闽南话和广东话的借词。这就是不同文化激烈碰撞的结果。

外来词汇的大量出现，是词汇演变中颇为显著的现象。马来语亦是如此。根据1985年一项对8本印度尼西亚语和马来语词典的调查统计，马来语中有511个华语借词，其中借自闽南语的有456个，占89.2%[⑤]。2002年，在一项对马来西亚的3本权威马来字典的调查发现，收录并注明是借自华语的词汇有224个。这些借词中，75%源自闽南语[⑥]。在有关实地访问马来人的调查中，马来人明白词义并仍在使用的华语借词只有61个，占27.2%。进入21世纪，马来人较少使用华语借词的趋势反映了马来语和华语的脱节，与此同时，英语借词数量猛增，大多以现在政治、经济、科技等方面的词汇为主，例如，technique-teknik，university-universiti，geology-geologi，economy-ekonomi。有一种观点认为，在一个民族的语言中，借词与译词的数量多少，既表明这个民族语言的发达程度，又表明这个民族文化的开放程度和对外来文化的吸收程度。通常，一个民族的词汇表中借词和译词的数量比较，可以从一个侧面表明该民族文化同化力的强弱。同化力强，则译词多于借词，反之则借词多于译词。

3. 语言规则

语言规则包括两个方面，一是语法规则，针对的是语言系统的结构规律，大体上是构词规则和造句规则的综合。譬如，马来语中广泛使用的一种基本句式“kata-benda”，即主语和谓语都是名词，它和汉语同类句型不同，即系动词可以省略。二是语用规则，指的是决定使用语言是否得体的文化、社会因素。不同文化在语言使用规则方面存在很大差异。基于此，不同语言之间交流的核心任务就是寻求语言对等（linguistic equivalence），包括词汇对等、习语与俚语对等、语法/句法对等、经验/文化对等、概念对等。这些无一不与文化差异密切相关，同时也是一项困难重重的工作。譬如，中国有句俗语叫“无风不起浪”，译成马来语时，变成“kalau tidak ada angin manakan pokok bergoyang”（字面译为：没有风，树怎么会动呢），换用文化意义大致相近的词汇，可以减少不同文化背景的人们在人际交往中语言行为的差异，便于交流。

语用规则的差异是普遍存在的。特定文化、社会或群体中的语用规则往往只能在自身的语境中加以理解，不能使用不同文化的语用规则来描述某种特定文化中的语言行为，否则会造成语用失败。比如，在中国的汉文化中，人们在谈及有关“猪”的话题时，是无需避讳的，而在伊斯兰国家马来西亚，这却是一个非常忌讳的话题。一个文化中人们常常涉及的内容，可能构成对另一文化的侵犯。可见，违背语用规则的后果往往比违背语法规则的后果要严重得多。毕竟，语法错误是语言本身的错误，有时并不会影响传播的结果，而不符合语用规则的“问候”“致谢”或“恭维”等语言行为，可能被误读为是不友好的表现或触及隐私的行为等，直接导致传播的失效。为了保证传播双方的相互理解、相互配合，20 世纪 70 年代，美国语言学家格赖斯（Paul Grice）提出了会话的合作原则（cooperative principle），认为会话必须遵守一些基本原则：数量准则，涉及交谈所需要的信息，强调不应超过所需信息；质量准则，应当说真话或提供足够的证据，否则就不要说；关联准则，说话要贴切，要有关联，不答非所问；方式准则，力图避免模糊语言和模棱两可的态度，力求直截了当、有条理。

二、语言与传播

传播是从语言开始的。作为人类最基本的活动，语言遍及人类各个重要的领域，参与并构成了人类的各种传播行为。在日常生活中，没有人能把传播同语言分离开，也没有人能割断人与语言的密切联系。人们通过语言制订计划，运用语言去沉思、评价、传诵和记忆，也通过语言因袭与创造文化，向他人表现自我，与他人沟通情感和思想，完成人类的传播需要。

迄今为止世界上所发现的任何一种人类语言，都是可以互相翻译的。这说明，人一方面很难超越自己生活的界限，另一方面却可以通过学习各种语言来拓宽自己的世界。这似乎也印证了法国哲学家福柯（Michel Foucault）的一个观点：语言塑造了人所理解的事物，只要文化认为是重要的，语言符号就会赋予它们社会意义，当然，这个过程是通过传播得以确立的。

对于不同的语言体系来说，媒介传播是如何克服语言差异的呢？答案便是翻译。翻译是中介，跨越了语言的障碍，实现了不同文化的对话、沟通。

1. 文本的编码和解码

符号的传播过程包括编码和解码，即先由意义到符号，再由符号到意义的转换。假如甲和乙归属于不同的语言系统，那么以上的传播就无法进行了。此刻，便需要翻译来扮演中介的角色：作为甲的接受者，对甲传来的符号信息进行解码，形成第一次理解；再作为乙的传播者，把已经形成的理解，按照乙能够明白、接受的方式，再进行第二次编码，传给乙，至此，这一跨文化的传播过程就顺利完成了。由此看来，翻译并不是一种语言到另一种语言的机械转换，而是经过多次编码、解码过程的复杂传播活动。

如果把这一解码、编码的原理运用到大众媒介语言文本的交流转换中，那就是媒介跨文化传播的基本原理：甲语言文本（比如中文的新闻稿）先由翻译人员进行解读，再使用乙语言（比如马来语）进行编译，通过两次的解码、编码，这样便有了乙语言文本，再经大众媒介传播到使用乙语言的受众那里。譬如，2015 年 2 月 24 日录音报道《安理会举行以国际和平与安全为主题的公开辩论会》一文中，中国外长王毅认为“当今世界各国日益相互依存、利益交融”，其中“相互依存”这一中文表述所对应的马来语字面意思为“bergantung satu sama lain”（互相依靠），尽管意思准确无误，但这样的表达却略显平淡，故经过语言思维加工，第二次编码为“bagai aur dengan tebing”（互相扶持），此表述恰到好处地引用了马来习语，更加形象、生动，便于受者的理解，印象深刻。这种创造性的解码、编码活动为信息的跨文化传播搭建了平台，不同语言系统的沟通、交流得以实现。

2. 翻译的文化特性

翻译需要先理解，才能进行表达，理解即解码，是从传者那里获得原语的意义及其承载的文化信息，它以熟悉原语的结构规则和使用规则为前提[7]，因此，原语的社会文化语境这一因素不可忽略；表达即编码，将已经形成理解的信息，遵循译语的结构规则和语用规则，再次编码，用译语在其社会文化语境中传播。翻译扮演着使用两种语言、在不同文化中进行多次传播的双重角色，其创造性便体现在解码、编码这一复杂的过程中。这不仅仅是个人活动，也反映出不同语言符号的社会性。除了受个人经验、知识水平等因素的影响，也受其所在社会文化因素的约束。翻译要游刃有余地运用两种语言，也就不能不深谙其各自所属的文化背景。

由此可见，翻译的解码、编码过程是不同语言系统中符号信息的相互转换，是不同文化间的沟通。正是这一特性决定了翻译的使命：从一种社会文化语境中走出来，再进入另一种社会文化语境中去，表面上看是符号与符号之间的转换，而其实质却是文化与文化之间的沟通[8]。

三、结语

来自不同文化背景的人们，可能因为宗教、观念、语言等问题从而导致交流障碍。以不同的语言系统为例，每一种语言都是一个庞大而复杂的多维系统，很难用另外一种语言来简单地描述。语言符号是跨文化传播障碍的原因之一。因此，处在不同文化体系中的个体，应该提高跨文化倾听能力、理解能力、移情能力，从而实现“零障碍”交流。

（作者单位：中国国际广播电台马来语部）

注释：

① 罗兰·巴尔特：《符号学原理》（王东亮等译），北京：生活·读书·新知三联书店，1999 年版，第 1—2 页。

② Terence Hawkes. *Structuralism and Semiotics* (London, UK: Methuen, 1977), P. 154。

③(瑞士)费尔迪南·索绪尔:《普通语言学教程》(张绍杰导读),外语教学与研究出版社,2001年,第37页。

④(德)恩斯特·卡西尔:《符号·神话·文化》(李小兵译),北京:东方出版社,1988年版,第26页。

⑤ 孔远志:《印度尼西亚语发展史》,北京大学出版社,1992年,第112页。

⑥《马来语中的汉语借词》、《马来语百科全书》,Dewan Bahasa,2005年。

⑦ 邓炎昌、刘润清:《语言与文化——英汉语言文化对比》,北京:外语教学与研究出版社,1989年版,第1—2页。

⑧ 麻争旗:《翻译二度编码论——对媒介跨文化传播的理论与实践之思考》,《现代传播》,2003年第1期。

参考文献:

1. 孙英春:《跨文化传播学导论》,北京大学出版社,2008年版。

2. 麻争旗:《翻译二度编码论——对媒介跨文化传播的理论与实践之思考》,《现代传播》,2003年第1期。

3. 洪丽芬:《华语与马来语的词汇交流——马来西亚文化融合的表现》,《东南亚研究》,2009年第1期。

从乌尔都语播客节目论国际台未来对巴基斯坦全媒体传播的新形势

尹鹏轩

当今时代，以数字技术、网络技术为核心的信息革命正在深入演进，由此带来全球传播媒介和传播方式的深刻变革。媒体传播形式多种多样，日益发展，随之而来的竞争也日益激烈。传媒界不断洗牌，老牌传统媒体仍然把握内容优势，新兴媒体占据渠道优势，媒介生态环境从过去的量变发展到现在的质变。播客、IP 电视、网络广播电视、SNS 社交平台等以互联网和移动互联网为基础的新媒体传播手段，在国际传播领域中具有越来越重要的战略地位。

近年来，中国国际广播电台顺应新媒体发展趋势，高度重视新媒体技术的应用，加快发展新媒体业务，积极抢占传播技术的制高点，实现了传统媒体与新兴媒体的融合发展。2014 年，国际台乌尔都语部积极响应台内“多媒体融合、全媒体发展”的发展战略，在现有传统大广播和落地调频广播的基础上，以“播客”为突破口，在新媒体对外传播方面进行有益尝试，努力探索新媒体国际传播的新形势。未来，面对众多的新媒体传播方式，国际台在如何整合现有媒体资源，实现对巴基斯坦的全媒体传播方面更是面临全新的要求和挑战。

一、“播客”的概况

1. 什么是“播客”

“播客”，又被称作“有声博客”，是英文 Podcast 的直译。Podcast 源自苹果公司音乐播放产品“iPod”与广播的英文“broadcast”的合成。作为一种新型的数字广播技术，“播客”是网络技术和传播发展到一定阶段的产物，用户可以利用“播客”将自己制作的“节目”上传到网络上与其他人分享。目前，对播客没有统一和标准的定义。当前对播客的主流定义是：播客是一种在互联网上发布文件并允许用户订阅 Feed 以自动接收新文件的方法，或用此方法来制作的电台节目。另一种对“播客”的解释是：播客，就是一种以互联网为平台，利用 RSS 等先进技术发布音视频文件，允许用户下载、订阅、自行发布和播放的一种媒介平台。

虽然关于“播客”的定义还没有统一说法，但播客的推动者杜克·塞拉斯（Doc Searls）认为，播客是一种自由选择的数字广播，用户选择收听的内容、时间和方式。他将其定义为一种全新的自主广播形式：收听传统广播时我们是被动收听我们可能想听的节目，而“播客”则是我们选择收听的内容、收听的时间以及以何种方式让其他人也有机会收听。同时，另一位播客的倡导者戴夫·沙士尔（Dave Shusher）认为播客传播的内容既包括音频文件，又包括视频和其他媒体文件，这一定义较好地描述了播客的特征。

2.“播客”的传播方式

目前主流的“播客”传播方式分为两大类。音频播客：以音频方式进行传播的播客，这类播客没有图像，只是单纯的音频内容。视频播客：以视频方式进行传播的播客，这类播客综合了文字、语言、音乐、图像等多种传播方式。以手机移动端为主要平台的“播客”节目中，音频播客仍然占据主流市场。而以桌面终端为主要平台的“播客”节目中，视频播客则占据主流。

3.“播客”的特点

播客作为网络媒体的新形态主要有以下几个媒介特点：

(1) 播客是一种综合语言、文字、音乐和图像的多媒体传播媒介。由于音频和视频传播所要求的受众文化水平不高，所以播客的接受群体不必是具有良好读写能力的受众，播客的这一特点极大地拓展了其受众群体。

(2) 播客拥有自由和互动的特点。虽然播客的互动性仍有待增强，但是相对于传统大众媒介已有所进步。

(3) 播客作为网络媒介，是一种非线性的传播模式。这一特性使播客颠覆了传统广播、电视的线性传播模式。传统的广播电视节目流程是线性传播模式，节目内容转瞬即逝，受众只能消极地被动接受，收听收看时间都必须按照电台或电视台的节目表进行。播客则不同，受众可以根据自身需求自由地安排时间和地点收听观看节目。

(4) 播客可以订阅和自由下载，其接收终端有很多种，包括电脑、MP3、手机等。播客的受众可以利用多种接收终端，并且可以随身携带，这一特点拓展了受众的接收权利。

二、国际台乌尔都语“播客”节目实现对巴基斯坦传播的新探索

2014 年 4 月，国际台乌尔都语部在苹果公司的全球知名播客平台 Podcast 中推出针对巴基斯坦的乌尔都语音频播客节目《快乐汉语》。每期节目时长 10 分钟，更新频率每周一期，主要服务对象为巴基斯坦当地对汉语学习感兴趣的高端人士和年轻人。

尽管受限于巴基斯坦的实际情况，自 2014 年 4 月上线至 2014 年 12 月 31 日，国际台乌尔都语播客节目《快乐汉语》共实现不同平台浏览近 13000 次，获得长期订阅用户 1368 位，实现下载收听 6687 次和网络实时收听 5378 次。由于目前只针对苹果的 Podcast 平台，因此收听乌尔都语播客节目《快乐汉语》的主要听众来源为 iPhone、iPad、iPod 和不同 PC 平台的 iTunes 软件，分别占比如下图：

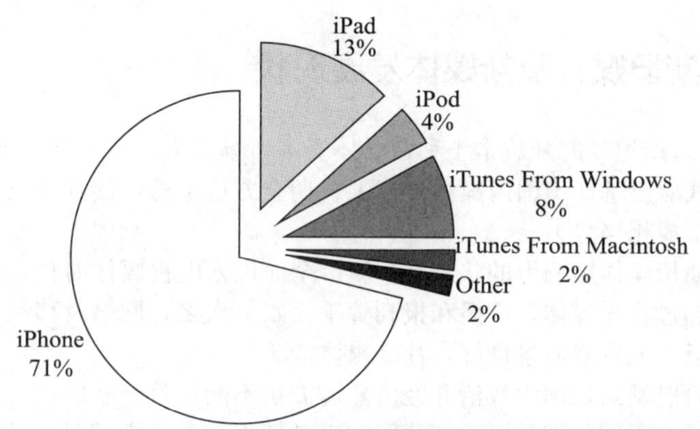

图 1　乌尔都语播客节目《快乐汉语》收听平台分布

乌尔都语播客节目《快乐汉语》受众的主要分布不仅仅局限于对象国巴基斯坦、也拓展到印度、中国、美国三个国家。同时，由于播客节目传播的无国界性，还吸引了不少来自阿联酋、沙特阿拉伯、阿富汗、英国、澳大利亚等世界各地的受众。分别占比如下图：

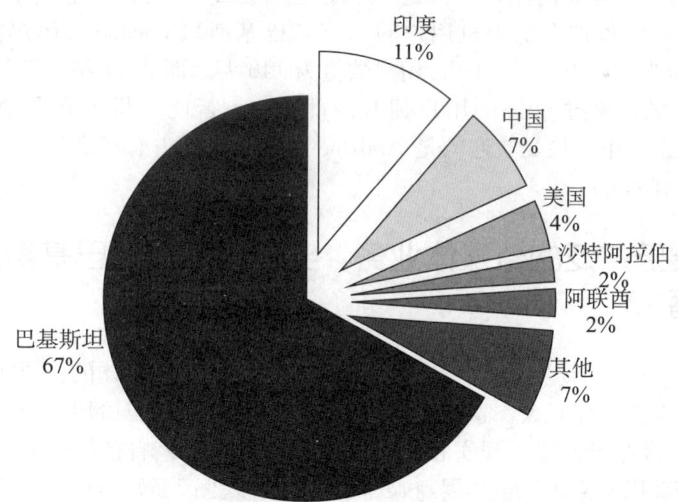

图 2　乌尔都语播客节目《快乐汉语》受众国家分布

简单地说，乌尔都语播客节目是对现有广播节目的再次利用和播出渠道的一次有益拓展，取得的实际效果超出预期。从中我们可以看出，在巴基斯坦，存在以音频类“播客”节目为突破口的新媒体市场需求。增加对巴基斯坦的新媒体传播，是对国际台现有大广播和调频广播等传统媒体的有益补充。未来，国际台将继续立足传统媒体，提升以互联网和移动互联网为基础的音视频新媒体传播方式，努力实现对巴基斯坦的全媒体国际传播。为此，了解巴基斯坦媒体及新媒体发展现状尤为重要。

三、巴基斯坦媒介及新媒体发展现状

自2001年巴基斯坦政府开放本土私营媒体资本市场以来，西方国家通过参股、控股、投资代理人等方式对巴基斯坦国内媒体进行了长期全方位渗透，使其对巴基斯坦国内舆论格局和影响力已形成相当势力。

目前，巴基斯坦媒体影响力的状态是：城市全面进入电视媒体时代，主流私营电视媒体在城市影响力超过官方媒体，广播和报刊等平面媒体次之，网络及移动媒体受制于经济发展状况虽然滞后，但发展前景良好，社交媒体活跃。

近年来，尽管巴基斯坦国内政治和经济环境波折不断，就互联网而言，巴基斯坦经济基础薄弱，配套设施不完善都是造成互联网在巴基斯坦的普及率相对较低的客观原因。但可喜的是，巴基斯坦电信行业却在稳步前进，发展迅速。因而相对于互联网的低使用率，巴基斯坦的手机普及率可以说相当之高。

2013年，电信调研机构Ansr发布的统计报告显示，巴基斯坦总人口1.9亿，其中城市人口占36%，乡镇人口占64%。截至2013年，巴基斯坦境内共有1.2亿手机用户，3000万互联网用户。互联网用户中接近50%，也就是1500万用户通过手机接入互联网。智能手机用户占有率仅占全部手机用户的10%，巴基斯坦Facebook用户数量为800万，Twitter用户数量为200万，YouTube用户数量为140万。而2014年，巴基斯坦手机用户数量增长至1.5亿，超过60%的用户拥有两部手机，智能手机占有率增速明显，达到20%。智能手机系统中，最受欢迎的是Android系统，市场占有率高达68%；iOS系统排名第二，市场占有率24%。

四、拓展更广泛的新媒体业务，实现国际台对巴基斯坦的全媒体传播

如前文所述，巴基斯坦的新媒体还处于起步阶段，使用新媒体的主要用户为居住在城市的上层阶级和新潮的年轻人。这一特点与巴基斯坦社会的精英阶层主要聚集在各城市以及全国人口60%为青年人这一现实相吻合。因此，本着“影响有影响力的民众”这一策略，国际台应该在巴基斯坦积极拓展新媒体市场，开发生产新媒体产品，争取尽早做大做强。这对开拓巴基斯坦受众市场、扩大对巴基斯坦经营群体的影响力有非常重要的作用。

巴基斯坦位于南亚，东临印度，南接印度洋靠近波斯湾，西和西北与伊朗和阿富汗相连，东北与我国新疆接壤，地理战略意义重大。作为中国“全天候”的战略合作伙伴、最坚定的友邦，巴基斯坦与我国在政治、军事方面高度互信，但两国经济和文化交流相对滞后，巴基斯坦民众虽然对中国普遍友好，但受西方媒体舆论影响，对当今中国的发展缺乏真实客观的了解和认识。在中央大力倡导“丝绸之路经济带”、“21世纪海上丝绸之路”发展战略，中巴两国政府正全面推动“中巴经济走廊”、加速经济互联互通的国家战略背景

下，国际台将南亚经济走廊国家确定为加快建成现代综合新型国际传媒集团的重点突破区域，建议应尽快在巴基斯坦推动实施国际传播力建设综合项目，这将对国际台服务中央对南亚地区的外交新政策、新战略，配合两国政府全面推进“中巴经济走廊”建设营造良好的舆论氛围，对推动两国民间人文交往、夯实两国传统友谊的民意基础，具有重大战略意义，同时也将为国际台建设南亚区域媒体集团探索有益经验、奠定发展基础。

目前，国际台乌尔都语部对巴基斯坦拥有的平台和资源为：

(1) 在巴基斯坦首都伊斯兰堡设有一个驻外记者站。

(2) 在巴基斯坦两大城市伊斯兰堡和卡拉奇拥有整频率 FM98 中巴友谊台。

(3) 一份本土发行杂志《友谊之声》。

(4) 一家广播孔子课堂。

(5) 700 余家听众俱乐部组织。

上述这些资源为国际台开展巴基斯坦综合项目奠定坚实的基础。考虑到巴基斯坦的媒体发展现状和乌尔都语部在巴基斯坦现有资源及平台，参考国际台其他海外综合项目的发展策略和成功经验，乌尔都语部在推动实施巴基斯坦全媒体项目的策略时，应做好、做实、做大、做强如下传统和新媒体平台：

(1) 中巴友谊台（伊斯兰堡、卡拉奇 FM98）。

(2) 中华网或中巴友谊网及移动客户端。

(3) CRI 乌尔都语影视译制平台和视频业务平台。

(4) CRI 广播孔子课堂。

(5) CRI 听众俱乐部。

对巴基斯坦实现全媒体传播最重要的是要实现“本土化”媒体平台和资源内容平台（节目内容资源、节目制作人力资源、包含用户的社会资源）的互联互同、融合发展。

1. 进一步加强本土化，完善品牌建设

将目前的伊斯兰堡、卡拉奇的中巴友谊台（FM98）重新定位，调整为以音乐为主，创建“中巴商业资讯”特色品牌栏目的都市调频台。加速落实伊斯兰堡节目制作室建设，通过市场调研并梳理、整合“中巴经济走廊”项目两国相关部委、智库、企业及使领馆、教育部门资源，将其打造成为巴基斯坦民众了解中巴经贸、商业财经、中国旅游、留学与全球和地区经济态势的首选广播媒体平台，努力为“中巴经济走廊”国家战略营造良好的舆论氛围，服务我国外交及中巴两国企业、民众。

同时，通过 Facebook/YouTube 等巴基斯坦热门社交媒体进行节目、内容、品牌推广。未来，FM98 将力争实现广告经营，其精品栏目还可以制作成为衍生产品。

2. 尽快制订对新媒体的发展计划，实现对巴基斯坦传播的网络和移动新媒体化

2014 年，巴基斯坦本土开放了 3G、4G 业务，对于移动新媒体的需求日益增加。有数据显示，2015 年，仅华为在巴基斯坦智能手机的出货量将达到 80 万台，国际台应该在对巴基斯坦全媒体传播中加入包括移动新媒体的战略思考，乘势出击。利用台内中华网资源，为中巴友谊台建立特定网站，并开发对应移动客户端，实现网络和移动新媒体功能：

（1）实时收听中巴友谊台直播节目。

（2）实现点播中巴友谊台的名牌专题节目。

（3）设立包括中国音乐在内的多个不同音乐风格的网络电台，弥补与 PBC 合作所带来的音乐资源限制。

中华网中巴友谊网及其移动客户端是国际台巴基斯坦综合项目的门户网站，这将从根本上改变国际台国际在线乌尔都文网站静态发布的瓶颈。依托台内新闻资源，结合同巴基斯坦本土通讯社及媒体的合作，努力打造在巴基斯坦有影响力的新闻网站。此外，利用自身中国元素特色，努力将中巴友谊网打造成为“中巴经济走廊”、中巴经贸、留学中国、畅游中国、汉语教学的权威信息发布平台及中国影视剧在线收看互动平台，并为综合项目的线下活动提供网络支持。该网站将通过自身和巴基斯坦社交媒体及综合项目的其他平台进行推广，视本土业务具体情况开展衍生产品的研发和销售。

3. 打造 CRI 乌尔都语影视译制平台和视频业务平台

目前，VOA、BBC 等都已将视频业务植入巴基斯坦主流电视媒体，并形成一定的舆论场和影响力。国际台应尽快推动在巴基斯坦开展影视译制纳入国家影视剧“走出去”盘子。国际台巴基斯坦影视译制平台的主要业务是为中国影视剧的本土化译制和播出服务。该平台将依托国家新闻出版广电部、文化部、教育部等主管部门，与我国驻巴基斯坦中资企业合作推出由本土译制的国产优秀影视剧，努力实现我国国产影视剧在巴基斯坦主流电视媒体的常态播出，推动我国高校成为巴基斯坦青年学生海外留学的目标院校品牌，服务国家“文化走出去”战略。同时，鉴于巴基斯坦还处于电视是强势媒体的时期，设计制作包含中巴元素的优质视频内容，同巴基斯坦相关电视媒体开展合作也应该在考虑的范畴之内。考察调研成立专门有线电视、IPTV 或卫星电视频道的可能性，建立自有电视媒体平台，实现影视译制“即与巴基斯坦主流电视媒体合作，又拥有自主支配的电视媒体平台”两条腿走路的发展格局。

4. 发挥 CRI 广播孔子课堂优势，开拓教育培训市场

CRI 巴基斯坦广播孔子课堂是国际台与国家汉办合作项目。未来可在目前与 ROOTS 教育集团合作的基础上，开拓本土汉语培训教学市场，并通过整合两国教育部门资源尝试留学中介市场的开发。CRI 课堂可针对巴基斯坦企事业人士及学生开展经贸汉语及留学语言培训，在以实体课堂教学为主的基础上，通过广播、网站及手机客户端进行推广，视市场情况研发推出汉语教学产品。

5. 引导 CRI 听众俱乐部，发挥其自媒体宣传机制

CRI 听众俱乐部组织是国际台巴基斯坦综合项目实施最坚定的支持者与民意组织。要有效引导国际台在巴基斯坦 700 余家俱乐部组织的发展，通过公司化机制组建 CRI 中巴文化交流中心，通过为各俱乐部开展系列化服务提升我国综合项目的品牌影响力和市场竞争力。

（作者单位：中国国际广播电台乌尔都语部）

参考文献：

1. 匡文波：《手机媒体》，华夏出版社，2010 年。
2. 陈刚：《浅析新媒体时代的播客传播》，《科协论坛》，2012 年 4 月。
3. 王庚年：《建设现代综合新型国际一流媒体研究》，中国国际广播出版社，2011 年。
4. 臧具林、陈卫星：《国家传播战略》，中国传媒大学出版社，2011 年。
5. 王庚年：《CRI/CIBN 海外媒体受众市场研究》，中国国际广播出版社，2013 年。
6. 张桂珍：《中国对外传播》，中国传媒大学出版社，2006 年。

浅谈新媒体环境下对外社交化互动性传播
——以 CRI/CIBN 对老挝传播为例

吴　宁

随着互联网时代的到来，新媒体异军突起，传统广播受到冲击：收听率下降、广告收入减少、受众分流……这是任何一家传统广播媒体都面临的严峻挑战，升级与转型，迫在眉睫。另一方面，Web2.0 时代来临，社交化成为互联网行业的热点。面对这种情况，许多传统媒体试图借助社交媒体平台，以网络人际传播的方式，打造全新的互动发声渠道，社交化互动传播成为新媒体时代传统媒体转型的新方向。一些传统广播媒体也已经抢先迈出了社交化转型的第一步，广播媒体借力社交平台进行互动的例子屡见不鲜。

与此同时，新媒体也正随着信息技术的日益变革而在媒介环境中不断释放活力。新媒体技术与电台进一步融合——从门户网站到个性化定制、从论坛贴吧到微博微信、从播客到网络电台，媒介的交互性正日益发生着质的飞跃。作为受众互动实现率最高的传统媒体，广播在新媒体的冲击与挑战下，一方面积极地通过媒介融合来增强其传播效果和媒介影响力，另一方面则在受众互动领域积极探索。本文以 CRI/CIBN 利用新媒体手段对老挝进行互动性传播为例，说明如何从受众互动的根本意义着手，对当前广播受众互动现状进行优选式归纳，进而对互动方式进行创新性探索，以期对新媒体环境下的传播提供持久动力。

一、移动互联是社交化互动性传播的时代背景

1. 从 Web 到 APP——移动互联时代的权利格局变化

今天的移动互联时代相当于早期的互联网时代，同样都面临着“权利格局”的转变。从技术和平台说，过去是由 Web 这样一种模式带来门户网站，但今天 APP 模式已经打破早期互联网构建起来的全球格局，进行了重新洗牌。

值得关注的是，网民在使用智能手机的初期会很热衷于下载各种各样的 APP，但是现在我们每天真正在手机上或者平板电脑上打开的 APP 其实只有两三个。所以谁成为网民最经常打开的那两三个 APP，谁就可以在新的“权利格局”中获得一席之地。

2. 从媒体受众到网络节点——移动互联网时代的关系变革

在今后的移动互联时代，用户不仅仅是所谓的媒体受众，他们更可能是网络上的一种节点。他们最基本的属性是作为网络社会的一个成员。过去我们常常看重受众规模，而现在我们应该把他们当作网络节点来看，从人的社会关系角度去满足他们的需求。这是媒体和受众之间关系的变革，也是用户和互联网关系的变革。

3. 从黄金时段到碎片时间——移动互联改变的时间观

过去广播媒体注重的是“黄金时段”，但是现在这样的消费行为共性的概念正在被打

破，信息消费更多的是基于“碎片时间”，在移动互联时代应该越来越多地关注“个性”。比如“睡前”普遍认为是人们使用手机上网的一个高峰时段。但是“睡前”并不是一个固定时间段，不是22点或者23点的概念，更多的是一种“情境”。过去重视时间段，而现在重视的是移动互联时代下的行为。即重视在什么样的情境下，人们有什么样的需求。

4. 从广播到LBS——移动互联改变的空间观

另外，我们还应该摆脱过去传统广播传播的思路，从LBS的角度重新思考我们应该怎么进行产品的开发。虽然以传统媒体的身份，可能会觉得内容产品才是我们的“重头戏”，但是随着移动互联时代的到来，离开了社交化互动性传播，内容产品之路只能越走越窄。

二、当前老挝传播终端与受众情况分析

在传统收音机、车载收听设备、智能移动终端和电脑在线等几大广播收听终端的市场细分中，受众结构及收听偏好也存在不同程度的差异。这种差异为传播的进一步类型化、分众化发展提供了更多的空间，也使广播与受众之间的关系变得更加微妙。

2012年7月CRI对老挝万象街头受访者做了一次随机问卷调查。调查的部分结果如下：

在年龄结构上，在接受调查的1001份有效问卷中，20岁以下受众占15%；20岁—35岁年龄段受众占绝大多数，达到66%；35岁—50岁的受访者占14%；而50岁以上的受众只有5%。由此可知，CRI万象调频台的受众主要收听人群是中青年人。

本次受众调研在收听广播工具这一项里显示，通过手机、MP3等移动设备收听CRI万象调频台节目的受众已经超出使用传统收音机收听的受众，达到41%，使用收音机收听率为37%。随着老挝经济的进一步发展，不可忽视的是在万象地区通过车载广播收听CRI万象调频台节目的受众也达到了20%。

关于喜欢参与的互动类型。在接受调查的受众中，有463人希望参与受众见面互动，占45%；424人愿意参加有奖竞赛，占41%；103人愿意参加征文比赛互动，占10%；另有43人希望参加短信、热线电话等互动方式，占4%。以上数据表明，老挝万象地区绝大多数调频广播受众愿意参与各类互动活动。

对以上数据进行分析后我们能够知道，老挝受众在新媒体时代的改变，不仅是收听终端日益多元，电脑、车载收音系统、手机等终端使用比例上升，也包括受众结构等方面的变化，如听众群不断壮大并年轻化。如今的老挝新媒体传播受众正成为传播进一步发展的引擎，将推动传播的丰富化与多样化，互动将在传播中发挥日益重要的作用。

三、CRI/CIBN对老挝互动性传播范例

1. “CRI-FM93”

社交媒体平台把众多Web2.0应用融合于一体，使传播范围更宽广、内容更深入、效率更高、方式更活泼，还提供了方便快捷的聚合功能，帮助用户找到和自己有共同点的

人。与公共论坛BBS相比，虽然BBS以开放式的传播著称，但它完全没有私人空间，帖子一发出去，就不再属于个人了；相对于Blog而言，Blog虽然是完全的个人化，但它的不足就是缺乏公共空间，如果写了博客没人看的话，挫败感是不言而喻的；即时的聊天软件、QQ群等虽然快捷方便，但它的非保存性同样也是一大软肋；与传统校友录网站相比，校友录主要是局限于熟人之间，对于扩大社会人际交往圈无甚帮助，而且还具有重集体轻个人的弊病。社交媒体把个人空间和公共空间结合在一起，不但拥有个性的Blog、方便的交友、论坛群等功能，还具有强大的搜索功能。因此，与其耗时地登录一个又一个的网站，还不如在功能相对齐全的社交媒体一次性登录。

国际台老挝语社交媒体新闻专页“CRI-FM93”于2012年年底开始启用，作为老挝语各类互动渠道的收纳平台，成为各类事件的传播者，同时也是受众需求的倾听者、沟通者、服务者。

2014年第四季度，老挝语部进一步加强了新媒体传播。注重媒体产品意识，创新推出《哥儿俩》实景体验式学汉语系列视频短片。《哥儿俩》由一中一外双人主持，每期时长不超过5分钟，由中方主持人在现实生活环境中教会外籍主持人简单实用的汉语词汇或短句，隔周周五在社交媒体发布。该系列短片有固定的片头、LOGO和推广词，产品特性、品牌形象明显。

与此同时，“CRI-FM93”专页粉丝数翻番。截至2014年12月26日，已达到了11143，单贴最高达到187648。其余超过8万的有3条，超过6万的有2条，超过1万的有6条，超过5000的有20条，其余均稳定在1500—2000区间，互动数平均每帖可达500—1000，呈现出到达率高、互动效果好的特征，表明平台优势已经开始显现，形成了固定用户群体。其中，《哥儿俩》视频短片在Facebook和微信平台观看人次超过10万，单期受众点赞、转发、留言逾千。

2. CRI悦生活（cri_lao）

微信区别于微博的一大特征就是语音功能，而广播又是一种靠语言传播的媒体，所以微信与广播电台的结合就顺理成章。全国各地的广播电台几乎都已建立起自己的官方微信公共平台。CRI/CIBN老挝语“CRI悦生活”每天都会在平台上发布中老双语的帖子，邀请受众通过文字、语音、图片等多种方式参与其中。

2014年年底到2015年年初由CRI万象调频台FM93和老挝国立大学孔子学院共同主办的“中国梦·老挝情”首届中文歌曲大赛在老挝首都万象举行。经过初赛、复赛的紧张角逐，13名中老两国歌手从近200名参赛歌手中脱颖而出，晋级决赛。CRI万象调频台除了通过传统的广播、网站平台，还充分利用社交媒体，多媒体平台联动报道该赛事。

在为期两个多星期的时间里，万象节目制作室和老挝语部前后方合作，策划编写了《“中国梦·老挝情”首届中文歌曲大赛歌手风采》系列报道，持续在中老双语微信公众号——CRI悦生活上推出，并同步开展“关注CRI悦生活”和“为选手投票”赢取决赛门票的互动活动。与此同时，还在该平台上持续推出关于比赛通告和进展，使CRI悦生活公众号的粉丝数、帖子浏览量和转发量都出现了大幅度增长。其中，粉丝总数比赛前增加了近六成，帖子浏览量和转发量均超过了前期水平。后台粉丝留言也出现了爆炸性增长，两个星期共收到受众留言近600条，实现了线下活动与线上推广的完美结合。

CRI万象调频广播自2006年年底开播以来，经过不断尝试对新媒体的运用，以及持续增加对外传播中的互动性内容，使得CRI/CIBN在老挝受众数量逐年显著增长。尤其是2012年后随着Facebook、微信等社交平台融入对外传播以后与受众互动日益常态化，使得受众数量呈加速增长态势。

表1　老挝万象调频广播开播后老挝受众数量统计

年份	2006年	2007年	2008年	2009年	2010年	2011年	2012年	2013年	2014年
受众数量（单位：人次）	2499	4137	8253	10369	13991	19130	30000	33884	39303
注：此表格数据为中国国际广播电台听众工作处提供。									

四、新媒体环境下对外互动性传播建议

1. 向大数据时代迈进

随着媒介技术不断升级，对外传播从最初的信息推送、短信、电话互动，发展为“全方位辐射”互动。受众逐渐地参与到传播过程的所有环节，而使用网络提供在线收听、节目回放，开通微电台、网络电台，利用微博、微信实时互动已基本成为当前多数电台的“新媒体互动标配”。

未来广播还将向大数据领域进军，将互动性结合媒介特点、时代特征、频率定位和受众人群不断升级。通过来自于内部和外部的大数据分析，挖掘核心用户，发现线索，梳理选题，融合内容，研判动态，从而更加主动、更有针对性地为受众互动进行科学设置。

2. 增加互动深度

现如今的广播互动已经延展到了传播的所有环节，加之所有电台频率的互动已趋于同化，因此在一致迈进全媒体互动的基础上，为频率或节目量身打造别出心裁的互动方式，是增添传播动力的一剂良药。

对于使用微信公众平台进行互动的广播频率，需要注意的是，微信订阅号在一定程度上突破了信息的无效到达，能够进行一对一地精准推送和实时互动交流，因此也更应重视每次的微信平台推送服务，只有内容从受众定位切实出发，才能更好地促进互动。

3. 均衡覆盖有侧重

无论是采用何种方式，都应力求持续，即能够在开设一种互动方式后，长期有效地开展运营，不让其沦为“僵尸摆设”。只有长效合理的互动模式，才能够更加科学地培养受众的“忠诚”。

传统传播方式通过与新媒体联动，打通所有平台的互动渠道是未来互动的一个趋势。比如电台与微博联动，可以在短时间内从微博中获取最新信息和议题反馈，与网民深度互动，在一定程度上弥补其与受众互动上的不足，而手机电台、微信中的互动交流又能直接

连接到微博，逐步打通多维互动平台。

随着移动终端推陈出新，广播媒体还要为不同终端、不同类型的受众群体提供合适的互动方式，避免矫枉过正、因新弃旧，即因新媒体时代的到来就放弃了短信、电话等传统互动方式，以避免直接割裂了和传统受众群体之间的联系。当然，一种互动方式通常代表一类受众群体和一种收听习惯，不因新弃旧的同时，也需要有审时度势的考量，要传播自身定位来选择最合适的互动方式，并能够重点打造。通过增强互动深度来进行优化，逐步形成让受众全方位参与的内容生产方式。

4. 拓展受众线下参与

如前所述，在2012年对万象街头的受众随机调查中，有463人希望参与受众见面互动，占45%。这说明有相当一部分受众是希望进行线下互动的。

线下参与能提升受众忠诚度、扩大品牌影响力，还能将线下互动转化为线上互动，推动传统广播实现社交化转型。特别是随着以地区性服务为宗旨的社区广播渐渐兴起，线下参与和互动的方式也许可以成为传统广播社交化转型路径中的一个方向。

（作者单位：中国国际广播电台老挝语部）

参考文献：

1. 王庚年：《CRI/CIBN海外分台受众市场研究》，中国国际广播出版社，2013年。
2. 王求：《移动互联时代的广播发展研究》，中国广播电视出版社，2014年。
3. 陈默：《媒介文化：互动传播新环境》，北京师范大学出版社，2010年。
4. 李宇：《从宣到传：电视对外传播研究》，北京大学出版社，2013年。
5. 相德宝：《自媒体时代中国对外传播能力建设》，人民日报出版社，2013年。

浅谈利用移动互联应用做好对外传播

滕 芸

在数字化时代，如何运用快速崛起的新媒体与时俱进地做好对外传播是每一个媒体从业者都在思考的问题，相对于传统媒体，新媒体的开放性打破了以往信息传播的传统，受众在传播过程中不再处于被动地位，在接收信息的同时他们也可以是传播者。同时新媒体发布信息的时效性、快捷性及其传递新闻信息的海量性是传统媒体无法企及的，新媒体的优势就在于没有时空限制，随时随地都可以传播最新的资讯，特别是近些年，随着移动互联网的发展，以互联网为支撑的互联网媒体、掌上媒体、数字互动媒体得到了快速发展，越来越多的人通过智能手机和平板电脑下载新闻媒体的APP应用以获取相关的新闻资讯并享受相应的服务。本文将以意大利为例，从非常小的例子（APP应用）入手，通过大量外文资料得到的数据，分析意大利互联网和移动终端的发展状况以及互联应用在意大利本土的传播效果和潜在市场，从而思考如何利用这一媒介做好国际传播工作。

一、在对意大利传播中移动互联应用这一新媒体手段使用的可行性分析

相比中国，虽然意大利互联网及无线网络的普及率并不是很高，但是移动互联网的迅猛发展和智能手机的广泛使用，加速了移动互联应用的开发，一场随着APP应用发展而诞生的意大利“新媒体时代”已经来临。

1. 手机和平板电脑的普及推动意大利移动互联网以及互联应用的发展

意大利移动互联网发展和中国的情况略有不同，在一些诸如罗马、米兰这样的大城市里，互联网覆盖率并不是很高，无线网络的覆盖率也不及北京。因此，移动终端和智能手机的高普及率以及数字产品的快速发展及需求推动了移动互联的发展。可以说，意大利移动互联网的发展促进了移动客户端应用的发展，同样的，智能手机和平板电脑上面下载的小应用软件的广泛使用反过来也推动了移动互联网的普及和发展。

在意大利，有至少60%的家庭拥有个人电脑，这一数字在欧洲来说并不高，但意大利人更喜欢使用智能手机，意大利是世界上手机拥有率最高的几个国家之一，此外具备娱乐功能的平板电脑等移动终端也备受追捧。2011年至2012年间，智能手机在意大利的用户增长了30%，达到3200万，意大利的平板电脑用户在2012年一年内增长了150%，大约有3500万用户。根据米兰理工大学管理学院的“新媒体新网络观察家”（一家研究媒体和互联网的组织机构）的数据，旧网络时代向新网络时代的过渡已经完成：截至2013年年底，按照每月的数据更新统计，通过个人电脑登录互联网的用户里，其中90%还通过智能手机登录互联网，也就是说每个月至少有90%的用户会通过自己移动终端上的APP应用

来使用互联网。

2. 意大利APP应用的市场前景良好

近些年广告投放从传统媒体不断向新媒体的这一趋势可以说明，APP应用不但可以取得良好的传播效果，同时也是广告投放的一块大蛋糕，是一项双赢的项目。

广告市场也逐渐适应了传统理念已被颠覆的这一变化。根据意大利米兰理工大学的一份调研报告，社交网络类型软件、媒体新闻、在线音乐、在线电视视频是意大利APP最受欢迎也是广告投放最多的软件。2011年意大利在智能手机客户端的广告投放和付费软件收益增长分别达到了70%和120%，在平板电脑客户端的这一数据则达到了110%和150%。2011年在社交网络上的广告收入翻番（意大利的社交网络用户为2400万），通过APP移动客户端应用所得收益增长了130%，另外，在线广播的广告收入也增长了80%，这些主要得益于供应商提供的各种个性化服务和YouTube的庞大用户群。网络电视的收入增长也是之前的三倍：从10%增长到了30%。

在2012年至2013年期间，通过手机传送的移动终端广告投放增长了130%，从8900万欧元增长到2亿欧元。通过社交网络投送的广告费在2013年有了高于75%的飞跃式增长，全年广告投放费达到了1亿欧元。

新媒体和新网络观察家机构负责人安德烈拉贡内说，在数字化世界中一个真正意义的范式转变正在形成：一个新的互联网时代正在形成，重心越来越多地被放在移动终端、社交网络以及客户端应用APP，智能手机和平板电脑正在取代旧电脑；社交网络从某种意义上说，这个曾频繁出现在“旧”网络时代搜索引擎中的词汇开始唱主角，他们是新的“输入端口”；而应用软件APP的作用是导入所有这些要访问的内容，并使其简单化。广告也找到了一个新的投放渠道。

3. 对意大利广播的APP应用具有很大的发展空间

新网络时代或者说人们使用移动互联网络方式的改变给了新媒体一个非常大的发展空间，和社交网络及网络电视相比，APP在意大利的网络市场表现最为出色。据2012年的数据统计，意大利APP应用已经达到了80万次的下载量，平均一个用户会下载29个应用软件在其手机或平板电脑上。目前，已经有25%的媒体运营商进入到这一领域，截至2012年意大利的媒体APP应用已达到750个。

一份涉及媒体领域的APP应用报告显示，2011年15%的新闻媒体开始在智能手机上推出自己的APP应用，而这一数据在2010年仅为7%。与此同时，随着移动互联网的范式发展和手机应用的不断开发，广告投放也增长了70%。如今在意大利排名前10位的APP应用下载软件（收费软件）中，至少有5个一直稳定地被媒体软件占领。截至2012年2月，主要生产商为网络电视开发了1000多种的APP（LG，Panasonic，Philips，Samsung，Sony等），其中148个为媒体应用。视频应用也在这些年取得了很大的成功，截至2012年，视频应用软件在意大利的市场占有份额是8%。

据新媒体和新网络观察家机构的统计和分析，如果把互联网时代划分成新旧两代的话，那么2012年旧网络时代的比重是75%，新网络时代是25%，但是预测到2017年，意大利的这一状况会发生重大改变，以智能手机、平板电脑以及网络电视为代表的新网络形式将占据网络媒体市场的 50%，网络视频占 20%，社交网络软件占 10%—15%，而付费下载占 10%左右。

二、如何做一款服务于意大利本土传播的 APP 应用

在只有传统媒体存在的时代，外宣工作主要通过单向传播展开，但如果想在新媒体时代顺利且有效地进行对外传播，首先要摒弃以往的传统思路，要因地制宜，充分结合海外对象国的特点来进行产品定位和品牌树立。当前意大利 APP 应用市场竞争激烈，媒体应用层出不穷，仅报纸媒体就开发出了大约 320 款 APP 应用，其他内容更是涉及方方面面，如何设计一系列既符合当地大众需要又可以有效地进行对外传播同时可以成功树立媒体品牌的 APP 是我们的目标，在实现过程中我们会发现很多困难甚至是相互矛盾的地方，但只要从小处入手，不断探索，尝试和修正，这一目标不难实现。真正成功的 APP 必须像商品一样，满足使用者生活、心理上的各种需求，需要我们以贴近用户需求为切入点设计有针对性的应用，再逐步通过成熟的市场营销进行推广和树立品牌。

1. 找准定位和树立品牌

多年的外宣工作经验告诉我们，包括意大利在内的欧洲同中国的价值观是存在一定分歧的，换句话说，虽然近年来随着中国经济实力强大，中欧贸易往来频繁，中欧之间的了解不断加深，但意识形态上的差异甚至是抵触依然存在。基于外宣工作的特殊性，目前在意大利推广的 APP 应用不适宜以政治观点鲜明的新闻类为主要内容，像传统传播手段那样以外宣为背景的媒体资讯类应用容易引起受众的抵触，所以在具体操作上，首先可以在品牌宣传过程中以本土传媒公司为背景，其次可以做一些软性的内容尝试。

根据意大利国家统计局显示的数据，近些年利用手机等移动终端收听广播的人数大幅增加，以 25 岁到 45 岁之间的听众为主，这些听众主要分布在经济文化较为发达的大中型城市，且具有较高的文化水平，所以我们的 APP 应用可以以这部分受众为定位的基础，依据这一类型受众的内在需求设计产品。

在品牌树立方面应注意的是 APP 设计在贴合自身品牌定位的同时，注意努力弱化商业和政治元素，巧妙植入品牌信息，品牌植入可增加品牌认知度，吸引潜在消费者，但过犹不及只能适得其反。

2. 功能设计符合目标受众的需求

APP 与传统媒体的一大区别在于变“被动接收”为“主动吸引”，我们的受众变成我们的用户，用户可以自由选择自己需要的 APP 下载并使用，所以用户的体验非常重要。贴近用户的需要，设计一款符合用户需求的 APP 是最主要的目标。结合意大利民众的生活习惯和时尚趋势，特别是近年来随着中意关系良好的发展所带来的一系列正面效应，贸易和文化交流带动了意大利人学习中文的热情，特别是孔子学院在意大利的推广，所以像学中文，学中餐，中餐馆分布查询等可以给目标受众提供文化和咨询需求的内容会更受欢迎。另一种可选类型是建立在原有广播资源基础上的网络电台类 APP 应用，但播出的内容和形式应和当地的落地调频方针和宗旨一致，意大利米兰调频台的受众在各个年龄段都有，其

中以中、青年为主，受教育程度多为本科以上，这也和用 APP 应用收听广播的人群特点吻合，所以设计一款以当地调频电台为基础的网络广播 APP 是可行的。

此外，在内容基础上从受众角度进行设计思考，设计出人性化、情感化的优良作品。APP 创意都应源于生活并高于生活，进而服务生活。一个优秀的 APP 在提供功能性服务的基础上，可以让使用者感到乐趣，甚至可以改变他们的生活和消费方式。意大利人生性浪漫自由，酷爱美食美酒足球，一款优秀的 APP 只要能够满足用户生活中某一项需求即可，当用户明显感觉到 APP 的贴心入微时，你的产品自然就享有独当一面的竞争力。

3. 客户体验中增加互动性

每一个设计者都应注重 APP 中人性化的交互设计，站在用户角度去理解用户需求、操作与感受，在了解用户认知心理的基础上开展界面设计，减少用户认知成本，使界面更贴近用户，从而实现用户体验感受提升。一个优秀的交互界面能帮助用户快速定位、查找和获得信息，反之，一款 APP 交互界面形式再精美，但用户无法迅速找到信息资源，浪费大量时间在对界面含义和功能的认识中，那么这种交互界面将是失败的，无法留住客户。

比如可以针对意大利用户做一款以学中文为内容的 APP 应用游戏，让用户在学习中文过程中充分参与并感受到娱乐性，达到人机互动的效果。

三、从 APP 应用模式角度探讨对意大利传播的尝试

1. 地域型

APP 的优势让一些媒体机构通过强化自身的地域特色，结合本地属性，服务本地区而获得成功。比如意大利语部正在尝试的一款米兰当地中餐厅查询服务的 APP 应用“筷意”，类似于中国的“大众点评”，涉及的都是米兰的中餐厅。该类型的媒体将自己定位于“生活类城市应用 APP”。中餐是我们特有的地域特色，不仅在欧洲在全世界都是非常受欢迎的，在米兰的中餐厅属于本地属性，让意大利人通过这款应用可以很方便地获取米兰所有中餐厅的位置、价位、评分等信息。这款应用既满足本土用户需求又从另一个角度巧妙地传播中国饮食文化，像这种有益的尝试以后会越来越多。总而言之，将自己的“地域”属性做足做完善是该类型 APP 的最大特色。

2. 互动型

此类型 APP 定位于和用户互动，向用户提供各项互动功能，向用户提供内容方面的“专属性”，比如提供一些 APP 专属信息或组织一些 APP 用户的专属活动，借此保持 APP 的不可替代性。内容方面“即时性”在移动端依然被强调。信息的即时性和丰富性是黏住粉丝的基点，比如学中文，学做中餐，等等，在意大利都可以是一个比较好的尝试，这些内容都可以体现出互动性。

四、结论

中国国际广播电台以广播事业起家，随着时代的发展不断地与时俱进，这一过程中体

现最明显的就是新媒体和传统媒体的融合，融合的过程其实就是资源共享，集中处理，然后通过不同的平台传播给受众。如果将现有资源巧妙植入互联应用这一新媒体形式中，不仅能够将现有广播的内容保留，还能够将其最大限度地传播出去，这种形式最大的优势就是可以因地制宜，充分结合海外本土情况做到更加有效的对外宣传，也是广播本土化的又一种实现形式。说到底，无论什么形式的媒体都是一种服务于内容的媒介，我们每一个媒体人或者外宣工作者要做的就是用更好、更有效的平台传出更大、更远的声音，输出我们的价值观。

（作者单位：中国国际广播电台意大利语部）

参考文献：

1.（意大利）安东尼奥·皮拉蒂、朱塞佩·里盖利：《创意工厂：意大利传媒市场》（史克栋等译），中国传媒大学出版社，2009 年版。

2. 意大利米兰理工大学 MIPS 管理学院报告：《随着 APP 应用意大利的新媒体时代已经到来》，2012 年 3 月。

3. 意大利米兰理工大学新媒体与新网络观察家机构报告：《数字化媒体将分走越来越多的蛋糕》，2013 年 3 月。

4. 栾轶玫：《媒体 APP 生存法则》，《网络传播》，2013 年第 7 期。

5. 彭盾、齐鹏、覃怡敏：《化解 APP 创业焦虑的七大“魔法棒”》，《商场现代化》，2014 年第 10 期，http：//www. xzbu. com/3/view-5790413. htm。

6.《APP 软件开发的用户体验要素》，新浪博客 www. blog. sina. com。

7.《论传统媒体与新媒体的业务融合》，人民网 www. media. people。

文化软实力语境下的中国国际传播
——以国际台对意大利传播为例

张国成

随着中国经济实力的增强和文化产业的迅猛发展，文化"走出去"的步伐进一步加快。目前，中国文化通过新闻出版、影视译制、创意设计、音乐、手工艺和文学等形式走向国际社会，中国文化元素被知名电影导演和众多时尚品牌吸收引进。包括中国国际广播电台、万达集团、乐视网、华谊兄弟传媒集团等新闻出版和文化传播企业纷纷在海外布局，文化部门也积极举办包括"欢乐春节"等丰富多彩的对外文化交流活动，文化"走出去"呈现出一片欣欣向荣的气象。与此同时，经过多年的努力实践，文化"走进去"的案例也呈现出增加的趋势，国际台海外媒体布局的成功就是媒体"走进去"的一个成功典范，现正发挥积极作用，在为中国营造良好国际舆论环境的同时，助推更多的中国文化走进各国受众。

一个国家走向强盛，取决于强大的经济硬实力和文化软实力的共同作用。中国要走向强盛，不仅体现在世界各地的人们愿意接受来自中国的产品，更体现在世界各地的人们愿意倾听来自中国的声音，认同并推崇中国价值。这正是中国国际传播未来的前进方向和奋斗目标。①

一、传统对外广播生存之"困"与现代国际传播变革之"深"

1. 新媒体、新技术威胁传统对外广播业务的生存

全球化的到来和高新科技的发展需要一种新型的国际化传播模式。起源于 20 世纪 20 年代初的国际广播（也称对外广播）是一种特殊的大众传播工具，开办之初是为了满足宗主国在海外扩张殖民地的需求。由于国际广播使用的短波发射具有不受国界限制的特点，很快被各国政府用于开展政治和外交的斗争。在第二次世界大战期间，国际广播作为交战双方开展舆论战最有效的宣传工具，其功能被发挥到极致。②

随着新技术发展和各种媒体平台的出现，短波广播逐渐被边缘化，调频广播、电视、报纸、杂志、网络等媒体形态以其更好的媒体体验和便捷的获取性赢得受众追捧，国际台也因此开始变革，摆脱传统对外广播业务生存的困局。

2. 变革之中急速前行的现代国际传播

现代国际传播理念建立之后，国际传播作为一种新的理念开始引起当时世界上主要国家的重视，国际传播成为国家营造良好国际舆论环境的有力工具，是一个国家经济硬实力和文化软实力的对外展现。因为国际传播在目的上与传统的对外广播业务相似，传播内容和技巧也有异曲同工之处，因此，国际台常年从事对外广播业务的丰富经验成为其现代国

际传播事业的有力支撑。

依托多年以来积累的对外广播经验，国际台在意大利的国际传播事业积极拥抱新技术、打造新媒体，通过城市调频广播、网络广播、手机应用等形式，对内容进行针对性包装，提供直播、点播和互动服务，锁定对象国广播听众群体；通过网络平台和平面媒体平台提供调频广播之外的、包括文字、图片和视频等更加详尽的内容，增加对象国网络上的中国声音。

为实现海外媒体的精准传播，国际台近年来大力推进节目本土化制作机构建设。依托我国驻外使领馆和境外合作伙伴，先后在相关国家的首都、重要城市建立海外地区总站和境外节目制作室。[③]以意大利为例，国际台同环球时代传媒有限公司在米兰设有本土节目制作室，实现了传播人员、传播内容、传播渠道的整体前移，通过本土采集、制作、发布和互动，国际台海外媒体在意大利逐步形成品牌，吸引了越来越多的意大利受众，夯实了国际传播的实效性。加之《中意》杂志、驻意大利记者站和广播孔子课堂等平台，国际台现已基本建成意大利本土化的媒体集群。

二、国际台在意大利本地布局的媒体集群

自 2006 年以来，国际台海外媒体事业发展迅速，海外整频率落地工程、节目本土化制作机构建设成效显著。国际台已初步建成覆盖广泛、语种众多、媒体齐全、布局合理、传播快捷的海外媒体集群，成为传播中国价值观、平衡国际舆论的重要阵地，媒体综合实力和影响力不断增强。近年来，国际台在意大利与环球时代传媒有限公司通力合作，通过本土化、公司化运作，已初步实现包括调频广播、视频、新媒体、《中意》杂志、广播孔子课堂等在内的、覆盖意大利本土的综合媒体形态。

1. 广播平台

米兰、罗马、巴里等 10 个 24 小时整频率落地电台覆盖人口逾千万，并通过品牌打造和邀请明星主持人加盟等方式，得到当地媒体和听众的高度认可，成为以意大利语为主，成功融入中国文化元素的本土化商业调频台。

2. 平面媒体

《中意》双语杂志由国际台创刊，在意大利通过与环球时代传媒有限公司的合作实现本土化设计、印刷和发行。主要发行对象为意大利中央和地方政府部门、大学、国立图书馆以及主要商会组织，成为唯一一本进入意大利政府机构的官方双语杂志，直接影响当地高层群体。经过 3 年时间的发展，《中意》杂志已经成功与罗马菲乌米奇诺国际机场、中国国际航空公司、中国东方航空公司、中国国家旅游局驻罗马办事处、意中基金会、意大利裕信银行等机构结成战略合作伙伴。

3. 广播孔子课堂

国际台-意大利教育中心广播孔子课堂于 2009 年挂牌成立，外方合作伙伴是意大利负责外国留学生的官方机构，由意大利外交部、内政部、教育部和意中基金会共同成立，实力雄厚，使得国际台-意大利教育中心广播孔子课堂成为唯一一家入驻意大利外交部大楼办

公的外国机构。广播孔子课堂除通过国际台在意大利的调频广播教授汉语之外，还主办和承办各类高级汉语班和“汉语桥”“语你有约”俱乐部等活动，成为国际台在意大利媒体传播的实体外延。

4. 新媒体和社交平台

得益于互联网技术和各种新媒体平台的发展，信息全球化传播的障碍进一步消除，越来越多的个人和团体在社交网站等平台发挥自媒体的功能，给传统媒体的生存和发展带来了巨大考验。在当今传媒变革的时代，国际台在意大利的各种媒体形态都积极拥抱新技术。调频广播和《中意》杂志都开设有本土化网站、提供手机应用下载、开设有脸书网站（Facebook）的社交页面；广播孔子课堂结合自身优势，充分利用脸书网站将线下和线上活动结合，利用媒体经验将活动的效果最大化。

三、关于国际台对意大利传播媒体发展的几点思考

虽然国际台在意大利的媒体业务已经取得突破性的发展，但是当前，在全球一体化背景下，西方媒体仍占传媒领域的主导地位和制高点，中国国际传播面临的难题仍然不容小觑。如何更有效地传播中国文化和讲好中国故事，还尚需进行专业和细致的设计。媒体“走出去”涉及不同国家的法律环境、不同的价值观和不同的生活方式，如何避免水土不服的问题，也需要着重思考。

1. 进一步整合各媒体平台

当前国际台对意大利传播的媒体资源包括有传统短波和中波节目、国际在线意大利文网站、中华网意大利文网站、意大利本土城市调频台、《中意》杂志、广播孔子课堂和驻罗马记者站。当前，在广播节目制作和平面媒体稿件编排方面，已经建成了前后方定期交流和共享资源的机制，但是整体来看，各单位之间还需要进行整合、深度共享资源，以组合拳的形式针对某一特定话题进行报道。2014 年 10 月，国务院总理李克强访问意大利并出席第十届亚欧首脑会议期间，各媒体平台实现联动，从总理访前预热、访问期间重点报道和活动直播，到访问结束后的跟踪总结，有力地为总理访问创造了舆论环境，并且成功地配合高访活动实现了“改变意媒态度的 48 小时”[④]，也成为各媒体平台联动的一个成功案例。

另外，包括本土城市调频台、《中意》杂志和广播孔子课堂的社交网络公众页，如果能够有机整合，一来可以实现内容的丰富性；二来可以相互推介，增加受众；三来可以借助彼此的优势，实现“马太效应”，达到强者更强的最终目的，使得国际台对意大利传播进入意大利主流媒体之列。

2. 进一步加强本土化

在国际传播当中，受众是来自不同文化、讲着不同语言的个体，如何能够以受众容易理解和接受的角度介绍中国是国际传播的一大难题。解决这一问题的关键在于做到“中国内容、国际表达”。所谓“国际表达”，可以从三个方面来理解：一是指根据国外受众的思维方式、接受习惯、信息需求等，有针对性地设计传播形式。二是尽可能地通过国际人

士、传播对象国家人士的视角表达和解读中国内容。三是借用国际惯例和规则等对中国事务和问题进行解释和说明。[5]实现国际表达最简单的路径是走本土化之路。本土化的员工了解当地的风土人情，同当地受众有着同样的视角，语言风格同当地受众保持一致，便于接受。实际操作中只需将中国内容和立场消化吸收，便可以制作出易于当地受众接受的节目、写出地道的文章、讲好中国的故事。同时，国际传播内容不能仅是围绕中国，而必须更多报道本土的、当地的新闻和信息，这也是新形势下中国国际传播面临的重大课题。

3. 加强同当地媒体的合作

意大利是老牌资本主义国家，当地的大众传媒已经发展得非常完善，外来媒体的进入和发展难度可想而知。国际台多年以来一直从事国际传播，同意大利国内的主要媒体都保持着紧密的合作关系，这些媒体也能够对国际台在意大利布局的各媒体单位以客观的眼观看待和报道，帮助创造舆论环境和提升知名度。例如，在 2014 年 10 月李克强总理访问意大利期间，意大利主流报纸《24 小时太阳报》就在李克强总理访意的文章下方发表了关于《中意》杂志的报道，对提升《中意》杂志在意大利的知名度和影响力有着巨大的推动作用。同样，在本土化城市调频台方面，意大利主流报纸也对该电台引入知名主持人加盟这一举动发表了专版报道，相当于给该调频台做了一份软性广告，立竿见影地提升了调频台的知名度。此外，国际在线意大利文网站同意大利记者通讯社网站的新闻互换和链接互换也帮助双方实现了共赢。因此，在未来的发展中，通过同当地主流媒体的合作提高自身知名度是一项投入产出比非常高的做法。

4. 发挥媒体优势撬动多种“走出去”的文化活动

在国际台大力发展国际传播事业的同时，中国的文化“走出去”势头也发展正旺。国际台海外布局的初始阶段已经过去，现在已经可以看出其国际传播“媒体航母”的雏形，各媒体渠道都在正常运行，甚至有一些媒体已经实现了自身“造血”的功能。与之相比，中国的很多文化机构和企业的“走出去”事业尚停留在“借船出海”的阶段。为此，国际台国际传播的“媒体航母”可以提供舱位，帮助中国的文化机构和企业走向海外，通过自身的战略布局和组合，为文化“走出去”提供更大的想象空间，并且通过文化的“走进去”达到媒体品牌宣传的目的。

中国驻意大利使领馆对于意大利人来说是最官方的机构，使馆发布的信息和组织的双边活动是意大利民众了解中国的一个重要窗口。当前意大利使馆非常重视公共外交，开设有脸书网站的公众页面，也在使馆网页上设有新闻专区，发布使馆动态和双边新闻。但是由于使馆的传播渠道有限，无法将众多重要的信息最大化传播。为此，使馆愿通过自身资源帮助国际台下属的媒体实现推介，助其扩大影响力。待其成为强势媒体之后，使馆便可以通过这些平台发出更强的中国声音，实现互利共赢。

孔子学院是中国文化“走出去”的一个成功典范。当前意大利已经开设有十一所孔子学院，下设几十所孔子课堂，每年培训的汉语学生数量将近万人。孔子学院在意大利非常活跃，已经成为当地民众了解中国语言文化的窗口，从某种意义上来讲，孔子学院可以算是一个中国文化在意大利本土的“自媒体”。孔子学院的学生和活动参与者均属于亲华人群，对中国文化充满兴趣，对中国新闻也有很大的需求，很多人未来也将从事与中国有关的工作，是国际台对意大利传播媒体的理想受众群体之一。国际台媒体一直以来对孔子学院的活动给予重点关注，进行采访报道，换之而来的是一个理想的受众群体。这些受众又通过裂变式的反应在网络上分享国际台媒体的报道，帮助国际台各媒体提升知名度。

在意大利，国际台是唯一一家直接从事母语传播业务的中国媒体，出于这一优势，众多设立在意大利的中资机构和企业将国际台列为信息发布和自身宣传的首选渠道。国际台在帮助其进行文化宣传和创造舆论环境的同时，还可以通过本土化媒体的商业运营，同中资机构和企业之间展开商业合作，互利共赢。

四、结语

经过多年的海外布局，如今国际台对意大利传播的媒体已经从单一广播发展成为全媒体，并且形成了本土化媒体集群。通过国内部门和海外公司的合作，加之欧洲地区总站、记者站、节目制作室和广播孔子课堂的力量，国际台对意大利广播的“媒体航母”雏形已经显现，在“增加外国人对中国的认知，创造求同存异、减少误解的局面”和“宣传中国良好形象、为企业在国外的活动创造良好的舆论环境”等方面做出了重要贡献。

（作者单位：中国国际广播电台驻意大利记者站）

注释：

① 王庚年：《把弘扬中国价值作为国际传播的主要任务》，《国际广播影视》，2014 年第 2 期。

② 夏吉宣：《国际传播、全媒体传播和国际化传播》，《国际广播影视》，2013 年第 6 期。

③ 廖丽：《关于加强国际台海外媒体建设的思考》，《国际广播影视》，2013 年第 7 期。

④《达沃斯：改变意媒态度的 48 小时》，http：//www.gov.cn/xinwen/2015-01/25/content_2809697.htm。

⑤ 王庚年：《把弘扬中国价值作为国际传播的主要任务》，《国际广播影视》，2014 年第 2 期。

媒介融合时代国际台塞尔维亚语网站对外传播的思考

牛俊霞

当今，全球范围内正掀起一场媒介融合的革命。多种媒介正以崭新的方式，改变着人们的生活。在塞尔维亚，网站、社交平台和移动客户端等成为越来越多的人获取并交流信息的重要渠道。和目前中国情况类似，塞尔维亚年轻人是使用手机浏览发布信息、使用社交平台的主要人群，且手机客户端的使用人数呈不断上升趋势。习近平总书记强调，要加快传统媒体和新兴媒体融合发展，要充分运用新技术新应用创新媒体传播方式，占领信息传播制高点。[①] 中国国际广播电台塞尔维亚语网站如何在媒介融合的国际背景下更好地实现对外传播，值得我们思考。

一、塞尔维亚语网站对外传播历程及现状

塞尔维亚语网站（以下简称塞文网）创办于 2003 年 10 月，其最初定位是“建立传播中国传统及当代文化资讯的平台”。在 2009 年第一次改版前，塞文网传播内容主要是由广播节目改编而成，受众主要是由传统广播听众转变而来，受众群体年龄偏大。2009 年，塞文网进行了第一次网络改版，受众定位为年轻群体，内容以文化、汉语教学和娱乐类节目为主。2011 年 12 月完成第二次网络改版，内容涵盖新闻、经济、社会、文化、音乐、旅游等，其中大幅增加了对经济内容的报道。新闻报道除双边新闻外，关注世界热点新闻，增加记者连线、专家解读等深度报道。改版后，网页浏览量大幅增加。2012 年，顺应网络媒体发展潮流，塞文网进行了第三次网络改版，首页采用宽屏版式，并在视觉效果以及版面结构上做出新的调整，内容上突出资讯报道，在首页显著位置增加塞尔维亚语部境外社交平台脸书和新浪微博的链接图标，受众年轻化趋势明显。2013 年 6 月，塞文网移动客户端正式上线，打开了塞文网对外传播的新局面。2014 年 3 月，对塞文网网站流量等数据进行总结和对微博、脸书等社交网络进行数据跟踪，新设图片频道，视频栏目和中国热曲栏目，每天新增消息 10 多条，内容和报道方式更加丰富起来。

目前，国际台塞文网在内容上，发布受众感兴趣的最新资讯和当前中国热点话题，已经成为塞尔维亚主流媒体有关中国报道的第一手新闻来源；在内容形态上，加大了图片和短视频的生产，以更丰富的报道方式把报道内容呈现出来；在传播形式上，注重与社交平台的互动，扩大了受众群；传播手段上，拥有移动客户端，方便用户随时随地获取信息。

二、媒介融合产生的文化变迁给塞文网带来的挑战

围绕媒介融合目前有诸多争论，对网络来说，我们最应该关注的是媒介融合带来的文化变迁。文化变迁集中体现在受众角色和行为变化以及对内容提出的越来越多的多样化的要求。[②]媒介融合时代，受众就是上帝，受众成为至高无上的用户，他们已不满足于“你让我看什么我就看什么的”被动的接受方式，他们逐渐成为话题的参与者甚至设计者，积极参与到传播者的行列中来，颠覆了过去媒介主导的单向传播方式。媒介融合下，内容也打破了媒体平台的界限，跨媒体传播流动。在这种变化下，如何适应受众角色变化和行为的变化，有效满足用户的新需求，赢得用户，是摆在塞文网面前的一项紧迫任务。

三、媒介融合时代国际台塞文网对外传播的思考和实践

（一）从部门实际出发，积极探索适合塞文网的融合发展模式

在各种新兴媒体（互联网网站、微博、微信和移动客户端）快速发展的背景下，树立媒体融合的观念，积极学习，提高认识，把塞尔维亚语部新兴媒体和传统媒体的优势结合起来，使之共同发展，共同受益。目前，国际台塞尔维亚语部传统媒体有落地调频广播和中医养生杂志，新兴媒体有塞文网、手机客户端（塞文网手机客户端和中医养生杂志手机客户端）、新浪官方微博和塞尔维亚语部 Facebook 官方账户，每个媒介手段传播效果和影响力各不相同，通过内容共享，相互推介，相互支撑，各媒介传播效果有了初步提高，但整体优势还没有充分显现出来。塞文网和各媒介手段之间的互动合作还处于表面阶段，例如，塞文网和塞尔维亚语广播节目的互动，仅体现在互相做“链接”，即塞文网首页发布广播的音频节目，广播节目片花提一句关注塞文网的口号，相互之间还缺乏细致深入的互动。塞文网在今后的发展中，要通过有效地整合资源，加大与各媒介的推广力度和深度，加大互动频率，促进塞文网在媒介融合环境下更有效地对外传播。

（二）顺应媒介融合潮流，加强塞文网建设

1. 完善巩固内容优势，满足受众需求

各种新兴媒介代表的是传播手段，而吸引受众的实质还是大量丰富的内容。我们在推动媒体融合时，必须坚持“内容为王”，把内容建设摆在突出位置。

2012 年塞文网改版后，国际台塞文网通过对网站各个频道点击率数据统计，及驻外记者实地调研，参考外籍员工提出的建议，我们总结出，大多数对象国的互联网用户在政治方面，对国际局势更为感兴趣，如巴尔干地区政治军事消息、欧盟及中国等一些大国对国际局势的观点；在文化娱乐方面，他们对中国的流行音乐、旅游和中医养生最为感兴趣；在经济方面，他们更关注中国同中东欧国家合作的相关信息；此外，他们对中国热点突发事件和奇闻趣事也非常感兴趣。

结合上述需求，塞文网于 2014 年对首页内容进行了调整，新增了巴尔干消息，新设图片频道、视频栏目和中国热曲栏目，开设了中医养生栏目，加大对中国与中东欧国家之

间经济合作的报道，尽量满足对象国受众的需求。另外，根据受众浏览网页的心理，在焦点图片和焦点新闻的选择和放置顺序上，我们也做了调整。以前，塞文网基本都是把中国领导人相关外交活动或国内重大事件放在头条，依次是中国其他社会新闻、国际新闻和对象国新闻，很难抓住受众眼球；现在，塞文网基本是秉承对象国重大新闻优先的理念，其次是抓人眼球的图片新闻、中国社会热点、奇闻趣事和体育新闻等。调整后的首页，减淡了以往过重的政治色彩，页面显得生动活泼，更加贴近受众了。

2. 利用外籍员工“本土”优势，用本土的眼光看待事件，用本土的思维挖掘话题，用本土的语言呈现内容

人才本土化是最根本、最深刻的本土化。外籍员工是各语言部的宝贵财富，他们熟知当地的政治、经济、语言、文化、风土人情等，他们的加入，有利于把握受众心理，实现精准传播。外籍员工不仅仅是在语言上为我们把关、主持节目，在对了解受众需求、阅读习惯、对我们节目选择、网站改版方面都发挥着建设性作用。自塞尔维亚语部实行面向社会自主招聘制度后，先后引入一批优秀的外籍员工，有既懂中文，又有本国媒体工作经验的外籍专家，有本国媒体资深记者，他们的加入，对塞尔维亚语部的对外传播工作起到了极大的促进作用。塞文网历次网络改版，他们都提出了建设性意见，尤其是最近一次网络改版，外籍员工积极主动出谋划策，在网站页面设计和栏目设置方面提出方案，使改版后的塞文网更加符合受众浏览习惯，增强了传播效果。

2014 年，塞尔维亚语部工作开始转型，在新媒体方面，开始尝试让外籍员工“主刀”。塞文网带班人基本都是外籍员工，他们从本土的角度筛选信息，选择他们感兴趣的“菜”。经过一段时间试行，受众反馈积极，网页点击量迅速上升。2014 年，网页月均页面浏览量比 2013 年上升近 2000。

2013 年，塞文网配合李克强出席中国-中东欧国家领导人会晤，开设了网络专题。专题围绕中国中东欧经济合作，开设了深度报道，高端采访，即时新闻等栏目，一位外籍专家看到该专题后，立刻建议开设对象国媒体反馈栏目。从一开始他就积极搜索对象国媒体对中国和中东欧各项合作和活动的反馈，到会晤结束，共发布了 30 多条，增强了专题的可读性。同时也和对象国媒体建立了联系，对象国媒体也转载了塞文网的高端采访文章和视频。由上述可见，外籍员工在塞文网的对外传播中发挥着至关重要的作用。

3. 加强品牌栏目建设，由点带动面发展

做互联网，新媒体一定要先有点，点做到一定程度上就有能力和资源变成一个大的面，有多大的高度才能做多大的平台，因为最终追求的还是大而全的平台。[③]做成功一个点相对容易，而做成功一个面是一个长期的过程。在国内，江苏卫视就是靠品牌栏目《非诚勿扰》带动发展起来的。不仅传统媒体需要打造品牌栏目，新兴媒体也要有品牌栏目。2014 年，塞文网推出《高端访谈》栏目，结合“两会”、中国-中东欧国家合作等一系列国内外政治、经济热点，专访了众多对象国高层。相关音视频节目被多家国内和对象国媒体转载使用，带动了塞文网页面点击量的上升。由此可见，品牌栏目对提高塞文网知名度还是有很大作用的。

4. 加强与境外媒体合作，实现传播效果的最大化

境外媒体毕竟是本土媒体，不论是在传播渠道上，还是在媒体公信力、内容贴近性和

对受众的影响上，都具有天然优势。塞文网想要在对象地区取得传播效果的最大化，与本土媒体合作无疑是一个节省人力、物力、财力的好选择。塞文网可与塞尔维亚国家电视台等对象地区主流媒体合作，通过节目的联动策划，利用其本国播出平台的“辐射效应”，实现在塞尔维亚等对象地区传播效果的最大化。

2014 年，塞文网与塞尔维亚国家电视台就有一次非常成功的合作报道。2014 年 5 月，塞尔维亚遭遇百年一遇洪水，塞尔维亚语部组织了赈灾义卖的媒体公益活动，塞文网第一时间进行了报道。塞尔维亚国家电视台在早间新闻栏目、该台官方网站上同步播出了题为《谢谢，同事们》的国际台赈灾义卖活动。新闻对国际台为塞尔维亚受灾地区积极筹款进行了充分报道，对国际台及塞尔维亚语部长期关注塞尔维亚及周边地区情况给予肯定。该视频被多家塞尔维亚主流媒体转载，同时上传视频网站 YouTube。

5. 做好受众反馈工作，继续优化塞文网平台

当前，受众角色随着多媒体时代的发展而发生着改变。传统的受众角色——被动的信息接收者、消费者和目标对象将终止，取而代之的是搜寻者、咨询者、浏览者、反馈者、对话者和交谈者等诸多角色中的任何一个。[④] 塞文网受众群体主要通过网络留言、电子邮件、知识竞赛和网络调查等多种方式进行信息反馈。由于反馈数量多，信息碎片化，人力不足等因素，现有的受众工作无法做到“每信必复”、“有问必答”。为应对这种情况，塞尔维亚语部有必要加大对塞文网受众工作的人力投入，只有把受众反馈工作做好了，充分与受众沟通互动，关注受众、服务受众，才能吸引受众、赢得受众，才能根据受众需求优化塞文网的内容和形式，增加网站黏性，增强受众忠实度。

（三）借助其他新媒体手段，促进塞文网发展

在这里，主要探讨境外社交平台 Facebook 和塞文网移动客户端对塞文网发展的促进作用。

1. 借助境外社交平台 Facebook，推广塞文网内容，提高网站页面点击量

境外社交平台 Facebook 目前已成为塞尔维亚使用人数最多、影响最广的社交平台，据统计，截至 2014 年，塞尔维亚 Facebook 用户数已经达到了 350 万。塞尔维亚语部紧跟塞尔维亚国内媒体发展潮流，早在 2012 年 11 月就创建了塞尔维亚语部 Facebook 官方账户，经过两年多的运作推广，截至 2015 年 1 月，塞尔维亚语部官方账户粉丝数达到了 4600 多。塞尔维亚语 Facebook 官方账户自发布信息时，就非常注重与塞文网的互动，在 Facebook 上推广塞文网的新鲜资讯、图片和视频。实践证明，Facebook 对塞文网页面浏览量的提高有很大帮助，在分析塞文网后台数据时我们发现，2014 年塞文网日均页面浏览量比 2013 年增加 400 多，且这多出来的页面浏览量直接来源于 Facebook 的推广。塞文网借助社交媒体 Facebook，扩大了受众群，提升了影响力。在这里，特别指出，借力也要探索适合自己的方式。塞文网在借力之初，由于在 Facebook 上推广方式过于直接和简单，有给塞文网做广告的嫌疑，难以吸引更多粉丝。塞尔维亚语部维护 Facebook 的外籍员工意识到了这个问题，他们积极思考，相互探讨，改变了推广策略，他们先配发自己的观点，然后再推介塞文网内容页，这样的推广方式更易于被粉丝接受。

2. 做好塞文网手机客户端内容，吸引年轻受众

在塞尔维亚，随着智能手机的普及，手机上网人数呈不断上升趋势，手机成为重要的

传播载体。手机随时上网的便捷性，注定使之成为塞文网最具活力的发展平台之一。2012年6月，国际在线塞文网手机客户端正式上线，开启了塞文网对外传播新模式。塞文网手机客户端主要服务对象是使用智能手机的年轻用户，目前推出的内容包括热点新闻、经济观察、中塞文化动态、体育资讯和影视娱乐资讯。塞文网移动客户端的建成，大大方便了塞文网用户随时随地访问塞文网。塞文网手机客户端运行一年多后，我们对其传播效果进行了分析，通过对塞文网首页页面浏览量来源数据分析，发现使用手机客户端访问塞文网的用户由300多上升到2000多。由此可见，我们必须加强手机客户端的内容建设，这对维持塞文网现有用户，吸引新用户有着至关重要的作用。

当然，我们也不能忽视传统媒体对国际台塞文网的推动作用，只有把塞尔维亚语部现有传统媒体和新媒体手段有效融合起来，才能促使国际台塞文网在新媒体融合的大环境中获得更加广阔的空间，进而增强国际台媒体国际竞争力，促使国际台在对外传播中更好地发挥外宣作用。

（作者单位：中国国际广播电台塞尔维亚语部）

注释：

① 刘奇葆：《加快推动传统媒体和新兴媒体融合发展》，《人民日报》，2014年4月23日6版。

② 杜永明：《媒介融合热潮中的冷思考》，《中国广播电视学刊》，2012年第12期。

③ 方兴东、胡智锋：《媒介融合与网络强国：互联网改变中国》，《现代传播》，2015年第1期。

④（荷兰）丹尼斯·麦奎尔：《受众分析》（刘燕南等译），中国人民大学出版社，2006年版，第2页。

论国际传播媒体的公共外交功能
——以国际台菲律宾语广播为例

王　乐

公共外交是传统外交的补充。传统的政府外交，是一种少数对少数的、领导人和外交官之间的外交，倚重的是关键人物的个人素质。公共外交除继承传统外交特性外，更多地倚重和借助传播，实现国家层面对国外公众的外交。可以说，公共外交的本质就是，通过传播影响国际公众的态度，塑造本国形象。

国际传播媒体承担着塑造国家形象的责任，承担着跨文化传播的任务。跨文化传播具有公共外交属性，即试图跨越政治、宗教、民族和文化的鸿沟，为中外人民之间增进友谊、加深理解发挥桥梁作用。由于国际传播媒体的独特优势，接触对象国家外交、商业、文化机构的机会较多，需要与它们进行合作，共同开展传播或公关活动。因此，在实践中，国际传播媒体承担着“公共外交”职能。我国国际传播媒体甚至可以定位为“公共外交”机构，服务外交大局，为塑造国家形象，提升国家软实力服务。

本文以中国国际广播电台菲律宾语传播实践案例为主，谈国际传播媒体如何更好地发挥公共外交职能。本文认为，借助国际传播媒体开展公共外交，能取得其他机构达不到的实效。

一、国际传播与公共外交的关系

1. 什么是公共外交

不同国家不同学者对于“公共外交”的理解不尽相同，有的将“公共外交”看作是一种政治公关战略，是一国政府增进不同文化实体之间的相互理解和认知的社会责任，是一种开展国家行销，塑造一个良好国家形象的战略策划；[①]有的将“公共外交”看作是授权或委托非政府组织开展的社会外交，意在强化非外交部门的外交角色和功能；有的则把“公共外交”直接看作是一种国际传播活动。“公共外交”在外交理论领域迅速崛起，也有学者将之看作是“外交”与“公关”的交叉学科，即以“公关”的思路来做“外交”。

关于“公共外交”的目的，原国务院新闻办公室主任，现任中国人民大学新闻学院院长、公共外交研究院院长赵启正曾给出过浅显易懂的阐释。2011年，在“两会”期间举行的以“政协委员谈公共外交”为主题的全国政协十一届四次会议记者会上，赵启正向媒体谈道：“公共外交的目的是什么，是向世界说明中国，说明中国的文化、说明中国的历史、说明中国的政策，回答外国人的不解之处，同时我们也倾听外国人对中国的评议。公众对公众是公共外交中非常重要的民间外交，就是People to People，这也是在表达中国。”

从以上表述，可以得出这样的一般性推论，即传统的政府外交，是一种少数人对少数人的，如领导人以及外交官之间的外交，或可说成是“精英外交”。而公共外交更多的是要实现国家层面对外国公众的外交，是一种面向大众施加影响的行为。

2. 公共外交依赖国际传播

与传统外交活动的限于高层之间互动的状态不同，公共外交有着“面对公众”的特性。是一个国家试图广范围地影响别国公众对于该国所持有的态度而进行的活动。

在当代传播理论中，“受众”对于某一事物的态度，很大程度上取决于媒体所提供的“拟态环境”。“拟态环境”理论在20世纪20年代由美国学者李普曼所提出，根据“拟态环境”理论，大众传播形成的信息环境（拟态环境）不仅制约人的认知和行为，而且通过制约人的认知和行为来对客观的现实环境产生影响。因此，人的态度和行为已经不再是对客观环境的理解，而变成了对媒体提供的某种“拟态环境”的反应。

从传播学的角度来说，国际传播媒体为受众提供了一种有关国家的基础信息流，然后国际受众根据自己特定的文化和价值观，对于这些信息进行筛选、消化吸收并做出判断，并通过集体表达的形式形成“国际舆论”。

当今世界，身处不同地区，处于不同政治、经济、社会和文化环境的公众，对于某一个国家的认识和态度，很大程度上由媒体所呈现的国际传播内容来主宰。从这个角度来说，国际传播是公共外交的重要组成部分，它是一切公共外交活动的核心载体，也是决定公共外交成效的重要因素。可以说，国际传播决定了公共外交的影响力。

3. 我国国际传播媒体承载公共外交职能

在传播主体、受众和传播手段与目的上，我国的国际传播活动与“公共外交”有着高度重合。长期以来，我国的国际传播主体是以国家政府为主导的国际传播媒体，国家借助传播媒介，利用信息维护谋求本国利益；国家借助传播媒介实施其国际战略。我国国际传播的主旨是服务外交大局，塑造良好国家形象，提升国家软实力。在强调“软实力”的时代，国际传播不能再沿袭单向的“对外宣传”模式，国际传播媒体的角色正在向“外交化”和“公关化”转变。公共外交理论的引入，可以有效指导国际传播媒体的传播活动，实现提升国家软实力的目的。

二、国际媒体在公共外交实践中的作为

近年来，中国和菲律宾两国关系可谓紧张，一系列政治矛盾和民间矛盾凸显，如南海问题领土争端、香港人质事件的恶劣影响以及两国渔民在争议海域捕鱼造成的纠纷、中国公民在菲律宾被绑架等。这些矛盾很大程度上造成了两国人民之间存在着相互偏见甚至是敌意。2012年3月，中国新任驻菲律宾大使马克卿在首场记者会上如此描述这种隔阂，“中菲两国这么近，从马尼拉搭乘飞机去北京只需要飞4个多小时，但很多菲律宾人没去过中国”。她认为，这是两国在交流和“相互理解”、“相互信任”方面出现的“赤字”，需要努力改善。[②]中菲两国关系恶化，如何在“冰点”进行“融冰”，两国人民增进了解消除误解，这是国际传播媒体的重要工作，也是其存在的重要意义。

国际台菲律宾语部是唯一一个以对菲律宾人为目标受众，使用他们的母语菲律宾语进行传播的中国媒体。在中菲关系恶化的背景下，探讨国际传播媒体的公共外交功能更凸显意义，使用国际台菲律宾语部案例也具有典型性。

1. 母语传播有利于增进跨文化理解

根据传播学中的符号理论，符号是“信息的外在形式或物质载体，是信息表达和传播中不可缺少的一种基本要素”。人类传播活动首先表现为一个符号化与符号解读的过程，而语言就是一种典型的符号体系。在跨文化传播之中，由于民族和文化的差异，人类的语言千差万别，不同语言之间的解读障碍，是影响国际传播效果的主要因素。所以，要达到更好的传播效果，用受众的母语传播具有不可替代的优势，它往往能跨越民族和文化的藩篱，引起受众对传播内容的心理认同。

可以说，“母语传播”的效果一直在传播实践中得以验证，而“母语传播”的公共外交效果也是惊人的。如国际台菲律宾语部的记者在采访菲律宾人的时候熟练地使用菲律宾语，往往能迅速抓住菲律宾受访者，使他们瞬间产生亲切感，从而更乐意接受采访，也很容易倾诉出其他外国媒体得不到的内容。很多时候在重大事件采访重要人物时，面对各国各家媒体记者一拥而上，国际台菲律宾语部记者的一句菲律宾语的打招呼，往往能脱颖而出，得到独家采访的机会。在2010年上海世博会期间，菲律宾副总统诺利·德·卡斯特罗在面对讲菲律宾语的记者时，亲切地说，你讲菲律宾语让我感觉像同胞一样，让我叫你一声“Kababayan”（菲律宾语中同胞的意思）吧。国际电台菲律宾语部记者进入总统府对菲律宾总统阿基诺进行采访时，正值中菲南海争端持续紧张，菲律宾总统访华到底有什么意味，国内外舆论高度关注。菲律宾语部的记者运用语言优势，引起了阿基诺总统的好感，不仅表达了“发展菲中关系符合双方利益，培育更加密切坚固的文化、经贸和政治关系将使两国人民受益”的观点，为即将举行的中菲元首会晤定调，还欣然为中国国际广播电台成立70周年发布贺词并题词。总统在贺词中表示：“CRI的所有受众，首先，感谢中国国际广播电台给我这个机会与你们交流。我衷心希望我们能够为完善我们的社会、我们的国家而努力，并让我们每个人有理由为此而自豪。虽然我们面对很多历史遗留问题，身处世界的持续变革中，但是我们所获得的能够改变我们的未来的机会也随之不断增加!”他在贺词中还表示：“祝愿中国国际广播电台（CRI）的所有‘粉丝’一切安好!”这也是借“母语传播”优势开展“媒体外交”的一次成功尝试。

2. 秉承人类胸怀，增进民间友谊

当狭义的传统外交越来越向更广泛的公共外交转化时，国际传播媒体应该遵循什么样的原则呢？中国国际广播电台提出的“中国立场、世界眼光、人类胸怀”的传播理念具有代表性和时代性。尤其是秉承“人类胸怀”，以同情心和同理心来做媒体，做一个有良心、有人情味的媒体。在国际传播中，受众是不同种族、不同国家、来自不同文化的，想要消除误解和敌意，建立信任感和好感，以“人类胸怀”表现出对人的博爱之心，符合全人类的普遍感情，这是国际传播的有效保障，也是做好公共外交的“心法”。

这种“人类胸怀”尤其体现在人类共同面对的大灾难面前。对灾民表示同情，对灾区进行捐助、支援，是树立组织公信力和美誉度的重要手段。大灾难发生时，更是一个国际传播媒体应该大有作为的时候，这不仅仅由媒体属性决定，也是由其承担一定的公共外交属性决定的。

2013年11月，菲律宾中部遭受史上罕见的极强台风“海燕”重创，造成数千人丧生。在遭受强台风重创后的一个多月里，菲律宾全国笼罩在抗灾救灾的氛围之中。国际台菲律宾语部除做好相关新闻报道外，还自主策划了向菲律宾灾民献爱心的慈善义卖和捐款等系列活动，筹得善款由专人转交给菲律宾雅典耀大学下设的具有丰富社会救助经验的非政府组织 Gawad Kalinga（GK）。不同于普通社会组织的募捐和慈善义卖，国际台菲律宾语部充分利用媒体的多渠道传播优势，活动在菲律宾文网站、菲律宾语广播以及新浪微博、微信等中外文社交媒体渠道同时展开，扩大了影响力。

菲律宾语部策划的这一系列传播和公关活动，旨在向受灾的菲律宾人民传递正能量，在菲社会各界人士心目中塑造一个负责任、充满人文关怀的媒体形象，拉近与中菲两国人民心灵的距离，一定程度上弥合两国民族情感上的裂痕，既取得了较好传播效果，又收到了良好的公关效果。

3. 利用自身优势，配合外交大局

2011年，南海问题骤然升温，部分东南亚国家尤其是菲律宾小动作不断，并定于6月28日与美军联合举行海上军事演习。一时间，中菲两国在南海问题上的立场和动向成为国内外关注的焦点。在美菲联合军演前夕，适逢菲律宾众议长访华，国际台菲律宾语部记者通过多方努力设法对其进行录音专访，并见机抛出数个关于相对敏感的南海问题的提问，有幸的是众议长没有回避并做出了精彩回答，透露了菲律宾希望“通过和平对话解决南海有关争端”并且“不支持外部势力介入”等重要信息。适逢在菲律宾总统阿基诺访华之前，众议长这一有代表性的言论无疑提前透露了菲律宾本届政府的姿态，澄清了海内外一些煽动性报道带来的杂音，为两国元首正式会见营造了“求和平”的舆论氛围。中菲南海问题纷争已久，该事件已不仅仅是各方政治、军事、外交上的较量，更成为中外媒体在舆论战场上的较量。在这场舆论战中，菲律宾语部发挥对象国语言的独特优势，主动发声，传播真相，及时、正确引导中外舆论，发挥了两国民间情绪的“润滑剂”的作用。

此外，由于国际传播媒体具有外语优势，深入了解对象国，可以为我国的对外传播，以及外交、国防等大小决策提供第一手资料的参考。如国际台菲律宾语部除专人定期从网络、社交媒体等各个渠道收集菲律宾舆情上报外，还聘用菲律宾媒体人作为海外报道员每天发回菲律宾国内的政治、经济、社会等最新资讯，翻译成中文，在国际台中文平台上发布，部分重要内容还写成舆情内参上报，供国家相关部门参考。

4. 助力文化交流，增进了解沟通

文化交流是公共外交的传统手段，公共外交本身起源于文化外交。文化交流也是各国民众所喜闻乐见的、易于接受并且容易取得良好效果的公共外交活动。我国的公共外交组织一直以来非常注重文化的交流，如中国人民对外友好协会以及中国驻各国大使馆等，经常定期举办各式各样的文化交流活动，增进不同国家人民之间的了解和友谊。

国际台菲律宾语部也配合中国驻菲律宾大使馆、菲律宾驻中国大使馆、中国东盟文化以及大学等机构，广泛参与和组织各类双边文化交流活动。如“你好菲律宾儿童节特别活动”、“菲中友好餐会暨音乐会”、“北京大学菲律宾文化周”、菲律宾语版《每日汉语》教材以及《汉语菲律宾语分类词典》的编写和推广等。菲律宾语部善于运用综合手段向菲律宾人介绍中国的历史、文化、旅游等有吸引力的中国元素，尤其是策划特色栏目《菲律宾人在中国》，以菲律宾人的视角来看中国，向菲律宾人介绍中国，取得了良好的效果。

文化交流是一种软力量的交流，柔性的交流，更容易被对方接受。外国的受众对中国文化感兴趣，通过传播中国文化，我们能让外国受众认识到真正的中国价值观，也会使外国受众增加对于中国的好感度。

三、国际传播媒体发挥公共外交作用的意义

1. 国际传播能力影响公共外交效果

国际传播是公共外交活动的核心载体，也是决定公共外交成效的重要因素。可以说，在一定程度上，国际传播决定了公共外交的影响力。当今世界，处于不同政治、经济、社会和文化环境的公众，对于某一个国家的认识和态度，很大程度上由媒体所呈现的国际传播内容来主宰。在国际舆论领域，国际社会对于一个国家的认识，很大程度上来自媒体的报道。而其中一些权威性强的国际传播媒体影响力尤大。有效的国际传播活动，本身也是有效的公共外交活动。两者的有机结合，可以共同为提升国家软实力服务。

2. 发挥独特优势，丰富传统外交内涵

多语种国际传播媒体在国内外发挥多向传播的作用，符合公共外交倡导的 People to People 理念，丰富传统外交的内涵。公共外交为非传统外交，以文化交流和国际传播等作为主要手段，并不像传统外交，仅仅由外交部就能够胜任全部工作。国际传播媒体多年的积累，在信息收集方面，在受众中的影响力，以及与对象国其他组织合作方面有着优势，又是跨文化传播的有效工具。国际传播媒体的工作可以纳入公共外交大格局，与其他机构的公共外交活动相辅相成，共同为我国的国家利益服务。

（作者单位：中国国际广播电台菲律宾语部）

注释：

① 伊塔·吉尔博雅：《大众传播与外交：理论框架》，《传播学理论》，2000 年 8 月。
② 骆晓昀：《菲律宾人在上海》，《瞭望东方周刊》，2012 年 5 月。

从媒介生态角度浅谈
国际台乌尔都语海外媒体核心竞争力

朱 熹

当前，新兴媒体发展迅猛，传统媒体竞争日趋激烈，媒介生态环境正在发生深刻变化。以中国国际广播电台乌尔都语部为例，2011 年，国际台乌尔都语广播与巴基斯坦广播公司（巴基斯坦国家广播电台）合作，在巴基斯坦拉合尔、木尔坦和科哈特三大城市每天同时播出 2 小时乌尔都语调频广播节目。2012 年，国际台伊斯兰堡中巴友谊调频台暨国际台第 81 家海外整频率落地电台在巴基斯坦正式开播。目前，国际台乌尔都语部在巴基斯坦的短波、中波、调频、网络、广播孔子课堂及乌尔都语版本土化杂志《友谊之声》的传播平台已基本搭建完成，具有牢固的受众基础。在这一背景下，要不断提高国际台乌尔都语部海外媒体核心竞争力，在巴基斯坦打造国际台全媒体产品，提高媒体区域品牌竞争力，首先要准确剖析巴基斯坦的媒介生态环境现状，理清对象国媒体发展趋势，从而精准定位、开拓创新，在未来纷繁复杂的媒体竞争中立于不败之地。

本文以国际台对巴基斯坦全媒体传播为例，试图从媒体生态学的角度，探讨在巴基斯坦现有媒体生态环境下，国际台乌尔都语海外媒体的发展方向和核心竞争力，为未来全媒体发展、本土化运作提出建议。

一、媒介生态学概述

根据媒介生态学的定义，媒介作为社会的一个子系统，其构成要素之间、媒介与媒介之间、媒介与外部环境之间存在着密切的互动关系并保持着某种和谐。人类社会的普遍联系中，从媒介生态的内在机制和外在联系以及各种媒介生态因子之间的相互关系中，探索和揭示媒介生态发展与变化的本质和规律。正如，尼尔波兹曼在 1968 年的演讲中，将“媒介生态学”定义为“将媒介作为环境来做研究”（Media ecology is the study of media as environments）。换言之，也就是我们可以将媒介生态系统视为“以大众媒介为中心，以人为主导，通过信息、社会、自然等各因素之间互相联系、互相作用而形成的一个有生命力的整体系统”。[①] 我们可以从微观和宏观两个层面看待“媒介作为环境来做研究”。

首先，从微观方面，媒介环境学将一种（或任何）环境视为结构。结构的独特性在于管制内部行为的外部规律或规则。例如，我们将每一传播媒介本身视为一种结构，比如广播、电视或者电影都是一个独立的结构。我们从媒介的内在符号世界中思考、感知、谈论或表现它。因此，从这个微观层面理解“作为环境的媒介”时，我们“使用”媒介，并不是站在传播媒介之外，而是处于传播媒介符号结构其中。也就是说，从微观方面，媒介环境学是对传播媒介在人类感知、人类意识或者人类思维过程中扮演何种角色的研究。

当然，本文中我们主要从媒介生态学的宏观方面着眼，也就是说，这里讨论的符号环境并不局限于一种媒介，而是有两种以上或多套专门的代码和语法并存，由广播、电视、报纸、杂志、网络和新媒体等多种媒介共同组成的系统环境整体。在这个媒介环境中，每个媒介都有自己的优势，同时相互保持动态平衡、又不断调整变化，与其他媒体或媒介的力量相互竞争、相互制衡。因此，在新媒体迅猛发展的今天，国际台乌尔都语媒体要想在巴基斯坦因地制宜，生根开花，就要结合当地媒介生态特点，充分发挥自身优势，全方位提升国际台乌尔都语媒体在巴基斯坦的综合竞争力。

二、当今巴基斯坦媒介生态环境概况

巴基斯坦作为一个多民族的伊斯兰国家，主要由旁遮普、信德、帕坦和俾路支等民族组成，95%以上的居民信奉伊斯兰教。少数人信奉基督教、印度教和锡克教等。国语为乌尔都语。巴基斯坦目前主要报纸发行量在5万—30万份之间，有英文报纸《新闻报》《黎明报》《国民报》等；乌尔都文报纸《战斗报》《时代之声》和《东方报》等。

目前，巴基斯坦网络及智能电话普及率偏低，新媒体和网络媒体发展受到经济、政治、地缘等诸多因素的限制，基本上还处于萌芽阶段。在巴基斯坦，电视媒体相对其他媒介手段来说依然处于主导地位。除巴基斯坦国家电视台——巴基斯坦电视公司（PTV）之外，主要城市均设有电视台，并拥有一大批很受欢迎的私人电视台，人口覆盖率达87.8%。当然，相比于电视媒体的主导地位，广播作为巴基斯坦最重要的传播途径之一，在巴基斯坦依然保持着相当的活力和独一无二的不可替代性。

正如巴基斯坦拉合尔大学传播学研究所副教授哈桑（Dr. Ahsan Akhtar Naz）在《巴基斯坦的调频广播革命》一书中写道："和其他文化程度不高的社会一样，广播在巴基斯坦的角色非常重要。在这里，广播是获得信息、接受教育和娱乐的有效渠道。尽管在城市里，电视一度代替了广播的位置。但是，近来调频广播电台的兴起再次证明了广播的强劲生命力。"据巴基斯坦电子媒体管理委员会网站2013年最新数据，除巴基斯坦国家电台——巴基斯坦国家广播公司的调频台外，巴基斯坦全国境内目前还有138家商业调频台，国际台伊斯兰堡中巴友谊调频台就是其中一家。

事实上，广播在巴基斯坦的长盛不衰还源于巴基斯坦独特的政治、经济、战乱和地缘等因素影响。巴基斯坦目前经济相对落后，至今仍存在着大量部落地区，很多偏远地区和山区既没有网络也没有有线电视信号，广播自然成为当地人获得信息和娱乐的唯一途径。其次，巴基斯坦面临电力严重短缺的问题，在巴基斯坦即便是在大城市，每天的停电时间也不会少于10个小时，而在农村，停电时间更是每天长达22个小时。在这种情况下，广播收听不耗能、易携带的优势就凸显出来。此外，巴基斯坦毗邻阿富汗，长期饱受反恐战争威胁困扰，互联网和新媒体发展还局限于大城市。因此，在巴基斯坦，广播和电视还牢牢处于媒介生态环境中的霸主地位，而且，广播在与电视媒体的竞争中，由于自己独特的特点与优势，依然具有其他媒体所不具备的独特竞争力。

三、全媒体生态环境下乌尔都语广播的核心竞争力及其发展方向

1. 立足调频，实施国际化、本土化、市场化运作

“广播未来的区域化特征将越来越显著，依托‘地缘’建立起的听众联系将主导未来广播的走向。”[②]根据巴基斯坦媒介生态环境研究，巴基斯坦调频广播业目前充满活力。在此契机下，国际台乌尔都语部大力实施国际传播“走出去”战略，于2011年，在巴基斯坦重要城市正式落地调频广播；2012年，时任巴基斯坦总统扎尔达里与时任中央政治局常委李长春一起出席国际台伊斯兰堡中巴友谊调频台开播仪式，共同为中巴友谊调频台揭牌。此外，2015年，国际台在巴基斯坦伊斯兰堡开设的节目制作室即将投入运行。以上硬件平台的搭建，在使国际台跻身巴基斯坦100多家调频广播之林的同时，也对国际台乌尔都语调频广播的本土化、市场化运作提出更高要求。

那么，如何有效实施本土市场运作呢？我们不妨借鉴同在巴基斯坦这一媒介生态环境下的其他调频电台的成功经验。比如，近年来保持活跃势头，在巴基斯坦调频电台中广告收入名列前茅的HUM FM 106.2调频广播电台。

HUM FM 106.2调频广播电台隶属阿联酋的Shamal媒体服务有限责任公司，和国际台伊斯兰堡中巴友谊调频台一样，都是拥有外来血统的24小时全天候调频台。2005年开播以来，其节目在巴基斯坦和阿联酋24小时播出，广告收入一直在巴基斯坦本土市场名列前茅，并在2011—2012年度登上巴基斯坦调频广播广告收入排名第一的位置。HUM FM的节目在巴基斯坦首都伊斯兰堡和卡拉奇、拉瓦尔品第、拉合尔、白沙瓦和苏库尔等大城市同时播出，定位巴基斯坦年轻人，主要节目内容包括娱乐信息、深受南亚人民喜爱的板球、最新巴基斯坦和印度音乐、当地古典音乐和流行排行榜等。此外，HUM FM的教育类节目也深受听众喜爱。分析该电台在巴基斯坦取得成功的原因，除了在节目设置上年轻化、本土化之外，HUM FM还在节目中大量引进国际化、流行化元素，聘用巴基斯坦本土专业的主持人团队，用亲切、愉快、活泼、快节奏的语速，和乌尔都语、英语混搭的主持风格打造该频率年轻、时尚、国际化的品牌特色，得到当地青年人和市场的一致认可。

HUM FM 106.2调频广播的成功之路，进一步证明国际化、本土化、市场化的品牌定位和营销推广是国际台乌尔都语海外媒体走出去的必由之路。在借鉴当地其他成功媒体经验的同时，国际台其他海外分台的成功经验也可以给乌尔都语海外团队和媒体品牌建设提供一定启示。国际台曼谷分台就在海外媒体“走出去”方面做出了很好尝试。曼谷分台在经历实践与调研之后，革除节目没有针对性、内容五花八门、缺乏统一定位等弊端，把目标听众确定为年龄在20岁—50岁之间的“现代人”，并根据听众需求，将电台改造为以播出本土流行歌曲和音乐为主，适量播出泰国、中国和世界资讯的泰国流行音乐类都市调频台，定位明确、突出受众贴近性。此外，曼谷分台还聘任了当地专业团队，分别负责节目管理、制作和广告产品营销项目推广，取得了很好的传播效果。

2. 突出重点，优化节目设置，打造汉语学习第一品牌

节目内容和节目设置上的精准定位一直是媒体开拓市场、打开局面的核心内容和制胜法宝。在节目定位上，纵观巴基斯坦媒介生态现状，像FM100、HUM FM 106.2、FM101等最受欢迎、市场化程度高的电台，其受众定位都是城市年轻人，节目设置也都偏重于年轻人喜爱的本土流行音乐、娱乐体育信息和少量与当地人相关的新闻资讯。当然，其为数不多的教育节目也是深受当地年轻人喜爱的一大亮点。

深究造成这种现象的原因，可以解释为巴基斯坦媒介生态环境系统中自然选择的结果。因为在巴基斯坦，城市青年是消费市场的主力人群，只有争取到青年受众的认可和喜爱，才能获得广告商的青睐，得到更多资金制作更精良的节目，实现正常的市场运作和“自我造血”功能。因此，巴基斯坦城市年轻人的喜好就成为市场的风向标。国际台乌尔都语部2014年面向巴基斯坦受众做的调查问卷显示，在462名受访听众中，33.9%的受众年龄在18岁—30岁之间，46.1%的受众年龄在30岁—45岁之间，64.2%的听众受教育程度都在大学本科以上，听众人群按人数比例高低依次为政府工作人员、商人、公司职员和学生。这与国际台乌尔都语年轻城市调频广播的定位还是比较相符的。

值得注意的是，调查中99.78%的受访者都表示对中国和中国文化感兴趣。大部分巴基斯坦听众一提到FM98中巴友谊调频台，就能脱口而出FM98学汉语节目两名主持人的名字。因此，在考虑FM98本土化定位的过程中，在具备流行音乐、娱乐体育、本土资讯等流行要素的基础上，也可以把汉语学习节目打造成为FM98中巴友谊调频台的一张特色牌，既符合受众需求，又突出中巴友谊特色，做到“人无我有”。当然，这一过程中，对于中巴友谊调频台汉语学习节目的品牌打造和包装还是必不可少的。

3. 推进广播媒体向服务型媒体转型

服务性信息具有一定的必听性。广播节目中不断更新的气象预报、交通信息、市场信息、就业留学信息不仅能满足人们对于日常生活外部信息的认知要求，也可以建立更多、更广的商业联系，为广播丰富的落地活动和互动交流搭建平台，在创造市场商业价值的同时，提高媒体与听众的互动活跃度。如城市广播中常见的吃喝玩乐大搜索类节目，在为受众长期提供身边实用生活信息的同时，与餐厅、商场、某品牌等建立广泛的联系，在提升媒体品牌知名度的同时，提高媒体品牌的商业价值，并为媒体丰富多彩的落地活动搭建平台、提供资金支持，实现媒体、商家、受众的共赢共享。

4. 利用优势资源合力打造产品集群

纵观巴基斯坦媒体生态现状，国际台乌尔都语部在巴基斯坦拥有比其他当地广播电台更多、更全方位的传播平台。但是，在长期的对外传播过程中，受地域、人力和传统传播思维影响，在各个平台做精、做大、做细、做强，和本土化商业运作方面还略显不足，各平台既没有在品牌塑造上形成合力，也没有在提高媒体竞争力、传播影响力方面发挥应有的作用。未来，在乌尔都语巴基斯坦海外工作室投入运行之后，应在全平台、全方位的本土化运营方面深入实践，针对本土团队对未来国际台产品集群打造、品牌影响力提升提出任务目标。通过国际台曼谷分台的成功案例也证明，本土化的人才资源是发挥良好传播效果、取得竞争优势的核心资源之一，因为本土人才具备与受众存在共同意义空间的所有条

件，能让大众传媒真正发挥其应有的作用。本土人才的数量决定节目制作的数量，本土人才的专业程度则决定节目质量的好坏，本土人才在受众中的人气决定传播效果的大小。[③]

四、结语

从媒介生态视角，通过对巴基斯坦媒体的现状分析，制订合理的媒体发展战略和定位，提高国际台乌尔都语海外媒体的核心竞争力，就要在发展形式上注重结合新媒体发展，强化广播人才，节目管理全球化、本土化、市场化；以调频广播发展为核心和基础，突出重点、优化节目设置、打造汉语学习第一品牌，全面带动媒体多平台协同发展；在传播形式上，要注意从“广而告之”型媒体向服务型媒体转型，贴近生活、贴近受众，全方位打造国际台巴基斯坦海外媒体品牌。

（作者单位：中国国际广播电台乌尔都语部）

注释：

① 官承波主编：《广播电视概论》，中国广播电视出版社，2009年版，第121页。
② 栾轶玫：《广播2009：小趋势VS贵广播》，《视听界》，2009年第2期。
③ 廖吉波：《基于资源基础论的中国国际广播全球本土化研究》，清华大学新闻传播学专业2013年硕士学位论文，第50页。

移动互联网传播格局下加强对老挝传播的思考

蒙 龙

近年来，移动互联网保持了迅猛的发展态势，诸多传统媒体不断调整自己的媒体格局，许多中央级媒体如新华社、人民日报社推出基于移动端的媒体产品。中国国际广播电台各对外传播语种也相继在移动端做出诸多尝试，“多媒体融合、全媒体发展”成为媒体发展的必然趋势。如何在移动互联网传播格局下加强对老挝传播的实效，成为摆在对老挝传播者面前的一个课题。

一、国际台对老挝传播现状分析

从1956年国际台用短波向老挝进行传播至今，对老挝传播走过了50多年的历程。50多年来，老挝语广播发生了巨大变化，由最初的短波广播，发展到短波广播、调频广播、在线广播、平面媒体出版物、面向老挝受众的社交媒体新闻专页CRI-FM93、面对国内用户的微信公众号“CRI悦生活”及视频制作组成的全媒体传播格局。

其中，短波广播每天首播1小时，重播1小时，一直沿用新闻时事类报道、专题专栏节目和汉语教学节目三大模块的组成形式。2004年11月4日，老挝语部音频直播首届中国-东盟博览会开幕式暨开幕晚会，开创了中国非通用语对外广播直播的先河。自2006年11月万象调频台开播后，经过多次改版，老挝语短波广播逐步调整为调频广播节目集萃，节目的针对性和可听性大大增强。

2003年12月18日上线的国际在线老挝文网是全球第一家动态老挝文网站，高峰时期受众单月点击率超过13万。2010年10月12日，老挝文网站在线视频直播上海世界博览会老挝馆日庆祝活动，实现了对老挝传播史上视频直播零的突破。2011年推出的“老挝第九届全国运动会”网络专题通过文字、图片等，全面、及时报道老挝此次盛会，获得老挝方面高度评价，前方报道组因此获得组委会特别嘉奖。目前，国际在线老挝文网已成为老挝高层领导人和普通民众了解世界新闻和中国政府关于国际地区事件立场的重要途径。国际在线老挝文网手机版于2013年年底上线，更便于受众在手机端阅读网站内容。

万象调频台开播于2006年11月19日，由中老两国最高领导人——时任中国国家主席胡锦涛和老挝国家主席朱马利·赛雅颂共同启动开播按钮，成为中国第一家由中外最高领导人亲自启动开播的电台，电台覆盖老挝首都万象市及周边地区80余万人口。2011年10月10日，中国国际广播电台老挝分台暨万象节目制作室正式挂牌成立。当月15日，万象调频台全面改版成老挝语单一语种整频率。经过多次增时扩充，目前，万象调频台每天播出老挝语广播19个小时，其中，万象本土直播13个小时，被老挝国家主席朱马利·赛雅颂誉为“老挝媒体的一部分”，现已成功跻身老挝主流电台行列。

老挝语部从2012年9月3日开始在社交媒体上发布CRI-FM93专页，每日定期更新新闻、趣闻、心灵鸡汤、幽默人生等内容，并每两周发布一期老挝语部自主拍摄的老挝语情景喜剧《哥儿俩》视频片，得到了老挝网民，特别是青年网民的喜爱。专页单帖点击量18万次，单帖评论达1000多条，单帖点赞数达3000多次，专页点赞数目前为11000多次，在老挝媒体专页中排行前列。目前，CRI-FM93专页加强了本土化建设，每天都有老挝新闻在该专页上发布，单帖阅读量基本超过1000次，取得很好的传播效果。

《悦生活》杂志是老挝语部自主创办、拥有老挝正式期刊号的中老双语杂志，于2013年1月在老挝正式出版发行。杂志为月刊，全彩页印刷共84页，在老挝全境印刷发行，每月印数1万册，每月定量赠予老挝党中央、新闻文化旅游部、外交部、中国驻老挝使领馆等政府机构并面向市场销售，覆盖老挝精英人群。杂志汇集中华文化、中老友好往来、全球资讯、生活常识、健康养生、流行时尚等方面内容。《悦生活》杂志不仅是老挝语部工作的新领域，更是推进多媒体融合、全媒体发展的探索和实现社会效益、经济效益双丰收的实践。

由国际台老挝语部主导开发的“CRI-FM93”客户端于2013年11月上线，通过下载安装该客户端，可以实时收听万象调频台的直播节目，从而打破了该台只能在万象及周边地区收听的局限性，声音传播到了世界各地。上线一年多来，该客户端的下载安装次数超过2000次，成为对老挝传播真正意义上第一个基于移动互联网平台的媒体。目前，“CRI-FM93”客户端正在进行系统升级，升级完成之后，通过客户端不仅能够收听万象调频台的节目，还能够阅读CRI发布的新闻资讯，并能与CRI主持人实现互动。

老挝语部微信公众号“CRI悦生活”于2014年10月28日正式上线，是目前唯一运用中老双语进行发布的微信公众号。公众号依托老挝语部每日海量的中老双语资讯、万象调频台广播节目和《悦生活》杂志精彩图文内容，着力打造集资讯发布、生活服务、语言学习为一体的中老双语互动平台。“CRI悦生活”主要面对国内对老挝感兴趣的中国人、对老挝语学习感兴趣的中国人和对中国及对中文学习感兴趣的老挝人。经过初期发展和几次线下活动推介，“CRI悦生活”订阅数已经超过1500。

《哥儿俩》系列视频片为每期3分钟的短视频，为老挝语部独立创作的视频短片，短片中两位主持人以“诙谐搞笑”的形式向老挝网民介绍在中国的各种场合该如何遣词造句，使不懂中文的老挝朋友可以按照视频讲述的内容学会在各种场合的各种中文表述方式，让他们来到中国以后可以按照视频中主持人教授的汉语与中国人进行现场交流沟通，力争让一集视频片教会老挝朋友能够用汉语在中国办好一件事。从2014年下半年开始，《哥儿俩》视频片持续在社交媒体上的CRI-FM93专页、微信公众号“CRI悦生活”和YouTube上推出后，引起老挝网民的极大关注。

2014年12月，中华网老挝文网正式上线，与传统网站不同的是，中华网老挝文网从设计之初就优先考虑到手机端用户的阅读习惯，页面设计和内容设置都更简洁明了。上线半年以来，得到了老挝网民特别是年轻网民的喜爱。

总而言之，经过50多年的发展，老挝语广播初步完成了由单一媒体向综合媒体、由传统媒体向现代媒体、由对外广播到国际传播的转变。对老挝传播主体国际台老挝语部在传统媒体领域，如广播、纸媒等领域都进行了大胆的尝试，其下属的媒体，如万象调频台、《悦生活》杂志等都已经跻身老挝主流媒体行列。而在移动端媒体进行的尝试，如社交媒体上的CRI-FM93专页、微信公众号“CRI悦生活”“CRI-FM93”客户端、国际在线老挝文网手机版和中华网老挝文网手机版，也吸引了相当一部分年轻受众的关注，但相对而言，对老挝传播在移动端媒体方面还是有很大的发展空间。

二、加强移动互联网媒体建设的重要性

1. 国内主流媒体移动互联网建设成果

作为中国的国家通讯社，近年来，新华社积极拓展基于移动互联网的媒体应用。作为国内首个党政企移动客户端集群的龙头产品，新华社发布客户端自2014年6月11日开始上线。作为一家新推出的新闻资讯类主流媒体客户端，上线以来，新华社发布推出了十八届四中全会、鲁甸地震等重大主题、重大突发事件客户端专题报道，并通过创新推出了“面向未来的赶考”“雪域天路60载”等100多个专题轻应用，关注度和影响力不断攀升，截至2015年1月6日，下载量达到2103万。[①]除了客户端之外，新华社及其下属各子媒体公司还不断加强在微信公众号平台的建设，旗下所属的新华全媒头条、新华社发布、新华网等微信公众号，也吸引了大批粉丝关注。

人民日报客户端是人民日报社加快推进传统媒体与新兴媒体融合发展的切入点和突破口，自2014年6月12日上线以来，人民日报客户端以一流的内容和一流的用户体验为目标，秉承“做有品质的新闻”的理念，突出原创、突出独家、突出评论，努力向用户提供有观点、有温度的新闻和优质的信息服务，并通过快速的更新迭代，不断优化用户体验。截至2015年2月15日，综合第三方统计和应用市场数据，总用户数已达2400万，而且全部为自主下载用户。而在微信公众账号方面，人民日报及其下属各子媒体也发布了“人民日报”“人民日报评论”“人民日报文艺”“人民日报政文”等几十个公众号，实现针对不同人群的精准覆盖。人民日报目前已形成法人微博、微信公众账号、新闻客户端三位一体的移动传播新布局。[②]

而作为央视每年压轴大戏的春节联欢晚会，在2015年也在移动互联网方面进行互动尝试——绑定微信“摇一摇”。数据显示：除夕0点—19点期间，微信红包的收发总量达到4亿次，摇红包的总参与人数达2000万。截至21点，微信红包的收发总量达到6亿次，“摇一摇”次数为8.57亿次。10点半央视春晚送红包，微信“摇一摇”总次数72亿次，峰值8.1亿次每分钟，送出微信红包1.2亿个。祝福在185个国家传递了3万亿公里。此次绑定手机端媒体取得了前所未有的互动效果。

2. 老挝移动互联网媒体现状

老挝跟中国一样，对大众传媒实行管控措施，大部分媒体都是属于国有或者国有控股，只有极少部分属于民营媒体。相对于中国媒体机构新媒体的蓬勃发展，老挝媒体机构

的移动互联网建设则显得相对滞后。

目前，老挝主流媒体，如巴特寮通讯社、《人民报》、老挝国家电视台、老挝国家电台等在新媒体方面，都只是开发了基于 PC 端的动态或静态网页，并没有任何一家主流媒体开发出基于移动端的应用，只有极少数几家，如巴特寮通讯社、《万象时报》等在 Facebook 上开设专页。相比较而言，老挝媒体在移动端媒体开发方面相对滞后。

在受众方面，由于智能手机的普及，通过报纸、杂志、广播、电视获取新闻资讯的老挝受众数量呈下降趋势。更多的老挝受众，特别是年轻受众更倾向于在智能手机端通过阅读 Facebook 和国际台相关老挝语媒体获取新闻资讯。

三、如何加强对老挝传播移动端媒体建设

由于近年来移动互联网发展迅速，从移动端获取新闻和资讯的人越来越多，而老挝媒体在移动互联网方面的发展相对滞后。因此，国际台可以依托自身丰富的传播内容和国内先进的移动互联网技术，大力拓展移动端的对老挝传播。

1. 秉承“内容为王”理念，加强移动端媒体内容建设

国际台对老挝传播经过 50 多年的发展，积累了大量的适于对老挝传播的音频、文字、图片等素材，也积累了丰富的适于对老挝传播的媒体策划、新闻采集、节目制作和包装运营等方面的经验和人才队伍。对老挝传播在拓展移动互联网传播渠道的时候，应该加强在经验和人才队伍方面的建设，这些经验和人才队伍将会为新渠道提供源源不断的创意和内容，使国际台对老挝传播渠道能够有别于甚至是优于别的传播渠道，达到有效传播。

2. 充分利用对老挝传播现有移动端媒体，积极开发新的移动端媒体

目前，对老挝传播移动端媒体主要有社交媒体上的 CRI-FM93 专页、微信公众号“CRI 悦生活”和“CRI-FM93”客户端。社交媒体用老挝语传播，侧重于老挝受众，“CRI 悦生活”用双语传播，侧重于中老友好交流圈的各界人士。两个媒体各有侧重，形成良好互动。而目前由中华网技术团队进行升级的“CRI-FM93”客户端已经基本升级完毕，用户下载安装新版“CRI-FM93”客户端，除了可以实时收听万象调频台的节目之外，还可以在线阅读 CRI 新闻资讯，并可以进行实时互动。上线之后，将极大改善对老挝传播在移动互联网方面的传播效果。要统筹发展 CRI-FM93 专页、“CRI 悦生活”公众号和“CRI-FM93”客户端，同时加强国际在线老挝文网手机版和中华网老挝文网手机版的建设，以实现在移动互联网方面对老挝受众的有效覆盖。

3. 尊重移动互联网媒体“用户体验至上”的特点

运用移动互联网加强对老挝传播，必须结合移动互联网媒体的基本特点来进行。移动互联网媒体最重要的特点就是“用户体验至上”。如果说在运用传统媒体进行传播的时候，可以利用大众传媒手段，如广播、电视、网站进行大范围传播，可以根据自己的传播指导方针和传播习惯进行传播，而不从受众角度考虑传播内容。那么，到了移动端媒体建设的时候，必须从受众角度来考虑传播内容的设置。因为，在移动互联网时代，传播的终端绝

大部分就是受众手中的手机或其他移动终端，如果我们的传播内容没有秉承“用户体验至上”的原则，那么，用户就不会下载安装我们所推出的移动应用，所谓的受众也无从谈起。对老挝传播开发移动应用，必须要秉承“用户体验至上”的原则，在照顾用户兴趣的基础上实现宣传目的。由于移动互联网传播的接收终端和用户习惯较传统媒体都发生了巨大的变化，因此，将传统媒体内容移植到移动互联网媒体进行传播的时候，必须对内容进行相应改写，使之符合移动互联网用户的浏览习惯；在传播形式上要借鉴当前流行的做法，不断改进自己的传播艺术，使之能够符合移动互联网用户的使用习惯。

4. 举办相应线下活动，促进移动互联网媒体良性发展

纵观媒体的发展历程，报纸、杂志、广播、电视，几乎所有媒体形态的发展都离不开线下活动的推动，移动互联网媒体也一样。

2015 年 1 月至 2 月，国际台万象调频台联合老挝国立大学孔子学院共同举办“中国梦·老挝情”首届中文歌曲大赛。比赛期间，万象调频台除了通过传统的广播、网站平台，还充分利用社交媒体，多媒体平台联动报道该赛事，得到了受众的热烈反馈。1 月 18 日首轮比赛结束后，万象节目制作室和老挝语部前后方通力合作，在为期两个多星期的时间里，策划编写了《“中国梦·老挝情”首届中文歌曲大赛歌手风采》系列稿件，持续在中老双语微信公众号“CRI 悦生活”上推出，并同步开展“关注 CRI 悦生活”和“为选手投票”赢取决赛门票的互动活动。与此同时，还在该平台上持续推出关于比赛的通告和进展，使“CRI 悦生活”公众号的粉丝数、帖子浏览量和转发量都出现了大幅度增长。其中，粉丝总数比赛前增加了近六成，帖子浏览量和转发量均超过了前期水平。后台粉丝留言也出现了爆炸性增长，两个星期共收到受众留言近 600 条，实现了线下活动与线上推广的完美结合。1 月 31 日复赛当天，万象节目制作室首次尝试用老挝当地最流行的社交媒体对比赛进行实时图文滚动直播，共发布稿件十余篇，发出图片五十余张，并通过社交媒体即时发布现场比赛结果，吸引了众多粉丝浏览留言。

因此，在 CRI-FM93 专页、“CRI 悦生活”公众号和“CRI-FM93”客户端发展初期，必须要适时举办相应的线下活动，才能够更好地提升移动互联网媒体的知名度和影响力，实现有效“吸粉”。

5. 主导老挝移动互联网媒体联盟发展

由于老挝移动互联网媒体发展相对滞后，而国际台对老挝传播移动端媒体发展又已经初具规模，因此，完全可以充分利用已经发展起来的 CRI-FM93 专页、“CRI 悦生活”公众号和“CRI-FM93”客户端等移动端媒体，同时充分利用已经相对成熟的国际在线老挝文网手机版和中华网老挝文网手机版，邀请老挝主流媒体加入到上述移动端媒体的建设中来，实行渠道共享、内容共享，从而实现对老挝主流媒体在移动端的有效整合，让国际台对老挝传播在老挝未来的移动端媒体发展中占据有利位置。

（作者单位：中国国际广播电台老挝语部）

注释：

①《新华社发布客户端下载量超 2000 万》，新华网 http：//news. xinhuanet. com/mrdx/2015-01/07/c _ 133901669. htm。

②《人民日报客户端上线 8 个月用户超 2400 万》，人民网 http：//politics. people. com. cn/n/2015/0217/c1001-26578587. html。

国际台对巴基斯坦综合传播的布局和策略构想

陈　翔

中国国际广播电台乌尔都语广播自1966年8月1日正式开播至今，已经走过近半个世纪。国际台乌尔都语广播经过几代人的共同努力，目前面向巴基斯坦已初步形成由整频率调频电台、租时落地、网站、平面杂志、中短波广播和孔子课堂及听众俱乐部等构成的多元传播结构，增强了对巴基斯坦传播的贴近性和有效性。随着新媒体技术的日益发展，西方发达国家的对外传播已从单一传播模式转变为针对目标地区的综合传播。在我国“一带一路”和“中巴经济走廊”国家战略深入推进的大背景下，国际台对巴基斯坦传播事业应秉承“多媒体融合、全媒体发展”的理念，加快推动综合传播布局，以提高我对巴基斯坦传播的影响力和实效。

一、国际台对巴基斯坦综合传播布局的意义

巴基斯坦位于南亚，东临印度，南接印度洋靠近波斯湾，西和西北与伊朗和阿富汗相连，东北与我国新疆接壤，地理战略意义重大。作为中国唯一的“全天候”的战略合作伙伴和最坚定的友邦，巴基斯坦与我国在政治、军事方面高度互信，两国经济和文化交流发展潜力巨大。巴基斯坦民众虽然对中国普遍友好，但受西方媒体舆论的影响，对当今中国的发展缺乏真实客观的了解和认识。

当前，中央大力倡导“丝绸之路经济带”、“21世纪海上丝绸之路”发展战略，中巴两国政府正全面推动“中巴经济走廊”、加速经济互联互通，国际台将南亚经济走廊国家确定为国际传播重点突破区域，尽快在巴基斯坦推动实施国际传播力建设综合布局，这对服务中央对南亚地区外交新政策，配合两国政府全面推进“中巴经济走廊”建设营造良好的舆论氛围、推动两国民间人文交往、夯实两国传统友谊的民意基础，具有重大战略意义。

二、国际台对巴基斯坦传播的基本概况

截至目前，国际台对巴基斯坦传播的五个渠道是：一是整频率广播。2012年10月17日，在时任中共中央政治局常委李长春和巴基斯坦时任总统扎尔达里的见证下，国际台中巴友谊台整频率广播在巴基斯坦开播。该台覆盖巴基斯坦首都伊斯兰堡地区以及巴基斯坦最大城市卡拉奇市，覆盖人口近2900万。该台每天播出12小时英语节目和6小时乌尔都语节目，内容涵盖新闻时事、中国文化、社会生活、体育、科技和音乐等，目前均由北京总部制作。二是租时播出。自2011年1月17日起，国际台通过租用巴基斯坦国家广播电台频率，每天对拉合尔、木尔坦和科哈特及周边地区播出2小时乌尔都语节目，覆盖人口

约1900万。三是网站。2004年8月，国际在线乌尔都文网正式上线，核心受众为国际台乌尔都语广播听众。网站主要介绍中巴双边交流、在线节目收听以及推广中国文化等。四是期刊。《友谊之声》乌尔都文季刊是中国目前唯一的乌尔都文外宣期刊，在伊斯兰堡印刷并通过本土渠道免费赠予伊斯兰堡地区高端杂志《先锋》订阅户及国际台在巴基斯坦本地700多家听众俱乐部。五是听众俱乐部。国际台乌尔都语广播至今已拥有注册登记700多家本土听众俱乐部，遍布巴基斯坦全境，是国际台实施综合传播最坚定的支持者与民意组织。

三、巴基斯坦媒体市场分析及国际台对巴基斯坦综合传播的目标受众

1. 巴基斯坦经济状况

根据世界银行标准，巴基斯坦属中低收入国家，2013年GDP总量为2323亿美元，人口1.851亿。据巴基斯坦政府2014年6月发布的《2013—2014财年经济调查》，该财年前9个月巴基斯坦经济总体实现增长，GDP增速近6年来首次超过4%，达到4.14%，人均收入为1386美元，外汇储备达136.6亿美元，失业率为6.2%，前10个月的通胀率为8.8%。

2. 巴基斯坦媒体的生态状况

自2001年巴基斯坦政府放开私营媒体发展以来，巴基斯坦国内媒体得到快速发展。除巴基斯坦国家广播电台和国家电视台外，巴基斯坦全国共有198家私营调频电台、91家卫星电视台、22家有线电视公司、4家移动电视（内容提供）公司和2家IP电视运营商。此外，巴基斯坦全国共发行约1841份报纸和杂志。随着网络技术的发展，巴基斯坦大部分报社或杂志社都在网站上设置了电子版，更有一些报刊只有电子报刊。未来五年，巴基斯坦互联网接入市场将出现井喷式发展。巴基斯坦目前拥有超过1.32亿移动电话用户，随着3G和4G业务的开通，手机上网将成为互联网市场增长的主要动力。

目前，巴基斯坦媒体的影响力现状是：城市地区全面进入电视媒体时代，主流私营电视媒体在城市影响力超过官方媒体，广播和报刊等平面媒体次之，网络及移动媒体受制于经济发展状况相对滞后，但发展态势良好，社交媒体十分活跃。2012—2013财年，巴基斯坦媒体行业广告年总收入共计约3.51亿美元，其中，电视台年广告收入约7616万美元，占比21.7%；平面媒体年广告收入约2738万美元，占比7.8%；电台年广告收入约491万美元，占比1.4%；新媒体年广告收入约176万美元，占比0.5%。预计未来五年，该行业在巴基斯坦将以超过9%的年均增长率快速发展。

在巴基斯坦国内媒体快速发展的同时，西方发达国家通过参股、控股、投资代理人等方式对巴基斯坦媒体进行长期全方位渗透，对巴基斯坦国内舆论格局形成重要影响。这无疑为我国在巴基斯坦推动实施国际传播力，建设综合布局提出了挑战。鉴于巴基斯坦社会的精英阶层主要聚集在城市地区以及全国人口60%为青年人这一现实，本着“影响有影响力的民众”这一策略，国际台在巴基斯坦的综合传播应将目标受众界定为城市居民，重点

服务与“中巴经济走廊”战略相关的两国政府、智库、经贸文化界、知识界和城市青年学生。

四、对巴基斯坦综合传播布局及策略构想

巴基斯坦政府及民众对华友好，两国使领馆均积极支持国际台在巴基斯坦开展本土化传播业务。同时，FM98中巴友谊台是国际台与巴基斯坦国家广播电台合作项目，属政府官媒间合作，政治风险低，这些都是国际台对巴基斯坦开展综合传播布局的优势所在。鉴于巴基斯坦媒体发展现状及社会经济发展态势，国际台推动实施对巴基斯坦综合传播的可行性策略是：在充分发挥现有传播形态的基础上，做好、做实、做大、做强五个媒体平台，即：FM98中巴友谊台，“中巴友谊网”及其手机移动客户端，CRI影视译制平台，《友谊之声》乌尔都文杂志，CRI广播孔子课堂以及CRI听众俱乐部。而国际台对巴基斯坦综合传播的着力点则是，努力实现本土化媒体平台与资源内容平台（人力资源、节目内容资源、用户等社会资源）的互联互通、融合发展。具体策略构想如下：

1. 尽早实现中巴友谊台的本土化制作和运营

中巴友谊台整频率调频广播是国际台对巴基斯坦综合传播的立足点和切入点。在伊斯兰堡节目制作室正式启动后，通过市场调研并梳理、整合“中巴经济走廊”项目两国相关部委、智库、企业及使领馆、教育部门资源，将其打造成为巴基斯坦民众了解中巴经贸、商业财经、中国旅游、留学与全球和地区经济态势的首选广播媒体平台，努力为“中巴经济走廊”国家战略营造良好的舆论氛围，服务我国外交及中巴两国企业、民众。中巴友谊台将依托中巴友谊网及其移动客户端，并通过巴基斯坦热门社交媒体进行节目、内容、品牌推广。同时，中巴友谊台应力争实现广告经营，其精品栏目还可制作成衍生产品。

2. 建立综合传播门户网站，积极布局新媒体应用

设立中巴友谊网，使其成为国际台对巴基斯坦综合传播的门户网站，这将从根本上改变当前国际在线乌尔都文网站静态发布的瓶颈。其手机移动客户端将成为传播平台的延伸，是针对当前巴基斯坦精英阶层及未来大众传播的提前布局。中巴友谊网除支持中巴友谊台广播实时在线收听外，应努力打造成为“中巴经济走廊”、中巴经贸、留学中国、畅游中国、汉语教学的权威信息发布平台及中国影视剧在线收看互动平台，并为综合项目的线下活动提供网络支持。中巴友谊网应通过自身和巴基斯坦社交媒体及综合传播的其他平台进行推广。

3. 设立CRI影视译制平台

CRI影视译制平台的设立是针对巴基斯坦国内主要城市地区电视媒体强势的传播特点，利用影视剧等视频传播产品喜闻乐见的优点对巴基斯坦进行文化传播。该平台的主要业务是为中国影视剧的本土化译制和播出服务。启动初期，可考虑与巴基斯坦国内主流电视媒体、国内高校合作播出中国影视剧及介绍中国高校的纪录片，并在中巴友谊网相关频道投放。CRI影视译制平台可依托文化部、教育部、国家新闻出版广电总局等主管部门，

与我国驻巴中资企业合作推出由本土译制的国产优秀影视剧，努力实现我国国产影视剧在巴基斯坦主流电视媒体的常态播出，推动我国高校成为巴基斯坦青年学生海外留学的目标院校品牌，服务国家“文化走出去”战略。依收视情况，还可以考虑研发相关衍生产品投放市场。

4. 实现《友谊之声》乌尔都文月刊杂志的本土制作和发行

国际台乌尔都文杂志《友谊之声》是我国目前唯一的乌尔都文外宣期刊。组建本土杂志制作团队后，应在巴基斯坦申请《友谊之声》正式刊号，使其由国内负责内容生产的季刊转变为内容本土制作和发行的正式月刊出版物，为“中巴经济走廊”国家战略营造良好的舆论氛围，积极扩大我国在巴基斯坦传播效力，服务我国外交及中巴两国企业及民众。《友谊之声》月刊实现本土化制作发行后，可考虑尝试市场导向收支模式，即：遵循社会效益和市场规律相结合的原则，完善期刊精准定位和内容生产，引入市场营销并与综合传播的其他平台联动，更好地服务我国驻巴基斯坦使领馆和中资企业，共同提升国际台在巴基斯坦舆论界的影响力。

5. 开拓CRI孔子课堂的本土汉语教学

CRI巴基斯坦广播孔子课堂是国际台与国家汉办合作项目。未来可在目前与巴基斯坦本土教育集团合作的基础上，开拓本土汉语培训教学市场，并通过整合两国教育部门资源尝试留学中介市场的开发。CRI孔子课堂可从对我国驻巴基斯坦中资企业巴籍员工汉语培训入手，逐步针对巴基斯坦企事业人士及学生开展经贸汉语及留学语言培训，在实体课堂教学为主的基础上，通过广播、网站及手机客户端进行推广，视市场情况还可研发推出汉语教学产品。

五、对巴基斯坦综合传播布局过程中的政策建议

当前，国际台对巴基斯坦综合传播布局的具体实施还面临着一些挑战。从国外因素来看，有自2012年10月中巴友谊台揭牌以来，巴基斯坦国内政局不断变化，巴基斯坦合作方管理层的频繁变更等因素，同时，我们也应看到，国内一些机制性因素也仍有不断完善的空间。

1. 优化海外项目商谈、立项、报批程序

国际台国际合作交流中心是我台海外媒体业务的主管部门，负责海外项目的立项、商谈和报批等工作。建议在地区广播中心提交立项规划和可研性报告后，并经台主管部门原则性同意后，应在综合项目方案的细化量化及具体事项商谈过程中，尝试建立国际合作交流中心业务指导、地区中心与财务中心具体项目直接关联机制，赋予综合项目责任主体部门负责人在授权和财力许可范围内与外方商谈，以利于提高项目行政报批效率和项目推进。

2. 尽快推动对巴基斯坦开展影视剧译制纳入国家影视剧“走出去”盘子

目前，VOA、BBC等都已将视频业务植入巴基斯坦主流电视媒体，并形成一定的舆论场和影响力。建议国际台与国家新闻出版广电总局及文化部等政府主管部门协商影视剧片

源和版权问题，积极将对巴基斯坦开展影视译制项目纳入国家计划，多方位争取运作资金。同时，国际台海外项目负责人也应积极争取在巴基斯坦中资企业的赞助支持，积极稳妥并尽快推进相关项目实施。

六、结语

国际台针对巴基斯坦的本土化综合传播，是打造国际台当前对巴基斯坦多元传播形态的“升级版”。分步骤建设在巴基斯坦全媒体传播格局，将使国际台的传播手段、覆盖范围和影响力得到实质提升。针对巴基斯坦社会精英阶层主要聚集在城市地区以及巴基斯坦全国人口60%为青年人这一现实，拓展中巴友谊台的大城市覆盖面、大力开拓社交媒体传播、重点研发多样化的手机客户端产品以及在巴基斯坦主流电视媒体常态化播出由本土译制的中国优秀影视剧等文化视频产品，必将快速促进巴基斯坦民众特别是精英阶层对中国全面、客观、真实的了解，以集群效应有效抗衡西方媒体针对中国的负面报道，主动引导巴基斯坦主流媒体朝着有利于我国国家战略的方向稳步发展。全媒体本土化的发展思路，将引领国际台综合传播成为巴基斯坦民众涉华信息的首选来源，成为我国在巴基斯坦的重要舆论阵地，同时也将为国际台建设南亚区域媒体集团探索有益经验。

（作者单位：中国国际广播电台乌尔都语部）

文化折扣与国际传播

石　乐

文化折扣是因文化差异对文化产品造成的价值贬损或减低。在国际传播中，跨文化传播是一个不可回避的命题，而文化折扣又是跨文化传播中普遍存在的现象。研究文化折扣对评估跨文化传播效果，提升我国对外传播软实力具有重要意义。本文以分析“文化折扣”现象及其成因为基点，对在国际传播中如何降低“文化折扣”进行思考，并就当前如何加快推进中国文化“走出去”战略提出对策建议。

一、引言

国际传播是以民族、国家为主体而进行的跨文化信息交流与沟通。[①]而跨文化交流是指来自不同文化背景的人们相互交流的一种情境。它的重要和独特之处在于，文化的不同，交流者固有的背景、经历和假定的差异，都会使交流异常艰难，有时甚至无法开展。[②]作为传播内容的文化产品如何进行定位、生产、推销，已经成为国际传播的重要命题。

文化产品不仅是商品，而且是特殊商品，在具有一般商品经济属性的同时，还是文化、理念、主义等的载体，拥有思想文化价值。文化产品的功能是满足人们精神层面的需求，而人的精神需求往往很难量化，再加上个人文化背景的不同，呈现出的差异性和不稳定性很强。因此，文化需求的差异化、多变性和文化产品的国家主体化、标准化生产之间存在着一定程度的矛盾。尤其是在国际传播中，文化的差异性更加显著，由此产生的文化折扣现象往往更为普遍。

随着中国社会主义文化强国建设和文化体制改革的深入发展，文化产业正在朝十八大报告提出的“成为国民经济支柱性产业”的目标不断迈进。在国家战略的支持下，文化产业迎来了新的机遇期，产业全面转型升级，文化消费有望出现“井喷式”增长，但在中国文化国际传播方面，还存在着严重的贸易逆差。

2013年，我国成为世界第一货物贸易大国，出口额达2.21万亿美元，服务贸易也突破了5000亿美元。[③]但2013年我国文化产品进出口总额仅251.3亿美元，文化服务出口总额仅51.3亿美元，在全部贸易总额中文化贸易仅占0.1%。[④]而美国在2011年文化服务贸易出口额就达到1201.47亿美元，占世界出口总额的42.21%。原国务院新闻办公室主任赵启正早在2006年3月9日政协会议上就曾指出：“和中国对外贸易‘出超’相比，中国的对外文化交流和传播则是严重‘入超’……其根本原因是我们文化这个软实力本身，包括文化对外传播能力还不够强大。”[⑤]

造成我国国际传播能力差距的原因有很多，本文仅从文化折扣角度讨论，并就如何通过降低文化折扣，提高文化产品国际传播影响力提出建议。

二、文化折扣及其成因

文化折扣（Culture Discount），起源于普通经济学概念，指的是在确定娱乐产品交易的经济价值时，必须被考虑到的文化差异因素。[⑥]霍斯金斯（Colin Hoskins）和米卢斯（R. Mirus）在1988年发表的论文《美国主导电视节目国际市场的原因》中，首次将“文化折扣”用于影视节目贸易的研究。霍斯金斯认为：扎根于一种文化的特定的电视节目、电影或录像，在国内市场很具吸引力，因为国内市场的观众拥有相同的常识和生活方式；但在其他地方吸引力就会减退，因为那儿的观众很难认同这种风格、价值观、信仰、历史、神话、社会制度、自然环境和行为模式。[⑦]

“文化折扣”首先在对外文化贸易研究中被广泛关注和应用，主要是指因文化背景差异，国际市场中的文化产品不被其他地区受众认同或理解而导致其价值的减低，因此在确定文化产品的交易价值时，必须考虑到文化差异的因素。[⑧]现在，随着相关研究的深入，“文化折扣”概念的应用范围已经大大拓展，不仅局限在对外文化贸易领域，在跨文化传播、消费心理、社会学等诸多研究领域都被广泛应用。

本文将“文化折扣”定义为由于不同的文化结构差异导致的文化传播和文化产品消费受阻。文化折扣的产生有多种因素。有学者认为语言、文化背景、审美预期、历史传统，等等，都会造成对外文化贸易中的文化折扣。笔者认为，文化折扣的产生，包括但不仅限于上述因素，可能来自文化结构的任何层面。

文化结构是文化的内在本体，是由物质文化、制度文化、精神文化等三重文化长期且共同作用的结果。其中，物质文化是满足人类生活和生存需要所创造的物质产品及其所表现的文化，具有物质性、基础性和时代性。制度文化是人类在物质生产过程中结成的各种社会关系，包括社会的法律制度、政治制度、经济制度以及人与人之间各种关系准则等。精神文化则是人类在社会实践和意识活动中长期育化出来的价值观念，思维方式，道德情操，审美趣味，宗教感情，民族性格等，是人类文化心态在观念心态上的反映。[⑨]文化结构中任何方面的差异都有可能导致文化折扣的产生。

三、国际传播中的文化折扣现象

在国际传播过程中，预期内容的传递不可避免地产生不同程度消耗，从而影响传播者期待的价值实现。在一些跨国文化产品输出过程中，受众真正接收到的信息，往往是存在缺失的，习俗、价值观和语言等很容易导致文化折扣现象产生。例如，中国国产电视剧《媳妇的美好时代》在日本、非洲等国的收视火爆，反响热烈，但在进入斯里兰卡等一些宗教国家市场时却遭到拒绝。因其较为写实的故事风格，涉及离婚、婆媳之间的一些问题，有违当地的风俗习惯。在这样的文化冲突下，即便进入他国市场，随之引发的文化折扣现象也会相当严重。另外，用“地道”的对象国语言诠释中国文化产品是中国文化“走出去”的重要保障。在中国文化产品走出国门的过程中，需要将产品翻译成对象国语言。

目前，在国际传播过程中，大多数文化产品都有英文版本，在进入非英语国家时，比较通用和便利的方法是由英文翻译成对象国语言，但是，在中文、英文、对象国语言多层转换过程中，势必导致表述上的偏差，从而增强文化折扣现象。

从当前全球发展现状来看，文化折扣对国际传播的影响也在发生一些值得关注的变化。

科技加速文化结构趋同，当今社会，科技对人们的生活改变巨大，促进了人们生活方式和消费方式的转变。新媒体的出现和普及，对传统传播方式产生颠覆性冲击，也为跨文化传播创造了广阔的技术平台。

以中国为例，代际之间的文化差异正在发生变化。对20世纪90年代的人而言，互联网就好比空气，是理所当然的存在。而当出生在40年代的柳传志、50年代的王健林、60年代的马云、70年代的马化腾、80年代的陈欧都在热议互联网思维，似乎一夜之间互联网就成为无所不能的神器，这些主宰社会财富和资源的精英阶层都宣称要用互联网思维改造自身的时候，这样的喧嚣聒噪之下体现的是社会各个代际之间文化意识的趋同。

科技的发展可以跨越时空地域的限制，为不同国别的人提供相似的文化产品，使物质文化层面的差异减少。而由物质文化的同质化可能倒逼制度文化趋同，个人的精神文化也呈现出趋同化的态势。科技的发展模糊了传播主客体界限，改变了传播的单一性，但传播主体的存在是无法改变的事实。尽管国际传播中起主导作用的主体都把国际视野作为诉求，但文化背景和价值观的差异，使传播主体的国际视野带有明显或隐含的国家和民族特征。

诚然，文化折扣现象的产生，正是由于文化结构的差异产生了意识上的不习惯和不接受，从而造成对文化产品价值认可的折损。但文化差异不只造成文化折扣，还可能带来截然不同的效果，那就是文化吸引。[10]正由于文化差异，才能对不同国家、不同文化背景、不同宗教信仰的人产生强烈的文化吸引力。这种差异而产生的吸引力驱使着身处不同文化结构的人进行交流，继而促成文化融合，推动人类文明的不断发展。2013年全球出国旅游人数达到11亿人次，并且每年都在以4%左右的速度增长。即使是在全球经济普遍不景气的时期，人们对其他国家、其他民族的文化亲近持续保持着强有力的热情。从这样庞大的旅游市场当中其实可以嗅到文化贸易的巨大商机。费孝通先生提出的“各美其美、美人之美、美美与共、天下大同”，正是对不同文化之间和谐相处的理想状态的描绘，妥善利用文化差异亦是可能。

四、国际传播中降低文化折扣的策略

目前，我国在广播、电视、电影、音乐等具有强大文化传播力和影响力的领域，仍然没有形成有创意的文化品牌。对比美国电影针对中国市场做出的场景选择、角色设置、题材利用等具体策略，我国媒体机构和文化企业在海外市场的耕耘还远远不够。对海外市场的重视不够，必然导致文化产品生产中对未来海外推广和贸易可能产生的文化折扣置若罔闻。无意识的生产往往导致在“走出去”当中遭遇困境。在国际传播中，可以从几个层面降低文化折扣。

一是从中国文化名片着手，找准突破口。文化折扣的程度因为文化产品的类型不同而表现出差异，因此，各国在文化贸易初期都将文化折扣程度低的文化产品类型作为主打产品，比如美国的电影、英国的流行音乐、韩国的电视剧、日本的动漫。随着这些国家的优势产业在国际市场树立核心地位，整个国家的文化软实力不断提升，有效带动了各个文化领域的全面发展，最终奠定了其世界文化强国的地位。立足于我国现实情况，应该选择某一门类的文化产品作为重点领域强势打造，并借助国外观众熟悉的文化样式作为推动国际传播的主打产品。印度的宝莱坞以歌舞片著称，20 世纪 70 年代的香港以动作片和警匪片成为世界电影工业的中心之一，这些成功经验都可以给予我们借鉴和启迪。

例如，中国功夫、饮食等都是我国享誉世界的文化名片。在功夫电影、杂技、武术表演、舞蹈等产品类型上，我国已经有较强的知名度和产业基础。中国美食誉满全球，吸引着全世界的目光，其中蕴含着深厚的文化底蕴，是我们庞大的优势资源。建议围绕中国特色文化名片制作系列文化产品，加大推广和传播力度，使之成为我国对外传播的突破口。

二是采取本土化和国际化有机结合的策略。在全球化时代，文化的民族化和世界化的界限越来越模糊。美国就将熊猫、花木兰等中国文化题材充分改造，在世界文化市场获得丰厚的商业回报。日本漫画《七龙珠》将孙悟空的形象进行了颠覆性的创作，也成为具有国际影响力的文化产品。[11]中华文明五千年传承下来的文化财富本该成为傲视群雄的资本，如今却仍在沉睡，没有发挥应有的作用，让人扼腕叹息。

文化的吸引力根源在于独特性。我国文化产业发展的关键在于如何将我国传统文化资源激发，使之转化为具有强大吸引力的文化产品。在对外传播中，应该立足于本土文化资源，明确主体地位和价值，同时学习全球化的文化表达方式并不断创新，形成中国文化的独特话语。一方面，我们在传统文化资源处理时，要将和平、平等、真善美等价值观一以贯之，弥合跨文化差异；另一方面，要大力借鉴其他文化强国的发展经验，对传统文化题材进行国际化的内容制作、推广营销。此外，在对外文化贸易发展的初期，可以借鉴美国的模式引用其他国家的文化题材进行创作，借助这些文化产品降低文化折扣，驱动国外受众更广泛地接受中国的文化产品。

三是定位目标受众，优选传播平台，开展精准传播。首先，实现精准传播要开展扎实的国别研究和受众定位，做到知己知彼。同一国家的受众也要进行进一步的跟踪研究，准确分析地区文化、发展水平、种族、性别、宗教、对华好感度等多重因素对传播可能造成的影响。其次，根据准确的受众分析，选择最为有效的传播平台。根据地区发展水平不同，传播渠道受众到达效果不同，选择影视、网络、广播、纸媒等不同的传播平台。再次，加大对象国本土语言翻译水平，加强多语种人才队伍建设，提升多语种翻译水平，实现中文与对象国语言之间精准互译，这也是对外传播中降低文化折扣必不可少的因素。

四是加快“走出去”步伐，打造对外文化综合传播平台。国际传播影响力不仅仅需要文化产品的支撑，传播平台和渠道也必不可少。当前，国际传播的主战场已由一国国内转移到海外。任何一个国家的国际传播如果脱离海外主战场，就会处于被边缘化的境地。⑫全面整合海外传播平台对有效降低文化折扣，增强我国国际传播影响力大有裨益。只有最大限度地覆盖海外主流媒体和主流社会，多平台、多角度、多频率地进行宣传报道，才有可能对国际舆论产生有效影响力。

此外，随着我国经济实力不断增强，直接参与国际文化领域的投资将越来越多，应该进一步加大对海外媒体和文化企业的收购力度，提高我国在全球文化领域的话语权，为文化产品“走出去”建立更为通畅的渠道。

文化是一个民族延续的内生动力和共同的精神家园，五千年的中华文明史，给我们留下了深厚且延续不断的文化积累，蕴藏着极为丰富的独特文化类型，这是一种难以估量的文化资源。当前，如何增强我国国际传播核心竞争力，将中华文化资源转化为文化生产力，是国际传播的重要责任。

一个国家的繁荣富强，不仅仅体现在贸易商品的全球畅销，更体现在文化产品的流行和价值观的普遍认同。随着我国综合国力的不断提升，中国文化影响力的不断提升，中国文化产品在国际传播中面临的文化折扣也会不断降低。降低文化折扣，绝不是单纯迎合海外受众的文化口味，盲目追求经济利益，而是调整姿态和策略，立足本土化的文化资源，结合全球化的表达方式，主动积极参与国际市场竞争，不断扩大中国文化国际传播影响力，这也正是中国国际传播事业为之奋斗的方向。

（作者单位：中国国际广播电台僧伽罗语部）

注释：

①（美）罗伯特·福特纳：《国际传播：“地球都市”的历史、冲突与控制》（刘利群译），华夏出版社，2000 年版。

②（美）萨默瓦、波特：《跨文化传播》第四版（闵惠泉等译），中国人民大学出版社，2010 年。

③ 中国金融新闻网 http：//www. financialnews. com. cn/jj/pl _ 123/201403/t20140303 _ 50590. html。

④ 中国金融新闻网 http：//www. financialnews. com. cn/jj/hg/201403/t20140331 _ 52761. html。

⑤ 沈苏儒：《开展“软实力”与对外传播的研究》，《对外大传播》，2006 年第 7 期。

⑥ 闫玉刚：《“文化折扣”与中国对外文化贸易的产品策略》，《现代经济探讨》，2008 年第 2 期。

⑦ 考林·霍斯金斯、斯图亚特·迈克法蒂耶、亚当·费恩：《全球电视和电影产业经

济学导论》(刘丰海、张慧宇译)，新华出版社，2004 年，第 47—48 页。

⑧ 百度百科“文化折扣”条目。

⑨ 庞朴：《文化结构与近代中国》，《中国社会科学》，1986 年第 5 期。

⑩ 唐顺荣：《海外市场有多远》，《中国广播影视》，2005 年第 12 期。

⑪ 郑雪梅：《中国电影在美国的文化折扣现象及因素分析》，《商品与质量》，2010 年第 6 期。

⑫ 王庚年：《中国国际传播的现状和发展趋势》，《人民日报》，2013 年 9 月 12 日刊第 7 版。

关于构建更公正的新闻传播秩序的思考

——从中国媒体对两起恐怖袭击事件的报道说起

薛晓云

当地时间 2015 年 1 月 7 日，法国《查理周刊》杂志位于巴黎的总部遭武装分子袭击，导致 12 人死亡。袭击事件之后，全世界包括伊斯兰世界都对发动袭击的恐怖分子表示谴责。但不久之后，《查理周刊》新一期的封面却引起了伊斯兰世界的广泛抗议。值得注意的是，就在不久之前，巴基斯坦西北部城市白沙瓦也发生了一起恐怖袭击事件。2014 年 12 月 16 日，几名武装分子持枪闯进巴基斯坦西北部城市白沙瓦的一所军人子弟学校。袭击事件共造成 141 人死亡，其中包括 132 名学生和 9 名教职工。从伤亡人数来看，学校遇袭事件远远超过《查理周刊》。但是，在西方媒体报道当中，《查理周刊》事件在不断地发酵，而对遇难的弱势学生的关注度却明显减少。本文试图分析产生这一现象的原因，并对如何构建更公正的新闻传播秩序，进行一些思考。

一、《查理周刊》与巴基斯坦军人子弟学校恐怖袭击之后国内媒体报道之比较

《查理周刊》和巴基斯坦军人子弟学校遇袭事件之后，国内媒体及时进行了报道。

从袭击事件本身的报道来看，法国《查理周刊》遇袭事件之后，国内媒体对参加袭击的罪犯信息、《查理周刊》的背景等做了非常详细的报道。对于发动袭击的罪犯信息，媒体进行了非常详细的追踪报道，特别是女嫌疑人的姓名与行踪。而巴基斯坦军人子弟学校被袭事件的报道主要集中在袭击事件造成的死伤人数和遭袭击生还者口述袭击者的凶残。例如，新华网 12 月 17 日发布的《巴基斯坦军校遇袭共 141 人死 133 人伤　7 名暴徒全被击毙》，人民网 12 月 17 日发布的《塔利班血洗巴基斯坦学校：强迫学生看女老师被烧死》等。关于袭击者的详细报道信息并不太多。

从袭击事件发生之后的报道来看，巴基斯坦军人子弟学校遇袭之后，有部分媒体前往袭击事件现场，描述现场残破状况。如国际在线记者 12 月 18 日发布的《本网记者探访巴基斯坦遇袭学校　场面惨烈》。[①]其他包括政府的反应，如抚恤金发放、政府誓言反恐、国家哀悼 3 日、军校老师佩戴枪支上课等。而《查理周刊》遇袭之后，国内媒体展开了持续的跟踪报道，同时进行了深刻的分析。读者在持续不断的报道当中，首先看到了全世界一致发出反对恐怖主义的声音。如，多国政要在巴黎参加反恐大游行，袭击事件之后各国一直谴责等。同时，也迅速了解到新一期《查理周刊》引发了穆斯林与西方世界之间新一轮的矛盾。从被众多媒体转发的消息中读者可以看到，2015 年 1 月 14 日新出版的《查理周刊》很快销售一空。在这一期杂志的封面上，刊登了先知穆罕默德的漫画。这期周刊一经

出版就在欧洲热销，不仅一再加印到500万份，还有人将价格炒到12万欧元。法国总统奥朗德欢呼《查理周刊》“重生”。但是在伊斯兰世界，反应则截然不同。因为，穆斯林拒绝对先知做任何具象的描绘。土耳其唯一刊登这幅漫画的报纸遭到愤怒人群的焚烧，《纽约时报》巴基斯坦版也为此开了“天窗”，新加坡也对新一期的《查理周刊》说了“不”。同时，相当多的伊斯兰国家领导人也对《查理周刊》发出不满。如约旦国王阿卜杜拉二世认为，《查理周刊》的新封面是对先知穆罕默德“不负责任且不计后果的”侮辱。约旦王室发表的一份声明表示：“这种漫画的刊登充斥着对穆斯林的侮辱。言论自由的基本原则之一是对宗教的尊重，而不是故意的侮辱。”值得注意的是，就在不久之前，阿卜杜拉二世还曾经与多国政要一起，出席了巴黎的反恐大游行。[②]

二、西方新闻价值观主导下的媒体报道

同是恐怖主义袭击，尽管巴基斯坦军人子弟学校在恐怖袭击中伤亡人数更多，恐怖分子更凶残，但是在西方主导的新闻语境下，西方媒体对于恐怖分子在巴基斯坦屠戮大量无辜师生的行为并没有给予足够的关注。相反，《查理周刊》遇袭事件从杂志的背景、袭击的细节、袭击者的详细信息以及持续发酵时间等方面都获得了更多广泛的关注和更深刻全面的解读。这可以从目前比较流行的新闻价值观中找到答案。新闻价值作为选择报道事实的标准，主要具有时新性、重要性、接近性、显著性和趣味性等五大要素。在这五大要素当中我们可以看到，巴黎《查理周刊》地处更发达的国家、涉及更精英的人群，因此《查理周刊》显示出更大的报道价值。另外还有值得注意的一点是，由于报道舆论的主体是媒体，因此，与媒体有关的社会事件往往也会受到更多的关注。在巴基斯坦军人子弟学校遇袭事件当中，那些学生显然并不是精英，巴基斯坦作为发展中国家，地位也不如法国那么显著。

可以看出，在西方为主导的国际舆论环境当中，欠发达国家仍然是受到关注度不够的弱势群体。有论者指出：“西方传媒集团在国际传播格局中的主导地位，与有关国家在经济、技术乃至政治和军事方面的先发优势有着密切关系。”[③]由于综合国力的差距，发展中国家与发达国家在话语权方面存在严重的不平衡。正因此，发达国家与发展中国家受到的关注度也存在失衡。

三、构建更加公正客观的新闻秩序

在西方世界普遍忽略发展中国家和弱势群体的情况下，中国作为一个正在崛起的发展中国家，在舆论当中发挥适当的引导作用，构建更加公正客观的舆论环境，有助于塑造一个负责任大国的形象。从法国的《查理周刊》遇袭和巴基斯坦军人子弟学校遇袭事件的报道中，我们可以得到一些经验，同时也可以为建立更加公正的新闻秩序来做更多的尝试。笔者认为，可以从以下几点着手：

首先，为构建更加公正客观的舆论环境，我们需要揭露西方刻意忽略的事实，避免成

为西方的传声筒。在发达国家的强势传播下，我们需要时刻警醒，需要发出属于自己独特的声音，使国家在世界赢得更多更正面的支持。在这次《查理周刊》遇袭事件之后，我们欣喜地看到，国内媒体做了一些积极努力。

对于西方刻意忽略的一些事实，我们进行了深度的挖掘，从而揭露所谓的“言论自由”背后，其实存在双重标准。《查理周刊》遇袭事件发生之后，观察者网发表了一篇春秋发展战略研究院研究员、《文汇报》驻巴黎高级记者郑若麟的文章《〈查理周刊〉的“反启示”》。郑若麟在文章当中提到了2008年发生的锡内事件。锡内当时讽刺了总统萨科齐的公子让·萨科齐，被当时周刊总编以“反犹”名义开除。这一明显违背言论自由的事件，在法国知识界和舆论界引起轩然大波。郑若麟指出，锡内事件反映出了西方“言论自由”的双重标准。他在文章中写道：“这种双重标准如何能够说服全世界穆斯林，刊登某些漫画就是自由、刊登而另一些（并不违法）漫画就不是、其作者就要丢饭碗呢？”④

另外，在西方世界热捧《查理周刊》鼓吹“新闻自由”的同时，我们也报道了伊斯兰世界的抗议。如国际在线所发消息《伊朗最高领袖公开信：被雇佣的恐怖分子不代表伊斯兰教》中说，伊朗最高领袖哈梅内伊1月21日用英语、阿拉伯语、德语和法语四种语言向欧洲和北美青年发出公开信。哈梅内伊在公开信中表示，西方最近二十年致力于把伊斯兰教渲染成为“危险的敌人”。西方国家在编纂新的历史时对其他民族和世界文化采取了不公正行为，他对此表示谴责。他还批评西方政府在重大问题上，阻止公众了解事实真相。他在信中呼吁欧洲和北美广大青年直接从源头了解伊斯兰教，指出被雇佣的恐怖分子不代表穆斯林。⑤

同时，我们还注意到西方世界也存在不一样的声音。如麻省理工学院荣誉退休教授、著名政治评论家诺姆·乔姆斯基在美国有线电视新闻网上发表题为《巴黎袭击事件表明西方激愤情绪的虚伪》。乔姆斯基在文中指出，西方人精心设计了“活记忆”的分类，“将他们对我们的罪行包括进来，同时严格排除我们对他们的罪行”，进而申言“我们没有犯罪，只有对最高价值的高贵防守，虽然有时难免有些纰漏。”这样的说法，使得西方对自己犯下的罪少有反省。⑥国内媒体将这篇文章及时翻译并发布到网上，使普通网友能够对西方世界有更全面更深刻的了解，从而形成更加正确的判断。

其次，在报道涉及宗教问题时我们需要格外慎重。不论是《查理周刊》，还是巴基斯坦军人子弟学校的遇袭事件，都是恐怖袭击。而在部分西方媒体的大肆渲染之下，穆斯林身上或深或浅都被刻上了恐怖主义的印记。

在巴基斯坦军人子弟学校遇袭事件之后，曾有人问过笔者：“为什么恐怖分子要对那些孩子痛下杀手？他们不都是穆斯林吗？”可见，相当一些人对于穆斯林和恐怖分子之间的区别并不了解。他们不知道世界上很多伊斯兰国家正在向恐怖分子宣战，他们也不知道在恐怖主义下牺牲更多的正是伊斯兰国家，而非西方发达国家。郑若麟在《〈查理周刊〉的“反启示”》中指出：“从本质上来说，这次恐怖袭击是部分极端伊斯兰原教旨分子借用广大穆斯林的名义而发动的一场针对西方犹太-基督教阵营的一次宣战。但如果将此形容为

‘文明的冲突’，那就是将所有穆斯林全部卷入其中，这就是掉进了恐怖分子和挑动这场冲突的别有用心者精心构筑的圈套。”⑦

西方世界与穆斯林之间的矛盾存在很多原因，包括历史恩怨、综合国力的失衡、穆斯林群体的壮大以及西方世界在“言论自由”旗号下对伊斯兰教的丑化等。在这种情况之下，我们需要保持清醒的认识。作为国际传播媒体，我们有责任引导受众正确看待恐怖主义，让他们了解不能把恐怖主义与穆斯林等同。在这种情况下，如果我们在报道中给予巴基斯坦军人子弟学校遇袭事件与《查理周刊》遇袭事件以同样的重要性，受众才能了解到，穆斯林也是恐怖主义的受害者，且受害更深。

最后，我们需要为弱者发出声音。事实上，笔者认为，这也是最重要的一点。媒体除了客观报道事件，还可以引导舆论方向，从而引导社会向更健康的方向发展。2011 年，韩国上映了一部电影叫做《熔炉》，影片以发生于一所聋哑人学校中性暴力事件为蓝本，描述一起真实的悲剧事件以及学校的教师和人权运动者一起力图揭开背后黑幕的故事。由于受害者皆为聋哑人，而加害者则为学校管理人员，在电影放映之前，尽管证据确凿，恶人却并未受到应有的惩罚。然而就在电影上映之后，舆论反应强烈，随后韩国国会通过一项有关严惩性侵身障女童者的法案，又被称为“熔炉法”。⑧

有论者提出：“国际舆论传播的过程中还应当有能够引起世界共鸣的‘主导性舆论’，比如，人道主义灾难、贫穷、饥饿等，这些事件大多与全人类命运息息相关，因此，比较容易唤起世界人民的关注，引起他们的共鸣和同情。”⑨在现行的国际新闻秩序当中，巴基斯坦作为一个发展中国家，它的受关注程度远远低于法国。也因此，那些在恐怖分子屠杀中牺牲的 130 多名孩子远远没有《查理周刊》的 12 名遇害者引发的关注多。我们没有看到，有更多的穆斯林正在全力反恐。我们需要反省和思考的东西非常多。比如巴基斯坦军人子弟学校为何遇袭，巴基斯坦面临何种反恐困境；在美国主导的这场反恐战争当中，巴基斯坦到底得到了什么，又失去了多少宝贵的生命；美国所主张的军事打击手段在巴基斯坦这个国家到底有没有实际的效果，等等。

作为发展中国家，我们要做的不只是跟随西方媒体，我们也可以运用手中的传播资源，引导国际新闻秩序向更公正的方向发展。事实上，在历史上，也曾经有一场为了建立更公正的新闻秩序而进行的奋斗。20 世纪 60 年代至 80 年代，发展中国家与发达国家就建立世界新闻新秩序展开了一场论争。1968 年，联合国教科文组织提出发达国家和发展中国家新闻和信息传播不均衡、不平等的问题，认为应当从根本上改变这种状况。1970 年，在联合国教科文组织第 16 届大会上，发展中国家的代表第一次明确提出建立世界新闻传播新秩序的要求。之后的第 18 届、第 19 届联合国教科文组织大会上以及其后数次不结盟国家首脑会议上，发展中国家多次提出这一要求。这场交锋持续数年，最终以美国、英国退出联合国教科文组织、停止缴付费用，使联合国教科文组织陷入财政困境而告终。在当今形势下，我们虽可以不必重提旧话，但是构建更加公正客观的新闻秩序对于和谐世界仍然非常必要。

正所谓“铁肩担道义，妙手著文章”，为弱者发出声音，陈述他们所受到的不公正待遇，表达他们的正当诉求，也是新闻媒体的天职。如果我们能够做更公正客观的媒体，对塑造负责任的发展中大国形象将大有裨益。

（作者单位：中国国际广播电台乌尔都语部）

注释：

① 国际在线网站 http：//gb. cri. cn/42071/2014/12/18/7551s4808650. htm。

② 新浪网 http：//news. sina. com. cn/w/zg/gjzt/2015-01-16/0640557. html。

③ 葛怀宇：《全球化进程中国际传媒面临的发展新机遇》，《国际广播影视》，2014 年第 3 期。

④ 观察者网 http：//www. guancha. cn/ZhengRuoZuo/2015 _ 01 _ 21 _ 306960. shtml。

⑤ 国际在线网 http：//gb. cri. cn/42071/2015/01/23/3245s4851183. htm。

⑥ 澎湃新闻网 http：//www. thepaper. cn/newsDetail _ forward _ 1296225。

⑦ 观察者网 http：//www. guancha. cn/ZhengRuoZuo/2015 _ 01 _ 21 _ 306960. shtml。

⑧ 维基百科 http：//en. wikipedia. org/wiki/The _ Crucible _ （2011 _ film）。

⑨ 赵力：《论和谐世界理念与我国的国际舆论传播》，《国际传播论文集》第十四辑，中国国际广播出版社，2013 年版。

浅谈广播在新媒体时代如何焕发新的生命力

徐晓勤

随着科学技术的快速发展，越来越多的新兴媒体进入到了民众生活的各个方面。新媒体以方便、快捷和门槛低等特点，快速吸引了受众，抢占了市场。作为传统媒体的广播，如何在新媒体围攻下站稳阵脚、守住阵地，并且焕发新的生命力，这是所有广播人都要认真思考的问题。

一、在新媒体攻势下，广播作为传统媒体面临重大挑战

早在20世纪八九十年代，当彩色电视机在国内开始普及时，作为当时最大媒体的广播受到了巨大的冲击，经历过一段颇为困难的日子。进入21世纪后，电子技术快速发展，新媒体手段层出不穷，从电脑到手机、从电子书、博客、微信等各种社交软件，让人应接不暇。现如今在联网的情况下，一部手机便可以满足人们对于所有日常信息的需求。广播作为传统媒体，面对的困难比起当时彩电的挑战来说，有过之而无不及。

据工信部统计，截至2014年2月28日，我国移动用户总数达12.4亿户，其中3G用户有4.3亿户。另据中国移动数据显示，截至2015年1月，中国移动4G用户数已突破1亿户。这些数据说明移动网络的发展极度快速，其受众数量的增长更是有迅雷之势，而且受众多集中在年富力强的中青年阶层。相对于传统媒体，新兴媒体一天24小时不间断地给受众提供新鲜信息，没有整点重播。受众不仅随时可以找到新鲜有意思的内容，同时还可以把关于自己的信息上传到网络上与他人分享。无怪乎如今在公交车、地铁或者火车上，90%以上的乘客都手持手机或平板电脑，浏览自己感兴趣的东西。

在新媒体如此强势的进攻下，广播作为传统媒体面临着前所未有的重大挑战。在受众不断被分流的情况下，一些国家政府减少了相关预算，相应的一些广播电台被迫停播。2008年7月31日，新加坡新传媒集团属下的新加坡国际广播电台正式停播，标志着这个运营长达14年的对外宣传广播电台成为历史。[①]2011年3月28日，英国广播公司宣布将关闭32种对外广播电台中的5种外语广播电台，即俄语、西班牙语、加勒比和阿塞拜疆语、阿尔及利亚语和越南语广播电台。同时，BBC中文广播在持续了70年后结束了普通话无线电广播。而隶属于美国国务院的美国之音（VOA）也在2012年停止了对华中文广播。

值得注意的是，BBC和VOA在停止对华中文广播后，他们的中文网站始终开放并持续运行着。BBC新媒体的技术总监埃里克于2010年在一次新战略声明中表示，BBC将扩大在线网络业务。他说，BBC在线的重点将是“经营产品”而非“建设网站”。对此，他解释道，“经营产品”是指BBC在线的一个自成一体的实体，将技术和编辑融合在一起，满足定义明确的观众需求。由此可见，这些广播电台的关闭并不是他们放弃了对象地区，

而是把战略重点转移到了新媒体领域。

二、广播仍有其独特的优势

诞生于20世纪20年代的广播是世界上唯一的非视觉媒体。广播靠声音进行传播，它能带给我们无限的想象空间，这也正是广播最大的魅力所在。具体来说，笔者认为广播的优势主要是：伴随性、互动性、成本低和便于情感表达。

广播可以在人们移动的状态下随时收听，不会妨碍听众同时做其他事情，比如吃饭、走路或者做家务，等等，这就是它独特的伴随性。现在最常见的是遛弯的人群，手拿着小型收音机边走边听广播。随着家用轿车的普及，驾驶员们成为广播的一大收听群体，因为在开车途中，车载广播是最好的陪伴。以笔者为例，每天上下班和驱车去某处的途中，必定收听广播。尤其是车里只有自己一个人的时候，在广播里或幽默活泼或温柔细腻的主持人以及各种动人音乐的陪伴下，会觉得这是属于自己的一个时空。

互动性指的是在广播播出的时候加入听众的言语或意见，主要是听众参与话题讨论或者电话点播送祝福等。与互联网相比，广播的互动有着对象明确并且能得到有声反馈的特点，听众能直接与主持人取得联系并且即时得到反馈。与电视相比，听众在广播里的互动具有保密、神秘及声音审美的特点，自由度和灵活性也更大一些。尤其在异地连线节目中，广播的优势更为明显。不论多大规模、多远距离，广播只需要一个现场记者和一条电话线就可以即时播出事件现场状况并进行跟踪报道，而电视则要受到国际法、信号传输等技术因素的种种制约。[②]

收听广播非常简单便利，如果用小型收音机的话，绝对是节约的先锋。广播辐射低，环保，受众接收成本低，收音机非常经济实惠，不像手机、电脑等电子产品更新换代那么快而且换一个动辄需要几千元人民币。这是广播与其他媒体相比而言，在市场经济条件下竞争的最大优势。因此，在生活成本越来越高的今天，广播的这个特点也是它拥有很多铁杆粉丝的重要原因。

再说情感表达，广播的声音是实在的、具体的，容易撩拨人的心弦，带动人的情绪，引发人们的共鸣。所以在笔者看来，广播节目也是一种情感表达甚至是宣泄。事实上，除了新闻节目以外，最受欢迎的广播节目就是点歌、互动和情感类节目。中国国际广播电台轻松调频上午档节目《飞鱼秀》和中央人民广播电台FM97.4晚间档节目《爱的更久点》就是两个很典型的例子，两档节目开播都已经超过了10年并且拥有大量忠实粉丝。对于听着广播成长起来的一代人来说，广播承载着他们的一种情怀。

三、广播与新媒体融合是必然选择

既然广播和新媒体各有特点，那么作为肩负历史使命的广播人来说，把两者有机结合加以高效利用是最佳选择。正如BBC的克里斯·韦斯科特所说：“广播不会因为互联网的出现而死亡，但是会改变。”[③]事实上，这个改变早已开始。

1. 广播的网上收听

广播的网上收听，指广播电台建立自己的网站，并且把在广播节目平台播出的内容都呈现在自己的网站上。中央人民广播电台于1998年8月13日开通了自己的网站，是中国中央新闻单位中最早开通互联网站的单位之一。2002年1月1日，这个网站正式更名为“中国广播网”。中国国际广播电台的“国际在线”中文网于1998年12月26日正式对外发布，旗下各语种子网站也在2003年到2005年之间陆续发布。经过十几年的发展，广播网站经过不断地改版升级，如今已经渐成规模。现在，几乎各个广播电台都有自己的网站，受众在其网站可以选择收听直播节目，也可以点播收听已经播出过的节目。广播网站的出现弥补了广播的很多不足，比如收听时的信号干扰以及节目的稍纵即逝等。对于受众来说，以前他们没有太多选择权，到点了广播里播什么他们就只能听什么，现在受众在网站上可以自由选择想听的节目，这无疑给他们提供了更多便利性和更大的选择空间。

目前，很多电台的网站已形成规模化运作，内容相当丰富。比如像中国国际广播电台的“国际在线”网站，与其他大型门户网站相比没有太大区别。每天“国际在线”用多种语言发布各类最新信息，包括政治、经济、文化、体育等，除了拥有大量广播音频节目外，其网页上还有各路记者采编的图文并茂的丰富资讯，而且很多都是独家。通过建设这样的大型门户网站，电台传播的方式更加多元化，有利于吸引更多受众，从而使电台自身的品牌得到进一步推广。

2013年8月9日，国际台旗下所属的国广环球传媒控股有限公司正式收购中华网科技公司门户网站“中华网”。据最近数据统计，2014年国际在线多语种网站、中华网和所属其他网站的独立用户数月均为4399万，页面日均浏览量达到1012万。比起传统的无线广播时代，如今传播内容的受众达到率上了一个新的台阶。

2. 社交平台的利用极大拉近了听众和广播的距离

微博和微信等电子互动平台的开通带来了广播互动性方面的改革。以往听众只能通过写信或者打电话方式与电台主持人联系和互动，不仅费时多，而且效率低。因为不是每一封来信都会在节目中被播出，而且在节目播出过程中的热线电话也是极难打通的。微博和微信的出现把这些情况完全改变了。

微博的出现为广播节目带来了更大的发展空间。现在很多广播节目和主持人都开通了自己的微博。主持人在节目开始前发一条有关当天节目流程及内容的微博，听众可以在后面留言回复，不仅丰富了节目内容，还可以通过提升听众的参与度，进一步扩大节目在听众中的影响，拉近了与听众间的距离，也使主持人在节目直播中，更具有对象感。④

国际台轻松调频的上午档节目《飞鱼秀》就是一个典型的例子，两位主持人小飞和喻舟会在前一天或者当天节目刚开始的时候把讨论话题发到微博上，比如“明天我们要谈论你这个冬天还没有来得及做的事情”，“节目里现在的话题是你最后悔的事情”，等等。听众们自由留言说出自己相关的有意思的故事或者自己的想法。两位主持人会把大家留言的内容在节目中念出来与所有听众分享，关于其中一些很有意思的内容，他们又会进行一下探讨进而迸发出新的灵感。正是这种主持人和听众之间的鲜活互动，赋予了节目更多的生命力。同时主持人通过微博与受众互动，分享自己一些最新动态，还可以吸引更多粉丝，进一步提高自己的知名度。另一方面，主持人的知名度又直接影响到一档节目的收听率，这正是广播和新媒体相辅相成的突出体现。

微信作为即时语音聊天工具，在听众与广播主持人之间的互动中有格外快捷的优势，简单来说就是“短”“平”“快”。现在很多电台节目都有自己的微信公众平台，听众们加关注以后就可以留言发布信息。因为微信的信息可以直接用语音形式发送，不需要听众用手打字，比起手机短信和微博留言来说有着更为便利的优势，所以更有利于听众的参与。尤其在交通路况类广播节目中，行人与司机可以随时把路况信息特别是一些突发情况通过微信发送给主持人，避免了行路过程中用手打字带来的隐患。而主持人可以即时把有价值的路况信息在节目中播出，方便路上的听众出行。另一方面，微信的用户群相对更年轻。在广播节目中运用这种科技含量高又时尚的新媒体工具，使其成为听众和主持人之间一种互动方式，有利于吸引更多高素质和年轻听众收听并参与节目。不过，利用微信互动也会产生一些问题，比如筛选听众发来的语音信息会比较麻烦，需要编播人员一条一条的听。另外，听众语音的音频质量也会参差不齐，等等。

3. 广播电台向全媒体的转化

以中国国际广播电台为例，国际台于 2011 年 1 月 18 日成立了中国国际广播电视网络台（CIBN），标志着这个拥有 65 个语种的对外传播机构，不仅通过广播和网站面向受众，更增加了手机广播电视和互联网电视等各种新媒体形态，它以“中国立场、世界眼光、人类胸怀”为主旨，向世界介绍中国，向中国介绍世界，向世界介绍世界。现在的中国国际广播电台已经不是单纯的广播电台，而是一个拥有全业务媒体形态和国际化特色的新媒体国际传播平台。截至 2014 年，拥有 2000 多人的多语种专业国际广播人才队伍的国际广播电台在境外整频率落地电台达 102 家，覆盖 56 个国家。

在 BBC 和 VOA 等国外媒体缩小外语广播规模的同时，中国国际广播电台异军突起，在本土运作深厚的基础上不断扩大海外业务。这正是广播传统媒体与新媒体技术全面融合发展的一个突出例子。

四、结语

在新媒体时代的广播，虽然经历着巨大的冲击，但是通过与新媒体技术有机融合，绝对不会沦为“弱势媒体”，而是可以发展成为有多元化触角的新时代媒体。因此，笔者认为，广播工作者首先要清楚地了解广播的优势和不足，做到扬长避短，然后利用与新媒体技术的有机结合，并且根据广大受众的需求和时代的发展来不断调整并拓宽广播的传播方式。广播作为一种专业的、亲民的并且堪称是经典的传播手段，在新的时期新的环境下，要不断兼容并包，巧妙地“扬独家之优势，汇天下之精华”。如此一来，广播在新媒体时代不仅可以保持活力，更可以焕发出新的生命力。

（作者单位：中国国际广播电台普什图语部）

注释：

①《信息集萃》，《中国记者》，2008 年 9 月 1 日。

② 吉保邦：《重新认识广播优势》，《中华新闻报》，2003 年 5 月 21 日。

③ 李文明、王霄萍：《新媒体时代的广播自救与创新》，《现代视听》，2008 年第 3 期。

④ 沈燕萍：《广播节目在微平台中的互动》，《声屏世界》，2014 年第 4 期。

关于做好国际传播健康类节目的几点思考

李庆莉

国际广播是文化交流的一种方式，无论是时政类节目、体育类节目、音乐类节目还是健康和服务类节目，都是为达到与对象国民众交流目的的具体手段。在对外传播的队伍里，健康服务类节目要想办好，相对于其他类型节目有很大的难度。笔者自2004年加入国际台柬埔寨语部以来一直负责制作健康服务类节目，本文结合了笔者工作经验对如何办好对外传播健康类节目提出了几点思考。

一、国际传播健康类节目的困难

（1）国际传播可以通过电波不受干扰地表达本国在地区和国际事件上的观点，相较对象国本土电台来说，收听到国外的电台可以听到不一样的声音，的确具有一定的吸引力，因此可以吸引到一定的受众群。正如国际台的宗旨“中国立场、世界眼光、人类胸怀”，由于其特殊的政治性要求，可以为国际传播时政类节目打下广阔的运作空间并使其有相对固定的受众群，而这项优势，在健康类节目中是没有的，在科学健康的道路上，没有政治因素可以利用。

（2）在全球一体化的大背景下，全球的青年人都在追逐时尚、潮流。一场比赛的过程和一首动听的音乐都可以让人牵肠挂肚，回味无穷，而我国经济的腾飞又为文化输出带来了便利，所以文体类节目只要保持时刻走在时代前沿，便可引领潮头。但这项优势，健康服务类节目也无法借鉴，流行疾病不是流行音乐，没有潮流可供追赶，缺乏统一模式，节目推广困难。

（3）当前媒介大战日趋白热，每天新生的、消失的媒体公司数以百计，相对于本地众多的健康类节目，国际广播原本的优势可以说基本不存在。第一，由于本地健康类节目本土制作，所以更接地气；第二，由于其有当地厂家赞助，所以保障有力；第三，由于其熟悉习俗和传统，所以更容易被当地人接受。在和当地的健康服务类节目对垒时，国际广播难占上风。

二、国际传播健康类节目的优势

基于以上困难，国际传播的健康类节目怎么才能找到出路？事物发展本身就是个发现问题、解决问题、摸索探路、趋利避害的过程，世界上没有错误的劳作，只有错误的方法。我们不仅要明白困难，更要看到光明，应该看到，在健康类节目中，国际传播也存在几大优势：

1. 五千年的中医养生知识是我们做好节目的肥沃土壤

中医中药是中国五千年文化的瑰宝，在历史发展的长河中，是中医在帮助国人繁衍生息，薪火长传。中医看病时的综合分析，全面观察，用药时的“君臣佐使”，相生相克，其中蕴含的辩证分析思维就是到今天也绝不过时。特别是中医的养生学说，包括饮食的摄取、作息的安排、运动方式的选择以及心理状态的调节，每一个方面中蕴含的知识都与现代医学观点不谋而合，并正在被其不断地证明。这些都是我们做好健康类节目赖以挖掘的宝藏。作为不同文明间的传播使者，做好中医节目、传播中华文化，每个国际传播的从业人员责无旁贷。

2. 东南亚深厚的中华文化圈是我们做好节目推广的广阔天地

笔者是柬埔寨语广播工作人员，东南亚地区华人众多，与我们血脉相连，风俗相通，是我们做好节目可以依靠的坚实力量。明代郑和下西洋时携带的中医药，为促进中医在东南亚地区的发展与繁荣做出了贡献。先辈们下南洋闯世界的时候，带着中华的情、中华的心，也带着对中医重要的信赖和信仰。例如新加坡的斧标正红花油、千里追风油就是中医在他乡落地并茁壮成长的典范。近年来，多家中医老字号走出国门，为华侨暖心解乡愁，在马来西亚吉隆坡的繁华地段的同仁堂药店，柜台和等候区总是挤满了前来拿药的马来西亚人；而在泰国曼谷的同仁堂，不仅有当地人，也有许多外地前来就医和接受针灸治疗的市民。

在相近的文化背景下，深入华人群体，逐步扩展受众群，以点带面逐步扩大影响，我们国际传播健康类节目还是有广阔天地的。

3. 不做商业广告、拒绝保健品和药品推销是我们从业的良心，也是我们做好节目的不二法门

品牌的树立需要坚持和时间，健康保健节目更是如此，我们是国家媒体，我们的公益性、权威性正是我们在激烈市场中取得成功的神兵利器，只要我们时刻紧握这两件法宝，在激烈的媒体竞争中，我们就一定能笑到最后。

目前，柬埔寨境内能收听到的广播健康类节目，多数是由公司赞助的，里面植入大量的医药宣传和广告，并且加入过多的娱乐元素，真正有用的健康知识反而不多。这样的情况下，更需要我们秉承良心，遵守道德，绝不能为了提高收听率就放下身段，为了经济利益就丧失原则。

三、如何做好国际传播健康类节目

1. 关注受众心理，贴近受众需求

要做好健康类节目，首先要从研究受众的需求入手，受众关注的就是我们要关注的，一定要把受众放在首位，根据受众需求找准自己的坐标。这就需要制作人员弄清楚受众想要关注什么，渴望了解什么，针对他们的需求办好健康类节目。

健康类节目的内容策划首先要满足人们生活各个方面的健康需求，比如预防疾病、生活常识、心理健康、饮食营养和居住旅行等，给患有疾病的人雪中送炭，给健康人的生活

锦上添花。只有在这个思路的指导下，健康类节目才能被受众认可，才能真正起到正确的健康导向的作用。

贴近受众，即关注受众现实生存状况和心理需求。根据最近的世界卫生组织统计数据显示，慢性的非传染性疾病如高血压和糖尿病发病率上升最快的是发展中国家。柬埔寨跟中国一样同属于发展中国家，国民身体素质都会在经济社会的发展过程中阶段性地出现一些共同的健康隐患，比如由于不良饮食生活习惯而出现的各种慢性疾病，而中国在减少贫困人口，提高全民身体素质等方面走在柬埔寨前面，有很多的经验可供借鉴，笔者坚持每天看书看报上网收集科学权威的医疗保健知识，比如人民日报社主办的《健康时报》，央视的《健康之路》《中华医药》等栏目，编辑制作节目介绍哪些生活习惯可以预防“三高”，并且结合中医养生学介绍哪些食物可以养血补气、健脾助消化，哪些穴位可以降压，并在我们的社交网站上贴出人体穴位图以便受众更加清楚其相对应的位置。节目播出后受到了广泛好评，称赞这些都是他们在日常生活中刚好遇到的问题，节目内容很实用。另外，柬埔寨的贫困人口还有很多，很多农村的医疗水平不容乐观，由于家境贫寒，家里唯一可以和外界接触的方式就是收听广播，针对这一受众群，我们就不能总是强调“多动少吃”这类话题，他们迫切需要的知识是如何科学预防各种传染性疾病，比如登革热、乙肝、肺炎和艾滋病的预防等，因此我们也要在健康类节目中做好相关方面的内容介绍。

另外可以通过电子邮件、网页留言、Facebook 等社交媒体与受众进行互动交流，了解他们正在关注什么，征询他们对节目有什么意见和建议，让受众主动参与到节目中来，收集和分析受众需求，从而更加明确健康类节目内容的定位，服务于受众。

2. 坚守节目真实、保证翻译准确

健康类节目以传播健康知识为宗旨，要在节目中提供实用的健康知识，使之与受众的生活密切相关，解决受众遇到的实际问题。不同于娱乐性的文体类节目，受众收听健康类节目，是希望能从节目中可以获得健康知识。因此节目内容的含金量决定着节目能否吸引受众的长期关注。目前，在柬埔寨境内很多电台的健康类节目主要是以专家问诊、药物推销为主，节目主要面向的是患者。虽然其他听众也能从中获取到一些相关疾病的防治知识，但是内容相对较少，节目中的专家多是药物销售代表，而不是权威的医生或教授，打着健康类节目的旗号为商家做广告，导致节目的品质低，可信度和实用性差，甚至在一定程度上误导了听众，耽误了治疗，降低了听众对节目的收听欲望。相比我们的节目无广告插入，受众不会产生排斥心理，因此我们更应该坚守真实这一首要原则，要根据受众的需求，加强节目主题策划和内容安排，对信息进行甄别和筛选，为受众传播真实可靠、具有实用价值的信息。特别在信息爆炸的时代要学会对网络上的信息分辨真伪，哪些言过其实，哪些断章取义。因此编播人员要积极利用业余时间丰富自己健康医学方面的专业知识，提高专业素养。另外，国际传播还对翻译提出很高的要求，健康类节目的编译人员还要掌握丰富的对象国语言医疗方面专业词汇，这样在制作节目的时候才能游刃有余。比如笔者经常阅读柬埔寨本国的健康报纸杂志，上网浏览柬埔寨官方健康网站，积累中柬文医疗专业术语。值得一提的是柬埔寨医疗水平比较低，医疗专业词汇比较匮乏，有一些词汇直接按英文发音直译，比如“代谢”一词，柬埔寨语按照英文发音直译“Metabolism”，对于那些缺乏医疗常识的受众来说很难理解其含义，这需要我们在节目中用通俗的解释性语言来表达其含义即“物质在体内经消化产生能量并最终排泄到体外的过程”。再例如一些比较复杂的疾病如“呼吸衰竭症”用解释的方法即“由于不能呼吸发生缺氧从而引起的一系列综合征”，不过值得注意的是解释这类专业术语要做到措辞严谨，不能想当然。

另外，为了进一步丰富节目内容，可以增加一些轻松的话题类节目，比如生活小窍门、养儿育女、夫妻情感问题，等等，这样能增强节目的可听性，进而吸引受众，提高节目竞争力。

3. 秉承医者仁心，体现人文关怀

目前，世界卫生组织给健康下的定义是：健康不仅是没有疾病，而且包括躯体健康、心理健康、社会适应良好和有道德。所以，人们对健康的追求除了体现在身体上没有疾病困扰以外，还要实现一种身体上、精神上和社会生活中的完美状态，而健康类节目中体现出的人文关怀，有利于帮助受众树立积极向上的健康观念。

2010 年，一位名叫亚翔的柬埔寨听众从央视国际频道《中华医药》栏目里了解到北京海淀医院对治疗他儿子的癫痫病很专业，之后便开始了从柬埔寨到中国的漫漫求医路，同事得知这个消息后帮忙联系安排食宿挂号看病，最后经过专家们十几个小时的手术后患者身体恢复得很理想，再也没有癫痫发作了。针对这件事情我们通过采访患者家长、患者和医生护士等相关人员制作了一期《因为爱生命更精彩》特别节目，通过节目表达出了两国人民的深厚友谊并介绍了我国在某些医疗领域上的精湛技术。另外，我们还在健康类节目里普及了该疾病的一些医疗常识，节目播出后有很多听众打电话来祝贺手术成功并祝愿患者早日康复。得知有很多的听众还很关心患者回国后的康复情况，我们还积极打电话了解并在节目中播出，同时不忘了感谢那些热心听众。通过节目拉近了听众和听众的联系，为患者加油，增加患者康复的信心，同时表达了我们对来自国内外患者的关怀，体现出积极向上的人文情怀。

4. 时刻注意热点，及时调整方向

健康类节目要时刻关注热点，做到应时应势。健康类节目最大的特点就是为受众提供在衣食住行等方面健康生活信息，这需要编播人员要应时调整、应势应变组织节目内容，提供最有价值的最新的实用信息。例如一年中有各种固定的健康纪念日如“3.21 世界睡眠日”、“4.7 世界健康日”、“11.14 世界糖尿病日”和“12.1 世界艾滋病日”，等等，每一个健康纪念日在每一年都会设定特别的宣传口号，像这种主题明确的节日要提前做好准备，收集相关节目素材。针对季节性疾病介绍相关防治知识；并适当介绍突发性、灾难性事故的急救知识。比如柬埔寨一年分雨季和旱季，雨季容易暴发洪水，继而产生疫情。我们在介绍洪水暴发如何自救的同时，提醒受众要注意预防各种传染性疾病如痢疾、疟疾和流感等。柬埔寨举行全国统一高考前，我们针对大家特别关注的考前营养健康和如何消除考前紧张情绪等问题制作相关节目，受到考生和考生家长的欢迎。

对突发的公共卫生事件，要及时从公众健康的角度出发为受众介绍科学准确的健康信息。不能听信谣言，妄自推测，避免引起没必要的猜测和恐慌。例如 2014 年年底，柬埔寨马德望省卢卡村爆发了一起因重复使用感染的针头和注射器而导致 200 多位村民集体感染艾滋病疫情。这件事情受到了柬埔寨政府和世界卫生组织的高度重视。在疫情刚爆发起因尚未明确期间有很多的谣言，我们及时跟进事件最新进展，收集受众最想知道的问题，通过节目给受众普及有关艾滋病的感染途径和预防方法，防止出现恐慌情绪，有不少受众来信表示节目内容很及时有用。

5. 主持风格亲切，拉近听众距离

节目是否做得好听，是否吸引听众，除了跟节目内容有关以外，更多地体现在主持人的主持风格上。广播健康类节目的风格定位是：具有贴近性和亲和力，尽可能拉近与受众的距离，成为受众喜欢听同时又能帮助到受众的节目。

健康类节目的风格要求节目主持人不仅要有准确的发音、动听的嗓音，还要牢记自己是听众的朋友，做到亲切随和，自然大方，以朋友的口吻娓娓道来，让听众听着舒服。健康类节目的受众有很多是老年人，针对一些老年人特征比如反应慢、听力差等，我们除了发音要清晰、舒缓外，还可以有针对性地重复播报一些重要内容，让他们有足够的时间用笔记录一些关键信息。另外，老年人由于年老体衰容易产生一些悲观情绪，我们可以用一些激励的言语帮助他们树立战胜疾病的信心。主持人通过语言表达出的热爱生命、尊重生命的人文情感是缩短与受众心理距离的最佳途径。除此以外，健康类节目的主持人还要不断积累专业知识，充实提高自己，成为受众值得信赖的朋友。

综上所述，虽然在新形势下国际传播健康类节目发展遇到了些问题，但随着人们健康意识的提高，对健康类节目的需求和要求越来越高，我国的健康保健知识又极具历史传统特色和浓郁的地域文化属性。我们一定要加大对此类节目的关注和付出，使之健康发展，促进节目的发展和国际间的交流，传播中国文化，为实现中国梦贡献自己的力量。

（作者单位：中国国际广播电台柬埔寨语部）

品牌建设

谈如何办好缅甸文杂志《今日中国》

辛　甜

《今日中国》杂志是由中国驻缅甸大使馆创办的缅甸文杂志，至今已有40多年的历史，是缅甸正式拥有出版刊号的3家外国杂志之一。《今日中国》杂志以寄送的方式发送给缅甸各级政府部门、议会、各民主党派、各高校、侨团和在缅中资企业，在缅甸有长期稳定的读者群体和影响力。

2013年，受中国驻缅甸大使馆的委托，中国国际广播电台缅甸语部成为该杂志的承办方。缅甸语部对该杂志进行改版后迄今已有一年多的时间。改版之后的《今日中国》杂志更加时尚精美、内容丰富、时效性强，得到了包括中国驻缅甸大使馆在内的各方肯定，也成为缅甸机场以及中国国内高校缅甸语专业学生争相传阅的刊物。

一、杂志定位

办好杂志的第一步，是明确杂志的定位。杂志的定位分为目标定位、读者定位、风格定位和内容定位四个方面。

目标定位，就是办杂志的宗旨，这是杂志首先应该考虑的事情。对于《今日中国》缅甸文杂志而言，目标就是将中国的政治、经济、文化等介绍给缅甸的民众，传播华夏文明，增进中缅两国人民间的相互了解与信任，从而促进中缅两国的政治、经济、文化交流。

读者定位，直接影响杂志的风格定位与内容定位。比如一本面向少年儿童的杂志，在风格上会比较幼稚和轻松，而一本定位于社会精英人士的财经类杂志，会比较严肃和严谨。对《今日中国》杂志而言，杂志定位的读者对象，主要是缅甸的各级政府部门、议会、各民主党派、各高校、侨团、在缅甸的华侨、在缅中资企业以及其他关注中国发展的缅甸各界人士，从读者定位来说，《今日中国》杂志定位相对较为高端和严肃，主要面对社会的精英阶层，同时兼顾社会各个层面的读者。

依据读者的定位，确定杂志的风格定位和内容定位。因为《今日中国》是比较高端的杂志，所以在风格上比较正式。在纸张和印刷工厂的选择上，《今日中国》尽量选择高端的纸张以及印刷质量比较好的印刷厂进行印刷，保证读者的阅读体验。

杂志的目标定位、读者定位、风格定位，最终决定了杂志的内容定位。对于《今日中国》来说，在内容选择上，主要是中国时事新闻、社会变革、历史文化以及一些与缅甸或者东南亚相关的新闻与内容。

二、内容选择

杂志的内容选择，是一个判断、筛选、确定的过程。对于读者喜欢、符合杂志定位的内容，应该进行选择，并进行深入加工与挖掘；对于与杂志定位不符或者读者不喜欢的内容，要果断抛弃，不能因为贪多求全影响杂志的整体定位。

《今日中国》杂志在栏目设置上，主要有活动、图片新闻、东盟、焦点、娱乐、时尚、旅游、健康、友谊、博客、佛教漫画、文化、学汉语、诗歌等。不定期地会有体育、经贸、访谈等栏目。活动栏目里主要是刊登中缅之间的一些友好交流活动；图片新闻栏目则是世界各地的珍奇趣闻；博客栏目会征集诗歌比赛获奖者到中国参观旅游的博客或者在华缅甸留学生在中国的所见所闻；佛教漫画栏目里刊登的是北京龙泉寺学诚法师的富有哲理的佛教漫画；诗歌栏目里刊登的是诗歌比赛获奖听众的诗歌、缅甸著名诗人投给杂志的诗、中缅友谊相关的诗，曾刊载过陈毅元帅的《赠缅甸友人诗》，原缅甸驻华大使吴丁乌先生写的《比大海更深广的友谊》等。下面重点介绍在焦点、旅游、文化、娱乐栏目里对内容的选择。

1. 旅游栏目

中国的长城、故宫等景点缅甸人都已经耳熟能详了，会选择一些富有地域特色和文化底蕴的景点，如哈尔滨湿地、西双版纳、广济寺、灵光寺、龙泉寺、雍和宫等介绍给缅甸读者。

2. 文化栏目

向读者介绍过北京的798艺术区。在缅甸从来没有过把老工厂改造成艺术区的例子，所以缅甸读者非常感兴趣，觉得耳目一新，取得了很好的传播效果。此外，像孔子、中国古代四大发明、秦始皇陵兵马俑等都有过介绍。

3. 娱乐栏目

配合国际台译制的缅甸语版《金太狼的幸福生活》、《婚姻保卫战》、《门第》等电视剧的宣传，重点介绍了这几部电视剧的剧情、主要演员以及采访缅甸语配音演员的内容等。此外，在每一期的娱乐栏目里都会介绍近期最新上映的中国电影。

4. 焦点栏目

这是每一期杂志的重点。一般占8—12个版面。在2014年9月的《今日中国》杂志里，主要介绍了中国的相亲。缅甸没有相亲会，也没有相亲节目。杂志策划了三篇文章，分别介绍了中国的七夕节、在北京水立方举办的比基尼相亲和江苏电视台的相亲节目《非诚勿扰》。2014年11月，李克强总理访问缅甸。杂志在同年11月的《今日中国》杂志的“焦点”栏目里就选用了四篇文章重点介绍了李克强总理的缅甸之行。这四篇分别是《李克强提出多项务实合作新建议　助力中国东盟共同发展》《李克强到访缅甸中学　希望青年传承中缅“胞波”情谊》《李克强总理会见缅甸总统吴登盛》《李克强总理会见缅甸议长吴瑞曼》等。2013年9月，中国海军“和平方舟”医院船访问缅甸，杂志在同年9月的《今日中国》“焦点”栏目里也对此做了大篇幅的报道。

三、编排注意事项

排版上需要注意如下几个方面：

1. 编辑与设计的顺序

一定要在选择好内容，翻译完、定稿后再交给杂志版面设计师设计。我们在办杂志初期就没有按照这个顺序。选择好内容后，为了节省时间，就把中文发给设计师。等设计师设计好版面，我们也翻译完了。但中文一页内容，翻译成缅甸文就变成了2页，有时甚至2页多。设计师预留的版面根本就不够。要么删内容，要么就得重新设计，反而浪费了许多时间。后来我们在缅甸文定稿后再发给设计师，设计师根据内容来设计版面，反而省时省力多了。

2. 图片的选择

按照缅甸习俗，佛教相关照片在排版上要注意不要选僧俗同餐和僧侣站立送礼的照片。在缅甸，僧侣是最受人尊敬的，普通人甚至包括总统都是跪着和僧侣说话。当一个版面既有僧侣又有普通人时，甚至包括总统时，都要把僧侣的照片排在最上方以示尊重。

时尚栏目最好要用中国面孔。现在很多时尚的图片都是西方面孔，但其实中国也有很多时尚的东西，既然叫《今日中国》，杂志要尽量选用中国面孔的图片。

3. 内容的真实性与版权

作为一本杂志，不可避免地要使用一些来自第三方的稿件、图片等，在引用第三方的内容时，特别需要注意核实内容的真实性以及内容的版权问题。杂志在文章引用上，要尽量使用权威来源的新闻稿件，例如新华社、中新社的通稿，或者采用本杂志社的特约记者、特约评论员的文章，慎重使用初次投稿作者的稿件。对于新闻类稿件，或者对于有争议的时事的评论等，尤其应该慎重。对于《今日中国》来说，其在缅甸代表着中国的声音，所以在一些涉及政治原则性的问题上，应当与中国外交部等保持统一口径。

在图片的引用上，要尽量使用新华社、中新社、中国图片社等权威机构发布的图片，征得图片版权所有者的同意，并在杂志中注明图片的来源。切记不要使用来自网络等途径来源不明或者不能证实来源的图片。在图片的处理上，最终定稿印刷前，可能会对图片的对比度、色差、白平衡等做必要的调整，除此以外，不要对图片做非必要的处理。对于《今日中国》来说，杂志内容的严肃性与正确性是必须重点考虑的。

4. 编辑软件的使用

目前市面上主流的排版编辑软件，主要都是针对主流语言进行研发的，对英文和中文的处理，相对比较成熟，出现BUG的机会也相对较少。由于缅甸文文字比较小众，在编辑软件中，一些在英文和中文处理上正确的操作和处理，在缅甸文处理上可能会出现一些问题，需要我们加以注意。

比如在文档的对齐上，在word或者是在杂志编辑软件Adobe InDesign中，英文和中文都可以很简单地选择左对齐、右对齐、中央对齐与两端对齐；但是在处理缅甸文的时候，软件不会像中英文一样自动排版，得手动插入换行符进行两端对齐，以调整文字在段落上的美观性，比较费时费力。因此在手动排版时要注意每个字的间距不要过紧也不要过松。

5. 文字与校正

杂志排版时，尽量选择风格相对统一的字体，文章标题要短小精悍有吸引力，图片新闻比较短，可以不用主语助词和句尾助词，打字输入要规范。缅甸文在输入上，不像中文和英文那么规范，日常的缅甸文输入法中，存在不同的输入与编码能得到类似字符的情况。但是在输入上，对于确定的字符，要采用规范统一的输入方式进行输入。避免因为输入方式与习惯导致的文字不统一。

此外，为了尽可能避免各种错误，还要做好校正工作。排版前的校正一般是对文章的修改、润色，错别字的校正等。排版后的校正主要是检查版面上的美观，是否有排版问题导致的错误等，例如查看有没有一个词被分开成两行来显示，该断句的地方没有断或者不该断句的地方断了等问题。最后一遍校正一般看标题、目录、页码、刊号、封面标题等地方。

《今日中国》作为一本已经有40多年刊龄的杂志，作为目前在缅甸正式拥有出版刊号的3家外国杂志之一，在对缅甸传播中国的历史、经济、社会变革等，促进中缅间的相互了解与交流上，有着举足轻重的作用。作为该杂志的工作人员，笔者深感责任与压力，由于缺乏办刊的相关经验，且缅甸文期刊可供参考的案例不多，只能在学习和摸索中不断前行。

（作者单位：中国国际广播电台缅甸语部）

网络微视频《新闻六十秒》节目的传播学分析

刘然然

随着传输技术和社交媒体的发展，互联网微视频产品在各大门户网站及移动终端纷纷上线，微视频逐渐形成一种新的传播形态。网络微视频以其内容精炼、高代入感、收看便捷的特性，日渐成为快节奏生活的都市人快速获取信息的重要来源之一。

本文尝试用美国政治学家拉斯韦尔在 1948 年发表的《传播在社会中的结构与功能》一文中提出的“5W”模式，对国际台英语中心制作的网络微视频资讯类节目《新闻六十秒》的传播过程进行深入分析，以期对微视频这一全新的网络传播形态，以及国际台英语中心在多媒体发展道路上的这次创新实践有进一步认识。

一、微视频：互联网传播新力量

2015 年伊始，具有百年历史的世界三大通讯社之一路透社推出了 Reuters TV 客户端，通过这款 APP，用户可通过智能手机随意点播收看视频节目，用户甚至可以在其中一个视频栏目中订阅到路透社数百名驻外记者上传的原始视频素材。实际上，全球各大主流媒体如 CNN、BBC、FOX 为迎合新媒体时代受众的需求，都早已投身网络视频领域，为网民提供非线性的点播视频服务。

国内的网络视频产业也是一派繁荣发展景象。不仅有优酷、爱奇艺、腾讯视频和搜狐视频这些占有互联网视频市场大份额的新兴媒体，也有中国网络电视台（CNTV）和新华网络电视台（CNC）这样的传统主流媒体机构发展出的新媒体分支。

截至 2014 年 6 月，中国网络视频用户规模已达 4.39 亿。[①]其中一半以上的网络视频用户对微视频感兴趣。[②]新华网 2014 年 12 月撰文《互联网视听强势逆袭　中国文化娱乐产业迎来“大时代”》称：“2014 年中国网络视听产业总产值达 378.4 亿元，创历史新高。网络视听服务成为网民在线消费时间最长的服务。”

网络微视频综合了文字、声音和图片三大传播元素，将内容以听觉、视觉叠加的方式呈现，效果更加生动形象，丰富立体。随着互联网技术的发展，智能手机的普及，讲究速度缺乏耐性的现代人更趋向观看视频而不是阅读文字，更愿意充当摄影师随手拍下身边事，而非言简意赅费脑力写上百十来字。网络视频以其极强的现场感，自由的点播方式以及与社交媒体的紧密结合，已经成为人们实现快速获取信息、自由分享资讯的传播形式。

英语中心正是看到互联网微视频的发展前景，于 2014 年 3 月推出了一档新闻类微视频节目《新闻六十秒》（*News60*）。节目以信息整合的方式，为互联网手机移动网和社交媒体上的用户，精选四条当日全球热点趣闻，对原始视频内容进行加工，剪辑配音制作而成具有自身特色的高质量的轻松娱乐趣味短视频。

二、从拉斯韦尔的"5W"模式看《新闻六十秒》节目的传播

拉斯韦尔"5W"模式即一个基本的传播过程，是由以下要素构成的：谁（Who）→说什么（Says What）→通过什么渠道（In Which Channel）→对谁（To Whom）→取得什么效果（With What Effects）。

1. 谁（Who）即传播者

《新闻六十秒》节目的传播者即承担节目制作的英语中心新闻班同事，他们在节目传播过程中负责前期搜集、整理、选择、处理传播内容。节目的视频画面选取于资源丰富的互联网，视频声音来自英语中心最资深的广播员，视频的新闻解说词出自英语中心新闻团队最富实战经验的编辑。

传播者在传播学中也被称为"把关人"[③]。在这个节目中，英语中心新闻班的编辑记者们即充当了这个角色，从每日海量的软性新闻中，选取符合当今社会价值标准和大众审美需求的趣味性、知识性强的内容，传播给全世界的受众。

当今大众传媒泛娱乐化、媚俗化现象日益严重，带来的危害不仅降低了受众的文化层次和审美品位，而且减弱了传播媒介应当承担的社会职责。美国学者乔治·伯格纳的"教养"理论[④]，让我们看到媒体泛娱乐化现象带来的不良影响所产生的后果。长期观看夸张极端的搞笑，吹毛求疵式的恶搞，不仅阻碍了大众多样化审美需求，更降低了大众审美认知能力。

在社会转型期的今天，为失去传统参照系的社会大众提供积极的娱乐资讯，让观众在观看节目后不是一笑了之，而是获得知识甚至启发思考，做出这样一档兼有智慧性的趣味新闻节目显得尤为必要。《新闻六十秒》节目的制作者在选题取舍上讲究事件本身的趣味，剔除那些只为吸引观众眼球而故作玄虚的搞怪。节目传播者希望通过对内容的精心选取，来引导节目受众的娱乐文化审美观念。

2. 说什么（Says What）即传播内容

《新闻六十秒》节目内容定位于软性娱乐新闻资讯，集中呈现趣味性、时效性和信息整合性的特征。节目中既有"最牛"中学地理老师4分钟手绘世界地图，又有广州三胞胎熊猫"百天"亮相，萌态十足；既有科学家演示首台太空站咖啡机制作咖啡的全过程，又有珠海航展新型战机首次亮相；既有科学家进入"世界尽头"亚马尔半岛神秘天坑，又有一岁小象大战十四头饥饿雄狮的惊险画面。

节目制作工作由新闻平台早班同事担任，力争在每天早上9点前，收集遴选之前24小时全球发生的趣闻轶事并确定节目选题，做到每天中午1点前发布节目视频。里约奥组委2014年11月24日公布了2016年里约夏季奥运会和残奥会的吉祥物，《新闻六十秒》节目在第二天11月25日的节目中即截取了奥运会吉祥物宣传片精彩片段，精心编写45个字的视频新闻解说词，简单介绍两个吉祥物的外形特征和象征寓意。

《新闻六十秒》节目内容的整合性，体现在节目制作者借助互联网思维，将海量的网上视频素材，重新整合编排成单条十几秒的微视频内容，配以醒目的标题和精炼的文字介

绍，使原有碎片化散布于互联网上的视频新闻产生新的视听价值，为受众提供更加快捷直观的趣味资讯服务。

3. 通过什么渠道（In Which Channel）即传播媒介

传播媒介，也可称为传播渠道、信道、传播工具等，是传播内容的载体。《新闻六十秒》节目采用互联网、手机移动网和微信新媒体作为传播媒介。该节目发布在英语中心官方网站“英闻天下”（CRIENGLISH. com）、移动终端（m. cri. cn）和“英闻天下”网微信公众账号（“中国国际广播电台英闻天下”）上。

“媒介即讯息”[5]告诉我们，传播过程中使用的媒介在时代发展历程中具有的价值大大超过传播的内容。新的传播媒介的使用带给人们的是生活方式的改变。媒介的发展从报纸、杂志、广播、电视到今天的互联网，人们从捧书阅读到拇指阅读，从“沙发土豆”到“鼠标土豆”，媒介成为区分不同社会形态的标志。

视频的传播媒介从传统的电视发展到互联网络，打破电视线形传播，受众只能被动接收信息的局面，带给受众更灵活舒适的收看体验。互联网的海量储存和精确搜索功能使节目受众可以从“英闻天下”网站主页所设的节目专题页入口，很容易访问到感兴趣的往期节目内容。此外，《新闻六十秒》节目以其时长短、流量少的优势，在国内目前还没完全突破网速宽带的技术障碍下，得以实现在线收看、点播清晰流畅的收视效果。

此外，《新闻六十秒》节目借助国内拥有 6 亿用户的社交媒体“微信公共平台”，通过微信所具备的大众传播、人际传播和组织传播的综合传播模式，即一段网络视频被网民点击观看后转发在自己的朋友圈等其他社交媒体上，该视频会被他的关注者看到，点击观看并转发到关注者的朋友圈，于是同样的传播过程会再次上演。在微信强大的病毒式推广下，这段视频得到了一次次传播。节目产品和节目出品的媒体品牌也在此传播过程中得到了最大化推广。

4. 对谁（To Whom）即受众

《新闻六十秒》节目的受众在节目传播过程中，是信息接收者、信息再加工的传播者和传播活动的反馈源，在传播活动中占有重要的地位。节目受众定位于生活在现代都市快节奏状态中，极需趣味软性新闻资讯来缓解工作生活压力，又习惯快餐式阅读来获取信息的网民。

相对于传统媒体来说，微视频与社交媒体的结合改变了受众被动接收信息的状况，传播者和受众在传播活动中相对存在。在传播过程中网民观看视频内容，既是传播信息的接收者，其后在社交媒体上完成的转发分享，又成为信息的发布者，成为视频节目的主动传播者。

微视频节目的网络受众具有善于互动和习惯表达个人见解的特征。《新闻六十秒》节目的受众与制作者，在节目发布网页最下方设有的留言框内，进行沟通，向传播者提供反馈意见。他们在互联网和社交媒体的分享过程中，可以自由发表对节目内容的个人见解。

此外，互联网受众精英化特征日益突出[6]。这表明普遍接受过高等教育的网络视频受众需要更为高质量的娱乐资讯，他们不喜欢无下限的低俗，不满足无厘头的搞笑，期望在收看节目获得放松的同时得到额外的知识或者见闻。

5. 取得什么效果（With What Effects）即反馈

《新闻六十秒》节目的传播效果指节目播出后对受众的行为产生的有效结果。具体指节目受传者接收信息后，在知识、情感、态度、行为等方面发生的变化。

借助“使用与满足”理论[7]我们看到受众从电脑或手机上点播观看到社交媒体转发《新闻六十秒》节目的过程中获得自由选择资讯内容，参与节目互动，发表个人观点等多种满足。

《新闻六十秒》节目突破传统媒体空间、时间上的限制，将原始视频素材进行有效剪辑，压缩成短小精悍的小视频，并配有高概括性的解说词，发布于互联网及社交媒体，供受众依据个人偏好任意时间、地点点播或回看视频内容，为受众提供了很大的选择空间，大大满足了受众的选择性心理[8]。

微视频网站与社交网络结合，极大地增强了信息交换与传递的主动性和互动性。通过分享平台，一个成员发布的信息，可以以裂变方式瞬间扩散到其所有联系人。信息受众一改传统媒介下被动接收信息的局面，转而主动利用接收的信息，进行再次传播，这种受众对信息的利用将信息传播效果不断加强。

据调查，35.3%的用户有在网站分享视频的经历[9]。从这个数据我们看到，互联网用户对感兴趣的视频有较高的分享意愿。《新闻六十秒》微视频节目发布网页上设置了多个国外社交平台 Twitter、Facebook、Reddit 和国内社交媒体新浪微博、腾讯微信、开心网等丰富的分享渠道，满足了受众这种较为强烈的互动参与的心理。

互联网为受众提供的个人表达空间，让那些持有独特建议的受众不会担心自己的观点只有少数人支持而孤立地陷入“沉默的螺旋”[10]，个性化的社交媒体充分满足了受众表达个人观点的使用目的。通过对社交媒体上节目的转发跟踪，节目制作者又收集到了多方的反馈意见，对节目日后内容的改进将会有很大帮助。

三、结语

内容精炼、互动性强、观看随意的微视频，在电信、广播电视、互联网三网融合的大背景下，优势尤为明显。微视频的资讯类节目更是互联网用户获取新闻的大势所趋。抢占互联网先机，争取新媒体话语权是当今传统媒体发展面临的重要问题。创建《新闻六十秒》节目，紧跟时代发展，为国际台以广播为主的传统媒体向多媒体融合发展做出了很有意义的一次尝试。

节目未来还有很大的发展空间。在内容上，我们可以借助国际台高质量采编优势，增加原创自采内容，强化“英闻天下”网站的内容风格，扩大网站影响力。在推广上，可以将每日视频节目从现在的二级专题页面提升至“英闻天下”网主页面，以增加视频曝光率。另外每期节目标题还可以采用当日一条主推趣闻资讯的标题代替现有节目标题以日期简单地划分，便于受众对节目内容的搜索和回看。

值此《新闻六十秒》节目创建一周年之际，我们欣喜地看到《新闻六十秒》节目在传播趣闻资讯的同时，也增进了不同国家、不同社会文化的跨文化交流。我们希望通过节目丰富的内容，在新兴媒介上形成多种文化、多种趣味元素多态并存的格局，也希望借助新媒体的传播优势，将节目品牌和英语中心官方网站“英闻天下”的品牌影响力不断扩大。

（作者单位：中国国际广播电台英语中心）

注释：

① 中国互联网络信息中心（CNNIC）2014年7月发布的《第34次中国互联网络发展状况统计报告》，http：//www.cnnic.net.cn/hlwfzyj/hlwxzbg/hlwtjbg/201407/t20140721_47437.htm。

② 中国互联网络信息中心（CNNIC）在京发布《2013年中国网民网络视频应用研究报告》，http：//www.cnnic.net.cn/hlwfzyj/hlwxzbg/spbg/201406/t20140609_47180.htm。

③ 把关人：最早是由美国社会心理学家、传播学四大奠基人之一库尔特·卢因（1947年）在《群体生活的渠道》一文中提出。卢因认为，在研究群体传播时，信息的流动是在一些含有“门区”的渠道里进行的，在这些渠道中，存在着一些把关人，只有符合群体规范或把关人价值标准的信息才能进入传播渠道。

④ 教养理论：也称“培养理论”，“涵化理论”研究起源于20世纪60年代的美国，其代表学者是乔治·伯格纳。最初研究的焦点是电视节目的暴力内容与社会犯罪之间的联系。后转向考察媒介提示的“象征性现实”对人们的现实观的影响。教养理论认为，在现代资本主义社会，大众传播对人们认识现实世界发挥着重大作用。由于传播媒介的意识形态和价值观的倾向性，人们的现实观与实际存在的客观现实之间正在发生着很大的偏离，它更接近于媒介描述的“象征性现实”而非客观现实。传播媒介对人们现实观的影响是一个长期的、潜移默化的、“培养”的过程。

⑤“媒介即讯息”是加拿大学者麦克卢汉对传播媒介在人类社会发展中的地位和作用的高度概括。他强调真正有意义、有价值的讯息不是各个时代的传播内容，而是这个时代所使用的传播工具的性质，它们所开创的可能性及其带来的社会变革。在麦克卢汉看来，每一种新媒介的产生都开创了社会生活和社会行为的新方式，媒介是社会发展的动力，也是区分不同社会形态的标志。

⑥ 2014年8月13日，由尼尔森网联和南方传媒战略合作伙伴——优朋普乐联合业界专家组织撰写的行业内首份《中国互联网电视发展白皮书》正式在北京发布，白皮书称“互联网电视受众中，高知、高职的精英化特征更加突出”。

⑦ 1974年E·卡茨在其著作《个人对大众传播的使用》中首先提出该理论，他将媒介接触行为概括为一个“社会因素+心理因素——媒介期待——媒介接触——需求满足”的因果连锁过程，提出了“使用与满足”过程的基本模式。

⑧ 美国传播学者约瑟夫·克拉帕曾对受众的选择心理进行研究。他指出，受众由于受原有的态度倾向、观点和兴趣的影响，视听传播是一个选择过程，它包括三个具体环节：选择性接触（注意）、选择性理解和选择性记忆。

⑨ 中国互联网络信息中心（CNNIC）在京发布《2013年中国网民网络视频应用研究报告》，http：//www. cnnic. net. cn/hlwfzyj/hlwxzbg/spbg/201406/t20140609_47180. htm。

⑩ 传播学者诺利·纽曼提出的“沉默的螺旋”理论，即大众传媒所表达的劣势意见和对异常的人际支持逐渐减少，合并形成了沉默的螺旋，其中表达优势意见或不愿意表达意见的人数逐渐增加。

参考文献：

1. 郭庆光：《传播学教程》，中国人民大学出版社，2011年版。

2. 赵大伟：《互联网思维独孤九剑》，机械工业出版社，2014年版。

3. 邱林川、陈韬文：《新媒体事件研究》，中国人民大学出版，2011年版。

4. 唐绪军：《新媒体蓝皮书：中国新媒体发展报告No.5》，社会科学文献出版社，2014年版。

5. 刘飞：《网络为视频研究》，湖南大学硕士学位论文，2012年。

6. 戴景丽：《微视频的内容定位与盈利模式》，上海师范大学硕士学位论文，2013年。

7. 金烨：《陈志华：视频新闻化需求走高》，《中国经济和信息化》，2012年第4期。

8. 李思维：《网络微视频的传播学解读和分众化探究》，《现代远距离教育》，2013年第2期。

9. 杜来花：《视频新闻的发展空间——以新浪视频新闻为研究对象》，《时代金融》，2011年第30期。

研究展会传播规律塑造传递品牌形象

曾少军

展览会是一种综合运用各种媒介的传播方式，通过现场展览和示范来传递信息，推荐形象，是一种常规性的公共关系活动。

中国国际广播电台作为向全世界传播的国家级媒体，在媒体建设中，如何充分利用一切媒介手段，塑造新品牌，向广大受众传递新形象，是我们在发展阶段需要同步思考实践的问题。本文就在多媒体传播的大格局下，如何有效运用展会媒介，塑造传递媒体品牌形象做一下论述。

一、展会作为媒介的传播特色

凡是能使人与人、人与事物或事物与事物之间产生联系或发生关系的物质都是广义的媒介。除报纸、杂志、书籍、广播、电视、电影等大众媒介外，展会作为一种特殊的媒介有其自身的独特性。具体表现为以下几点：

1. 目标明确

由于参与展会活动的传播者与受传者目的明确，信息的定向性强，即对特定的观众传达特定的信息。因此展会传达的信息是目标明确的定向传送。

2. 反馈直接

展会的现场特性及其拥有人际传播的特性使传受双方都能得到最直接和最迅速的反馈信息，现场工作人员与受众进行一对一的互动，具有针对性，形成真正的互动传播。

3. 信息集中

由于展会是有组织、有目的的传播，限定了传播者、受传者和传播内容的范围，因此展会传达的信息量高，传递的密度大，受众在很短的时间内就可以获得大量有效的同类信息。

4. 效果生动

这是媒介形式决定的，展会中实物媒介传递的信息真实可信，环境媒介全方位刺激人体感观，它产生的效果是强烈的、也是生动的。

正因为展会所具备的独特性，因此在当下多媒体传播的激烈竞争中，展会作为媒介传播依然保有自己的一席之地。据中国贸促会 2014 年 1 月发布的《中国展览经济发展报告(2013)》与中国会展经济研究会 2014 年 4 月发布的《2013 年中国展览数据统计报告》，亚太会展研究院经过 5 个多月调研统计，2013 年我国共举办展览 7851 场，其中文化及其他展示类的占 11%。

由于展会的传播是高质量的传播，一次成功的展会其影响力是长久和广泛的。以北京国际广播电影电视设备展览会（BRITV）为例，该展会是由国家新闻出版广电总局主办的“中国国际广播影视博览会”（简称广博会）的主体活动之一，BRITV是以内容创作为主，集产品展示、会议论坛为一体的引领行业发展方向的广播影视高端交流平台。BRITV举办多年，已经逐步发展成为亚洲最具行业影响力的广播影视展览会，历届展会都受到国家领导人、全国广电系统及相关行业的广泛关注。2012年BRITV展出规模超过50000平方米，观众人数超过55000人，中外参展商近500家，展品覆盖广播影视的采、编、播、存、传等各个环节。国际台2011年至2014年连续四年参加了北京国际广播电影电视设备展览会（BIRTV），连续几年参展都赢得了良好口碑，取得了广泛、深远的传播效果。

二、突出品牌强化传播效果

由于受众在一定时间里接收的信息有限，所以在特定的时空内，单一主题的传播内容远比多主题的传播内容能够取得更好的效果。因此在参展前，如何在众多内容中突出特色，聚焦品牌，是展会取得良好效果的有效保证。一般来说参展商参展的目的至少是两个：第一个是要提升、推介企业形象，再一个就是订单。作为国际台来说，宣传介绍国际台形象，推广国际台办台理念是我们的唯一目的。因此，围绕这一目标，有必要深入探讨研究展会传播规律，使传播效果最大化。

展会和其他任何营销手段一样，都是一种信息的传播方式。其本质都是通过营造一种现场体验，达到与目标受众沟通的目的，形成良性的沟通和交流，并最终强化自身品牌。

国际台是向全世界传播的国家级媒体，目前每天使用65种语言，向全世界累计播出节目4800多个小时；拥有101家境外整频率电台；成立了25家境外节目制作室，40个海外机构以及15家广播孔子课堂，和4112家受众俱乐部。目前已经逐渐形成了自己的一级品牌CRI及CIBN。新的历史时期，国际台正以媒体建设和品牌打造为重点，积极推进多媒体融合、全媒体发展，全面建设现代综合新型国际传媒集团。

在展会上，如何在众多内容中选取亮点集中体现国际台发展成果，体现国际台建设品牌内容、打造品牌媒体的总体构想。以国际台2012年参加北京国际广播电影电视设备展览会为例，在参展的设计思想方面，就着重展现中国国际广播电台重要品牌CIBN以及旗下视频媒体子品牌在新媒体、新技术、新形态下，面向全球受众提供的丰富多样的国际化视听内容和服务。围绕“轻松一点，世界随你变”这一主题内容，在表现形式上采取了展示内容和用户体验两部分。展示内容部分以互联网电视、天地视频、手机电视、环球奇观、环球购物、环球东方卫视六块视频围绕国际台大屏幕内容，七块展板内容对应视频短片内容，集中介绍国际台发展格局，以及六大视频媒体的特色。用户体验部分突出互联网电视体验专区，兼顾其他媒体的体验，集中体现国际台发展理念、发展战略、业务布局以及媒体影响力。表现国际台遵循媒体发展规律，立足国际传播大局，多媒体融合、全媒体发展的战略。2013年展会则集中展示国际台广播频率、视频媒体、新媒体、影视译制及平面出版五大业务集群，突出国际台多语种、多类型、多终端、多媒体的国际化定位，并展示国际台在综合媒体传播方面的成功案例和成果。设计总体围绕“多媒体、国际化”，展现国际台运用新媒体平台实现传播时效以及未来发展愿景。

三、以人为本吸引目标受众

展会的要素分为三个：参展商、展台、观众，展会传播过程中的各个要素完整展开、显现出来，形成一个传播系统。

由于展会是一种时间短、规模大、频度高的信息传播活动。参展商是否能在短时间内抓住观众，展台设计至关重要。展台设计是一门综合的设计艺术，是一种实用的、以视觉艺术为主的空间设计。是一种对观众的心理、思想和行为产生影响的创造性设计活动。通过在“会议、展览会、博览会活动中，利用空间环境，采用建造、工程、视觉传达手段，借助展具设施，将要传播的信息和内容最大化地呈现在公众面前”。[①]简言之，展示设计是使展示空间环境、道具样式、照明方式和视觉传达手段等都有利于展示展品和主题，并在心理和精神上深刻地感染观众的综合性设计行为。

“因此，展会设计要考虑人，主要是目标观众的目的、情绪、兴趣、观点、反应等因素。从目标观众的角度进行设计，容易引起目标观众的注意、共鸣，并为目标观众留下比较深的印象”。[②]

国际台在2011年参加第二十届北京国际广播电影电视设备展览会时，展台设计时在展区构思搭建了透明直播间，环球资讯广播以及英语轻松调频节目多位名牌主持人从幕后走到台前进行现场直播。消息在展前预告后，展会期间不仅汇集了一批原有节目粉丝到现场，同时还吸引了大批现场观众。2013年BIRTV，国际台展区设计了互动环节，请三位斯瓦希里语配音演员到现场，再现外语配制中国电视剧情景，引起现场观众极大兴趣。2014年展会，国际台展区除了设计现场拍照签名环节，互动环节还引入新媒体播客——糖蒜广播的三位美女主播在现场与观众互动。糖蒜广播是中国最受欢迎的网络音乐广播电台，节目以不同主题、事件和社会热点话题为载体，向受众推荐以欧美地区为主的高品质多元化音乐（2013年糖蒜广播开始与CRI手机电视开展手机音频的内容合作）。三位美女主播现场与观众互动，也吸引了新的粉丝，收到了很好的效果。

在目标观众之外，展会上还有大量的一般观众。这些观众大部分走马观花，若不能在短时间内获得明确的信息，就不会对展台产生兴趣。因此，除明确突出焦点主题外，表现形式上力争采用引人的色彩、合适的图表和布置，集业务介绍、知识性、观赏性、互动性于一身，通过专业的讲解，以实物展示、电脑喷绘、灯箱、图片为主，穿插模型、影视墙、多媒体演示等手段，合理利用新型材料，适当运用灯光的渲染作用，以精炼的内容和独特的场面，争取吸引一般观众驻足，进一步扩大传播效果。

四、借新媒体突破时空局限

展会的发展，是随着社会生产力的发展而发展的。

“展览的起源可以追溯到原始社会产生物物交换的初期，在物与物进行相互交换的初级方式中开始存在‘摆’和‘看’形式逐步从物物交换扩大到精神和文化的领域。因此，展览是随着社会的经济、政治、文化的进步而产生发展的，是围绕着人们物质和精神两个方面的需要而存在和发展完善的。”③

伴随着新技术的发展，各种宣传媒介和信息传播手段也日益多样化，融合了新的电子传播手段的展会形式也逐步走向多样化，借新技术的翅膀，展会功能也日益扩大。

借助新媒体手段，传播渠道已经可以打破时间和空间的限制，从有限传播到无限泛化。对于展会来说，一次限定展出时间和展位规格的展会，借助新媒体手段后其内容的传播远远超出原有时间和空间的限定。再以国际台参加北京国际广播电影电视设备展览会为例，2012年BIRTV上，CIBN互联网电视结合“轻松一点，世界随你变”的主题，设计了“CIBN互联网电视等你轻松变”现场微博有奖活动：在CIBN互联网电视展区手机自拍“给力，我与CIBN互联网电视”海报，上传微博＋@CIBN互联网电视＋@三位好友。通过加粉“CIBN互联网电视”官方微博，吸引参展人员对CIBN互联网电视的关注，线下线上更多地了解互联网电视。同时现场推广增加对CIBN互联网电视官方微博的关注度和粉丝数，为今后的宣传推广活动和收集用户信息反馈打下良好基础。

同时随着数字信息技术的发展，LED屏、触摸屏、环幕以及全息投影仪等新媒介的出现，展会表达方式也不断发生变化，从传统媒介转向新媒体，从静态展示到动态体验。

因此，研究展会传播规律，坚持总体概括与重点展示相结合、科学系统与生动直观相结合、宣传推介与参与互动相结合、精致美观与经久耐用相结合、高科技与人性化设计相结合、固定陈列与新媒体传播相结合的原则。运用多媒体多终端的表现形式，生动形象地展现CIBN及旗下各媒体业务的发展历程、发展成就和发展前景，建成集宣传、接待、互动等功能于一体的多媒体的专业展区，使之成为塑造传递国际台品牌形象、宣传推广CIBN新媒体业务品牌的一个新窗口。

（作者单位：中国国际广播电台后勤服务中心）

注释：

① 会展设计，互动百科 http：//www.baike.com。
② 展馆设计，搜狗百科 http：//baike.sogou.com/v7933259.htm。
③ 会展发展过程，互动百科 http：//www.baike.com。

编播实践

浅析传统媒体如何借力微信公众平台提升影响力

李　严

近几年，随着微信功能的不断完善以及微信公众平台的发布，微信凭借其自身多元的传播符号，已经从最初的一款即时通讯、信息转发的应用程序，变成一个生产原创内容、注重报道新闻事件的新型媒体。而其特有的文字、语音、图片、视频等传播符号以及成本低廉、不受地域限制等特性，恰好可以有效弥补传统媒体在传播中的短板，因此传统媒体运用微信提升自身影响力成为一种不错的选择。

一、微信作为新生媒体的发展及其特性

微信（WeChat）是腾讯公司2011年年初发布的一款免费即时通讯软件。在短短几年的时间里，该应用程序（APP）已经在国内外拥有了超过6亿多的用户。目前，微信作为时下最热门的社交应用程序，也正在演变成为一个向用户提供资讯信息的平台。

1. 微信作为新型媒体的演进

在短短几年的时间里，微信吸引了庞大的用户群体，但是应该注意到，在微信刚刚发布不久，有学者认为，微信只是一种新生的媒介，不应该把它作为一种新生的媒体来看待，更确切地说，它是一种新近产生的传递信息的媒介。的确，在微信发布初期，这款即时通讯软件更多的是为传播主体与客体之间搭建了一条更加快速、便捷，可传递多种丰富信息的桥梁，而且其传播的内容更多的是转载，比如，从传统媒体转发，从网络转发，从好友处转发，等等。

但是，随着2012年8月微信公众号正式上线，有越来越多的组织机构、媒体、名人加入其中。而中央人民广播电台、中央电视台等部分主流传统媒体也相继开设自己的微信公众号，他们借助这一新生力量宣传自己的节目，并与受众进行话题讨论和互动。2013年期间，微信公众平台上的各类媒体账号更是不断涌现。大批传统媒体开始运用微信公众号创新节目内容和形式，推广节目内容。与此同时，各媒体也开始在公众号上发布原创的新闻报道。

此前，许多用户是通过微博了解新闻时事的，而随着大量媒体公众号的开设，众多用户把看新闻的需求转移到了微信上。用户在微信上可以获得比微博上更加翔实的信息，比广播、电视、报纸上更生动、直观、更及时的消息，还可以了解到事件的相关资料、背景介绍等内容。

微信多元的传播符号，丰富的报道题材和新颖的报道角度吸引了众多的用户关注，而精良的微信推送内容又会被用户分享到朋友圈再次进行传播，这一过程也使得微信更有力地向着新型媒体的道路迈进。

2. 微信的特性

微信这款以手机终端为载体的即时通信工具，在极短的时间里，受到数亿用户的青睐，这与它可以跨通信运营商、跨系统平台快速发送音频、图片、文字、视频等信息以及支持单人、多人语音对讲等多种特性是密不可分的。

（1）传播符号多元化。

微信传播的内容较之于单一的传统媒体而言要更加丰富和多元。它依托互联网的发展，借助多媒体的传播手段，可以向受众推送图片、文字、音频、视频等多种内容。传播的内容不拘一格，同时与传统互联网上发布的内容相比，其传播内容的篇幅相对短小，更加精炼；而且微信传播信息不拘泥于严格的时间限制，方便受众随时接收信息，并阅读和收听。

（2）能够对重大新闻事件及时做出反应，率先发布消息。

当突发事件发生时，在事发现场的记者或是目击者仅仅用几句话、一张图片、一段音频或视频就可以在第一时间将现场的情况推送到受众手中，让广大网民在同一时间近距离感受新闻现场。正是由于微信具备即时性推送与接收的特点，使得微信在面对重大突发事件时，能够以更加便捷的方式和更快的速度在熟人之间传递消息。这种时效性的体现，几乎达到“零时差”的程度。

（3）传播机制灵活，裂变式传播。

微信颠覆了传统媒体的线性传播模式。多中心的网状结构能够实现一对多、多对多的传播网，信息一旦推送出去其传播数量就成几何级数式增长。它同时既包括传统方式上一对多的单向传播，又因其具有可回复功能，同时兼具了双向传播的特性，并且可以有效地提升微信使用者与受众的互动。

（4）基于熟人关系建立起来的圈子。

微信是以熟人之间的关系为核心的一款私密性社交工具，用户可以通过手机通讯录和QQ来添加微信好友。据中国互联网络信息中心（CNNIC）网调数据显示77.46%的微信用户添加的好友是来自于自己的QQ好友，而61.5%的用户是通过手机通讯录添加好友的，当收到验证请求时，61.77%的微信用户会通过熟人发来的验证请求。因此，基于手机通讯录、QQ等熟人圈的微信更着力于加强关系链之间的信息分享。由于是熟人之间建立起来的私密性社交圈子，也使得在朋友圈内传播的信息更让人信服。

（5）资费更加便宜，不受地域限制。

与发送手机短信相比，发送微信是一个更加省钱的选择。因为发送微信本身并不需要支付费用，用户需要支付的仅仅是手机发送这条信息所需的网络流量。对于大部分拥有手机流量套餐的用户而言，发送一条文字、声音、图片的成本几乎可以忽略不计。

在地域方面，无论使用者身处中国的哪座城市，即使是身在国外，只要有手机信号的地方，微信都可以照常使用，而且其便捷的传播特性不会随着地域的变化而受到影响。也就是说，只要在有互联网、移动网络的地区就可以使用微信。此外，微信的资费也不会随着地域的变化而有所增减，这就为其跨地域性的传递信息提供了便利的条件。

二、传统媒体对微信采取的态度

根据中国互联网络信息中心（CNNIC）2014 年发布的《第 34 次中国互联网发展状况统计报告》显示，截至 2014 年 6 月，我国手机网民规模达 5.27 亿，与 2013 年年底相比增加 2699 万人。这是我国手机使用率首次超越传统电脑使用率。通过这一数据不难看出，手机作为第一大上网终端设备的地位已经毋庸置疑，即时通信已经成为中国网民的第一应用。

2012 年 8 月 17 日，腾讯微信公众平台正式上线。作为创新性的信息传播方式，获得了不少传统媒体的青睐。具有代表性的是中央人民广播电台“中国之声”于 2012 年 12 月 28 日正式开通的微信公众平台，其主要发布《央广新闻·晚高峰》节目晚高峰新闻调查板块的讨论话题。

此后，2013 年 4 月 1 日，中央电视台作为一家中央级的媒体率先开通了“央视新闻”微信公共平台，并在《新闻联播》中进行推介，当天就吸引了大约 10 万的用户参与互动。继央视之后，许多主流传统媒体也纷纷加入到微信的行列中来。如《新京报》、《南方周末》、《南方都市报》、《中国新闻周刊》等，各地省报、晚报如《钱江晚报》、《南方日报》等也都不甘人后相继搭建了自己的微信公共平台。

必须承认，在应对微信来袭方面，传统媒体应该采取积极主动的态度，要学会接受新生事物，建立自己的微信公众平台，要适度地平衡运用这种新生事物来为自己和受众服务。虽然目前开设微信公众平台的传统媒体数量众多，但是一些媒体只是机械地把原有的音频或视频节目变成了文字与图片的简单重复叠加，这不但无助于传统媒体提升自身的影响力，反而把刚刚开通的微信公众平台置于垃圾信息推送者的地位。

三、传统媒体如何运用微信提升自身影响力

1. 有效弥补传统广播固有的多项传播劣势

众所周知，传统的广电媒体具有线性传播、不可逆性、转瞬即逝等负面特性。虽然现在的广播与电视节目可以做到在互联网上重复收听、收看，但这种回看、重听的功能还是会受到接收终端和网络信号的限制。

而微信公众平台的出现，其多元的传播模式可以有效弥补传统广播的短板。在传统广播中，节目是按时间的线性顺序来播放的，而且只能收听一次，即便是可以在网上进行回放，但是这种回放在移动终端上还是会受到流量、信号等诸多条件的限制。虽然微信并不能实现让用户随时随地地重复收听节目，但是它可以弥补传统广播节目传播形式单一化的短板。

以往的广播节目声音是其最主要的传播符号，受众无法看到图像。而微信公众号则打破了这种局面。它可以选择以声音、图片、动态画面、文字等多元的方式，把节目中的精粹内容加以重现，从而有效地提升广播节目的影响力。

2. 填补受众碎片时间

随着社会不断地发展，人们的生活和工作节奏越来越快，同时也使得从前的大段时间被分割成无数的细小的时间段，从而人们拥有了大量的碎片时间。碎片化时间就是指日常工作生活中存在的各种零碎的时间段。手机微信上推送的短小内容正好填补这些零碎时间的空白，让人们可以充分地利用这些时间。

当人们在乘坐公交车、地铁（除小汽车外）等交通工具的时候，不太容易收听到高质量的广播节目，这一部分碎片化的时间就会被微信这种传播的信息所占据。如果此时传统媒体可以有效地利用微信公众平台的渠道，适时地传递有贴近性的信息，就可以抓住受众的注意力，强化受众对传统媒体的忠诚度。

3. 精准定位推送内容

除了填补受众的碎片时间，微信公众平台还可以通过后台的用户分组和地域控制来实现精准的信息推送。微信公众号的推送者在后台可以查看订阅用户的相关信息，传统媒体完全可以依靠这种分组功能按照用户的地理位置、性别、年龄、个人偏好等不同指标进行分组。通过这些相关的数据，公众号实际上可以为用户提供更为贴心和细致化的服务。

从另一方面来说，微信公众平台推送的信息到达的用户都是主动关注该公众号的受众，这就意味着这些用户是对该公众号发布的内容有兴趣的群体，这些用户也就成为该媒体微信公众号精确定位的目标受众。因此，对于传统媒体而言，可以借助微信有针对性地传递信息，避免无效信息的推送。目前，诸如《南方都市报》、《东方早报》等主要采用汇总发送新闻的方式推送消息，在其发送的一条消息中还包含多条相关新闻内容，而且每条新闻都有单独的图片、文字摘要，用户还可以单独查看全文和打开原链接，如此推送的内容信息量丰富，也更便于受众接收。

4. 重大突发事件及时报道

突发事件是每个新闻媒体都无法回避的。在报道突发事件时，微信公众号有着自身的优势。因其传播符号的灵活多元，其推送程序的简捷、快速，它可以在最短的时间内把突发事件的最新近况告知目标受众。

例如，2014 年 4 月 16 日当地时间上午 8：58 左右，韩国一艘载有 470 余人的“岁月”号客轮在韩国西南海域发生侧翻而下沉。事故发生后，在已经推送完早间微信的情况下，“央视新闻”公众号又及时制作了“韩国一载有 474 人船只正在沉没”的单图文快讯，于当天 10：34 推送给全体订户。此后在半个月的时间里“央视新闻”公众号连续追踪和梳理了沉船事件的全部过程。

应该看到，突发事件发生后，时效性竞争在微信公众号中就已经打响，如果能在第一时间向受众推送相关信息，就可以很好地吸引受众持续关注。因此快讯成为媒体微信推送的常见方式。如果事件重大、时间紧迫、报道素材有限，甚至可以直接推送文字快讯，向用户告知信息。

此外，在遇到有重大突发事件的时候，广播节目的形态很有可能发生临时性改变，比如说把原有的录播节目变成直播重大突发事件的报道。在这种情况下，如何才能及时有效地通知受众呢？在以往的操作中，可能是在之前的节目中加以预报，但是有了微信公众号，媒体就可以随时随地、更加精准地告知受众，广播将就重大突发事件进行重点报道。这不但可以在单次报道重大突发事件中汇聚人气，而且也可以反映出一个传统媒体在遇到重大突发事件时的权威性与责任感。

5. 微信公众号可以对传统时政新闻进行生动解读并提供趣味性补充

一般情况下，新闻按其报道内容可以大致分为：时政新闻、财经新闻、军事新闻、社会新闻、娱乐体育新闻等。其中时政新闻因其有很强的政治性，通常传统媒体为了保障报道的准确性，在报道时多是中规中矩，少有发挥空间。

也正因如此，四平八稳的时政新闻不但不易让普通受众理解其中的重点，自然也不能像其他种类新闻那样吸引受众的眼球。

在现实工作中，作为传统广播媒体，以往在报道重大时政新闻题材的时候，因其只有声音的呈现，缺少画面的配合，就更加增添了受众对时政新闻严肃且刻板的印象。而大部分受众并不知道在那些时政新闻背后也许还有很多生动有趣的瞬间无从呈现，而微信公众号恰恰可以弥补传统媒体在这方面的缺失。传统媒体在其微信公众号上，可以向受众展现那些严肃新闻背后的生动之处，不但如此，还可以从冗长的时政新闻中提炼出重点，以更加生动有趣的方式报道给受众，从而做到让时政新闻有温度，更加贴近百姓。

例如，在 2014 年 11 月初 APEC 北京系列峰会召开期间，环球资讯 FM90.5《第一资讯》栏目的微信公众号“第一资讯”配合传统广播节目，推出了“探访 2.0 版本雁栖湖”、“APEC 这些事没人告诉你!”等系列报道，以生动风趣的语言、丰富多彩的图片向受众展现多国领导人在 APEC 峰会期间的食、住、行等环节。一改往日时政报道中严肃刻板的风格，为受众展现了新闻画面背后那些不为人知的鲜活细节。

再比如，2015 年 3 月 5 日，正值中国的传统元宵佳节，同时也是李克强总理在人大作政府工作报告的日子。这种官方报告不但篇幅长，而且数据众多。面对这种严肃的报道题材，环球资讯微信公众号“环球锐评”适时推出了“图说：跟着强哥吃苹果捉虫子”。该微信公众号以手机动画的形式将政府工作报告中阐述的惠民成果和亟待解决的问题用互动小游戏的方式展现在受众面前。

在游戏画面中，李克强总理身着红色半袖衬衫，脖子上搭着一条白色毛巾，头戴草帽，一副农民装扮。他的旁边是一棵高大的苹果树，树冠上有“环保果”、“经济果”、“民生果”、“幸福果”、“发展果”，树干上有三个洞，洞中不时有虫子出没。当用户在微信中打开这个游戏界面的时候，可以点击树上的苹果和虫洞，此时就会有相应的几行内容跳出，而这些恰恰都是政府工作报告中的精炼信息。

比如，用户点击“环保果”，屏幕就会出现“能耗强度下降 3.1%以上，向雾霾宣战”等内容。点击虫洞里的虫子就会出现，“我是 PM2.5，我将与你同在”的字样。这种看似搞笑游戏的呈现方式，实质上是化繁为简，把平时高高在上的官样文章中受众最关心和关注的问题以及最重要的数字内容用现代人最容易接受的方式展示出来。这使得以往高大上的“两会”报道变得更加亲民，更接地气。

6. 实现与受众持续互动，增强节目贴近性

以往广播媒体与受众的互动环节多是在节目直播的过程中，或是通过微博等非实时性

交互平台进行节目前和节目中的互动，但是微信公众平台被运用到媒体后改变了这一现状。它可以把受众与节目的互动变成 24 小时全天候的互动模式，而这种互动模式并不会因为人员的休息而停止回复。也就说只要对微信公众平台进行相关设置，无论受众何时发送信息，公众平台都会进行相应的自动回复。这种被全天候陪伴的感觉，可以有效提升受众对节目的依赖度和黏度。

此外，通过微信公众平台与受众互动还可以组织线下活动，聚合人气。媒体可以事先在官方微信和微博上征集活动建议，接受报名，让网友可以全程地参与到互动活动中来。与此同时，也让广播节目的主持人和幕后制作团队能够更加真实地展现在受众面前。而这种线上线下的互动还可以扩大媒体受众的辐射面，提升媒体的影响力。

四、结语

不可否认，微信改变了人们的生活方式，也进一步改变了原有的大众传播模式，它的出现使得传统媒介与受众间一对一的对接成为可能，它提升了信息传播的精准度，弥补了以往单向传播中的沟通缺陷。但是仅仅把原有传统媒体制作的节目内容原封不动地照搬到微信公众号上是不可能达到微信传播效力最大化的。

所以在积极运用微信公众号的同时，进一步研究媒体向谁推送信息，推送什么样的内容，如何推送等一系列问题，是传统媒体应该继续认真探索的问题。

（作者单位：中国国际广播电台新闻中心）

参考文献：

1. 段鹏：《传播效果研究——起源、发展与应用》，中国传媒大学出版社，2008 年。

2.（法）古斯塔夫·勒庞：《乌合之众：大众心理研究》（冯克利译），中央编译出版社，2004 年版。

3. 郭庆光：《传播学教程》（第二版），中国人民大学出版社，1999 年 11 月版。

4.（加拿大）马歇尔·麦克卢汉：《理解媒介——论人的延伸》（何道宽译），商务印书馆，2000 年版。

5. 金蓓雷：《简析微信平台在电视媒体的应用》，《新闻世界》，2014 第 4 期。

6. 张晓霞：《论微媒介在新闻传播中的作用——以微信为例》，《新传媒》，2014 年第 4 期。

7. 陈鑫：《自媒体发展的机遇与挑战——以微信平台为例》，《中国传媒科技》，2013 年第 14 期。

8. 杨佳昕、谷悦：《社会化媒体对传统媒体信息传播的启示——从微信公众号谈起》，《编辑之友》，2014 年第 10 期。

9. 汪梦竹：《网络社交新媒体的狂欢——以微信为例》，《媒体时代》，2013 年第

10 期。

10. 黄菊：《迎接微信带给广播新闻的变革》，《新闻窗》，2014 年第 2 期。

11. 潘曙雅、翁之颢：《媒体微信公众账号如何做突发新闻报道——以“央视新闻”账号对韩国“岁月”号客轮沉没事件的报道为例》，《新闻与写作》，2014 年第 7 期。

12. 孙世庆：《浅论微信时代传统媒体如何借力发展》，《传媒研究》，2013 年第 9 期。

试析如何利用微信公众号做好对越南传播

荣　蓉　唐伟强

序　言

近几年，南海争端一度风起云涌，中越之间的海上摩擦不断，在相当程度上影响了中越关系的发展，作为我国对越南宣传的重要窗口，中国国际广播电台越南语部的外宣工作也遇到了前所未有的挑战。2014 年年初，越南爆发的大规模反华暴力打砸中资企业事件，更是让中越关系一度跌入 1991 年中越恢复外交关系以来的最低点。

每一次在中越南海问题上发生摩擦期间，国际台越南语部维护的国际在线越南文子网站平均每天都会收到成百上千条越南网民关于南海问题的负面留言。面对这样的传播困局，我们开始思考调整对越南传播的方式，利用新媒体的平台和途径，在文化传播过程中尽量减少对象国受众的误解和反感。在经过一番调研后，由国际台注册运维的“越南语学习”微信公众号应运而生，不到一年时间，该公众号以亲民有趣的形象为中越粉丝提供了大量“有温度”、“人性化”的服务类资讯，至今已经拥有了上万名实名粉丝，成为越南语界在新媒体领域有一定影响力的“中越文化传播新星”。

一、“弯道超车”——利用新媒体平台焕发新生

如今，新媒体传播平台已经成为国家对外传播的新战场。“美国总统奥巴马一上台，即将 Twitter 等新媒体技术视为‘外交箭袋中的一支新箭’，提出了‘新媒体外交’和‘全民网络外交’的新理念。目前美国正在凭借其在网络的优势地位，将自己定制的网络标准推广到全球，利用互联网把美国意识形态传播到世界每个角落。”[①] 在传播信息量上，发达国家和发达地区也占据绝对优势，据统计：“发达国家和发达地区的传播信息量占据了世界信息总量的 80％以上，其中世界上最发达的国家——美国，则占据了 60％以上。”[②]

在中国，微信以庞大的用户群成为各大媒体争相进驻的新媒体平台，如今各大媒体都有了各自的官方微信公共账号。“2011 年 1 月上线的微信，截止到 2014 年二季度，月活跃账户数达 4.38 亿。支持全球 100 个国家的短信注册，并且在越南、泰国、印度尼西亚等东南亚国家的苹果 APPSTORE 和 GOOGLEPLAY 下载榜排在前二十名的位置。”[③] 在越南，微信拥有大量的活跃用户，于是微信公共账号成为越南语部的首选平台。国际台越南语部的官方微信公众号“越南语学习”创刊于 2014 年 2 月 7 日，创刊初期的受众定位为中越两国的留学生、学习中越文的两国学生、来往中越两国的各阶层人士、越南华人华侨、海外

越南人及广大越南的微信用户。截至2015年2月28日，“越南语学习”吸引了11200名中外用户。

微信海创始人程小永说过：“当下，最受关注的移动互联网产品非微信莫属，在各种媒体、媒体人和深度微信用户看来，微信似乎能给现存的绝大多数互联网业务及其商业模式带来冲击，同时还会对几乎所有能与互联网结合的传统企业产生影响。微信，它让很多人感到恐惧，同时它也让很多人看到了‘弯道超车’的希望。”④

二、找到出路、选对角度——整合和利用部门资源和优势

传统媒体想要在微信上找到出路，首先要选对角度。新媒体时代“用户为王”，微信不是一个单纯的信息传播平台，应好好思考用户关注媒体平台希望获得什么，这需要做大量的调研工作。国际台在开设“越南语学习”公众账号时也进行了调研。

国际台越南语部一直以来都是国家对越南传播的一个重要窗口，中越双语传播是越南语部的资源，也是其优势。由“一社两台两报”（新华社、中央电视台、中国国际广播电台、中国日报、人民日报）所构成的中央级媒体代表着国家的主流媒体进行对外传播。它们是中国国际传播中最重要的主体，“由政府主导，报道内容与国家主权、国家利益密切相关，带有浓重的政治色彩，对其他主体的传播行为实施着把关控制，调动并指导其他各类国际传播资源进行传播。”⑤

纵观全中国的媒体，与越南语有关的主流媒体大致有：新华社、中国日报、广西对外广播及云南对外广播。这些媒体都有越南语人才，都有翻译的优势。但在2014年年初，上述媒体都没有意识到在微信订阅号上做关于对越南传播的文章。直至2015年1月，主流媒体开设的越南相关新闻资讯的微信公众号只有两个：国际台的“越南语学习”和中国日报的“越南大小事”，但后者不是双语，也不是日刊，关注度和影响力暂时没有前者高，因此“越南语学习”有成为业内最受关注的公众号的潜质。

三、受众定位精确——抓住越南留学生眼球

大数据时代，用户数据本身就是最需要争取的资源。青年是一个国家的未来，培养越南青年人对中国的好感，有利于中越关系的长远友好发展。经过一番研讨，越南语部将粉丝圈定在以下四类人群中：中越两国的留学生、学习中越文的两国学生、越南华人华侨和广大越南的微信用户。

2013年中越双边贸易额将近600亿美元，同年的中法双边贸易额也就500亿美元。巨大贸易额背后一定有庞大的人群，两国的留学生数量不少，每年都会有新生，也会有毕业生，在一定程度上保证了我们的用户增长。越南国内也有一部分不懂中文的微信用户，他们也是我们争取的对象，这些用户对中国有一定的兴趣，并不是只把微信当作纯粹的通讯工具。

从后台运维数据看，截至2015年1月8日，“越南语学习”的粉丝数目达到9485人，

以每月9.3%的速度在增加，国内除甘肃省外的所有省、区、市和港、澳、台地区，越南和境外用户超过3000人。在浏览统计方面，从2014年2月7日至2014年12月28日，微信公众号日平均浏览次数在1.5至3万次不等，分享转发总数达到118260人。

四、培养有互联网思维的媒体产品团队

目前，“越南语学习”微信公众号编辑部已经制订了一套相对成熟的运营机制，并逐步组建了北京和南宁两个运维组，各自承担不同的工作任务：设有用户专员，负责分析用户行为，了解用户需求，并且适时策划相关的线上和线下的互动活动；设有流量专员，想方设法地提高每一篇推送的阅读量和分享量。

微信公众号的网络编辑虽说是技术工作，但如何生产更加有趣味、人性化的新媒体产品？关键还是取决于网络编辑的思维习惯，如果选稿决定微刊的品质高低，则网络编辑决定微刊的精致程度。一期精致的微刊一定会勾起用户反复阅读的欲望。以下是“越南语学习”编辑部网络编辑总结出来的几点注意事项：

(1) 图片格式：任何图片均需通过PS软件进行长、高、色彩修改后再存储为WEB和设备所用格式，以降低图片存储，便于微友快速打开浏览图片。

(2) 图片规格：所有文章图片长度为700像素，高度不限。如没有合适规格的图片，根据实际情况来决定。

(3) 手机预览：微刊编辑完成后，必须发送预览到手机微信检查内容疏漏和格式规范。

(4) 文章字体和格式：所有文章，文字统一使用“仿宋_GB2312”字体，再全选内容(中文和越文)统一使用“Arial”调整文章格式。

(5) 文章署名：根据不同栏目的参与人员，分为翻译、编译、播音、责编、网编等五类。

(6) 文章排序：每期微刊头条须选择最重要和最吸引人眼球的文章，其他的文章可根据实际情况依次排列。

(7) 音频转化为视频：微刊只支持视频上传，所以，所有音频栏目的音频必须通过“魔音工厂”软件转化为MP4视频格式，并上传腾讯视频“越南语学习”网页。

五、推送“趣味性”的服务类信息产品——双语种与本土化相结合

在对外传播的内容上，“相较于西方国家，尤其是美国为代表的发达国家，我国的文化外交呈现出内容简单化、传播主观化等特点，使得在对外传播上存在诸多困难。”[⑥]为了克服这方面的弱势，微信公众号改变了过去的风格，增加一些与越南或越南语无关的文章，例如心灵鸡汤、社会趣味新闻、当日新闻要点等内容，吸引读者眼球，来配合辅助有关越南或越南语的文章，实现中越双语种双向推送，获得了较高的点击率。

“媒体的价值不应该仅仅是内容的价值，还应该是服务的价值，包括APP客户端的体

验，应该有更好的服务。关键是要站在受众的角度进行策划，生产有市场需要的媒体产品。”[7]因此“越南语学习”增加提供了大量学习类的服务信息，从数据统计来看，2014 年 8 月的点击率有了质的突变。2014 年 10 月至 12 月期间，“越南语学习”的日均点击率维持在 2—3 万之间，与过去日均 2—3 千相比较，增幅确实很大。

此外，微信公众号分为普通版、春节专版和国庆专版，下设 20 多个栏目，以越南语言学习的名义，通过文字、图片和视频向广大中外受众介绍和展示中华文化和越南动态，并增进两国受众对中越两国的了解与认识，特别是在当前中越两国关系波动期，以互动的方式引导受众正确认识两国之间存在的纷争。

1. 成功案例：《越南十八怪》——单篇阅读量 20 多万

不论是传统互联网，还是移动互联网，信息泛滥，精品太少。我们要想在茫茫信息时代有所展露，必须提供给读者喜欢且有价值的东西，需要从中越两国的互联网中择取精品进行翻译，做到有意思、有意义再呈现给广大读者。2014 年 7 月，“越南语学习”微信公众号编辑部策划了一个《越南十八怪》的专题，将网上网友们在越南旅游时发现的关于越南人特有的一些比较奇怪有趣的现象整理成一期微信公众号，单篇阅读量达到 20 多万，取得了较好的传播效果。

这一成功案例得出以下经验：在关注“越南语学习”的粉丝中，不少网友在微信朋友圈晒关于越南的图片、分享的知识点，往往反映了他们对于对象国关注的侧重点，从中发掘有意思、有趣味、充满“人情味”的点，整理成文推送出来，会在粉丝群中引起强大的共鸣，同时增加用户黏性。

选图也是选稿的重要环节。图片质量决定微信公众号品质，所有图片需精挑细选才能吸引受众的阅读欲望。特别是微信公众号首篇文章头图相当于杂志封面，更是精中选精。此外，根据实际情况决定是否标注图片的文字说明。

2. 失败案例：《穿越红楼梦》——创意好、执行难

同样，2014 年 11 月，以笔者为主的“越南语学习”编辑部策划了一次《穿越红楼梦》的主题活动，比照电视剧《红楼梦》当年的剧照，让越南外籍员工扮演成了贾宝玉的样子在大观园实地拍摄成了一部“微电影”，相关工作人员精心策划剧本，在大观园整整拍摄了三天时间，然而受众对于这部“微电影”似乎不怎么买账，单篇阅读量不到 2000 次，转发数量更是寥寥无几。

“语言符号的转换是国际传播顺利进行的前提条件之一，但它只是国际传播的较浅层面，是技术性的要求，而更深层次的是‘文化对接’，即将中国具有普世价值的文化与传播对象国的社会文化习俗对接，与受众的内容需求对接。”[8]或许这就是此次策划失败的教训。“越南语学习”编辑部还需要更好地去了解受众的文化和心理，做出更好的活动策划。

六、互动要频繁：线上线下活动齐互动

1. 多对多互动

2014 年 10 月，“越南语学习”开辟了“微社区”论坛，最初的设想是想通过“微社

区”平台让微友在论坛上自由互动，因为微信公众号从创办开始就经常有微友问如何与其他微友进行交流。但目前情况是，论坛建立了，但互动效果不佳，话题不多，还需要多加引导。当然，还有一个客观因素，就是“微社区”平台使用移动流量打开较慢，影响了一部分学生受众的使用热情。

2. 一对多互动

微友的留言提问要及时回答，与微友互动能引起共鸣，更能留住人心。近期，在国际台主办的“同唱友谊歌”——中越歌曲演唱大赛总决赛期间，“越南语学习”微信公众号推出了总决赛抢票活动，得到了网友粉丝的大力欢迎和追捧，在互动平台掀起了一次交流的小高潮。

3. “众包”模式广泛运用于调查性新闻

“众包”（Crowdsourcing），即企业利用互联网将工作分配出去，以发现创意或解决问题。[⑨]“众包”调查新闻就是利用大众的智慧和力量，集体完成一个新闻调查计划。华语媒体中，凤凰卫视《全媒体全时空》在众包新闻的创新实践方面是颇为成功的。将来“越南语学习”微信公众号也将朝这个方向借鉴学习，争取今后能采用“众包”模式，降低节目制作和运维成本。

美国两位著名的信息学者香农和韦弗指出：“大众传播有三个不同层次的问题：一是技术问题，二是语言问题，三是效果问题。”2014 年 11 月，南宁一家东南亚音乐餐厅联络到“越南语学习”编辑部，因为“越南语学习”微信公众号在当地拥有大量的东盟留学生粉丝，他们偶尔在餐厅里讨论微信公众号推送的文章内容，引起了商家的兴趣。该餐厅想要在“越南语学习”微信公众号上投放一定量的关于用户体验软性广告，随着“越南语学习”受到越来越多粉丝的关注，良好的传播效果也带来了商业机会。

七、结语

这是一个媒体融合的时代，这是一个多媒体竞争的时代，按照李长春同志对新媒体发展做出的“国家主流媒体要占领网络、手机等新的舆论宣传阵地”的重要批示，我们需要做的是不断完善、厉兵秣马，去了解和掌握国家的需求是什么，受众的需求是什么，树立清晰、鲜明、全新、超前的媒介传播理念，确立用市场化、国际化的方式，依托已有资源和现有业务以及品牌，牢牢抓住新技术革命带来的机遇，利用好微信公众号这个平台，逐步在新闻、财经、体育、娱乐乃至综合民生资讯服务领域形成完整、全终端的强势业务和媒介服务品牌，致力于服务立足本土、面向国际的大型文化传媒产业集团的建设和发展。

（作者单位：中国国际广播电台越南语部）

注释：

① 王莉丽：《构建“多中心”“全方位”国际传播体系》，《对外传播》，2012 年第

3期。

② 戴元光、邱宝林：《全球化语境下中国电影文化传播策略检讨》，《现代传播》，2004年第2期。

③ 程小永、李国建：《微信营销解密》，机械工业出版社，2013年6月第一版。

④ 程小永、李国建：《微信营销解密》，机械工业出版社，2013年6月第一版。

⑤ 刘子建：《全球化时代中国国际传播的理念变革》，《中华文化论坛》，2006年第4期。

⑥ 赵礼维：《从电影看中国文化外交的传播困境》，《国际传播论文集》（第十五辑），中国国际广播出版社，2014年版。

⑦ 李大勇：《试析传统媒体融合新媒体重生之路》，《国际广播影视》，2014年第6期。

⑧ 程曼丽：《国际传播学教程》，北京大学出版社，2006年版。

⑨ 张建中：《众包调查新闻：网络时代新闻业的创新与实践》，《光明日报》，2013年12月30日。

“非讲话音响”在广播专题报道中的作用与运用

周剑峰

有关广播音响的种类，有不同的划分标准。本文从被采访人的角度，将广播专题报道中的音响划分为讲话音响和非讲话音响。讲话音响指被采访人的讲话，其他的所有音响统称非讲话音响。在传统广播节目里，非讲话音响更多是作为讲话音响的补充，起锦上添花的作用。而在广播、电视、报纸、网络等众多媒体竞争激烈又相互渗透影响的今天，为弥补广播节目声音“画面感”的缺失，非讲话音响的使用场合越来越多，形式也越来越灵活，与讲话音响配合相得益彰。本文拟结合近年来中国国际广播电台的一些获奖稿件，浅析非讲话音响在广播专题报道中的作用与运用。

一、非讲话音响的种类及特点

讲话音响是广播专题节目的主干和重要组成部分，它通过被采访人的叙述语言，或描述事情经历，或提出思想观点，丰富了文章的内容，推动故事情节向前发展。

非讲话音响和讲话音响不同，它文字不多，甚或没有文字。如果说讲话音响侧重增强文章内容的可信度和说服力，那么非讲话音响则用以增强文章的形象感和感染力。因为非讲话音响最具现场感，它真实鲜活，能烘托现场气氛，传递人物的细腻情感，使听众如临其境，犹如“目睹”一幅幅令人印象深刻的画面，获得完美的视听感受。

根据特性的不同，非讲话音响主要分为以下两种：

1. 点明环境，渲染真实气氛的“现场音响”

它指报道事件发生时的真实音响和周围环境的各种声音。

现场音响很多，如鸟叫虫鸣、水流风吹、地铁车厢内报站、大街市场喧闹、学生朗读、观众喝彩、轮船鸣笛、飞机起飞、接收微信短信等各种声音。它们用以指明事件发生的时间和人物所处的环境——山川田野、机场车站、电影院、会议厅、集市、教室，等等。

现场音响是记者所采制或搜集的最真实音响，它清晰地传递事件发生时的原貌。由于音响的录制来源于真实的生活场景，听众会感到亲切可信。

如果按时间元素细分，现场音响又可分为“实时现场音响”和“历史现场音响”。

“实时现场音响”指记者亲临现场时所采制的有代表性的音响。比如报道中国足球队亚洲杯小组赛，体育记者来到赛场外，在等待入场的中国球迷的“中国队必胜”的呼喊声中采录报道：“各位听众，半个小时之后，中国足球队亚洲杯的小组首场比赛将在这里上演，等待入场的球迷正在期待一场精彩的大战上演……”这里，周边球迷的加油呐喊是非常典型的“实时现场音响”，既展现了现场环境，也使听众感受到现场球迷的心情，从而使这一报道更加生动自然。

当然，有些现场音响发生的时代久远，其岁数甚至超过了记者本人的年龄，记者不可能亲身采制到这样的音响，必须合理运用历史音响资料，达到重温当年现场的目的。这种音响就是“历史现场音响”，是历史上曾经的“实时现场音响”。例如我们耳熟能详的例子：毛泽东主席在开国大典上的讲话：“中华人民共和国中央人民政府成立了!”这一历史音响资料被许多广播专题报道采用，迅速将听众带到 1949 年 10 月 1 日难忘的那一刻。

2. 增强吸引力，还原故事发生场景的“模拟音响”

通过人工制作的表达人们喜怒哀乐等各种情绪的音响，以及人物所处周边环境的音响，将听众带入到充满张力的故事氛围中，仿佛在聆听一出广播剧，真实的往事历历在目。

模拟音响是模拟的、非真实的“现场音响”。广播电视记者采访时，不可避免地会报道历史事件、历史人物。如果记者或主持人平静地叙述曾经发生的一切，估计当年事件的精彩、人物的神采，只剩得三五分的光华。而模拟画面、模拟音响则有着文字无法替代的独特魅力，它能增添此类历史题材对现代听众的吸引力，消除因时空遥远而形成的隔膜。

正如虚构是小说创作必不可少的艺术手法，作家在创作过程中，依据生活逻辑，通过想象和描摹，创造出现实生活中并非存在，但又在情理之中的人生故事。模拟音响也是基于生活逻辑而做出的人工音响，它虽然不是真实的，但它能发挥听众丰富的想象力，增加节目的艺术感染力，提升收听效果。

我们看到，历史纪录片会经常使用模拟画面。比如中央电视台播出的纪录片《故宫》，里面会出现当今演员饰演古代人物的镜头；俄罗斯纪录片《伟大的卫国战争》里，有大量三维动画制作的模拟二战的场面。同样，若想听众饶有兴味地了解历史事件和历史人物，我们的广播节目也可以借鉴广播剧的制作模式，人工制作模拟的音响，比如枪炮战争声、争吵咳嗽声、吃饭洗碗声、脚步关门声，等等。

当然，由于题材的特殊以及制作的复杂，模拟音响的运用在国际台目前的专题报道采写中还不多见。

二、“非讲话音响”的作用

非讲话音响在广播专题报道中，主要有以下两个作用：

1. 营造画面感，增强艺术感染力，弥补听觉的不足

人有五觉：视觉、听觉、嗅觉、味觉、触觉，各有不同的功能。列奥纳多·达·芬奇曾说过：“距离感官最近的感觉反应最迅速，这就是视觉，所有感觉的首领。”人们偏好视觉传播，不仅仅是因为视觉接收信息的能力大于其他感官，更是因为视觉传播产生的视觉冲击具有最强的形象感，它能唤起受众丰富的审美感受，同时，它还调动受众积极主动地参与感知事物和认识事物的理解和感悟之中，达到了信息传达的目的。

随着互联网科技的发展、受众阅读习惯的变化，大众媒体无疑进入了全新的“视觉传播时代”，报纸、广播等媒体也逐渐朝着视觉化的方向转型。

相较于电视和报刊，广播的弱点是缺乏画面感，但如果用声音在受众脑海中营造“生动的画面”，会让广播节目绽放新的活力。正如英国伦敦赫兹电台总裁 Tony Hertz 所言：“用声音创造画面，正是让广播广告焕发新生的秘笈。”

广播视觉化，就是要尽力挖掘各类声音的视觉要素，通过不同的声音、逼真的音效、形象的描述来触动人的听觉，使听众在收听广播的过程中，通过心理共鸣与心理调动，在接收听觉符号基础上产生视觉联想，进而形成事物的立体感、画面感和活动感。

以 2013 年国际台获奖作品《你还好吗，林慧?》为例：8 年前，中国留学生林慧异乡遭难患重病，俄罗斯大夫无偿伸出援手挽救她的生命。8 年后，俄罗斯恩人请国际台帮助寻找林慧。身为熟悉该事件来龙去脉的作者，别出心裁地采用广播剧形式，形象生动地还原了 8 年前发生的这一幕幕。节目一开始，就连续使用了三段非讲话音响：

> （音响 1　凄冷音乐起，渐弱）
>
> 2005 年 10 月，俄罗斯圣彼得堡渐入冬季，落叶在国立第四医院的门前凄冷地狂舞。
>
> （音响 2　风雪声　压混）
>
> “这坏天气，应该不会有什么病人就诊了吧?” M. A. 布尔杜科夫斯基医生正这么琢磨着。
>
> （音响 3　开门嘎吱声）
>
> 突然诊室的门被推开，一个亚洲面孔的女孩被领了进来。
>
> “Каквасзовут?”（你叫什么名字）
>
> 女孩毫无反应，漆黑的眼珠惊恐地盯着前方。送她来的俄罗斯人说，不知道她是谁，只是在街边偶然遇到的。看她有些神志不清，出于安全考虑把她送到医院来了。

节目中，主持人的叙述不足 170 字，但由于三段模拟音响的运用，听众的注意力和内心情绪迅速被带入 8 年前的时空情景中，人们眼前仿佛出现一个个画面镜头：俄罗斯寒冷的冬天、医院里身着白大褂的大夫、虚弱的神志不清的女孩、热心的路人……如临其境，如睹其景。这就是广播视觉化的效果。

2. 突出现场感，使报道更加真实可信、生动形象

在以往的传统广播专题中，讲话音响能有效地增强现场感，但在可以通过电话采访、翻录电视节目的今天，仅仅依靠讲话音响是不够的，稿件仍会显得单薄不足信，因此需要有机结合非讲话音响的使用，特别是“现场音响”的使用，给听众营造如临其境、如见其人的情景。

现场音响是特定环境里的典型音响，它能够再现具体的场景，呈现报道的现场感和新鲜感，它们真实清晰，富有特点，能活跃报道的气氛，为文字描绘画龙点睛。

在广播节目的各种形态里，现场报道、现场直播、连线报道等是最富有现场感的报

道，它们再现了事件的真实情形。专题节目虽然不是现场报道，是记者采访回来后编写的节目，但如果稿件中恰当地使用现场音响，会取得意想不到的效果。

2012年国际台获奖作品《心灵的课堂》是现场音响运用成功的范例。这篇作品讲述的是北京东城区培智学校音乐教师徐敦萍退休前最后一天的工作。节目开始的一段音响是这样的：

（现场音响：地铁站内的广播音乐）

旁白：9月3日是暑假结束之后学校开学的第一天。一大早，北京东城区培智学校的音乐教师徐敦萍从家里出发，赶往离家最近的西直门地铁站。

（现场音响：地铁车厢内报站）

旁白：不放假的日子里，每天早上7点半，先乘3站地铁，再换乘公共汽车，8点左右她就能到达位于北三环安贞桥附近的学校。

（现场音响：上班路上的汽笛声，徐老师走进学校大门）

旁白：已是一个假期未见，一走进校门，徐老师就被上学的孩子们团团围住。

（现场音响：徐老师在走廊上和学生李珍仪打招呼）

旁白：在走廊上碰到小姑娘李珍仪，她已经跟随徐老师学习钢琴3年。聊天中，她反复猜测徐老师的生日。李珍仪在迟缓的思维和模糊的记忆中寻找答案，就像人类面对哥德巴赫猜想。

《心灵的课堂》文字简洁，音响众多，犹如一部“音响纪录片”，记者一路跟随采访，全程如实记录，作品无一煽情赞美之词，但徐老师的伟大爱心却给人留下极深刻的印象。

再以2013年国际台获奖稿件《库泽走好，你永远活在中国朋友心中》为例。库泽是一位曾在华执教的著名克罗地亚足球教练，他不幸去世的第二天，克罗地亚语部即推出了这篇长达半小时的特别报道。节目开头，是一段特别制作的片花，然后播放库泽一年前接受国际台记者采访时的录音：

（库泽生前原音出）

“不管怎么说，来中国绝对是个挑战。中国足球正在经历一个巨大的崛起过程，来中国是个挑战，要想在中国创造成绩更是个挑战——但这正是我的动力和目标。我希望我和我的球队在第一年就能取得好成绩。”

仍值盛年的库泽突然病逝，令热爱他的本国同胞和中国球迷伤心不已。此时播放这段珍贵的历史现场音响，仿佛令人看到库泽在绿茵场上的身影，脑海里栩栩如生地浮现他的音容笑貌。故人已去，声音犹存，心愿未了，怀念永续！

三、如何根据广播报道的不同特点，运用好非讲话音响

广播是通过声音传递信息的媒介，音响是体现广播优势的重要听觉“语言”，作为广播应该合理有效地融合各种声音符号，激活听众的形象思维，从而提升传播效果。前面，我们根据功能的不同，将非讲话音响分为“现场音响”和“模拟音响”。下面针对这两种音响，谈谈对如何采制的一些看法。

1. 认真策划，采制典型的“现场音响”

现场音响毫无疑问来自于现场，但它不单纯等于现场的所有声音，只有经过记者的挑选、采录，能够直接或间接表现主题的声音，才能称为现场音响。现场报道的音响有时少而单调，有时杂乱无序，如何提炼呢？我们首先要对报道内容进行现场音响策划，根据采访题材的性质寻找适合的音响。比如我们通常用虫叫蛙鸣描写农村和夜晚，将枪声警察声应用于司法题材报道，用车水马龙喧嚣声描摹城市生活。

以 2013 年国际台获奖稿件《“水陆空三军”保卫绿色家园》为例。稿件通过 3 位来自温州的环保志愿者守卫呵护绿色家园的故事，展现中国社会日渐提高的环保意识和中国环保事业的发展。

（滑翔机起飞现场马达声）

温州世纪广场，43 岁的陈斌戴上头盔，背上大风扇，调整好 GPS 和相机镜头，奋力迎风助跑。伴随着轰鸣的马达声，滑翔伞撑起，陈斌离开地面，向空中飞去。陈斌是“水陆空三军”中名副其实的“空军”。

（摩托艇马达声）

温州温瑞塘河上刮着呼呼的风，“水陆空三军”中的“水军”季克钰坐在摩托艇上，从西北到东南，顺流而下。途中，季克钰不时打开摩托艇窗户，对着河两岸“咔嚓”拍上几张。

（自行车声）

今年 57 岁的林文武属于“水陆空三军”中的“陆军”，平时只要有空，就骑上自行车，背上摄影包四处转悠。

上面三个现场音响的播出，无疑激起了听众的好奇心，此时三个环保志愿者再出场，就很容易给听众留下深刻印象。另外，三个音响也很恰当地体现了“水陆空三军”的主题。

再以 2014 年越南语部获奖系列稿件之一的《中越建交 65 周年：留学的故事》为例。

（街道喧嚣声，谢林轩与店铺老板聊天现场音）

清晨，越南胡志明市闹市区范五老街人群熙攘，车水马龙。一名头戴越南传统斗笠的中国小伙子穿梭在来往的人群之中，不时地像当地人一样坐在路边的小凳上，与

街旁店铺老板聊天。不同的是，他边聊边认真地做笔记，偶尔还拿起相机拍照。他叫谢林轩，今年26岁，是中国广东中山大学社会学与人类学学院民族专业的一名博士研究生。

作者采访时，正逢谢林轩即将从胡志明市回国。这段音响是作者特地请越南朋友采制的。胡志明市口音和河内口音差别很大，犹如中国粤语和普通话的区别，而中国学生绝大多数学习的是河内口音，因此文中两人发音迥异的闹市对话，很容易勾起越南听众兴趣，产生亲切感。

2. 不怕尝试，制作贴切的“模拟音响”

目前，国际台在制作历史事件或历史人物稿件的节目时，绝大多数还是通过对有关人物、专家的采访或者主持人的叙述来完成整篇报道。由于广播剧，特别是原创广播剧的策划和制作具有一定的难度，因此采用广播剧的形式，制作“模拟音响”来烘托气氛、还原故事发生场景的手段还不常见。尽管如此，还是有一些语言广播部门不畏艰难，积极尝试。

2011年国际台印地语获奖作品《相识，缘自国际台!》是根据印巴两国听众间一个真实的故事创作而成，作品真实地反映了听众与国际台之间的情缘。故事讲述的是，印度听众罗申和巴基斯坦听众卡里德相隔千里，都是印地语广播的热心听众，都十分仰慕彼此的才华，但苦于没有联系方式，直到印地语网站的创建才使他们获得了相识的机会。通过网友留言，他们成了一对异国好友。文章多处运用了“模拟音响”，增添了节目的画面感和吸引力。

比如作品中印度听众罗申一家进餐时的一段短短对白：

莫纳（罗申的孩子）：妈妈，我不要吃这些蔬菜，我要吃炒面。
（音效：推远盘子的声音）
罗申的妻子：先把这些菜吃了，然后才有炒面呢!
（音效：拉近盘子的声音）
莫纳（边用刀叉敲盘子边任性地说）：我不吃蔬菜，我就要吃炒面嘛!

盘子的一推一拉一敲，声音的大小和音色都会有所不同，通过这个小细节，营造了一种生动的就餐情景和环境，人物的动作和内心情绪在这样的情景和环境里展现出来，有很强的画面感，母子俩鲜明的性格跃然眼前，激发了听众继续收听的兴趣。

事实上，在广播节目力求生动化的今天，不但是广播剧，这类模拟现场音响也被广泛地应用于广播专题节目、广播特别节目中，以进一步丰富音响元素，突出广播节目主题，有关这些方面，笔者就不一一列举了。

众所周知，如何将平面化的白纸黑字文案，转化为带领听众进入生动想象空间的广播节目，是广播人一以贯之的使命。其中，如何发挥非讲话音响作用，运用生动多元的非讲话音响元素，无疑是完成这一使命的关键要素之一，在多种样态媒体竞争激烈的时代，广播要发挥特色，适者生存，如何运用好非讲话音响等音响元素，是值得深思的。

（作者单位：中国国际广播电台越南语部）

参考文献：

1. 国玲：《打开受众的视觉通道——广播节目视觉传达的探索与思考》，《天津广播电视》，2012 年第 5 期。
2. 郑逸舟：《浅谈如何营造广播节目中的画面感》，《今传媒》，2010 年第 11 期。

亚运会报道经验谈

毕 玮

四年一度的“亚洲运动会”是亚洲地区举办的规模最大的综合性体育盛会。同时，它也是亚洲各国媒体争相报道的一项重要体育赛事。中国国际广播电台是全球使用语种最多的国际传播机构。本着“向世界介绍中国，向中国介绍世界，向世界报道世界，增进中国人民与世界人民之间的了解和友谊”的宗旨，国际台十分重视历届亚运会的采访报道工作。由于国际台所使用的65种语言涵盖了东亚、东南亚、南亚、西亚、中亚和北亚大部分国家的官方语言，在亚运会的采访报道中有着得天独厚的语言优势。作为一名曾经两次参与亚运会报道的国际台记者来讲，亚运会除了带给我兴奋与激动之外，还给我留下了许多思考。下面，我就和大家分享一些亚运会报道的经验和心得。

本文将重点讨论如何在亚运会中做好对象国的体育报道工作。文章将通过“报道前的准备工作”、“采访过程中的注意事项”以及“体育报道的撰写”三方面来具体阐述。

一、参与亚运会报道前一定要做好充分准备

1. 行前充分做好报道计划，特别是高端访谈的相关问题

报道计划是做好一项报道工作的指南和行动方案。下面我就以2010年广州亚运会国际台策划制作的《亚运军团面对面》节目为例，具体说明一下。该节目是国际台为亚运会报道特别策划的一档以直播形态为主的网络视频访谈节目，也是广州亚运会报道的一大亮点。访谈的内容丰富多彩，形式灵活多样，其采访对象涵盖了大多数亚运会参赛国。其中，不仅有以中、日、韩为代表的亚洲体育强国，也有虽无夺金实力但却积极参与亚运会的体育小国。节目时长1小时左右，采用中文主持，双语交传方式进行。中文主持人相对固定，语言部记者负责联系采访对象及进行现场翻译。

这种节目形式是语言部记者以前从未接触过的，因此对于每一位参与运动会报道的记者来讲都是一个巨大的挑战。为了避免在直播过程中出现尴尬局面（例如：由于问题数量有限而导致的冷场，嘉宾对于所问问题不甚了解而无从作答，或是由于翻译水平有限无法做到信达雅，等等），我们必须提前做足各种功课。首先，将采访问题准备充分，而且一定要根据嘉宾的具体情况准备一些他善于回答而且乐于回答的问题。

一般问代表团的团长或者是对象国奥委会主席都有一些固定的问题，比如像介绍本次代表团的阵容如何？有哪些夺金优势项目或者是知名运动员？对本届亚运会的组织筹备情况有何看法？本国运动员是如何备战亚运会的？政府如何支持运动员平时的训练？如何奖励在竞赛中获奖的优秀运动员？亚运会是不是奥运会的一次练兵，等等。这些都

是一些比较通用的问题。当然，如果对象国有些特殊性，也可以设计一些更有针对性的问题。

2. 体育知识储备上的准备

记者不是运动员，在赛前不必有太大的精神压力。但是对于一名负责任的记者来讲，赛前的功课是一样也不能少的。从确定参与亚运会报道工作的那一刻起，不管你喜不喜欢体育，都要“被迫”成为一名体育迷。特别是南亚国家的很多优势项目都是中国人并不熟知的，比如像卡巴迪、板球、曲棍球，等等。我们甚至连某些比赛的具体规则都不清楚。所以，要想报道好亚运盛会，做好赛前的功课是必不可少的。

首先，就是要积累体育专用词汇。这里面不仅包含着常用体育词汇，还包含着一些具体运动项目的术语。而且，即使是同一个单词，也要尽量掌握对象国语言和英语两种翻译方法。因为像南亚国家的人士，特别是印度人在平时说话时非常喜欢掺杂英语，尤其是在体育相关词汇的使用中。如果你连项目的名称都没有弄清楚，人家说到非常专业的内容时，你就无法继续深入采访的话题了。虽然积累词汇这项工作确实比较辛苦和乏味，但是在积累的过程中会让你不知不觉地增长许多知识，大有裨益。

其次，必须对对象国各项体育赛事有一个大体的了解。知道哪些项目的哪些实力运动员会有夺金的可能性。这样在采访过程中你就不会无所适从、毫无头绪了！但如何才能获取相关信息呢？那就要经常登录对象国知名网站，查看相关体育新闻，了解对象国体育形势和知名运动员近况，等等。

再次，向擅长采访体育赛事的记者同行，特别是对象国媒体的记者寻求采访经验。这一点对于初学乍练的体育记者来讲十分重要。有了这些经验，你就会少走很多弯路，省时又省力。

3. 采访器材的准备

笔记本电脑、采访机、单反相机、手机以及这些设备的充电装置都是必备的器材。

笔记本电脑上要安装 DAW 音频制作软件，用于录音报道的音响裁切，还要安装 Photoshop的修图软件，用于图片制作。

采访机可安装麦克，收音效果会更好，防杂音干扰。

外出采访时，身边要随时携带备用电池和充电宝等设备，以防采访机、相机或手机没电。

如果在境外采访，要注意是否需要携带转换插座、无线网卡和接线板等器材。

此外，还要熟知发稿及审稿流程和途径，建立微信群是近期比较流行的一种联络方式。前后方可通过微信群发布各类通知及收发稿件。在新媒体报道中，这是一种非常高效的发稿方式。

4. 提前预订宾馆、熟悉采访路线

在预订宾馆时最好选择媒体宾馆或者媒体村，因为这两个地方都有班车往来于媒体中心，从媒体中心记者又可以搭乘相应的班车去往各个比赛场馆。如果没有订到这两个地方就尽量选择搭乘公共交通工具方便的地方，例如交通枢纽附近，以便及时乘车前往赛场。

二、采访过程中的注意事项

1. 思维敏捷、善于发现新闻点

“新闻点”是新闻的基本要素之一，也是决定新闻价值的一个重要方面。但是如何发现新闻点呢？除了长期积累的经验以外，还需要你在采访过程中保持清醒的头脑和敏捷的思维，能够做到随机应变。例如，在仁川亚运会的射击赛场上，巴基斯坦运动员在采访中对一名印度选手送去了胜利的祝福。于是，在采访这名印度获奖运动员时，我灵机一动问道：“刚才一名巴基斯坦运动员向你表示祝贺，听了他的祝福你有何感觉？”她的回答肯定

图 1　左图为印度获奖选手　右图为巴基斯坦运动员

是高兴和感激。然后你就可以继续引出你想要谈论的话题——体育对于增进友谊的作用，那么采访对象自然而然就会说出你想要表达的主题了。于是，《体育助力改善印巴紧张关系》这篇报道便应运而生。下面就是这篇报道的具体内容：

体育助力改善印巴紧张关系

国际在线报道（记者 毕玮）：半个多世纪以来印巴关系时紧时缓，冲突不断。在世人眼中两国间的仇恨似乎不共戴天。但是，现实是否真的如此呢？在本届仁川亚运会的比赛场上，记者却被两国选手相互祝福的细节深深打动。

在 9 月 20 日举行的女子 10 米气手枪的个人赛中，印度选手乔特里·什维塔获得了该项目的铜牌。这也是印度代表团在本届亚运会上获得的首枚奖牌。在向印度队表示祝贺的各国选手中还包括一名巴基斯坦选手。巴基斯坦选手巴希尔·穆斯塔法在得

知乔特里获得铜牌后说："我向她表示祝贺，因为她为印度争得了一枚奖牌，这是一件非常光荣的事情。在今天的比赛中，她表现得很好。因为付出多少努力就会得到多少回报。"

当乔特里听到巴希尔对她的祝贺时，回应道："我感到很开心！我们在参加比赛时经常会遇到巴基斯坦的运动员，我们也会在一起聊天。不是像大家想象的那样对彼此三缄其口，或是有一些不好的感觉。因为体育是没有国界的。"

那么，还有哪些人物或者事件有可能会成为亚运会赛事中的新闻点呢？例如，有冲突的国家间的竞争，像印度、巴基斯坦或韩国、朝鲜运动员间的对决；阿富汗、伊拉克等来自战乱国家的运动员；以及伊斯兰教国家中的一些女性运动员等都可以成为亚运会报道中的新闻点。

此外，还要学会发现体育代表团中有特点的运动员。例如，各国的知名运动员；年龄最小、最大或者是已经成为几个孩子的妈妈却依然活跃在体坛上的运动员，抑或是身世离奇、具有特殊家庭背景的运动员；赛场上的夫妻搭档；阿拉伯王子和泰国公主等具有皇室身份的运动员，都会成为受众喜爱和关注的话题。

2. 采访地点选择上的技巧

如果你的采访对象是一个体育代表团的一团之长，那么你一定要参加他们的入村升旗仪式，因为这是唯一能亲密接触和采访团长的好机会。如果需要另行约定时间进行专访的话，也需要通过这次机会取得代表团新闻官的联系方式，以便今后进行沟通。

赛事开始以前可以经常去运动员村转一转，在那里你或多或少会碰到一些对象国的运动员，可以借此机会进行采访，了解这些运动员所在项目是否有夺金的可能性，为开赛后选择去哪些场馆做准备。

赛场采访只能在混合区以及新闻发布会上。混合区就是运动员刚刚结束比赛后需要经过的一段区域。这里被严格地分为电视记者区、广播记者区和文字记者区，等等。根据记者证上的标志不同，各类记者只能在自己所在的区域内进行采访。比赛结束后，一般情况下，冠亚季军都会在赛后举行的新闻发布会上接受记者的提问。如果在混合区没有来得及问的问题，可以在这个时候查漏补缺。

3. 与对象国媒体及举办国媒体互通有无

如果我们的主要工作是报道对象国体育代表团，那么和对象国媒体工作者交个朋友是非常有必要的一件事情。特别是语言部记者，凭借着自己的语言优势，和他们交往起来就更加亲切自然了。当然，在亚运会报道过程中，朋友的最大作用就是相互帮助了。这种互惠互利的行为主要体现在：他们会和我们分享一些重要的赛场信息和采访线索。对于我的对象国而言，印度媒体还是相当重视亚运会的报道工作的，因为在亚运会的一些比赛项目中，印度具有一定的夺金优势。在2010年的广州亚运会中，仅印度一家知名电视台就派出了60多名记者，他们涵盖了几乎所有的比赛项目。作为国际台分管印度代表团报道的记者，分享他们的赛场信息便会使我们的工作事半功倍！来而不往非礼也，当印度媒体想采访中国运动员的时候，我便成了他们的有力帮手。

除了对象国媒体以外，时刻关注举办国媒体的行踪也是一个发现新闻线索不错的选择。由于举办国媒体具有语言及信息优势，因此会对报道重点或者突发事件更加敏感。例如，在2014年举办的仁川亚运会中，我就是凭借着举办国媒体提供的信息，成功采写到了《仁川亚运会韩国代表团团部入村》以及《亚运火炬抵达仁川》等重要稿件。

4. 不断发掘自己的潜能

这一点在广州亚运会上做网络视频访谈节目《亚运军团面对面》的过程中体会尤为深刻。对于语言部记者来讲，《亚运军团面对面》节目是广州亚运会报道的一个重头戏。本来只需要在话筒面前读读稿子的我们，这次面临了巨大的考验——直播上镜和现场翻译。当我们得知这种节目形式的时候，每个人心里都打着小鼓，因为毕竟是我们从来都没有接触过的工作，心里一点儿底儿都没有。除了事先准备好采访问题以外，还要就采访问题与具体上镜时间一次次与嘉宾进行沟通。同时，还必须要做好备选方案，以及找好备选嘉宾，以便在受邀嘉宾没有及时抵达直播现场时有备选嘉宾可以临时救场。当时，我们是一个语言部一个节目日期，随着自己节目日期的日益临近，每个人身上的压力都特别大，有的甚至到了寝食难安的地步，直到直播结束的那一刻才如释重负。记得当时一起采访的同事很多都是年轻记者，但是大家都出色地完成了任务。所以说，有时候不要一味地否认自己的才华和能力，而是要不断发掘自己的潜能，或许结局并没有你想象的那么糟。

又如在广州亚残运会中，第一次要求我们做视频节目。当时国际台的新媒体业务发展还不像现在这般丰富多彩。拍摄视频也是语言部从未涉及的领域。记得当时我们两三个人便组成一个视频小组，大家配合得非常默契，合作也很愉快。一起策划主题，拍摄时有的负责出镜、有的负责拍摄、有的负责导演，回来后有的负责写稿翻译、有的负责剪辑制作。到亚残运会结束的时候，大家都超额完成了任务，而且视频节目播出后的效果也很好。其实，我们之前都没有接触过视频节目的制作，但是经过广州亚残运会的锻炼，为我们今后开展新媒体业务积累了宝贵的经验，也奠定了一定的基础。这也是一个发挥潜能的实例。

5. 时刻关注赛会的信息系统

亚运会期间，一定要随时浏览亚运会的官方网站和信息系统，获取相关信息。因为里面可以迅速查到各项赛事的时间、地点、参赛队员的简介、班车时刻表等很多有用信息。还有许多内容会在信息系统中及时更新，像突发事件的新闻发布会通知，班车时间地点的更改信息，以及金牌榜的变化，等等。

三、报道撰写时的注意事项

1. 传统媒体稿件庄重依旧、新媒体图文并茂

传统形式：包括录音报道、录音新闻、图片报道、图片新闻、口播连线，以及为各自

语言部门所做的一些访谈节目。

新媒体平台：这类稿件为微博、微信、脸书等一些社交媒体服务。由于很多社交媒体都是通过手机来呈现的，因此要求稿件的语言更加精炼，内容更加新奇有趣。或者是记录赛场内外一些感人的瞬间，等等。下面我就以《愁眉不展 VS 一脸轻松》这篇新媒体报道举例说明一下。

林丹和李宗伟之间的较量一直是各国羽毛球爱好者津津乐道的话题。特别是在 2014 年举办的仁川亚运会中，不少人在赛前都看好李宗伟，就连马来西亚代表团团长也放出狠话说道："我们有李宗伟这样优秀的运动员，这次他定能战胜林丹，因为林丹已经老了。"因此，两位高手间的对决更加扑朔迷离，成为众人关注的焦点。恰巧此时，我和另一位记者分别在运动员村偶遇林丹和李宗伟，两名运动员对于媒体记者截然不同的反应，让我们萌发了写这篇新媒体报道的想法。事实证明，这篇报道确实吸引了不少受众，并被广泛转载。报道内容如下：

图 2　左图为中国选手林丹　右图为马来西亚选手李宗伟

愁眉不展 VS 一脸轻松

中国国际广播电台（记者：石晶、毕玮）亚运开赛在即，亚运村内随处可见明星大咖的身影。比起李宗伟的满脸轻松，超级丹的一脸凝重让人不禁担心：丹，你真的老了么？

2. 题目一定要吸引眼球

俗话说得好："看书先看皮，看报先看题。"这句话充分说明了新闻标题的重要性。和内容相比，可能一个吸引眼球的标题更能赚取广大网友的点击率。因为标题就是新闻的眼睛，是对文章主题最简明、最有力、最好的体现。所以，在我们撰写新闻标题的时候要学会巧妙地运用修辞手法，添加一些合理的文学修饰，使得标题能够生动新颖、充满活力，成为吸引受众的重要手段。例如，在仁川亚运会中我采写的图片新闻《仁川亚运与巧克力的甜蜜邂逅》以及《印度 50 米手枪个人冠军身世揭秘》就是通过其别具特色的标题吸引了众多受众。

3. 内容选择上要有独家性

在体育报道中，除了追踪一些本国体育明星以外，其实采访对象国的内容会更加吸引中国受众的眼球。因为他们没有机会和渠道去更多了解外国运动员的逸闻趣事。而国际台的语言部记者便可以依靠自己的语言优势，挖掘出一些更深层次和更新奇的内容。下面，我就以在仁川亚运会中采写的《印度射击队中的夫妻搭档》为例简单说明一下。

在射击赛场上，印度射击队的这对金童玉女（女运动员希娜和她的男教练潘迪特）立刻就吸引了我的注意力。他们不单有着靓丽的外表和强劲的竞争力，而且在对彼此的顾盼流连间还散发着一股浓浓的爱意。这种关爱似乎已经超出了教练与运动员之间的感情。于是，我旁敲侧击地了解到他们其实是一对爱侣。赛后，我还利用自己的语言优势与他们亲切攀谈，对他们进行了专访，了解到了许多这对小夫妻背后的故事。下面就是这篇报道的主要内容：

图 3　射击赛场上的印度小夫妻

印度射击队中的夫妻搭档

国际在线报道（记者 毕玮）：网球一姐李娜和姜山的故事大家可能再熟悉不过了。在竞技场上，他们夫唱妇随，演绎着一幕幕动人而又辉煌的篇章。在本届仁川亚运会的射击赛场上，也有一对这样的夫妻搭档，他们就是印度射击队中 10 米气手枪女队员希娜和她的亲密爱人兼教练潘迪特。

希娜是印度射击队中最有知名度的女选手，也是上一届射击世界杯的冠军。她的老公潘迪特，原来也是一名射击运动员，近些年开始执教希娜。在潘迪特的眼中，希娜是一名非常有实力的选手，技术与天赋并存。希娜的梦想就是能够在奥运会上拿到一枚金牌。潘迪特对此深信不疑："我百分之百有信心她能够参加里约奥林匹克，并能够发挥良好。"俗话说得好"男女搭配，干活不累！"祝愿这对小夫妻能够梦想成真。虽然在最后的决赛中希娜的发挥并不是很好，没有拿到奖牌，但她和教练间的爱情故事依然被国内的各大网络媒体转载刊登。

总之，如果语言部的记者想在亚运会众多的采访报道中脱颖而出，就应该充分利用自己的语言优势，采访一些独家的内容，这样才能够吸引受众。

（作者单位：中国国际广播电台印地语部）

海外调频台的本土化改造思路和实际操作

——以意大利米兰调频台为例

宋承杰

近年来，中国的主流媒体纷纷加快实施“走出去”战略，海外投入增加，设备更新，覆盖面扩大，人员规模不断壮大，国际传播能力建设呈现前所未有的新面貌。中国国际广播电台也在2010年后大力发展海外落地广播业务。作为我国对意大利传播的重要平台，国际台意大利语部在2011年2月1日开通了米兰调频台，初步实现了在意大利境内的节目落地。此后，为了进一步突出海外落地的传播优势，扩大在对象国的媒体影响力和市场竞争力，米兰调频台结合广播发展趋势和对象国市场特点进行了一系列具有针对性的全本土化改造，在内容定位、制作方式、经营模式和人员构成等方面也不断予以完善，取得了良好成效，收听率和影响力稳步提升，收益也不断增加。本文将着重阐述米兰调频台的本土化改造思路和实际操作情况，并对未来进一步发展的方向提出一些简单看法。

一、米兰调频台的本土化改造思路

“本土化”是媒体为适应传播对象国家或地区的市场特点与受众需求所进行的语言转换与文化对接等改造过程，以突破各种障碍与制约，更好地“入乡随俗”。通过采编制播、营销发行等环节前移，更加精确地定位传播产品和对象，提供更加符合当地受众需求的产品和服务，进一步提高传播的针对性，体现对受众的贴近性，从而赢得受众的认可和支持。[①]对于对外广播而言，本土化改造的思路体现在两个层面上：

1. 国际传播层面的本土化

国际传播层面的本土化在对外广播中是指使用对象国的语言和专业人员，在对象国内完成主要的采编、制作和播出，并根据对象国听众的需求和喜好对节目的内容、风格和形式进行包装。相比较于过去对外广播“国内制作完成后打包传送至对象国直接播出”的做法，本土化制作在受众的贴近性和内容的时效性方面具有明显优势，更能够为对象国听众所接受，目前已成为国际广播的普遍做法和主流趋势。

米兰调频台自2011年2月开播以来的2年多的时间内由于海外制作室的资源调配等多方面限制，相当部分播出内容仍由国内负责制作和传送。虽然在节目选题、播出形式和制作方法上进行了不断优化和创新并取得了良好效果，但始终未能从根本上解决与受众在空间、语言和文化上割裂的难题。为了使调频台克服这一制约，进一步提高传播效果和媒体影响力，经过长时间酝酿和准备，2013年9月9日，国际台意大利语部与米兰节目制作室合作在米兰、罗马两个调频台正式推出24小时全频率本土化节目。调整后的米兰调频台改变了不同时段节目制作由前后方独立分担的运作模式，所有广播节目的录制均由米兰制作室的当地团队制作完成，从而初步解决了节目风格不统一的问题。

2. 对象国国内层面的本土化

对象国国内层面的本土化是指城市调频广播台以当地的社会、经济和文化为出发点，发掘自身地域特色，坚持差异化原则，体现广播节目在地域上的优势。[②]根据统计数据，2013年意大利境内共有900多家广播电台和超过1100个广播频率[③]，在米兰这样的大城市中，调频电台多达几十个，要在如此激烈的竞争中脱颖而出，必须对自身进行精确清晰的定位，在差异化中寻找到机会。

为了实现这一层面上的本土化改造，米兰调频台进行了专业的受众调查和市场分析，将自身定位为提供资讯和娱乐内容的城市电台，目标受众是18岁—44岁对多元文化有一定了解及兴趣的人士，其中18岁—25岁主要为在校大学生，对于中国的经济成就持正面看法并将之视为个人发展机会的一个选项；25岁—44岁主要为具有一定文化层次和知识技能的职业人士，对国际时政感兴趣并对不同的文化持包容态度，而且具有较高的消费能力和潜在的商业价值。

二、米兰调频台的本土化改造实际操作

1. 增加本土内容，满足受众需求

只有传播内容与传播对象自身具有关联时，受众才能产生强烈的需求动机。[④]对外传播中增加对象国家和地区本土事务的报道内容，与受众心理更贴近，势必引起对象国受众更为广泛的关注，从而产生认同与共鸣，有效提升传播效果。米兰调频台在本土化调整中首先在各个时段的新闻资讯中加播意大利要闻和本地新闻。在确定了电台的文化和跨文化交流基调后，调频台充分结合所在城市的本土特色，在内容和选题方面突出地域特点，在节目中贯穿电影、时尚及美食等当地人喜闻乐见的题材吸引听众，同时选择一些非常“接地气”的内容与当地受众形成共鸣。举例来说，意大利居住着大量中国移民，米兰更有着全意大利最为庞大的华人社区之一，因而大部分当地人都有着与中国人打交道的经历，在意华人也成为一个非常热门的社会现象，遗憾的是，当地媒体更多选择从负面角度对此予以报道。米兰调频台为此推出了意大利首档中意双语谈话类节目《手拉手》，由一名当地知名主播，一位意大利汉学家和一个精通双语的在意华人共同主持，选取轻松有趣的话题进行跨文化交流，在这一过程中迸发了诸多有趣的观点和公正客观的思考，使听众能够真正地了解中国和中国人。这档节目受到了意大利人和当地华人社区的共同喜爱，集聚了极高的人气和媒体关注度。

2. 转化话语体系，改变表达方式

对外广播需要面对不同的对象国家和受众，其语言习惯、文化传统和思维方式各不相同，因此在跨文化传播中，要注重本土文化背景，善于转换话语系统，使用受众熟悉的语言思维方式和接收习惯，排除误读，消解偏见。为了更好地完成本土化改造，米兰调频台创新了工作机制，确定了米兰节目制作室和国际台意大利语部共同策划，由后者提供素材，前方完成制作的工作模式，实现了双方共同策划、分工协作、资源共享，从而充分发

挥母语和本土优势，更加巧妙地将内涵丰富的中国元素融入栏目、电台整体风格以及当地的文化语境之中，最大限度地提高节目和电台之于当地受众的相关性和亲和力，增强传播效果。按照这一运行模式，米兰制作室与意大利语部定期通过视频会议系统召开节目策划会和例行协调会，跟踪节目报道计划的执行情况，及时解决运行中存在的各种问题与矛盾。

在每月进行的选题会上，米兰制作室会列出素材需求，双方通过协商尽可能将中国内容融入其中，选题以文化为主，制作理念上强调客观、中立、尊重事实，不宣传意识形态。如在《早间生活秀》中的中国趣闻和传统节日，《影事》栏目里对于中国电影的介绍，美食脱口秀节目中的中医养生知识，《新闻纵览》中一些时政新闻的介绍，都遵循了“制作室需求提出——中方素材提供——本土化制作包装”这一流程；而在对一些重大事件和重要活动的报道中，则会切换成“中方需求提出——制作室本土化策划、制作和包装”的工作程序，如在“两会”期间，米兰制作室会根据前方要求共同进行一些内容策划，选取当地受众感兴趣的话题（如 2014 年“两会”中的女性参政议政、中国改革措施、独生子女政策等问题），由前方提供素材，再经制作室完成本土化制作和包装，以当地受众熟悉的思维方法和叙事手段进行传播。这一模式也被运用到了一些国际重大事件和领导人出访活动的报道中（如 2014 年李克强总理出访意大利），使对外传播中“中国内容、国际表达”这一目标得以真正实现。

表 1　2013 年 9 月至 2015 年 2 月共同策划选题分类统计

类别	中国传统节日	国际重大节日	中国电影	中医养生	旅游	时尚	时政经济	中国社会
数量	11	7	16	60	4	6	26	22

3. 重用本土人才，利用明星效应

人员的本土化是米兰调频台本土化改造的根本。本土人才具有天然的语言优势，熟知当地的政治、经济、文化、法律等各方面情况，并拥有广泛的人脉关系与资源。更重要的是人才本土化最大限度地消除了文化上的隔阂，有利于节目尽快融入本土市场，增加了对受众的贴近性和亲和力，进而增强受众对媒体的认同，提升传播效果。

米兰调频台注重选用本土高端人才，在 2014 年 10 月成功吸引了意大利最大电台之一 R101（根据 2013 年统计拥有 187 万听众）知名主持人萨拉·卡罗茱莉（Sara Calogiuri）的加入，继而带来了该主持人在原电台大量粉丝的转投。明星效应在实践中已被证实是城市电台的核心竞争力所在，吸引本土的知名主持人加入往往能起到事半功倍的效果，米兰调频台在得到明星加盟后没有墨守成规，而是将这一资源所带来的优势发挥到最大，为其量身订制了一档全新的创意节目，由主持人在当地的播音主持专业学校选择新人与她一起主持节目，听众通过手机 APP 和社交网络进行讨论点评并决定由谁留下继续主持，该节目互动性极强，开播至今一直保持着极高的收听率和媒体关注度。

4. 加强本土运营，举办线下活动

本土化运营指的是针对不同对象国市场特点，因地制宜，采取不同的经营运作策略，以增强对本土的适应性，提升传播实效。米兰调频台在运作过程中极其注重与各方的合作，对传播效果和媒体运营发挥了积极的促进作用。2014 年调频台先后成为米兰中国春节庆祝活动、米兰和都灵东方时尚周、贝尔加莫音乐节、米兰世博会中国国家馆动工仪式等诸多活动的媒体合作伙伴，通过合作扩大了媒体影响力。2014 春节期间，调频台结合无线广播、线下活动和网络互动，收听率和网络访问量均创历史新高。

三、米兰调频台的本土化发展趋势

1. 发挥新媒体优势，实现多媒体本土化融合

当前新兴媒体异军突起，并呈现出移动化、社交化、视频化的发展趋势。新媒体在对外传播中独具优势，既能突破传统手段多方面的局限，又能将大众传播和人际传播相结合，实现与受众互动，双向传播，形成对目标受众的有效影响。因此，海外落地台有必要加快与新兴媒体的融合发展，使广播在发展巩固好传统业务的基础上，与互联网进行融合，把传统媒体的内容优势和新兴媒体的传播优势有机结合起来。充分运用新技术和新应用创新媒体传播方式，采用社交网络和移动客户端等新手段不断拓展传播渠道，形成多媒体传播新格局。

在这方面，米兰调频台已经开始了有益尝试，并且取得初步成效。首先是广播节目的网络化和移动化，目前米兰调频台的所有节目均可在其网站上进行点播式收听，智能手机的 APP 应用早在 2011 年就已上线，而在 2013 年完成本土化改造后，APP 下载量更取得了爆发式增长，截至 2014 年年底总下载量接近 6 万。媒体融合的本土化也体现在传统广播与互联网，尤其是社交媒体的结合应用。米兰调频台在意大利最大的社交媒体平台 Facebook 上每月访问量达到 10 万，远远超过了同类型经营时间更长的当地电台。目前，米兰调频台已计划在其网站上开出视频节目专区，并与传统平面媒体——《中意》杂志达成合作，打造多媒体商业计划进入广告市场。

2. 进一步打造品牌，开拓产业经营渠道

作为一个新生的广播电台，米兰调频台一直处于高速发展之中，但就目前而言其品牌识别度和影响力仍有待提高。在当地的激烈市场竞争中，需要依靠品牌来支撑其运营和扩张，要做到这一点可以在三个方面继续挖掘：首先是节目内容和受众的精准定位。为此有必要建立受众资料大数据库，深入挖掘受众的偏好与口味，在此基础上调整内容和时段编排，更有针对性地满足受众个性化、多样化的需求，此外，要在不同的发展阶段使内容与目标受众的需求相匹配，尤其是当前目标受众扩展到对中国文化感兴趣的意大利人这一关键时期，需要进一步突出中国特色与文化内涵，不断扩大品牌在地方的知名度。其次是积极推进商业化运营。米兰调频台应发挥其公司化的组织结构优势，突出市场意识，充分调动资源，推动商业化运作，充分利用各类合作机会，加强与广播产业相关的支持产业的合作，如在 2015 年米兰世博会期间可重视旅游节目的打造，并与实体行业（如旅游局等）

组成战略同盟。最后在未来条件相对成熟时期进行进一步创新融合发展，实现跨界多元经营。

四、结语

米兰调频台经过4年多的摸索与发展，尤其是在经历了2013年的本土化改造之后，已经初步实现了从“走出去”到“走进去”的转变，慢慢开始融入海外本土受众的生活之中，但需要看到的是，在调频台本土化改造的过程中仍有诸多有待于探讨、实践和提高的环节；同时，当前媒体格局正在发生深刻变革，对外传播的内容方式、渠道平台、受众需求与传播效果等都面临新的冲击与挑战。新形势下，我们需要加强思考和研究，进一步切实提高海外调频台的传播效果和经营实效。

（作者单位：中国国际广播电台意大利语部）

注释：

① 唐世鼎：《提高对外传播有效性的路径探寻》，《对外传播》，2014年第10期。

② 殷用生：《广播节目本土化是听众的需要》，《发展》，2010年第10期。

③ 意大利通讯保障局：《Relazione Annuale 2014 AGCOM》（2014年工作报告），2014年。

④杨文延：《产业化路径与本土化思维》，商务印书馆，2012年11月。

由"中国美食嘉年华——走进巴基斯坦"活动浅析媒体公共外交实践

王茜婷

近年来，作为提升软实力的重要途径——"公共外交"的地位显著提升。"公共外交"在1965年首次作为一个术语出现时，其中心内容就被定义为"信息和观点的流通"。[①]媒体作为信息和观点传播的主体，自然成为公共外交一个不可或缺的重要组成部分，其作用也得到越来越多的重视。原全国政协大会发言人赵启正认为："把媒体的对外传播纳入公共外交，不但没有降低其重要性，反而使其具备更高立意、提出更高标准、赋予更重责任，也使得对外传播媒体的内容更丰富、表达更活泼、效果更明显。"[②]

2014年年底，中国国际广播电台乌尔都语部在巴基斯坦首都伊斯兰堡举办了"中国美食嘉年华"活动。此系国际台在巴基斯坦开展的首次美食主题公共外交实践，在活动定位、设计和组织上均进行了一些有益尝试，取得了热烈反响和良好反馈。本文通过对此次活动的情况回顾、效果评估及特点分析，讨论时下中国媒体在公共外交领域扮演的角色和发挥的作用，同时也就媒体特别是有明确国别工作对象的媒体及部门，如何更好参与公共外交、提升国际传播力进行思考并提出初步建议。

一、"中国美食嘉年华——走进巴基斯坦"活动情况

2014年12月，国际台乌尔都语部与中国烹饪协会合作，邀请五名国内顶级厨师赴巴基斯坦交流。代表团由中国烹饪协会副会长边疆带队，另有国际台乌尔都语部记者参加。国际台驻巴基斯坦记者站全程参与接待及报道工作。活动自筹备伊始即将文化交流与对外宣传相结合，围绕"民以食为天"进行设计，力求主题鲜明、节奏轻松、氛围愉快，从推动对华认知和促进双边交流层面，争取做到三个融入——"融入民众、融入生活、融入当地"。在短短6天时间内，代表团组织了七场形式不同、对象各异、皆具特色的活动，包括：走进巴基斯坦总理府展示厨艺，赴巴基斯坦国家电视台录制节目，在伊斯兰堡最著名的酒店（万豪酒店）举办美食精品宴，与当地烹饪协会和美食爱好者交流，在当地最大的购物中心进行即兴表演，在巴基斯坦民俗博物馆开展厨艺技巧以及深入当地知名中小学校讲解中华美食文明等。活动每到一处均得到有关方面的积极评价和民众的热情簇拥。

美食嘉年华系列活动从多个层面开创了中国对巴基斯坦人文交流的历史先河：第一次在巴基斯坦首都伊斯兰堡举办中华美食主题活动，第一次有中国访问巴基斯坦代表团赴当地国家电视台当红栏目现场录播，第一次有外国厨师深入总理府烹制饭菜以及第一次尝试在公共场所进行即兴宣传展演。在项目组织与协调上，本次活动充分体现"小、快、灵"

的运作模式：一是规模小巧，精简组团，紧密依靠国际台驻外记者站平台，适当借助双方驻外机构渠道，以小博大，调动资源。二是启动迅捷，从意向提出到组团，从活动设计到日程安排，务实紧凑，总历时不足一个月。三是安排灵活，突出美食特色，紧扣主题做文章，形式活泼，不拘一格。同时，与民众线上线下的互动交流也是活动的一大特色。期间，听众的短信和邮件纷至沓来，一名为哈米德的听众说出了其中的代表性心声："去中国的机票很贵，但国际台把最地道的美食送到了我们身边，让我们普通人都欣喜若狂。"

中国美食嘉年华系列活动让巴基斯坦各界人士充分领略了中国饮食文化的魅力，有助于巴基斯坦民众深入了解和认识中国传统文化，进一步推进了两国人文交流，与此同时，也推广了国际台乌尔都语部的媒体品牌。从活动受众反馈及团组现场感受来看，本次活动达到了超乎预想的良好效果，对我国媒体国际传播力建设和国家形象的提升，起到了积极的推动作用。中国驻巴基斯坦使馆也评价此次活动可作为开展主题公共外交的参考模式。

二、媒体在开展公共外交活动方面独具优势，有能力成为筹办主体并体现价值

传统角度来说，公共外交是指一国政府通过文化交流、信息项目等形式，了解、获悉情况和影响国外公众，以提高本国国家形象和国际影响力，进而增进本国国家利益的外交方式。从这一意义上看，公共外交的行为主体应该是政府，媒体更多作为参与者。[③]不过随着多元外交的推广和我国媒体机构对外开放意识的增强，媒体参与公共外交的角色、程度和作用都在日益更趋主动。从"中国美食嘉年华——走进巴基斯坦"为观察视角，中国媒体当前完全有能力有资源成为筹办公共外交的主体，并展示出其媒体属性的各种优势及特点：

1. 在资源搜集方面选择面更广

此次活动的合作方厨师协会属非政府机构，缺乏与诸如我国驻外使领馆等高层次的官方沟通渠道，其对"走出去"的设想也从未考虑到国家公共外交的高度。事实上，类似的机构组织均具备发展为公共外交资源的潜质，只是从操作层面而言，往往被排除在官方资源搜集渠道之外，其自身对外交流也缺乏更深层次内涵的自我设计。媒体依靠其多层次触角和信息优势，能够更好网罗类似社会资源和中间力量，并引导为公共外交服务。

2. 在对外宣传报道方面更加顺畅

公共外交是政府与公众间的互动，而媒体是政府触及目标公众的媒介[④]。媒体在担当公共外交活动主体时，这种先天优势更加显现。国际台在巴基斯坦的伊斯兰堡和卡拉奇两大城市设有中巴友谊台。广播自落地以来，深受广大听众喜爱，目前已经拥有 700 多个听众俱乐部。此次国际台将美食嘉年华活动作为中巴友谊台的主打品牌，与听众的互动贯穿始终。活动前一周就开始播出预热节目，从介绍北京街头巷尾的餐馆、中国的八大菜系到采访巴基斯坦主要中餐馆，内容丰富。活动期间更是在广播和乌尔都语（巴基斯坦国语）网站以及社交网站上全程跟踪报道活动盛况，并邀请听众参加线下活动，形式多样。国际台还利用多语种优势，以英语配合乌尔都语开展宣传，增强亲和力，扩大受众面。资源上

的高度集成和操作上的协调统一成为活动外宣收效的保障。

3. 在活动形式方面更加多元

此次活动既有阳春白雪的一面，例如邀请巴基斯坦政要名流在五星级酒店共飨盛宴，深入国家权力中心——总理府开设“私厨”等，又有“走基层，接地气”的一面，例如选择国际台广播孔子课堂所在的院校与师生及家长交流，并大胆借鉴时下流行的“快闪”元素，尝试在购物中心即兴路演，“零距离”走进民间。由于非官方身份和定位，无论是对象国有关部门的接受度，或是尝试实验性质的活动体式，较单纯的政府行为，均存在更多的张力和可能。

4. 在调动当地媒体平台资源方面更加便捷

媒体交流是公共外交的重要力量⑤。这种交流既体现在人员的流动和思想的沟通，也体现在平台资源的互助互用。此次活动的一大亮点是中国厨师首次走上巴基斯坦荧屏，而且参与录制的是当地相当热门的节目。考虑到语言制约和中方厨师的现场表现力因素，对方最初略有犹豫，不过凭借国际台驻地记者站与巴基斯坦媒体界长期的良好合作，通过简单的业界内部疏通，顺利促成代表团利用巴基斯坦优质的传播平台，实现了最大程度的广泛宣传。

5. 在合作伙伴方面的市场取向更加灵活

此次活动预算有限，国际台因此尝试与当地的中餐馆和万豪酒店开展互惠合作，通过一定形式的联合活动或广播宣传，大幅降低代表团的食宿开支，从而能够把有限的经费更多投入到活动本身，取得多赢的实际效果，且由于合作的对象（均为餐厅）系根据活动特点精心选取，也从侧面烘托并强化了美食节的主题。

三、涉外媒体自主筹办公共外交需注意的事项

大众传媒特别是对外媒体，已经成为实施公共外交的战略支点，通过对外媒体的有效传播，可以起到事半功倍的效果。⑥随着媒体逐渐走到前台，转变角色，成为组织开展公共外交的主体，其在充分发挥先天优势的同时，也必须客观认识到自身存在的局限并扬长避短。

1. 宜主打文化交流，选准活动主题

我国媒体公共外交战略首先要注重选题，精心策划，认真准备⑦。鉴于“公共外交”是指面对外国公众的一种国际交往，它表达的方式是文化性，而非强迫性⑧，因此媒体应该将文化交流类项目作为主要抓手，无论从形式设计上还是内容体裁上，相对研讨交流、大型集会等，更加契合也更好驾驭。此次以美食作为主题，得到了巴基斯坦前驻德国大使沙希德·格马尔的高度肯定：“以美食文化交流为主旨的公共外交模式值得推广，我想我们今天有幸看到了如何推广美食外交，这一点是非常重要的，因为美食是每个人必不可少的，又可以给人愉悦感，所以美食可以更好地把友谊融入到外交过程当中。”

2. 要善于借助政府力量，拔高活动规格

公共外交虽以普通大众为受众对象，但从经验角度而言，高档次的活动场所、高层次

的人物出席等均对活动本身的受关注度和实际影响力起到关键的作用，而提升活动规格需要的渠道和资源，往往并非媒体所长。此次美食嘉年华活动将在万豪酒店举办的精品宴作为主打项目，投入了最大精力。国际台依靠自身积累的人脉，并借助中国驻巴基斯坦使馆和巴基斯坦驻华使馆双重官方渠道，邀请了包括中国驻巴基斯坦大使和巴基斯坦商务部辅秘、教育部联秘、经济事务部联秘等高官以及在巴基斯坦中资机构负责人等60余位重量级嘉宾出席，有力撑起“开门红”。

四、如何以国际台乌尔都语传播为立足点，更好参与对巴基斯坦的公共外交实践

国际台乌尔都语部主办的“中国美食嘉年华”活动取得成功为媒体开展公共外交实践提供了令人欣喜的注脚。作为以巴基斯坦为明确工作对象的涉外媒体，国际台乌尔都语传播在公共外交这条道路上面临着更加广阔的前景：一方面，中巴特殊友好背景下，习近平主席提出了建设“中巴经济走廊”与“海上丝绸之路”的构想，推动双边关系发展步入更广阔领域，同步拓宽对巴基斯坦公共外交的空间和需求。另一方面，习主席提出的“中国梦”、“讲好中国故事”等理念以及中央提出的构建舆论引导新格局的指导思想，给开展公共外交具体实践提供了政策保障和方向指引。在此新形势下，国际台乌尔都语传播如何准确定位，修炼内功，挖掘潜力，发挥优势，最终更好参与并服务于公共外交，笔者认为应注意以下几个方面：

1. 整体定位上要体现媒体平台的公信力

国际舆论的竞争说到底是话语权的争夺。掌握了国际舆论中的话语权，就可以影响和引导国际舆论。[⑨]而如果媒体不够可靠，它将很难对受众群体产生积极影响。国际台乌尔都语传播的核心定位是国家对外喉舌，因此首先要坚持在外交政策和新闻导向上与我国的大政方针保持一致，奠定媒体的政策公信力。其次要坚持客观报道，用事实说话，用数字说话，坚持按传播规律办事，建立媒体的职业公信力。最后在规定动作以外，例如评论和分析部分，要改变过时的话语体系，提高灵活性和丰富性，增加来自不同角度包括巴基斯坦方面的声音，塑造媒体的时代公信力。

2. 传播方针上要体现受众对象的针对性

国际传播的受众是对象国的主流社会和民众，因此要全面关注其思维方式、价值观念，以及接收信息的习惯。乌尔都语传播以巴基斯坦为唯一受众对象，要充分考虑其作为英联邦成员国的历史背景，在传播效率上要适当体现相对西式的快节奏，增强时效性，体现现场感；内容上要贴近当地民众的关注点，比如在国际事务方面可侧重南亚和中东事务，在双边事务上要注重体现双边特殊友好基调，在涉华报道上多关注国情国人及治国理政经验；风格上要平和内敛，尊重当地民众的风俗和心理特点，体现中国的大国胸怀。

3. 传播手段上要拓展新媒体新领域

在传统的国际舆论战中，我国一直处于西强我弱的劣势中，90%的国际新闻都来自于

西方媒体。进入Web2.0时代以来，对中国媒体而言既是挑战，也是机遇。如何运用好新媒体手段，通过对外传播这一公共外交手段，有智慧地树立中国形象，改善中国的舆论环境，是中国媒体的战略任务。国际台乌尔都语部已建立社交媒体账户，反响良好，并汇聚起一批活跃粉丝，在美食嘉年华等活动中积累了一定互动经验，下一步应继续进一步多头网罗粉丝和潜在用户群。在丰富线上活动的同时，适时通过举办美食嘉年华等以项目为载体的公共外交活动，实现互动对象的实体对接，并力求发展成为一种网络社区文化，在短时间内达成规模效应。

4. 传播渠道上要加强与对象国多层面合作

开展公共外交，必须依靠深度传播，其中必不可少的是借助对象国已有渠道。针对巴基斯坦，重点可从三方面展开：一是深化与巴基斯坦媒体的交流合作，既包括经验的分享借鉴，更涵盖双方各自资源的利用和互换。二是与当地智库合作。智库承担着知识与政策的桥梁、政府与公众的媒介等角色，甚至拥有“舆论聚散核心”的地位。公共外交绕不开智库，有针对性的媒体传播也应以智库为重点工作对象。三是与当地有关非政府组织（NGO）合作。巴基斯坦奉行的民主体制让部分非政府组织事实上扮演着调动和分配社会资源的活跃角色，其作用不可小觑。通过稳妥选择文化领域机构，联合举办例如美食嘉年华等类型活动，能够事半功倍、互利共赢。

5. 传播思路上要深化媒体公共外交的市场化运作

中国媒体深入公共外交领域，不能一味投入，也要讲市场，讲经营。这就要求媒体不仅会政治行销，也得学会市场行销，从而保障媒体公共外交事业可持续发展，其中手段之一就是媒体落地。国际台于2011年起租用巴基斯坦广播公司的调频广播时段，实现5大城市广播覆盖，目前正积极运作在当地成立常设工作室，届时传播覆盖面将更广，经营手段也更加多元，能给相应的公共外交活动提供有力的平台支撑。另一有效手段是与“走出去”的中国企业合作。国际台乌尔都语部2011年主办的“母亲河之旅”大型多媒体跨境采访活动，曾与华为、路桥等在巴基斯坦中资企业有过协作，收效良好。可进一步利用我国企业逐步扩大的资源和影响力，在帮助他们传播企业形象、融入当地的同时，为公共外交活动积累更多的市场资源。

（作者单位：中国国际广播电台乌尔都语部）

注释：

① 百度百科 http：//baike. baidu. com/link?url=ulAVwCUcs5mmliBd_UlpH4ITUYof-HFp5WKSGg9sVzyYPFGF7Fw2XzZEf6LgnC0QZAeZnFREDTrKsa45umXIScK。

② 赵启正：《媒体应有自觉的公共外交意识》，《中国记者》，2011年第7期。

③ 百度百科 http：//baike. baidu. com/link?url=aZMwbupWd5oLQ2XrPSIf_L3wYFf-KjXsju8SZ _ CgYHJY _ E9cUiG5ZRIxMxu8kWffSjwRa1O5ESpAqLPkbrMDvE _ 。

④ 陈佳怡：《公共外交与媒体外交》，《对外传播》，2013年第2期。

⑤《媒体交流是公共外交重要力量》，《人民日报》，2012年9月27日。

⑥ 赵可金：《公共外交中的媒体角色》，《对外传播》，2010年第12期。

⑦ 赵凯：《我国媒体公共外交战略应有的特色》，《新闻世界》，2010年第3期。

⑧ 赵凯：《公共外交中的媒体作为》，《新闻记者》，2009年第12期。

⑨王庚年：《中国广播电视“走出去”方略研究》，中国国际广播出版社，2014年。

以《哥儿俩》为例谈如何利用网络视频做好对老挝传播

徐毅然

随着科学技术的飞速发展，媒介融合日趋紧密，随之衍生出多元的传播渠道，丰富的传播形式以及逐渐模糊的传媒界限，人类正在进入一个由传统媒体和新兴媒体相互融合的全媒体时代。其中，作为一种新的传播形式，网络视频整合了电视与网络两大传播媒介的优势，既具有传统电视形象直观的特性，又具有网络媒体互动灵活的特点，得到了受众的广泛青睐。为此，笔者所在的中国国际广播电台老挝语部进行了全新尝试，推出了《哥儿俩》系列网络视频短片，收到了良好的传播效果。本文将结合老挝国情对老挝传播实践进行梳理，并就未来更加优化传播效果提出笔者的一己之见。

一、老挝网络发展及国际台对老挝网络传播概况

作为全球欠发达国家之一，由于经济发展及教育水平有限等原因，老挝于 20 世纪 90 年代末才开始初步接触互联网，随后有了较大的发展。老挝通信管理机构在 2001 年至 2005 年发展计划中已实施了将互联网业务扩展到全国各省的规划。2001 年至 2003 年间，老挝互联网主机数增加了近六倍。即便如此，2003 年，老挝互联网普及率也仅为 0.5%。截至 2006 年 9 月，老挝互联网用户数为 2001 年的 15 倍有余，互联网普及率激增到 5%。截至 2014 年 9 月，老挝互联网普及率已达到了 40%，与全球互联网普及率持平。① 且老挝互联网用户主要集中于老挝政治中心和经济发达地区，如北部的琅勃拉邦省，中部的万象市和万象省，南部的沙湾拿吉省和占巴塞省等，多为政府部门、大中型企事业单位和受过良好教育及具有一定经济基础的个人。

较之互联网而言，老挝的通信网络发展更为迅猛。早在 2008 年，老挝就开通了手机 3G 网络。而 2012 年 10 月，老挝最大的电信运营商——老挝电信公司在老挝首都万象正式发布商用 4G 网络，该网络可以为老挝电信用户提供 15 兆 Hz 的信道带宽和每秒高达 90 兆的下载速率。老挝成为东盟地区继新加坡后第二个开通 4G 网络的国家。4G 网络的开通标志着老挝的电信发展进入到国际先进水平。目前，在老挝，手机用户覆盖率达 93% 以上，移动终端成为老挝社会精英人士和年轻人获取各类资讯的一个重要途径。

国际台对老挝传播紧跟甚至领先于老挝网络发展速度。其中，老挝文网（laos. cri. cn）于 2003 年 12 月 18 日开通，是全球第一家老挝文动态网站。该网一上线就充分体现出互联网的海量和时效特色，高峰时期每天编发布新闻四五十条，专稿十五篇以上，受众单月点击率一度高达 13 万。这对当时人口仅 600 多万，互联网普及率非常有限的老挝而言实属不易。

2014年下半年，国际台又对老挝传播以社交网络为平台，推出媒体专页、公众号。截至2014年12月，数月间已拥有粉丝数逾万，单帖最高到达量近20万，呈现出到达率高、互动效果好的特征，表明平台优势已经开始显现，形成了固定用户群体。

针对老挝移动终端用户大大超过互联网用户，国际台正开发集在线收听、收看、参与互动的移动客户端（APP）。2014年年底客户端上线测试以来，已有数千人下载安装，前景看好。

国际台对老挝传播的新媒体发展态势得到了对象国受众的广泛好评。2014年11月，老挝国家主席朱马里·赛雅颂在接受专访时对国际台对老挝传播加强新媒体建设，不断创新媒体报道形式，扩展传播渠道表示赞许。

此外，在网络社交媒体上，受众反馈表明，现如今，图片、视频等可视化、具有视觉冲击力的报道和节目最受欢迎。以2014年5月老挝军机坠毁的突发事件报道为例。当时，国际台老挝语部在短短几天内发出了跟踪报道、广播特别节目等数万字的文稿和上百张图片。而其中，老挝领导人前往灵堂吊唁遇难者的独家照片创造了传播最高数据，浏览量高达14万人次。有网友留言表示："老挝不是世界大国，领导人并不为人们所熟知。但照片上一个男人隐忍的巨大悲痛在入目的刹那击中了我的心灵。没有声音，无须文字，人类共通的情感让我感同身受。"

老挝网络发展的趋势和国际台既有的传播实践表明，可以在文字、音频为载体的基础上尝试网络图片、视频等可视化、新媒体特性更加突出的节目，另辟对老挝传播蹊径。

二、国际台老挝语网络视频节目《哥儿俩》传播现状

2014年全球互联网趋势报告研究数据表明，全球互联网用户总数每年的增幅为不到10%，而且其增长速度正在日益放缓；全球智能手机用户总数每年的增幅为20%，其增长速度也在放缓。但与此同时，移动数据流量则正在取得爆炸式的增长，年度增幅达到了81%，而且增长速度正在加快，部分推动力来自于视频流量的增长。[②]

另据视频平台Ooyala公布的数据显示，2014年在用户观看在线视频的总时长中，来自于移动端的时长所占比例达到了22%，这一占比相当于之前一年同期的两倍。互联网上述发展趋势在老挝也有所体现。当互联网尤其是移动互联网传播在老挝方兴未艾，国际台借助视频节目丰富与完善对老挝传播内容和形式尤为必要，且具有相当的优势。

2014年10月，网络视频短片《哥儿俩》正式在互联网和社交媒体上线。《哥儿俩》定位为实景体验式学汉语系列视频短片，由一中一外双人主持。中方主持人在现实生活环境中教会老挝籍主持人简单实用的汉语词汇或短句。该系列短片有固定的片头、LOGO和推广词，隔周周五在国际台老挝文网站、中华网老挝文网站和国内外社交媒体发布。单期时长5分钟左右。

1. 网络视频《哥儿俩》对老挝传播优势

首先，国际台对老挝传播具有语言、人才储备优势。国际台老挝语广播开播已近60年，是全中国老挝语人才最集中、对老挝传播经验最丰富的部门。老挝综合国力较

弱，民众受教育水平较低，母语传播优势明显且无可替代。而网络视频短片《哥儿俩》中的中方主持人多年从事老挝语广播，有驻外留学工作经历，老挝语表达流畅自如。老挝主持人则聘自老挝国家电台，擅长文艺文化节目的主持，并有广播剧经验，语言角色感强。

其次，国际台对老挝传播具有媒体品牌优势。随着在线广播、调频广播的推出，许多关注中国乃至全球资讯、变化的老挝精英人群和紧跟流行、时尚变化的老挝年轻人群成为中国国际广播电台的受众。统计显示，中国国际广播电台老挝受众中20岁—50岁年龄段的占到了八成。其中，67%受过大学本科教育；硕士以上学历受众达8%。[③]由此可见，老挝互联网使用人群与国际台对老挝传播受众群特性高度匹配，网络视频具有良好的发展基础和前景。

最后，国际台对老挝传播具有多媒体联动优势。国际台对老挝传播目前具有调频广播、互联网、平面媒体、社交网站、移动终端APP开发等多平台，全媒体发展初具雏形，多媒体平台联动效应和规模效应日益彰显。网络视频《哥儿俩》的部分选题策划就源于调频广播《欢乐驿站》专栏和学汉语节目，而该视频的发布又有力地提升了国际台老挝文网站和社交网络专页及公众号的粉丝量。

2. 网络视频《哥儿俩》的传播效果

由于更直观、更易转发转载，网络视频《哥儿俩》推出数月便取得了良好的传播效果。

一方面契合受众需求，赢得了比传统媒体更为广泛的关注和传播实效。2013年、2014年，中国结束了日本作为老挝第一援助国长达30余年的历史，连续两年成为老挝第一援助国家。双边政治、经济、教育等领域往来密切，在老挝掀起了“汉语热”。《哥儿俩》开创的可视、实景汉语教学填补了中国对老挝传播空白。截至2014年年底，《哥儿俩》视频短片在社交媒体平台观看人次已超过10万。与此同时，《哥儿俩》还在节目中设置有奖收看环节，受众参与踊跃，粉丝量、视频回复以及转发量均大幅增加。而当获奖网民前往国际台万象分台驻地领奖时手持奖品的照片发布在网络社交媒体，又成为二次传播的素材与焦点。

另一方面结合中国文化“走出去”要求，用新媒体方式和平台展示中国文化，讲述中国故事，效果颇佳。比如，《哥儿俩》之《茶与叉》就较好地以跨文化传播中的中老文谐音字词给现实生活造成的困惑为脚本，再现了老挝主持人在中国闹出的笑话，用点滴折射出中国的语言文化。《我们是兄弟姐妹》这一期则拍摄于云南省西双版纳傣族自治州的勐腊镇曼朗村。这里靠近中老边境，生活在这里的傣族同胞文化习俗又与老挝人十分相近，视频拍摄时，摄制组还请来当地的傣族姑娘身着民族服装和主持人在村寨里一起聊天，最后教授一句中文“我们是兄弟姐妹”，巧妙地将中国以邻为伴、与邻为善的外交理念蕴涵其中。通过本集视频，老挝受众不仅学习了中文，而且欣赏到了与老挝山水相连的西双版纳美丽景色，了解了与老挝人文化习俗相近的傣族百姓生活。

三、网络视频《哥儿俩》未来发展的几点思考

作为《哥儿俩》的主创人员之一，笔者认为该节目进一步在专业性、实用性和互动性上下工夫才能不断优化内容，提升传播效果。

1. 提升专业性

提升专业性即打造相对专业的采制团队和更加专业的新媒体产品。目前，《哥儿俩》的组成人员基本固定。但无论是主持人还是摄影师均为传统广播出身，对节目的策划、摄制掌控力有限。而科学技术迅猛发展，各类视频拍摄设备不断推陈出新，后期制作软件层出不穷，需要从业者时时跟踪动态，加强学习，才能制作出精益求精的节目，才能在艰巨的媒体转型和激烈的受众市场竞争中独树一帜，立于不败之地。因此，网络视频《哥儿俩》后期还需跟进受众和媒体调研，并在实践中不断提升团队专业水平。此外，通过学习和摸索，更加强化该网络视频的专业制作，形成更加固定、清晰的风格，实现精准传播。

2. 凸显实用性

作为实景汉语教学短片，《哥儿俩》现有节目前期策划不足，还惯性思维地跟从于传统大广播的采访节奏和安排。比如，2014 年发布的几期《哥儿俩》中一部分摄制于 9 月间的中国-东盟博览会（广西南宁），所教的汉语短句使用起来具有一定的局限性，不够贴近日常生活。而且为了达到“笑”果，拉长了演绎过程，缩短了实际汉语教学，不能满足受众学汉语的需求。在今后的节目中可以确定一定场景主题后，尝试改变提前告知老挝主持人相关汉语的流程，让其和受众一样真正“零”起点，能切实应用所学词句解决现实难题。

3. 加强互动性

互动性强是互联网的一大特点。多做互动活动可以固定节目粉丝群，并且让这些固定的粉丝群多分享视频节目，进行裂变式传播，提高视频节目的知名度。在《哥儿俩》现有互动基础上，还可以设计“我最想学的中国话”、“本期词句谁学得最标准”等互动环节，将“我所教”和“我想学”有机结合，让受众拥有私人定制的用户体验，增强受众对节目的黏合度和忠诚度。

除此之外，紧跟潮流，关注对象国受众喜爱的网络社交平台，巩固并不断扩展网络视频短片《哥儿俩》发布渠道，争取实现更大更广范围内的传播。

总而言之，起步晚，起点高；发展迟，发力大正是目前老挝互联网发展的真实写照，在国外势力尚无暇顾及，老挝自身能力尚不能企及之时，国际台对老挝传播顺势地全方位进入将有利于抢占先机与制高点。网络视频短片《哥儿俩》是国际台对老挝传播的又一次创新与尝试，力求在给予老挝受众全新的“看”、“听”、“感受”的同时，进一步扩大国际台对老挝传播的影响力。

（作者单位：中国国际广播电台老挝语部）

注释：

① 数据分别来自老挝相关部委年度报告及中国经济网报道 http：//www.idcps.com/news/20140508/72803.html。

② 参见中新网相关报道 http：//finance.chinanews.com/it/2014/05-30/6230076.shtml。

③ 王庚年：《CRI/CIBN 海外分台受众市场研究》，中国国际广播出版社，2013 年，第 135 页。

媒体融合

浅析媒体融合背景下中日两国互联网发展现状对国际台日语传播的启示

王　婉

加拿大传播学家麦克卢汉认为，媒介即讯息，人类有了某种媒介才能从事与之相应的传播或其他活动。每一种新媒介的产生都开创了社会生活和社会行为的新方式，引发从生产方式到消费方式到传播方式与人际关系的一系列改变。在当今媒体融合时代，传统媒体与新兴媒体融合带来的改变已融入到我们生活的各个方面。融合不光将分散的各种媒体资源聚合联通、重新发挥作用，同时将受众的闲散时间、闲置智能进行整合开发。我们知道，中国移动的广告语是移动改变生活，正是媒体的融合带来了移动改变生活的崭新生活方式。

一、媒体融合的提出

媒体融合这一概念并不陌生。早在 1983 年，美国马萨诸塞州理工大学的伊契尔·索勒·普尔在其《自由的科技》一书中提出了“传播形态融合”。此后，媒介形态、媒介功能、传播手段等要素的融合一直被广泛讨论并在不断地探索中发展。

郑瑜在 2007 年发表的《媒介融合：新媒体时代的发展观》中指出，媒介融合首先是传播技术的融合。目前一些报纸把媒介融合简单理解为报纸的数字化，等同于多媒体叠加和数字化产品的多向发布，甚至希望通过“报纸＋网站”的形式实现纸质媒体向数字化转型。而真正意义上的媒介融合必将消除新闻出版业、广播电视业、娱乐业、信息产业、家电制造业的传统行业壁垒，使众多关联产业共同整合在内容产业的旗帜下。从长远看，媒介融合也不只是内容的融合，更应是从媒介形态、结构、技术、功能、流程乃至传播方式的融合。①匡文波、王丹黎在 2007 年发表的《新媒介融合：从零和走向共赢》中提出媒介融合有两种主要形式：一是媒体之间的整合与并购，力图在传媒业中以规模出效益。二是不同媒体之间的交融与互动，主要指在不同媒体之间，传播方式和内容的相互借用，以促进共同发展。②在这一阶段的研究中，学者们已经明确指出，媒体融合不应该只是简单的多媒体叠加，而是媒体之间的交融与互动。另外，关于媒体融合形式的讨论，从经济效益出发的研究将媒体融合看作是不同媒体间的整合与并购，从社会效益出发的研究将媒体融合分为传播方式、内容、形态、结构、技术、功能、流程等多维度的融合。

2009 年，中国国际广播电台制定了多媒体综合发展战略规划，2012 年明确提出多媒体融合、全媒体发展，加快建设现代综合新型国际传播的战略目标，并据此着力打造相互关联、相互促进、不断提升的新型全媒体融合发展平台，实现“以媒体承载品牌、以品牌塑造媒体”。

在此期间，国际台日语部不断加快新媒体建设步伐。2012 年 3 月，正式推出苹果版“知中国”客户端。2013 年 11 月起陆续开通了 4 个境内社交平台（新浪微博、腾讯微博、人人网、微信）及 1 个国际社交平台，截至 2014 年 11 月，5 个平台粉丝总数达到 82409 人。2014 年 4 月起，日语广播节目登录苹果播客平台。各个新媒体平台利用自身技术和平台优势，配合日语部传统广播、网络平台的内容和信息优势，加强与受众之间的互动活动，积极开展宣传报道活动。

2014 年 8 月 18 日，习近平总书记主持召开中央全面深化改革领导小组第四次会议并发表重要讲话。会议审议通过了《关于推动传统媒体和新兴媒体融合发展的指导意见》，将媒体融合理论和实践探索上升到国家发展战略层面。

二、媒体融合对大众传媒的影响

如今，媒体融合已经不光停留在理论层面，而是渗透到我们生活的方方面面。不经意间，我们已经参与了媒体融合，也享受了媒体融合带来的各种便利。现在已经很少有人专门去报亭购买报纸，手指一动，无论你是在电脑还是手机上都可以轻松地随时获得各种新鲜资讯，甚至报纸的发行速度已经赶不上大家动动手指就将信息传播到网络平台上的速度。曾经落寞的广播业务成为智能手机上的一个新功能，不再需要通过收音机这种载体，就能随时随地收听，更好地发挥伴随式媒体的功能。电视也不再需要回到家才能收看，只需打开各种智能 APP，不管你是在公交车上还是在地铁上、出差或旅游途中，都可以收看正在直播的各种精彩电视节目或者体育赛事。尤其是 4G 时代的到来，视频业务更是成为主流，无论是观看视频还是视频通话，网络解决了空间的问题，令人深刻感受到时间消灭空间。同时，随着媒体融合，大家也更加习惯和适应通过电脑或者手机在线购物，这种便捷的消费习惯节省了时间，缩短了路程，带来了新的生活方式。人与人之间的关系也不会再因为距离或者时间的阻隔而中断，通过微博微信，可以同失散多年的朋友轻松地建立起联络，分享生活中的点滴。麦克卢汉说过，媒介是人的感官能力的延伸或扩展。印刷是视觉的延伸，广播是听觉的延伸，电视则是视听觉的综合延伸，不同媒介具有不同性质的社会影响。如今的新媒体融合带给我们的是视觉听觉等全部感官的延伸甚至冲破了时间、空间的限制，让信息无处不在。

三、中国互联网发展现状对国际台日语传播的启示

1. 中国互联网发展现状

根据中国互联网络信息中心（CNNIC）2015 年 1 月发布的《中国互联网络发展状况统计报告》，截至 2014 年 12 月，中国网民规模达 6.49 亿，全年共计新增网民 3117 万人。互联网普及率为 47.9%，较 2013 年年底提升了 2.1 个百分点。截至 2014 年 12 月，中国手机网民规模达 5.57 亿，较 2013 年年底增加 5672 万人。网民中使用手机上网人群占比由

2013 年的 81.0%提升至 85.8%。截至 2014 年 12 月，中国网民中农村网民占比 27.5%，规模达 1.78 亿，较 2013 年年底增加 188 万人。截至 2014 年 12 月，中国网民通过台式电脑和笔记本电脑接入互联网的比例分别为 70.8%和 43.2%；手机上网使用率为 85.8%，较 2013 年年底提高 4.8 个百分点；平板电脑上网使用率达到 34.8%；电视上网使用率为 15.6%。[③]（图 1）

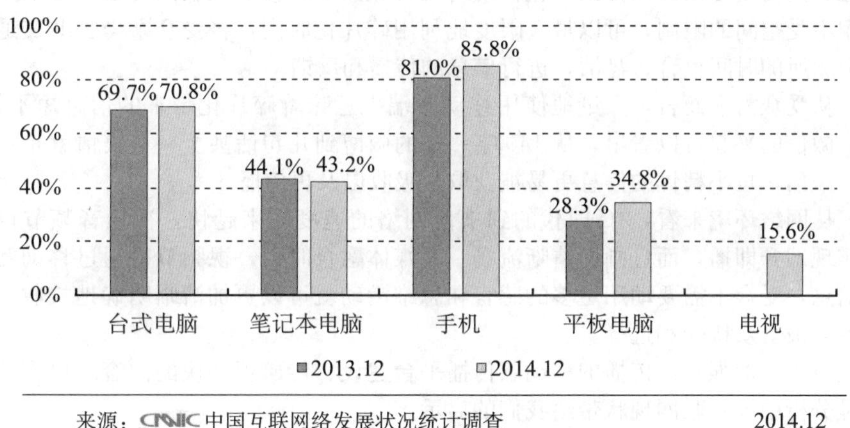

图 1　互联网络接入设备使用情况

2. 中国网民的上网习惯分析

通过 CNNIC 提供的数据可以看出，尽管互联网的普及率在中国有所提高，但目前全国网民总数仍不及总人口数的一半。其中，台式电脑和笔记本电脑的互联网络接入率的上涨幅度相对平稳。入网增幅最大的是平板电脑和手机，相较 2013 年年底的数据分别提高了 6.5%和 4.8%，此外手机上网人数占全体上网人数的比例最高为 85.8%。可以看出，移动终端已占据互联网接入设备的绝大份额，这个数据也印证了随着媒体融合，4G 互联网时代通信速度更快、网络频谱更宽、智能性能更高、增值服务更多以及通信更加灵活，中国网民的上网习惯呈现移动化趋势。移动化趋势也意味着受众的碎片化时间得到了更合理的利用。

另外，值得一提的是，互联网络接入设备使用情况中占比最少的是通过电视上网。目前通过国家新闻出版广电总局验收的互联网电视平台分别是：央视国际的 CNTV、中国国际广播电台的 CIBN、中央人民广播电台的 CNBN 以及百视通、南方传媒、华数、湖南广电这 7 家。尽管自 2010 年 6 月起，央视国际的 CNTV 等平台已经通过了国家新闻出版广电总局验收，但互联网电视在整体上网需求中名列最后，此外，这项数据在 2014 年以前并没有被统计过。由此可以推测，尽管通过电视上网既可以满足看电视的功能又可以满足上网的需求，但是在媒体融合时代，互联网使用趋势普遍移动化、碎片化和个人化，电视这种相对局限了地理空间并且以家庭为使用主体的互联网终端在上网习惯的统计中并不占主流。

3. 中国互联网发展现状对国际台日语传播的启示

通过以上对于中国网民互联网使用习惯的分析，对国际台日语传播提供借鉴如下：

(1) 从发布渠道来讲，为了吸引中国的受众以及在中国生活工作学习的日本人群体，比起对于日文网网页版开发的投入，国际台日语部应该利用传统广播、网络平台的内容和信息优势，推动社交平台建设，并抓紧打造手机版及平板电脑版的传播平台。从目前中国网民的互联网使用习惯可以得出，赢移动终端者赢天下。移动互联网终端，特别是手机终端的使用不受空间的限制，可以最大限度地利用碎片化时间，将受众乘坐公共交通、排队甚至是上厕所的时间整合、盘活，进行信息的传播和反馈。

(2) 从受众需求而言，大量地使用移动终端也意味着碎片化带来的信息短平快需求，从微博、微信的兴起可以看出，从 140 字一条的微博到几句话甚至一个表情就是一条朋友圈信息的微信，短小精悍的信息更易被获取、吸收以及再传播。

(3) 从网络环境来看，4G 时代的到来使网络的速度越来越快，视频音频节目内容完全可以实现即开即播，而且画面清晰流畅。在媒体融合时代，视频节目通过移动互联网平台传递信息，受众不需要动用更多的感官和思维活动就可以更加清晰明确地接收、理解信息，更容易被受众接受和选择。

综上所述，加强日语传播的移动版传播平台建设、传递短平快的内容、更多地使用视频传播是分析中国互联网现状带给我们的启示。

四、日本互联网发展现状对国际台日语传播的启示

1. 日本互联网发展现状

根据日本总务省 2014 年发布的《信息通信白皮书》平成 26 年版，截至 2013 年 12 月，日本网民规模达 10044 万人，全年共计新增网民 392 万人（比上年增长 4.1%），互联网普及率为 82.8%，较 2012 年年底提升了 3.3 个百分点。（图 2）根据使用终端统计，日本网民通过家庭电脑接入互联网的比例最高，为 58.4%，其次是智能手机为 42.4%，外部电脑占比 27.9%，手机占比 24.5%，平板电脑占比 12.4%，家庭游戏机及其他占比 9.1%，互联网电视占比 5.8%。[④]（图 3）

此外，该白皮书在针对主要媒体形态的平均使用时间和使用行为比例的统计中，针对媒体融合现状，对于受众使用互联网的行为目的进行统计，包括通过互联网进行“电视（实时）视听”、“电视（回放）视听”、“网页浏览”、“阅读报纸”和“收听广播”等行为目的。（图 4）

2. 日本网民的上网习惯分析

通过分析《信息通信白皮书》可以看出，日本互联网 82.8%的整体普及率远高于我国不足一半的普及率。其中的差距可以推测来源于中国农村网民仅有 27.5%的网络普及率。作为发达国家，日本城市与农村的贫富差距远小于中国，这意味着作为发展中国家的中国在农村互联网普及方面还有很长的路需要走，同时也说明了中国的互联网普及率还有很大的提升空间。根据图 2 可以看出，早在 2003 年，日本的互联网普及率已达到 64.3%，这

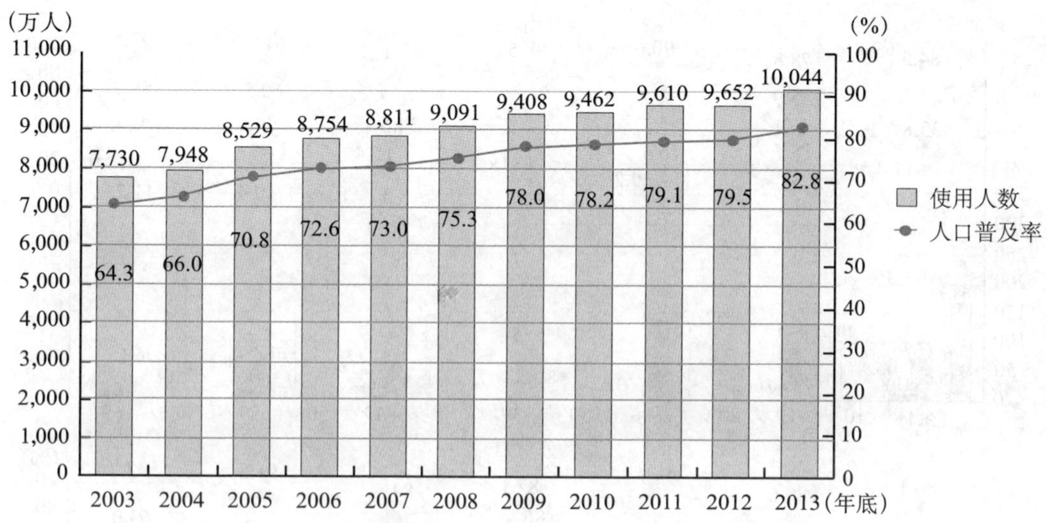

日本总务省《2013年通信使用动向调查》http://www.soumu.go.jp/johotsusintokei/statistics/statistics05.html

图 2　网络使用人数和人口普及率的演进

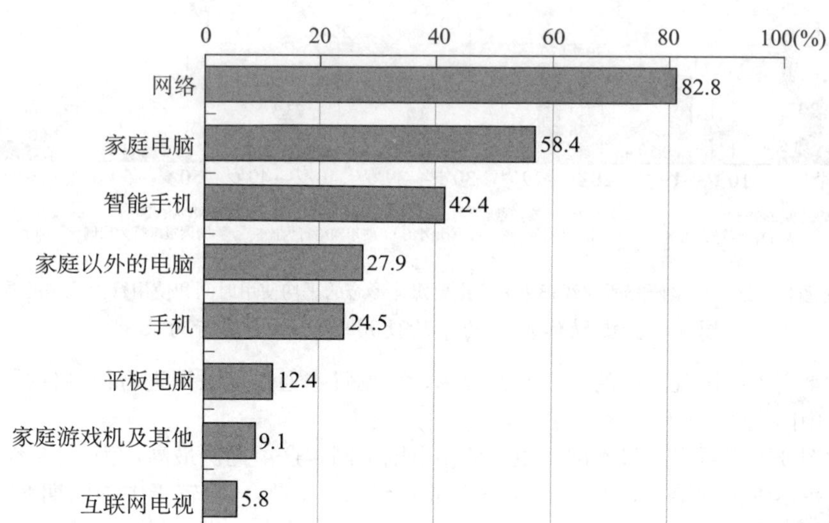

日本总务省《2013年通信使用动向调查》http：//www.soumu.go.jp/johotsusintokei/statistics/statistics05.html

图 3　网络使用终端分布（2013 年年底）

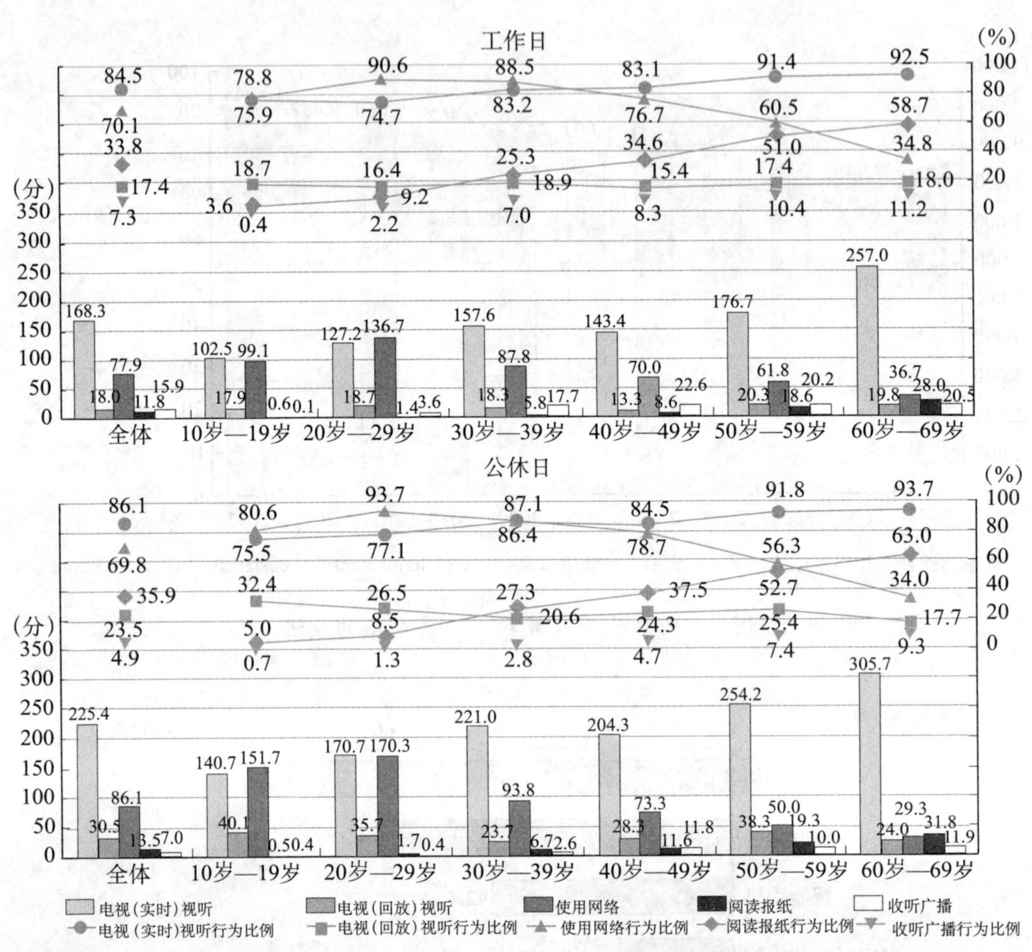

日本总务省信息通信政策研究所《2013年关于主要媒体形态的平均使用时间和使用行为比例的调查》

图 4　主要媒体形态的平均使用时间和使用行为比例

一数据甚至高于我国现阶段的互联网普及率，可见日本通过互联网进行信息传播的传播实效远高于中国。

通过图 3 可以看出，日本网民主要使用电脑上网，这一比例最高，为 58.4%，智能手机的普及率尽管位列第二，但截至 2013 年年底仅有 42.4%，相较于中国同期 81.0%的比例令人惊讶。据日本总务省公布的 2013 年版《信息通信白皮书》显示，通过对日本、美国、英国等 6 个发达国家数千人进行的调查，日本国内的智能手机普及率在调查的 6 个发达国家中处于最低，仅有 38.2%。新加坡的智能手机普及率为 76.8%，其次为韩国的 67.8%以及英国的 56.3%。对于日本智能手机普及率低的原因，可以理解为在如今的日本，传统的翻盖手机仍然最为主流，对于时尚外观的追求抑制了智能手机的普及率。另外，尽管中国不在这份调查报告里，但是根据中国互联网络信息中心（CNNIC）的统计，2013 年年底，中国网民中高达 81.0％的智能手机普及率甚至高过了新加坡的 76.8％。这与中国制造生产的廉价智能手机在中国的普及远比价格贵得多的电脑来得容易不无关系，因而更多的中国人接触到了网络。

通过对网络使用终端分布的分析，可以看出，国际台日语传播如果想吸引日本受众，还是要打好基础，做好传统网页版的日语传播。换言说，精致的网页版更容易吸引日本受众；加强手机版日语传播的建设更容易吸引中国受众。

如图 4 所示，可以看出无论是工作日还是公休日，日本各个年龄层的受众对于实时电视观看的需求都大于网络、电视回放、报纸和广播的使用。同图所示，针对媒体融合中，通过对使用互联网获取其他媒体资源的行为进行的统计可以看出，无论是工作日还是公休日，30 岁以下的受众中，上网行为主要是浏览网页，其次是通过网络看实时电视、回放电视、阅读报纸和收听广播。30 岁—49 岁的受众的上网目的中浏览网页和看实时电视的时间基本相同，其次是阅读报纸、看电视回放和收听广播。50 岁以上的受众上网主要是收看实时电视，另外，年龄越大的受众通过网络看报纸了解新闻的比例越高。由此可知，日本年轻人使用网络的目的主要是浏览网页和看实时电视，中老年受众主要通过网络收看实时电视和阅读报纸新闻。

通过分析日本受众的网络使用习惯，国际台的日语传播可以有针对性地在网页版开设针对年轻人的专栏，同时加强中老年受众关注的新闻内容建设，做到针对不同受众的需求提供不同的传播内容。

3. 日本互联网发展现状对国际台日语传播的启示

（1）加快推动平台融合。

根据对日本受众的互联网络接入设备使用情况和对日本受众网络使用目的进行分析可以看出，尽管传统媒体平台特别是电视（实时）视听和（回放）视听在日本仍占有绝对优势地位，但是通过互联网接入实现“电视（实时）视听”、“电视（回放）视听”、“网页浏览”、“阅读报纸”和“收听广播”等行为目的意味着媒体平台的融合。对于国际台日语传播而言，由于没有电视平台，对日本传播主要依靠传统的广播媒体平台和官方网站、官方社交平台。在巩固广播媒体所发挥作用的基础上，要加强互联网思维，加快推动平台融合，重视以手机为主要载体的新浪微博、腾讯微博、人人网、微信和 Facebook 等社交平台发挥的传播和反馈的双向性作用，使各种媒体形态资源的共享和交互成为可能。

（2）加快推动视频建设。

通过日本各个年龄层的受众对于实时电视观看的需求都大于网络、电视回放、报纸和广播的使用这一数据可以看出，日本受众对视听媒体的接受程度高于单纯的听觉媒体和视觉媒体。随着 4G 时代的到来，网络不断稳定、网速更快，视频节目方便用户以最短的时间获得视觉、听觉、感官等方面最大的信息量，受众对于视频类节目的偏好不难理解。目前，国际台日语传播也在视频建设方面不断尝试，并在官方网站首页推出网络电视，将新闻、专题以主持人出镜的方式做成视频播放。接下来，国际台日语传播还可以推进视频节目在各个网络平台的播放，除官方网站外，还可以在微信等社交平台推出，满足受众利用碎片化时间获取视频信息的需要。

（3）加强受众研究。

通过上述对中日互联网发展现状的相关研究可以看出，相比中国，日本的媒体研究机构提供的数据调查更加丰富、翔实，更加注重对受众的研究。不仅仅是日本总务省通信政策研究所，以日本放送协会（NHK）为例，不仅有对日语现状、民意调查、数据分析及世界广播电视机构状况开展研究的 NHK 广播电视文化研究所；还有主导日本广播电视技术发展，为优质而丰富的广播电视文化提供技术支持的 NHK 广播电视技术研究所。详尽、丰富、及时、公开的研究结果为媒体建设提供了有力支持。对比国际台日语传播，得益于早年对受众来信的收集，日语部留下了一系列宝贵文献资料。然而随着网络的普及，纸质来信数量相对减少，国际台日语部应及时跟随时代变化，跟进受众调查和研究，增进对受众需求的了解。当然，这不仅仅是日语部一个部门面临的问题，还应举全台之力，进一步加强受众研究，跟进受众的需求，对于受众的意见及时反馈，并据此推进各项媒体建设。

（作者单位：中国国际广播电台总编室）

注释：

① 郑瑜：《媒介融合：新媒体时代的发展观》，《当代传播》，2007 年第 3 期，卷首语。

② 匡文波、王丹黎：《新媒介融合：从零和走向共赢》，《广告大观》，2007 年第 8 期，第 115—117 页。

③ 中国互联网络信息中心（CNNIC）：《中国互联网络发展状况统计报告》，2015 年 1 月。

④ 日本总务省：《信息通信白皮书》，平成 26 年版。

媒体融合应走出几个误区

王 琦

互联网传播技术的革新与市场力量合力推进，已经在全球范围内形成了媒体融合的大趋势。这种包含了传播与经济、传播与文化、传播与新技术、平台渠道和内容的融合[①]迅速打破了媒体行业传统的体制、生产方式和传播方式，从“传播→接收”的单向平面二维传播方式转为“传播↔接收”的双向互动立体多维的传播方式。我国的媒体融合先后走过了简单复制时代（即将传统媒体内容简单复制到网络版上）、互动借力时代（即以互联网为代表的新媒体除了复制转载其所属传统媒体和其他媒体内容外，还可以传播有限的原创性新闻内容）和全媒体时代（即借助传统媒体、新闻网站、APP终端阅读等多重媒体根据不同的媒体受众需求打造不同的新闻内容，实现全方面立体传播）。应该说，全媒体时代是最为理想的媒体融合方式，也是媒体融合的未来。然而，从目前我国全媒体时代下的媒体融合来看，实际操作仍然困难重重，不能达到理想效果。主要原因是我们对媒体融合的观念认识上还存在诸多误区，对一些关键问题缺乏清醒、科学的认识，这非常不利于媒体融合进程，本文列举、分析下面这些误区，旨在让媒体融合尽快走出这些认识上的误区，为获得进一步发展提供一些借鉴和帮助。

一、新媒体冲击下，传统媒体已然日暮西山

对于传统媒体未来的判断影响到媒体融合过程中主力方向的判断和投入。不可否认，新媒体发展的突飞猛进，已然严重影响到传统媒体的受众面和市场份额，以互联网媒体为例，2013年，我国互联网广告收入已经突破1100亿元，仅低于电视1101.1亿元的广告额。随着互联网盈利模式的增加和入网人群扩大，这一份额必将很快超越电视媒体处于绝对领先地位。据统计，互联网媒体目前保持着每年40%左右的广告额增长速度，而传统媒体广告份额却已处于下滑通道。就此，不断有人认为“传统媒体将死，要全面拥抱新媒体时代”。然而笔者认为，传统媒体始终具有不可替代的地位，新媒体的发展始终要以传统媒体为依托。

首先，虽然新媒体具有海量、即时、多样、全面等传播特点，然而到目前为止，其传播内容仍有相当一部分依托于传统媒体。传统媒体经过长期发展所积累下来的技术、人才、平台、渠道并非新媒体一朝一夕所能替代，而任何新媒体如果要完全取代传统媒体，都要进行大规模的资金、技术和人才投入，这种效益会远低于借助传统媒体进行媒体融合所能实现的效益。

其次，传统媒体拥有天然的权威性。相对于以互联网为代表的新媒体，受众总是倾向于相信由传统媒体发布出来的消息，这种权威性和信任度来自于传统媒体长期以来在信息

传播过程中所主导的话语权，也由于传统媒体所传播的信息始终是由专业的、全职的、有一定法规纪律约束的媒体从业者所发布的。这与“人人都是新闻发布者”的互联网信息传播的可信度形成了鲜明对比。而这种权威性和可信度，就是在新媒体冲击下，传统媒体可持续发展的力量之源。

最后，对于受众获取信息的体验来说，传统媒体仍旧能够与新媒体形成互补。相比电脑屏幕，很多受众仍然倾向于一家人其乐融融坐在客厅里观看电视；相比网上新闻，不少受众仍然喜欢纸质印刷品在手中的阅读体验；相比电脑播放，很多听众仍然喜欢打开收音机自在随心收听信号更加稳定的广播节目。传统媒体带给受众的完全不同于互联网等新媒体的信息获取体验，亦能够支撑传统媒体继续向前发展。

因此，虽然在新媒体的浪潮中，传统媒体受到了很大冲击，但这并不表示传统媒体即将退出历史舞台。要积极采取措施，推动传统媒体优化转型，实现传统媒体与新媒体的有效融合，而非放弃传统媒体，只做新媒体。以新媒体冲击传统媒体已然日暮西山为借口放弃积极发展传统媒体、实现传统媒体的转型，只会贻误媒体融合背景下传统媒体转型发展的有利时机。

二、新媒体仅仅是新的传播媒介

如何定位新媒体是传统媒体与新媒体融合的又一关键问题。一直以来，很多人都将新媒体仅仅作为一种新的传播媒介和传播渠道，将其作为延伸自己价值和影响力的平台、工具。如在谈及传统媒体利用互联网转型时，往往考虑采用“报网互动”、“全媒体”、“客户端”等方式，试图在传播媒介的多样性上做文章，始终不能摆脱传统媒体的运作模式，无法实现有效突破。

那么新媒体究竟是什么？新媒体是一个相对于传统媒体的概念，在国际上并没有明确的定义，当前的新媒体主要传播形式包括博客、微博、播客、微信、维客、网络电视、网络广播、社交网站等。是一个通过科学技术实现传者与受者之间能够互动的传播平台。新媒体以其形式丰富、互动性强、渠道广泛、覆盖率高、精准到达、性价比高、推广方便等特点在现代传媒产业中占据越来越重要的位置。[②]随着科技化的发展和人们生活环境的改变，极大推动网民数量的增加，而手机网民更甚。2014 年 7 月 21 日，中国互联网络信息中心（CNNIC）发布《第 34 次中国互联网络发展状况统计报告》。该报告指出截至 2014 年 6 月我国网民规模达 6.32 亿，较 2013 年年底增加 1442 万人；互联网普及率为 46.9%，较 2013 年年底提升了 1.1 个百分点。值得注意的是，我国网民上网设备中，手机使用率达 83.4%，首次超越传统 PC 整体使用率（80.9%），移动互联网带动整体互联网发展。这些数字表明，较之传统大众传媒，互联网媒体以其无可比拟的社会传播优势成为整个社会文化的重要组成部分，是新媒体的核心力量。

这种以互联网媒体为核心的新媒体不能仅仅被看作是一种新的媒体，其更本质的意义在于它改变了信息传播和接收的传统模式，消解了传统媒体统治下信息垄断的基础，带来了信息传播的去中心化。这极大挑战了传统媒体独享话语权的现有信息传播格局，提供了一种重构世界话语体系的结构性力量。

以互联网为代表的新媒体不仅为信息传播提供了新的媒介，更是解构传统信息传播系统的根本力量。传统媒体在运行过程中，无论是广播电视报纸期刊，都是由承担相应社会责任市场功能主体为基本单位加以运行的，一般会服务于某一政治团体或者资金机构，具有明确的宣传倾向和价值取向，受少数社会精英阶层控制和把握，其传播的信息也有明确的“过滤性”。而新媒体则突破了这一限制，信息传播主体从被少数人控制的新闻媒体扩大到社会的基本构成单位——个人。每个独立的个人都成为传播系统中的基本元素，人们自由地利用新媒体平台传播、获取和交换信息。这种传播模式突破了以往信息传播的禁区，焕发出新的生机和活力。

基于自由度非常高的新媒体传播模式，人们对信息接收选择度亦更加宽泛。受众可以轻而易举屏蔽自己不感兴趣和不信任的信息，传统点对面的传播方式已然收效渐微。若不能看到新媒体除了新的传播媒介外对传统传播模式的颠覆作用，在媒体融合过程中，我们将始终以传统的思维模式应对新的传播形势，比如，用规模化的群狼战术或者“造大船”的方式投入大量资源试图以有限的市场投入博得无限的互联网受众，就始终无法达到预期效果。

以互联网为代表的新媒体不仅带来了传播方式的革命，而且从根本上颠覆了媒体行业的思维方式。传统媒体虽然面向受众，但仍然是“以自我为中心”，重点要向受众提供更好的、更有深度的内容，而新媒体则是更加强调用户体验，“以用户为中心”为用户提供更加便捷、全面、及时、互动性更强的信息。如微博、微信等微时代媒介，对热点新闻事件的传播具有远胜于传统媒体的高效性。同样的热点新闻事件，传统媒体的思维方式是尽可能做深、做精，提供有权威意义和引导力量的解读和评论，而微时代新媒体的思维方式则是以短时间范围内几何数量级的受众面迅速传播，吸引尽量广泛的人群积极参与讨论，以短平快的评论方式集合人们的不同观点，与此同时反映出不同利益阶层对同一新闻事件的态度和利益诉求，真正意义上完成了新闻传播的根本任务。

因此，在媒体融合的过程中，不能仅仅将新媒体作为传统媒体之外的新的媒体形式加以运用，而应该基于新媒体不同于传统媒体的革命性力量进行新的传播创造。

三、媒体融合仍应追求“内容为王”

传统媒体竞争时代，媒体常常强调“内容为王”，要求在日益激烈的媒体竞争环境下，媒体应该从受众需求出发，提供更加有深度、多样化、有吸引力的内容，满足目标受众需求。然而，在媒体融合的大趋势下，是否还应该单纯追求“内容为王”，内容是否还是媒体生存发展的首要因素，已然值得商榷。

“内容为王”理念的提出，主要基于信息的稀缺性。传统媒体时代，受媒介承载能力、信息传播时间、媒体从业人员数量和专业水平的限制，媒体所能发布的信息数量有限，整个社会处于信息稀缺时代。在信息稀缺时代，要最大限度地吸引受众为自己提供的信息付费，就必须严把内容关，在有限的信息传播中提供最优质的信息。然而，在新媒体时代，由于互联网媒体可以承载的信息以及依托于互联网的海量个人信息发布者所提供的信息都远远超过了受众所能接收的信息量，信息的稀缺性已经被大大稀释，单纯的内容价值大幅度下降，追求“内容为王”已经不能帮助媒体在竞争中获胜。

新媒体时代提供了更加多样化的盈利模式，传统媒体完全依托于广告收入的盈利模式已经略显落后。多样化的盈利模式要求信息传播业应转向信息服务业。除了重视媒体内容的采集、呈现、产品设计外，还要重视提供优质的媒体播放终端、便捷的播放设备以及科学有效的媒体推介。媒体融合的大前提下，依靠单一的“内容牌”已经很难取胜，必须善打“组合拳”，一方面满足实现广告收入的需求；另一方面满足受众的多层次需求。兼顾多方面，以系统的思维和手段设计媒体产品和组织相应内容。比如 2015 年中央电视台春节联欢晚会与微信平台合作，通过“摇一摇”为每位观众发送新春红包，不但光明正大将春晚多年讳莫如深的广告插入春晚内容，获得可观收益，而且在春晚节目质量没有根本突破的情况下，将观众牢牢黏在电视机前，挽回了央视春晚连年收视率下滑的颓势。“钱”我所欲，“观众”亦我所欲，收益和受众的双赢，堪称媒体融合时代传统媒体与新媒体融合创新的杰作。

当然，并非是说媒体融合的前提下，内容不再重要，而是说应该建立系统性的思维模式，避免单纯从内容入手，而是应该多角度系统把握，注重创新，取得双赢乃至多赢的效果。

四、媒体融合就是“一套人马 N 个媒体”

目前，我们的媒体融合大多采用“一套人马 N 个媒体”的方式，大多数有影响力的传统媒体以成立传媒集团或者下设新部门的方式，开展互联网、手机 APP 等新媒体业务，形成崭新的“全媒体框架”。在媒体内容上，通过本媒体内容的多次传播：在本媒体上传播原创内容——在本媒体所属新媒体上进行二次传播——在本媒体所属新媒体上刊发相关资料链接、组织讨论进行更深度传播。在人才使用上，强调一专多能，一名记者承担采、编、播、评等多重任用，既可以完成传统媒体的报道任务，同时还要肩负从数码终端将信息上传至新媒体即时发布的职责。这种媒体融合的方式，虽然从体制机制上将传统媒体与新媒体“捆绑”在了一起，然而传播效果却略显一般。

首先，由传统媒体牵头建立起来的新媒体，天然具有传统媒体的印记，加之使用传统媒体的内容和人员，使新媒体仍旧是“新瓶装旧酒”，不能体现新媒体的特点。而习惯做传统媒体内容的新闻工作人员，也很难摆脱传统媒体固有的思维模式，打开视野做新媒体内容。

其次，由于行政管理体制壁垒，传统媒体所属的新媒体事实上很难做到人员的统一调配，包括考核机制、薪酬分配等瓶颈，使人力和信息资源难以在媒体之间顺畅流转。即使如人民日报社已成立了新闻协调部，但是，报纸记者大多以完成纸媒工作为主要职责，为网络供稿的积极性并不高[③]。

最后，在经营模式上，传统媒体所属的新媒体基本都属于只投入资金没有广告收入的状况，收益远远低于商业网站的收入。这显然受制于“一套人马”下媒体从业人员的思维方式和运作手段。

因此，媒体融合要尽快走出“一套人马N个媒体”的模式，必须走出上述认识上的误区，传统媒体一方面要尽快完成符合媒体融合要求的转型；另一方面要充分发挥自己的长处，与有专业经验的成熟新媒体合作，实现优势资源互补、平台互补、人才互补，推动传统媒体和新兴媒体在内容、渠道、平台、经营、管理等方面深度融合，适应新的信息传播格局。

（作者单位：中国国际广播电台驻巴基斯坦记者站）

注释：

① 曾珍：《报业参与媒介融合路径选择》，《新闻界》，2014年第14期。
② 长敏：《论新媒体定义的重构》，《新闻爱好者》，2009年第10期。
③ 凌曦：《美国传统媒体应对新媒体竞争的启示——做内容提供商，实施多平台传播》，《传媒观察》，2011年第3期。

论现代传播技术推动媒体融合发展

赵　力

当今世界，随着传播技术的快速发展，以及相关应用的广泛普及，新兴媒体重新定义了人们获取信息的方式方法。在数字化大潮的冲击下，媒体的传播手段和传播方式决定了传媒行业是否具有强大的传播能力，在网络和多媒体技术发展如此迅猛的今天，传媒产业的竞争更多地结合了传播方式、技术、表现形式，等等，而所有这些都离不开现代传播技术。

推动传统媒体和新兴媒体融合发展，是党中央着眼巩固宣传思想文化阵地、壮大主流思想舆论做出的重大战略部署。[①]2014 年 8 月，习近平总书记在中央全面深化改革领导小组第四次会议上强调指出："坚持先进技术为支撑、内容建设为根本，推动传统媒体和新兴媒体在内容、渠道、平台、经营、管理等方面的深度融合。"[②]在此背景下，现代国际传播媒体不仅意味着拥有世界一流的传播理念，也需要与时俱进的传播技术。可以说，现代媒体的传播技术引领媒体的前进方向。只有拥有了现代化的传播技术，媒体才能实现融合发展，并在激烈的舆论竞争中占据优势地位。

一、现代传播技术的概念

传播技术是一个广义概念，是人类在传播过程中应用的一切技术方法、手段的总称。现代传播技术研究的范围是 20 世纪以来，建立在新科学技术基础上的媒体技术、系统技术以及为适应现代传播而产生、发展起来的传播理论和传播技术，其重点研究目标是媒介技术的发展。[③]

自 20 世纪中叶数字化技术诞生以来，数字化技术就成为构建现代化信息社会的重要技术基础。一方面，借助数字化技术的力量，纷繁多样的现实世界可以被实时、清晰、逼真地呈现在大众面前。另一方面，数字化技术的发展促使承载各类信息的媒体渠道不断拓展。从代表单向内容传播模式的平面媒体、音视频媒体、影像媒体，如报纸、书刊、广播、电影、电视等，到以融合性、个性化和交互性为主要特征的各类新媒体，如电子期刊、网络电台、微信、博客、互联网电视等，以及借助移动互联网和手持终端提供各类移动服务的新媒体等。

在人类文明传播史中，信息传播科技推动着人类传播质的飞跃，从口头传播到文字传播，从铅字传播到无线电传播，从卫星传播到互联网、移动通讯传播，信息传播的速度越来越快，信息传播的数量越来越大，信息传播的范围越来越广。信息传播技术的每一次重大进步无不带来媒体形态一轮又一轮的蜕变。从这个意义上说，技术对信息传播的作用是非常重要的。

由此不难看出，发挥科技进步的引领、带动、支撑和保障作用，可以满足不同受众对数字化传媒生态中内容的新需求，也可以实现传统媒体的现代化转型发展战略。

二、现代传播技术与新兴媒体的关系

1. 新兴媒体的含义及特征

尽管目前学界和商界对于新兴媒体的定义还没有达成一致的表述，但是对于现代传播技术催生和支撑了新媒体的发展具有统一的认知。百度百科“新媒体”词条中论述如下：新兴媒体是新的技术支撑体系下出现的媒体形态，如数字杂志、数字报纸、数字广播、手机短信、移动电视、网络、桌面视窗、数字电视、数字电影、触摸媒体等。相对于报刊、户外、广播、电视四大传统意义上的媒体，新媒体被形象地称为“第五媒体”。④可以说，现代传播技术激发了传统媒体的巨大变革。

2. 新兴媒体具有的核心要素

建立在现代传播技术基础之上的各类新兴媒体具有以下五大核心要素：第一，它们是建立在数字技术和网络技术基础之上。所有在新媒体平台上传播的内容必须全部转化为数字形式的表达，才可以依托网络环境来传播。而要想实现跨媒介和跨渠道的融合式传播，以及要想消除不同类别媒体之间的障碍就必须依赖网络技术。因此数字和网络技术的支撑是新媒体的第一核心要素。第二，新兴媒体是以多媒体作为信息的呈现形式。由于所有内容信息均以数字化形式表达，因此音、视、图、文等各类内容表现形式都可以成为内容主题的表达手段。第三，新媒体具有全覆盖和全天候的特征。受众可以选择在需要的任何时间和地点接收信息内容，而传统媒体往往以出版时间、播出时段等条件限制。第四，新媒体技术改变了人们获取信息、沟通交流甚至传统的生活方式。从固有的内容生产、发布和销售链条的角度看，在这一链条上的每一个环节都发生了变化，因此为形成崭新的商业模式创造了最大化的空间。最后，新媒体的边界不断变化，逐步呈现出媒介融合的趋势。到目前为止，很难找到没有网络版的报纸、没有互动功能的网站或者可以独立于网络环境存在，但同时又拥有大量用户和受众的单一媒介。这是因为自从以数字和网络技术为支撑的新媒体出现以后，媒介边界就开始不断消失并逐步相互融合，特别是云计算服务的推出更是进一步强化和开辟了媒介融合的新路径。

3. 新兴媒体在媒体应用中的特点

以数字技术为支撑的新型传播媒介是现代传播中的核心技术，新兴媒体具有与生俱来的特色和优势，比如即时、交互、可选择、可个性化等便捷功能。新兴媒体可以满足即时互动的需求、满足多媒体化的表达需求、满足海量存储的需求以及满足个性化的需求。

（1）交互性。

传统媒体的内容是通过单向的方式传递给受众，而网络技术和数字技术平台的主要特征就是“交互性”，当这一类型的传播方式涌现出来，马上占据了重要的位置。在出现的所有新媒体中，比较典型性的就是论坛，既满足了受众交流沟通的需求又依赖用户所产生的交互性内容而维持运转。一般来讲，媒体负责搭建论坛平台、设计并提供基本内容框架和板块、对论坛进行日常运行和维护管理、给出话题、组织网友活动等工作。网民依据自己的喜好选择阅读和参与论坛中的不同板块，并发表自己的见解或者回答他人的问题。利用新媒体的交互性特征，将自己产生的内容留在论坛里。

（2）多媒体化。

借助数字化这一技术手段，新媒体成功地将各类文字信息转化为数字内容，把原本各自独立的信息形态有机地融合在一起，使得受众可以同时通过音、视、图等多媒体手段获取各类内容信息。与传统广播电台相比，受众对于信息接收的过程得到了简化，同时增强了传播效果。比如，我们在网上收听电台音频节目内容的时候，同时可以浏览依据节目主题配发的图片及相关内容。

（3）信息的存储及共享。

新媒体的发展为媒体提供了便捷、快速、安全地存储大量信息的解决方案。通过数据存储技术，能够完整、长期地储存不同形态的数字化信息，特别是20世纪六七十年代数据库技术的出现更是有效解决了如何管理海量数据的问题。在数据库技术的支持下，媒体可以依据存储规则，分门别类地将其生产和集纳的所有内容信息按需存入数据库。这样也便于信息的查询、修改或删除。

三、现代传播技术的不断升级推动传统媒体向新兴媒体迈进

1. 现代传播技术为媒体融合发展起推动作用

新媒体技术的发展和前进，为各类媒体在内容传输、用户终端更新和不断推出新媒体应用等方面起到了重要的推动和激励作用。依赖数字化转换技术，媒体从传输和发布各类图文信息逐步开始响应用户对音、视频素材的快速、高质量传输的需求，随着Web3.0时代的到来，缩减媒体作为信息发布者的传统角色，将内容的生产权和传播权交给受众，使媒体最终走向社会化进程。在这一过程中，宽带网络、移动宽带网络、光纤网络系统以及支持数字电视的DVB网络的阶梯式发展，将一切用数字表达的内容信息在任何一个需要的时刻，在世界上任意两点或多点间都可以反复、无限次传递、添加、再传递。可以说，内容传输技术彻底使媒体摆脱了以往单向传播的传统模式，果断地迈向了以提升用户体验和满足用户需求为核心的自媒体和社会化媒体时代。

一方面是新媒体技术的发展使得媒体越加自如地将多样化的、用户需求的内容信息以高速和高质的方式传播出去，另一方面，新媒体技术的更迭激励媒体紧跟用户脚步，在满足并且引导用户需求的过程当中，努力将媒体现有应用和服务推陈出新，完善和提升自身的媒体价值。

从媒体转型而来的新兴媒体以及完全新生的依赖互联网传播的新媒介在发展之初都需要付诸努力赢得自己的受众和用户。创业者们利用新媒体技术卓尔不群的优势，结合对受众的了解和对市场前景的判断，走出了从提供综合类信息内容的门户网站到针对窄众的垂直类网站；从建设发布信息平台到提供搜索、收集用户行为习惯的各类搜索服务；从单向传播到以定向传播为特征的C2C网站；从促进媒体生产内容到吸引用户生产内容的博客、

微博和微信平台；从消费内容到在线沟通、交友、购物的社区类和电商类网站。借助新媒体技术的翅膀，媒体用丰富、平等、超前的各类应用实现了对用户的吸引和对媒体自身发展的推动。

2. 互联网、移动互联网及云技术的发展推动媒体迈入新媒体发展阶段

在数字化技术为人类带来了丰富的互联网和移动互联网应用及服务之后，我们的生活发生了深刻的、历史性的改变。信息的传播方向，媒体的经营模式，人们获取内容的传统习惯，网络服务的提供地点和方式，内容信息的携带、存储和转移，媒体在大众心中的功能定位等认知，全部发生了翻天覆地的变化。应该说，数字化技术带来了不断翻新的传播媒介，它天生具备强大的力量不断催生其他各种各样的、与传统媒体迥然不同的、具有鲜明特色的新媒体。大众传播在数字化技术的支撑和促进下，昂首迈入了最不可思议的新媒体发展时代。

首先，由于互联网的出现，大众传播学中所界定的传者和受者的角色定位发生了变化，传播的基本形态和模式也随之改变，导致传统媒体的内容产品和内容生产的传统流程发生了改变。仅从用户数量的激增就可以看出互联网技术对于新媒体发展的重要作用。根据中国互联网络信息中心（CNNIC）2014 年针对中国互联网使用状况的调查，截至 2014 年 6 月，中国网民规模已经达 6.32 亿人。

其次，随着移动互联网时代的到来，作为各种新媒体服务承载平台的移动智能终端更是令世人关注。如今的移动终端不仅仅是移动通信终端，更是互联网接入终端和个人信息门户终端，确切地说，移动智能终端是人类进行社会交往和信息传播的重要手段之一。它们的演进体现了新媒体发展的步伐。数据显示，截至 2014 年中国手机网民的规模达到了 5.27 亿人，较 2013 年年底增加 2699 万人，网民呈现快速增长的趋势意味着移动互联网已渗透众多网民的日常生活。在 4G 时代，移动通信的便携性、移动性、时效性、私密性等特点，为媒体的个性化传播提供了更加便利的条件，而个性化传播也成为媒体优化信息、规避信息同质化、实现传播效果最大化的重要手段。随着 4G 时代的到来和智能手机的普及，互联网走向了手机及其他移动终端设备，满足用户随时随地享受互联网的服务，给人们的工作和生活带来了极大便利。

最后，伴随着技术的不断进步以及对于移动服务的进一步渴求，用户的使用习惯再次改变。大量的用户不仅希望从互联网上随时、及时获得所需的信息、应用和服务，而且还希望将自己的数据和内容在互联网平台上与他人分享并长期安全地保存个人信息和资料。云计算的出现再次解决了这一新生需求。这样用户可以不必依赖某一台特定的计算机。个人电脑逐渐蜕变为接入互联网的终端设备，而不再是为用户提供应用、保存用户数据的中心。

四、国际台俄东中心媒体融合发展情况

在现代化数字技术大潮的带动下，传统媒体力求适应受众需求，跟上新媒体时代发展的步伐。在此形势下，中国国际广播电台一直与时俱进，不断努力，谋求新的发展之路。

根据国际台“打造区域媒体集团”的整体工作部署，俄东中心在新媒体建设方面积极探索，全力打造俄罗斯及中东欧地区的新媒体集群，提升在对象国地区的影响力，努力开拓新的传播途径。

1. 大力发展新媒体建设

截至目前，俄东中心 11 个语种移动国际在线全面上线，为打造移动网络平台，占领移动网络市场创造了更好的条件。各语言部充分利用新的媒体平台迅速向受众介绍有关中国的各类新闻和专题，获得了良好传播效果，听众反馈十分积极。罗马尼亚网友 Vicentiu 得知罗马尼亚语部网站推出手机版后，第一时间上网浏览。他给罗马尼亚语部来信说，非常喜欢这个网站，该网站内容丰富，页面美观，以后通过手机了解来自中国的消息更方便了。捷克语部受众伊万查克发来电子邮件说：“我终于可以随时随地看到中国的信息了，谢谢你们。”

在移动终端应用方面，俄东中心也不断做出尝试。2013 年，俄东中心推出罗马尼亚语和捷克语双语《中国味儿》美食类移动终端应用，该应用设计美观、实用，并特别添加了与受众互动的受众上传及评分功能，为推广中国美食文化打造了新的平台。俄罗斯文《中国风》杂志尝试登录移动终端，设计制作了杂志应用。捷克语部海外落地特色网站“梦东方”，率先在全台实现远程控制、本土发布的制作模式，全力打造外宣新平台。

此外，俄东中心 9 个语言部分别在国内外开设了多种类型社交媒体账户，在开拓传播新领域的同时，带动了一大批忠实受众和粉丝，形成技术引领、针对性强、交互充分、深度互动的传播新格局。

2. 加快品牌媒体融合

品牌是媒体的核心竞争力。“好钢用在刀刃上”，俄东中心经过多年发展和摸索，各语言部都形成了自己的品牌栏目。比如，今年“两会”期间，阿尔巴尼亚语部利用品牌栏目《一起来》的 Facebook 账户以及国际在线阿尔巴尼亚文网开设话题调查——《我想知道的中国两会》，向网友征询关注的问题，为“两会”的召开作预热报道。在“两会”召开期间利用《一起来》调频台的品牌影响力，采访到了包括阿尔巴尼亚副外长、阿尔巴尼亚司法部部长在内的多位重要人士，通过他们对中阿经济合作以及中阿司法改革的看法，换种角度向受众传播中国“两会”，受到粉丝广泛关注和转载，取得良好传播效果。

品牌运作的最大益处就是锁定忠实的受众，影响未来的受众。我们可以通过在受众中不断完善服务、丰富内容来确立其良好的口碑，并通过先进的运作使其品牌增值，锁定和扩大传统媒体的受众群。

3. 注重人才培养

现代媒体的竞争，归根结底是人才的竞争。为进一步推动媒体转型工作，加快建成现代综合新型国际一流媒体，俄东中心启动了题为“媒介素养与新闻实务”的系列讲座。该讲座以“能用、易用、实用、管用”为原则，专注于提高队伍的专业知识和应用技能，拓展人员的新闻视野和媒介素养。不过，由于新媒体有自己独特的媒体形态和传播规律，专业人才培养很难在短期内实现。个人认为可以从机制上进行媒体之间人才的整合，以缓解目前新媒体人才短缺的问题。

综上所述，用新媒体技术提升媒体价值是核心理念，媒体的融合发展与现代传播技术密不可分。只有运用好现代化的传播手段，才可以确保媒体获得足够竞争力和影响力，提升传播效果。此外，还应注意到，日新月异的信息网络技术导致更新换代的周期越来越短，比如4G网络刚开始应用和推广，5G网络已呼之欲出。媒体行业必须紧跟发展趋势，不断以新技术新应用引领和推动媒体融合发展。

（作者单位：中国国际广播电台俄东中心编辑部）

注释：

① 刘奇葆：《加快推动传统媒体和新兴媒体融合发展》，《人民日报》，2014年4月23日。

② 刘奇葆：《加快推动传统媒体和新兴媒体融合发展》，《人民日报》，2014年4月23日。

③ 百度文库：《现代传播技术》，http：//wenku. baidu. com/view/a706c5fcf705cc17552709df. html。

④ 百度百科：《新兴媒体》，http：//baike. baidu. com/link?url=fH88FgPKgMwnkEQ-l4nQW _ vhQMxBgYsn _ 4W4L3qw1IWNlNbT _ GObP _ qpxz7l9k7pEPq3xARsg0ufezgstR1P-EyK。

谈CRI日语频道“2014年樱花播报员”专题的策划与实施

王小燕

媒体的深度融合已经成为中国深化改革的关键词之一，为践行这一理论，CRI日语频道于2014年春天，推出了传统广播、官方网站、社交平台共同参与，发动中日受众共同参与的多平台传播活动“我是樱花播报员”。

2014年下半年，中国从事对日本传播的5家主要媒体展开了史无前例的联手合作。可以预见，随着这一合作的不断深入，一个个具体的策划案将成为重要的载体。本文着眼于这一视角，总结回顾“2014年樱花播报员”项目中的经验与不足，以期为今后中国对日本传播践行媒体融合提供些许的参考与借鉴。

一、中国对日本传播媒体横向合作的现状

2014年8月18日，中央全面深化改革领导小组第四次会议审议通过了《关于推动传统媒体和新兴媒体融合发展的指导意见》①，舆论认为媒体深度融合热潮将至。

笔者认为，结合中国对日本传播媒体而言，深度融合一方面表现在各媒体对于自身拥有的传统媒体与新兴媒体的整合使用，另一方面，各媒体之间的横向联系也需要得到加强。

目前中国国家级对日本传播媒体主要有：

表1　中国对日本传播主要国家级媒体

媒体名称	特点	母体形态
中国国际广播电台日语频道	多媒体网站（音视频节目、敏捷、快速）、知中国客户端	广播
《人民中国》杂志社	平面媒体，月刊杂志（图文报道）	杂志
人民网日文版	前身为“人民网日文频道”，2008年在日本成立“人民网日本株式会社”，率先实现了在对象国的公司化运作	报纸
中国网日文网	中国外文出版发行事业局管理的国家重点新闻网站	
新华网日文网	中国最大的国营通讯社运营的日文官网	通讯社
北京周报	与“中国网日文网”同为外文出版发行事业局管理，原为纸质媒体，现仅保留网络版	周刊杂志

上述媒体的母体或为广播，或为平面印刷媒体，或为通讯社，但都在运营着各自的官方网站，其中部分媒体还在社交平台、客户端（APP）等方面做出了积极的尝试。

虽然有人指出，互联网早已跨越Web2.0，步入了所谓Web3.0时代，但依托于传统媒体平台衍生而出的中国对日本传播，仍然没能摆脱外宣媒体时代的烙印，虽然肩负着相同的使命，但各家媒体仍沿用传统媒体的思路，产品存在内容上的重复。作为肩负共同使命的传媒，各媒体需要合力，一起形成掷地有声的中国声音。在这方面，2014年发生了一些值得关注的动态。

8月26日，为提升传播效果，CRI日语部所运营的国际在线日文网与人民网日本株式会社签署合作协议，根据协议，双方将在相互转载网络新闻资源、联合策划及采访重要新闻事件、共同举办线上及线下活动、相互丰富社交媒体内容等方面展开合作。

11月28日，由日本共同社和中国国际出版集团共同在东京举办了首届“日中对外传播媒体研讨会——交流与对话”，日本共同社和中方的《人民中国》杂志社、中国网、人民网、新华网及CRI等两国使用对方语言进行传播的媒体代表出席了此次研讨会。以此为契机，5家与会的中国对日本传播媒体加强了横向合作——自12月起，每周一至周五，每天由一家媒体轮值，推出该媒体近期关注的热点，并同步在5家媒体官网首页上联合推介。这是中国对日本传播媒体步入互联网时代后，第一次在多边之间以主动推进的方式开展的合作，具有划时代的意义。

虽然目前5家媒体的合作尚处在起步阶段，但笔者相信，随着互动的深入，主题恰当而又可以吸引众多受众参与的具体策划案将成为强化横向合作的重要载体。

二、对日本传播媒体面临的两大挑战

笔者认为，中国对日本传播媒体当下面临来自外部环境的两大挑战：

1. 来自传播技术的挑战

1920年，全球首家商业电台美国匹兹堡KDKA电台正式开播。在中国，1926年10月正式开播的哈尔滨广播无线电台是中国人自办的首座电台，而中国人民对外广播事业诞生于1941年。如果媒体本身也有生命的话，作为媒体形态而言的广播，在20世纪40年代堪称正当壮年。新中国成立后，国际台（日本听众习惯地称之为“北京放送”）因其对新中国快捷、及时、权威的播报，曾是日本各界了解中国的重要窗口。

据统计，来自日本的听众来信在1975年—1978年期间创下了高峰，分别为70434封（1975年）、80987封（1976年）、76223封（1977年）、62870封（1978年）[②]。70年代中期，中日邦交刚刚恢复正常化，日本民众渴望了解中国，但苦于渠道不畅通，在这样的背景下，日本听众对“北京放送”的关注是空前的。当然，70年代末兴起的中日友好交往的蜜月期，改革开放带动中国焕发新活力，广播节目不断推陈出新等也是利好因素之一。

但随着中国改革开放的推进，日本游客组团来华越来越便利，日本媒体常驻北京的特派员人数也不断扩大，渠道的多样化削弱了用户对于“北京放送”的需求，反映在听众来信上，1980 年的来信数量为 38378 封，后来一路走低，1989 年降至 9461 封。

另一方面，短波广播发展到世纪之交时，也已不再是一个新颖的媒体。与此同时，日本听众的老龄化乃至整个日本社会的老龄化都在加剧，“北京放送听众之会全国组织”也因核心成员年事已高，于 2000 年宣布解散③。

互联网的出现为国际传播带来了新的转机和挑战。随着互联网技术的普及，CRI 日语广播开始从单一的传统广播向立体化传播转变。由于国际社交媒体的出现和以客户生成信息为特点的 Web2.0 的兴起，使得跨境的实时、互动传播变得更为简捷便利。笔者认为，当多方位媒介平台的格局形成之后，如何整合好相关平台，使得各种传播方式发挥出最佳传播效能，这是 Web2.0 时代国际传播人必须应对的挑战。

2. 来自当下中日关系的挑战

当下的中日关系因 2012 年 9 月，日本政府对“钓鱼岛”的“购岛”闹剧而陷入僵局，至今仍未能恢复正常轨道，两国民众对于彼此的好感度也降至历史最低点。在这样的大背景下，我们如何在对日本传播中选择恰当的主题，吸引双方网民关注和响应，则是一个严峻的挑战。面对以上挑战，我们进行了认真、审慎的思考。在观察中，身边的樱花给了我们启迪和灵感。

在国际台的院子里，栽种着十几棵来自日本长野的樱花树，是 1996 年日本长野听众为纪念国际台乔迁新办公大楼而捐赠的。每年花季，CRI 日语部都会在官网上每天直播花开的情景。

众所周知，樱花虽美，但在土壤碱性强的北京地区，作为非原生物种能扎根生长直至开出美丽的花儿，实属不易。象征着中日友好的樱花一路绽放的过程，和中日友好的艰辛历程如此相像。我们从中感到，成长在中国的每一片樱花树林，其背后都应有值得深挖的故事。

基于这种考量，我们认为应该充分展示全媒体时代的传播特点，在媒介融合的前提下，充分调动网民投稿的积极性，让浏览 CRI 日文网的中日两国网民，都愿意在樱花绽放的季节来播报自己身边关于樱花的花讯以及各自对于樱花、对于春天的情怀。

三、关于“我是樱花播报员”的策划

以樱花为纽带，让中日双方听众、网民在同一平台上展开交流，既是 CRI 日语广播对于两国民间友好交往的一份奉献，也是 CRI 日文网在媒体融合上做出的一次实践。

1. 内容策划及确立

樱花在日本人心目中的地位无以替代，那么，对于中国人而言，春天的“花”又是什么？樱花在中国也被民众欣赏和喜爱吗？中国各地的樱花树林是如何形成的？看到樱花，中国人会想起什么？我们希望能得到中国网民的回应。

我们通过 CRI 日文官网和国内社交平台发布了招募“樱花播报员”的告示，并在官网上开设了樱花专题。

实际上，近年来中国人对樱花的关注度越来越高。一方面，日本游的兴起激发了人们亲往日本赏樱花的热情。另一方面，随着国内育苗技术的改良，樱花在中国各地的种植规模日益扩大，大小“樱花节”遍布全国。

在相关媒体的樱花报道中，人民网日文网及其日本频道、日本驻华使馆、日本政府观光机构的微博、微信公共账号等中文传播的日方媒体上，也有不少报道与宣传。如何才能突出 CRI 的传统优势与特色？

在主题策划中，我们认为以友好交流为重点的精准传播和有效传播是 CRI 日语传播的一贯追求，而单纯的商业宣传、旅游胜地的介绍等并不符合 CRI 日语传播的定位。通过介绍中国人对于春天、对于樱花的真实感受，让日本受众产生心灵上的共鸣，使两国受众可以在 CRI 日语频道这一共同的平台上互动交流，增进情感，这才是我们的目的。

2. 组稿方式及反馈

本次策划在 CRI 日文网、CRI 日语频道的微博、微信平台上同时发起了征稿启事，征集到的稿件摘选刊登在了 CRI 日文网“樱花播报”专题，并从中摘选播出了 3 期广播节目，相关内容在社交平台上进行了推介。

“我是樱花播报员”以网民自主投稿为主，但相关网络专题的组稿方式、报道形态是多样的，主要包括：

表 2　“我是樱花播报员”网络主题的主要组稿方式与报道形态

种类	大致内容	报道形态
自主采编	直播：CRI 今天的樱花	视频＋图文 从花开至花谢，共 8 天，每日更新
编译	① 各地樱花的开放情况、赏樱花信息 ② 国内主要赏樱花景点的介绍 ③ 国内与樱花相关的专题研讨会	新闻＋图片
听众、网友投稿、来信	来自听众及网友的播报	图片、音频、视频

在两周左右的时间里，共收到 50 多封中日网民的投稿，虽然总数不多，但作为一个小小的尝试，让我们感受了此次策划的意义与可行性。

从投稿地点来看，国内包括昆明、南京、上海、杭州、武汉、济南、天津、北京、成都等地；日本则遍布东京、京都、兵库、爱知、神户、琦玉、大阪等地。

从稿件内容上看，有对身边樱花盛开美景的描述（如武汉大学学生的投稿），有对赏樱花美好回忆的介绍（如成都外国语学校高中生的投稿），有为何要对母校捐赠樱花树的真情吐露（如天津外国语学校 73 届毕业生的投稿），有对樱花美景的美好向往（如天津外国语学校在校学生的投稿），也有上班路上随手拍下的速写式照片（如南京、上海等地网友的手机照片投稿）。

在收到的投稿中，还有多名中国留学生发自日本的赏樱花报告，这也出乎当初的预料。它也告诉我们，在社交媒体发达的今天，地域越来越不成为障碍，而好的主题才是能否吸引受众参与的关键。

3. 听众反馈

樱花专题启动之后，很快就收到了来自日本的投稿，第一封发来樱花照片的听友来自琦玉县，他用手机拍摄下他上班途中的樱花树，连着拍摄了好几天。虽然画质不太清晰，但是他的来信让我们看到日本受众对于本次策划的关注和肯定。

关于日本受众对本次策划的关注，在此摘录几封听众来信：

阿元（名古屋）

中国朋友发来了名古屋的樱花照？吓了我一大跳，是我熟悉的风景哦。

细谷正夫（东京都）

我刚给贵台发出收听报告，提出“希望能看到中国各地樱花的动态”，没想到第二天就从首页上看到了，这速度可真快啊！后来才意识到，并不是我的信立竿见影，一定是贵台工作人员的想法和我的建议不谋而合了！

北京的樱花，不、不，中国各地传来的樱花照片，真让人大饱眼福！

高岛正文（东京都）

我仔细欣赏了“中国樱花播报”的网络专题，看得饶有趣味！

听说玉渊潭公园精心培育了包括染井吉野在内的多个樱花品种，而东京西北部的高尾，有一座“多摩森林科学园”，这里有一片“樱花保护林”，大约种植有250种、1700多棵樱花树，其中包括贵台网页专题里也有介绍的大山樱、大岛、关山、一叶、普贤象、有明等珍稀品种。衷心希望日中之间能就樱花品种的保护展开交流啊！

第一封信表达了中国网友“闯入”自己地盘的惊诧和肯定。根据日本官方2013年发布的数字，旅居日本的中国人已达约70万人，在日本人居住的现实空间里，对于中国人的“闯入”早已司空见惯，但在中国的对日本传播里，中国网友的“闯入”还并不多见。诸如这般的“闯入”，换言之是一种跨平台、跨境的沟通。可以预见，随着媒介融合的不断深入，这样的“闯入”日后会越来越多。

第二封信则折射出来自日本受众的需求，而策划人员先行感知了这样的用户需求，对于受众或显在、或潜在的需求做出了提前、及时的应对。

第三封信的发信人提出了具体建议和线索，对于今后进一步加强两国的樱花交流，是求之不得的公共信息。

四、总结与思考

“我是樱花播报员”是CRI日语部在Web2.0时代，思考如何践行多媒介融合而做出的一次小小尝试，衷心希望“我是樱花播报员”所得出的经验教训能为今后探讨媒体融合提供参考与借鉴。

1. 关于主题的设计

前文也有所提及，中国各地围绕樱花及其相关产业的开发，有一些暗中较量，这一方面是中国富裕起来后，人们对于外出旅游、欣赏春光表现出了更大的需求；另一方面，也有国人一些微妙的心理起伏——原产中国的樱花传到日本之后，经过爱花人代代培育，樱花园艺品种大增，樱花成为日本春天的代名词而享誉了世界④，对于这样的现状，中国的企业家和有心人颇感焦躁。

但也要注意到，在中国经济规模的扩大备受世界瞩目的当下，如果在对日本传播中，过分强调、宣扬国人的追赶情绪，难免会引起受众方不必要的联想。中国的经济增量不断扩大，百姓的生活水平以及实际购买力都在增强，但一段时间以来，与中国相关的一些正常举动也容易被外媒抓住话柄加以炒作，如“中国人吃鱼推高水产品价格”⑤、中国资本在北海道收购地皮的真实用意在于购买水资源，等等。

但是换个视角，如果对话题的设计侧重在对“美”的发现、培育、追求、玩赏之上，则可以充分体现东亚各国在文化上相互交融、技术上相互促进的历史，避开诸如“谁才是樱花的代表”的争论。如果把焦点放在对“美”的培育和呵护之上，就一定能找到很多打动人心的好故事。作为中国的对日本传播媒体，需要正面积极引导双方舆论，为两国的友好交往、国民情感的改善注入正能量。

2. 关于语言

语言方面，此次收到的稿件部分为中文投稿，由工作人员翻译成日文后，采用双语刊载。正如人民网同时运营“日文网”（日文）和“日本版”（中文）两个网站那样，笔者认为，在两国受众喜闻乐见、愿意多多交流的领域，为达到更好的交流互动的效果，根据需要，采用双语推送也是值得考虑的路径。

3. 关于稿件形态

视觉化表达、多媒体展现是受众投稿的特点，网络为多种展示提供了可能。比如，天津外国语学校的在校学生发来“又是一年樱花季”的作文，写出了她对于校园樱花苗木盛开景象的憧憬，表达出希望能进一步深入了解日本文化的思绪，文笔清新、情感真实。文章翻译成日文后在网页专题上与随文寄来的图片一同展示，同时由日籍播音员高桥惠子配乐朗读后，在对日本大广播中播出，文字、图片、声音配合不同的媒体形态的需要，分别展示，相互密切联系，而又各有特色。

4. 关于组稿及稿件质量

另一方面，“我是樱花播报员”策划并非只是守株待兔地等待网民投稿，工作人员根据需要，从策划阶段起，有时也主动参与，或是指导前方“播报员”的报道，从而确保了报道的质量。社交平台扩大了传媒的到达率，在“我是樱花播报员”的策划中，一位位热心的网民和听众通过与后方工作人员的沟通，真正意义上成为CRI日语部的报春员。

比如，来自武汉大学日语专业学生的录音报道，从采访开始前，报道小组就从前方多次打来电话，询问细节，工作人员耐心予以了解答，做出了可操作的具体指导。武汉大学的樱花因其最早由侵华日军栽种，每年日本媒体也都予以积极报道，在日本的知名度也很高，所以这次来自武汉大学学生的现场报道很大程度上满足了日本受众的关注与好奇。

但也有沟通做得不尽到位的例子，成都外国语学校日语高二（9）班的同学在班主任老师——一位CRI日语广播忠实听众的带动下，全班参与了这次樱花播报员的活动，发来了他们自主拍摄、全班同学参加的视频节目，创意本身生动活泼，很好地勾画出了中国年轻人心目中的樱花形象。可惜的是，事先沟通不足，画面质量及声音收录效果也不理想，15分钟的素材最终被大刀阔斧地删成了2分钟。

这也提醒策划人员，策划听众参与型活动时，一方面要吸引更多人参与，另一方面也需要在确保稿件质量上多动脑筋。

5. 关于媒介融合度

由于“樱花”这一主题的贴近性，来自中国国内的投稿成为催化剂，日本网民看后也积极加入，两国受众就同一主题展开互动交流的预期目的得以实现。作为一次尝试，“樱花”主题的可行性得到了验证。但这次互动交流的规模还比较小，今后仍需内外积极开展媒体合作、媒介融合，尤其是加强面向日本境内的社交媒体的传播力度及影响力。

目前，CRI日语频道在日本国内的主流SNS上，仅有Facebook一个国际社交网络平台设有公共账号，今后有必要在进一步摸清受众使用习惯的基础上，重新布局境外社交媒体的运作格局和策略。

“我是樱花播报员”是CRI日语频道在提升自身媒体融合度上的一次实践，而形成中国对日本传播更加响亮的声音，需要各家媒体间选择好合适的项目展开更加紧密的横向合作才可以实现。结合未来一段时间的中日关系走向，有专家预言，随着中国经济及国际地位的不断提升，东亚的实力对比在发生重大调整，中日关系“无论是共同利益还是结构性矛盾都在同步增加”，“既合作又斗争将成为常态”[⑥]。期待有更多主题恰当、定位清晰的好选题可以在对日本传播媒体之间展开合作。

（作者单位：中国国际广播电台日语部）

注释：

① 孙铁翔、罗宇凡、姜潇：《业内人士和专家学者把脉推动传统媒体和新兴媒体融合发展》，新华网，2014年8月21日。

② 胡耀亭、崔永昌、黄达强编：《中国国际广播大事记》，中国国际广播出版社，1996年版。

③目前仅有长野等少数几个地方，还保持着与CRI日语部的紧密联系，绝大部分听众

都是独立收听的个体。在网络等新媒体的带动下，包括信件、传真、邮件、网络留言等在内的 CRI 日语传播每年的听众反馈在 1 万件左右。

④《樱花是引爆人潮的“核武器”》，人民网，2014 年 10 月 21 日。

⑤ 2013 年 6 月 19 日英国《金融时报》报道。

⑥ 郝亚琳、王慧慧、陈静：《改善中日关系的可贵一步——专家解读中日四点原则共识》，新华网，2014 年 11 月 7 日。

语言研究与推广

葡萄牙语学生习得汉语否定副词用法的偏误调查与分析

国　丹

汉语的否定副词结构一直是葡萄牙语学生较难掌握的一个知识点，为了进一步研究母语为葡萄牙语的学习者对现代汉语否定副词用法的掌握情况，我制作了针对葡萄牙语学生的《关于汉语否定副词的调查问卷》（见附录），通过收集答案，我归纳出葡萄牙语学生主要的偏误类型并分析了偏误原因，以期为对外汉语教学提供有益借鉴。

一、调查过程

本调查主要在葡萄牙卢济亚达大学和巴西里约热内卢天主教大学孔子学院进行。葡萄牙和巴西是世界上最主要的两个使用葡萄牙语的国家，目前也都有“汉语热”的流行趋势。这两家机构的汉语教育各有特点。其中卢济亚达大学是一所私立大学，已有十余年开办汉语选修课的历史，该校每年大约有50余名大学生选择汉语课程。巴西里约孔子学院是面向社会的汉语推广机构，于2010年成立，学员来自各行各业，年龄偏大，目前共有在册学员80余名。我在这两所大学共发放并收回问卷85份。调查对象情况如下表所示：

表1　《关于汉语否定副词的调查问卷》的调查对象情况

按学习汉语时间分类		按性别分类	
1年以下	16人	男	48人
1年—3年	26人		
3年—5年	23人	女	37人
5年以上	20人		
合计	85人	合计	85人

另外，因调查问卷是人为设计，必定有所局限，难以囊括所有的偏误现象。为弥补不足，我又收集了卢济亚达大学学生期末作文中的部分偏误材料，作为调查问卷的补充。调查问卷和作文材料相结合的研究方式，最大限度地保证了研究结果的客观性和真实性，以及分析结论对教学实践的意义。

（一）调查问卷的设计

本调查问卷的考查点包含现代汉语否定副词“不”和“没”的主要用法。调查问卷题型分为三类：第一类为选词填空，主要考查学生对汉语否定副词的辨别区分能力；第二类为葡萄牙文翻译中文，主要考查学生对否定副词在句中的位置以及对汉语否定结构的整体运用能力；第三类为造句，考查学生在自然语境中灵活运用汉语否定副词的能力。具体题型和相应偏误率[①]见下表：

表 2 《关于汉语否定副词的调查问卷》的具体题型和偏误率

否定副词用法	含“不”的题目举例	偏误率	含“没”的题目举例	偏误率
否定副词与普通动词共现	一、1. 今晚我要在公司加班，就（ ）去参加同学聚会了。 一、8. 作业太多，今天写（ ）完	15.9%	一、4. 很遗憾，警察（ ）抓到小偷。	32.4%
否定副词与能愿动词（助动词）共现	一、11. 若奥（ ）想让大家知道他父母离异。	10%	一、10. 我从（ ）想过有一天能站在奥运会的领奖台上。	12%
否定副词与形容词共现	一、6. 今年气候不好，收获的西瓜都（ ）甜。	15.7%	一、5. 葡萄（ ）熟，不能摘。	35.3%
含有否定副词的“是……的”句	一、18. 这辆车（ ）是日本生产的。	18%		
含有否定副词的比较句	一、22. 他的想法很奇特，和大家（ ）一样。	29.4%	二、15. A vida no campo é menos fácil do que nas cidades.	23.5%
含有否定副词的被动句	一、25. 今天，欧洲经济（ ）被看好。	35%	二、22. O ladrão não foi descoberto pelo dono da casa.	59%
含有否定副词的“把”字句	一、23. 我决定（ ）把真相告诉爸爸。	13%	一、24. 小王还（ ）把真相公布。	18%
含有否定副词的周遍义结构	二、18. Ela não sabe nada.	38%	二、19. Eu não comprei nada em Macau.	29%
双重否定句	一、16. 公司离家很远，为了不迟到，我（ ）得（ ）每天很早起床。	35%	二、20. Não há ninguém que não goste de dinheiro.	18%
含有否定副词的“让”字句	一、27. 妈妈（ ）让女儿晚上单独外出。	15%	一、28. 父母（ ）能让我养成早起的好习惯。	20%

（二）调查结果

1. 葡萄牙语学生掌握汉语否定副词用法的难易程度

从调查问卷总体结果来看，含有否定副词“不”的题型偏误率比含有“没”的题型偏误率低，可见，对于母语为葡萄牙语的学习者来说，汉语否定副词“不”比“没”更容易掌握。在否定副词的不同用法中，含有“不”和“没”的被动句、双重否定句，含有否定副词的周遍义结构，“没”与普通动词共现，含有“不”和“没”的比较句，“不”和“没”与形容词共现的偏误率较高，以上几类用法不易掌握。相比而言，“不”和普通动词共现，“不”、“没”与能愿动词共现，含有否定副词的“把”字句和“让”字句，这几类句式偏误率较低，说明对于母语为葡萄牙语的学习者而言，这些用法比较容易掌握。

2. 主要偏误类型举例

鲁健骥将偏误类型归纳为误加、误代、遗漏、错序四类[②]，这四类在我们收集到的调查问卷和作文材料中均有体现，有同一句中只出现一种偏误的，也有集中了几种偏误的。此外，还有其他一些偏误类型，无法归入以上四类，如句式杂糅，下面逐一举例分析。

（1）误代偏误。

在葡萄牙语学生的调查问卷和作文材料中，此类偏误最为普遍，多是因为葡萄牙语学生对汉语否定副词附带的时、体含义掌握不好，以及对否定副词表达时、体语义时需要的相应语法条件缺乏了解。

很遗憾，警察不抓到小偷。

应改为：很遗憾，警察没抓到小偷。

新同事的故事，你听不听说过？

应改为：新同事的故事，你听没听说过？

他刚才不在看书，他在看电视。

应改为：他刚才没在看书，他在看电视。

我从不想过有一天能站在奥运会的领奖台上。

应改为：我从没想过有一天能站在奥运会的领奖台上。

姐姐和妹妹在一起总是有说没完的话。

应改为：姐姐和妹妹在一起总是有说不完的话。

我翻遍了家里的每个角落，始终找没到保险柜的钥匙。

应改为：我翻遍了家里的每个角落，始终找不到保险柜的钥匙。

今年气候不好，收获的西瓜都没甜。

应改为：今年气候不好，收获的西瓜都不甜。

小偷不被房子的主人发现。

应改为：小偷没被房子的主人发现。

今年，欧洲的经济没被看好。

应改为：今年，欧洲的经济不被看好。

这个问题没难回答。

应改为：这个问题不难回答。

公司离家很远，为了不迟到，我没得没很早起床。

应改为：公司离家很远，为了不迟到，我不得不很早起床。

他的想法很奇特，和大家没一样。

应改为：他的想法很奇特，和大家不一样。

残疾的弟弟不想做一个对社会不用的人。

应改为：残疾的弟弟不想做一个对社会没用的人。

（2）漏用偏误。

此类偏误主要表现为结构助词和动态助词的漏用，原因是葡萄牙语学生对助词在汉语否定句中的语义功能以及否定副词表达时、体语义时需要的相应语法条件缺乏了解。

a. 助词漏用。

那部电影不是中国拍。

应改为：那部电影不是中国拍的。

自从生病，他没有一天开心。

应改为：自从生病，他没有一天开心过。

我从来没做这种工作。

应改为：我从来没做过这种工作。

我不想听你，但是没办法！

应改为：我不想听你的，但是没办法！

b. 其他漏用。

没有水人类不生活。

应改为：没有水人类不能生活。

她什么不知道。

应改为：她什么都不知道。/她什么也不知道。

（3）误加偏误。

此类偏误主要表现为系词误加、助词误加和其他误加几类。其中，系词误加主要是因为在葡萄牙语语法中系词是连接主语和表语的必要成分，葡萄牙语学生在使用汉语否定结构时，也会不自觉地广泛使用系词，造成系词的多余。助词误加和漏用的原因相似，都是因为葡萄牙语学生对助词在否定句中的语义功能缺乏了解。

a. 系词误加。

她不是跟父母住在一起。

应改为：她不跟父母住在一起。

父亲是非常不满孩子的行为。

应改为：父亲非常不满孩子的行为。

新来的同学不是漂亮。

应改为：新来的同学不漂亮。

b. 助词误加。

他没在看书，他在看电视了。

应改为：他没在看书，他在看电视。

他没在看书过。

应改为：他没在看书。

c. 其他误加。

她不在跟父母住一起。

应改为：她不跟父母住一起。

它不是我不喜欢你。

应改为：不是我不喜欢你。

（4）错序偏误。

这是葡萄牙语学生很典型的一类偏误现象。此类偏误主要表现为状语错序、否定副词位置错序和其他错序。其中状语错序的原因是葡萄牙语否定句中状语位置和汉语不同，一般出现在动词之后，葡萄牙语学生在使用汉语否定副词造句时，也会误把状语放到动词的后面。否定副词位置错序主要是因为葡萄牙语学生对汉语否定副词和其他句子成分的搭配掌握不熟练。

a. 状语错序。

她不要工作在那个小的公司。

应改为：她不要在那个小的公司工作。

她不住和父母一起。

应改为：她不和父母一起住。

小偷没发现被家人。

应改为：小偷没被家人发现。

b. 否定副词位置错序。

如果你不快去，你能不准时到达。

应改为：如果你不快去，你不能准时到达。

新工作比旧的不容易。

应改为：新工作不比旧的容易。

c. 其他错序。

这是不可能的人不生病。

应改为：人不生病是不可能的。/人不可能不生病。

新工作没有旧工作的轻松。

应改为：新工作没有旧的工作轻松。

（5）其他偏误。

在搜集到的调查问卷和作文材料中，有的句子中出现了以上多种偏误类型，有的则表现为句式杂糅，我们把这些偏误都归入其他偏误一类。

不可能他不病了！他一定病了！

应改为：不可能他没生病！他一定病了！

我很长时间没用天天汉语。

应改为：我很长时间没有天天用汉语了。

他的观点不一样我。

应改为：他的观点和我的不一样。

生活在农村比在城市不太方便。

应改为：在农村生活不如在城市生活方便。/生活在农村不比在城市方便。

我没有肯定如果她要去电影院。

应改为：我不确定是否她要去电影院。

父亲不让他听摇滚的儿子。

应改为：父亲不让他的儿子听摇滚。

这里的食物我一点点不喜欢。

应改为：这里的食物我一点儿也不喜欢。

他说的普通话不好。

应改为：他的普通话说得不好。

她不知道什么。

应改为：她什么都不知道。

你喜不喜欢吃烤鸭吗?

应改为：你喜不喜欢吃烤鸭？/你不喜欢吃烤鸭吗?

二、偏误原因剖析

（一）母语的负迁移

迁移原是心理学词汇，指已经获得的知识、技能，甚至方法和态度对学习新知识、新技能的影响。这种影响可能是积极的，也可能是消极的，前者叫正迁移或简称迁移，后者叫负迁移或干扰。对于语言迁移的研究始于20世纪50年代。美国著名语言学家罗伯特·拉多在其代表作《跨文化的语言学》（*Linguistics across Cultures*）中写道："学习者往往把其母语语言及其文化中的形式和意义迁移到所学的外语语言及其文化当中。这种迁移既体现在学习者的口语表达以及在与该外语文化有关的行动中，也体现在理解领会该外语语言及其文化的过程中。"学习第二语言的人大多是成年人，母语已经在他们的认知世界中占据非常牢固的地位。因此，母语中的原有习惯不可避免地会对第二语言习得产生干扰作用，即负迁移。

汉语和葡萄牙语分属不同的语言类型，汉语缺乏形态变化。汉语葡萄牙语各自拥有独立体系的否定概念词语，葡萄牙语中最常用的否定副词是 não，汉语则是"不"和"没"。两种语言的否定结构也有诸多不同，比如葡萄牙语否定句中否定副词一定出现在谓语动词前，否定副词和形容词共现时系动词不可缺少，葡萄牙语有很多否定词缀开头的词和本身表示否定含义的不定代词，可以替代否定副词在句中的作用，等等。因此，受到母语负迁移的影响，母语为葡萄牙语的学生在学习现代汉语否定结构时会产生诸多偏误。

（二）目的语的过度泛化

学习者在第二语言的习得过程中，初期母语的负迁移现象比较明显，而随着学习的不断深入，对目的语知识的不断积累，目的语语内认知逐渐增多。此时，学习者会自然而然地把已经学到的有限而不充分的目的语知识，用类推的办法不适当地套用在目的语中新的语言现象上，造成语言偏误，这种现象就是目的语的过度泛化。

在汉语否定副词的习得过程中，母语为葡萄牙语的学习者也产生了大量过度泛化的偏误，主要表现为“不”的过度使用或“没”的过度使用。王建勤在 1997 年总结了留学生学习汉语否定结构的过程，大致分为四个阶段：单一否定期、“不”同“没有”的混合期、“没有”大量泛化期以及二者分化整合期。通过对调查问卷和作文材料的分析，我们发现，葡萄牙语学生对汉语否定副词的习得也存在同样的现象。一个重要的原因是，葡萄牙语中最主要的否定副词只有 não，而汉语里“不”和“没”是地位同等重要的否定副词，在否定句中使用都很普遍。在对外汉语教学中，教师不会同时教授两个否定副词的用法，而往往会首先教授较简单的“不”以及“不”最简单的结构，之后，再本着由易渐难的原则，逐步教授其他否定副词和其他较复杂的否定结构。如此，造成葡萄牙语学生在习得过程中不自觉地将已经学过的目的语规则过度泛化，形成偏误。

（三）教学方面的问题

在调查问卷中，我们发现，一些有过留学中国经历的葡萄牙语学生，虽然学习汉语的时间比其他学生短，但对否定结构的掌握却大大好于仅在本国学习的学生，可见，语言环境对于这些学生的学习起到了很大的帮助作用。

那些没有条件来中国留学的学生，只能在本国的教学机构中学习。在葡萄牙和巴西，教授汉语的场所包括孔子学院和孔子课堂，当地大学和中学自己开设的汉语课，华侨自办的培训班等几类。这些机构都存在各自的问题。孔子学院的中国老师由国内派出，流动性大，当旧的教师回国，新任教师对学生的学习程度缺乏了解，只能很主观地推进教学进度，整个教学过程缺乏系统性和连贯性。另一个非常显著的问题是，国内派出的教师往往葡萄牙语水平低，在教授否定结构时不能对比葡萄牙语的语法特点进行针对性的讲解，对葡萄牙语学生的教学和对英语学生的教学并无差别，这也影响了葡萄牙语学生的学习效果。当地学校的汉语课和华侨开办的培训班则恰恰相反，他们聘请的老师多为本国人、来自中国的葡萄牙语教师或在当地生活多年的华侨。这些人葡萄牙语水平高，但是汉语的专业程度低，也缺少专门针对对外汉语教学的培训，无法解释清楚一些较难的语法点，容易对学生造成误导。另外，在葡萄牙语国家教育市场上，以葡萄牙语编写的正规汉语教材寥寥无几，且来源不一，这些教材对汉语否定副词的讲解过于简略，否定副词的用法也没有按照由易到难的顺序出现，比如有的教材一开始就教“动词＋否定副词＋动词”结构，结果是非常不利于学生学习。以上诸多教学问题也必然导致葡萄牙语学生产生各种各样的偏误。

三、对外汉语教学建议

（一）加强对比分析，引导正迁移，避免负迁移

教师在教授汉语否定副词的过程中，应基于汉语和葡萄牙语各自的语法特点，运用对比分析的方法进行教学。首先教授汉语和葡萄牙语无差别的结构和用法，利用两种语言的相同点来引导母语的正迁移，如否定副词与能愿动词共现、否定副词与普通动词共现且动词不带状语等。在学生已牢固掌握这些基本结构的基础上，再讲解汉语否定副词和葡萄牙语不一致的用法，突出区别所在，如汉语否定副词和形容词之间系词省略、状语位置在否定副词和动词之间等，以避免母语的负迁移和目的语过度泛化。本论文第二部分已对汉语葡萄牙语否定副词的各种结构和用法做了对比分析，可以为葡萄牙语学生的对外汉语教学提供参考。

（二）强化练习，突显汉语否定副词的语义功能

对于汉语否定副词的语法难点，如含有否定副词的比较句、被动句和双重否定句，学生难以很快掌握，此时，需要以大量例句来建立语感，让学生反复练习、朗读甚至背诵，通过例句体会“不”和“没”的区别。教师应注意选择有代表性的例句，特别是能够突出体现否定副词语义功能的例句，以便让母语为葡萄牙语的学生建立对汉语否定副词语义功能的感觉。通过大量的例句练习，学生的大脑可以逐渐形成一种语言模式，并加以储存，在相似语境下使用否定副词造句时，能够快速自然地联想到脑中储存的例句，从而正确地使用否定副词。

（三）提升教师素质，优化教材

目前，葡萄牙语国家的汉语教师急需提高自身素质。教师应熟练掌握汉语和葡萄牙语两种语言，尤其对汉语语言本体有深入研究，这样在讲解否定副词的语法难点时，才能解释透彻。教师应懂得循序渐进的教学原则，不仅能够分析学生偏误产生的原因，更能够对偏误出现进行预判并采取相应对策。

在教材方面，目前葡萄牙语国家使用的学汉语教材应加强系统性，遵循由易渐难的教学原则，加大例句和对比练习。陆庆和的《实用对外汉语教学语法》分析了母语为非汉语的学习者学习否定结构的偏误，对教材中汉语否定副词的编排提出建议，这些建议同样适用于葡萄牙语国家汉语教材相关内容的编写：“教材在编排上，初级阶段‘不’和‘没有’都应出现，一般‘不’先于‘没有’出现。而在中级阶段应该有更高一个层次的若干语法点的螺旋式复现，一方面巩固旧知识，另一方面将新知识融入，形成较为复杂的结构。对较为复杂的否定结构，应该详细说明。如说明‘没’不能否定状况，要补充表示变化的‘没＋形容词’句型。说明一般不能在‘没＋形容词’后再出现‘了’，但要补充‘时间词＋没＋动词＋了’句型，以示区别。同时，针对学生可能出现的偏误以及高级阶段学生使用，教材应设计大量针对性的练习，以强化学生对知识点的掌握和运用。”③

（作者单位：中国国际广播电台葡萄牙语部）

注释：

① 偏误率的统计：首先分别统计出否定副词用法每个考查点的题目数，乘以 85 得出总数，然后将所有调查对象在各考查点出现的偏误数相加，得出总偏误数，后者除以前者计算出偏误率。

② 鲁健骥：《外国人学习汉语的语法偏误分析》，《语言教学与研究》，1994 年第 1 期。

③ 陆庆和：《实用对外汉语教学语法》，北京大学出版社，2006 年版。

参考文献：

1. 刘月华等：《实用现代汉语语法》，外语教学与研究出版社，2001 年版。
2. 王锁瑛、鲁彦宾：《葡萄牙语语法》，上海外语教育出版社，1999 年版。
3. 鲁健骥：《外国人学习汉语的语法偏误分析》，《语言教学与研究》，1994 年第 1 期。
4. 陆庆和：《实用对外汉语教学语法》，北京大学出版社，2006 年版。
5. 王建勤：《“不”和“没”否定结构的习得过程》，《世界汉语教学》，1997 年第 3 期。
6. Robert Lado. *Linguistics across Cultures* ［M］. University of Michigan Press，1957.

附：关于汉语否定副词的调查问卷

Questionário sobre palavras de negativa de língua chinesa

姓名 Nome：
性别 Sexo：
年龄 Idade：
学习汉语时间 Tempo do Estudo de Língua Chinesa：

一、请用“不”或“没”填空。Preencha o espaço em branco com 不 ou 没 .

1. 今晚我要在公司加班，就（　　）去参加同学聚会了。
2. 昨天上午我去火车站接朋友了，（　　）去上班。
3. 我绝对（　　）相信 2012 年是世界末日。
4. 很遗憾，警察（　　）抓到小偷。
5. 葡萄（　　）熟，不能摘。
6. 今年气候不好，收获的西瓜都（　　）甜。
7. 我翻遍了家里的每个角落，始终找（　　）到保险柜的钥匙。

8. 作业太多，今天写（　　）完。
9. 姐姐和妹妹在一起总是有说（　　）完的话。
10. 我从（　　）想过有一天能站在奥运会的领奖台上。
11. 若奥（　　）想让大家知道他父母离异。
12. 新同事叫什么名字，你知道（　　）知道？
13. 新同事的故事，你听（　　）听说过？
14. “你去图书馆吗？”“我（　　）去。”
15. “你去过新修的图书馆吗？”“我（　　）去过。”
16. 公司离家很远，为了不迟到，我（　　）得（　　）每天很早起床。
17. 安德烈的中文说得（　　）太好。
18. 这辆车（　　）是日本生产的。
19. 这个问题（　　）难回答。
20. 新上映的电影暴力场面太多，专家建议（　　）要让小孩观看。
21. 残疾的弟弟（　　）想做一个对社会（　　）用的人。
22. 他的想法很奇特，和大家（　　）一样。
23. 我决定（　　）把真相告诉爸爸。
24. 小王还（　　）把真相公布。
25. 今年，欧洲经济（　　）被看好。
26. 妈妈（　　）钱买新衣服。
27. 妈妈（　　）让女儿晚上单独外出。
28. 父母（　　）能让我养成早起的好习惯。

二、请把下列句子从葡萄牙文翻译成中文。Traduze as seguintes frases de português a chinês. Se não sabe dirigir os carácteres chineses, pode escrever em Pinyin.

1. A nova colega não é bonita.
2. Eu não tenho feito um trabalho como este.
3. Este filme não foi produzido por chineses.
4. Eu não falo bem o mandarim.
5. Não vou participará da reunião amanhã.
6. Ele não estava lendo um livro, ele estava asistindo a TV.
7. Ela não quer trabalhar naquela empresa pequena.
8. Eu ainda não expressei o agradecimento a vocês.
9. O pai está muito desatisfeito com o comportamento do filho.
10. Ela não mora junto com os pais.
11. O seu vestido é caro ou não?
12. Nunca ouvi dizer este nome.
13. Se você não partir imediatamente, não consegue chegar a tempo.

14. A opinião dele não é igual á minha.
15. A vida no campo é menos fácil do que a nas cidades.
16. O novo trabalho não é tão fácil como o antigo.
17. Eu não gosto nada das comidas daqui.
18. Ela não sabe nada.
19. Eu não comprei nada em Macau.
20. Não é que eu não gosto de você.
21. Ninguém não gosta do dinheiro.
22. O ladrão não foi descoberto pelo dono da casa.
23. É impossivel que o homem não fica doente.
24. O pai não deixou seu filho ouvir o rock.

三、请分别用“不”和“没”造句。Faça uma frase usando respetivamente 不 e 没 .

翻译园地

谈谈中日新闻互译中成语的运用

周　莉

所谓成语，据中国《辞海》的解释，是指长期以来惯用的，简洁、精辟的固定词组或短句。汉语的成语多数由四字组成，形式多样、来源不一、数量很大。由于中日两国同属汉字文化圈，历史上文化层面的交流源远流长，至今日语中仍大量使用汉字，因此，现代日语中也保留着不少类似汉语成语的词，一般将这种由四个汉字组成、具有固定含义的词语称作“四字熟语”。长期以来，成语或“四字熟语”在中日各自的新闻报道中广泛存在，准确把握这些词语运用的特点，做好中日新闻互译，是一名从事对日本外宣的新闻工作者必须掌握的基本技能。下面，笔者结合多年工作经验，谈谈中日新闻互译中成语的运用，谨供参考借鉴。

一、中日成语的异同

中国的成语大多来源于习用古语或长期习用、结构定型、意义完整的固定词组。通常具有结构固定性、意义整体性和语法功能多样性的特征。由于中国成语与日常生活联系紧密，有关成语起源、分类等知识为大家所熟知和理解，故文中不再赘述，只重点对日语成语进行探究。

相比中国成语主要以四字组成的词汇为主，兼有少量三字、五字、六字、七字等特殊词汇为辅的结构特点。日语中“四字熟语”结构相对单一，仅把由四个汉字组成、具有固定含义的复合词通称为“四字熟语”。从成语的组成和含义异同方面，大致可分为以下几类：

1. 一字不易、完全沿用中国成语

顾名思义，这类日本“四字熟语”完全引自中国成语，其词语构造、表达含义和使用语境与中国成语基本相同。例如：

「強気のロシア　BRICS結束で四面楚歌を回避」（摘自日本《每日新闻》，中文译为“为避免陷入四面楚歌　俄加强与金砖国家合作”）。

日语中类似的成语还有：「臥薪嘗胆」（卧薪尝胆）、「荒唐無稽」（荒唐无稽）、「切磋琢磨」（切磋琢磨）、「温故知新」（温故知新）、「才色兼備」（才色兼备）、「独断専行」（独断专行），等等。

需要注意的是，这类词语中有一部分虽然与中国成语汉字构成相同，但由于历史原因，中国成语语义发生了变化，而日语中仍保留原来成语的语义；又或者日语的语义发生了偏离，导致目前两者在意义上出现了很大差异。

2. 易字改编中国成语

这类“四字熟语”虽然同样来源于中国成语，但由于历史上中日两国语言长时间的独立演变，其表达含义与中国的成语相近，但词语构造或用字不尽相同。例如：

「ここ数年、中日関係の現状を導いた理非曲直は非常に明らかです。」（日文雅虎新闻，中文译为“近年来，造成中日关系当前现状的是非曲直是非常清楚的。”）

日文句中出现的“四字熟语”「理非曲直」，从词语结构和词义上与中文成语“是非曲直”（出自汉·王充《论衡·说日篇》，意为事情的对错、有理或无理）非常相似，只是在文字表达上存在些许差异。实际上，日语中也有「是非曲直」这个词语，只是作为「理非曲直」的近义词存在，很多人都已不再了解该词的出处，日常也很少使用。

日语中像这样的“四字熟语”还有很多，词语数量与第一类差不多。例如：「紆余曲折」（弯弯曲曲、曲折）、「常套手段」（常用手段、老一套）、「支離滅裂」（支离破碎、杂乱无章、前后矛盾）、「金科玉条」（金科玉律）、「綱紀粛正」（刚正严明）、「清廉潔白」（清正廉洁），等等。

3. “和制成语”，即日本自创的“四字熟语”

日本模仿中国成语结构形态自创的“四字熟语”，也称为“和制成语”。这些词语大多来源于佛教经典、禅宗教义以及日本传统文化，带有浓郁的民族特色和文化色彩，并不属于中国传统意义上的成语范畴。例如，「質疑応答」（自由问答、答辩）、「天地無用」（请勿倒置）、「手前味噌」（自吹自擂）、「和洋折衷」（中西合璧）、「試行錯誤」（反复实验、不断摸索），等等。又如，日语把气象学名词「春夏秋冬」、方位名词「前後左右」、「東西南北」等也都认为是“四字熟语”，汉语则不会这样归类。

随着中日两国文化交流的加深，有些“和制成语”甚至传播到汉语词汇的发源地中国，并拥有较高认知度。如「一期一会」（一生一次、机会难得）、「以心伝心」（以心传心、心领神会）等。

二、中日新闻中成语的运用

1. 中国新闻中成语的运用

汉语中的成语是经过长期使用、锤炼而形成的固定短语，具有简洁精炼、寓意深长和概括力强等优点，如果运用到新闻写作中，可以增强文字的表达力，使新闻报道更加深刻、生动，引发受众更大程度的共鸣。因此，在国内媒体发表的新闻中经常出现成语。

第一，新闻或评论的标题中使用成语。通常，新闻报道的标题要求用最少的词语传递出最多的信息，意在充分利用有限的时间或空间，唤起受众最丰富的想象。在新闻报道的标题中使用成语的做法得到广泛应用。以近期《人民日报》为例，《执法工作要善于“防患未然”》（2015 年 2 月 5 日）、《俄罗斯砥砺前行》（2015 年 1 月 3 日）、《菜篮子“物丰价廉”》（2015 年 1 月 4 日），这些报道或评论直接将成语作为标题，切实起到了为标题赋予更多文化内涵、平添光彩、吸引受众关注的作用。

第二，新闻报道直接采用个人谈话中出现的成语。成语是哲人的思想珠玑，包含着古人的哲思，每一则成语都闪烁着中国人智慧的光芒。受传统文化的熏陶，中国人喜欢在谈话中使用成语。不仅历届国家领导人常在正式场合使用，普通大众在平时交谈时也会经常使用。新闻工作者在报道这些讲话或访谈内容时，经常直接引用出现的成语。

例如，“以猛药去疴、重典治乱的决心，以刮骨疗毒、壮士断腕的勇气，坚决把党风廉政建设和反腐败斗争进行到底。”[①] “非当事国在南海问题上应秉持客观公正立场，多说有利于互信合作的话，多做真正有利于维护地区和平稳定的事，少说挑拨是非、煽风点火的话。”[②]。

第三，新闻写作中使用成语。新闻报道的撰稿人员出于精炼语言、引发受众共鸣等原因，经常在新闻稿的写作中使用成语。例如，《人民日报》报道：“2014 年，欧洲经济增长乏力，对外贸易出现下降，但中英贸易却‘逆势而上，独树一帜，继续维持高增长态势’。”“‘海量’不代表‘有效’，往往是繁复庞杂无序，甚至鱼龙混杂、真伪难辨”。

另外，据中国传媒大学有声媒体预言监测与研究中心 2015 年 1 月 7 日发布的“2014 媒体关注度十大榜单”的“十大成语”榜单显示，《新闻联播》和《人民日报》常用的十大成语中，“坚定不移”、“长治久安”、“与时俱进”、“前所未有”、“因地制宜”和“丰富多彩”等六项重合。其余未重合的四项分别是《新闻联播》：“源远流长”、“一如既往”、“持之以恒”、“安居乐业”；《人民日报》：“实事求是”、“见义勇为”、“不可或缺”、“坚持不懈”。从这个榜单可以看到，国内主流媒体在报道社会舆论聚焦的热点话题时也广泛使用成语。

2. 日本新闻中“四字熟语”的运用

在日本，“四字熟语”由于具有丰富的历史文化内涵、精炼的结构、深刻的含义，深受广大民众所喜爱。这些“四字熟语”不但经常被用作个人座右铭，而且经常出现在广播、电视、报纸、网络等媒体报道中，还有很多政治家为表现自身深厚的文化修养而使用。例如：

（日文）安倍総理大臣はイスラム過激派組織「イスラム国」に拘束されていたヨルダン軍のパイロットが殺害されたとみられる映像がインターネット上に投稿されたことについて、「誠に言語道断であり、大きな憤りを覚える。」と述べました。

（译文）在极端组织“伊斯兰国”公布杀害约旦飞行员的视频后，日本首相安倍晋三表示，“伊斯兰国的手段无法无天，实在令人愤怒”。

例文中，安倍在发言中使用的“四字熟语”「言語道断」原为佛教用语，指意义深奥微妙，无法用言辞表达。引申指无法用语言表达的恶劣事件、荒谬绝伦的行为。安倍在发言中使用该词，充分表达了他对极端组织“伊斯兰国”杀害约旦飞行员事件的极度愤慨。他的发言经各媒体转载后，广泛引发了日本国民对“伊斯兰国”的关注和严厉谴责。又如下面的新闻标题：

（日文）ホンダ再生に賭ける伊東社長、品質回復へ背水の陣

（译文）靠质量决胜未来　本田社长伊东孝绅背水一战

和中国一样，日本的新闻标题是考验新闻工作者基本素养的关键。如何使用有限的字数最大限度地概括和总领全文，抓住受众眼球是新闻制胜的关键。在上面的新闻标题中，通过使用「背水の陣」（也可写为「背水之陣」，中文对应成语“背水一战”）一词，受众可以联想到《史记》中描述的韩信被逼到丧失退路、被迫与敌人决一死战的故事，从而充

分理解本田汽车公司面临的困境；同时，又通过韩信背水一战最终获得胜利的典故，体现本田汽车社长伊东孝绅努力变革的决心。

除新闻标题和领导人讲话中经常引用“四字熟语”之外，记者在新闻写作中也经常使用。例如：

（日文）ファーストリテイリングと子会社のユニクロが、名誉毀損で文藝春秋を訴えていた裁判で、東京地裁は10月18日、原告側の請求をすべて退けた。

（译文）针对迅销公司和旗下子公司“优衣库”对杂志《文艺春秋》提出的名誉损害诉讼，东京地方法院10月18日做出判决，驳回了原告方的全部诉求。

例文中使用的“四字熟语”「名誉毀損」，中文意为“名誉损害、损坏名誉”，在中文中被认为是两个词，并不是成语。但在日语当中，这个法律用语也被归类到“四字熟语”中。

从以上例证可以看出，“四字熟语”也像中国成语一样，频繁出现在正式场合的个人发言以及新闻报道、时事评论等书面语言中，使用范围广、频率高，是日本主流媒体常用的语言词汇。

三、中日新闻中成语的互译

作为一名新闻编译工作者，在开展中日文互译工作时，应该充分理解中国成语与日本“四字熟语”间的异同，本着充分尊重原文、努力实现新闻翻译“信达雅”的原则，根据新闻报道的语境、语义及受众习惯，既要坚持实事求是，又要适当灵活处理。

1. 汉译日

从数量上看，汉语中的成语数量巨大，远胜于日语的“四字熟语”。《汉语成语大词典》（汉语大词典出版社，1996年）中共收录古今成语24808条。而《现代汉语词典》（商务印书馆，1996年）这部以记录普通话语汇为主的中型词典中收录的成语为3400余条。可见，中国人在现实生活中较常用的成语就多达三四千条。而在日语中，“四字熟语”的数量就少得多（《四字熟语词典》，学研社，收录约1450条）。因此，我们在将汉语新闻翻译成日语时，针对其中出现的成语，如能找到对应的日语“四字熟语”，可尽量使用“四字熟语”进行翻译，最大限度地还原原文语境。以下文为例：

（中文）声明说，美国的敌视朝鲜政策已经变得“穷凶极恶”，奥巴马所采取的敌朝举措也是历来“最严厉的”，朝鲜方面为此将采取更强有力的反击予以粉碎。

（译文）声明は「アメリカの朝鮮敵視政策は“極悪非道”なものであり、オバマの朝鮮敵視措置はこれまでで“最も過酷”なものになったことから、朝鮮側はより強力な反撃措置を講じて迎え撃つ」としました。

针对中文新闻中引用的形容极端残暴凶恶的成语“穷凶极恶”，翻译时为尽量尊重中文原意，可选择具有相似含义的日文“四字熟语”「極悪非道」。

值得注意的是，针对中国成语传入日本后含义发生变化、与现代汉语明显不同的现象，翻译时要特别引起关注。例如，我们常用的“朝三暮四”一词，比喻常常变卦，反复无常。但在日语中则沿用该词汇古义，指实质不变，用改换眉目的方法使人上当；用花言巧语欺骗别人。又如，“一刀两断”，比喻由于某种原因而感情破裂，单方或双方坚决断绝关系，从此不愿意来往。而在日语当中，则比喻迅速果断地处理事务。这类词汇的译法需要靠日常积累分别记忆。

另外，目前中国新闻中常用的热词成语，日文中绝大部分都找不到对应的“四字熟语”进行互译。例如，前文列举的“坚定不移”、“长治久安”、“与时俱进”、“前所未有”、“因地制宜”和“丰富多彩”等，除“丰富多彩”外，大部分成语都没有与其相对应的日语“四字熟语”，需要根据中文含义和日文表达习惯灵活处理。比如说“前所未有”译成「未曾有」或「これまでにない」、“与时俱进”译成「時代とともに進む」等。翻译时需要注意体会中文成语原意，尽量做到言简意赅。

2. 日译汉

同样，将日语新闻翻译为汉语时，针对文中出现的“四字熟语”，可以根据不同情况，采取如下处理方式：

（1）对于一字不易、完全沿用中国成语的情况。

由于成语的出处和用法相同，通常采用中国对应成语进行直译的方法。例如：日文新闻标题「先行き不安、ウクライナ停戦…続く一触即発状態」（读卖新闻）译为“乌克兰停战前景不明　战况一触即发”。

（2）中国成语易字改编而成的情况。

这类词汇基本上都能够通过字面表达，比较准确地理解词语大意。这种情况与前者类似，大多“四字熟语”都有对译的成语。例如，日语新闻标题「一貫性なく優柔不断＝ブッシュ元知事、大統領を批判」译为“杰布批评奥巴马总统　称其不一致和优柔寡断”。

（3）文中使用“和制成语”的情况。

由于这些词汇的创造深深植根于日本的土壤，我们在翻译的时候要注意理解日文含义，不能因为同样是汉字就望文生义。例如，日文新闻标题「中野裕太『そういう心境あった』役作りか素の自分か試行錯誤」。文中出现了一个日式“四字熟语”「試行錯誤」，整个日文新闻标题的大意是说日本演员中野裕太在剧中塑造人物形象时，由于自己也有过和主人公相同的心境，因此在角色扮演中不断摸索，不断尝试角色代入和本色出演。「試行錯誤」的含义是指“不断实验，反复摸索”，而在翻译这则娱乐新闻标题时，需要充分尊重中文新闻标题写作的习惯，不必逐字翻译，笔者试译如下：“中野裕太反复揣摩剧中人物　体会角色心境”。

四、结语

无论是中国的成语还是日本的“四字熟语”，都是历史文化沉积的结果，是民族文化的“活化石”。丰富多彩的成语是中日两国人民语言浓缩的精华，鲜活地反映出两国历史、社会、文化、民族心理等特点，以及中日两国千百年来文化交流的历史，也是中华民族和日本民族共有的语言符号。在新闻写作中，记者巧妙运用成语或“四字熟语”，可以使新闻报道言简意赅、锦上添花。同样，我们在进行新闻编译时，也应当在充分尊重作者原意的基础上，注意选用准确、恰当的词语进行翻译，使译文保持与原文一样的可读性和感染力，最大限度地引发受众共鸣。同时，由于中日文表达仍会随着时代变迁，呈现出动态发展的趋势，今后工作中，我们还应该注重及时做好新闻译作的收集分析，加强实践经验的积累，从而不断提高中日新闻互译能力和水平。

（作者单位：中国国际广播电台日语部）

注释：

① 引自习近平在中纪委十八届三次全会上的重要讲话相关报道。
② 引自外交部发言人华春莹例行记者会发言相关报道。

参考文献：

1. 隋树森：《成语和成语的使用》，《语文大师如是说——字和词》。
2. 张铁文：《成语的数量及产生年代》，《语文建设》，1999 年第 5 期。

关于泰汉新闻编译的几点思考

崔沂蒙

“向世界介绍中国，向中国介绍世界，向世界报道世界，增进中国人民与世界人民之间的了解和友谊”是中国国际广播电台的办台宗旨。作为国际台泰语部的一名记者和《环球资讯广播》泰国问题观察员，笔者平时既从事对泰国受众传播中国的工作，也承担着向中国听众介绍泰国的任务。在实践泰译汉和汉译泰新闻编译的过程中，笔者对如何做好新闻编译有了一些自己的思考和体会。

一、泰汉新闻编译应遵循的理念——中国立场

在进行泰汉新闻编译过程中，我们始终应坚持“中国立场、世界眼光、人类胸怀”的传播理念。国际台首席国际新闻编辑刘素云老师曾深刻解读这三句话，即：“中国立场”是我们要宣传中国的理念与态度；“世界眼光”是指要站在全球的高度来看待我们的工作；“人类胸怀”就是要把人类看成一个大家庭，倾注人文关怀。①

笔者认为，在“中国立场、世界眼光、人类胸怀”的传播理念中，我们首先要遵循的，就是“中国立场”。

那么，在稿件编译中应如何遵循中国立场呢？笔者认为，就是始终要把我们从事的工作着眼于服务我国外宣、外交工作的大局上。我们的立场必须与中央保持高度一致，我们的译文必须符合中央的口径，树立中国国家媒体的形象。在此，试举如下例子来具体分析。

1. 关于泰国军方夺取国家政权的突发新闻

2014 年 5 月 22 日，时任泰国陆军总司令巴育召集各党派代表出席会议商讨泰国政局出路。在各方就当前问题争执不下、辩论无果的情况下，巴育宣布夺权。泰国媒体对此事件的报道中，有的使用了“รัฐประหาร”（直译为政变），也有的使用了“เข้าควบคุมอำนาจ”（译为接管政权）。笔者当时正好负责东南亚中心《东盟观察》官方微博的发布。那么到底用哪个词好呢？我们在第一时间接到了中国外交部的指令，这一事件的中文统一表述为“泰国军方接管国家政权”，对泰国报道的泰文也使用“เข้าควบคุมอำนาจ”（接管政权）。后来泰国驻华大使馆也对国际台的用词表示感谢。

2. 关于部分中国赴泰游客出现不文明行为的报道

2015 年 1 月至 2 月间，多家中泰媒体先后报道了多起中国游客在泰国的不文明行为，如在廉价航空飞机上向空姐泼热水，在机场晾晒内衣，在清迈不熟悉交通规则发生交通事故，在清莱白庙随地大小便，等等。这些报道让一些泰国民众的情绪产生波动，出现在网

上抵制中国游客的舆情。作为国家媒体，我们在对内报道时应该注意引导舆论，如介绍一些泰国的风俗习惯、交通规则，说明廉价航空的特点，强调泰国的一些禁忌（如禁止诽谤、侮辱王室，禁止对僧侣不敬，进寺庙应脱鞋，等等），把应注意的礼节告知中国游客。而在对外报道时，我们要向泰国受众说明大部分中国游客还是遵守规矩的，但由于文化差异和个人素质的差别出现了一些不愉快事件，中国方面正在开展宣传教育工作。我们要通过自己的报道避免泰国网民情绪进一步升级。

二、泰汉新闻编译应坚守的原则——真实性原则

在新闻编译中，我们从始至终都要坚持的一条原则就是真实性原则。真实是新闻的灵魂，是马克思主义新闻观中最为核心的关键词之一，也是马克思主义新闻观的主要理论支撑。[②]

新闻的生命在于真实，真实是新闻的首要标准和第一选择。我们从事新闻报道必须毫不动摇地恪守新闻的真实性原则。严格禁止和杜绝“虚假新闻”、“危言耸听”、“夸大事实”、“文题不符”等行为。在近两年，一些媒体违背了新闻真实性原则，报道了一些关于泰国的不实新闻，引发了不少中国网民的误解。笔者在第一时间发现后也进行了澄清和反驳，下面举三个例子具体分析。

1. 关于泰国军方接管政权后泰国“断网”的报道

2014 年 5 月 22 日，泰国军方宣布接管国家政权。泰国军政府掌控了泰国国家电台和电视台，并命令国家媒体暂停正常节目播出，只准播出经“维和委”授权的节目。泰国的传媒业高度发达，互联网普及程度高，军方接管政权后，很多泰国门户网站、社交媒体、手机客户端等仍在正常使用。但是 22 日晚，国内某知名通讯社发布了所谓《泰国今晚22：30断网》的“消息”。这条消息说：据泰国电视台报道，当地时间 22 日晚 9：30（北京时间晚 10：30）起，泰国全境因特网将中断服务。

笔者当天一直追踪泰国各大新闻媒体的报道，并未听到有关“断网”的消息。笔者也一直在网上和在泰国工作的同事、朋友联系并核实这一消息，直到北京时间当晚 11 时许，网络沟通一直很通畅，没有出现“断网”的情况。笔者也在第一时间将这一实际情况通过东南亚中心《东盟观察》官方微博发布，起到了以正视听的效果。而第二天，泰国军方也公开否认了“断网”的传闻。作为新闻工作者，我们不能偏听偏信，而应该通过自己的认真求证，反复核实，把最真实的情况传播给受众。

2. 关于“泰国批准连接中泰高铁项目”的不实报道

2014 年 7 月底，泰国维持和平秩序委员会批准了《泰国 2015—2022 年交通基础设施规划》，其中包括建设两条复线（双轨）标准电气化铁路（时速 160 公里），取代时速 250 公里的高铁。泰国《曼谷邮报》（英文版）在报道这一事件中使用了“high-speed”（直译为高铁）的字样。一些中国媒体没有经过进一步核实，也没有查阅泰语报道，在编译时就

直接使用了“高铁”这一表述，并以“泰国批准连接中泰高铁项目”为题进行了大篇幅的报道，文中多次使用“高铁”一词，造成了一些民众误以为泰国通过了所谓“高铁”规划。

由于泰国铁路建设一直受到中国的高度关注，准确地报道泰国铁路的最新规划和政策有利于中泰两国政府和相关部门根据实际情况有针对性地开展合作。因此针对一些媒体的报道认为泰国通过了“高铁”规划，笔者和泰语部其他几名记者详细核实信息，查阅泰文资料，采访泰国专家，最终确定泰国计划修建的是时速160公里的复线标轨铁路，并非“高速铁路”。我们在8月4日发布了《泰国维和委批准新建两条复线标准铁路》的消息，客观地报道了这一事件。由于用词精准、表述严谨，这篇消息经国际在线中文网签发后，得到了新华网、人民网、中新网、中国网、中国广播网、中国经济网、中国台湾网、中国日报网等众多中央重点网站和中国驻泰王国大使馆官网以及数十家地方媒体网站、商业网站的转载，有效扩大了国际台的影响力。可以说，作为中国唯一的国家级对外广播媒体，我们在打造自身媒体形象时，必须守住坚持真理、恪守新闻真实性原则的底线。只有以事实说话，受众才能相信我们的报道，实现既“叫好”又“叫座”。也只有在新闻真实的基础上，我们才有公信力和影响力。一味地为了博得网民眼球，提高受众关注度而夸大其词发表不实新闻是绝对不可取的。

3. 关于“泰国免除中国游客签证费”的报道

在2014年5月泰国军方接管国家政权，并先后实施了戒严令、宵禁令等措施后，出于对人身安全的担心，赴泰国的中国游客数量大幅下降；据统计，2014年5月至6月，赴泰国旅行的中国游客仅有32.6万人，比前一年同期下降了50%还多。由于旅游是泰国的支柱产业，泰国亟须复苏旅游来提振泰国经济。因此泰国政府有意通过免除中国游客缴纳的签证费用来吸引更多中国游客赴泰国旅游观光。

2014年8月5日，有国内媒体报道，“泰国对中国游客免三个月签证费将于6日正式通过”。这一新闻迅速在国内网站上发酵，很多网民信以为真，一些地方电台、电视台也播出了这一“消息”。但是笔者查阅了泰国主流媒体的报道，并没有看到明确的免签证费实施日期。8月6日，国际台《环球资讯广播》晚间第一资讯节目约笔者做关于这一新闻的连线。笔者深感责任重大，作为国家媒体必须恪守新闻真实的原则，不能人云亦云。因此笔者特地向泰国驻华大使馆求证。使馆官员表示，免签证费的具体时间还未确定，最快可能于本周内开始实施，但要以政府公告为准。如果有最新进展，泰国驻华大使馆会第一时间通过使馆官方网站和微博发布。笔者也把使馆的回应通过《环球资讯广播》、国际在线、泰语部网站等渠道向外界公布。最终，泰国驻华使馆在8月8日晚间通过使馆官方微博发布：根据泰国内政部的公告，在2014年8月9日至2014年11月8日期间，中国大陆及台湾游客可以在世界各地的泰国大使馆、领事馆以及各名誉领事馆免费申请泰国旅游签证。这一报道终于有了结论。

三、在编译外名时应注意的细节——以新华社为准，同时兼顾语法和受众使用习惯

我们在编译外名和把中文翻译成外文时，不可避免地会遇到如何翻译的问题。如何在编译人名、地名时既能符合发音标准又能实现“信达雅”的最高理想，一直是所有外文编译人员面临的难题。

以我们最为熟知的一个一直有争议的外名来说，究竟是用“本·拉登”还是“本·拉丹”，从“9·11”事件发生以后争论就一直没有停歇；央视等媒体始终使用“本·拉登”，而新华社等一些媒体则一直坚持用“本·拉丹”。也许两家重量级媒体各有各的理由和主张，但对于受众来说则是一种“困扰”。以至于2011年5月1日，美国总统奥巴马宣布这位恐怖主义分子头目被击毙的消息时，由于各方媒体使用的译名不一致，很多网民都有疑问，到底是不是“那个人”死了？

这样的困惑，笔者在从事泰汉新闻双语编译时也曾多次遇到。如泰国前总理“ทักษิณชินวัตร”（他信）的中文译法，就曾引发过一些学界争议。按照国家对于媒体使用译名的规定，我们应严格按照新华社翻译室的译法，即把Thaksin译为“他信”。但“他信”这个译法容易造成中国受众的一些误解，就是他信？我不信。好端端一个严肃的政治人物就被玩笑化了。而央视新闻主播为避免这种现象，曾一度在《新闻联播》中将“他”念为第三声即“塔”。

再比如2011年7月，泰国举行下议院选举。他信的妹妹以为泰党党首的身份参加下议院选举并最终赢得大选，成为泰国第一位女总理。对于这位“女总理”的译法也是五花八门，包括：英禄（央视最开始的译法）、英叻（新加坡《联合早报》译法并沿用至今）、颖拉（泰国华文报纸译法）和英拉（新华社的最终译法）。时至今日，大陆媒体的译法已统一为英拉，但是海外的华文媒体还用各自的译法。

而在对泰语编译中国地名时，我们也会遇到类似的问题。由于泰语发音存在长元音和短元音的区别，而汉语普通话并没有长短音。因此像“西安”、“南京”等地名在翻译成泰语时就会存在一些不统一的现象，到底是元音“先长后短”或者“先短后长”，还是“两个都短”或者“两个都长”？笔者认为每一个翻译人员在正式落笔前都应该在搜索软件中查询泰国受众最普遍的用法，尊重泰国受众的习惯，并多请教部门外籍专家和老同志，最终形成大多数人能够接受的译法。

四、结语

新闻编译看起来只是一项翻译工作，实则承担着对内传播和对外传播的双向职责。作为一名国际新闻传播工作者，我们要时刻以“向世界介绍中国，向中国介绍世界，向世界

报道世界”为己任，不断夯实自己的语言能力，提高翻译水平。同时，我们更要学习国家在外宣、外交上的方针政策，把握好舆情，攥好手里的“笔杆子”。我们必须站稳“中国立场”，恪守新闻的真实性原则，树立起“信得过”、“叫得响”的媒体品牌，切实打造国际台对外传播的良好形象。

（作者单位：中国国际广播电台泰语部）

注释：

① 易方：《随身携带两支笔——刘素云访谈录》，《新闻战线》，2009 年第 10 期。

② 张瑾、王炜、陈华英等：《学习践行马克思主义新闻观》，《上饶日报》，2014 年 10 月 28 日第 7 版。

谈葡萄牙语新闻翻译技巧

施　倞

对于中国国际广播电台的语言部门来说，新闻翻译在日常工作中占有相当的比重，以葡萄牙语部为例，广播、网页和手机终端三个平台每天的新闻更新量有40余条。一条新闻虽然只有短短的三五百字，但想要翻译得准确且有质量，从而提升对外报道的效果，却并不是一件容易的事情。笔者在国际台葡萄牙语部工作已经十年有余，积累了一些心得体会，希望借助此文对葡萄牙语新闻翻译技巧做一番探讨，与读者进行交流。

国际台语言部门各个平台发布的新闻主要来源于新闻中心和各中心编辑部编发在文稿系统内的中文新闻。由于中外文化、语言和阅读习惯的差异，这些中文新闻对于语言部的译者来说，属于半成品，需要进行再加工。因此，译者在翻译过程中不可避免地要对中文进行编辑，实际上，也就是在进行新闻编译。根据国际台2008年编写的《新闻培训纲要》中的阐述，新闻编译指通过编辑和翻译，将以中文写成的新闻进行加工，使之成为用对象国语言表达出来的新闻。它的含义有两层：一是编辑，二是翻译，而且两者常常交织在一起。本文中，笔者将编辑和翻译结合起来，共同进行分析。

一、新闻标题翻译的原则与技巧

标题是新闻的“眼睛”，标题的好坏直接关系到能否鲜明地表达新闻的主题，能否吸引受众的兴趣。俗话说：题好文一半。在多媒体快速发展、信息庞大而更新快速的时代，好的新闻标题可以取得事半功倍的效果。而同样的道理也适用于新闻标题的翻译。因此，笔者特别将新闻标题翻译单独列出。

目前，国际台文稿系统上签发的新闻所选取的标题通常都包含较多信息，目的则是为了让语言部门同事快速了解新闻内容，方便调用。另外，有些新闻则因为对内宣传和相关类别的具体需要，不得不罗列较多信息。因此，语言部门的译者在翻译时就需要对标题内容以增加、删除、改写等方法进行处理，同时也要兼顾对象国受众的阅读习惯。但是，无论采取何种方式、何种技巧，新闻标题的翻译应该遵循准确、简练、生动的原则。下面，笔者便结合实例具体说明。

1. 准确

新闻标题的一个最基本要求就是准确。因此，我们要正确理解中文标题含义，翻译出符合新闻内容事实的外文标题，避免译文令受众产生误解的现象。例如中文标题“改革开放以来中国人均GDP增长16.2倍”，其中“改革开放”对应的葡萄牙语词组是“reforma e abertura”，“以来”对应的葡萄牙语单词是“desde”。如果我们没有准确理解，直接将这一时间状语翻译为“desde reforma e abertura”是不正确的。实际上，此处的“改革开放以来”是一个略称，可以理解为“改革开放政策实施以来”或者“改革开放开始以来”。由于标题长度原因，采用第二种理解方法，翻译为“desde início da reforma e abertura”。再举一个例子，中文标题“四川雅安地震造成82人死亡”，如果译者不假思索，直接翻译成葡萄牙语为“Terremoto em Sichuan da China deixa 82 mortos”，笔者认为是不太合适的。一般来说，地震造成的伤亡数字是动态的、变化的，在统计时也会采用某个时间节点。所以，该译文有可能令读者产生误会，认为伤亡总人数为82人。那么，我们如果添加一个简单的副词短语“ao menos”（至少），将外文标题改为“Terremoto em Sichuan da China deixa ao menos 82 mortos”，不仅保证了标题的准确，也避免了读者的误解。

2. 简练

新闻标题是对新闻内容的高度概括，只有言简意赅，才会好懂易记。因此，简练对于新闻标题的翻译也至关重要，译者应当用尽可能少的外文单词、尽可能短的外文句子来充当外文标题。例如中文标题“孟加拉国渡船与货船相撞沉没已致29死”，如果我们按照中文将全部内容译为葡萄牙语，外文标题应该是“Colisão entre barco de travessia e barco de cargo em Bangladesh deixa ao menos 29 mortos”。显而易见，作为标题，这个外文句子过于冗长繁琐了。但是，如果我们将中文标题进行删减提炼，把“渡船与货船相撞沉没”这部分内容用一个外文单词“naufrágio”（船只沉没、遇难）来表达，既减少了外文标题的单词数量，又不会令标题内容太过缺失。这样，外文标题就显得短小精悍了，即“Naufrágio em Bangladesh deixa ao menos 66 mortos”。再如这条中文标题，“最高检出台深化检察改革意见　明确六大重点任务42项具体任务”，如果我们照此全部翻译出来，至少需要两个动词和两个句子，可以想见外文标题的长度。因此，我们就需要参照新闻内容对标题进行改写，以达到简练的效果。笔者在此借鉴一下新华社葡萄牙文对该标题的处理，“Procuradoria chinesa lança reforma judicial em busca da justiça”（译回中文是：中国最高检推进司法改革以追求公正）。这个外文标题相当于对原中文标题的完全改写，介绍了“司法改革”的新闻内容，也表明了“追求公正”的改革目的，不仅简单明确，还起到了一定的对外宣传效果。

3. 生动

新闻标题的翻译除了注重准确、简练，还应当尽可能地做到生动、形象，让外文标题更有文采，更能激发受众阅读或收听的兴趣。例如中文标题“《走进中国》图片展在巴西里约热内卢举行”，如果按照中文直接翻译为“Exposição ‘Entrando na China’ é realizada no Rio de Janeiro”，显得平铺直叙、不够生动。如果我们加以处理，改为“Rio de Janeiro recebe exposição ‘Entrando na China’”（译回中文是：里约热内卢迎来《走进中国》图片展），就能得到不同的效果。用“receber”（迎接、迎来）一个动词便让整个标题显得更加活泼，也符合外国受众的阅读习惯。再如“中国1月销售汽车215.64万辆　创2014年单月销量新高”这条中文标题，如果我们直接翻译，外文标题便会显得繁琐，且含有复杂数字。因此，我们需要删除一些信息，并进行改写，将标题译为“China viu mais automóveis vendidos em janeiro”（译回中文是：中国在1月见到最多的汽车销售）。其中，“ver”（看见、见到）这个动词与刚才例子中的动词起到了同样的作用，就是让标题显得更加生动、形象。

二、新闻内容翻译时遇到的问题与处理技巧

除了标题之外，国际台的新闻内容还包括导语、主体、结尾等部分。由于这几部分都是由大段句子组成，因此，在翻译中遇到的问题和处理方式也都大同小异。

1. 调整句子结构，适应外文习惯

葡萄牙语新闻表达较为直接，尤其是开篇的导语。通常都是将新闻核心内容放置在前，而诸如信息来源、时间等次要要素留在句子后半部分。因此，我们在进行翻译时，就需要遵循葡萄牙语新闻写作习惯对句子结构进行调整。比如这条新闻导语，“国家统计局网站今日公布《2014 年国民经济和社会发展统计公报》。数据显示，2014 年农村贫困人口为 7017 万人，比上年减少 1232 万人。”其核心内容就是“2014 年农村贫困人口为 7017 万人，比上年减少 1232 万人”。那么，按照葡萄牙语新闻表达习惯，我们可以这样翻译，“A população pobre nas zonas rurais da China diminuiu em mais de 12 milhões para 70，17 milhões de pessoas no ano passado，segundo dados divulgados hoje pela Administração Estatal de Estatísticas do país”（译回中文是：中国农村贫困人口去年减少 12 万余人至 7017 万，根据国家统计局今日公布的数据）。关于《2014 年国民经济和社会发展统计公报》的具体内容可以留在下一段进行介绍，甚至可以直接删除不译。

2. 辨析语意，合理翻译

在翻译新闻时，我们要准确理解中文词句的含义，而不能简单地按照字面意思找到对应外语。同时，我们还要推敲外文单词的意思，避免歧义。例如这句中文“中国央行将进一步完善人民币汇率市场化”，如果将“市场化”按照字面意思简单理解为形成市场或变成市场，对应的葡萄牙语词汇是“mercadização”，那么，这样翻译出来的外文则是完全错误的。另外，有葡萄牙语国家的媒体在报道中使用了“liberalização”（自由化）一词，笔者认为也不够准确。实际上，此处“人民币汇率市场化”应当解释为市场指导下的人民币汇率形成机制。所以，正确的译文是“formação da taxa cambial do Renminbi orientada pelo mercado”。再比如这句话，“这次展览是对中国文化的宣传”，其中的“宣传”对应的葡萄牙语词汇是“propaganda”。但是在葡萄牙语里，“propaganda”多用于政治领域，如竞选宣传，通常带有贬义色彩，含有过度夸张、渲染，甚至欺骗的意思。因此，句中的“宣传”可以翻译为“apresentação”（介绍）、“divulgação”（传播）、“promoção”（推介）。

3. 避免用词重复

用词重复在葡萄牙语新闻写作中是一个需要着力避免的问题，葡萄牙语部外籍员工在审校稿件时也经常强调这一点。因此，译者在进行新闻编译的过程中应当注意避免这个问题。比如，我们时常会遇到一些新闻包含这样的表述，“某某说……”少则两三处，多则四五处。动词“说”对应的葡萄牙语单词是“dizer”。如果我们在编译新闻时通篇都使用“dizer”这一个动词，那么对于受众来说，无论是广播收听，还是网页浏览，都会产生些

许重复厌烦的感觉。因此，我们就需要寻找一些其他词汇来代替，包括："afirmar"（断言、确认）、"indicar"（指出）、"apontar"（指出）、"salientar"（强调）、"destacar"（强调），等等，并根据上下文的衔接来灵活选用。再比如，关于外交部例行记者会的新闻稿件，发言人姓名作为句子主语总是会多次出现。那么，在编译成外文时，除了使用姓名拼音和人称代词"ele/ela"（他/她），还可以使用"porta-voz"（发言人）或者"diplomata chinês"（中国外交官）来交替作为主语。

4. 主语缺失或不明确，灵活翻译

有些关于讲话或会议的国内时政新闻会存在句子的主语没有交代出来，或者句子在直接翻译为外文时，主语与谓语搭配不协调、不符合逻辑的情况。笔者将其概括为主语缺失或不明确。遇到这种情况，译者就需要认真理解新闻内容，找出隐含的主语，或者采用其他句式或方法来进行翻译。比如"李克强主持国务院会议，确定进一步减税降费措施等"这条新闻，内容里存在"会议认为……""会议指出……""会议确定……"之类的表述，按照中文写作习惯，这些表述是完全没有问题的。但如果直接翻译为葡萄牙语，主谓搭配就不太符合逻辑了。这里，我们可以寻找其他符合新闻事实和逻辑的主语代替"会议"这个词来进行翻译，"Os participantes da reunião consideram/indicaram …"（译回中文是：与会者认为/指出……）还可以用被动语态来进行翻译，"Foi decidido na reunião que …"（译回中文是：……在会议上被确定）。另外，这条新闻中还有一个句子，"要坚持创新……"这个句子的主语是缺失的，这就需要我们认真理解上下文，从而确定这个句子的隐含主语是"governo"（政府）。这样，就可以翻译为"O governo deve persistir em inovar …"不仅主语明确，句子结构也很完整。

5. 添加背景与解释

中文新闻里，时常会含有人名、地名、术语、特有词汇等内容，对于中国受众，这些都是耳熟能详的信息。但是，对于外国受众来说，则可能是完全陌生，甚至难以理解的。因此，作为译者，就需要适当添加一些背景信息或解释说明来帮助国外受众更好地理解新闻。比如这个句子，"……在南京举行"，其中"南京"这个城市名称对于一般的外国受众来说是比较陌生的。那么，我们在翻译时就有必要添加一些解释说明，即"… é realizado em Nanjing（……在南京举行），capital da província de Jiangsu（江苏省省会），leste da China（中国东部）"。再比如这句话，"两国元首表示要携手打击'三股势力'"，其中的"三股势力"，我们不能简单地翻译为"três forças"，这样会令外国受众产生疑惑，到底是哪三股势力呢？因此，我们就需要展开来解释清楚"三股势力"包括"恐怖主义"（terrorismo）、"极端主义"（extremismo）和"分裂主义"（separatismo）。

三、对译者的几点建议

国际台语言部门的新闻翻译要求的是译者的综合素质，不仅包括外语水平、新闻素养、知识面，甚至还要求政治意识。这里，笔者提出几点建议，希望对读者有所帮助。

1. 强调政治意识与敏感性

国际台的国际传播主要是靠语言部门的工作来体现的。人们常说，外交无小事。实际上，国际传播也同样如此。译者在翻译新闻时也应该强调政治意识与敏感性，在关乎国家利益的问题上应仔细揣摩，推敲含义。一个词语的翻译错误，就可能改变整条新闻的立场与态度。

2. 提高语言水平

作为语言部门的工作人员，外语水平是一切工作的基础。在新闻翻译方面，译者更应该不断学习。一方面，可以将外籍专家审校的稿件与自己翻译的稿件进行对比，找寻自己的错误与不足。另一方面，也可以通过浏览对象国新闻，模仿学习外语新闻的写作。

3. 勤于积累

国际台的新闻涉及政治、经济、历史、文化等各个领域，有些新闻还涉及专业性极强的术语。因此，译者在日常工作中应该勤于积累各种特色词汇、专业词汇和特定用法，形成词汇库，以供随时查阅。

4. 善用工具

在新闻翻译过程中，善于利用各种工具书可以大大提高工作效率。比如在查询藏语译名时，一本《汉英藏人名地名词典》可以省却不少查询时间。另外，谷歌、百度等翻译网站也可以作为我们工作中的参考。

总而言之，翻译不是件一蹴而就的事情，其水平的提高是一个日积月累的过程，需要译者脚踏实地，在长期的工作中思考、摸索和探究。

（作者单位：中国国际广播电台葡萄牙语部）

播音主持

广播节目主持人提升新媒介素养探析

高佳义

近几年，新媒体以其形式丰富、互动性强、渠道广泛、推广方便等特点在现代传媒产业中占据越来越重要的位置。现在，几乎每一档广播节目都会开设自己的微信公众账号或者官方微博，都希望通过新媒体来提升自身节目的影响力和传播力。在这样的潮流趋势下，使用新媒体的能力和素质已经成为广播节目主持人所必备的素质，这就是我们所说的“新媒介素养”。

新媒介素养是新传播技术条件下对于媒介素养的延伸，在突出自由交互特征的新媒体环境中对媒介素养的深入理解，亦即新媒介素养更为强调运用新媒体来进行社会交往、参与创造的能力。一方面受众对节目的含金量提出了更高的要求，节目蕴含的信息资讯的价值、创新思维及节目的深度、广度备受关注。另一方面任何人都可以通过网络，利用论坛、博客、微信等方式自由地发布自己想要传播的信息，新媒体在现代环境中不断普及并形成影响社会的强大力量。

在这种情况下，每一个新时代的广播节目主持人都面临着巨大的机遇和挑战，我们必须在坚持正确舆论导向的同时，一方面继续提升广播节目本身的节目质量，另一方面又需要在新媒体方面进行创新和探索。本篇文章希望通过分析微博和微信等新媒体和广播节目结合的具体情况，重点阐述广播节目主持人在新媒体时代的国际传播过程中，如何提高自己的新媒介素养，如何顺应国内外受众的媒介素养水平，以适应新时代的媒体工作需要。

一、从媒介素养到新媒介素养

什么是新媒介素养？谈论这个话题之前，我们必须弄清楚媒介素养的定义。有关媒介素养的定义，各种专家学者的观点有很多。美国著名的媒介素养教育专家认为：“媒介素养是一种观察方法，即当我们置身于媒介中时，为了解读我们所遇到的信息时主动采取的一种方法。”[①] 而中国人民大学新闻学院教授、博士生导师陈力丹认为：“媒介素养分两个层次：一个是公众对于媒介的认识和关于媒介的知识，另一个是传媒工作者对自己职业的认识和一种职业精神。”笔者更为认同的是中国传媒大学教授张开老师的观点：媒介素养是一种能力，包括人们对各种信息的解读能力，接收和解码广播、影视、网络媒介信息的能力，以及使用电视、电脑、互联网、收音机来制作和传播信息的能力。[②] 比如一个广播节目的主持人所具备的传统意义上的媒介素养，就应该是自己能解读和理解新闻以及自己节目的内容，熟悉制作播出过程，具备使用广播这一媒体传播信息并且和听众沟通的能力。

那么什么是新媒介素养呢？其实差别很明显——只有一个“新”字。这个“新”首先体现在新媒体的高速发展上。随着移动客户端的发展，手机、平板电脑的普及，媒体业正在经历着又一次全新的改革，你能想象吗？连网络媒体——新浪、搜狐、腾讯这样的互联网媒体都称自己是“传统媒体”了，他们已经不再是新媒体的代表。在PC端获取信息的比例已经逐渐下降，在手机客户端上获取信息、交流互动、传播信息才是当今的媒体现状。澎湃新闻、ZAKER，各种门户网站的手机新闻客户端已成为新的兵家必争之地。而在这样的时代，仅仅具有传统意义上的媒介素养是不够的，所以我们提出“新媒介素养”的概念。

我们先来看一个广泛的概念，在百度百科“新媒介素养”词条下，是这样定义的：新媒介素养，是指在社交网络革命、互联网革命和移动革命的背景下，个人为了适应新的媒介环境和社会关系变化，构建更大、更好的社交网络，应该掌握的新的能力。我们稍微做一下引申：作为一个新媒体时代的广播节目主持人，我们光做好自己在话筒前的工作已经不够了；在当今移动互联网高速发展的时代，掌握新的能力，主动地利用新媒体方式和自己的节目有机结合，才能让我们的广播节目焕发新的活力。所以，提升广播节目主持人的新媒介素养在新时代尤为重要。只有具备了新媒介素养，广播节目主持人才能更适应时代的发展。

二、新媒体的特点

想提升自身的新媒介素养，第一步要做的就是了解新媒体时代的特点。只有更好地认知和了解，才能让自己具备与之相匹配的能力。在新媒体时代，媒介的传播渠道和方式呈现以下新特点：

1. 媒体的多样化

目前手机、互联网和其他终端工具已成为传播的新渠道，IPTV、手机电视、网络视频等正被越来越多的受众所熟悉，渗透到了人们的生活中。媒介融合带来了信息传播载体的多样化。人们获取信息的渠道越来越多，这是新媒体时代的一个重要特点。在2014年巴西世界杯期间，互联网已经成为球迷观看比赛和在线评论的主要渠道。同时，越来越多的球迷通过手机来收听和收看世界杯比赛直播。此外，传统媒体与新媒体的结合也成为新时代新闻报道的一大特点。除了每场比赛战报、分析，我们还能看到前方记者用微博、微信、视频等方式来传递更多的讯息，作为新闻报道的有力补充，更多的现场第一手赛事资料通过这样的方式得到传递。

2. 每个人都是媒体

现如今，传统媒体不再是新闻事件的唯一发布者。普通的受众也可以参与到赛事传播中来，信息发布的个体也开始从专业人员转变为大众，可以是精英也可以是草根，任何人都可以通过个人的电脑、智能手机，建立博客，开通微信，在BBS上留言等方式发布赛事新闻，参与讨论，成为新闻事件传播的主体。[③]

3. 互动才是王道

新媒体时代，媒介与受众间的信息交互大大加强。媒介的传播不再局限于单向传播，而是更多强调互动性。交互性是人际传播的本质特征，受众通过看电视、听广播、上网来了解信息，了解得越多，自身的想法就越多，这个时候，受众和媒体互动的欲望就会更强烈。在过去，报纸通过信件和听众保持互动，现在还有几个人会提起笔写字？这也是报纸走向沉沦的众多原因之一——互动性不够。电视台多是通过手机短信和观众保持互动，为什么 2005 年李宇春那一届“超级女声”的短信投票数能上亿？都是因为人们需要互动的本性。广播作为传统媒体，能够在今天的媒体竞争当中还保持着竞争力，其最大的优势之一就是互动性好。不论是通过电话还是短信，人们能够和主持人互动。但是，随着新媒体时代的来临，比广播更有互动性的微博、微信崛起，给广播节目主持人提出了新的课题：如何能够顺应和利用新媒体进一步加强广播节目的互动性，这是非常重要的一件事。随着媒介融合的深入，传统媒体和新兴媒体都意识到信息反馈的重要性，在这个“互动为王”的年代，如何与听众更好地沟通，至关重要。

三、广播节目主持人该如何提升自身的新媒介素养

广播节目主持人的新媒介素养是指主持人所具备的关于新媒介传播的各种知识和能力，反映的是主持人对新媒介传播内涵的认知程度，以及在此基础上所形成的各种接触和使用新媒介的能力。新媒介素养是广播节目主持人整体素养的重要组成部分。美国学者詹金斯曾指出：“新媒介素养应该被看作是一项社会技能，被看作是在一个较大社区中互动的方式。”如何提升这项技能呢？笔者认为应该从以下几个方面入手：

1. 一定要了解并且善于运用新媒体

在新媒体时代，广播节目主持人不再是为一个单一的媒体服务，而是为自己所在媒体的多个平台服务。自己节目的稿件，编辑一下可以提供给网站，浓缩一下又可以发在微博上，添加上图片就可以发微信公众账号。新媒体时代的到来要求传统广播节目主持人必须是全能型人才，具备多种媒介操纵技能，具备跨媒介工作的能力，要既能为报纸供稿，又能为广播电视制作节目，还要能用手机对突发事件进行报道，为网络提供音频视频节目，为微博微信提供图片新闻。因此，在新媒体时代，广播节目主持人除了具备调查研究能力、新闻敏感性、文字表达能力等基本素养外，他们还必须通晓各种媒介的特点，要积极参与到新媒体的发稿过程中，并擅长以图像化处理为主要方式的网络工作行为。掌握尽可能多的媒介技术，能够为不同媒介提供风格各异的新闻素材，自如地在多介质平台上呈现与传播自己的节目，或者与不同媒介的同行完成协同报道。认识、了解、学习、使用新媒体，使之为自己的节目服务，这是我们提升新媒介素养的第一个方面。

2. 一定要提升自身的技术能力

我们很多的广播节目主持人在提升自身业务能力、播音水平的同时，往往忽视了最基

本的技术能力。只会用自己最擅长的方式在机房完成录音，进行最简单的剪辑。一旦有了新软件就说不会用，一旦有了新的传播方式就推说自己不会用，不想走新路。微博开始风行的时候，不愿意给自己和节目开微博。微信公众账号聚拢人气的初期也因为不知道怎么弄而丧失了最好的机会。从事播音的主持人大多是文学、外语专业出身，对于新互联网趋势和新技术总是有抵触情绪：不是有专门的技术支持人员么，我们为什么要学这么复杂的微信新闻发布、图片处理这些技术呢？事实上，在媒体融合时代，什么是真正推动媒体发展的核心动力？答案就是技术。技术驱动了过往十年和未来十年媒介形态的变化。最典型的例子是 APP“今日头条”，今日头条是微信在媒介升级中的黑马。它将技术驱动在媒介内容生产中的作用推到极致——自己不是生产者，以移动互联技术呈现内容，它将媒介升级中的整合力推到极致，依靠纯技术手段来整合各个门户内容生产网站的鲜活内容。如果有一天，我们广播节目主持人能够掌握最新的媒体技术，我们知道怎么设置微信公众账号的横菜单，怎么用大数据去统计我们的听众数量和需求，我们就能真正立于不败之地。

3. 提高自身职业道德素养

职业道德素养是一个媒体人必须具备的基本素质，它是媒体人媒介素质的集中体现。作为一个广播节目主持人，最重要的道德素养是坚守新闻原则和恪守道德底线。在移动媒体时代，发言的人多了，但是坚守道德底线的人少了，质疑的声音多了，正能量的声音少了。在广阔的互联网和移动媒体世界，如何去辨别是非，坚守底线，是非常重要的课题。我们发现，宣扬社会正气、教人向善的新闻反而遭到受众的冷落。这说明，一定程度上，一些人的价值观和道德观已经扭曲。越是在这样的时候，我们广播节目主持人越应该用更合理的方式传达正确的价值观。广播节目主持人必须清楚，传递正能量和引领正确的价值观是实实在在的责任。我们必须清楚自己的传媒语言和文化身份，要坚守自己的文化品格，致力于提升节目的品质与品位，使广大受众受到真善美的熏陶和感染，维护和提升媒体的良好形象。这也是提升新媒介素养的重要方面。

作为从事国际传播的新一代广播节目主持人，我们亟须通过新媒介素养的提升，加强自身的认知水平、选择能力、价值取向、传播技巧和职业道德等一系列的素养，适应时代的发展，引领媒体融合时代新的导向，最终实现积极的传播效果，取得良好的社会效应。

（作者单位：中国国际广播电台新闻中心）

注释：

① 王盛峰：《媒介素养与信息素养概念辨析》，2006 年 6 月。
② 张开：《媒介素养概论》，中国传媒大学出版社，2006 年 9 月。
③ 扈楠：《媒介融合时代新闻记者的媒介素养再造》，《传媒观察》，2011 年第 7 期。

参考文献：

1. 余秀才：《全媒体时代的新媒介素养教育》，《现代传播》，2012 年第 2 期。
2. 冯资荣：《泛信息时代的受众媒介素养》，《现代视听》，2007 年第 5 期。
3. 杜骏飞主编：《中国网络传播研究》第三卷，浙江大学出版社，2008 年版。
4. 韩晓芳：《微博时代传统媒体的生存之道》，《编辑之友》，2010 年第 2 期。
5. 蔡骐、李玲：《信息过载时代的新媒介素养》，《现代传播》，2013 年第 9 期。
6. 彭少健：《2010 中国媒介素养研究报告》，中国国际广播出版社，2010 年版。

谈移动互联网前提下广播主持人的重新定位

吴一尘

互联网和移动互联网正在对各产业的流程、价值，乃至生态进行重构，传媒产业因其轻资产重创意、品牌的特点而最先被深度重构，用户接触传媒的渠道已经从报纸、收音机、电视机向手机、平板电脑，甚至可穿戴设备转移。2013年，中国网络视频市场规模达到128.1亿元，比2012年同比增长41.9%，网络视频用户规模达4.28亿，其中手机端视频用户数为2.47亿[①]。对于传统广播机构从业者来说，近年来也明显感受到移动互联网所带来的改变，无论从节目互动手段，从短信向微博、微信的转换，还是收听渠道从收音机向移动客户端的转换，都明确透露出这样一个信号：互联网逐渐成为社会发展的基础。我们唯一能做的是思考如何适应互联网的发展，在媒体产业重构的过程中进行重新定位，并根据定位提升相应的能力。这是广播媒体应对竞争、实现自身转型的关键。

一、移动互联网传播特点

人们最早对移动互联网的理解是传统互联网的移动化，传统电台在移动互联网上的业务也基本停留在传统互联网的模式——传统节目的直播、点播收听，与广播节目的互动，图文等信息的推送。而随着IT技术的发展，特别是基于位置的服务、语音识别技术等底层功能的普及，移动互联网正在成为一种革命性的基础平台，其具体体现在以下几个方面：

1. 信息传播的去中心化

传统媒体是以中心向周围辐射的方式进行信息传播的，在单向传播中，这是到达效率最高的传播模式。传统互联网诞生之后，这一传播样态继续发挥着主流作用，初期的各大门户网站在本质上是互联网化的传统媒体，即便是论坛、聊天室等去中心化的功能也是围绕中心化的传播模式展开的。而移动互联网上诞生的应用大部分以去中心化或多中心化的方式组织和传播信息，如比较早诞生的微博、微信以及音频类UGC（User Generated Content，用户产生内容）应用荔枝FM等。根据中国信息通信研究院政策与经济研究所发布的《微信社会经济影响力研究报告》的统计，40%的受调查者通过微信渠道获取资讯，这一比例已经超过了任意单一传统媒体，而众所周知，微信里的资讯是依靠数十万的微信公众号和数亿微信使用者提供的。去中心化或多中心化打破了信息传播中心化时代的信息壁垒，大量的自媒体诞生了。这些自媒体正在挑战传统媒体在信息传播中的垄断地位，传播媒体中的主持人也会因此而受到挑战，高晓松加盟爱奇艺，以自媒体形态制作节目，其影响力远远超出很多大牌主持人。

2. 随时随地传播

传统媒体时代，受传播渠道的限制，传播行为发生的时间和地点成为其议程设置的重要环节，我们经常可以听到这样的提法“某天早上《人民日报》将发表某某社论”；而移动互联网时代，除非为了保密，因渠道限制而拖延发布信息的行为很难再引起受众的关注。从伦敦地铁爆炸事件开始，互联网就开始深度介入此前只有传统媒体才有报道优势的突发事件领域，智能手机、社交网站的用户普及率达到50%以上的时候，传统媒体所不愿意见到的“人人都是记者”的时代终于到来了。传统电台的媒体特性决定了其主持人的传播行为必须在一个非常严格的流程下实现，包括信息的搜集、筛选、重新编码、发布等线性过程，而且需要在媒体传播的窗口期（时间段）进行传播。在移动互联网平台，信息的搜集等过程和发布几乎同时，对于传统主持人来说，这种操作模式无疑会带来专业上的不适感，需要从定位和能力方面进行重构。

3. 信息碎片化传播

传统媒体时代，特别是纸媒时代，大部分传播是一次性的，即传播出去之后无法对信息再进行补充和修正，所以，信息的全面和完整是媒体从业者追求的目标。但人们了解信息的基本规律是从现象抵达本质、从局部深入全面，把信息打包成一个几乎完美的阵列是针对纸媒局限性的自适应。移动互联网更好地让人们回归了认识事物的最佳状态，可以让信息以碎片化方式随时随地进行传播，接收者对碎片信息进行梳理获得关于事物的最符合本意的认知。传统广播媒体的主持人是信息的整理者、价值观的发言人，信息碎片化之后，整理者和发言人的地位即弱化为传播者。

4. 信息的快速矫正能力和迭代能力

信息的偏差是困扰媒体从业者和参与者的一大难题，虚假和片面的信息使媒体的公信力受到严重损害，信息的真实和准确性也是评价一个媒体价值的重要指标。在互联网诞生初期，随着信息传播主体的多元化，出现了大量不实信息，立法与监管对不实信息的约束力度很大，但真正解决问题的办法却来自于互联网自身的信息矫正机制——事件亲历者、见证者和其他相关方从不同维度发布信息，彼此印证或否定，最终还原事件全貌。这同时也是一个信息快速迭代的过程，比如马航失联事件发生之后，各种猜测和谣言与已知的信息构成了信息流，信息的快速迭代使谣言与已知的真实信息迅速隔离，信息动态发布的过程又重新产生谣言，谣言再一次被隔离。这样类似于自然生态演变的过程在《失控》一书中也有类似描述，互联网特别是移动互联网使信息在失控状态下进行传播成为可能。

二、广播主持人的重新定位

移动互联网平台正在重塑信息传播格局，作为信息传播的重要参与者，也需要根据传播格局的变化进行相应的身份定位和能力重建。

1. 信息的整理者

信息整理者是任何传播情境下广播主持人的身份定位之一。而移动互联网时代，这一身份定位尤其需要强调，当信息获取渠道匮乏的时候，想方设法获取信息是媒体从业者最核心的能力，美国战地摄影记者罗伯特·卡帕的名言“照片不够好，是因为你还不够近”，那个时期，信息的采集权垄断在专业机构的专业人手上。而当信息的获取渠道多元化之后，所能获取到的信息成倍增加，如何在杂乱的信息中整理出有用的、符合逻辑的信息成为媒体从业者的核心能力之一。

广播主持人（包括新闻类主持人、谈话类主持人等）所面对的信息渠道越来越多，有自身媒体专业提供的资讯、背景类信息，也有互联网上各类网站发布的相关信息，还有事件相关者的爆料，同时还包括互联网围观者的见解和主张。如此丰富的信息突然动态涌入，很容易造成信息的拥堵，对于常年单兵作战的广播主持人来说，如何把握各类渠道的传播规律，对信息进行甄别，筛选有用信息，剔除信息中的噪音，进而形成具有自身特点的信息发布逻辑，是非常具有挑战的。在类似马航失联事件等情况复杂的突发事件面前，微博和微信两大信息披露平台的传播特点非常明显——微博，因其信息的开放性和基于弱关系社交的特点，信息的纠错机制非常健全，各类传言和谣言的传播范围和影响力都不大；微信，因其信息的封闭性和基于强关系社交的特点，信息被关注度强，但信息纠错能力弱，传言和谣言的生命力非常强。作为信息整理者的主持人，在对待两个平台的信息时应该有所区别。

在大数据背景下，如何利用各类开放和封闭的数据进行信息整理，也将成为主持人的重要能力。百度（baidu. com）和中央电视台 2015 年推出名为《“据”说过年》的节目，在节目当中，观众不仅能直观看到春运人口的迁徙情况、遍布全国的飞机场、火车站人口密集程度，更能看到空中航道的具体情况。借助“百度天眼”，观众可以实时看到全国范围内的飞机位置，还可以查看起降时间、飞机型号、机龄等航班具体信息。中国人民大学新闻学院副院长喻国明认为：“上世纪 60 年代的精确新闻报道是经过结构化调查、民意测验等调查得到的，它的及时性和数据的全面性是不够的，而大数据本身就有及时性和全面性等特点，所以与传统的精确新闻报道相比，上了一个新台阶。”央视多次选择结合大数据做新闻报道或将成为未来媒体，特别是电视媒体报道传播的一大方向。当然，这次报道是两个机构之间的合作，不是一个主持人可以完成的任务，但常态报道中，主持人需要有利用大数据来整理和挖掘信息的意识和能力，同时也要有使用各类开放的和专业类的数据平台的能力。传统媒体人通过实地采访、线人和其他媒体获取信息，而移动互联网时代的媒体人除了具备以上能力外，还需要从大数据中获得信息。

2. 传播途径和传播进度的引领者

移动互联网的传播是随时随地的，这种动态传播过程中，每个节点的话题和信息如何引导以及选择什么介质去传播直接决定了传播效果。有学者对微博事件传播进行研究发现，在微博平台上，信息的传播过程中存在诸多“影响力节点”。所谓影响力节点用户，即在微博事件传播中具有高度影响力，甚至决定事件传播规模和导向的用户，也即通俗意义上讲的“引爆点”[②]。这些“影响力节点”直接决定信息传播是到此为止还是继续以病毒式传播。这些点大部分是所谓的“意见领袖”或“大 V”，他们在社会化传播样态下，承担了传统媒体样态下的主持人的角色。传统广播媒体主持人善于发挥所能掌握的媒体介质优势和自身魅力优势，但并不擅长利用其他“影响力节点”来进行传播，有时候也会看到这个节点的存在，但并不会高效运用，而只是一味地给这些节点发私信求转发。所以，作为服务于媒体机构的主持人，需要熟悉某一类事件可能的传播途径和传播进度，然后有针对性地构建信息传播模型。国内已经有很多机构在开发类似的工具，作为主持人，应该积极跟进参与其工具测试并熟悉其使用方法。

3. 人格化而非机构化媒体人

作为主持人，在有效利用这些“影响力节点”构建传播模型的时候，主持人本身也应该是某一领域的“意见领袖”，有独立的人格和在这一领域的影响力。比如高晓松曾经与优酷合作《晓说》，把历史轶事讲得鲜活生动，而使《晓说》成为视频自媒体的领衔者，除了优酷强大的平台影响力、高晓松本人的名气，以及其他“意见领袖”的转发之外，还和其本身是“影响力节点”有关。

在传统媒体时代，媒体人的机构化属性非常明显，比如某某是某电台的主持人，因为电台为主持人提供了传播平台和公信力的背书。而去中心化的移动互联网传播，渠道多元化了，虽然传统媒体背景的背书依然有效，但“粉丝”数量质量的背书越来越被认可，作为主持人，应该充分利用媒体的背书，同时也要获取符合移动互联网规则的新的背书。

三、广播主持人的能力重建

美国新闻学会媒体中心于2003年7月发布了由谢因波曼与克里斯威理斯两位联合提出的“We Media”（自媒体）研究报告，里面对“We Media”下了一个十分严谨的定义：“We Media是普通大众经由数字科技强化、与全球知识体系相连之后，一种开始理解普通大众如何提供与分享他们自身的事实、新闻的途径。”[③]在大陆，“We Media”被翻译为自媒体，甚至被大部分人理解为个人媒体。无论如何翻译，“We Media”人格化的特点越来越明显，无论是罗振宇的《罗辑思维》还是充斥于微信、微博、视频网站平台的各类原创和转发内容的账号，都在突出其人格化特点。除了个人，专业媒体机构在移动互联网上官方账号的人格化倾向也越来越明晰，其中最为典型的是人民日报，其官方账号完全不同于党报《人民日报》，每天原创大量和日常生活相关的内容。比如2015年2月25日人民日报微博官方账号发出话题“上班第一天”，建议养成50个好习惯，3小时转发5000次，评论500条。因为在互联网上用更人格化的方式存在，其粉丝数量超过3000万，在《2014媒体行业发展趋势报告》中位列媒体微博实力榜的第一位[④]。

身处媒体之中的主持人，更应该把自己人格化的一面呈现出来，为此，需要具备以下几种能力和意识：

1. 传播主体平等意识

在传统媒体传播样态下，主持人一直处于传播的中心位置，而人格化媒体是需要在传播者和接收者之间建立平等关系的，除了心态平等，话语权也平等——在同一个规则下讨论。

2. 制造和整理碎片信息的能力

人格化媒体的传播者与接收者之间的平等必然带来充分的互动，而互动会使信息呈现碎片化特征，作为主持人，要学会把信息进行重新打包，使之可以充分参与互动。

3. 对信息失控的处置能力

传统媒体样态下，信息失控是小概率事件，而移动互联网平台，信息失控是常态，即便一个媒体账号只发出一条事实，互动者中也会有各种论调。作为传统媒体蜕变出的主持人，需要具备很好的处置信息失控的能力，既不影响有效互动，又可以使传播按照自己的意愿发展。

纸媒、广播、电视的媒体演进迭代是从介质上开始的，传播的本质没有改变，都是从一点到多点，信息像“魔弹”击中受众产生影响。而移动互联网对传统媒体的颠覆是从传播本质上开始的，机构、个人，甚至是数据系统都成为信息发布的点，同时也成为信息接收的点，传统意义上的信息“传播者”和信息“接收者”之间在快速转换，呈现出非常明显的人际传播特点。在这一变革过程中，传统意义上的主持人职业也必将被颠覆，适应新传播样态的，将获得更广阔的发展空间，而固守传统思维模式的，必将被新的传播格局边缘化。

（作者单位：中国国际广播电台葡萄牙语部）

注释：

① 杨明品：《中国广播电影电视发展报告（2014）》，社会科学文献出版社，2014年版。

② 醒客工场微博研究组：《公众事件微博传播的量化研究》。

③ 百度百科“自媒体”词条。

④ 新浪网、清华大学新闻与传播学院：《2014 媒体行业发展趋势报告》。

如何成为一名受葡萄牙语听众喜爱的播音员

钮　璇

任何一家广播电台的节目内容，最终都要以播音员的“口”传播到听众的“耳”中。电台播音员是用自己的声音把新闻等信息传达给广大听众的人，这看似简单，实则不然。每一位播音员都应当意识到，播音不只要播得清楚明白，还应当结合一些技巧、特色，让受众有收听的欲望。

电台受到听众的喜爱，很重要的一点，不仅是节目的内容，还有播音员的播音水平。试想一下，一个原本十分精彩的故事，却因为朗读者使用的错误方式，让听故事的人感到昏昏欲睡，这着实能反映出播讲方式的重要性。同理，在广播节目中，尤其是在葡萄牙语等小语种部门的录播节目中，很多播音员行使的正是“讲故事的人”的职责，因此如何播讲才能抓住听众的耳朵，是播音员需要认真思考的一个问题。

没有人天生就是优秀的播音员。也许有的人口才很好，说起话来妙语连珠、出口成章，但这并不代表他就必然是一名好的播音员，更未必是一名优秀的外语播音员。何况，大部分使用葡萄牙语工作的播音员并非播音主持专业出身，播音这项技能基本都是在工作后接触、学习的，因此，在进入播音间之前，我们有责任对自己的播音方式加强训练、提高自己的播音水平、迎合葡萄牙语受众的喜好，以期成为一名受葡萄牙语听众喜爱的播音员。除了系统掌握播音基础理论知识、拥有较为系统的专业知识和较高的语言表达技巧之外，下面，笔者将从葡萄牙语基础发音、朗读技巧、日常练习、培训机制等几个方面展开，来探讨如何才能成为一名受葡萄牙语听众喜爱的播音员。

一、明确自身定位，把握完善方向

以中国国际广播电台葡萄牙语部广播为例，我们的听众来自葡萄牙、巴西、安哥拉、莫桑比克、几内亚比绍、佛得角、圣多美和普林西比、东帝汶以及中国澳门，地域上涵盖了欧洲、亚洲、非洲和拉丁美洲（简称拉美），因此听众的文化背景和收听习惯也不尽相同，最直接的一点就体现在葡萄牙语口音的问题上。

1. 选择一种口音

首先，播音员需要明确自身的定位，一个人是很难掌握欧洲、拉美等多国口音的，因此需要认准一种国家的口音并加以完善。以巴西这一个国家的葡萄牙语为例，不仅整个巴西式葡萄牙语的发音都与葡萄牙式、非洲式发音不同，而且巴西的各个地区也有着不同的方言，所以还需要进一步选择某个地区的方言。

如果你听里约的广播，播音员说的就是S发音都为“shi”的里约口音；如果是圣保罗的，播音员说的就是S发音都为“si”、porta中R发音为“er”的圣保罗口音；如果听的是南部城市的广播，则都是句末为上扬音调的南美牧人口音……实际上，在巴西并没有所谓的最标准的“普通话”，相反的，每个地区的人们都以会说自己所在地的方言为荣，而这样的习俗也自然地呈现在了不同地区的广播节目中。因此，在完善自己的葡萄牙语播音之前，首先应当选择一种自己欣赏的、并且能够驾驭的口音。有很多人并不注重口音的训练，播音中便经常会出现一开始还在使用里约口音，中间几个词却变成了圣保罗口音的奇怪现象，这种感觉就像一个人说的北京话里混着上海方言词汇一样。还有很多人因为最初学习的是葡萄牙式葡萄牙语，接触广播工作后才转换成巴西口音，因此在播音时会有大量葡萄牙式发音出现。实际上，由于我们广播的对象国并不止巴西一个，因此习惯了葡萄牙式发音的人们大可以把这些习惯完全保留下来，但切不可出现在巴西口音中混着葡萄牙口音的现象，这样容易显得不伦不类。

2. 多听多模仿

在明确了要完善哪种口音之后，应当多听该国家或地区的专业葡萄牙语电台的节目。现在网络十分发达，即便国外的电台也可以在网上进行收听。比较推荐的巴西电台有：Rádio Globo（环球电台）、Rádio Jovem Pan（青年潘音乐电台）、Rádio Metropolitana 98.5 FM（圣保罗大都会电台）、Rádio BandNews 94.9 FM（里约骑士电台），等等，它们的节目都可以在官方网站上找到。一切学习都是从模仿开始的，我们应当经常听听这些专业的葡萄牙语电台，甚至可以将自己喜爱的播音员的声音拷贝下来，反复听、仔细研究并模仿，逐渐把握住自我完善的大方向。

3. 发音准确

既然已经明确了需要强化的某种口音，接下来要做的就是进一步完善自己的发音。中国人说葡萄牙语的难点主要集中在小舌音 R、清辅音区别、带有语音符号的元音等方面。由于语音问题大家在专业学习中已经基本掌握，在此笔者仅举两个十分常见的错误例子，以提示发音准确的重要性。

(1) 辅音 B 与 P、D 与 T、R 与 L。

根据热心听众对葡萄牙语部广播节目的统计，中国播音员在发音中最常犯的错误集中在 B 与 P、D 与 T、R 与 L 这三组辅音上。

举一个非常滑稽的例子，却是中国人说葡萄牙语很常见的一个错误。一个巴西人问一个中国人：“你信仰什么？”中国人说“Eu acredito no Buda”（我信佛），但 Buda（佛）的发音却误读成 Puta（妓女），中国人没有意识到自己犯了错误，而巴西人听完后则非常尴尬。这是典型的不区分 B（浊辅音）和 P（清辅音）而导致错误的例子，而且这两个词的犯错率极高。当播音时，尤其是播较长篇幅的稿件时，播音员很容易混淆大量出现的清辅音和浊辅音。由于汉语中没有这样的区分，很多人就会觉得葡萄牙语中的清浊辅音对于整篇文章的理解来说是无足轻重的。实际上，混淆清浊辅音首先会显得播音员发音不够专业，其次可能会误导听众甚至闹出笑话。曾有巴西电台的专业人员表示，有一些我们广播节目中出现的中式葡萄牙语很“滑稽”，这是一种善意的提醒。试想，如果所有的国外听众都以这样的心态来听我们的广播，那是不会成为长久的欣赏，而只会成为短暂的猎奇的。

(2) 连读。

连读也是发音中很容易被忽视的一点。葡萄牙语中，当前一个词的词尾是辅音，后面跟着的词是元音开头时，一般都要连读，而连读和非连读的发音听上去差别很大。例如，Todos os dias（每天），第一个词和第二个词之间应连读，即“sos”。但中国播音员习惯连读的不多，经常一个词一个词地往外蹦，这种感觉听上去就如同低年级小学生读课文，对于一名播音员来说是不够专业的。因此播音时，在该连读的地方我们也要读得地道，这样播音稿从整体听上去也会显得更加流畅。

二、加快语速，但要保持语速均匀

1. 整体加快语速

很多人认为，念稿时只要发音清楚就可以了，而为了不读错或少读错，会把语速减慢以“求稳”。殊不知，减速后的播音效果就像按了“慢放键”，原本一些轻巧、活泼的部分会变得十分沉闷、拖沓，频繁出现的话则会让人没有耐心继续收听。而国际台葡萄牙语广播的很多节目采取的都是中外播音员对播的形式，当两个人的声音放在一起，对比就变得异常明显，中文播音员的语速听上去就会显得“慢半拍”。在巴西的电台播音公开课上，一名教师指出，过慢的语速会给人带来听觉上的乏味。因此，中国播音员应当努力提高自己的葡萄牙语播音语速，不求达到外国人说口语的速度，但至少应该与自己搭档的语速保持基本一致，这需要我们加强平日的葡萄牙语阅读练习。

2. 不要忽快忽慢

在总体语速符合要求之后，我们还要注意，在朗读一些地名、人名的时候，应尽量避免语速忽然放慢的情况出现。例如，O escritório do pai da Margarida Lúcia Marisa fica na Rua Prudente de Morais, 135（玛格丽特·露西亚·玛丽莎的爸爸的办公室位于普鲁登特·德·莫拉伊斯街 135 号）。在这个句子中，由于人名 Margarida Lúcia Marisa 和街道名 Prudente de Morais 以及门牌号 135，都是不常用以及发音复杂的一些词汇，因此很多播音员为了避免犯错，会在正常语速中忽然放慢速度来读这些词，甚至读得磕磕绊绊。这样，一个完整的句子就被割裂开来，也显得播音员事先似乎没有做足功课。这种情况十分常见，应该引起我们的注意，尤其在我们平常播报的新闻中，会出现很多繁琐的外国名字和数字，这就更加需要我们在录音前提前熟悉播音稿。

在进入播音间之前的准备工作是必不可少的。除了理解播音稿的内容，我们应当尽量读熟、读顺，从整体上加快语速。还可以用笔在一些复杂的句子中划段，明确哪里可以停顿，哪里不可以，尤其是地名、人名、数字和稀有词的部分，应当进行特殊标记，以便在朗读时提前做好心理准备。

三、播音不是单纯地念稿

“照本宣科”，绝不是电台播音员应该采取的方式，但却是很多播音员都容易犯的一个错误。在葡萄牙语等小语种部门的录播节目中，很多内容都是陈述性、记叙性的，播音员在朗读的过程中很难有情绪上的波动，所以就经常会出现播音状态“死气沉沉”的感觉，导致听众也丧失了收听的欲望。

以巴西的广播电台播音习惯为例，无论是新闻播报类、音乐类、社会生活类还是宗教类节目，播音员在播音时的一个最大的特点就是仿佛面对面与人讲话一样，状态很松弛、真实，加上直播节目的比重较多，所以听众很容易就被主持人接连抛出的内容“牵引”着听下去。国际台葡萄牙语部的广播目前还做不到每天直播，在录播节目占极大比重的情况下，如果播音员的播音状态不够好，那么可想而知，巴西受众在收听我们的节目时会感到多么的不习惯。

要贴近受众的喜好，我们要尽量以愉悦的状态去播报，并根据播音稿内容表现出恰当的情绪。曾有一名资深电台主播讲过她播音的经验，那就是“如果你带着笑容去播音，听众是能够听出来的”。以巴西国内的广播电台为例，自然、愉快是主持人的惯有风格，巴西人不太喜欢听非常严肃的节目，即使是新闻性较强的电台也会穿插着相对轻松的话题和板块，这是符合巴西的民族性格的。反观我们的节目，严肃的新闻播报占据了很大比重，即便是内容活泼一点的专稿，播音员也会因为习惯了新闻的播音方式而读得“一本正经”，这样的情况需要我们进行一些调整。播音员需要有热情，要牢记这不只是坐在播音间里念稿，而应该想象成对面就坐着听众，要思考念出的稿子怎么才能让他们有持续收听的欲望。根据播音稿的内容，该激动时激动，该难过时难过，这并不是说让大家高兴到大笑或难过到哭出声来，而是适当地带着一定的情绪去表达，或庄重严肃，或清新明快，让自己的语音语调富有感情。

四、加强播音技巧练习

经常进行播音技巧练习，不仅有助于提高电台主持人的播音表现力，也有利于我们平常和说葡萄牙语的人进行交流。根据巴西的电台播音公开课内容，笔者总结了以下几个非常简单实用的播音技巧练习方法。

1. 咽喉部稳定性训练

深呼吸一口气，双唇闭合，发 M 音。此时，可以感受到上下嘴唇的振动，一开始可能较难忍受，但要努力坚持住，直到持续发着 M 音将这口气呼完，注意发音时咽部和喉部要保持放松。

M 单音的练习每天最好能进行 15 次左右。做好这个练习之后，将双唇闭合的 M 音发音缩短到 3 秒左右，随即跟着发出 Mua Mue Mui Muo Muu，例如“M（3 秒）-ua（3 秒）”。在发这些音节时，应尽力张大嘴，尽力拉长气息，每个音节每天练习 10 次左右。

这几个关于 M 的发音练习，能够有效地加强咽部喉部发音时的协调性和稳定性，优化大家在葡萄牙语发音时的表现。

2. 元音发音练习

随便拿一本葡萄牙语书，任意选一页进行朗读，但只读每个单词的元音部分。例如，Dilma passou a seguir a dieta por sugestões 中，仅读 i-a a-ou a e-ui a ie-a o u-e-õe，在读的过程中要使劲张嘴、要非常夸张，发音时要缓慢地将每个字母都读得非常饱满。

每天做几次元音发音练习，能够有效地锻炼嘴部肌肉，增强元音发音的控制力。

3. 长句找关键词训练

这个练习是针对断句及朗读语感的一项训练。选择一个长句子，例如 Eu viajei pela Europa por 10 dias（我去欧洲旅行了 10 天）。朗读时，将句子从不同的位置断开，并在不同的词上加强语气。例如，读 Eu（断）viajei pela Europa por 10 dias enfatiza，这一遍强调的是 Eu，即强调是“我”在旅行而不是他人；再比如，读 Eu viajei pela Europa（断）por 10 dias，这一遍强调的是 Europa，即强调我是去“欧洲”旅行的而不是别的国家；最后，读 Eu viajei pela Europa por 10（加强语气）dias，这一遍强调的则是我旅行了“10 天”而不是一天两天……诸如此类。

我们可以拿任何一个长句子来进行这样的训练，目的是体会在不同位置断句及加强语气后会给听众带来怎样不同的感受，从而优化自己的语感、锻炼自己快速寻找长句中的信息重点，并逐渐摆脱语气平平地朗读的习惯。

4. 咬笔训练法

这种训练是巴西主持人、播音员非常喜爱的一种，方法也很简单。取一支干净的笔，将它咬在上下牙之间，两端抵住嘴角，轻咬住笔的同时，朗读报纸、杂志和书籍等。咬笔之后发音很不容易，尤其是 R 的发音，但一定要努力把音发清楚。长期训练，可以缓解嘴部肌肉在发音时的紧张感，当取出笔后，会发现正常发音简单了许多，这也有利于改善中国人发音过于“闭”（嘴张得不够开）的问题。

五、建立外国专家播音授课机制

由于大部分葡萄牙语广播工作者都是语言专业出身，播音主持方面的知识是工作后才开始学的，虽然不是上岗后立即就能得心应手，但“边学边实践”这种方法有利于即时发现问题、纠正错误。在葡萄牙语播音方面，外国同事是我们很好的学习对象，有些同事有过多年从事新闻播音工作的经历，这无疑是每个语言部门的一笔宝贵的财富。建立外国专家轮流播音授课的机制，葡萄牙语部过去已有过尝试，也收到了一定的效果。这是一个很实用的方法，可以在国际台各个部门进行推广。

该机制的模式是，外国专家采取一对多的授课方式，每周或每半个月对中国同事进行葡萄牙语发音、语调、语感上的培训。课余时间，中国同事按照外国专家的要求进行训练，并将外国专家挑选的文章朗读、录音，在下次上课前发给外国专家“纠错”。这个方法尤其对新加入的年轻同事有很大的帮助作用，从入职一开始就能够帮他们打下良好的播音基础，这对他们未来的工作来说也是裨益无穷的。

综上，要成为一名合格的、并受到葡萄牙语听众喜爱的播音员不是一件容易的事，需要我们在实践中进行钻研、试验和积累，最重要的是持之以恒，方能够为国际台在新时期多媒体传播形式下的发展增添更多活力。

（作者单位：中国国际广播电台葡萄牙语部）

影视天地

浅析外宣类纪录片创作要点
——以《我镜头中的新疆 2013》为例

曹　璇

外宣纪录片作为一种独特的电视艺术创作形式，在中国文化对外传播与交流过程中正发挥着举足轻重的作用。真实是纪录片的生命，纪录片所表现的故事和人物都是真实存在的，其中也包括了过程的真实以及细节的真实。一部优秀的纪录片甚至可以解答“这是一个怎样的国家”，“这里的人民如何生活”，“几十年间在这片土地上发生了什么变化”等问题。这就使得纪录片成为能使观众产生强烈信任感的艺术形式，它所展现的内容是源于生活，更忠实于生活的。

在媒体形式推陈出新以及传播方式变化多样的今天，外宣纪录片成为我们向世界介绍中国，让世界了解我们的重要方式。而要达到这一效果，作为纪录片创作灵魂的编导们就要充分发挥主观能动性，必须具备专业的业务能力和丰富的情感素养。本文以笔者参与制作的纪录片《我镜头中的新疆 2013》为例，谈谈外宣纪录片编导在创作过程中的关键点。

一、背景介绍

为加深国际社会对新疆的了解、促进交流，由中国国际广播电台和新疆维吾尔自治区主办的“我镜头中的新疆 2013·美丽新疆”活动于 2013 年 7 月 30 日正式开启，邀请 15 名各国知名摄影家分四条路线前往新疆采风，了解当地的自然风光、民族风情和社会经济发展情况。此次活动以全媒体的方式进行多维度报道，涉及图片、文字、音频、微博、博客等，其中 4 集纪录片《我镜头中的新疆 2013》，因为素材丰富、内容鲜活、制作严谨等特点，受到广泛关注，被大家寄予厚望。

二、明确定位：外宣类纪录片应如何选题

1. 以我为主有的放矢

我们对外宣传就是要在世界上树立中国的良好形象，给不了解或没有准确了解当代中国风貌的外国友人展示一个真实的“东方明珠”。所以，应该把“我们想要宣传的”和“外国人想要了解的”，即“以我为主”和“有的放矢”的准则作为外宣纪录片选题立意的准绳，来反映当代中国快速发展带来的物质文明和精神文明的巨大成就，以及我们的理念、思维和行为方式等方面的大变化，这是媒体在创作外宣纪录片时对题材立意的一个基本定位。

本次纪录片瞄准新疆，这个地处欧亚大陆中部、祖国西北边陲的多民族聚居区，其独特的地理位置、丰富的自然资源和浓郁的民族风情多年来成为中外纪录片创作者的圣地。而《我镜头中的新疆 2013》的特殊性在于，它是以摄影艺术为载体，以外国人的视角向世界客观地介绍多民族和谐共处、多元文化交融、经济社会发展和各民族人民生活水平日益提高的繁荣、发展、和谐的美丽新疆。简单地说，就是 12 位国外摄影师到新疆拍摄照片，这些照片包括新疆美景、民俗、物产、成就等，我们纪录片制作团队将国外摄影师拍摄照片的过程用镜头记录下来，通过跟拍摄影师、拍摄新疆内容、对摄影师进行现场采访、演播室采访等，以国际化视角展现新疆的美好。

2. 蕴含新意与时俱进

对于纪录片创作来说，好的选题等于成功了一半。媒体一提到对外报道，就会墨守成规地以为外国人想了解的就是中华五千年灿烂的古代文明、艺术瑰宝，这样的思想导向致使国内的纪录片选题总是逃不过诸如出土文物、古建筑、民风民俗等，以致让外国人对中国的了解还停留在我们贫穷落后、愚昧无知的年代，这种老套的选题误导了外国人对中国的理解，也歪曲了当代中国的形象。所以在拍摄《我镜头中的新疆 2013》时，我们节目组决定此次选题要与时俱进，不仅要展现新疆的美景，更要关注新疆人民在环境保护上所付出的努力；不仅要赞叹当地丰富的自然资源，更要花大篇幅去探究政府和企业如何更科学地开发利用资源；不仅要尊重少数民族悠久的传统文化，更要把当地人民因为惠民政策而享受到的实惠通过镜头展现出来。比如，片中就有一段关于新疆伊犁哈萨克自治州卡赞其民俗文化村的采访，该景区副总经理、维吾尔族姑娘古丽妮莎对着我们的镜头说道，旅游区成立以后，家纺店、手工艺人、马车夫甚至包括演职人员，他们的收入都随着游客的增加不断提高，所以老百姓特别支持，特别拥护。原来，这个民俗文化旅游村是当地政府出资建立的，不仅保护了维吾尔等少数民族的传统文化，更让当地居民以此提高了他们的生活质量。

三、内容创作：制造悬念和冲突是编导的“法宝”

1. 悬念——把握主线扣人心弦

所谓悬念，就是指编导利用观众对人物命运前景和故事情节发展的期待心理，在片中设置悬而未决的矛盾从而引起关注并急切地期待结果，诱导大家迅速进入剧情，从而达到饱和状态的欣赏效果，在接受中享受审美的快感。而外宣纪录片的特点就是以真实为基础，反对所有虚假的扮演和刻意的剧情设置，所拍摄的内容都是真实生活中的片段。但在后期剪辑时，外宣纪录片编导不可能把拍摄来的大量生活碎片一股脑儿地堆砌在一起，这样的剪辑思想是不可取的，因为艺术源于生活而又高于生活，纯粹真实的片段堆砌不是艺术，更不能吸引观众，纪录片非常讲究剪辑技巧，如何让观众在几十分钟的时间内一直保持着较高的兴奋度和观赏欲，是对编导提出的挑战，也是外宣纪录片出奇制胜的原因。所以编导必须用全局的眼光把最能够反映主题思想的那部分留下来，剪辑时巧妙地利用一个又一个悬念，引导观众从一个兴奋点进入另一个兴奋点，让整部作品扣人心弦、身临其境。《我镜头中的新疆2013》中巴基斯坦摄影师穆罕默德·哈菲兹，因为身形较胖，又总是拿着三脚架和照相机在镜头前奔跑，引起了大家的注意，就在这样的场景出现了几次后，观众的好奇心已经达到了一个顶峰。这时，在对穆罕默德的采访中揭晓了答案，原来他作为摄影师，对光线的要求极为苛刻，他最喜欢早晨和傍晚的光线，再加上新疆的美景和人物惟妙惟肖的神情转瞬即逝，让这位“奔跑”着的摄影师形成了与时间赛跑的习惯，争分夺秒地拍摄眼前的美景，所以大家就看到了一位永远停不下脚步的穆罕默德。

2. 冲突——突破常规升华主题

外宣纪录片是用现在进行时态来记录所发生的事件，包括观众和主人公在内的所有人都不知道事件的发展趋向，然而就是这样不被大家知道的结果和中间有可能发生的冲突，紧紧地吸引住了观众的眼球，使其产生了预知后事如何的心理需求。在记录过程中发生有冲突的人物或事件实为可遇不可求，编导要运用自己敏锐的观察力发现它们，恰当地利用它们，有可能会产生升华主题、发人深省的特殊效果。在拍摄《我镜头中的新疆2013》时就出现了具有戏剧冲突的一幕，在一次采风队伍没有赶在日出前到达拍摄地点后，几位外国摄影师和领队就行程问题发生了激烈的言语冲突。由于新疆地区纬度高，比北京偏西，因此当地的作息时间几乎比北京晚2个小时，因此一般出发的时间都在9点以后，而这对于专业的追逐光线的摄影师来说显然“太晚了”，他们要求早上7点就得出发，否则很难拍出好照片。面对摄影师们的执著，领队耐心地和他们解释并适当地调整了时间安排，保证在不影响整个队伍进度和安全的前提下尽量满足外国摄影师的拍摄要求。整个争论持续了20分钟，外国摄影师、翻译、领队、随行记者、司机……你一言我一语，好几种语言掺杂在一起，当时我和摄像师立马意识到这个场景的“来之不易”，抓起手边的机器对这次“冲突”事件来了个双机位的真实记录。纪录片中编辑了这次冲突事件，给观众们还原了一个个具有敬业精神的外国摄影师，更表现出新疆当地的协同人员和领队及时处理突发事件的睿智和从容，最终让外国摄影师自发地感叹：“虽然我们有过不愉快，但解决了矛盾之后能让我们更加理解彼此，现在我们和新疆人民和中国人民是真正的朋友。”当矛盾得到解决，冲突得以化解时，就意味着纪录片主题的升华，发人深省，耐人寻味。

四、现场记录：优秀编导的“试金石”

纪录片编导并非只是在现场事无巨细地记录，而是需要在拍摄现场做出精准的判断与取舍，充分把握拍摄基调、尽可能多地了解现场重要信息，这对于完成一部纪录片的成败起着至关重要的作用。

1. 充分沟通巧妙“布局”

从前期联络采访地点和对象到现场组织拍摄，都需要纪录片编导有娴熟的沟通技巧。首先，编导要与摄制组的成员之间形成默契，准确地表达出自己的构想，让摄影师了解你的拍摄意图后再进行创作。还要在现场成为摄影师的“第三只眼睛”，捕捉最新的信息。

其次，编导要与被拍摄者之间建立良好的沟通，一个优秀的纪录片编导必须有一定的亲和力，如果能够和被拍摄者成为朋友，让他处于完全放松的状态，一切将会回到生活的本真，在镜头里的人物和事件也会更具感染力。纪录片《我镜头中的新疆2013·仙境北疆》中巴基斯坦摄影师穆罕默德是个极有个性，对拍摄非常执著的人，他在进行创作时很反感有人打扰，但我们纪录片摄制组的本职工作就是要用镜头记录他们工作的过程，在这中间不免要打断他的拍摄与他交流感想，在拍摄的头几天就意识到了这个难题，作为编导，我得试着从其他渠道增进对摄影师的了解以获得他的信任。通过和穆罕默德的翻译记者聊天，得知他早些年曾是巴基斯坦国家电视台纪录片频道的总监，这让我大吃一惊，随后心里便窃喜，同为纪录片同行，从这个话题入手肯定能打开这个纪录片前辈的话匣子，在了解了这些信息后，我试探性地用英语和本来只讲乌尔都语（巴基斯坦的国语）的穆罕默德闲聊了起来，告诉他我们纪录片摄制组的拍摄想法和想要表达的内容后，穆罕默德表示他很理解我们，还拿他之前创作的纪录片作品和我们分享心得，这种跨越翻译的编导和被拍摄者进行直接交流的方式最终取得了不错的出人意料的效果，在后来的拍摄中，穆罕默德就像对着老朋友一样在镜头面前侃侃而谈，并在有拍摄照片的计划前提下和编导沟通他的想法和行动路线，比如在伊犁桥拍摄日落时，我拿着摄像机紧跟在他身后，记录了摄影师拍摄日落的整个过程和心情变化，在拍到满意的照片后，穆罕默德高兴地对着镜头手舞足蹈地唱起了歌，这个画面非常难得，最后剪辑到纪录片中成为一大亮点，如果不是和拍摄人员有如此良好的沟通，恐怕很难抓到这么精彩的镜头。

2. 准确判断灵活应变

纪录片的魅力就在于现场拍摄时具有很强的不可预知性，编导要相信现场的感受并做出精准的判断，过分追求文案和脚本都会让编导不能清醒地把握现场，从而没能抓住最鲜活的素材，所以编导应该具备较好的临场应变能力。在拍摄《我镜头中的新疆2013》时，每天晚上我们拍摄团队都会开例会，聚集在一起整理素材、交流拍摄进度，有一天晚饭过后大家各自回房间休息，我惊奇地注意到，法国摄影师马蒂厄拉着随行的法语翻译走到中方摄影师黄文华的旁边，小声地说了几句话之后，两人达成共识似的握了握手并说道“晚上见”，这个细节引起了我的好奇，平时由于语言不通再加上行程紧张，法国摄影师很少和除翻译以外的人交流，以致纪录片中缺少各国摄影师友好互动的镜头，凭借敏锐的直觉，我马上追问法语翻译马蒂厄和黄文华约好的“晚上见”到底是去做什么？原来，马蒂厄的照相机镜头在白天拍摄时被雨水弄脏了，而随行的中方摄影师黄文华却带了全套的非常专业的照相机清洗工具，马蒂厄自然要登门拜访请求黄老师的帮助了，这才有了我看到的那一幕。听到这个消息后我非常激动，如果能顺利地拍到中方摄影师帮助外国摄影师清洗照相机的场景，将有助于表达这个新疆采风团中摄影师之间深厚的友谊是如何建立起来的。所以说编导的现场驾驭能力是一部纪录片成败的关键，这需要平时不断地积累各方面的知识，提高审美水准，在拍摄中不断总结经验教训，尤其是在拍摄外宣纪录片时，编导若能在紧张的行程安排中自如地把握现场，调动摄制组成员的积极性，敏感地抓取被拍摄者的行动和言语亮点，这样创作出的作品必将震撼更多观众。

五、小结

总而言之，编导对于纪录片质量的优劣起着决定性的作用，同时鉴于外宣纪录片特殊的社会属性，编导又肩负着舆论导向的重要责任，所以，作为外宣纪录片的编导必须要具备过硬的业务素质，将国家层面的外宣宗旨用艺术的手段巧妙地通过镜头展现出来；同时也要具备敏锐的观察力和良好的沟通能力，凝聚拍摄团队每个成员的优势，让被拍摄者在镜头面前真情流露，最终成就一部真实有力量的外宣作品。

（作者单位：中国国际广播电台采集制作中心）

国际台在新媒体语境下的微纪录片研究

郭　瑜

在这个信息爆炸、全球化的时代，人们更倾向于用碎片化的时间接收信息、观看视频等。中国国际广播电台在建设现代综合新型国际传媒集团的过程中，视频媒体业务逐渐凸显出它的重要性。作为服务于国际台各部门视频拍摄与制作的采集制作中心制作部，在视频业务上采取了创新的方式——通过“语言部门＋制作部门”的合作方式进行微纪录片的拍摄制作，丰富了国际台的视频节目内容，突出了国际台特色，对国际台视频媒体的建设和传播起到了一定的推动作用。

21世纪是信息爆炸的时代。一个新闻刚刚由权威媒体发布，便马上由各大媒体转载，在短短数十秒钟便能被成千上万的网民接收、转发、评论，甚至引发全球的关注。这样，由于网络的互联，硕大的地球也变成一个小小的“地球村”，信息的传播之快、范围之广令人惊叹不已。

麦克卢汉在得出“媒介即讯息”结论时所言：作为一种技术形态，媒介工具本身的重要性在某些情况下超越了媒介内容的重要性，甚至能够决定媒介内容的生产，以及媒介受众的选择①。确实如此，媒介传播方式的变革直接影响了其内容的生产制作。在如今节奏越来越快、整段时间被分割为碎片的时代，人们对观看内容的要求也发生了巨大的变化。

就纪录片而言，它是电视艺术中不可或缺的重要组成部分，以前常常是由电视台、政府或公益机构出资拍摄，一集长度通常在半小时以上，由电视台等媒体渠道进行播放。2012年1月1日正式实行了《关于进一步加强电视上星综合频道节目管理的意见》（以下简称《意见》），要求各卫视综合频道限制近年来异常火爆的娱乐节目，扩大包括新闻、经济、文化、纪录片在内的多种类型节目的播出比例②。《意见》出台后，一批新的纪录片栏目如雨后春笋般陆续亮相电视荧屏，这为中国纪录片的发展带来了前所未有的机遇。在新媒体语境下，纪录片也开始了“微转身”，一种新的纪录片样态——“微纪录片”大批涌现，并以其方便快捷利于传播的特质，给纪录片家族增添了一抹别样的亮色③。

一、微纪录片的定义及主要类型

微纪录片是传播媒体时代发展变化的产物，是由传统纪录片发展而来的，所以微纪录片脱离不了真实生活背景，创作题材也源自生活，是以真实存在的人或事为主要对象，采用现场录播的方式，记录下真实的片段，或者正在发生的事件、故事，并加以艺术性的加工和编辑，再现真实历史，展现真实性，并引发人们思考的电影形式。微纪录片和一般纪录片的相同点都是以真实为核心。微纪录片耗费低，制作时间短，总时长在5—25分钟之间，同时微纪录片具有及时传播的优势，适用于电影、电视、网络、手机等传播方式，具有真实性、权威性，而且人人可以参与，人人可以当导演，人人可以当演员，这一优点必定会促使其成为以后热门的影像④。

纵观市场上的微纪录片，主要有以下几种类型：

1. 草根原创

随着视频拍摄设备的数字化和便携化，剪辑软件的平民化，越来越多的网民用手机、普通电脑也能制作出一部简单的微视频。但是这样的微视频大多是人们日常生活的所见所闻，由于制作技术有限、制作手段简单粗放，所呈现的视频也具有草根化、非专业性的特色。这样的草根原创的微纪录片充实了各大视频网站的内容，但其往往也被更多更新的微视频淹没，其传播范围、传播效果都有限。

2. 视频网站自制

由于微纪录片所需资金少、制作周期短，越来越多的网站开辟了纪录片板块，并踊跃制作微纪录片。如国内四大门户网站搜狐、腾讯、新浪、网易都开通了纪录片频道。其中，《搜狐大视野》作为投资最早最大的新媒体自制纪录片，在行业内产生了很大的影响。中国网络电视台（CNTV）为了适应网络传播的需求，将优质的长纪录片精编成几分钟的微纪录片，受到广大网民的喜爱。中国国际广播电台的多语种网络平台 CRI 国际在线，也开辟了微视频栏目，通过更多样化的媒体形式来“让中国了解世界，让世界了解中国”。

3. 电视台自制

由中央电视台拍摄制作的《故宫 100》通过每集 6 分钟的微纪录片形式，讲述故宫内 100 座建筑的命运，呈现故宫的历史、现状、未来，建构一个故宫的全息建筑影像系统，篇幅短小精悍，表现形式生动活泼，利于受众利用碎片化时间观看、理解和传播。

4. 商业投资

越来越多的公司或机构将微纪录片拍摄制作替代了广告。2011 年 1 月，苏格兰威士忌尊尼获加与贾樟柯等导演合作拍摄了 12 部网络微纪录片《语路》，并将尊尼获加的精神“Keep Walking”（永远向前）蕴含于片中。淘宝母亲节话题微纪录片《母爱 37 度》，通过母亲节话题与淘宝商品结合的形式结构纪录片，达到了商业和公益的双赢。

5. 微纪录片参赛

通过各种大赛推动微纪录片创作的形式与以上四项又有交叉。如中国纪录片学院奖等纷纷设立“微纪录片”奖，从一定层面上也鼓励和支持中国微纪录片事业的发展。

二、中国国际广播电台微纪录片发展现状

智利纪录片导演顾兹曼曾用这样的话语来阐述纪录片对刻画时代精神、保存群体记忆的功用：“一个国家没有纪录片，就像一个家庭没有相册。”中国传媒大学中国纪录片研究中心何苏六也指出：“纪录片是塑造国家形象的重要载体。”⑤由于纪录片所承载的历史使命和社会价值，研究和创作纪录片对国际台提高对外传播能力是非常重要和必要的。

在新媒体语境下，中国国际广播电台提出“多媒体融合、全媒体发展”的发展思路，逐步实现从单一媒体向综合媒体转变，由传统媒体向现代媒体转变，由对外传播向国际传

播转变，由本土媒体向跨国媒体转变的具体要求。国际台已成为集无线广播、在线广播和多媒体传播于一体的国际知名传媒机构[6]。在多媒体传播领域，视频媒体传播起到了举足轻重的作用。国际台越来越多的语言部门精心制作视频类节目并将其投放到国际在线和中华网上，有不少视频节目获得较大的成功。

英语中心制作了一系列 *My Chinese Life* 的微纪录片。这些纪录片以不同国籍、不同职业背景的外国人为拍摄对象，将他们在中国工作、生活的故事展现得淋漓尽致。英语中心有专门制作视频节目的团队，这个团队由英文纯熟、善于拍摄制作的中国人和外国人组成。

日语部也拍摄了一系列日本人在中国的故事。他们将这些微纪录片投放在国际在线日文网上。这些微纪录片视角独特、拍摄手法纯熟，颇有日本 NHK 电视台的纪实风格。它们大多是在日籍专家（曾在日本 NHK 电视台供职）的指导和参与拍摄下完成的。

老挝语部在 2014 年新开辟了《哥儿俩》的微纪录片节目。这个节目由老挝语部的中国籍主持人和外籍专家组成搭档，向老挝介绍中国的文字语言、饮食文化、秀丽风光、民族风俗等内容。此节目由老挝语视频团队制作，每个节目时长在 10 分钟内，体量轻小、内容活泼、富有新意。

纵观国际台各语言部门制作的微纪录片节目，大多更接近于微纪录片类型中的“网站自制”，适用于网络播放和传播，达到电视播出标准的视频节目并不多，节目对受众的吸引力也有限。国际台作为中国对外传播最重要的媒体之一，在品牌建设、增强国际传播能力的道路上，有必要进一步提高视频节目质量，扩大受众范围，强化传播效果。

三、中国国际广播电台采集制作中心制作部在实践中探索出“语言部门＋制作部门”微纪录片制作方式

2013 年，中国国际广播电台采集制作中心制作部受邀参加“我镜头中的新疆 2013 · 美丽新疆”采风活动，并首次进行了活动纪录片的尝试。在此之前，采集制作中心承接了台内各部门的拍摄需求，大多是对活动、会议进行拍摄和记录，后期形成内容和叙事都较单一的新闻片、汇报片。此次“我镜头中的新疆 2013 · 美丽新疆”摄影采风活动邀请了 15 名中外摄影师，共分为东线、南线、西北线、北线共四条线路拍摄中国新疆的风土人情。而制作部的 4 集纪录片《我镜头中的新疆 2013》便是以这四条线路为主要内容，以相关的中外摄影师为主要拍摄对象，以展现新疆的风土人情为主要目的，最终形成了每集 15 分钟的共 4 集的系列微纪录片。

在这次合作拍摄中，采集制作中心首创了“语言部门＋制作部门”的微纪录片制作方式。即由语言部门提供拍摄线索、故事梗概和采译人员，由制作部派专业视频团队（包括编导、摄像、剪辑、包装等）进行制作的“语言部门＋制作部门”合作方式。

2014 年，制作部延续在《我镜头中的新疆 2013 · 美丽新疆》系列微纪录片中取得的经验，继续和台内其他语言部门进行深度合作。其中，与日语部合作拍摄了“感动中国系列”第一至四集（每集 10 分钟）；与印地语部合作拍摄了 3 集微纪录片《龙象共舞》（每集

15分钟），拍摄制作了由南亚中心组织的“走进藏族人家”藏区行活动共12集（每集5分钟）等。

这种“语言部门＋制作部门”的拍摄微纪录片的合作方式，有以下优势：

（1）整合台内资源，打破“部门墙”从而实现部门融合，充分发挥语言部门的语言优势、选材优势和制作部的节目编导和摄制优势，针对对象国特点制作出画面精良、整体水平较高又符合对象国特色的微纪录片。如2014年印地语部和制作部联合制作的《龙象共舞》3集微纪录片，它讲述的是在印度的中国人、在中国的印度人的故事。它由印地语部提供故事线索和专项资金，由制作部编导根据故事线索进行案头工作、电话采访、踩点等工作后形成完整的故事内容和拍摄文案。其中涉及中国和印度两个国家的拍摄部分——在中国拍摄部分由印地语部人员联络、采访，制作部人员提供编导文案、拍摄；在印度拍摄部分由编导提供详细拍摄脚本，由国际台驻站记者带领印度当地专业摄像师进行拍摄和采访。当所有的拍摄素材汇总后由制作部人员进行剪辑、包装，形成中文版成片。然后再由印地语部人员翻译成印地语进行传播。

《龙象共舞》3集微纪录片制作完成后，分别在甘肃卫视、环球奇观、环球资讯、国际在线、中华网、优酷、爱奇艺纪录片频道首页等播出。其中，爱奇艺纪录片频道首页创下了三天点击过万、总点击量超过3万的好成绩。《龙象共舞》不失为“语言部门＋制作部门”合作方式的一次成功尝试。

（2）在专业微纪录片制作的过程中，语言部门也积极参与到视频制作的过程中，提高语言部门视频采编能力，有利于国际台整体视频业务的拓展。在《龙象共舞》的拍摄过程中，印地语部派出了三位采译人员，每位采译人员主要负责其中一集的外联、采访、制片和翻译工作。在《龙象共舞》制作完成后，这些翻译人才也熟悉了视频制作流程，并且《龙象共舞》的印地语版都由他们制作完成。在后来的工作中，这三位采译人员的其中两位承担起了印地语部的日常视频工作。

（3）在重大活动全媒体报道中，通过“语言部门＋制作部门”的方式进行视频拍摄，可以整合台内资源进行有效配置，从而在全媒体传播中抓住重点，传播效果更好。以往重大活动的视频制作以跟拍为主，最终形成单一汇报片，节目不成形，更不成规模，手段使用不丰富，力度不够，很难有较好的传播效果。2014年的“走进藏族人家”藏区行全媒体采访报道活动中，由制作部派出一名编导和四名摄制人员分别跟进“走进藏族人家”的四条线路；由语言部门派出采译人员提供广播稿的同时，也向视频团队提供拍摄线索、故事梗概等，并在后期的视频制作中辅助翻译。由于分工明确、手段丰富、批量生产的视频制作方式，“走进藏族人家”藏区行12个微视频取得了很好的传播效果，为国际台全媒体报道做出了一次成功的尝试。

四、对国际台微纪录片发展的思考

根据国际台的实际情况和各语言部门的具体要求，目前制作部主要涉及的微纪录片主要包括重大活动类微纪录片、人物故事类微纪录片、实验性质微纪录片、系列微纪录片等。随着国际台视频业务发展的深入和各方面条件的成熟，制作部还可逐步推出独立策划微纪录片、品牌定制微纪录片等。

1. 在新媒体语境下，国际台微纪录片可借力网络进行存储、付费点播、双向传播

网络已成为微纪录片传播的最重要的渠道，它的时效性强、更新快、灵活多变的特点契合了微纪录片发展的需求和国际台当今媒体转型的需求。如今“云存储”概念兴起，不仅体现为各大网站为用户提供的海量存储空间，还体现在仅需注册和认证便可开创“个人频道”，将用户自制的视频上传至频道空间，存储、观看、在线评论、转发都是相对轻松便捷的事，为微纪录片发展提供了很好的平台。《舌尖上的中国》第二季采取周播模式，每一集播出后根据用户的反馈及时对下一集做出相应的调整，以满足受众的需求。《舌尖上的中国》第二季仅就网络播出而言，播出后一周内网络总点击量便超过了 6600 万次。同时，《舌尖上的中国》第二季也取得投资一千万，回报超三亿的良好经济效益[⑦]。可以预见，随着国际台视频媒体建设和微纪录片的发展，让用户实现付费点播、取得良好经济效益是指日可待的事。

2. 可逐步将体制内的微纪录片创作转向商业定制微纪录片，实现计划和市场的双赢

孙靖在《中外纪录片发展历程的比较研究》一文中指出，当前，坚持纪录片创作的纪录片人更多的是凭借着人文关怀、志趣、责任心或者是使命感在推动着中国纪录片的创作，但这并不具备可持续的发展动力。所以，我们应当思考能够建立和壮大中国纪录片的问题。目前，中国纪录片发展的大趋势为国内市场仍需发展壮大，国际市场有待开拓，但未来前景依然光明。具体来说，要继续开发本土题材；重视市场规律；由栏目化逐渐发展到频道化；实现制播分离；重视“娱乐化”，等等。赵雪桐在《试述中国纪录片发展趋势》中表达了这样的观点，在市场化的今天，我们中国的纪录片首先要认清现状并接受现状，市场化是中国纪录片不可控制的大趋势，要想在市场上占有一席之地，甚至和其他类型的片种争夺市场的话，中国纪录片的故事化和娱乐化就是能使其在市场化的形势下稳扎稳打的最好发展方向[⑧]。

而适应于新媒体环境的国际台微纪录片，也并不能脱离市场偏安一隅，而需要把握市场发展方向，顺应市场发展趋势，制作出受众喜爱、业界称赞、艺术价值和商业效益共赢的微纪录片。

五、结语

在新媒体发展的浪潮中，国际台把握媒体发展态势，在媒体全球化、融合化、本土化、品牌化方面，取得积极成效。国际台坚持多媒体融合、全媒体发展方向，大力建设广播媒体、视频媒体、网络媒体、平面媒体、影视译制五大业务集群[⑨]。其中，视频媒体建设是全媒体建设任务中的重中之重。微纪录片的发展，丰富了国际台视频媒体内容，是国际台全媒体报道中的有益尝试，也是将国际台建设成为现代综合新型国际传媒集团的不可

或缺的重要力量。

（作者单位：中国国际广播电台采集制作中心）

注释：

①（加拿大）马歇尔·麦克卢汉：《理解媒介——论人的延伸》（何道宽译），商务印书馆，2000年版，第33页。

② 新华网：《广电总局将加强电视上星综合频道节目管理》，http：//news. xinhuanet. com/newmedia/2011-10/25/c _ 122197336. htm。

③ 王春枝：《微纪录片：新媒体语境下纪录片的新样态》，《电视研究》，2013年第10期。

④ 高亮、占予川：《浅谈当代微纪录片的概念及价值》，《东方企业文化》，2013年第2期。

⑤ 牛梦迪：《国产纪录片，路在何方?》，《光明日报》，2011年12月1日，http：//guancha. gmw. cn/2011-12/01/content _ 3080889. htm。

⑥ 王庚年：《全面建设现代综合新型国际传媒》，《中国广播》，2012年第1期。

⑦ 常江、杨奇光：《“舌尖”上“口水战”：中国电视纪录片的复兴与争议》，《新闻界》，2014年第14期。

⑧ 王雨馨：《以史为鉴谈体制内纪录片发展态势》，《新闻研究导刊》，2014年第9期。

⑨ 王庚年：《让中国声音影响世界》，《求是》，2014年第21期。

试论纪录片在国际传播中的作用

张　雪

纪录片作为一个名词首先由英国导演约翰·格里尔逊（John Grierson）提出，对于什么是纪录片至今没有明确的定义。纪录片直接拍摄真人真事，不容许虚构事件，基本的叙事报道手法是采访摄影，即在事件发生发展的过程中，用挑、等、抢的摄录方法，纪录真实环境、真实时间里发生的真人、真事[①]。狭义的纪录片指纪录电影，即运用胶卷、录像带或数位媒体等电影艺术手段记录和表现人类社会和自然世界、历史和现状的艺术形式。广义的纪录片包括纪录电影、电视纪录片以及通过新媒体手段播出的纪实性影视作品等。本文中的“纪录片”指后者。纪录片被誉为人类生存之镜，其文化传承与传播功能受到世界上很多国家的重视，是国际传播中的重要信息载体。

智利纪录片导演顾兹曼说过：“一个国家没有纪录片，就像一个家庭没有相册。”作为一种忠实记录现实世界的影视艺术形式，纪录片可以真实反映一个国家经济、社会、文化发展面貌，是构建国家软实力和塑造国家形象的重要手段之一。近年来，中国经济实力的增长带来了国际地位的提升，世界了解中国的愿望愈加强烈，国际纪录片市场期待真实而精彩的中国故事。中国理应顺势而为，为国外受众奉献更多更好的体现中国价值和中国解读的纪录片，努力成为与经济大国相匹配的文化强国，在国际传播中争取更大的话语权。

一、中国纪录片产业发展现状

中国纪录片已经过了一个多世纪的发展。20 世纪 90 年代，中国纪录片作为一种广泛意义上的存在兴起，上海电视台的《纪录片编辑室》、中央电视台的《生活空间》等一系列节目的成熟是其标志[②]。中国纪录片逐步摆脱了专题片的类型框架，呈现出多样化的特点，并进行了一定的国际化探索。国外纪录片的创作理念和方法激发了中国纪录片人的创作热情，产生了一批像《望长城》一样具有一定国际视野和反响的电视纪录片，一些中国纪录电影也在国际电影节上获奖。然而在短暂的轰动效应和观众的新鲜感退去之后，中国纪录片发展在此后 10 多年里再次进入了低潮期，虽然偶有佳作，但总体来讲，中国纪录片发展的瓶颈依然存在，中国纪录片业尚未形成产业规模。究其原因，与西方纪录片产生于电影院不同，我国纪录片主要脱胎于电视，国有电视台是其制作和播出的主要机构和平台，虽然独立制片人和民间影视制作机构与电视台共同构成了中国纪录片业的完整版图，但其资金规模和产品影响力均无法形成国有电视台的规模效应。因此，我国纪录片先天缺乏自力更生的动力，其制作和播出不需要对市场负责，而更多地为了完成宣传任务和体现文化传承作用。国家决策在我国纪录片产业发展中起到了至关重要的作用。

近年来一些具有国际影响力的优秀纪录片如《大国崛起》、《舌尖上的中国》、《瓷路》、《透视春晚：中国最大的庆典》使得决策层认识到了纪录片在中国文化推广上的特殊作用。2010 年年底，国家新闻出版广电总局出台《关于加快纪录片产业发展的若干意见》，要求加快纪录片产业发展，并对国产纪录片项目和创作人才给予资金支持。2013 年 10 月，国家新闻出版广电总局发布了《关于做好 2014 年电视上星综合频道节目编排和备案工作的通知》，要求电视上星综合频道按周计算平均每天 6：00 至次日 1：00 之间至少播出 30 分钟的国产纪录片。这为纪录片的创作和发展在政策层面提供了良好的契机。

中央电视台纪录频道、北京电视台纪实频道和上海电视台纪实频道三家专业频道先后通过卫星信号向全国播出纪录片节目。2013 年，中国纪录片播出联盟成立，进一步推广国产纪录片。被称为“中国纪录片的谷歌地图”的《纪录片蓝皮书：中国纪录片发展报告（2014）》显示，2014 年中国纪录片受到“30 分钟”、纪录片专业频道“上星”等因素影响，在产量、播出量、投资、院线收益等方面均获得较大幅度增长，而纪录片投资也保持了 20%—30%的增长。但报告同时指出，去年纪实节目的投入产出仍难实现扳正，纪录片继续充当“叫好难叫座”的角色。

虽然我国纪录片依然面临产业化基础薄弱、融资渠道不畅、营销方式单一、作品整体水平不高和培育稳定受众等诸多问题，但在国家政策支持和资金投入加大的背景下，中国纪录片产业已开始步入正轨，并处于加速发展的黄金时期。

二、国产纪录片应在我国对外传播中发挥更大作用

国际传播是指特定的国家或社会集团通过大众传播媒介面向其他国家或地区受众所进行的跨国传播或全球范围传播。它是世界各国、各地区政治、经济与文化发展综合实力的一个局部的具体体现[③]。国际传播的渠道包括新闻出版、电影电视、对外翻译、图书出版、对外广播等。国际传播的目的在于让一个国家的所作所为为别国所理解，让本国优秀文化为别国所欣赏，塑造正面的国家形象，创造有利的国际舆论环境。相对于其他信息载体，影视作品能够传播的信息量更大，而纪录片作为一种文化价值含量相当高的影视作品，在国际传播中具有独特的优势。

1. 纪录片是文化折扣率最低的影视作品，国际市场期待中国题材纪录片

加拿大学者科林·霍斯金斯（Colin Hoskins）认为，任何文化产品的内容都源于某种文化，对于那些生活在此种文化之中而且对其比较熟悉的受众有很大的吸引力，而对那些不熟悉此种文化的受众的吸引力则会大大降低。这种由于文化差异和文化认知程度的不同而导致的在接受不熟悉的文化产品时受众的兴趣和理解能力等方面的损耗就是所谓的文化折扣率（Cultural Discount）。而纪录片是文化折扣率最低的影视作品。

首先，纪录片不同于故事片，在拍摄手法上，纪录片主要采用挑、等、抢的摄录方法记录现实世界，虽然有些纪录片为了受众观感的需要采用高科技手段再现发生过的真实事件，但也是在尊重其真实性的基础上。所以纪录片无论题材和表现手法都最大限度地避免了创作者的人为解读，具有相当高的可信度。目前国际市场上比较受欢迎的纪录片题材是

自然环保类、艺术文化类、历史传记类、社会人文类。其中的环境保护、野生动物、自然风光类题材不受文化背景的限制，在传播过程中几乎不存在理解障碍。艺术、历史和社会类题材或多或少会涉及文化背景、社会环境和宗教差异，在国际传播中需要借助一定的方法，尽量减少文化差异带来的理解障碍。美国人爱德华·霍尔（Edward T. Hall）认为，在语言交流活动中，被传播和接受的意义在话语符号和话语环境中存在量比关系。传播活动中有大量的信息存在于话语环境中，便趋于“高语境”传播，反之，传播活动中有大量的信息存在于话语符号（清晰的编码）中，则趋于“低语境”传播。这就是跨文化传播的“高低语境”理论。东西文化差异也投射到纪录片的创作上。我国纪录片喜欢大而化之，重视教化作用和意境，讲究弦外之音，叙事节奏慢，片长较长，更像一种“高语境”传播；商业化程度较高的西方纪录片关注个体，注重故事性、节奏感、观众的视觉体验，更像“低语境”传播。“高语境”信息转化为“低语境”信息更为容易，只需将存在于语境中的信息转化为后者常用的编码。我国纪录片需要借助西方纪录片的表现手段，如表现题材的视角、高潮迭起的故事性、强烈的视觉冲击力和对细节的精雕细刻等，用西方受众更容易接受的方式讲好中国故事，完善中国表达。

在这方面特别值得一提的成功案例是纪录片《舌尖上的中国》。这部讲述中华特色美食和蕴含在其中的中国人的温情故事的7集纪录片2012年5月在央视首播之后，在国内引起热议，并在全球70多个国家和地区播出。这部具有中国内核、国际外表的纪录片极大提升了国产纪录片的美誉度，取得了国内外市场的认可，获得了艺术和商业的双重成功。该片导演陈晓卿坦言，影片在拍摄技法和生产方式上都借鉴了英国广播公司（BBC）的经验，在故事结构、叙事方式、镜头节奏、视听效果等方面对传统国产纪录片进行了颠覆。被誉为“独立制作之父”的加拿大方氏制片公司（Ferns Productions Inc.）总裁、著名纪录片导演方佰德（W. Paterson Ferns）曾表示，世界对于中国的事情越来越感兴趣，中国的纪录片人需要用镜头呈现出中国更丰富的东西，要善于用最直接的方式表达中国的变化，让世界更接近中国的视野，去了解和感知这种变化。世界期待通过中国人的视角了解中华古老文明和中国社会变迁，而中国纪录片人也有责任讲好中国故事，发出中国声音，将一个立体的、积极向上的中国形象呈现给全世界。

2. 纪录片传播平台多样，新媒体平台异军突起

纪录片的传播渠道十分丰富，可以通过电影院线、电视频道、电影节、专业展会等传统平台推广，更可以借助新媒体平台如网络媒体、自媒体进行生产和传播。

《纪录片蓝皮书：中国纪录片发展报告（2013）》显示，美国2012年电影院线出产纪录片141部，总收入达到1.3亿美元。美国的探索频道、国家地理频道、英国的BBC4等也早已是运作成熟的纪录片专业电视频道，播出的节目在全球范围享有盛誉，并且在国外开办分台，针对当地受众传播本土化节目。欧美各电影节、电视节和专业展会也为全世界优秀纪录片提供了展示和交易的平台。我国纪录片产业尚处于起步阶段，虽然在电影院线难有作为，但传播平台日益拓宽，主要为电视频道、专业展会和新媒体平台。

国产纪录片的海外销售模式主要为成片销售、改编包装、节目互换、开办频道或时段、联合推介等。央视纪录频道已在海外落地，央视与国家地理频道的合拍片《故宫》、

与 BBC 联合摄制的《美丽中国》等在国外播出后都取得了不错的反响，并有奖项斩获。它们讲故事的方式越来越国际化，表现主题也从自然环保类拓展到自然、人文、社会、现实类题材，更加体现了中国社会的主流文化和价值，取得了很好的国际传播效果。中国（广州）国际纪录片节经过 10 多年的发展已经具备了相当的规模和国际影响力。据不完全统计，2014 年参会的国内外制片机构超过 200 家，就联合制作、海外销售、版权交易等项目达成的交易额近 2 亿人民币，成为国产纪录片向海外传播的重要平台。

网络媒体的兴起对纪录片的生产和传播产生了深刻影响。著名的纪录片制作机构除自身网站提供短视频播放外，还与知名网站合作，开设专属频道。探索频道在其系列节目《流言终结者》中号召观众帮助寻找新的流言或谜团以供破解，观众可以把想知道谜底的谜团以视频形式上传到探索频道在 YouTube 网站上的网址，被选中的谜团会在电视节目中予以解答。BBC4 频道纪录片《七天》在网络上有在线聊天功能，观众可以与制作人互动并影响节目的发展，《10 年 10 月 10 号地球一日》与《一天的生活》也通过网络收集全世界普通人拍摄的视频片段。网络为纪录片提供了新的材料和迅猛增长的潜在观众，国内各大视频网站凤凰网、优酷网、爱奇艺等也将纪录片作为重要的内容来经营。互联网双向互动的特点使得纪录片制作人和受众可以各取所需，便于锁定和培育目标受众；网络纪录片片长较短，更适合现代人的欣赏习惯，可以多次播放，延长了纪录片的传播时间和效果；电视媒体和网络媒体可以资源整合，对纪录片的商业价值进行全方位开发。

3. 纪录片受众素质较高，传播效果明显

纪录片的稳定受众为高学历、高职位、高收入的“三高”人群，互联网的快速发展也为纪录片争取到了越来越多的青年受众，他们是社会的精英阶层和国家的未来，提高对这部分受众的有效传播对中国文化传播和国际形象塑造意义重大。从国内外的经验来看，纪录片在某些关键历史时刻还能成为影响舆论导向的“媒体事件”。

2008 年西藏“3·14”打砸抢烧事件发生后，西方舆论掀起抨击中国政府的浪潮。此时，一部在 BBC4 播出的纪录片《西藏一年》（*A Year in Tibet*）却力挽狂澜，向西方受众展现了一个真实的西藏。这部 5 集纪录片聚焦几位普通西藏民众，将他们的喜怒哀乐真实而鲜活地呈现出来，反映了一个多面的而不是只有负面的西藏。该片不仅在英国观众中掀起了一股收视热潮，更在美国、加拿大、沙特阿拉伯等 40 多个国家和地区的多个电视台播出。美国纪录片《华氏 9·11》的拍摄目的就是要让布什政府下台，该片获得了 2004 年戛纳国际电影节金棕榈奖，随后又在美国公映，并成为美国历史上第一部票房超过亿元的纪录电影，此后还被制成了 DVD 光盘广泛传播。尽管该片最终未能阻止布什再次当选美国总统，但美国有线电视新闻网（CNN）依然认为该片导演迈克·摩尔与当选总统布什在成为 2004 年美国《时代》杂志封面人物上的几率不相上下。

三、抓住纪录片产业发展机遇，争夺国际话语权

纪录片是国家和民族的相册，是文明传播和表达的重要载体。全球最大的纪录片制作

者及买家美国探索频道（Discovery Channel）和具有专业背景的国家地理频道（National Geographic Channel），其纪录片的生产和消费都面向全球市场，并在全球范围内实现资源配置，产业链完整，营销手段多样，最大限度地实现了纪录片的商业价值。BBC 播出的纪录片以画面唯美和故事性强享有盛誉，此外，BBC 每年还播放一定数量的非英语欧洲电影以促进英国的多元文化保护。当前，我国纪录片的专业化和国际化程度日益提升，作为中国重要的国际传播机构之一，中国国际广播电台拥有先天的优势和独特的资源，理应抓住纪录片产业市场启动期带来的机遇，在纪录片领域有所作为，在世界范围内进一步推动中国文化的传播、中国价值的推广和中国形象的塑造。

1. 参与纪录片生产，培养纪录片人才

设立纪录片专项扶持资金，投资优秀的纪录片项目，培育自己的纪录片品牌，拥有自己的纪录片人才。国际台具有全球信息采集能力和传播覆盖能力，拥有丰富的国际传播经验，更了解外国受众的需求，也更有可能生产出符合他们欣赏习惯的纪录片，赋予中国故事更贴切的国际表达。国际台 2014 年制作的系列纪录短片《寻梦中国》和《龙象共舞》在国内外多个传播平台，甚至对象国主流媒体播出，取得了很好的传播实效，对国际台今后的纪录片生产提供了借鉴。

2. 推进中国纪录片本土化

在国际在线中文网和 65 个外文子网站开设纪录片频道，推广优秀国产纪录片和国际台原创纪录片，同时加强国产纪录片特别是精品影片的译制。国际台应借助多语言优势积极开展纪录片领域的国际合作，加强对不同对象国和对象地区的受众调研，针对不同的欣赏习惯推广合适的纪录片产品，推动国产纪录片的本土化，使得各国的主流受众更加了解当今中国。

3. 利用多媒体平台，增强传播有效性

国际台多年来一直倡导多媒体融合、全媒体发展，很多外文子网站都在国际知名的社交网站、博客、微博上拥有自己的账号。自媒体内容来源很大程度上源于传统主流媒体，传统主流媒体设置了自媒体的议程④。国际台应加强与境内外新兴媒体的合作，推出更适合网络传播和受众碎片化观赏习惯的纪录片产品，充分发挥主流媒体的议程设置优势，通过多种途径提高传播实效。

（作者单位：中国国际广播电台罗马尼亚语部）

注释：

① 任远：《纪录片的理念与方法》，中国广播电视出版社，2008 年版。
② 李东升：《电视专题文集》，北京出版社，1998 年版。
③ 程曼丽：《信息全球化时代的国际传播》，《国际新闻界》，2000 年第 4 期。
④ 相德宝：《自媒体时代中国对外传播能力建设》，人民日报出版社，2013 年版。

参考文献：

1. 刘震：《多元化的奥斯卡获奖纪录片研究》，武汉大学博士论文，2013 年。

2. 何苏六：《纪录片蓝皮书：中国纪录片发展报告（2013）》，社会科学文献出版社，2013 年版。

谈非通用语影视作品译配项目的制片管理流程

孟　毅

以前，中国影视剧为便于在海外传播，大多采用字幕和配音的方式将原有作品进行译制加工，且多以英语、法语等“大语言”为主。近年来，随着我国影视文化产业的快速发展，大量优秀影视作品被译制成包括阿拉伯语、斯瓦希里语、豪萨语等“小语言”版本在海外播出，且颇受对象国地区观众的喜爱。由于非通用语影视作品译配项目与一般影视译制作品在制片管理上有所不同，本文将以豪萨语版国产电视连续剧《北京爱情故事》的译制项目为例，浅谈非通用语影视作品译配项目的制片管理流程。

一、国际台影视译制项目介绍

1. 项目背景

2013 年，中国国际广播电台凭借自身的语言优势，先后使用英语、法语、阿拉伯语、斯瓦希里语、豪萨语、缅甸语、西班牙语、葡萄牙语 8 种语言，完成了包括《媳妇的美好时代》、《金太狼的幸福生活》、《北京爱情故事》、《建国大业》、《建党伟业》等在内的 40 余部、900 余集国产影视作品的译制工作。为使这些作品保持原有的艺术水准，国际台专门从塞内加尔、尼日利亚、肯尼亚、坦桑尼亚和缅甸挑选了 39 名演员来华完成配音工作。如此众多的国外配音演员同期抵达北京，开展为期数月的配音工作，在国内影视译制行业尚属罕见。这也为策划和实施此次项目的工作人员提出了巨大的挑战。

2. 项目描述

一个完整的电视剧译制项目分为前期、中期和后期三个阶段。前期为生产资料和人员的准备阶段，主要包括视频采集、台词本标准化、时码制作、导演及演员遴选等工作。中期为内容的生产阶段，主要包括剧本翻译、进棚配音等工作。后期为技术合成与产品检验阶段，主要包括音画合成、片头尾制作、语言检查、技术检查等。此外，在内容生产阶段结束后，制片方还要对影视译制产品进行推广和发行。在译制项目实施的各个阶段，制片方会根据每个阶段的生产任务和目标制订工作计划表。

表 1　豪萨语版 39 集中国电视连续剧《北京爱情故事》项目实施计划简表

序号	任务名称	工作量	时间（天）
1	视频采集	39 集	5
2	时码制作	39 集	5

续表

3	台词本标准化	39集（约27万字）	10
4	导演及主线配音演员遴选	8人	15
5	剧本翻译（含初审、定稿）	39集（约27万字）	35
6	进棚录音	39集	60
7	技术合成	39集	30
8	语言与技术检查	39集	10
9	返工修改	不可预计	5
10	播出带制作	39集	7

二、影视剧制片管理的含义

影视剧制片管理就是通过计划、组织、激励、控制和领导等环节，来协调影视剧生产的人力、物力、财力资源，以追求其艺术产品社会效益和经济效益最大化的过程。[①]根据这个概念，我们可以描述出影视译制剧制片管理的内容，即影视译制的制片管理是对特定的影视作品的生产和组织，并在内外部环境的约束下，有效利用所需资源实现对原有影视作品的艺术再加工和生产的目标。影视译制制片管理包括译制剧目的策划、制作、发行和播出的过程。其宗旨是使影视译制的生产活动通过使用有效的资源投入和艺术再造，制作出适合对象国受众需求的优秀影视剧作品。

三、影视剧译制项目生产流程

1. 组建项目管理团队

项目管理通常是指在一定的约束条件下，为达到项目目标而实施策划、计划、组织、指挥、协调和控制的过程。美国项目管理协会（PMI）把项目管理的内容分为九大类，即范围管理、周期管理、成本管理、质量管理、人力资源管理、沟通管理、风险管理和整体管理。项目管理的四个要素——质量、时间、成本、范围（规模）。[②]在整个译制项目进行的过程中，做好上述四个要素的管理是一部优秀影视译制作品诞生的保障，影视译制项目的所有管理工作流程都是紧紧围绕上述要素制定的。

影视译制项目的运行需要一个制片团队。制片团队是由制片部门管理者及其成员组成。其主要职责是监督整部译制剧目的生产流程，并为工作团队提供工作和生活的各种设备和服务，同时负责影视译制项目实施阶段中整个工作团队的行政管理工作。[③]

表2　豪萨语版39集中国电视连续剧《北京爱情故事》制片部门人员表

序号	人员类别	人数	职责
1	制片人	1	代表出品方负责整个项目的运行管理。
2	制片主任	1	具体负责监督项目生产的周期、质量、人员协调等。
3	制片助理	1	协助制片人完成日常各项工作。
4	语言翻译	1	协助制片人、导演与外国演员沟通，协助和督促外国演员背词、提供日常翻译服务等。
5	会计	1	负责项目的成本核算，管理资金流向，发放演员薪酬、费用报销、账目登记、存档等。
6	摄影、摄像	2	以图片和视频的方式记录译制项目的工作流程。
7	其他人员	若干	包括司机、安全员等。

相较于影视剧摄制组，影视译制剧组的制片团队人数和岗位会因工作流程相对较少而设置得精简一些。如统筹、生产制片、外联制片等。在译制项目的实际运行过程中，制片主任承担着更具体、更细致的工作。

受制片人委托，制片主任在译制阶段负责整个项目的管理工作，带领制片部门负责项目组安全、有序、如期地完成生产任务，保障译制导演提出的创作要求能够顺利实现。其主要职责可归结为八个字：督促、检查、指导、协调。④总的来说，制片主任须配合制片人安排人力、物力、财力，领导和协调各项具体工作，检验他人完成各项任务。其具体职责归纳如下：

（1）负责译制项目的日常工作管理，督促工作团队成员认真执行各项规章制度。

（2）了解导演意图，召集制片团队人员开会，统一思想，为按期完成译制任务提供条件。

（3）编制工作计划、监督预算执行，带领制片部门对整个项目组实施有效管理。

（4）审核工作团队的业务能力。

（5）解决在生产过程中遇到的各种困难，协调各部门之间的工作关系。

（6）负责外籍演员来华的手续办理、劳务合同签署和人员管理。

（7）督导各类合同、总结、文件、报表、台本和影像资料的留存归档。

（8）保证译制项目在规定时间和预算限额内完成，保证项目组的安全生产，为生产出艺术品位高、技术质量好、经济效益和社会效益双优的作品提供保障。

2. 组建导演、演员和技术团队

（1）译制导演。

一部优秀的译制片，有三个因素必不可少，即：剧本翻译、配音演员和技术保障。而作为一部译制片的导演将直接参与、挑选和组建上述团队。可以说，确定一名优秀的译制导演是创作一部优秀译制片的关键。

制片部门根据作品的题材、基调等因素选择一名适合作品的译制导演，并在其参与和指导下组建演员和技术团队。在这里需要特别说明的是，由于非通用语译制片的语言特殊性，如：斯瓦希里语、豪萨语、缅甸语等人才稀少，能够掌握该语言的译制导演更是难寻，所以在“小语种”译制项目中，制片部门通常会增设一名语言导演，与译制导演共同完成译制工作。

译制导演和语言导演要参与和主持剧本的翻译工作。译制片是语言转换的艺术，剧本为一剧之本，是全部译制过程的基础。剧本翻译得好坏为整部译作奠定了决定性的因素。初稿翻译后则需对台词翻译脚本（以下简称译本）进行语言润色，就是赋予人物以个性化的语言。这种个性化的语言除了人物本人的角色不同，还要表现职业、性格、时代背景等因素，也就是我们常说的“让什么样的人说什么样的话”。润色阶段无论是对译者还是对导演来说都是很大的考验，因为这需要调动其全部的语言、艺术的积累和自身修养，尽量展现原片人物的风采和个性，要通过活生生的文字赋予每个角色活生生的形象。[5]

（2）配音演员。

与“外译中”项目不同，“中译外”尤其是译制成“小语种”的影视作品，配音演员无论是在选择数量还是专业程度上都存在很大的限制。以豪萨语版39集中国电视连续剧《北京爱情故事》为例，该片主线、副线等各种角色60余个，全部使用本土演员配音显然不符合实际情况。为了在预算内最大限度还原人物特点，制片方组织译制导演、语言专家和制片人亲赴尼日利亚进行演员挑选活动，因该国没有影视配音行业（很多第三世界国家都存在这个状况），最终只能从职业演员、节目主持人中选拔了6人担任该剧的主要角色的配音工作，而剧中的副线和群杂角色则由中国国际广播电台豪萨语部的中外员工和尼日利亚在华人员完成。需要特别指出的是，境外挑选演员是一项花费巨大且耗时耗力的工作，需要经过演员初选、资料审核、现场面试、正式签约、护照办理、卫生检疫等多个程序，仅针对不具备本土制作能力的国家和地区。

（3）技术团队。

无论是导演的艺术设想，还是演员高超的演绎水平，最终的创作实现要靠录音师来完成。随着影视业拍摄水平的进步，越来越多的影视作品非常注重对片中人声、音乐、环境音效等声音元素的处理和渲染，这就对录音师提出了更高的要求。总之，录音师团队通过其娴熟的技艺、对译制片的审美品位和艺术功底，为整个译制创作提供了重要的技术保障。

表 3 豪萨语版 39 集中国电视连续剧《北京爱情故事》音棚人员表

序号	人员类别	人数	单位	职责
1	译制导演	1	39 集	负责译制作品的艺术把握，选择并指导配音演员按照严格的艺术标准完成译制作品。
2	语言导演	1	39 集	负责译本的语言修改，协助译制导演指导外籍配音演员完成译制作品。
3	主线配音演员	6	39 集	按照导演要求完成指定角色的配音工作。
4	副线配音演员	6	39 集	
5	群杂配音演员	若干	按实际情况计算天数	
6	录音师	1	60 天	完成译制作品人物对白、音效、音乐及合成工作。
7	录音助理	2	60 天	协助录音师完成录音任务，并对音频文件进行检查、存档。

3. 进棚录音

当制片部门将导演、配音演员和技术团队组建完毕后，即可进入录音棚正式开始配音工作。该阶段工作是在制片方既定的时间和预算内，在导演把关下，各部门通力协作，完成剧目的配音制作工作。在此期间，制片部门需负责整个录音期间的统筹、调度、组织生产等工作，保障各生产部门的工作顺利进行。

(1) 召开配音工作筹备会。

演职人员正式进驻前，制片部门召集各部门举行生产筹备会议，与会人员包括制片人、制片主任、译制导演、语言导演、语言助理、录音师、录音助理、录音棚负责人等。会上制片人根据既定工作计划讲述译制项目概况、艺术标准及完成时间等；制片主任汇报开棚前各方面准备工作情况；译制导演和语言导演阐述剧情理解、演员角色安排、副线及群杂配音演员的协调等；录音师汇报软硬件设备的准备情况；录音棚负责人记录各生产部门提出的问题，并负责与制片方协调解决。此外，在正式进入录音工作阶段后，类似全体性的工作会议需要定期召开，一般每周一次，其主要目的是解决生产过程中遇到的各种问题。

（2）外籍演员的安排。

外籍演员在华的工作与生活安排非常重要，这直接影响着演员的工作状态和表演热情。所以，制片部门在这项工作上一定要多花心思，以人为本，设身处地地为演员着想，力争给他们营造一个舒适的工作生活环境。

豪萨语版中国电视连续剧《北京爱情故事》的6名尼日利亚配音演员共在北京工作65天，且均为首次到访，对中国的饮食、气候、文化、工作节奏等都没有了解。针对此种状况，制片部门从住宿、饮食习惯、工作时间、假期安排、宗教信仰、人身意外保险等多方面进行了周到的安排，使演员能够一直保持饱满的工作热情。

需要重点说明的有两点：第一，外籍演员须在具有涉外资质的宾馆住宿，并到当地派出所登记备案。第二，外籍演员来华后要主动询问他们的生活习惯和宗教习俗，由于尼日利亚演员信奉伊斯兰教，为此制片部门协调录音棚特别为演员们开设了祈祷室，并安排清真餐饮。

（3）制片管理工作重点。

一旦译制项目开工，所有生产部门就如同发动起来的电机不能停歇，而制片部门就像维护这台电机运转的工人，要采取一切必要措施使机器平稳、持续地运转。所以，在项目进行期间，制片部门需要在以下几个方面发挥重要作用。

组织与督促生产。

制片人与译制导演协商编制配音工作计划，并需要在录音期间克服各种困难，采取一切措施保证工作计划按时完成。制片部门负责提醒导演掌握工作进度。同时，制片部门要制定一套完整的应急处理机制，一旦出现突发事件，要有一个通畅的汇报渠道和处理办法。简单来说，就是出现什么样的问题就由相关的负责人迅速解决，将物质和时间的损耗控制在最小范围内。

财务管理。

在录音期间，制片方每天都会面对数额不菲的开销。所以，制片部门需要严格控制预算的落实，以预算控制花销，审核剧组的一切经费开支。所有部门的报销单据需要经当事人、部门负责人和制片人签字后，才能在会计那里复审报销。同时，财务人员协助制片人管理资金、负责剧组工作人员酬金的按时发放，并建立剧组账目，对剧组各部门收支、工作人员酬金发放情况进行详细的登记。剧组各部门购买的实物都要由制片部门验收登记，以备后期回收处理。[⑥]

创造生产条件。

为保证每日的配音工作按照计划进行，制片部门要提前为生产做好准备，及时解决配音和制作过程中出现的各种困难。这些工作包括购置生产资料、印刷对白台本、接送演职人员、协调群杂配音演员录制时间。总之，制片部门在这方面要做的工作非常之多，而且根据每个译配项目的具体情况不同，制片部门遇到的特殊工作也可能是前所未见的。

后勤保障。

制片部门的另一项重要工作是为剧组提供后勤生活保障，即整个剧组人员的吃、住、行等均由制片部门安排。例如：演职人员食宿、外籍配音演员来华手续、机票、医疗就诊、假日安排、伙食改善等。制片部门在处理这些琐碎事务时，必须细心、及时和周到，否则任何差错都可能会影响到剧组演职人员的情绪和生产进度。

对外联络。

对外联络也是制片部门承担的一项重要工作。为了影视剧宣传需要，很多素材需要在配音制作期间准备。如：制片部门需要组织安排外籍配音演员进行海报等宣传品的拍摄，组织导演、演员接受媒体采访，接待上级和兄弟单位观摩活动等。

4. 产品质量保障

在声音和画面进行最终合成之前，制片部门应采取一些系列措施对已配制完成的音视频工程文件进行语言和技术检验，以保证译制产品的最终质量。控制产品的质量成本主要源于三个方面：预防、检查与失败成本。

第一，预防成本——为防止错误的发生所做的一切努力。比如：在台词本上添加时码，防止配音期间因台词频繁改动而导致演员找不到画面，从而浪费大量时间；为演员购买人身意外保险等都属于预防成本的范畴。

第二，检查成本——对已经完成部分的检测，以确认没有质量缺陷。检查成本是制片方最应花费去投入的工作环节，而且应该贯穿在整个录音和制作的阶段。制片方应组织语言和技术专家定期对已录制的音视频工程文件进行查补和修改，避免因外籍演员离境而无法弥补的情况出现。此外，在所有配音工作完成后，并在前期语言和技术检查工作的基础上，制片方应组织专家对合成样片进行最终审查。

第三，失败成本——是发生在产品离开工厂到达消费者手中以后的成本，包括保修、修理成本等。其中最不容易量化的是失败成本是客户流失成本。一旦产品出库就面临着消费者的检验，如果出现问题就会给出品方带来巨大的麻烦。这不仅体现在资金上，更体现在信誉上，影视产品更是如此。所以，制片方一方面要加大预防成本和检查成本的投入，另一方面也要与使用机构（主要指播出机构）保持好联系与沟通，以保障在正式播出前解决所有质量问题。⑦

5. 音画合成阶段

在配音工程样片通过了语言专家和技术专家的最终审核，并获得了制片方的许可后，即可将音画内容进行合成，并批量生产。在这个阶段需要特别说明的是，在为非洲国家电视台提供播出带时，要与对方技术人员沟通，确定包括播出制式、播出带制式、清晰度标准等信息。此外，在正式提交播出带前，须先将小段样片发至对方确认，待确认后再进行播出带的复制工作。

四、市场推广阶段

根据中国国际文化交流中心数据显示，内地电视剧主要由四个海外市场：中国香港和台湾地区、东南亚、日韩和欧美。其中，港台地区曾占到中国电视剧出口总量的 60%—70%，最好时每年在台湾地区可以播出 3500 集—4000 集。但中国电视剧很难进入日韩和欧美的主流电视台和主流受众市场，仅限于一些有线电视台和欧美的华人地区。2012 年年底，首部斯瓦希里语配音版中国电视连续剧《媳妇的美好时代》在坦桑尼亚热播，“中国媳妇热”迅速席卷东部非洲。截至 2014 年年底，英语、法语、阿拉伯语、斯瓦希里语、豪萨语配音版本的《媳妇的美好时代》、《金太狼的幸福生活》、《北京爱情故事》、《杜拉拉升职记》等多部优秀中国电视连续剧在包括埃及、尼日利亚、塞内加尔、肯尼亚、博茨瓦纳等近 30 个非洲国家播出。由此，非洲成为中国影视剧的第五个海外市场。

虽然“中剧”在数十个非洲国家实现了热播，单从播出数量上看已占非洲国家总数的 60%，但是客观来说，“中剧”进入非洲市场还处于初级阶段，远未实现在非洲电视市场盈利的目标。所以，根据目前的状况，对非洲电视剧推广工作应在以下两方面着力推行：

1. 与中国驻外机构密切合作，做好电视剧的宣传工作

目前，国产电视连续剧在非洲国家基本是通过文化交流的方式，以公益版权形式播出，且覆盖国家较多，播出时期较为集中。在这种情况下，我们应以“文化交流”和“公益”为主题，主动搭建与中国驻外使领馆、文化机构、企业、社团等机构的联络平台，通过文化项目合作的方式，与我国驻外机构合作办好电视剧签约仪式、首映仪式、媒体报道、文艺活动等工作。

2. 选择市场条件成熟的国家，尝试进行版权销售工作

由于“中剧”进入非洲国家时间较晚，欧美、土耳其电视剧在非洲占据着较大的市场份额。近年来，韩国电视剧也逐步凭借其精良的制作和低廉的价格进军非洲市场。由此可见，非洲市场已经成为各国影视企业角逐的新战场。2013 年至 2014 年，两部阿拉伯语配音版中国电视连续剧《金太狼的幸福生活》和《媳妇的美好时代》分别在埃及国家电视台播出，收视率分别达到 2.8 和 3.2，屡创该台收视率新高。《媳妇的美好时代》播放期间更引入了商业广告，实现了广告营收。受此利好，已有埃及影视公司提出购买剧目的要求。这都为“中剧”在非洲实现最终的商业化运作创造了良好的条件。

所以，在以埃及为代表的影视业相对发达、经济社会发展相对稳定的国家和地区，我们可以采取互利共赢的方式，降低“中剧”商业化的引入门槛，以低成本的方式让“中剧”尽可能多地展示在非洲观众面前，先期在非洲观众群中塑造“中剧”的好口碑，提高收视率，为最终实现贴片广告和版权销售的目标打下坚实的基础。

（作者单位：中国国际广播电台影视译制中心）

注释：

① 高福安、宋培义：《影视剧制片管理》，中国广播电视出版社，2011 年版，第 2 页。

② （美）詹姆斯·刘易斯（James P. Lewis）：《项目计划、进度与控制》（石泉、杨磊译），机械工业出版社，2012 年第 5 版。

③ 高福安、宋培义：《影视剧制片管理》，中国广播电视出版社，2011 年版，第 5 页。

④高福安、宋培义：《影视剧制片管理》，中国广播电视出版社，2011年版，第54页。

⑤麻争旗：《影视译制概论》，中国传媒大学出版社，2005年版，第16页。

⑥高福安、宋培义：《影视剧制片管理》，中国广播电视出版社，2011年版，第114页。

⑦（美）詹姆斯·刘易斯（James P. Lewis）：《项目计划、进度与控制》（石泉、杨磊译），机械工业出版社，2012年第5版，第32页。

他山之石

CRI、BBC、VOA 豪萨语网站比较分析

高　山

20世纪末，人类进入了高度的信息化时代。随着微型电脑普及到家庭，“国际互联网”迅速发展，开创了人际传播、群体传播和大众传播在同一载体并存的新的传播形态。为适应新时代的要求，世界主要国际广播媒体纷纷进行媒体形态转型，实现由传统媒体向现代媒体重点发展的战略转移。

目前，BBC和VOA都已开设豪萨语网站，CRI于2003年10月1日也推出了国际在线豪萨语网站。在国际传播中，传播者、传播内容和传播对象是不可或缺的三个要素，针对同样的传播对象，传播者不同，其传播内容不同，产生的传播效果自然也有差别。因此，笔者拟选取两家国际豪萨语主流媒体，即BBC和VOA，与CRI豪萨语网站进行比较，分析CRI对非豪萨语网络传播的优势与不足，探讨对非传播的策略。

一、CRI、BBC和VOA豪萨语网站定位比较分析

1. CRI豪萨语网站 http：//hausa.cri.cn/

CRI豪萨语网站是CRI国际在线下属61种语言网站之一，是向西非地区和在海外生活学习的豪萨语使用者介绍中国政治、经济、社会和文化等各个方面，并提供新闻、文化和社会类信息和丰富音频节目的新闻网站，以“点击这里，走进中国；点击这里，走向世界”为网站宗旨。

CRI豪萨语网站从2003年10月1日正式上线至今，历经两次改版，目前已经发展成为具有《新闻纵横》、《CRI观察》、《妇女儿童》、《体育世界》等15个栏目的综合类新闻网站。每日国内外新闻更新12条左右，各类栏目专稿更新1篇，图片3—5幅。网站页面简洁明快，栏目清晰，以文字为主。

2. BBC豪萨语网站 http：//www.bbc.co.uk/hausa/

根据世界知名的发布网站排名的Alexa网站所提供的数据，BBC的全球点击量排名第四十八，远远超过其他国家的国际广播电台。在浏览BBC网站的国家和地区的访问排名中，尼日利亚位居第十一位，排除其中有部分浏览BBC英文网站的可能，其豪萨语网站也发挥着不可磨灭的作用。近年来，BBC的年度报告中多次出现这样一句话：“BBC网站是BBC的未来。”2010年3月，BBC总裁马克·汤普森（Mark Thompson）在英国《金融时报》举办的数字媒体和广播会议上讲话时指出，随着媒体技术的发展，未来电视、广播和网站等平台将会进一步融合，而网站也许会成为BBC所有节目和服务的最主要的平台。[①] 而BBC新媒体和技术部前任主管阿什利·海菲尔德（Ashley Highfield）也认为：“未来，媒体依赖的有三个支柱：内容、质量和功能。BBC的生存依靠前两者。目前世界上价值最

高的媒体公司 Google 以及 Amazon、Yahoo! 和 eBay 就依靠第三个支柱，如果我们不想被边缘化，我们也要提供功能。”由此可见，“强调功能与服务，使网民在获得信息的同时享受便捷的导航与服务功能”是 BBC 豪萨语网站的理念。②

BBC 豪萨语网站页面图片丰富，视觉冲击力强，开设了包括《国际时讯》、《体坛快讯》、《图说新闻》等在内的 16 个栏目。新闻每日更新 8 条左右，其中包括 2 条体育消息，图片 3—5 幅，其他专题类栏目不定期更新。虽然该网站稿件更新量不大，但是设计者巧妙地将当日更新的内容全部显示在首页，这就使网民每天打开的都是“崭新的页面”，具有很强的新鲜感。

3. VOA 豪萨语网站 http：//www. voahausa. com/

《美国国际广播法》第 6202 条规定：“美国之音应清楚和有效地代表美国政策，并代表对这些政策的负责任的讨论和观点。”③可见，诠释“美国立场”是 VOA 的使命，其网站也以此为传播理念。此外，至今 VOA 不断加强豪萨语广播的播出，依然把广播作为向西非传播的主要手段。所以，“方便西非地区的听众收听美国之音广播节目”是 VOA 豪萨语网站的主要功能。

VOA 豪萨语网站整体设计朴实无华，简洁大方，在主导航栏突出在线收听和广播节目索引的服务性栏目，开设了《新闻快递》、《焦点图片》、《在线收听》、《VOA 介绍》等 13 个栏目。新闻每日更新 7 条左右，图片 3—4 幅，其他专题类栏目不定期更新。

综上可见，CRI、BBC 和 VOA 三家豪萨语网站在定位上各不相同：CRI 突出“内容”，BBC 强调“功能与服务”，VOA 注重“协助广播”，这便导致它们在网站的页面设计和栏目设置上各不相同，优势各异。

二、CRI、BBC 和 VOA 豪萨语网站的栏目设置比较分析

网站的定位将通过它所设置的栏目去实现，目前这三家媒体网站的主要栏目如下（详见下表）：

网站	CRI	BBC	VOA
栏目	《焦点新闻》	《焦点新闻》	《焦点新闻》
	《焦点图片》	《焦点图片》	《焦点图片》
	《CRI 观察》	《最新消息》	《尼日利亚新闻》
	《中国新闻》	《体育世界》	《非洲新闻》
	《非洲新闻》	《深度报道》	《国际新闻》
	《国际新闻》	《各方观点》	《健康》
	《即时性专题》	《时事评析》	《时事评析》

续表

栏目	《妇女儿童》	《世界博览》	《谈天说地》
	《中非彩虹》	《听众信箱》	《即时性专题》
	《老外看点》	《看新闻》	《非洲 60 秒》
	《体育世界》	《图说新闻》	《网民投票》
	《听众信箱》	《听众照片》	《最受欢迎新闻》
	《中国百科》	《与你互动》	《足球世界》
	《听众留言》	《天气预报》	《关于 VOA》
	《在线收听》	《在线收听》	
		《关于 BBC》	

由于 CRI、BBC 和 VOA 网站定位不同，因此三家媒体在网站栏目的设置上存在异同。

1. 新闻类栏目

三家媒体都在其首页的显著位置设置了《焦点新闻》和《焦点图片》栏目，突出报道当天要闻。虽然栏目相同，但表现形式却各有特色。CRI、VOA 的《焦点图片》和《焦点新闻》都以新闻标题的形式展现，虽然《焦点图片》均为三条新闻配图滚动播放，但 CRI 仅设置了一条“焦点新闻”，而 VOA 则以五条呈现，相比之下，CRI 的要闻更为突出。BBC 则将《焦点新闻》和《焦点图片》两个栏目合二为一，即选择三条要闻配上相关图片，除新闻标题外，还配上了新闻摘要，使网民一打开网页，便对要闻的主要内容一目了然。此外，特别需要指出的是，BBC 还为最新更新的“焦点新闻”配上相关新闻链接，以方便网民迅速了解事件的来龙去脉，而这一点也正是 BBC 突出“服务”的良好体现。

除此之外，在新闻的分类方面，三家媒体也不尽相同。CRI 将新闻划分为“中国新闻”、“非洲新闻”和“国际新闻”，在强调中国立场的同时，兼顾对象性和贴近性。VOA 则将贴近性提高到最为突出的位置，除设置《非洲新闻》外，还专门开设了《尼日利亚新闻》栏目，专门报道尼日利亚当地消息，拉近与受众的距离。BBC 则并未对新闻进行任何分类，只是按照时间顺序将新闻罗列。三者比较可以看出，CRI 更好地体现了中国对外传播“以境外人士为传播对象，以让世界了解中国为最终目的的新闻传播活动”的实质，虽然 CRI 也非常重视新闻的贴近性，但与 VOA 在这一方面仍稍有差距。

2. 专题类栏目

即时性专题，即为当下一段时间发生的重要事件专门开设的非固定性专题栏目。CRI 非常重视即时性专题的打造。除在页面最顶部设置当前最重要的专题外，还在《焦点图片》的下方留出三个即时性专题的位置，与 BBC 的无即时性专题、VOA 的一个不定期即时性专题相比，CRI 在数量上明显占优。就专题在首页的表现形式来看，CRI 统一选择了以“标题”为首页链接，由二级页面完整展示的形式，而 VOA 除上述同 CRI 相同的展现形式外，还在首页设置了大幅照片，滚动播放。两者相比，笔者认为，各有利弊。CRI 的“标题链接”确保了首页的打开速度，这对于互联网技术尚显不足的非洲来说，是至关重要的，但却少了些 VOA 式的视觉冲击。在不影响网页打开速度的同时，适当借鉴 VOA 的做法，可以成为 CRI 的一个探索方面。在内容上，CRI 的及时性专题非常重视对象性和贴近性。据统计，在从 2010 年 1 月 1 日至今的即时性专题中，与非洲相关的专题比例达 40%，如《永远的朋友——中非重视党际交往》、《非洲人在广州》、《中非论坛第五次部长级会议》、《尼日利亚总统访华》等，都受到了网民的欢迎。

除即时性专题外，CRI、BBC 和 VOA 豪萨语网站专题类栏目的设置都由广播栏目演变而来，但在对这些节目的处理方式上，三家网站截然不同。CRI 将文稿通篇上网，并适当配以图片；BBC 选择的是内容摘要＋相关图片＋完整音频的形式；VOA 的专题则更像是广播节目的辅助介绍，有的并无具体内容，仅介绍了该栏目在广播中的播出时间及栏目定位，有的则只是往期节目的简单罗列。三者比较，CRI 更注重专题内容的打造，BBC 更巧妙地将广播节目融入其中，省时省力，VOA 则充分体现了其“辅助广播”的网站定位。对于 CRI 来说，虽然内容最为丰富，但却并未抓住网民浏览网页的规律和特点，很少有人可以耐心阅读长篇大论。就这点来看，虽然将广播文稿通篇上网，在一定程度上减少了工作量，却未必可以达到对外传播的实效。笔者认为，不妨在借鉴 BBC 的基础上，提取文稿梗概，并配上相关图片和广播音频，以满足网民的不同浏览需求。

在众多专题栏目中，《体育世界》成为三家媒体的共同选择。笔者认为，这主要基于以下两点原因：首先，非洲人喜欢体育运动，关注体坛动态。其次，在豪萨地区，由于女性的受教育水平和社会地位有限，网民以男性居多，体育消息是他们的关注点之一。正因如此，CRI、BBC 和 VOA 都非常重视体育消息的发布，以吸引网民。三者相比可以发现，不同于其他两家“时政为主”的网页布局，BBC 提高了《体育世界》栏目的位置，甚至放置在《深度报道》之上，并保证每日至少两条的更新量，内容以足球、网球等非洲人喜爱的体育运动为主。笔者认为，BBC 之所以大打“体育”牌，是因为“英超”是豪萨人最为关注的体育赛事，在这一点上，BBC 有着得天独厚的稿源优势。相较于 BBC，CRI 和 VOA 显得有些先天不足，但二者并未因此放弃“体育”专栏的开设。VOA 开设了以纯足球报道为内容的体育专题，专注于与足球相关的深度报道，并对内容进行不定期更新。CRI 一直努力通过“新华社”的英文和法文网站，选择豪萨人感兴趣的体育消息，进行每周至少两条的更新，内容不仅仅局限于足球，为增加贴近性，更多地选择了一些非洲当地的体育消息，注意内容上与 BBC 和 VOA 的差异化。此外，笔者认为，CRI 可以适当增加体育图片的报道量。网站是视觉的产物，适量的图片不仅可以提高网民的浏览兴趣，还可以减轻稿件翻译的工作量，不失为一个一举两得的办法。

3. 服务类栏目

网民在获取新闻资讯的同时，还能够获得与日常生活、工作相关的实用性信息，甚至切实有效的帮助，这无疑会为网站树立良好的形象，带来更多的点击量。BBC 豪萨语网站开设了服务性栏目：《BBC 新闻学院》提供在线新闻教学服务，《学英语》则满足了语言爱好者的需求，《天气预报》提供非洲各大城市和国际城市的天气情况，数据详细，更新及时。VOA 的《健康》为豪萨受众提供了生育和健康方面的资讯，并为其广播听众制作了详细的节目介绍和播出时间表，方便听众收听，此外，VOA 的网站还设置了可以调节文字大小的按键，以满足不同年龄受众的需求。同时，这两家豪萨语网站还提供 RSS 阅览，网页手机版链接，丰富了新闻阅读手段，也满足了手机用户的需求。

CRI 豪萨语网站曾在北京奥运会期间，开设了即时性专题《穆斯林指南》，根据穆斯林的特点，向受众介绍中国相关信息，但在奥运会结束后，这个专题就被撤掉了。此外，CRI 还开设了《学汉语》栏目，以“用你的母语学汉语”为主题，使用豪萨语教授汉语及中国的传统文化。与 BBC 使用英语学英语的栏目相比，CRI 的这个栏目可以说是为豪萨网民量身打造的，除文字、音频外，此栏目还配有专门的动画，辅助教学。

与 BBC 和 VOA 相比，CRI 豪萨语网站在功能性和服务性方面还有待改进。如：尚未提供详细的天气预报服务，广播节目表制作不够详细，尚未提供 RSS 阅览和手机版网站浏览服务等。

4. 推介类栏目

一个新闻网站在传播信息的同时，也要善于推销自己。在这一方面，BBC 和 VOA 的自我展示、自我推介意识值得 CRI 学习借鉴。BBC 用豪萨语向网民介绍了豪萨语部的情况，并将部门成员及其驻各国报道员的名字在网上公布。VOA 则用英语简要介绍了它的历史和报道准则，并列出了与其合作的西非各国调频台的名字。上述两家媒体推介栏目的设置，不仅满足了受众了解自己、自我推广的目的，也给为其工作、与其合作的个人和媒体提供了展示的平台。在其他各家媒体都争相加强自我宣传的同时，CRI 豪萨语网站却在第二次改版后取消了这一栏目，关闭了本网站公关的窗口。

三、CRI、BBC 和 VOA 豪萨语网站多媒体应用对比分析

互联网从本质上讲是一种多媒体的综合性信息平台。所谓多媒体，就是利用计算机技术把文字、图形、声音、静态图像、视频动态图像和动画等多种媒介形态综合一体化，使之成为逻辑连接，并能对其压缩、编码、编辑、加工处理、存储和展示的信息产品。目前，在新闻类网站中被普遍使用的节目形态主要有纯文字消息、图文报道、在线收听（音频）和在线收看（视频）。网络媒体是一种技术含量很高的新兴媒介，因此在为一个新闻网站做总体规划的时候，必须事先考虑到这些规划是否有硬件保障和网络支持。如网站的服务对象中包括大量的海外网民时，对于音频、视频等形式的运用，要充分考虑到受众地区的实际情况，如有无足够带宽，若条件不够，可暂缓这些手段的使用。[④]

长久以来，非洲互联网的发展都是相对缓慢滞后的，根据这种实际情况，CRI、BBC 和 VOA 在节目形态上都采用了便于页面打开的文字报道和图文报道（图片尺寸一般不超过 400×300 像素）。但随着近两年来非洲互联网技术的迅猛发展，互联网普及率呈现爆炸式增长的势头。据尼日利亚当地媒体《抨击报》报道，国际电信联盟（International Telecommunications Union）于 2013 年 3 月发布报告称，截至 3 月底，非洲网民达到 1.4 亿，占全球网民比例为 5.1%。而尼日利亚网民数量约为 4500 万，占到非洲网民总数

的 32.1%。[⑤]

正是基于尼日利亚互联网目前的发展新状况，BBC 和 VOA 在最近的一次改版中，与时俱进地增加了音频、视频以及移动互联网业务。BBC 增加了《看新闻》栏目，VOA 推出了《非洲 60 秒》视频栏目。CRI 豪萨语网站目前所采取的节目形态主要包括纯文字报道、图文报道、图片报道和在线收听（音频），视频报道偶尔为之，并非常态化栏目。其实，早在 2008 年，CRI 就尝试采用了视频方式，报道时任尼日利亚总统奥马鲁·穆萨·亚拉杜瓦来华访问的消息，此报道获得了受众的热烈反响。可见，在视频运用方面，CRI 早于另外两家媒体，但未能及时追踪非洲互联网的发展状况，进行节目形态的调整，到如今反而落后了。

另外一点值得借鉴的是，BBC 和 VOA 的豪萨语网站十分重视与广播电视的互补互动。网站本身是广播电视的延伸，BBC 充分利用自己的信息资源，把可以上网的音频全都搬上网站，满足了受众在线点播的需要，从而也扩展了广播内容传播的距离和广度。VOA 的《非洲 60 秒》则是利用美国之音的电视资源，将与非洲相关的资料整合编辑后上网，在一定程度上提高了网站的贴近性。如条件允许，CRI 可参考 VOA 的做法，借用 CCTV《非洲直播室》的相关新闻素材，推出时政类视频栏目。

在新媒体应用方面，BBC 和 VOA 比 CRI 领先一步，推出了网站手机版，使得豪萨语用户可通过手机收听、收看非洲新闻、国际新闻、节目信息和体育新闻标题。据统计，就 BBC 在非洲推出的 5 个语种（豪萨语、斯瓦希里语、索马里语、葡萄牙语和基隆迪语）网络手机版中，最多的用户来自尼日利亚，超过 60%的尼日利亚 BBC 网站总流量来自手机。BBC 豪萨语负责人透露，当 BBC 豪萨语报道某一重大题材的新闻时，BBC 豪萨语网站手机版的用户会猛增，同时，BBC 的新闻会被世界各地的新闻媒体所采用。[⑥]此外，VOA 推出了针对塞班、安卓和苹果系统用户的智能移动客户端，率先占领非洲智能手机应用市场。

四、CRI、BBC 和 VOA 豪萨语网站互动性比较分析

双向互动性是网络传播最显著的特点之一。互动类栏目主要有聊天室、BBS、留言板、Facebook、Twitter 等，并在此基础上形成稳定的社区，针对网民普遍关心的社会热点、焦点问题开展讨论，引导舆论。互动类栏目办得好可以为网站带来巨大的点击量，甚至成为网站的品牌。目前，BBC 和 VOA 豪萨语网站一改之前只提供“留言板”服务的做法，将互动工作在当下最为流行的社交网站 Facebook、Twitter 以及视频分享网站 YouTube 上开展。VOA 的 Facebook 豪萨语专页开始于 2009 年 9 月，订阅用户 17 万，BBC 的 Facebook 豪萨语专页于 2010 年 2 月开通，目前订阅用户达 48 万。受众在 BBC 和 VOA 豪萨语网站上收看收听节目时，也可以顺便点击节目旁边的“f”（Facebook）和“t”（Twitter）的标记，将之共享到自己的 Facebook 或 Twitter 主页上。除“官方”账号外，BBC 的主持人和记者也可以申请以个人的名义在 Facebook 或 Twitter 上发布与 BBC 有关的消息，以确保符合 BBC 有关客观、公正等标准。数据显示，BBC 豪萨语部在非洲杯足球赛期间，每天通过

Facebook接到百余条信息。此外，BBC豪萨语部还首创了一种利用手机加深与受众联系的方式：他们给尼日利亚北部6个村庄的村民发放手机，让他们将社区的图片和新闻报道发给BBC豪萨语部，丰富BBC的报道内容，填补专业记者真空地带。⑦

CRI豪萨语网站近年来不断重视受众互动工作，除开设以发表网民评论及建议为主要内容的《留言板》栏目外，还于2013年1月推出了专题《常来常往》，回答听众问题，传达彼此问候，并开设了《影像墙》栏目，放置听众照片等，进一步加强与网民的互动联系。此专题深受网民欢迎，每月点击量均居各专题前列，并极大带动了豪萨语网站访问量的提高。此外，CRI于2013年3月正式开通了Facebook豪萨语官方账号。据统计，截至2014年年底，已有超过5000名Facebook用户订阅了CRI豪萨语部Facebook专页。虽然与BBC和VOA相比，CRI豪萨语网站在互动性方面还处在起步阶段，但不可否认的是，在现有政策框架下，CRI在受众互动工作方面已做出巨大努力。

（作者单位：中国国际广播电台豪萨语部）

注释：

① 马克·汤普森：《质量优先：BBC和公共空间》，2010年3月，http：//www. bbc. co. uk/pressoffice/speeches/stories/thompson _ ft. shtml。

② 付晓燕：《媒体网站在媒介融合进程中的角色与作用——以新版BBC官方网站为例》，http：//www. dzwww. com/rollnews/news/200912/t20091221 _ 5322875. htm。

③ 关世杰、温基哄：《美国之音的前世今生》，http：//theory. people. com. cn/GB/14776106. html。

④ 陈伟奇：《国际品牌与本土化战略》，http：//district. ce. cn/right/bwjzzg/200707/10/t20070710 _ 12114155. shtml。

⑤ 中国驻尼日利亚拉各斯总领馆经商室：《尼日利亚网民数量达到4500万》，2013年5月15日，http：//ng. mofcom. gov. cn/article/jmxw/201305/20130500126171. shtml。

⑥ BBC报告：《BBC国际电台2009/2010年度评估报告》，2010年7月公布。

⑦ 李纳新：《英国广播公司世界电台新媒体发展战略及启示》，《国际广播影视学刊》，2012年第1期。

BBC 阿拉伯文网新闻标题的语法特点及其借鉴

王文宽

"标题是新闻的眼睛。"这句话用在当今网络媒体上比传统平面媒体更为贴切，因为网络新闻大多采用的是"题文分离"的模式，新闻标题显示在网站首页供受众浏览，受众通过点击标题进入新闻正文页面；为了节省时间，许多受众仅满足于浏览首页的新闻标题。据美国知名的民意调查公司盖洛普一项调查研究显示，参与调查的读者们阅读过 56%的标题，相比之下，调查对象只读过 25%的新闻报道正文。从某种程度上来说，新闻标题的好坏，决定着网络媒体的生命。

新闻标题由言语构成，自然要遵循语言规则，即语法规范，才能被受众理解。长期以来，为了尽可能地吸引受众，更好地达到传播目的，网络新闻标题的制作在继承了传统平面媒体新闻标题的特点的同时，也形成了一些特有的语法现象。

BBC 阿拉伯语网站是世界上最著名的阿拉伯文新闻网站之一，在阿拉伯世界有着众多的忠实网民。BBC 阿拉伯文网的新闻报道以客观、公正而著称，而其语言表达则以规范、简明、有力而深受网民喜爱。笔者通过对 BBC 阿拉伯文网新闻标题进行语法分析，试图从中找出一些可以借鉴的经验，希望能为改进国际在线阿拉伯文网提供一点儿参考。

一、BBC 阿拉伯文网新闻标题的语法特点

笔者从近期的 BBC 阿拉伯文网上收集了近百条新闻标题，从语法层面对之进行了分类、分析和对比，从中发现了一些规律。

（一）主要句型

BBC 阿拉伯文网新闻标题的基本句型是名词句，但也有许多在名词句的基础上派生出的省略句和"半句子"等句型。这三种句型的语法特征各不相同，语用功能也不一样。

1. 名词句

与平面新闻媒体一样，网络新闻标题的基本句型是名词句（الجملة الإسمية），由起语和述语两部分构成，且述语是动词为主的从句。从语用功能上讲，这种句子属于陈述句（الجملة الخبرية），即客观地叙述、说明已经发生或正在发生的"事实"的句子。例如：

(1) العالم يحتفل بأعياد الميلاد

起语　述语

(2) مجلس الأمن يندد بتفجير مقديشو

起语　述语

(3) الحوثيون ينفون أنباء عن مقتل زعيمهم

起语　述语

(4) الصين ترفض اتهامها بتعطيل قمة المناخ
起语 述语

(5) نتنياهو يكثف المشاورات بشأن صفقة شاليط
起语 述语

从上面的5条网络新闻标题可以发现，不管所陈述的事实是正在发生的或者是已经发生的，其述语从句中的动词都是一般现在时态，这样可以使事实显得更加生动。

我们还可以发现，上述名词句都是简单的主从复合句，即述语从句中只有一个动词，句子显得较为简洁。不过，为了准确、完整地传达重要信息，新闻标题也经常使用包括两个或多个从名的复杂主从句，有时还会使用由两个名词句（前列分句和后列分句）构成的并列句等。例如：

(6) الصين تسبق المانيا لتصبح اكبر دولة مصدرة في العالم
述语从句 状语从句

(7) مصر تحظر مسيرة احتجاج تعبر حدودها إلى غزة
述语从句 定语从句

(8) مصر تعوض يهودا هاجروا لإسرائيل
述语从句 定语从句

(9) سترو يقول إن حرب العراق كانت "اصعب قرار في حياته"
述语从句 宾语从句

(10) اليمن يعلن و الحوثيون ينفون مقتل زعيمهم
前列分句 后列分句

其中，例句（6）中使用了一个介词ل引导的状语从句；例句（7）中则出现了一个定语从句تعبر حدودها إلى غزة用来修饰宾语مسيرة；例句（8）同样使用了一个定语从句هاجروا لإسرائيل来修饰宾语يهودا；例句（9）中的述语يقول后面则是一个虚词إن引导的名词句作为其宾语；而例句（10）则包括了两个并列的名词句：اليمن يعلن和الحوثيون ينفون，共用一个受事宾语مقتل زعيمهم。

如前所述，作为新闻标题的名词句，其述语从句的动词通常是一般现在时。不过，其他从句中的动词则可以是过去时或将来时。如例句（8）中的هاجرو和例句（9）中的كانت都是过去时。

2. 省略句

省略句省去了一个或多个句子成分，但这并不影响句子意义上的完整性。例如：

(11) آمال جديدة حول قمة المناخ（省略了述语动词）

(12) اجتماع بين مجموعة دبي العالمية ودائنيها（省略了述语动词）

(13) فيلم ضخم عن النبي محمد باللغة الانجليزية قريبا（省略了述语动词）

(14) 5 قتلى من القوات الدولية في دارفور خلال يومين（省略了述语动词）

(15) المالكي في القاهرة متطلعا الى مرحلة علاقات جديدة（省略了述语动词）

上述标题都省略了述语从句中的主要成分——动词，而保留了起语或者其他包含着重要信息的扩展成分。从形式上看，这些省略句使标题显得更加简练而活泼；从语义上看，使用省略句突出强调了新闻信息中的某些要素。

3. 半句子

本文所说的“半句子”，是指词根化了的名词句，由一个词根短词和一个或多个介词短语组成。例如：

（21）مقتل 3 أشخاص في انفجار بدمشق

（22）تغريم جوجل بسبب نشر كتب فرنسية

（23）تبرئة مسؤولي ايرباص من تهم الفساد المالي

（24）سقوط طائرة ركاب اثيوبية في البحر الأبيض

（25）انتعاش السياحة في افريقيا بسبب اوباما وكأس العالم

（26）الاعلان عن تشكيل منتخب الجزائر لمواجهة نظيره المصري

如果说省略句通过省去述语动词以强调起语的话，那么半句子作为新闻标题则与之正好相反，是通过弱化或省去起语，从而突出动词所表达的动作或动作的结果。

以上是 BBC 阿拉伯文网新闻标题的三种主要基本句型。在实际应用中，有的新闻标题不只使用一种句型。例如：

（27）استنفار في كابول والناتو يشيد بالقوات الافغانية

（28）سيول في مصر وإسرائيل وتحذيرات من كارثة في غزة

其中，例句（27）由一个省略句استنفار في كابول和一个名词句الناتو يشيد بالقوات الافغانية组成；例句（28）则包括两个省略句：سيول في مصر وإسرائيل和تحذيرات من كارثة في غزة。前面的例句（10）则包括了两个名词句。

（二）BBC 阿拉伯文网新闻标题设置的两个特点

报纸的新闻标题可以有主题、引题和副题之分，或者由实题和虚题组成，以表达尽可能多的重要信息。而网络由于页面的原因，标题往往是单行，而且标题与内容是被分割在不同的页面。为了解决这一问题，网络新闻编辑们一直在尝试各种方式。目前，除了使标题更加简洁、更多地使用省略句和半句子外，BBC 阿拉伯文网站还在新闻标题的设置上做文章，越来越多地使用直接引语和标签化的处理方式。

1. 重视使用直接引语

直接引语使受众直接聆听新闻人物“说话”，能够提高新闻的真实性和报道的现场感，体现人物的鲜明个性，改变新闻的节奏和韵律；有时还能借以表达媒体自身的观点。关于在新闻报道中使用直接引语的重要性，许多著作都有专门的论述。不过，直接引语以前多用于新闻的内容部分。随着近年来网络媒体的不断发展，直接引语开始越来越多地被用于网站的新闻标题中。BBC 一直声称自己视客观与真实为生命，其阿拉伯文网也十分重视直接引语的使用。请看以下新闻标题：

（29）نجاد يؤكد دعمه **"للمقاومة"** الفلسطينية

（30）**"إعدام"** عضو في جماعة "جند الله" في إيران

（31）ايران **"ستسلم"** ردها على مقترحات تخصيب اليورانيوم اليوم

（32）واشنطن "منزعجة" من هجمات الإنترنت انطلاقا من الصين

（33）العالم "خذل غزة بابقاء الحصار"

（34）الشاي الاخضر "قد يقى من سرطان الرئة"

（35）فيدل كاسترو "قوي وملم بما يجري في كوبا والعالم"

（36）خامنئي: لن ننخدع بظاهر السياسة الامريكية

（37）مصدر: رد اسرائيل على صفقة الاسرى سلم للالمان

（38）نيويورك تايمز: الولايات المتحدة أسهمت في غارات اليمن الاخيرة

（39）منظمة الصحة العالمية: انفلونزا الخنازير أودت بحياة 11500 شخص

其中例句（29）—（32）中使用的直接引语都是一个单词，用引号（""）加以标注；例句（33）—（35）中的直接引语是动词短语，在整个句子中作述语，同样地用引号加以标注；而例句（36）—（39）中的直接引语则是完整的一个句子，用冒号（：）加以标注，冒号前面则是直接的消息来源。

值得指出的是，三组例句中，笔者认为，直接引用单词的第一组标题更具冲击力，给人的印象更深刻；而且对于被引用单词的选择往往暗含了媒体自己的观点和价值取向。如例句（29）中的المقاومة似乎暗示着新闻编辑对巴勒斯坦人“抵抗”权力的某种立场，而例句（30）中的إعدام似乎表明对“死刑”这种刑罚不太认同。

此外，我们从上述例句也可以发现，直接引语中动词的时态仍保持了其在原话中的形式，可以是现在时、过去时或将来时。

2. 给标题贴上分类“标签”

所谓给标题贴上“标签”，是指将时下最令人关注、最能吸引网民眼球的某个事件、话题、人物或国家等置于新闻标题之前加以突出，两者之间用冒号（：）分开。例如：

（40）كوبنهاجن: إقرار اتفاق أمريكي مع الدول الصاعدة

（41）هايتي: 150 ألف قتيل بعد 12 يوما من الزلزال

（42）ليبيا: السجن والغرامة لمواطنين سويسريين

（43）الصين: السجن 11 عاما لمعارض صيني بارز

（44）أنجولا 2010: الدولة المضيفة تحلم بأول لقب

（45）دوري أبطال أوروبا: مواجهة انجليزية إيطالية بدور ال16

通过下表，我们可以更好地理解上述例句中标题与“标签”之间的关系。

标题	标签	标签说明
إقرار اتفاق أمريكي مع الدول الصاعدة	كوبنهاجن	受众关注的事件地点
150 ألف قتيل بعد 12 يوما من الزلزال	هايتي	受众关注的事件地点
السجن والغرامة لمواطنين سويسريين	ليبيا	受众关注的国家
السجن 11 عاما لمعارض صيني بارز	الصين	受众关注的国家

续表

الدولة المضيفة تحلم بأول لقب	أنجولا 2010	受众关注的话题
مواجهة انجليزية إيطالية بدور ال16	دوري أبطال أوروبا	受众关注的话题

需要注意的是，“标签”和标题之间有着内容上的直接联系，是标题不可缺少的组成部分。去掉“标签”，标题就变得不完整或无法理解。

二、BBC阿拉伯文网新闻标题的借鉴

国际在线阿拉伯语网站（arabic. cri. cn）成立于2002年5月1日。经过13年的努力和多次的改版，如今已发展成为一个集文字、图片、音视频于一体的综合性新闻网站，信息量大，表现形式多样，拥有一群忠实的网民。不过，从统计数据和各方反映来看，网民的数量和构成近年来没有特别明显的变化，网站的传播效果不尽如人意。造成这种局面的原因是多方面的和复杂的，不过有一点可以肯定，那就是作为一个新闻性网站，国际在线阿拉伯文网的新闻和标题缺乏足够的“魅力”，不能吸引网民的眼球。借鉴BBC阿拉伯文网新闻标题的语言特点，笔者认为我们可以在以下方面做出改进。

1. 要合乎语法规范

浏览我们的网站，有时会发现新闻标题中有明显的语法错误。个别时候，可能还会发现标题是动词句，或者动词的时态为过去时。不少事实证明，这种低级错误的危害是相当大的，往往会影响受众对媒体的信任：连这样低级的错误都犯，这样的媒体提供的信息能准确可靠吗？

事实上，这些低级错误大多是新入职的同事先犯下的，而后面负责校对和定稿的人往往专注于新闻内容，而忽略了标题。表面上看，这是一时疏忽造成的错误，但对标题重要性的认识不足才是最根本的原因。

2. 要尽可能简洁明了

标题过长是我们目前最突出的问题之一，特别是国内新闻。语言和文化的差异是造成这种现象的原因之一，但对网络新闻标题“短小精悍”的基本特点认识不足也在一定程度上造成了这一问题。通过重新编辑、简化处理等方式，我们完全可以把一个很长“很笨”的标题变得“小巧”一些。例如：国际在线阿拉伯文网上有这么一条新闻标题：

وزارة الخارجية: الصين تحترم قرار كل الدول في الانضمام إلى البنك الآسيوي للاستثمار في البنية التحتية أو عدمه بدون شرط زمني （外交部：中方尊重有关国家是否加入以及何时加入亚投行决定）

笔者认为，可以将标题简化为：

الصين: نحترم خيارات الدول بشأن الانضمام إلى البنك الآسيوي للاستثمار في البنية التحتية

（中国：我们尊重有关国家在加入亚投行问题上的选择）

3. 句型应多样化

应根据新闻的内容，结合不同句型的句法功能，为标题选择合适的句型（名词句、省略句、半句子）。这样不仅有利于突出新闻中的重要信息，还可以让网络页面显得轻松活

泼。目前我们网站新闻标题多为名词句，显得比较单一和呆板。这可能与我们翻译时受中文原文的影响有关。事实上，我们可以根据新闻的内容、报道的角度、突出的重点等，选择不同的标题句型。

例如："外交部证实中日本月将举行安全对话"，我们可以忠实于原文，把它翻译成：

الخارجية الصينية تؤكد انعقاد الحوار الأمني بين الصين واليابان هذا الشهر

但我们也可以把它简化一下，变成一个省略句，样子就会显得灵活许多，重要信息也变得更突出：

حوار أمني بين الصين واليابان هذا الشهر

4. 必要时重新设置标题

应根据具体情况和对外传播的需要，对原中文标题进行必要的编辑，甚至重新设置。注意多使用直接引语、标签化处理等方式，以增强标题的吸引力。

很显然，如果我们的工作仅限于翻译层面，我们就无法充分地借鉴 BBC 阿拉伯文网等外国网络媒体的经验。我们的新闻发稿平台面对的是多媒体用户和 60 多种语言广播，很多时候顾及不了网络媒体对标题的特殊要求，也无法满足不同语言广播对标题的个性化需求。因此，在翻译之前，我们应注意对新闻标题进行合理的编辑，甚至是重新设置标题，使之符合网络新闻的特征和阿拉伯网民的需要。下面是笔者从国际台新闻发稿平台上选择的三条新闻标题：

（1）在海地地震中遇难的中方人员遗体启运回国

（2）中国行政村通电话率和乡镇互联网覆盖率均超 99％

（3）联合国呼吁国际社会继续支持阿富汗重建

其中标题（1）将海地地震中参加国际维和行动的遇难的中国维和警察简单地说成"中方人员"，没有表达出"中国维和警察"这一重要信息，使这条新闻基本上失去了对外传播的价值。因此，翻译时最好将标题改为：在海地地震中遇难的中国维和警察遗体启运回国。

标题（2）太长，本来是条关于中国通信业发展成就的新闻，但看上去却让人觉得复杂而沉重。考虑到互联网比电话更能说明成就，不妨将标题改为：中国乡镇互联网覆盖率超 99％。

如果不看新闻内容，标题（3）本身没有什么问题。这条新闻的第一段是这样的：

联合国秘书长潘基文 4 日在提交给安理会的一份报告中指出，阿富汗局势目前正处于"重大的危急关头"，需要国际社会继续在安全和经济等领域提供支持。

我们注意到，新闻的第一段使用了直接引语"重大的危急关头"。如果考虑使用直接引语的好处，似乎可以为这条新闻设置一个新的标题：联合国秘书长说阿富汗局势正处于"重大的危急关头"。对比两个标题可以发现，原来的标题显得有些平淡无奇，不容易引起网民的关注。

再比如，我们经常会遇到一些综合性的新闻稿，在翻译之前我们需要研究一下新闻的内容，如果发现其中有阿拉伯受众较为关注和感兴趣的话题，而现有的标题可能无法引起他们的注意，这种情况下我们不妨设置一个新的更加有针对性的标题。

网络新闻标题的设置，包括编辑和翻译，既关乎语言形式，也关乎信息内容。形式上的问题，我们可以而且应该向 BBC 等国外著名媒体学习，借鉴它们好的做法。关于内容上的问题，则与受众心理、国家外交方针等都有关系，需要我们在实践中慢慢摸索。不过，只要我们“贴近受众”，从受众的角度来考虑和处理问题，我们就能设置出好的新闻标题，我们网站的传播效果就会更明显。

（作者单位：中国国际广播电台阿拉伯语部）

非西方媒体在英美主流社会发展探究及启示

梁　弢

在英国这个世界广播电视事业发展最早的国家中，能够发出与西方主流媒体不同的声音并且占有相当一部分当地受众市场的国家级媒体，一个是总部位于卡塔尔的半岛电视台，另一个就是新近崛起的“今日俄罗斯”电视台（Russia Today，简称 RT)。

半岛电视台成立于 1996 年。作为阿拉伯世界第一个 24 小时滚动播出新闻的电视台，“半岛台在节目中开创性地引入了电话采访、电视论战等内容元素，尤其在‘9·11 事件’之后，它多次率先播放本·拉登和其他基地组织领导人的录像声明，从而引起了全世界的广泛关注”。[①]

“今日俄罗斯”是由俄罗斯政府斥资 3.5 亿美元打造的一家 24 小时新闻电视台，于 2005 年 12 月在莫斯科正式开播。“成立仅 9 年，‘今日俄罗斯’已在全球 100 多个国家拥有 6.4 亿观众，拥有全球 28%的有线电视用户。在英国，RT 电视台收视人数达到 250 万，已经超过了之前在英国最流行的半岛电视台，成为继英国广播公司（BBC)、天空卫视（Sky News）之后的第三大电视新闻频道。”[②]

21 世纪的第一个十年，半岛电视台领军非西方媒体阵营，而 2012 年美国皮尤研究中心的统计数据表明，“今日俄罗斯”已成为全球最大的视频分享网站 YouTube 最受欢迎的新闻频道。更为注重新媒体应用的“今日俄罗斯”电视台在非西方媒体中影响力日渐增强。

两家电视台在英美主流社会的发展历程非常值得我们借鉴。它们各自的成功经验有些是具有相似性的，有些又是与其各自的办台理念、风格和时代特征密切相关而又有所区别的。

一、相同点

1. 政府对运作经费的保障

“‘今日俄罗斯’在 2005—2006 财政年度，预算为 3000 万美元，其后每年预算增长约为 4000 万美元，其 2014—2015 年度预算接近 4 亿美元，预算的一半是投放到海外站点的建设上（BBC 在 2013—2014 财政年度预算约为 2 亿美元)。卡塔尔政府在 1996 年对于刚建成的半岛台的投入达到 1.5 亿美元，这笔金额在当时可以使电视台运作五年而全无后顾之忧。”[③]

2. 在国际化话题中敢于发声

任何一家世界一流媒体，都是将新闻作为最主要的传播内容，新闻报道最能体现媒体的业务能力。具有重大国际影响力的事件的发生，往往就是诞生世界一流媒体的契机。

“今日俄罗斯”和半岛电视台都是因此崭露头角。乌克兰危机的报道让世界了解了RT，正是“今日俄罗斯”的强力发声，与西方媒体在争夺“克里米亚归属”问题的舆论制高点上的较量，扭转了俄罗斯过去宣传劣势的形象。而关于伊拉克战争和阿富汗战争的报道，特别是被英美称为塔利班和本·拉登唯一信任的媒体，半岛电视台能够不断发布独家新闻，令西方媒体望尘莫及。

3. 以本土化和专业化的运作模式吸引西方受众

“今日俄罗斯”在全球18个国家设有23个记者站，分布在欧洲的伦敦、巴黎，美国的纽约、华盛顿以及印度新德里，伊拉克的巴格达和乌克兰基辅等地。它在世界各地基本上使用当地记者，甚至不惜重金聘用各国名主播加盟。RT成功邀请在CNN工作25年、有着“王牌脱口秀主持人”称号的拉里·金（Larry King）加盟。“当拉里·金签约RT的消息传出后，英国《泰晤士报》曾发出这样的感慨：‘美国最为家喻户晓的电视访谈人物叛逃到了俄罗斯。’”④半岛电视台则在成立之初以重金从英国BBC广播公司阿拉伯语部挖走大批记者，打造阿拉伯世界电视新闻领域的宣传航母。2013年半岛电视台成功收购了美国前副总统戈尔创立的Current有线电视台。其得意之笔是成功挖走BBC资深主持人弗罗斯特。当半岛电视台正式宣布弗罗斯特加盟的消息时，整个英国震惊了。弗罗斯特在西方新闻界与美国的拉里·金齐名，两次获得艾美奖，曾经采访过7位美国总统和6位英国首相。加盟后的弗罗斯特对半岛电视台给予了极高的评价，称它是“21世纪第一个也可能是唯一一个全新的国际电视新闻频道”。⑤

二、不同点

1. 报道原则上的差异

半岛电视台坚持客观、独立、全面、平衡的报道方针，这使它获得众多西方受众的青睐，也是其能够突破英美老牌媒体包围脱颖而出的主要原因。而“今日俄罗斯”则是以鲜明观点争夺话语权，其报道原则是传播“俄罗斯观点”、以“俄罗斯视角”看世界，以此实现提升俄罗斯软实力的目的。敢于触碰敏感话题是“今日俄罗斯”的一贯报道原则，无论是去年年初的“乌克兰克里米亚危机”还是随后的“MH17客机坠毁事件”，面对西方媒体对俄罗斯众口一词的批评和质疑之声，RT始终站在俄罗斯立场上的报道成为国际舆论战场上引人注目的声音。如果说，半岛电视台的出现，让美国感觉很不舒服，那么“今日俄罗斯”的出现，让英美同时感到了震惊。因为制衡西方宣传机器的力量已经出现，世界已不像过去那样盲目相信英美这样主流的西方媒体，与西方不同的声音越来越清晰。英国的《卫报》曾这样评价过RT：“新闻报道应该提供可选择的观点，但是像‘今日俄罗斯’这样的观点，无法不令人害怕。”⑥

2. 报道风格上的不同

半岛电视台以传统技术条件为依托开创性地引入电话采访，以阿拉伯世界的价值观为传播的文化基础。而“今日俄罗斯”更多采用网络摄像头传输或手机视频连线的方式，形成自身灵活、快捷、节奏性强的报道风格。这种与时俱进的报道方式，决定了“今日俄罗斯”一方面有更多的体验式报道。比如记者在报道矿井作业题材时，往往会亲自下到煤矿矿井的第一线来体验矿工生活，并亲身躺在矿石传送带上直播体验传输速度的视频。另一方面有更擅长以“讲故事”的模式播报新闻的基因。比如对于叙利亚难民的采访报道中，记者拿着手机在难民营中穿行拍摄视频，颠簸的画面中看到堆积成山的垃圾，难民取食污水的场景以及儿童在垃圾堆上打滚嬉戏的镜头，短短几秒钟的画面，故事性极强，颇为打动人心。

3.“今日俄罗斯”注重同社交媒体的合作

新媒体帮助“今日俄罗斯”打破了传统电视的时空局限，迅速影响全球各地的青年网民和西方国家的广大受众。“通过与 YouTube、Facebook、Twitter 等社交媒体间联合扩展节目平台，‘今日俄罗斯’打造出与受众良性互动氛围，形成一套多元化的社交传播体系。自 2007 年进入全球最大的视频分享网站 YouTube 起，其上传的话题引起大量共鸣，并迅速成为 YouTube 上最受欢迎的新闻频道。2012 年，跃居为该网站最大的新闻视频提供商。2013 年，‘今日俄罗斯’成为首个拥有 10 亿以上观众的网络电视频道，这表明它不用通过任何的落地谈判就轻易突破了覆盖范围的界限，实现了全球化传播。”⑦到 2014 年乌克兰危机事件的时候，全球 150 多个国家的 2000 多家媒体已经成为“今日俄罗斯”网站的客户，其中包括美国广播公司（ABC）和福克斯电视网。⑧因此，在危机事件中，俄罗斯能在欧美民众中获得较高支持率，社交媒体传播发挥了巨大的作用。

三、启示

综上所述，两家非西方媒体能够在新世纪先后成功打入英美主流宣传阵地，这对于中国国际广播电台（简称国际台）在海外提升国际传播力和话语权，特别是在对象国拓展业务和市场有着很好的启示作用。

1. 体现独特的报道视角

目前，国际台主战场迁移，大力拓展海外节目制作室和记者站业务。在海外，特别是英、美这些主流对象国地区，面对西方世界传统强势媒体的重重包围，如果只是人云亦云，肯定不能扩大我们的影响。只有在遵循新闻规律的前提下，展示出与众不同的声音，体现独特视角的内容，才能具有与 BBC、CNN 等知名西方媒体竞争的可能。因此，我们在海外发展自己的事业，就一定要明确自身的定位——用中国的观点报道世界的新闻。正如清华大学新闻与传播学院副院长史安斌教授所说：我们在报道能力方面可能不如 BBC 和 CNN，但我们可以提供与之完全不同的观点。而目前由于中国经济在全世界范围内颇具影响力，全世界都迫切希望听到中国的声音。因此，在重大事件中发出中国的声音，是完全有可能拥有听众的。⑨另外，就是对于敏感话题，主动出击，设置议题，尊重客观事实的负面报道比一味的正面报道往往更有利于增强在海外的影响力和传播效果。这样一方面可以淡化我们的官方色彩，使报道不失客观性和公信力；另一方面可以发挥舆论监督的有效作用。

2. 进一步强化本土化运作

从半岛台和“今日俄罗斯”挖走 BBC 与 CNN 当家主播的例子不难看出，以对象国人物形象及文化背景来影响对象地区受众，更容易达到事半功倍的效果。另外，我们在海外的运作，从编辑团队到内容制作，都应更加贴近当地，改变西方受众对我们所固有的刻板印象。当新闻事件在当地发生时，要用贴近当地受众习惯的节目风格、播报方式、具有相同文化背景的节目主持人和记者，当所有这些要素加在一起，才有可能发生化学效应，产生受众熟悉又易于接受的传播模式，从而一改其对中国媒体的固有印象。

3. 善于使用社交媒体和新媒体

在社交网络兴盛的自媒体时代，借力社交网络，放大自身品牌效应，可以算作一条成本低廉、传播范围广泛、出奇制胜的策略。试想我们成功实现从“节目制作者”到“音视频内容提供商”的转型，外国媒体可以通过第三方平台，免费下载我们所提供的高质量音视频内容，那么我们的国际传播力建设可以说是有了突飞猛进的发展效果，届时中国的声音将真正传遍世界各地。此外，一些简便易行的营销手段也很值得我们借鉴。比如目前，乘客在伦敦火车站、地铁站以及伦敦市政府下属的出租车公司的运营车辆中都可以看到“今日俄罗斯”的节目。我们在海外的节目制作室也可采取这样的思路，与海外一些传媒机构合作，使节目能够以较小的成本出现在目标受众比较集中的公共区域，这也是深入海外受众做品牌推广而又节省成本的一种有效探索。

回顾半岛电视台与“今日俄罗斯”电视台在英美的发展历程以及与西方政府和媒体的多次摩擦与交锋，其背后不仅暗含着东西方媒体、西方传统大国与新兴市场国家之间国际传播能力的较量与价值观的冲突，也展现了当今世界新闻传播这个没有硝烟的战场格局正在发生剧烈的变化。如何能够在剧变中，后来居上、抢滩成功，这是摆在每一个国际台人面前迫切需要思考和解决的问题。

（作者单位：中国国际广播电台英语中心）

注释：

① 半岛电视台，百度百科。

② 徐蕾：《我们向“今日俄罗斯”学什么?》，《人民日报》海外版，2014 年 9 月 19 日。

③ 王磊：《“今日俄罗斯”运营成功经验及其借鉴意义》，《今传媒：学术版》，2014 年第 12 期。

④ 王磊：《“今日俄罗斯”运营成功经验及其借鉴意义》，《今传媒：学术版》，2014 年第 12 期。

⑤《卡塔尔半岛电视台作为发展中国家媒体成功的原因》，http：//news.163.com，2005 年 11 月 25 日。

⑥ 许华：《“今日俄罗斯”因何异军突起?》，《对外传播》，2014 年第 8 期。

⑦ 谢新洲：《“今日俄罗斯”，何以让西方紧张》，《人民日报》，2014 年 5 月 19 日。

⑧ 黄鹂：《“今日俄罗斯”成功原因及启示》，《对外传播》，2014 年第 8 期。

⑨《美改革“宣传喉舌”对付中俄》，《环球时报》，2014 年 7 月 31 日。

俄罗斯广电媒体的发展现状和运营特点

燕　玺

俄罗斯的广播电视产业拥有悠久的发展历史。早在20世纪20年代末，苏联就开始创办官方电台——“俄罗斯之声”广播电台，而20世纪30年代末，苏联又出现了第一家电视台——列宁格勒电视台。

20世纪末，苏联解体给俄罗斯广播电视媒体市场带来了极大的影响。伴随着国家、经济、社会体制的急速转型，俄罗斯的广播电视媒体也在这一进程中逐渐形成了独有的新特质。

一、俄罗斯的广播电台市场现状

（一）市场萎缩不明显，营收不减反增

随着时代和技术的发展，俄罗斯的媒体市场正在发生着结构性的变化。在大部分国家，广播媒体的生存环境越来越“恶劣”，在媒体市场上的地位正在不断下滑，不过俄罗斯则有所不同。近年来，俄罗斯的广播产业仍然保持了稳定发展的态势，并没有出现明显的下滑。

从广播媒体的数量上看，在俄罗斯合法注册的广播电台从2010年的2250家增长到了2013年的2816家。除了电台数量增长以外，近年来俄罗斯广播的营收也不断增长。2013年，俄罗斯广播媒体广告收入总量达到了165亿卢布，同比增长了13%。这一增长速度甚至高于电视媒体。从广播广告类型上来看，零售类、汽车类、医药类和娱乐类广告是俄罗斯电台当中播放最多的，这四类广告占到了电台广告投放总量的70%以上。[①]

据俄罗斯通信协会的分析，俄罗斯广播媒体广告收入不断增长的原因，一方面是由于不少城市的经济发展水平与广播发展程度相匹配，另一方面则因为俄罗斯幅员辽阔，跨越11个时区，即便是有的州也横跨了多个时区，因此对于广告投放企业来说，投放在广播里，尤其是全国性广播里的广告就会在一天里经历多个黄金时段，比如，俄罗斯莫斯科时间16点播出的广告，虽然对莫斯科地区来说不是黄金时段，但是对于比莫斯科早两个小时的地区来说，却正好是黄金时段，2个小时以后，广告再次播出的时候，又正好是莫斯科地区的黄金时段。正因为如此，很多企业对于这种“多黄金时段”的广播广告非常看好，也愿意投入更多的资金。

和普通广播媒体稳定发展有所不同的是，俄罗斯的大功率广播正在快速萎缩。此前相当长一段时间，俄罗斯的三大国有广播电台（俄罗斯广播电台、“灯塔”广播电台和“俄罗斯之声”广播电台）都通过短、中、长三种波段，将广播信号覆盖了俄罗斯全境以及实现向全球广播。2013年年初，俄罗斯国家广电网也停止了俄罗斯国内影响力最大的国营电

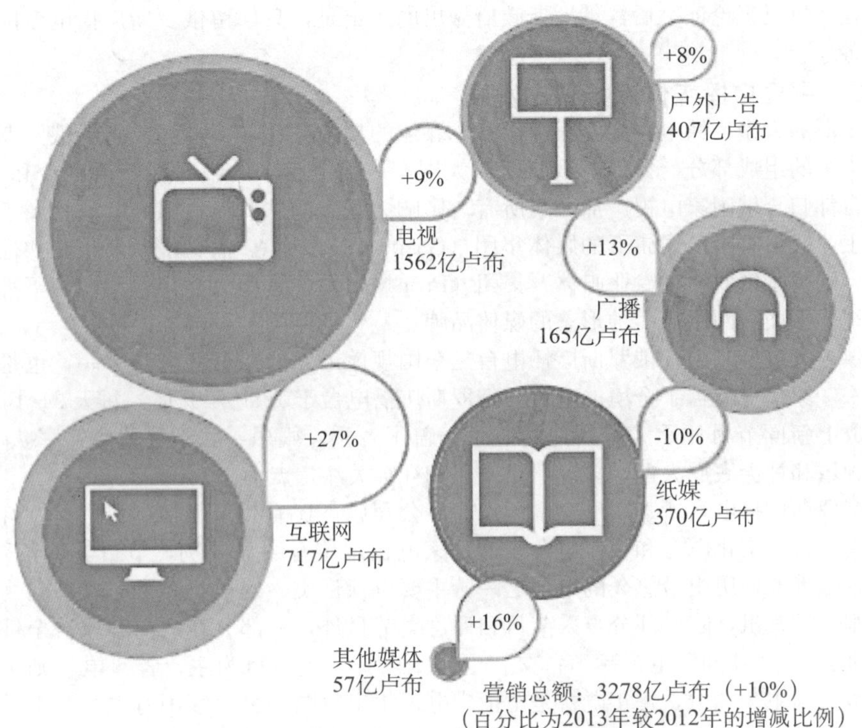

图 1　2013 年俄罗斯传媒市场营销规模示意图
数据来源：俄罗斯联邦出版与大众传媒署

台“灯塔”电台在全国范围内的中波和长波广播信号。俄罗斯唯一一家对外广播电台“俄罗斯之声”电台也于 2013 年年中因为资金不足而停止了短波广播（“俄罗斯之声”电台现已被撤销，并入了新成立的“今日俄罗斯”国际新闻通讯社）。

值得一提的是，俄罗斯大功率广播的萎缩除了媒体市场自身的调整以外，在一定程度上还与俄罗斯的国家战略有关系。2012 年，俄罗斯政府出台的广电产业三年发展计划里，将以前一直列为国家战略的“广播信号要覆盖全部俄罗斯居民”的内容删除。这一改动直接带来的结果是，原本准备增加俄罗斯几家国营广播电台发射功率的几个大型项目被取消，相关预算也被撤销，而这几个项目原本的总投资额达到了 137 亿卢布（约合 20 亿人民币）。

在俄罗斯媒体市场上，有关“俄罗斯大功率广播电台是否会走向消亡”的讨论也越来越热烈。俄罗斯媒体业界普遍认为，从短期和中期来看，还难以找到替代大功率电台在大范围地域内进行广播的方式。在俄罗斯中东部的西伯利亚、远东地区和北部的北极地区地广人稀，只有大功率电台才能将广播信号送至这些偏远地区。而国营电台纷纷停止短波、中波和长波广播，已经让很多偏远地区无法收听到这些电台的节目，“俄罗斯之声”电台短波广播的停播更是让其海外传播受到了致命打击。这一系列影响在俄罗斯也引发了一些争论。在经过反复论证之后，俄罗斯政府做出的决定是，只保留俄罗斯广播电台的信号覆盖全国各地。②

（二）主要广播媒体保持稳定发展

俄罗斯的大型广播电台如今很少以独立媒体的形式存在，大多都成为了俄罗斯大型传媒集团当中的组成部分。比如，俄罗斯三大国有广播电台中的俄罗斯广播电台和“灯塔”广播电台都归全俄国家电视广播公司所有。影响力较大的“莫斯科回声”电台属于俄罗斯天然气工业股份有限公司旗下的媒体集团（Gazprom-Media）。而在俄罗斯很受欢迎的交通广播电台则属于俄罗斯“专业媒体”集团（Prof-Media）。这些大型传媒集团旗下都拥有广播、电视、平面、网络等多种形态的媒体品牌。

在数千家电台当中，俄罗斯广播电台是全国规模最大的综合性电台之一，也是俄罗斯国内唯一一家信号覆盖了全境的电台。俄罗斯广播电台于1990年开播，每天24小时播出。节目构成上新闻节目比重大，其他的节目涵盖了音乐、娱乐、文学、儿童、军队、农业、医学等领域和社会底层人群，多以严肃文化和社会关注焦点为主。

而俄罗斯广播电台所隶属的全俄国家广电公司旗下还有4个电台，分别是“灯塔”电台、新闻电台、文化电台和青年电台。这几家电台定位有明显区别，节目类型各异。“灯塔”电台是俄罗斯历史最悠久的电台之一，主要以谈话类、娱乐类和音乐类节目为主；新闻电台则主播资讯，除了部分自采节目和评论类节目外，大部分新闻内容取自全俄广电旗下的“俄罗斯24新闻”电视频道；文化电台则以文艺类节目为主；青年电台则主要以流行音乐节目为主。其中，青年电台是全俄广电近年来收购的另一家国有电台，也是目前全俄广电旗下唯一的一个网络电台，其节目只能通过互联网和移动终端收听。所有电台的总部都设在莫斯科。在全俄社会舆论研究中心发起的2013年俄罗斯电台排行中，俄罗斯广播电台、“灯塔”电台和新闻电台均位列前十。③

“莫斯科回声”广播电台（以下简称回声电台）开播于1990年，是近20年在俄罗斯迅速崛起的商业电台。回声电台从创办初期就定下了“对于重大新闻事件，所有声音都应该被传播”的报道原则，在导致苏联最终解体的“8·19事件”当中，回声电台因反对国家紧急情况委员会而声名鹊起。此后20年，回声电台一直坚持自己的立台原则，主要关注时政类的新闻事件，敢于播发一些批评政府的自由言论。虽然因此与俄罗斯当局发生过各种矛盾，甚至一度陷入被禁播的威胁中，但回声电台仍然受到广大听众的欢迎。据回声电台自己的统计，目前该电台在全国范围内的周听众人数约为900万人，甚至高于俄罗斯的俄罗斯广播电台等国家电台。回声电台从1997年开始设立网站，是俄罗斯最早开设网站的广播媒体之一，目前网站用户量大约为200万人左右。④

成立于1929年的“俄罗斯之声”广播电台曾经是俄罗斯最大的对外广播电台，也是俄罗斯历史最悠久的电台。鼎盛时期，“俄罗斯之声”曾制作70种语言的节目。其节目通过中波、短波、调频、卫星、手机、网络的方式覆盖160个国家和地区，拥有1亿多全球受众。根据2013年年底颁布的总统令，“俄罗斯之声”电台已并入“今日俄罗斯”国际新闻通讯社，目前，原“俄罗斯之声”电台的海外资源已经整合到“今日俄罗斯”通讯社新成立的媒体品牌 Sputnik 旗下。[⑤]

其他在俄罗斯比较受欢迎的广播电台还包括交通广播电台（Авторадио）、幽默广播电台（《Юмор》Радио）、经典音乐广播电台（Радио《Классик》）等，为不同听众提供针对性较强的广播节目内容。

二、俄罗斯电视产业现状

（一）霸主地位未受动摇

俄罗斯的电视产业已经拥有近 80 年的发展历史。在科学技术快速发展的今天，电视仍然在俄罗斯媒体市场上占有主导地位，是俄媒体体系中最主要的媒体形态、广告载体和满足大众信息消费需求的最重要渠道。近年来，俄罗斯电视媒体的整体收入保持了增长趋势。2013 年俄罗斯各电视媒体收入平均增长 9%，整体广告收入也增长了 9%，达到 1562 亿卢布（约合 240 亿人民币）。[⑥]

虽然最近几年来，俄罗斯的电视产业并没有出现特别激进的变革，但是随着数字化革命的不断深入，俄罗斯的电视产业仍然在悄然发生着各种变化。

无论是电视台还是电视观众，对于社会题材电视节目的关注度不断增加。比如，最近两年，俄罗斯国内受关注度最高的电视节目是 2013 年俄罗斯远东洪灾的相关节目。这一年，一场数十年一遇的特大洪水袭击了俄罗斯远东地区，俄罗斯“第一频道”组织的一场为受灾人民募捐的大型晚会成为近两年来俄罗斯收视率最高的电视节目。此外，全俄国家广播电视公司策划的电视科普节目《历史》也受到了俄罗斯社会的高度关注。

在与欧美电视节目的竞争当中，俄罗斯本土策划制作的电视节目也越来越受到受众的欢迎。最近两年，俄罗斯“第一频道”自主策划的音乐类综艺节目《旋律竞猜》，超越了《俄罗斯好声音》等欧美引进的娱乐节目，成为了最受欢迎的文化娱乐类节目之一。此外，2013 年电视播放的电影当中，收视率最高的十部影片里，只有一部欧美影片，俄罗斯国产影片占据了九席。而在电视剧收视率的 TOP10 当中，全部是俄罗斯国产电视剧。[⑦]

此外，电视媒体的新媒体转型节奏也在不断加快。俄罗斯各大电视台目前均已发展成为以传统电视为核心、多媒体平台为载体的综合型媒体集团。

（二）“三巨头”走出危机阴影，营收持续增长

俄罗斯“第一频道”电视台、全俄国家电视广播公司以及独立电视台是目前俄罗斯国内规模和影响力最大的三家电视媒体。虽然在 2008 年全球经济危机当中都受到了不小的打击，但经过多年的努力，“三巨头”都已经走出了危机阴影，继续主导着俄罗斯的电视市场。

“第一频道”电视台（以下简称“第一频道”）是俄罗斯历史最为悠久的电视台之一，其运营时间仅次于现圣彼得堡“第五频道”电视台。“第一频道”也是俄罗斯规模最大、影响力最大的国有电视台。“第一频道”在俄罗斯的普通人群覆盖率达到了 98.8%，稳定

观众人群超过2000万人，长期保持俄罗斯电视市场收视冠军的地位。

最近几年，“第一频道”的收入保持了稳定增长的态势。2011年和2012年，“第一频道”的年度收入分别达到289亿卢布和291亿卢布（约合44.4亿人民币和44.7亿人民币），2013年再度增长1.6%，达到295亿卢布（约合46亿人民币）。而“第一频道”占有的电视广告市场份额一直保持在20%以上。

全俄国家电视广播公司（以下简称全俄广电）成立于1991年，是俄罗斯国有的广电机构，也是俄罗斯规模最大的媒体集团之一，目前拥有30个电视频道、5个广播电台、10个互联网频道。其中，“俄罗斯电视1台”是俄罗斯最大的公共电视机构，在俄罗斯电视界的领先地位无可非议。目前，98.5%的俄罗斯人和5000万独联体以及波罗的海地区的观众都能收看该频道。2006年开播的“俄罗斯24”新闻频道是俄罗斯唯一一个全天候播发资讯类节目的电视频道。自开播以来，该频道已经成为俄罗斯国内最权威、最有影响力的新闻频道。

2011年和2012年，全俄广电营业收入分别达到296亿卢布（约合45亿人民币）和311亿卢布（约合50亿人民币），2013年，全俄广电的营业收入则为312亿卢布，实现净利润2.93亿卢布（约合4500万人民币）。此外，2012年至2013年，全俄广电在俄罗斯电视市场的广告份额达到了13.29%，而收视份额则达到了13.4%，仅次于“第一频道”电视台，在全部俄罗斯电视媒体当中排名第二。

俄罗斯独立电视台是俄罗斯电视“三巨头”当中唯一一家私营电视台，也是最年轻的电视台。创立于1993年的独立电视台定位于敢于表达不同于政府的观点、敢于报道负面新闻，很快就得到了观众们的青睐，逐步发展成为俄罗斯国内规模最大、收视率最高的电视台之一。2001年独立电视台因为创始人古辛斯基的“倒台”而进行了全面改版。依靠长期积累的品牌口碑，以及作为私营电视台更加灵活的商业运作，尤其是乐于学习和引进欧美娱乐节目、花巨资购买高关注度的体育比赛转播权等，改版后的独立电视台并没有一蹶不振，反而继续保持在俄罗斯三大电视台的行列当中，其商业运营甚至比另外两家国营电视台更加成功。

2013年，独立电视台营业收入为231亿卢布（约合36亿人民币），同比增长4.6%。净利润则增长9.7%，达到49亿卢布（约合7.5亿人民币）。而“第一频道”电视台和全俄广电同期的净利润仅仅分别为2.87亿卢布（约合4400万人民币）和2.93亿卢布（约合4500万人民币）。⑧

（三）受众习惯发生变化

随着社会多元化发展以及技术的不断进步，俄罗斯电视观众群体也在发生着结构性的变化。从俄罗斯联邦通信与大众传媒署2014年发布的调查报告可以看出，最近十年来，俄罗斯电视受众群体主要体现出以下几个特点：

（1）各年龄段电视观众的收视习惯发生了显著变化：虽然俄罗斯电视观众的平均收看时间大约为每天4个小时，但是年轻电视观众的收看时间大幅下降到每天8分钟！

（2）俄罗斯电视观众性别失衡严重：目前俄罗斯的电视观众大多为女性，而且以年长的女性居多。

（3）俄罗斯电视观众仍然更加喜欢观看电视剧和娱乐类节目。

目前，俄罗斯家庭总共拥有8600万台电视机，平均每个城市家庭拥有1.6台电视，农村家庭拥有1.3台电视。俄罗斯电视产业研究机构“视频国际”（Video International）预计，未来一段时间，这几个数据不会再继续增长，传统电视机将逐渐被智能电视和多功能视频设备所取代。不过，“视频国际”同时也指出，俄罗斯家庭更换新型电视的速度相对于电视技术的革新速度要慢一些，每年只有10%的城市家庭愿意购买新型的智能电视来替换已有的传统电视，而实际购买的家庭数量会低于这一指标。截至2014年年初，俄罗斯全国范围内仍然有56%的城市家庭在使用老式的CRT电视，即便在科技最发达的莫斯科地区，也仍然有28%的家庭在使用CRT电视。此外，智能电视在俄罗斯的普及速度也稍显缓慢。2012年，只有5%的俄罗斯家庭在使用智能电视，而到了2013年，这一指标只上升到8%。而且，一半以上的家庭并没有将智能电视与互联网相连，只是把智能电视当作传统电视来使用。

总体来说，俄罗斯人爱看电视的这个习惯没有发生太大的改变。据俄罗斯市场调研公司TNS的调查数据，俄罗斯人看电视的平均时间在最近几年持续增长：2009年，俄罗斯每户家庭每天观看电视的时间为3小时47分钟，2012年增加到3小时57分钟，而2013年则达到3小时58分钟，电视开机率则达到了惊人的99%。而72%的俄罗斯人每天都会看电视，93%的人每周至少要看一次电视。

俄罗斯居民收看电视平均时长

2009年	2012年	2013年
3小时47分钟	3小时57分钟	3小时58分钟

数据来源：TNS国际研究和咨询公司

需要指出的是，虽然总体上俄罗斯人观看电视的时间越来越长，但是年轻电视观众的观看时间正在明显减少。从统计数据就能看出，俄罗斯4—24岁的电视观众每天观看电视

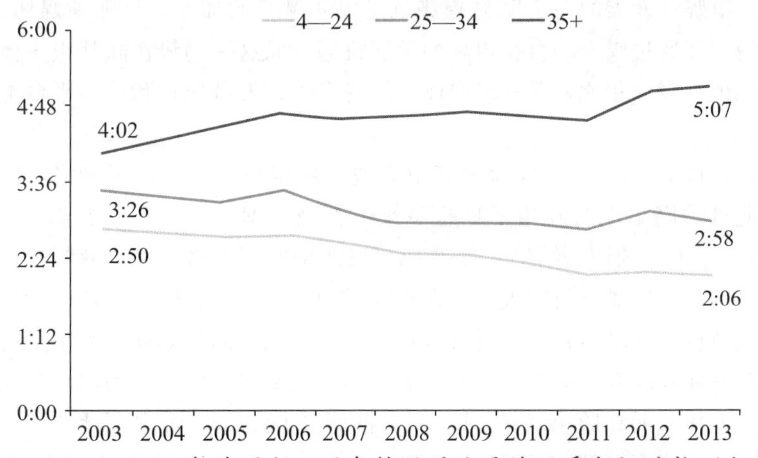

图2　2003—2013年俄罗斯不同年龄段居民平均观看电视时长（小时）

数据来源：TNS国际研究和咨询公司

的时间从2003年的每天2小时50分钟减少到2013年的2小时6分钟，而25—34岁的电视观众每天观看电视的时间从2003年的3小时26分钟减少到了2小时58分钟。另外收视人群的年龄结构也发生着明显变化。35岁以上的电视观众所占比例从2003年的62%增加到了2013年的73%，24岁以下的电视观众所占比例从23%下降到了13%。

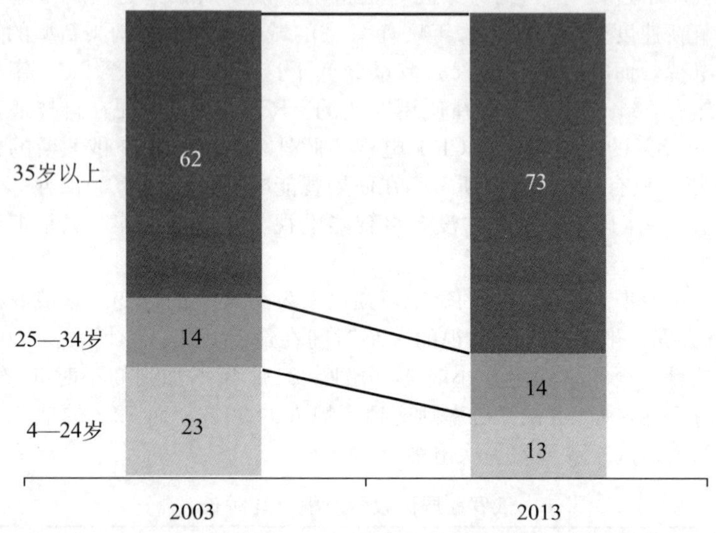

图3 2003—2013年俄罗斯电视观众年龄结构百分比对照图

数据来源：TNS国际研究和咨询公司

三、俄罗斯广电媒体运营新特点——媒介融合加速

俄罗斯广电媒体发展的一个明显趋势就是媒介融合的加速。伴随新媒体的蓬勃发展，传统媒体纷纷选择通过媒介融合获得新的发展机遇。而这一趋势在联邦级媒体中表现最为突出，因为和地方媒体相比，联邦级媒体在经费来源、人员配置和技术平台上具有明显的优势。

电台方面，目前已经有40家俄罗斯电台进入俄罗斯的有线电视网络，通过电视播放广播节目。此外，网络电台在俄罗斯也越来越普及。据俄罗斯西诺瓦特公司（Synovate Comcon）2013年进行的调查结果，目前24.4%的俄罗斯人每天都有收听广播的习惯，不过，通过互联网收听广播节目的人数正在不断增加，尤其是在经济发达的大城市，通过互联网收听广播节目的人已经超过了听收音机的人数。也正因为如此，几乎所有的大型电台都在通过互联网和移动客户端向听众们推送各类广播节目。一些大型电台的网站月收听量都能达到数十万次。而在脸书（Facebook）、推特（Twitter）等主要社交媒体网站上，俄罗斯大型电台的关注度也都在百万量级。

电视方面，虽然目前新型电视的接受度在俄罗斯还不算太高，但交互式网络电视（IPTV）的普及度正在不断提高。2013 年，俄罗斯 IPTV 的用户增长了 25%，达到 340 万户，其中大部分都是年轻家庭。[9]不过，相对于俄罗斯庞大的电视观众群体，这部分观众的数量还是偏小的，尤其是通过互联网来收看各类电视节目的观众并不多，在整个电视观众群体中，只占 10%左右。从目前来看，俄罗斯的网络电视还没有对传统电视构成太大的威胁，与传统电视的竞争主要还集中在争夺观众自由收视时间的层面，而非争夺观众数量。当然，从全球媒体发展的趋势来看，新兴网络电视媒体对传统电视媒体的挑战会越来越大，传统电视观众的流失也会越来越快，正因为如此，虽然主要的收视群体仍然坐在电视机前，但俄罗斯的各大电视媒体都不约而同地走上了网络化发展道路，纷纷抢占新媒体平台，为更加激烈的竞争做好充分的准备。

目前，几乎所有的俄罗斯电视台都在通过互联网、移动互联网等渠道进行传播，不断出现一些以互联网传播为主、传统传播为辅的新型电视企业，如“生活新闻”电视台（LifeNews）等。各大电视台借助移动客户端、社交媒体来扩大影响力和传播效率也越来越普遍。此外，为了普及数字交互式电视，俄罗斯的数字电视网络铺设工作也在最近几年得到了全面的推进。目前，数字电视网络已经覆盖了俄罗斯超过 90%的居民点，随着硬件设施的逐步到位，可以预见在未来几年内，数字电视、交互式电视、IP 电视等信息时代的最新电视产品将会在俄罗斯得到快速普及。

值得一提的是，虽然俄国内舆论环境较为稳定，但是其所面对的外部舆论环境却并不理想。在融合发展进程中，为了打破西方媒体的话语霸权，俄罗斯政府近年来大力扶持像“今日俄罗斯”电视台（RT）这样的外宣媒体，打造外宣旗舰。2013 年年底，老牌通讯社俄新社和“俄罗斯之声”电台进行了重组合并，成立“今日俄罗斯”通讯社。2014 年 11 月，“今日俄罗斯”向国外受众推出自己的新媒体项目“卫星”新闻通讯社。该项目立足海外受众，为海外受众提供广播、网络信息服务，旨在打造全新的国际新闻网络，“向全世界受众提供一种可选择的且未被西方媒体歪曲的视角看待世界大事”。外国媒体也将“卫星”项目视为克里姆林宫试图升级和扩大的宣传机器。

总之，媒体的集团化发展、传统媒体与新媒体融合发展成为近年来俄罗斯广电市场比较明显的新的发展趋势和特点。

（作者单位：中国国际广播电台俄语部）

注释：

① 俄罗斯联邦大众传媒署：《俄罗斯广播媒体 2014 年产业报告》，2014 年。

② 叶莲娜·瓦尔塔诺娃：《俄罗斯媒体和新闻学的后苏联转型》，俄罗斯媒体世界出版社，2013 年。

③ 全俄国家电视广播公司官网，www. vgtrk. com。

④“莫斯科回声”电台官网，www. echo. msk. ru。

⑤“今日俄罗斯”国际新闻通讯社官网，www. ria. ru。

⑥ 俄罗斯联邦大众传媒署：《俄罗斯电视媒体 2014 年产业报告》，2014 年。

⑦ 俄罗斯联邦大众传媒署：《俄罗斯电视媒体 2014 年产业报告》，2014 年。

⑧ 俄罗斯联邦大众传媒署：《俄罗斯电视媒体 2014 年产业报告》，2014 年。

⑨ 卡捷琳娜·季塔耶娃：《俄罗斯人更喜欢网络电视》，2013 年 9 月 26 日，http：//rbcdaily. ru/media/562949989034406。

越南主流媒体发展概况

陈敏玲

越南全称越南社会主义共和国，是由越南共产党领导的社会主义国家，其对媒体的管理相对严格。越共中央宣教部对越南思想、理论、宣传、媒体、出版、文化、艺术等领域进行统一指导性管理。同时，越南政府机关对不同媒体形态进行具体管理。越南之声电台、越南电视台、越南通讯社作为越南政府直属机关，直接接受越南政府总理管理；越南《人民报》作为越共中央机关报，接受越共中央领导；越南《人民军队报》作为越南中央军委和国防部机关报，接受越南军委领导；此外，越南通讯传媒部对其他媒体进行统一管理；越南各地方媒体同时接受越南地方宣传机关和政府管理。越南禁止私人和外国资本开办媒体。

越南媒体从1865年出版第一份报纸《嘉定报》至今已经历150年历史。对于世界传媒史来讲，越南的传媒业相当年轻，但从越南国家自身条件来看，在短短150年的历史中，越南媒体业发展经历了帝国殖民侵略时期、民主爱国时期、革命时期等不同时代。1925年6月21日，越南前国家主席胡志明在中国广州创办《青年报》，这标志着越南民主革命时期报纸的诞生。历经1945年民主共和国建立、1975年越南南北统一、1986年“革新开放”，越南传媒业已经逐步与国际接轨并开始融入世界。

一、广播电视

越南的电视、广播网络主要包括越南中央及各地方的67家电视台和广播电台，其中包括3家覆盖越南全国的电台、电视台，即越南之声电台（VOV）、越南电视台（VTV）、越南国家数字电视台（VTC），64家地方一级的广播电视台。目前，越南境内共有178套电视及广播频道或频率，其中103个电视频道，75个广播频率。越南大多数中央级广播、电视节目实现了互联网上播出，不少地方广播、电视台的节目也可以在互联网上实现全世界范围内收听和收看。此外，越南正在加大投资力度，大力发展电视广告和付费电视系统。目前，越南国内包括越南电视台、越南国家数字电视台、河内广播电视台、胡志明市电视台在内的四大电视机构已经实现了73套付费电视频道。同时，越南国内440万人付费收看越南境外75个电视频道。[①]

1. 越南之声电台（VOV）

越南之声电台是越南国家广播电台，属于越南政府管理机关，履行报道、宣传越南党和国家政策、路线及法律的职能。越南之声广播电台成立于1945年9月7日，当天11：30首次播出呼号为“越南之声广播电台，从越南民主共和国首都河内播出”的节目标志着越南之声电台的正式开播。1976年7月2日，随着越南国名的改变，越南之声呼号也相应改为“越南之声广播电台，从越南社会主义共和国首都河内播出”。

越南之声广播电台的越南语简称为 TNVN，英语简称为 VOV（Voice of Vietnam），其总部位于首都河内市还剑郡馆使街 58 号。目前，越南之声广播电台拥有多种媒体类型。传统广播节目共有六个频率，以中波（SW）AM、调频和短波（SW）AM 等向越南各地和世界其他地区重复播出。其中包括“新闻政治综合频道”（VOV1）、“文化生活科教频道”（VOV2）、“音乐新闻娱乐频道”（VOV3）、“少数民族语言广播频道”（VOV4）、“对外广播频道”（VOV5）和“交通频道”（VOV-GT）。除传统广播外，越南之声电台还办有《越南之声报》，该报纸于 1998 年 11 月 2 日创刊。1999 年 2 月 3 日，越南之声电台网站“VOV 在线”（VOV Online）正式开通，网址 http：//vov. vn。2008 年 9 月 7 日，越南之声电台电视频道正式开播，标志着其同时拥有广播、电视、报纸、网站等现代媒体类型。2014 年，越南之声电台又开播了越南“国会电视台”。2015 年 1 月 31 日，越南政府总理正式批准越南国家数字电视台（VTC）电视业务正式合并入越南之声电台，这大大加强了越南之声电台的电视制作能力。

除多种媒体形态的节目外，越南之声电台还设一个新闻中心、一个广播技术中心、两所广播电视高等专科学校、一个广告与广播服务中心和一家广电器材设备进出口总公司（EMICO）。

此外，越南之声电台在越南设有西北、中部、西原、胡志明市、九龙江平原等 5 个国内常驻记者站和中国北京、老挝万象、泰国曼谷、柬埔寨金边、俄罗斯莫斯科、日本东京、法国巴黎、美国华盛顿、埃及开罗等 9 个国外常驻记者站。越南之声电台现任台长为阮登进，对外广播频道总监为段氏忠。

2. 越南电视台（VTV）

越南电视台（VTV）是越南社会主义共和国的国家电视台。越南的第一家电视台成立于 1960 年，拥有两个频道，分别为越南语频道和英语频道。1970 年 9 月 7 日，在古巴的技术援助和训练下，越南之声广播电台的一个编辑部正式改组为越南电视台的前身，总部设于河内。越战期间，越南电视台的前身转入山区，只进行间断性的播放。1976 年，越南电视台从越南之声广播电台独立出来，总部迁出越南之声电台。1987 年 4 月 30 日，越南电视台正式定名为“越南电视台”，成为越南的国家电视台。

目前，越南电视台信号覆盖了越南境内所有区域，同时通过卫星覆盖世界大部分区域。越南电视台拥有 6 个全国性公共频道、5 个地方播出频道，并在各家付费电视系统中拥有上百个播出频道，每年制作播出 12 万小时的公共信号电视节目和 15 万小时的卫星信号节目。越南电视台目前拥有 4000 名员工，在国内有 5 个区域中心和 8 个海外记者站，与世界近 30 家电视台和 10 多个电视组织保持合作关系。

二、新闻通讯社

越南通讯社（Vietnam News Agency）简称越通社。1945 年 9 月 15 日，越通社用越、英、法三种语言向世界传播越南国家主席胡志明宣读的《越南民主共和国诞生独立宣言》，这一天也被定为越通社的成立日。1975 年越南南北统一后，越南南方民族解放阵线和越南南方共和临时革命政府的正式通讯机关——解放通讯社与越南通讯社合并。根据 1977 年 5 月 12 日越南社会主义共和国国会常务委员会颁布的 84/UBTVQH 号决议，越南通讯社越南语名称由 VNTTX 改为现名 TTXVN。

越通社是越南政府下属事业单位，履行国家通讯职能。作为国家通讯社，越通社是越南官方消息来源，负责对外发布越南党和政府的信息和文件；根据越南党和国家领导人的要求提供信息；通过各种媒体类型收集和传播信息，为国内外对象服务。

越通社除了设在越南首都河内的总部外，还在胡志明市和岘港市设立代办处，并在越南全国 63 个省、直辖市设立分社，世界五大洲设立 27 个国外分社。其国内新闻部、国际新闻部、经济新闻部以及对外信息部向读者提供各个领域的信息。这一独特优势使得越通社成为越南受众获取越南国内外新闻的主要渠道。

目前，越南通讯社与 42 个国家和地区的通讯社和新闻机构建立了双边和多边合作关系，是不结盟国家通讯社联盟（NANAP）成员、亚太通讯社组织（OANA）成员和执行委员、世界通讯社组织成员。

三、主要报纸

越南新闻出版法规定报纸由国家控制。中央及地方新闻单位共 450 家。主要出版社有政治出版社、文化出版社、文学出版社、科技出版社、教育出版社和世界出版社等。截至 2013 年 12 月 26 日，越南全国共有 838 家出版机构，各种出版物 1111 种，其中，中央报纸 86 份，杂志 507 种；地方报纸 113 份，杂志 132 种；70 个新闻网站，19 个杂志网站和 265 家媒体组织开设的综合新闻网站。[②]

1. 越文报纸

《人民报》、《人民军队报》、《西贡解放日报》、《新河内报》、《青年报》、《前锋报》等是越南较具代表性的媒体。同时越南各行业一般也会开办本行业报刊。

《人民报》是越南共产党中央委员会机关报，代表了越南共产党和政府的声音。在抵抗法国殖民战争时期，《人民报》于 1951 年 3 月 11 日在越北战区正式创刊。在越南民族解放与国家统一的战争时期以及越南革新开放建设过程中，《人民报》一直是越南重要的宣传机关，是越南共产党和国家的言论平台。

随着越南经济发展不断推进，为适应社会发展需要，《人民报》的版面形式和报道内容不断调整改进，由创刊时的 4 个版增加到目前的 8 个版。《人民报》报社目前编辑出版多种报刊，包括《人民报》日报、《人民周末报》、《人民月刊》及《今日报》等刊物。《人民报》日报发行量大约每天 22 万份。《人民周末报》拥有 16 个版面，期发行量约 11 万份。《人民月刊》拥有 48 个版面，期发行量大约 13 万份。《今日报》拥有 24 个版面，每周一、周四发行，发行量 5 万份。

1998 年 6 月 21 日人民报社创办了“人民报网”，网站拥有越语、英语两种语言。“人民报网”成为越南当时的第一个互联网日报。“人民报网”目前拥有越文、英文、中文、法文四种语言版本网站。《人民报》越文网址：www. nhandan. org. vn 或 www. nhandan. com. vn。《人民报》英文网址：http：//en. nhandan. org. vn 或 http：//en. nhandan. com. vn。目前，越文和英文的“人民报网”点击率为每天 80 万至 100 万。2012 年 8 月 30 日中文版“人民报网”正式开通。中文版网址：http：//cn. nhandan. org. vn 或 http：//cn. nhandan. com. vn。2014 年 6 月 20 日“人民报网”正式开通法文版。

2. 主要华文报纸

越南最早的华文报纸是 1918 年创刊于越南南部最大城市西贡市——现胡志明市的《南沂日报》，历经近 100 年的发展，越南华文报刊对越南的解放和统一事业做出了巨大贡献。越南南越政府吴庭艳当权时期，越南侨胞创刊的华文日报共有 10 家，每日发行量约 6 万份，仅次于越文报刊 16.8 万份的日发行量。[③]但 1975 年 4 月 30 日，越南实现南北统一后，实行了严格的新闻管制，华文报刊除《西贡解放日报》外，全部停刊。

1986 年，越南革新开放后，越共中央委员会召开关于越南华人问题会议，肯定了华人对越南革命和建设的贡献，要求尊重华人的民族习惯和改善华人的政治、经济、文化地位，华文报纸又得到重视。1993 年 4 月 10 日，越南官方将越南文版的《越南经济新闻》制作成中越双语版，中文使用繁体字。该份报纸以经济新闻为中心，大力宣传越南的经济政策，同时涵盖越南各地外贸、经济新闻，以吸引投资。但遗憾的是，《越南经济新闻》中文并不正宗，经常掺杂越南语法，阅读体验较差。

《西贡解放日报》拥有中文版和越南文版，由越南胡志明市委直接管理。《西贡解放日报》中文版使用繁体中文进行横排版，每日发行量 3 万份左右，主要分布在胡志明市华人区和越南南方各省。该报胡志明市华人读者占 80%。

除报纸外，越南目前不少新闻网站拥有中文版，例如《越共电子报》、“越南之声网”、“越南通讯社网”、越南“人民报网”、越南“人民军队报网”等。《越共电子报》是目前越南较权威的华文报纸。在越共九大上，越南政治局常务委员会批准《越共电子报》。该报中文版前身为“越南共产党报网”，直属越共中央。2006 年 4 月 3 日，《越共电子报》中文版正式面世，目前该报拥有中、越、英三个版本。按照原《越共电子报》总编辑、越共中央文化思想部副部长陶维括的说法，《越共电子报》中文版开办的目的是“满足近 13 亿中国人及世界 100 多个国家和地区想了解越南国家和越南的革新事业的中文读者之需要”。目前，《越共电子报》中文版设有新闻、高层动态、对外、经济、社会、文化—体育、旅游、科学—教育、事件和评论、越中友谊等 10 个专栏。中文编辑部成员都是会中文的越南人并为越南共产党党员。

四、互联网媒体

目前越南基本所有媒体都拥有自己的网站和移动网，不少媒体还拥有自己的移动应用。不过，越南媒体网站发展比较好的还是一些商业网站，例如越南的“快讯网”（Vnexpress）、Zing 网、新报网等，但越南的传统媒体网站由于拥有较强的新闻报道能力，在越南网络媒体中拥有不小的影响力，例如越南通讯社网站、人民报网站、青年在线、前锋在线、年轻人在线等在越南拥有很强号召力。上文中已对越南之声网站、越通社网站、人民报网等传统媒体网站进行了一些介绍，此处不再赘述。下面对目前市场发展最好的三类商业网站进行简述：

1. 快讯网（Vnexpress. net）

越南快讯网可以被看作是越南传统意义上的商业新闻门户网站。根据 Alexa 排名，该网站目前在越南境内所有网站中排名第七，在所有新闻网站中点击率排名第一，也是全球网站 500 强之一。快讯网成立于 2001 年 2 月，2002 年 11 月正式获得运营许可证。快讯网由越南技术投资发展股份公司（FPT）投资创办。2012 年，联合国开发计划署公布统计数据显示，该公司为越南第三大私有企业。快讯网成立之初也成为越南本土首家不发行纸质出版物的报社。目前该网站新闻以及时、准确、全面享誉越南。此外，由于投资方为技术公司，该网站也以科技类新闻著称，同时该网站的网络体验也相较于越南其他网站更好。

2. Zing 网（zing. vn）

Zing 网全称为 zing 电子信息网，属于互联网同步服务系统。该网站由越南游戏公司（VinaGame）创立于 2007 年。Zing 网从越南本土搜索引擎网站发展而来，逐渐发展成为包括新闻、在线音乐、社交网站、搜索、聊天软件、视频等多个领域的媒体。Zing 网也已经成为越南浏览量最高的网站之一。目前，Zing 网新闻主要集中在越南社会和娱乐新闻，但凭借着强大的搜索引擎，可以提供及时、多样化的图片，对新闻事件全方位解读。

3. 新报网（baomoi. com）

新报网可被看作是越南的“今日头条”网。该网站创立于 2005 年，2006 年获得越南通讯文化部运营许可证，被称之为智能自动新闻网。网站通过每日处理约 100 个网站中的 6000 条以上新闻，筛选出当日越南最热门内容。该网站还提供网页个性化设计，允许用户根据自身喜好，以新闻来源、关键词等内容建立自己的专业。目前，新报网是越南本土二十大网站之一。

五、外媒在越南的发展情况

西方媒体十分重视对越南的传播，几乎世界各大国际广播电台都有越南语广播。但由于越南对媒体的严格管理，西方媒体主要是在越南进行传统的无线广播和开设个媒体的网站。目前比较活跃的有英国广播公司（BBC）越南语广播、美国之音（VOA）越南语广播、自由亚洲（RFA）越南语广播、法国国际广播电台（IFR）越南语广播、俄罗斯之声越南语广播等。此外台湾中央广播电台也开设了越南语广播，另外梵蒂冈电台也有越南语广播等。其中，BBC、VOA、RFA、IFR 等在越南较为有名。但目前不少对越南广播已经取消无线广播，只保留网络播出，不过这些电台十分重视网络的作用，基本上所有电台都设有 Facebook、Twitter 等社交媒体账号，同时也在 Podcast 上推送节目。除此之外，移动应用 APP 也是这些西方电台对越广播的重要阵地，自由亚洲、法国国际广播电台就有多款不同的移动应用。

西方媒体对越广播多以对越南共产党和越南政府的政策进行评论和对越南人权状况批

评为主要目的，因此在越南受到较为严格的控制，越南国内很难登录这些网站。但不少西方媒体的英语电视节目反而在越南能够收看到，不过其播放时要受到越南政府的监看，一旦出现反对越南党和政府的新闻，往往会被停播。

总体来说，越南对媒体的控制相对严格，境内外媒体在越南发展都受到较为严密的监管。但随着当今新媒体的发展，特别是移动媒体和社交网络及移动应用的发展，实现在越南本土传播已经变得不无可能。因此，如果注重对越南的传播，应当从新技术入手，大力发展以社交媒体和移动应用为代表的新媒体。

（作者单位：中国国际广播电台越南语部）

注释：

① 越南通讯传媒部 2013 年总结报告。

② 越南通讯传媒部 2013 年总结报告。

③ 胡锦云：《以〈西贡解放日报〉为例试论越南华文报刊的发展》，重庆大学硕士论文，2012 年。

越南媒体对中国共产党的报道特点分析

魏　为

越南与中国山水相连，文化相通，制度相同。越南作为世界上五个由共产党执政的社会主义国家之一，对中国共产党有着本能的亲近感。越南媒体对中国共产党的报道总体上本着正面、积极的态度。但由于两国存在的历史问题，越南社会普遍对中国心存芥蒂，这使其在对中国进行报道时，特别是对中国共产党的报道有意无意地保持着低调。本文希望通过列举越南在中共十八大召开后和十八届四中全会召开后对中国报道，特别是对中国共产党报道的实例，简要介绍、分析越南媒体对中国共产党报道的特点。此外，中国国际广播电台越南语部作为中国国家级媒体，不但在世界上以越南语作为传播手段的国际媒体中占有举足轻重的地位，在越南本土也有着极其重要的影响力。本文还将根据中国国际广播电台越南语部对中国共产党报道的特点，探讨如何通过国际台越南语广播影响越南媒体报道。

一、越南政治制度及其对媒体的管理

越南1945年9月2日独立，成立越南民主共和国。经过抗日、抗法、抗美等历次独立统一战争，1975年5月越南南北统一，成立统一的越南社会主义共和国。1980年12月，越南第六届国会第七次会议通过了“越南社会主义共和国宪法”，根据该宪法，越南社会主义共和国为无产阶级专政的国家，越南共产党是领导国家、领导社会的唯一力量。

越南作为共产党领导的社会主义国家，对媒体有着极其严格的管理。越南共产党中央对文化思想的管理职能主要集中在越共中央宣教部，该部门统一管理一切思想文化领域的工作。在政府部门，越南对媒体的管理主要为越南通信传媒部，集中管理越南的报刊、广播、电视、网络。同时，越南中央媒体有越南之声电台（正部级），主要负责越南的对内、对外广播；越南电视台，负责越南的电视报道；越南通讯社（正部级）——越南的国家通讯社；越南《人民报》——越南共产党机关报等。此外，越南与中国相似，军队也有自己的媒体，如《人民军队报》等。同时，越南各省有单独的广播、电视台、报纸，实行的是地方和中央双重管理。

二、越南对中国及中国共产党的报道特点

（1）由于中、越两国山水相连，文化相通，制度相同，越南一直以来以中国为师，因此，越南对中国的报道可谓铺天盖地、事无巨细。但也正因为两国之间的特殊关系、历史恩怨，以及两国力量对比的悬殊，越南对中国又心存芥蒂。因此，越南在对中国的报道上

存在着矛盾，一方面，越南十分关注中国的情况，对中国在各方面所取得的经验及时报道；另一方面，越南又不愿看到中国的快速发展，对中国的负面新闻也格外关注。由于存在着这种矛盾心理，越南在新闻源的选取上出现了两种渠道。其一，在报道中国所取得的经验时，常常采用中国媒体的报道，如新华社、中国国际广播电台、《环球时报》、《中国日报》等；其二，在对中国负面新闻的报道中，又惯常追随西方媒体，如路透社、BBC、美联社等。

（2）上述分析的越南媒体对中国的报道特点也部分体现在越南媒体对中国共产党的报道上。但由于两国的政治制度相同，加之越南对媒体的管理，越南媒体在对中国共产党的报道上相对积极。具体报道上，越南在对中国共产党的报道上较为关注的有党制定的经济政策、人事变迁、反腐倡廉、制度建设等方面。应该说，越南在对中国的报道中由于大量采用中国媒体的稿件，因此，在每个时期的关注点上，越南媒体对中国的报道与中国媒体和中国国内的关注点基本相同。下面，本文以2012年12月12日至15日和2014年12月12日至15日，即中共十八大召开后和中共十八届四中全会召开后，越南媒体对中国共产党的报道为实例，分析越南媒体对中国共产党报道的特点。

表1

刊登时间	报道媒体	报道标题	报道稿源	报道倾向
2012年12月12日	劳动者网	反腐特区（Đặc khu chống tham nhũng）	中华日报	正面
	祖国网（越南文化、体育和旅游部官网）	从中共十八大报告中看到什么？—2（Thấy gì từ Văn kiện Đại hội 18 ĐCS Trung Quốc?（Ⅱ））	自采自写	中性
	越南教育报	习近平视察广州军区、南海舰队（Tập Cận Bình thị sát đại quân khu Quảng Châu, hạm đội Nam Hải）	腾讯网	中性
2012年12月13日	Zing网	习近平要求军队做好随时战斗的准备（Tập Cận Bình yêu cầu quân đội sẵn sàng chiến đấu）	Infonet	中性
	青年在线	习近平指示军队要增强战斗实力（Ông Tập Cận Bình chỉ thị quân đội tăng cường thực tế chiến đấu）	路透社	中性

续表

2012 年 12 月 13 日	VnExpress	习近平在广东参观战舰（Tập Cận Bình thăm tàu chiến ở Quảng Đông）	新华社	中性
	民智网	中国处理"买官"副书记（Trung Quốc: Sa thải Phó bí thư tỉnh "mua" chức）	综编中国媒体消息	中性
	前锋报	革职四川省副书记（Cách chức Phó Bí thư Tỉnh ủy Tứ Xuyên）	新华社	正面
	祖国网（越南文化、体育和旅游部官网）	旧墙下吹来的新风（Ngọngiómớitrướctư-ờngthànhcũ）	自采自写	正面
	首都安全网	中国处理"跑官"的副书记（Trung Quốc sa thải Phó Bí thư tỉnh "chạy" chức）	新华社、Legal Daily	正面
2012 年 12 月 14 日	Infonet	人们怀疑中国在世界贪腐排名第 80 位（Dân hoài nghi vị trí 80 thế giới về tham nhũng của Trung Quốc）	自编	中性
2012 年 12 月 15 日	Infonet	中国努力改变领导层形象（Trung Quố nỗ lực thay đổi hình ảnh giới lãnh đạo cấp cao）	自编	正面

表 2

刊登时间	报道媒体	报道标题	报道稿源	报道倾向
2014 年 12 月 12 日	BizLive 网	中国将周永康视为"叛徒"（Trung Quốc coi Chu Vĩnh Khang là "kẻ phản bội"）	主要根据《人民日报》自主编写	中性

续表

	青年报	周永康被称为叛徒（Chu Vĩnh Khang bị xem là kẻ phản bội）	法新社	中性
	越南国土报	中国坚决打虎：官员纷纷表示忠诚（Trung Quốc đả hổ quyết liệt: Quan chức thề trung thành）	自编	中性
	越南教育报	习近平想做明君还是希望建立制度防止暴君?（Tập Cận Bình muốn làm minh quân hay xây thể chế ngăn bạo chúa?）	自编	正面
2014年12月12日	越南知识网 Kienthuc. net. vn	周永康的情人（Đọ nhan sắc những nhân tình của Chu Vĩnh Khang）	自编	中性
	越南通讯社	中国开始在人大进行反腐调查（Trung Quốc triển khai điều tra chống tham nhũng tại quốc hội）	新华社	中性
	越南快讯网	中国对共产党各中央机关进行审查（Trung Quốc thanh tra các ủy ban Trung ương đảng）	新华社	中性
	越南国土报	习近平决心在中国人大彻查腐败（Ông Tập quyết làm sạch tham nhũng trong Quốc hội）	新华社	正面
	越南政府网	中国禁止在婚礼、葬礼中唱国歌（Trung Quốc cấm hát quốc ca trong đám tang, đám cưới）	自编	中性
2014年12月13日	新闻消息人网 Nguoidua-tin. vn	中国成立反腐监察常设机构（Trung Quốc thành lập tổ thường trực theo dõi tham nhũng）	新华社	中性
	胡志明法律网	反贪从退休官员开始非常必要（Chống tham nhũng từ quan chức hưu: Đặc biệt khẩn thiết）	自编	正面

续表

2014 年 12 月 14 日	前锋网	让中国贪官落马的美女（Những mỹ nhân khiến quan tham Trung Quốc ngã ngựa）	腾讯网	中性
	越南教育报	中国在南海可能被美国军队包围（Trung Quốc có thể bị Quân đội Mỹ vây chặn ở Biển Đông）	美联社	中性
2014 年 12 月 15 日	公理报	周永康到底泄露了什么"国家机密"?（Chu Vĩnh Khang đã tiết lộ những "bí mật quốc gia" gì?）	自编	中性
	劳动者报	中国：清理上千名"裸官"（Trung Quốc: Giáng chức 1.000 quan chức "xa vợ"）	新华社	中性

由上述表 1 与表 2 可以看出，越南媒体对中国共产党的报道有如下几个特点：

从报道的数量来看，越南对中国共产党的报道较为关注，当然，这与两个表格的统计时间段有一定关系。表 1 统计的这段时间正是中国共产党十八大刚刚召开后，国际社会普遍关注中国新领导层。而表 2 则为中国共产党十八届四中全会结束一个月的时间，中国共产党对外公布对周永康处理。因此，越南对中国这两段时间关注度较为集中。但应当认识到的是，越南媒体总体还是比较关心中国共产党的，每天都会进行报道，热点时期，热点事件，还会集中进行报道。

从报道的媒体来看，越南不论中央媒体还是地方媒体，不论官方媒体还是民间媒体，对中国共产党都会进行报道。如上述两表中，越南通讯社属于官方媒体网站；"青年在线"、《劳动者报》、《前锋报》、"民智网"，属于较为市场化的地方和部委管辖媒体；"Zing网"、"越南快讯网"（VnExpress）、Infonet 属于典型的商业媒体网站；此外还有越南政府网——越南政府官网、《越南教育报》——越南教育部官网和"祖国网"——越南文化、体育和旅游部的官网。由此可见，越南各类型媒体对中国的关注度都很高。

从稿源上来看，越南媒体对中国共产党的报道大部分的稿源为中国媒体，这是因为越南与中国的制度相同，采用中国的稿源来报道中国共产党，对越南来说，可能更有利于维护越南本身共产党领导的地位；其次，在越南有大批媒体从业者是学习中文的，这也使得其对中文稿件的翻译有得天独厚的优势。在选择西方媒体稿源报道中国共产党时，越南媒体也常选择较为中性的报道而非大量负面报道，这也与其自身制度有关。对于越南媒体自采自写的报道，特别是评论性质的报道，越南媒体普遍选择较为客观的角度，较为积极地对中国共产党进行报道。

从报道内容的角度看，越南媒体对中国共产党的报道，首先是关注热点事件，例如表 1 从 2012 年 12 月 12 日至 15 日的报道来看，越南最关注的是中国共产党十八大以后的人事动态，包括习近平的调研、十八大的解读等。其次，越南媒体也关注中国的反腐败问题，这既因为目前中国国内对此问题高度关注，也由于越南国内正进行反腐败工作。而在2014年12月12日至15日的报道中，越南关注的普遍是中国的反腐败问题。此外，越南对中国共产党的报道，如遇到两国关系敏感问题，越南会一反常态并不作深入的报道、评论，只是进行简单事件报道。例如，对于2012年12月12日、13日，“习近平参观南海舰队”的报道，越南媒体并未就此事展开大肆评论，而只是选用了路透社和新华社的新闻，对此事进行报道。而对于2014年12月14日的“中国在南海可能被美国军队包围”这条新闻，也仅是引用了美联社的报道，并无深入评论。这也可以证明，越南并不希望将两国之间的矛盾上升为两党之间的矛盾。

总体来说，越南对中国共产党的关注度在世界其他各国媒体中名列前茅，这既与中、越两国的地理位置有关，也与中、越两国的政治制度密不可分。我们应看到，越南对中国共产党的报道总体上是积极、正面的。

三、中国国际广播电台越南语部对中国共产党的报道特点及如何通过国际台的报道影响越南媒体对中国共产党的报道

鉴于越南对中国特别是对中国共产党的关注度以及报道特点，中国国际广播电台越南语部在对中国共产党的报道中也力求做到充分积极报道，以增强越南对中国共产党的了解。同时，由于中国国际广播电台的广播与网站除了面向越南地区受众外还要面对海外越侨，所以越南语部在对中国共产党的报道上也尽量贴合西方媒体报道习惯，淡化宣传色彩，加强报道的故事性、可接受性。

在对中国共产党的报道上，中国国际广播电台越南语部的报道主要有以下几个特点：

第一，及时性。中国国际广播电台越南语部作为中国最权威的对越宣传媒体，在越南受众中具有一定的权威性。因此，越南语部在对中国共产党的报道中本着第一时间让受众了解中国共产党活动的原则，使受众把国际台越南语广播和网站作为了解中国和中国共产党的第一途径。

第二，权威性。国际台越南语部在对中国共产党的报道过程中一直秉着作真实可信报道的态度，对于报道有着严格的监管。因此，越南语部一直是越南党政机关最为信赖的媒体。在重大事件和重要时间里，越南媒体和越南党政部门一直把越南语广播和网站的消息作为最权威的信息来源之一。在历年来的两会和党代会上，多次出现越南媒体竞相转发越南语部翻译、播发的关于中国共产党的报道。2012年十八大上，还有越南对外联络部国际司司长等高级官员专门打电话到越南语部索取十八大报告等重要文件的译本。

第三，贴近性。由于党政报道多会陷于内容枯燥，难以吸引普通受众的关注，因此，国际台越南语部在日常对于中国共产党的报道中，注意到了贴近性原则。除了软化时政报道外，还经常选择越南受众关心的问题进行报道，或是将中、越两国相似问题进行对比，取得了不错的效果。

第四，外交服务性。媒体的工作是外交的延伸，作为中国最重要的对外宣传机关，越南语部的工作一直秉承服务外交的原则。中、越两国关系的主流是和平、友好、合作，越

南语部的工作也一直围绕这一原则展开。特别是近年来，两国因南海问题出现矛盾，而越南国内民族主义反华情绪严重，越南语部做了大量加强两国友谊的节目。例如，越南语部的《山水情相连》节目，通过对中、越两国特别是越南官员、专家、民众的采访，介绍中越两党、两国友好关系；此外，越南语部自主策划的《同唱友谊歌》活动，也大大提升了两国民间友好，为我国建立良好的外部环境做出了一定贡献。

鉴于国际台越南语部对中国共产党的报道特点，笔者认为应从如下几方面发挥对越南媒体在对中国共产党报道上的影响力。

第一，报道的及时性与权威性。从越南媒体对中国共产党的报道特点可以看出，越南媒体较为倾向采用中国官方表述和中国官方媒体的报道。究其原因，是两国相同的政治制度。而国际台对中国共产党报道上最大的特点就是报道的及时性与权威性，这也是由国际台的官方背景决定的。因此，国际台越南语部如希望通过自身实现对越南媒体在中国共产党报道上的影响力，就要充分利用这一优势，发挥好国际台报道的及时性和权威性。但从现实角度来看，随着新媒体的发展，特别是移动媒体催生下的自媒体的发展，国际台传统无线广播甚至在线网络报道形式想要成为越南媒体的第一消息源已经十分困难。这也要求国际台越南语广播要随着时代而进步。目前，国际台越南语部已开设海外社交媒体账号并拥有一定数量的粉丝，这成为越南语广播消息及时发布的重要渠道，也成为越南语广播新时代下发展的重要步骤，以此来对越南媒体发挥更大的影响力。

第二，报道的实用性。报道的实用性是指报道内容对于越南党、人民和社会具有一定的启发、引导作用。由于中、越两国政治属性相同，越南党和政府对中国共产党和政府政策格外关心，多年来一直以中国为师。而国际台越南语广播正应利用这一特点，在对于党的报道上多结合对越南具有借鉴意义的事件进行报道。在一些针对性强的问题上，可以组织对专家进行采访，提出更有针对性的分析和解读，以此形成对越南媒体的影响。

第三，报道的观点分析性及引导性。当今社会是一个信息爆炸的社会，即便是对于中国共产党的报道，如今也随处可见。对于单个事件的独家性报道已经几乎不可能做到，更不用提首发报道。在一个新闻分秒必争的时代，专注于新闻的速度并不是国际台的长处，这也早已由国际台媒体形态所决定。但在这种信息纷乱的年代，报道的观点性及对受众的引导性就成为脱颖而出的必修绝技。依靠着良好的外语水平、常年对对象国的接触，国际台语言部门最了解对象国需要什么样的报道。因此，发挥报道的观点性对国际台来说尤为重要，也是今后国际台媒体影响力发展的必由之路。

第四，报道的贴近性。上述几方面多是从国际台越南语部如何报道中国共产党才能对越南媒体产生影响这一问题进行阐述。而报道的贴近性更多地是在谈怎么报道。就前述提及的越南语部报道特点所言，对于中国共产党的这类政治性报道，通常会很生硬、死板、缺乏生气。这要求越南语部在这类报道中要注意报道的贴近性，用受众听得懂、喜欢听的方式进行报道。如今社交媒体给了贴近性报道一个展现的舞台，越南语广播也应该利用好社交媒体，策划好社交媒体稿件的表达方式，甚至稿件撰写的思维方式，更好地影响越南媒体，从而影响越南民众对中国共产党的认识与看法。

综上所述，由于越南的国情与政情的独特性，越南媒体对中国共产党的报道和中国国际广播电台越南语部对中国共产党的报道特点与世界其他国家和地区存在着较大的差异性。本文只是简单地介绍了一些基本的特点，然而"窥一斑而知全豹"，虽然只是一些基本特点，但也对我们的对外传播有着重要意义。正因如此，我们应该知道在对越南宣传中国共产党时，应做什么，该怎么做。

（作者单位：中国国际广播电台越南语部）

阿尔巴尼亚报纸的涉外报道研究

王 蕾

一、研究目的

2012年至2013年间，笔者赴阿尔巴尼亚地拉那大学进修期间，有机会全面了解了阿尔巴尼亚媒体，进行了系统调研并与媒体人士进行了广泛接触。笔者研究的重点之一便是阿尔巴尼亚媒体的涉外报道，特别是涉华报道。

为了便于收集文字资料，笔者选取了报纸作为调研对象，并对其相关报道进行定量和定性分析，从而探究阿尔巴尼亚纸媒涉外报道，特别是涉华报道的倾向性和变化规律，总结影响其报道的因素。研究得出的结论有助于进一步加强对阿尔巴尼亚传播的针对性。

二、研究方法

1. 样本选择

阿尔巴尼亚的报纸多为党派报纸，即便是商业运作，其后台老板的政治立场也在很大程度上左右着报纸的倾向。因此，笔者选取研究对象时着重两个方面，一是设有国际新闻专版，二是言论相对中立、平衡。

从阿尔巴尼亚国家图书馆收藏的15种当前发行的全国性阿尔巴尼亚文报纸中，笔者选取了《全景报》(Panorama)为研究对象，并把2011年1月至2012年12月两年间的全部报纸作为样本。

《全景报》是阿尔巴尼亚市场发行量最大的阿尔巴尼亚文日报。该报周一至周五每日24版，周六、周日每日28版，业内人士透露该报印量为15000份。该报政治中立，报道较为平衡，关注民生，兼具娱乐性，深受民众欢迎。①

《全景报》创刊于2002年，隶属于“全景集团”(Panorama Group)，该媒体集团旗下的报纸还有《全景体育》(Panorama Sport)。② “科尔察啤酒”(BirrëKorça)的老板伊尔凡·胡森贝利乌(Irfan Hysenbelliu)拥有全景集团100%股权，他还同时拥有另一家阿尔巴尼亚文媒体集团“焦点集团”(Focus Group)50%的股权，其旗下的媒体包括“24小时新闻”电视台(News24)、《阿尔巴尼亚报》(Gazeta Shqiptare)、Rash电台(Radio Rash)和门户网站“巴尔干网”(BalkanWeb)。③

2. 考察指标

(1) 涉外报道部分。

考察涵盖的新闻，其报道的主要内容涉及阿尔巴尼亚以外的事件或人物。

考察指标包括报道的地域和组织、报道的领域、对重大事件的报道、报道中体现出的话语权和综合报道量。

（2）涉华报道部分。

考察涵盖的新闻，其报道的主要内容涉及中国的事件或人物。

考察指标包括报道的数量、报道的态度（正面、负面、中性）、报道的消息来源（西方媒体、中国媒体）、报道所在的版面和报道涉及的领域。

三、对涉外报道的数据分析

1. 报道的地域和组织

2011 年 1 月至 2012 年 12 月间，《全景报》国际版报道中共涉及 111 个国家和地区，分布于欧洲、亚洲、非洲、美洲和大洋洲，基本涵盖了世界各地区。此间的报道还涉及一些国际和区域性组织。

（1）报道的地域分布。

2011 年和 2012 年《全景报》国际版报道数量居前 20 位的国家和地区如下表：

表 1

国际版	2011 年	报道数量	2012 年	报道数量
1	科索沃地区	300	科索沃地区	279
2	美国	152	美国	211
3	利比亚	128	希腊	152
4	希腊	103	叙利亚	114
5	意大利	77	法国	65
6	英国	53	马其顿	64
7	俄罗斯	52	塞尔维亚	60
8	德国	47	意大利	60
9	塞尔维亚	43	英国	48
10	叙利亚	43	欧元区	46
11	日本	41	德国	39
12	马其顿	36	俄罗斯	34
13	土耳其	32	土耳其	34
14	中国	31	欧盟	33
15	埃及	31	埃及	32

续表

16	巴以	29	中国	30
17	阿富汗	27	巴以	35
18	法国	24	阿富汗	21
19	也门	17	伊朗	32
20	伊朗	16	乌克兰	15

两年综合数据显示，国际版报道数量居于前10位的国家和地区如下表：

表 2

1	科索沃地区	579
2	美国	363
3	希腊	255
4	叙利亚	157
5	意大利	137
6	塞尔维亚	103
7	英国	101
8	马其顿	100
9	德国	86
10	俄罗斯	86

表1和表2显示，《全景报》的涉外报道涉及的主要国家和地区比较集中和稳定。除美国和叙利亚外，报道量最多的国家和地区都在欧洲，特别是周边。科索沃地区由于民族、语言和地理的亲缘关系，成为阿尔巴尼亚人最关心的地区；希腊和马其顿是阿尔巴尼亚的邻国，也居住着大量阿尔巴尼亚族人，阿尔巴尼亚语还是马其顿的第二官方语言；意大利与阿尔巴尼亚隔海相望，有大量阿尔巴尼亚侨民，是阿尔巴尼亚第一大贸易伙伴；塞尔维亚在科索沃地区与阿尔巴尼亚接壤，也因为科索沃成为阿尔巴尼亚国际报道的主角；英国和德国是科索沃战争后接收阿尔巴尼亚族难民最多的国家。

阿尔巴尼亚在20世纪90年代初社会制度变化后，无论哪个党上台都奉行亲美政策，美国自然也成为阿尔巴尼亚媒体国际报道中最受关注的国家。而叙利亚和俄罗斯，则是因为反美的行动和言论而受到关注。

（2）报道的国际和地区组织分布。

2012年，《全景报》各个版面的报道中涉及的国际和地区组织如下表：

表3

2012年各版面	报道数量
欧盟	175
欧安组织	35
联合国	17
国际货币基金组织	14
世界银行	13
国际足球联合会	12
北约	11
世界卫生组织	1
二十国集团	1
石油输出国组织	1

表3数据显示，《全景报》报道中涉及的国际组织数量有限，重点为欧盟。阿尔巴尼亚一直为加入欧盟而努力并在2014年6月取得了欧盟候选国地位。在该报和其他阿尔巴尼亚媒体中，对欧盟的报道基本集中在入盟问题，而欧盟负责东扩事务专员的名字则经常出现在首要新闻里。阿尔巴尼亚从1991年起即为欧安组织成员国，经过了几次社会暴乱和动荡后，监督阿尔巴尼亚的社会秩序特别是大选，是欧安组织在阿尔巴尼亚的重要任务。国际货币基金组织和世界银行则是阿尔巴尼亚得到国际援助的重要来源。阿尔巴尼亚人热衷于足球，因此阿尔巴尼亚媒体对国际足球联合会（FIFA）的报道甚于北约也不足为奇。阿尔巴尼亚于2009年加入北约并一直追随美国，虽然对于这个组织本身的报道数量并不多，但是从表2和表3中显示的对叙利亚、利比亚、阿富汗等中东、北非国家的报道数量，就可知北约于阿尔巴尼亚的分量。

另一个组织虽然没有出现在表3中，但是它的缺席同样值得关注，这就是伊斯兰合作组织。阿尔巴尼亚是欧洲唯一一个伊斯兰教占多数的国家，根据2011年的人口普查，阿尔巴尼亚有58%的逊尼派穆斯林。[④]阿尔巴尼亚1992年即加入了伊斯兰合作组织，但是在媒体报道中却鲜见这个组织，说明把国家划入伊斯兰世界未必得到广大民众的认可。

2. 报道的领域

涉外报道除了在国际专版的时政新闻中出现，在其他版面也有体现，2012年的具体情况如下表：

表 4

排名	2012 年涉外报道领域	数量	内容
1	体育新闻	1340	欧洲各国足球联赛赛况、阿尔巴尼亚族球员在世界各地的情况
2	社会新闻	308	外国在阿尔巴尼亚的活动、世界各国奇闻异事
3	政治新闻	290	政府、政党、议会的涉外活动
4	文娱新闻	253	与阿尔巴尼亚族人有关的文化娱乐活动
5	驻阿尔巴尼亚使节动态	184	驻阿尔巴尼亚的使节就阿尔巴尼亚国内事务发表的言论或出席的活动
6	阿尔巴尼亚国内时事	105	涉及走私、贩毒等的负面新闻
7	言论版	105	就国际问题发表的评论
8	经济新闻	61	与外国有关的经济活动

（1）体育新闻。

2012 年国际专版的新闻量为 1780 条，同期的体育新闻中涉外报道量为 1340 条，可见体育新闻在阿尔巴尼亚涉外报道中的比重之巨大。阿尔巴尼亚的体育新闻基本上就是足球，而涉外体育新闻里，意大利、英国和西班牙凭借其高水平的足球联赛占据了体育版的绝大部分版面。

（2）社会新闻。

涉外报道的社会新闻量只有体育新闻的 1/3，但是仍然高于其他包括文娱和外事的领域，说明阿尔巴尼亚人对国外的社会新闻非常感兴趣。

更值得关注的是 2012 年涉外社会新闻报道对象的前三甲分别是美国、英国和中国，这也是中国唯一能排名靠前的一个领域。这说明中国，凭借其独特的文化和巨大的经济成就，对阿尔巴尼亚人产生了足够的吸引力，但是双方的遥远距离、两国关系以及中国在世界的影响力和话语权还不足以让中国在其他领域也能够占据媒体报道的重要席位。

（3）经济新闻。

经济新闻在涉外报道中的比例很小，因为很多与经济有关的涉外报道都被安排在了政治版。在这个领域位于前三位的报道对象是美国、希腊和意大利，这恰恰反映了阿尔巴尼亚对外经贸关系。意大利、希腊和中国分别是阿尔巴尼亚的前三大贸易伙伴。美国在贸易方面不占优势，但是经济上却有主导地位，阿尔巴尼亚非常重要的对外经济合作项目“跨亚得里亚海输气管道”（TAP）就由美国主导，阿尔巴尼亚部分油田的开发项目也由美国公司参与甚至掌控。

(4) 驻阿尔巴尼亚使节动态。

这部分报道指的是除了会见阿尔巴尼亚政治人物以外，驻阿尔巴尼亚使节就阿尔巴尼亚国内问题发表的言论或者出席的活动。这方面报道对象最活跃的前三位分别是美国大使（74条）、欧盟大使（31条）和欧安组织代表（25条），他们每每深度参与到阿尔巴尼亚各种事务当中，发表评论，亲临现场，甚至左右事态发展。德国、英国和意大利大使偶有露面，而中国大使在这方面的曝光率为零。这充分体现了各国对阿尔巴尼亚外交关系的不同政策。

(5) 文娱新闻。

文娱报道涉外对象的前三位分别是美国、科索沃地区和意大利。对美国的关注主要集中在好莱坞影星，对科索沃地区和意大利文娱界的报道则重点关注阿尔巴尼亚族明星。

3. 对重大事件的报道

国际重大事件在《全景报》中都有体现，甚至整版报道，例如2011年的日本地震和福岛核电站泄漏事故、西方国家对利比亚实施军事打击、维基解密事件、欧债危机、拉登之死、挪威恐怖枪击案、2012年的叙利亚局势、科索沃北部密特罗维查地区紧张局势、美国大选等。

整体来看，这些重大事件大都源自西方国家或是受到西方国家关注。中国发生的重大事件，从未有占据整版篇幅的报道。以2012年对各国大选的报道为例，《全景报》对美国、法国、德国、俄罗斯、希腊等国家的元首或政府首脑换届选举都进行了大篇幅报道，其中对美国大选的报道有62篇之多，多次动用整版报道，对法国的相关报道有18篇。这一年中国共产党十八大也举行了领导班子换届选举，举世瞩目，但在该报却只有一篇短短的报道。

4. 报道中体现的话语权

报道中体现的话语权，在本文中是指有关国家在国际事务中的表态。2012年《全景报》在这方面报道最多的是欧盟表态，其次为美国和德国。欧盟最多，而非美国，是因为该报纸报道最多的国际事务就是科索沃问题，而在这个问题上欧盟把握了话语权。除了科索沃问题，在其他的国际问题上主导话语权的自然是美国。俄罗斯偶有发声，中国只有一次。

5. 综合报道量

从《全景报》所有版面的综合情况来看，2012年涉外报道的数量如下表：

表5

版面 报道对象	国际版	评论版	政治版	时事版	教育	文化娱乐	经济版	大使	社会新闻	科技健康	体育	总数
美国	211	17	58	9	2	72	10	74	80	20	22	575
意大利	60	0	13	22	1	33	7	8	11	1	365	521

续表

科索沃	279	26	23	12	0	44	7	0	0	0	13	404
英国	48	0	5	2	2	19	4	10	57	7	214	368
希腊	152	8	39	21	0	8	9	1	0	0	7	245
德国	39	2	4	5	0	6	1	12	13	2	154	238
西班牙	14	0	0	1	0	2	0	0	4	0	160	181
欧盟	33	18	37	0	0	3	2	31	0	1	0	125
叙利亚	114	4	0	0	0	0	0	0	1	0	0	119

从表5的数据可以看出，美国和以意大利为代表的欧洲主导了阿尔巴尼亚媒体各个版面的涉外报道，从政治、经济、外交，到文化娱乐和足球。阿尔巴尼亚国内报道则多是政治派别、负面社会新闻和政府发布的各种信息。这就是阿尔巴尼亚媒体营造的生态环境，也折射出这个国家的社会环境。

四、对涉华报道的数据分析

1. 报道数量和领域

2011—2012年间《全景报》的涉华报道呈增长趋势。

表6

报道领域	2011年	2012年
双边交往	8	14
中国经济军事科技	8	8
国内政治	2	9
国际关系	4	3
文化体育	2	11
社会新闻	9	42
共计	33	87

（1）涉华报道总量。

2011年全年涉华报道总量为33条；2012年全年涉华报道总量为87条，是2011年的2.6倍。

（2）社会新闻报道量。

社会新闻在涉华报道中数量最多，占比最高，增幅也最大，2012年的报道量是2011

年的4.7倍。

（3）双边交往报道量。

2011年双边交往报道量为8条，2012年为14条，是2011年的1.8倍。

（4）双边经贸报道量。

2011年双边经贸的新闻只有1条，2012年是4条。

2. 报道的消息来源

《全景报》的涉华报道很少标明来源，特别是在国际版的报道，大部分没有写源自何家媒体，而注明来源的多是源自美、英等西方媒体，报道的角度和态度也都沿袭西方媒体；而如果是在政治或者经济版，则大多是报纸自己采访或者编写的稿件。

3. 报道的态度

《全景报》涉华报道的负面新闻占有相当比例。

表7

涉华报道态度	2011年	2012年
正面	9	17
中性	8	31
负面	16	39
共计	33	87

2012年的87条涉华报道中，44%为负面报道，36%为中性报道，正面报道只有20%。

尽管如此，与2011年相比，2012年负面报道占比下降了5个百分点。与此同时，中性报道由2011年的24%增加到36%。

值得注意的是，正面报道多是该报自己采访的双边交往新闻。

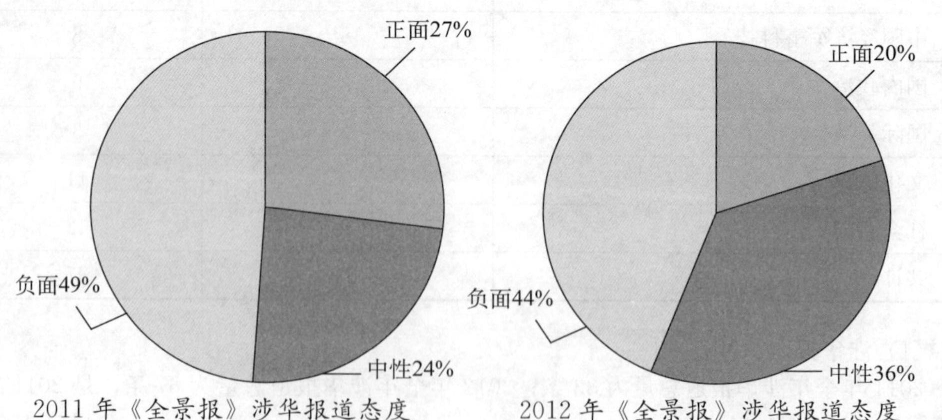

2011年《全景报》涉华报道态度　　2012年《全景报》涉华报道态度

4. 报道所在的版面

该报中60%以上的涉华报道在国际版，而能够进入政治、经济、言论等主要版面的报道所占比例大约为10%，主要为双边交往的报道。

五、研究结论

1. 国际关注，在利益相关处

美国和欧盟主导了阿尔巴尼亚的政治和经济利益，由此成为阿尔巴尼亚媒体最为关注的涉外报道对象。

其次阿尔巴尼亚人关注的世界就是阿尔巴尼亚族人生活的地方——阿尔巴尼亚族聚居区，如科索沃地区、马其顿、希腊和意大利；阿尔巴尼亚族侨民所在国家，如英国、德国、瑞士等。

其他国家和地区，包括传统上被认为是我国对阿尔巴尼亚传播“对象地区”的前社会主义国家，并不为当今的阿尔巴尼亚人关注。

2. 国际问题，中国被“失声”

从《全景报》的涉外报道不难看出，西方世界是报道的主要对象和话语权的主要控制者。

阿尔巴尼亚的很多内部事务被西方介入，并被之左右。在国际事务中将己方之观点放大、屏蔽掉其他观点乃西方掌控话语权的另一表现。在很多重大国际问题上，如联合国事务、朝核问题、伊核问题等，中国会做出自己的表态，但是在阿尔巴尼亚媒体上却基本看不到。

3. 涉华报道，有失“整体真实”

《全景报》作为一份以市场需求为主导的报纸，关注社会新闻是必然，对于本国报道是如此，对于外国报道亦然。虽然该报对中国没有不利言论，但报道量增幅最大的社会新闻中的正面报道极少。

看一看《全景报》的涉华社会新闻都是些什么内容：江西校车事故，11名儿童死亡；山东钉子户在高楼林立间的沙堆中斗争4年；一名六岁小女孩全身60%的皮肤被黑痣覆盖，被认为不祥而被赶出家门；北京暴雨导致数十人死亡；BBC对中国犯人执行死刑前的采访节目风靡互联网……

其实这些报道都是真实的，而且在中国的媒体里并不鲜见，但是它们并非主流，只是众多社会新闻的一小部分，中国官媒极少把它们用外语作对外报道。相反，西方媒体却会用英文去报道这些新闻，并且凭借自己强大的影响力将之放大。虽然这些新闻的个体都是真实的，但是西方媒体生态中的中国失去了“整体真实”。

4. 对中国，关注度在增加

2012年，《全景报》涉华报道的双边交往新闻增加，这些双边报道多出现在政治、经济等重要版面，还有相当部分上了头版头条。

从涉华报道的版面看，只有涉及双边交往的新闻，才有可能进入报纸的主要版面，也正因为这些新闻跟当地人的生活相关，才会引起更多关注。

六、研究于我国对阿尔巴尼亚传播的启示

本研究的数据收集是在 2013 年，而数据所在的报纸是在 2011 年至 2012 年间。这期间，阿尔巴尼亚举行了大选，右派的民主党让位于左派的社会党；经过多年努力，阿尔巴尼亚于 2014 年 6 月成为欧盟候选国。虽然经历了不少变化，但阿尔巴尼亚的政治、外交、经济和社会的基本面并没有发生根本改变。

本研究的数据分析和所得结论对于当下加强我国对阿尔巴尼亚传播的针对性具有指导意义：

（1）日常报道中应尽量多涉及双边新闻，并且跟阿尔巴尼亚老百姓的生活相联系，赢得了老百姓的关注才会赢得当地媒体和市场。

（2）在国际问题报道中尽量多表达中国立场，不让中国“失声”，逐步在阿尔巴尼亚受众心中形成中国的话语地位。

（3）对于中国的负面新闻，报道中应及时做出反应，适时跟进，表达中国态度、关注解决措施。

（4）对中国的社会新闻给予更多报道，回应阿尔巴尼亚受众对中国的兴趣点，但可以多报道一些正面或中性消息，或者对负面的社会新闻做正面引导，不让西方媒体在这方面独霸市场。

（5）关注与阿尔巴尼亚受众利益相关的国家和地区动态，借受众感兴趣的话题反映中国视角。

（6）主动向阿尔巴尼亚媒体提供新闻源，抓住时机推送我国相关报道，使得对方不再只盯住西方媒体的负面报道。

阿尔巴尼亚社会整体对中国友好，这是两国传统民间友谊的延续。不同政治倾向的党派都对华友好，没有极端反华的势力。

近年来阿尔巴尼亚媒体对中国报道有所增加，这是双边交往密切的反映。2012 年，中国已经跃升为阿尔巴尼亚第三大贸易伙伴。阿尔巴尼亚的市场，作为进入欧洲市场的前哨，受中国投资者的青睐，阿尔巴尼亚美好的自然风光近年来也更多地为中国游客向往。两国往来让语言文化交流越来越迫切，孔子课堂和孔子学院应运而开。

中国提出的“一路一带”战略正稳步推进，而阿尔巴尼亚所在的中东欧地区正在“丝绸之路经济带”经过的区域，中阿之间的经济和文化联系有望更上一层楼。在此之际，进一步加强我国对阿尔巴尼亚传播正当其时。

（作者单位：中国国际广播电台阿尔巴尼亚语部）

注释：

① http：//sq. wikipedia. org/wiki/Panorama。

② http：//www. gazetatema. net/web/2011/05/11/focus-group-blen-news-24-e-gazeta-shqiptare/。

③ http：//www. thestar. com. my/Business/Business-News/2013/08/03/Albanian-on-a-mission-Entrepreneur-plans-to-expand-business-to-the-far-east. aspx。

④ http：//zh. wikipedia. org/wiki/%E9%98%BF%E5%B0%94%E5%B7%B4%E5%B0%BC%E4%BA%9A。

巴西电视业发展探析

朱 婧

巴西作为拉美面积最大、人口最多的国家，同时又是“金砖国家”成员国之一，是当今世界的重要一极，在国际舞台上具有举足轻重的地位。巴西的文化传播业在本地区和其他葡萄牙语国家发挥着巨大的影响力。目前，巴西有近千家电视台和广播电台，传播范围遍及拉美、北美、中东和亚洲国家和地区。巴西是我国在拉美地区的重要合作伙伴，中、巴两国在政治、经济、外交、文化等方面的交流合作不断加强和扩展。近年，我国提出了鼓励文化走出去、提升文化软实力的文化发展战略。在此背景下，我国迫切需要对巴西广播电视传媒业进行全面而深入的研究，这不仅会对我国打造综合传媒集团的发展提供有益的经验和借鉴，并且会为中国国际广播电台和巴西传媒集团的合作交流提供重要的参考和依据，对我国广播节目到境外落地也将大有裨益。

巴西电视作为巴西本土最有影响力的传播媒介和流行文化的倡导者，在社会发展进程和人民文化生活中起着十分重要的作用。本文将梳理巴西电视业发展历程，探析科技、经济和社会发展变化对其带来的影响，为我国传播业提供一个研究巴西电视业发展的新视角。总体来说，巴西电视业的发展历程可以分为以下几个阶段。

一、初创时期（1950—1964）

巴西联合日报媒体集团由巴西记者阿西斯创建于 1924 年。到了 50 年代，为扩大集团的业务范围和影响力，阿西斯决定将电视引进巴西。当时巴西还不能生产电视机，因此所有设备都从美国引进。

1. 电视台纷纷建立

1950 年 9 月 18 日，联合日报媒体集团创办的图比电视 3 台在圣保罗市一间简陋的录音棚里正式开播。这一天被公认为巴西电视的诞生之日。它使巴西成为继美国、英国和法国之后世界上第四个拥有日播出电视节目的国家。图比电视台一句著名的口号是由一个 5 岁的小男孩录制的：“巴西电视开始播出啦。”台标则是一个头上插着天线的印第安小男孩。图比电视台是第一家制作播出巴西电视新闻的电视台。《今日图像》节目于 9 月 18 日播出。它没有固定播出时段，一般来说是晚上 9：30 或 10：00 播出。

1951 年，图比电视 6 台在里约热内卢开播，这是巴西第二家电视频道。尽管电视 3 台和电视 6 台同属于阿西斯创办的图比电视台，但由于还没有卫星技术，也没有转播塔或者录像带，两个台各自独立运营，每个频道的节目都是现场制作播出的。

50 年代开播的其他先锋电视台还有：1952 年 3 月开播的圣保罗电视 5 台和 1953 年 9 月开播的圣保罗记录电视 7 台。这样，1953 年年底，圣保罗共拥有 3 个电视频道，里约热内卢1个（图比电视）。不久，阿西斯的联合日报媒体集团又在巴西其他城市开办了电视频道，至70年代它们最终形成了图比电视网。

2.“有图像的广播电台”

1950年代，广播是普及范围最广、影响力最大的传播媒介。因此，电视在诞生之初，受到了广播的巨大影响，沿用了电台的节目模式和技术手段。电视节目的第一批播音员和主持人均由电台著名主持人担任。所有电视节目均为临时制作、现场播出，节目内容具有临时性，播出时间也很不固定。很多节目内容是将广播节目内容直接搬上荧屏。电视这一新媒介被称为“有图像的广播电台”。

这一时期，电视的传播范围窄、受众数量少。电视的受众仅限于能够买得起电视机这一昂贵商品的社会富裕阶层。大多数人还不知道电视机为何物，巴西全国的电视机总量不超过200台。正是由于观众少，难以获得预期的商业回报，广告商也不看好这一新的传播工具。

1960年代联合日报媒体集团发展成巴西最大的媒体寡头，该集团拥有36份报纸、18家杂志、36家广播电台和18家电视台。它旗下拥有巴西最著名的两家公司：图比广播电视网和克鲁赛罗（Cruzeiro）杂志。1968年，创始人阿西斯去世，该集团进入衰落期。

3. 严重受美国资本控制，缺乏自主性

1950—1960年是一个以垄断资本入侵巴西市场为标志的时代。电视业也不例外。当时，美国在电视的技术设备、内容制作方面占有绝对领先的地位，而巴西的电视设备和节目形态主要靠从美国引进，一些美国的资本趁机涌入，几乎主导了巴西电视的大部分市场。自美国进口的电视节目要大大超过本土素材。

1952年，巴西最著名的电视新闻节目之一《Esso报道》在图比里约热内卢电视台开播，节目改编自美国合众国际新闻社（UPI）的一档名为《你的Esso报道》的新闻节目。该节目由一家名为巴西标准石油公司的美国公司赞助，在巴西简称为Esso公司。节目素材由Esso公司制作提供，图比电视台只负责播出。《Esso报道》自1952年4月1日开播，直到1970年12月31日停播。这种以赞助商的名字冠名的节目也开启了一种持续30多年之久的赞助商模式。类似的节目还有《Panair电视新闻》、《Bendix电视新闻》、《Pirelli电视新闻》、《Ducal报道》、《Trol小剧场》等。

二、大众化阶段（1964—1975）

1964年军事政变后，巴西进入了军政府统治时期，电视业的发展受到了政府审查制度的控制。但军政府也把电视作为加强统治、团结民众的工具，因此采取了各种措施推动电视业的发展，如加强电视网的建设、通过补贴使人民能够买得起电视机等。在这一时期，巴西电视脱离电台的影响，节目制作和管理趋向职业化和标准化，电视网开始出现。始创于1960年的伊斯塞尔希奥电视台（TV Excelsior）以电视节目产品工业化制作为目标，对现有标准的革新做出了很大贡献。

在1950年代，图比电视台是巴西规模最大的电视台，但到了60年代，环球电视网的出现打破了图比电视台一枝独秀的局面。1965 年 4 月 26 日，里约热内卢环球电视台开播，它是巴西最著名的环球电视网的雏形。它依靠美国时代生活集团的资金和技术起步，后来逐渐独立。它摆脱了电台模式的束缚，采用更加先进的商业策略，开创了赞助广告、片花、间奏等创新方式，重视与市场的关系，随着电视机进入普通人民家庭，以社会底层人群的需求为导向制作节目，节目内容变得更加大众化。在收视率竞争中，它逐步超越电视业的先行者——图比电视台。从 1969 年开始，环球电视网的节目覆盖了巴西国内大部分地区，逐渐巩固了其全国电视网的领军地位，取代了联合日报媒体集团，成为新的媒体寡头。

随着技术的发展，1960 年巴西出现了录像带，这样，现场录制中出现的错误在后期能够被剪辑掉，节目录制时间和播出时间可以不一致，且同一个节目可以多次重播。录像带大量使用后，巴西又创办了 27 家新电视台，80%的节目都是录播，节目制作主要在里约热内卢和圣保罗两地。1967 年，旗士电视台在圣保罗开播，后来它发展成为巴西四大著名电视网之一。

70 年代的另一个新生事物——彩色电视出现了。1972 年 2 月 10 日，南大河州的南卡希亚斯市葡萄节进行了彩色电视转播。它拉开了巴西彩色电视节目播出的序幕。1974 年，随着电视网在全国的建立，43%的家庭拥有电视机。

在巴西电视业发展的第二阶段，各电视台开始重视电视剧的制作，它作为一种节目形态的地位得到巩固，并吸引了大量广告。根据 1978 年《世界广告支出》的数据，1968 年巴西电视广告费用是 10050 万美元，到 1976 年增长到 68480 万美元，八年间增长了 700%。电视广告的大量增加表明电视业的兴盛。

三、走向海外时期（1975—1985）

军政府统治后期，废除了 1968 年颁布的对大众传播媒体实行审查的法令，电视获得了更大的自由。

1. 电视剧开始出口

在这一时期，政府大力支持电视节目的国产化，以抵制由美国进口的充满暴力的电视节目。一些大型电视网，主要是环球电视网，开始大量制作电视剧并出口到其他国家。这也是第三阶段的主要特征。

在政府的扶持下，巴西本土节目的数量不断增加，质量也持续提高。到 1970 年代末，环球电视网每天播出的自制节目达到 12—14 小时，其新闻节目和电视剧成为最受欢迎的节目。观众对本国节目的收视习惯逐渐养成。在巩固了国内市场之后，向国外输出电视剧成为其重要的发展方向。

巴西电视剧的主要海外市场是葡萄牙和拉美地区。由于和葡萄牙之间没有语言差异，而葡萄牙国内的电视剧产量少，因此巴西电视剧在进入葡萄牙时没有任何障碍。而在拉美的西班牙语市场，存在较激烈的竞争。环球台制定了适当的营销策略，以极低的价格进入市场，重在树立品牌和赢得声誉，也取得了很好的成绩。第一次在海外取得巨大反响的电视剧是《爱人》。它的原版在葡萄牙出售，西班牙语版在广大拉美国家出售，受到了海外观众的好评。从此，巴西电视剧大规模地走向了海外。

从1970年代中期到21世纪初的30多年时间里，环球电视台在130多个国家售出了300多部电视剧。它的海外销售连年提升。1977年，这一数字还不到30万美元，但到了1981年，已经跃升为300万美元。1983年的销售额在此基础上翻了三倍，达到950万美元，而1985年，已达到1400万美元。在电视剧出口取得成功后，环球电视台走向了更加广阔的国际化道路，1980年8月，环球电视网设立国际部，收购了摩纳哥卡鲁山电视台（TV Monte Carlo）。

1981年，环球电视网凭借少儿音乐节目《孩子们的费尼希斯》第一次获得国际艾美流行艺术奖项；1982年，环球电视网制作播出的微型电视短剧《塞维里诺的死亡和重生》再次获得国际艾美大奖。

这一阶段巴西电视业的快速发展还表现在家庭拥有电视机的数量上。1980年的全国人口普查结果显示，在2640万户家庭中，55%拥有电视机。到1989年，73.1%的城市家庭拥有电视机，全国电视机拥有量达到两千万台。

2. 电视网的扩大

第三发展阶段的另一特征是全国电视网的扩大。时任国家通讯部部长诺盖拉（Idalécio Nogueira）说："政府反对电视行业的垄断，因为这会带来节目质量的下降。因此，将鼓励经营新的频道，扩大全国电视网数量。"在此期间，政府批准了83个电视频道的经营授权。1983年，头条电视网开播，与此同时，一些独立制作机构，如四月视频（Abril Vídeo）开始出现并占领市场。

第三阶段末期，巴西已拥有四大全国商业电视网：旗士电视网（Bandeirantes）、环球电视网（Globo）、头条电视网（Manchete）和巴西电视体系网（SBT）；两家地区电视网：圣保罗的记录电视网（Record）和巴西南大河州的巴西南部电视网（Brasil Sul），以及一家国家电视网——教育电视网（Educativa）。

四、加快发展时期（1985—2000）

1985年，统治了21年的军政府垮台，巴西建立新共和国，恢复社会民主化。1988年新宪法第五章对社会传播做出了规定，禁止妨碍新闻自由和对新闻进行审查。鼓励独立制作广播电视节目，推动国家和地区文化发展。

1. 电视的"战国时代"

在这一时期，巴西电视取得长足发展，1994—1998年，电视机的销售量达到了前所未有的高峰。电视的传播范围覆盖了全国95.2%的城市，甚至超过了图书馆的覆盖率，后者为89.1%。家庭的收视习惯和观赏趣味逐渐形成，出现了看电视的一代。尤其是在黄金时段，家庭中的成员们都已回到家中，他们习惯观看电视剧和夜间电视新闻，尤其是在两个电视剧之间播放的新闻节目，如《全国新闻联播》。

从1990年代开始，巴西几家主要电视网之间的收视率之争愈演愈烈。由于竞争乏力、管理不善，最早成立的图比电视台倒闭了，而环球电视台的地位不断加强。尽管在1990年代大部分时间内环球台始终保持收视率领先地位，但它也面临着来自头条电视网和巴西电视体系的竞争和挑战。头条电视网曾在一段时期内占领收视高地，如它播出的电视剧《沼泽地》（Pantanal）和新闻节目《特殊文件》（Documento Especial）广受追捧。而巴西电视体系在墨西哥制作的电视剧、反映大众诉求的幽默电视节目《这是我们的广场》、新闻节目《此时此地》以及演播厅节目《完美周日》也极具竞争优势。

新的电视台不断出现，原有电视台则面临洗牌。1990年，巴西MTV电视音乐频道开播；1994年，女性频道（如今的新闻记录频道）开播；1995年，生活频道开播。1999年，由于一系列财政危机，头条电视网倒闭。取而代之的是由阿密尔卡勒创办、面向大众和年轻人的巴西电视网。

1991年，随着有线电视业务的开启，巴西出现了第一批付费电视频道。在其发展的头十五年中，付费电视领域由巴西四月集团、巴西环球集团和美国新闻公司集团掌控，呈现出缓慢增长态势。

2. 电视剧海外市场扩大

1990年代，环球电视台每天播出的时长达到21小时，周末则达到24小时。其每年制作的电视剧、微型系列剧的总量超过4400小时。

巴西各电视台都对电视剧加大投入，力争制作出精品，吸引更多观众和在海外获得良好反映。其中环球电视网更是投入大量资金，邀请著名的导演、演员和技术人员参加电视剧制作。它的制作成本是全巴西最高的，高投入保证了电视剧的高质量。1996年播出的《牛王》，收视率达到50%。

环球台积极在国际市场上推广其出产的电视剧，它频频出现在蒙特卡洛等电视节上，向世界展示自己的产品。在不懈努力下，它的销售市场已扩大到拉美之外的欧洲、亚洲、美洲的许多国家。其中俄罗斯也是其电视剧的巨大海外市场。

五、数字化时代（2000—2011）

21世纪初，在付费电视和电脑网络的冲击下，巴西电视收视率有所下降。尽管如此，巴西电视剧仍然是国际舞台的标杆。2009年环球电视网播出的电视剧《印度之路》获得国际艾美电视奖，这是巴西电视剧第一次收获这一国际大奖。2012年，电视剧《星星》和《看不见的女人》再摘桂冠；2013年，电视剧《肩并肩》和2014年《难得的宝贝》再度捧回这一国际大奖。

在数字电视成为国际电视业主流的背景下，为了紧跟时代步伐，巴西总统卢拉颁布第4901号法令，成立了数字电视发展委员会，推进巴西数字电视体系的建立。为了让民众能够顺利接受数字电视，巴西国家银行投资5.55亿美元以降低机顶盒的价格，从而加快了巴西全面进入数字电视时代的步伐。

在2006—2007年，巴西国内为采用何种数字电视标准而争论不休。最终，在日本ISDB-T标准的基础上，制定了巴西地面综合数字服务广播体系（ISDB-TB）。它除了可以转播单一高清电视节目，还可以同时传送 8 个不同内容的节目（像素为 720 × 480，同 DVD）。而模拟电视在传输过程中不仅会出现信息丢失的情况，而且像素最高仅为 333×480。

在长达 6 个月的实验期后，2007 年 12 月 2 日晚 8:30，巴西公共电视网在圣保罗地区播出了一部数字电视短片，标志着巴西正式进入数字电视时代。在开播仪式上，巴西总统卢拉说："电视不应该是昂贵和难以得到的东西，它就像一个广场，所有巴西人都能在那里集会。电视让我们的语言更有价值，也能够巩固国家的团结。"从 2007 年 12 月起，圣保罗地区的用户已经能够收看数字电视节目。

从 2009 年开始，政府广泛宣传数字电视带来的好处，同时，与生产厂家签订合作协议降低售价。在政府的鼓励下，数字电视普及进展顺利。2012 年 7 月，数字电视覆盖巴西所有地区的首府。模拟电视节目将于 2016 年正式退出电视节目市场。初始阶段，数字电视的优势主要表现在清晰的画面和音质上。今后，巴西还将逐步推广应用数字电视的其他功能，使人们能通过笔记本电脑、手机和在移动的汽车中观看电视节目。可以说，巴西数字电视已经走在了世界前列。

结束语

巴西电视走过了 60 余年的发展历程，从无到有，从弱小到强大，从依靠外国到走向独立，经历了艰难的发展过程。从中我们可以看到：

第一，巴西电视业是在激烈的竞争中不断前进的，只有策略灵活、面向大众、贴近观众制作节目的电视台才能存活下去，反之则被淘汰。从 20 世纪 60 年代起，随着环球电视台的建立，巴西电视的竞争时代已经拉开帷幕。由于未能制定有针对性的策略，节目缺乏鲜明的特色，最早成立的图比电视台在竞争中逐渐失去观众，走向衰落，最终退出了市场。不可否认，环球电视台与政府有着较为紧密的关系，但它面向广大下层人民制作节目，受到大众欢迎，是其收视率上升并取代图比的更为重要的原因。同样，90 年代的头条电视台，虽然兴盛一时，但没能准确定位自己的目标受众，在节目质量上未能继续提升，因而很快被观众抛弃，成为一个电视媒体盛极而衰的典型案例。类似的情况在巴西电视业中还有不少。

第二，拥有高质量的品牌节目是电视台屹立不倒的根本所在。环球电视台的新闻节目和电视剧是其优秀品牌。其中它制作的电视剧更是享誉海内外。20 世纪 80 年代，巴西电视连续剧《女奴》在世界上 128 个国家上映，同样在中国受到好评。其女主角露赛莉娅·桑托斯于 1985 年获得《大众电视》评选的"最佳外国女演员"奖。环球电视公司现是拉丁美洲最大的电视剧制作中心。它高度重视节目质量，花重金打造精品电视剧，其海外市场和影响力不断扩大。2012 年，该公司拥有 59 个授权产品，在 92 个国家用 33 种语言播放总时长达到 2.5 万小时的电视剧。

在互联网时代，巴西电视仍是最受人民喜爱的媒体，其地位未受网络的明显影响。巴西电视体系庞大，电视台数量众多，节目形式复杂多样，其中值得我们去探究的内容仍有很多。中国的电视剧在走向海外的过程中，可以学习借鉴巴西电视剧的成功经验，在电视剧的质量上下工夫，同时要注重推广策略，在国际舞台上树立良好的品质和声誉。这样，经过多年的积累，中国电视剧走向全世界的时刻终究会到来。

（作者单位：中国国际广播电台葡萄牙语部）

参考文献：

1. http：//www. aerp. org. br。

2. www. globo. com。

3. http：//culture. people. com. cn。

4. 李黎丹：《巴西 Globo 与电视小说》，《中国电视》，2007 年第 5 期。

5. 徐孟侠译：《为在巴西引入数字电视提交的“公开咨询报告”文稿第 291 号》，《电视技术》，2002 年第 1 期。

6. http：//pt. wikipedia. org/wiki/Televisão _ no _ Brasil＃D. C3. A9cada _ de _ 1980。

7. Adriana Cristina Omena dos Santos：A digitalização da TV no Brasil：A sociedade civil organizada e a opinião pública a respeito do Sistema Brasileiro de TV digital-SBTVD，2006.

8. ÁVILA，Carlos Rodolfo Amêndola：A Teleinvasão：a participação estrangeira na televisão do Brasil，São Paulo：Cortez，1982.

9. AMARAL，Hélio Soares. Censura e Televisão. Rio de Janeiro，ECO/UFRJ，1980.

10. http：//www. tudosobretv. com. br/histortv/historbr. htm。

11. http：//www. sbt. com. br/home/。

12. http：//www. abi. org. br/。

技术研究

国际台技术系统融合发展刍议
——技术总体篇

李　涛

技术的发展和媒体的发展是永远紧密结合在一起的，是你追我赶、相互引领的。新的技术为媒体发展提供了支撑手段和解决方案，会促使媒体利用新的技术去探寻更佳的传播方式和生产出更好的媒体产品；而新的媒体需求又会反推新技术的研发、使用，为技术的发展提供更宽广的想象空间。

随着新技术的推波助澜，当今全球社会步入了融合时代。互联网的存在打破了行业的边界，加速了行业间的聚合，使我们的生活方式发生着翻天覆地的变化。相比过去我们只能从报纸、电视、广播中单向、被动地获取有限的信息而言，随之而出现的各种新兴媒体给人们提供了各种便捷地获取、交互和发布信息的手段。现在简单地利用手机、Pad、电脑，无论在何处，无论在何时，只要有网络的存在，只需要简单的点击，各类音视图文信息就会铺天盖地地袭来。受众面对海量信息，可以主动对其进行选择、处理和再发布。

互联网和新兴媒体与我们的生活越来越紧密地融合在一起，给传统媒体过去的垄断和优势地位带来了一波又一波的冲击。媒体受众已经从过去对信息的被动接受者，转向信息的参与者、生产者和再传播者；而传媒业务也从过去的大众化的广播，转向了分众化的传播。

国际台经过几十年的媒体发展历程，已经从过去单一的传统广播媒体，转变为集广播、电视、报刊、互联网、移动媒体等全媒体形态传播手段和传播渠道的综合媒体；在内容生产和传播方式上国际台亦发生了巨大的变化，开始逐步迈入全媒体的融合发展道路。既然已经融入了“融合”的大潮中，如何将新的技术满足于媒体发展所提出的新的需求，是国际台未来技术发展面临的紧迫课题与挑战。

一、具有“国际台特色”的媒体业务需求

通过对国际台媒体发展和业务需求的分析，国际台的全媒体化发展除了其他成熟媒体所具备的，如：多业务、多渠道、全形态等共性特点外，多语种、多角色、全球化是其鲜明的特点，恰恰这些会对技术体系的建立产生深远的影响。

首先，多语种化是国际台业务的首要特点。有别于绝大多数媒体以频道、栏目、板块等为业务群落的组成元素，国际台媒体业务更多地倾向于以每一个独立的语种作为基本单位。而每个语言单位都有发展自己对象国语言特色的全媒体业务的分众化需求，各自的媒体形态成熟度有着很大的差异性。

另一个重要特征是，在内容生产制作流程中，生产者的工作分工也具有极强的多角色

性。个体在工作中常会横跨多个生产制作流程，同时被赋予多个角色。比如：在采访时会要求同时作为文字记者、图片记者、摄影记者存在；在节目制作时，又会完成图文编辑、音视频编辑、翻译、播音员、导演等角色。在一个工作区间内，同一个人甚至会经常在工作流的不同节点上多次出现。这种“多角色”的状态已经是国际台日常工作的基本特点，而其他媒体则更多地进行了精细化的分工，每个个体身上的角色相对固定、明确。

另外，国际台的媒体全球化发展战略，已经明确将海外作为媒体发展的主战场，区域媒体集团、国家综合项目、海外本土化媒体建设等都是未来发展的重要环节。跨区域的工作协同、信息资源的交互共享、媒体渠道的互联互通等，都需要技术系统提供有力支撑。

综上所述，具有国际台特色的媒体生产，无法直接套用成熟的、单一媒体的那种角色鲜明、流程清晰的工作流，而必须根据国际台自身的特点，对业务流程重新打造；而对于用于支撑媒体生产、播发的技术体系，也应该带有明显的“国际台特色”。这也充分揭示了一个答案：在技术建设中，那些在央视、地方台的技术项目中做得非常成功的技术公司，一旦在国际台媒体发展需求下开展项目，往往变得手忙脚乱，感觉无从下手，最终的效果总是差强人意。这并不是因为他们掌握的技术不成熟，而是因为没有理解“国际台特色”的业务需求和工作模式，太固守其他媒体的技术套路和理念。

二、现有的技术体系在某些程度上无法满足媒体发展的迫切需求

国际台目前的技术系统，经历了从模拟到数字化、网络化的转变，但音频、视频的制作和播出仍然带有很明显的传统特点，其各自的技术系统也相对封闭和独立。媒体文件被“锁死”在各自封闭的采、编、播、发流程中，文稿、音频、视频的跨制作系统的访问、交互和再利用非常繁琐，必须经过人工的干预和处理。技术系统之间的这种相对隔离状态，无法适应技术用户日益增加的对全媒体融合制作的需求，没有真正顺畅地实现资源的跨平台交互和共享。

另外技术系统缺少与海外业务的有效接口，媒体素材、信息的交互手段相对缺乏。目前国际台多利用邮箱、FTP、BBS进行素材、信息的传输、交互和共享，效率和安全性较低，无法进行内容整合，且系统分散维护成本高。

在目前技术系统下形成的网络、存储以及安全架构，也决定了要进行跨制作域的技术整合难度非常大，在现有基础上进行大幅改造和升级是困难而又不现实的。

要适应国际台全媒体融合的发展需求，未来的技术体系需要也必然要发生相应的变革。借助国际台新技术大楼技术系统建设的契机，国际台在空间和时间上都具备了变革所需要的条件，为将来全媒体业态下的技术支撑提供新的平台、理念和解决方案。

三、国际台新技术体系展望

新的技术体系要求在前台实现国际台全媒体内容的采集、生产、加工、播发、交互、共享等业务需求，在后台可以完成对业务体系的支撑、管理、统计、调度、指挥等管理功

能。并且，技术体系采用“云”的架构理念，可为用户提供个性化的工具、服务和可定制化的工作环境，并且必须大幅提升用户体验度。新技术体系，会完全打破过去传统媒体制播系统间“老死不相往来”的状况，将从技术系统的源头开始体现融合。

(一) 建立素材服务平台，实现全媒体海量信息的处理和融合

媒体对信息的掌控力度，是全媒体融合环境中衡量媒体影响力的重要指标之一。针对国际台全媒体内容制作的需求，要建成一个面向全球的全媒体、多语种海量新闻信息采集汇聚平台，与前端各种渠道、各种类型（甚至是海内外社交媒体）素材来源进行对接，对海量的素材进行分析和推荐，并且内容信息是可聚类、关联的，可检索和定制的，通过统一的门户为用户提供信息服务，将会极大方便用户对各类新闻信息的选择和获取，并整合为可以支持广播电视、互联网、移动端媒体、平面媒体等各种渠道使用的素材内容。

素材平台汇聚了传统媒体、新媒体、网络媒体、移动端媒体、社交网络、用户 UGC（User Generated Content，用户原创内容）等渠道中的各类可获取的全媒体海量素材及信息，利用完备的多样化的采集手段，通过自动翻译、自动筛选、元数据分析编目、分类聚类、智能推荐等功能，实现对信息的加工处理，为不同媒体的节目生产制作提供及时多样、充足有效的素材内容。

用户可以按照新闻线索定制自己的信息服务；系统也可以通过大数据挖掘技术，自动进行热点汇聚并向用户分类推送相关的新闻热点；可以自动以新闻稿件为基础，将相关的全媒体信息进行内容关联汇聚；并且，平台支持统一检索服务。通过“云”的架构，驳接第三方的素材信息服务，以实现有效的扩展；可作为媒体专有云，实现我们与海外分支机构等的内容交换和共享。

(二) 建立全媒体云制作体系，摆脱传统制作系统的束缚

目前技术体系下各环节处于的紧耦合状态，在新技术系统中必须得到解锁，而且是整个制作流程上的解锁。在节目的生产方面，将会有效地融合媒体生产方式、媒介形态和传播渠道需求，实现制作终端的一体化、制作工具的平台化、技术资源调配智能化和生产的跨地域化，根本解决目前制作体系功能单一、制作工具单一、流程封闭、无法跨平台访问等问题。

建立符合国际台业务和技术特点的云制作平台，支持多语种、多格式的音视图文融合制作及高端节目的制作包装，支持传统媒体、新媒体、网络媒体、移动端媒体 APP、平面媒体等多种业务类型媒体文件的融合生产。同时，制作平台能够与各种业务专有的工具集通过标准化接口的灵活对接，实现工具集的扩充。

融合制作平台将过去固定在封闭制播系统中的标准功能、标准流程和生产工具抽取出来，以服务及工具集的方式提供给最终用户选择使用，通过智能流程引擎，可由用户定义出适合自己的生产流程。

(三) 播出与发布，实现制作与渠道的分离

由于多种媒体业务类型拥有各自的内容发布平台，内容发布很难做到有效统一。当新技术系统中的内容生产实现融合后，传统媒体播出环节和新媒体的播发环节可以一并被归结为媒体文件被送往的“渠道”。媒体文件只有到了最终的播出发布环节，才会真正带上

传统媒体或新媒体的印记。通过建立统一内容服务平台与不同媒体业务系统的内容发布平台的对接，节目内容通过统一内容服务平台推送至各业务系统发布平台完成发布。

新体系下的传统广播和视频播出，成品节目虽然还会被要求按照播出需求进行制作、审查和上传，但播出环节已经和节目的制作环节完全分离开来；新媒体的发布，诸如网站、IPTV、互联网电视、移动终端等，也同样是媒体文件将被送往的“渠道”。制作完成的媒体文件，可以按照要求，“一键多发”到它应该归属的渠道，而相应的转码、上传、发布等操作，都会在后台由系统帮助完成了。

面向全媒体、多渠道的播出、分发体系，将把传统的广播播出和新媒体播发有机融合，实现内容的融合制作和同时面向多个渠道的播发，将会有效减少节目制作的重复，提升制播效率和实现统一、高效的发布。

（四）面向全媒体生产的全功能演播室系统

作为台内原生的生产制作空间、产能的主要贡献者，各类型的演播室都将具备全媒体制作能力，实现最大限度的融合。同一个演播室会同时具备面向广播、电视、互联网新媒体节目的制作及直播功能。

无论是较大型的专业演播室还是小型的直播室、语录机房或配音机房，都按照信息化演播室的建设理念，融入全媒体开放性生产的元素，使节目内容在空间上得到拓展，节目形式在新技术的支持下得到丰富，并融入对更多的用户参与与互动的支持。比如在演播室内通过大屏拼接和虚拟演播室技术，虚实结合，可以制造出各种绚丽的场景；利用新媒体技术和在线包装手段，可以实现诸如触控播报、照片墙视频互动、实时评论等直观、活泼的节目制作方式。在节目的录制中，可以与其他技术系统、媒体终端进行信息的交互，获取实时的新闻线索汇聚、互动信息的展示、素材的快速编辑包装等功能，丰富用户的制作手段。

（五）运用“云”的理念，解决跨地域、跨系统、跨终端的技术融合

在新技术系统中，将充分利用现在新兴的大数据处理和云计算技术，按照打造“媒体云”的目标，通过高聚合、低耦合的模块化业务系统，提供资源的动态利用和多系统的平滑对接，实现内容采集、生产、加工、分发、存储等。

云的特点是无处不在。在新技术体系中，可以实现用户桌面终端的可定制，编播人员可以根据自己的工作，选择需要的工具集和系统服务，而不用再因为要完成一项工作而在不同的应用系统之间来回穿梭，用户体验将大大提升；通过部署在云端的服务，部分业务也可以实现在台外甚至海外的访问，有些业务也可以通过移动终端来完成，比如采访现场的快速制作回传、信息的快速推送与发布、公文审批、节目审查等。大家向往的“足不出户”、“何时何地”的工作方式，在未来或将成为现实。

（六）在安全的前提下体现最大的灵活

技术系统的安全在国际台这样的媒体机构永远是非常重要的，但是，目前的安全往往是牺牲大量的系统效率和用户体验换来的。新的技术体系应该在效率与安全、体验与安全上重新寻求一个平衡点。

新技术体系下的“媒体云”各业务系统应实现对用户统一管理与认证，解决现在系统

间用户信息相对隔离、不能复用的问题。通过统一的用户登录、权限管理、行为监控的功能，将各业务系统的用户信息通过统一的管理和认证平台进行控制，实现用户身份的唯一性，实现单点登录。

通过智能的工作流引擎，在生产领域可根据不同媒体的特色生产过程，建立相应的业务流程，以工作流推动生产，实现对业务的管理；并且，对全媒体的节目实现生命周期、信息版权等相应的管理；同时，通过大数据处理技术对内容制作发布进行全程跟踪，对客户端用户信息的手机和用户行为分析，可以将分析的结果反馈给用户，为媒体内容和生产的调整提供数据支撑。

综上所述，未来的技术系统将是一个融合的系统，将为国际台的内容生产和传播提供方便、有效的平台。但是，该系统在实施中会面临很多难以想象的挑战。比如按照现在技术发展的态势和特点，我们已经很难预测到未来几年将会是什么样，如何用最先进的技术打造最适合的技术系统，是我们无法逃避的残酷现实；由于“国际台特色”，我们没有成熟的案例去追寻，如何把“小而全”的需求落实成“高大上”的技术体系，真正最大限度地为用户个性化、分众化的需求提供最贴合的技术保障，让用户用起来方便、灵活、舒服，是我们不懈追求的目标；由于国家对于技术系统、信息系统的诸多安全性要求，如何规避风险，在安全与效率上找到平衡点，让整个系统又安全又好用，是我们不可逾越的底线；最终，整个技术系统的变革会带来整个技术运营管理体系的变革，也会带来媒体用户工作流的转变和工作方式的变化，如何适应，如何适配，是需要举全局之力来面对的问题。

（作者单位：中国国际广播电台采集制作中心）

移动应用性能监测技术的研究

张海燕

随着移动互联网技术的不断发展，Android、iOS两大移动操作系统近年来占据了市场约90%的份额，各类移动应用也随之出现爆发性增长，现已成为人们日常生活中不可或缺的部分。与此同时，移动应用市场内的竞争也越来越激烈，作为发展势头强劲的媒体类应用，其面临的市场压力也不容小觑。为了不断提升移动应用的性能及质量，移动应用的开发者们需要了解在复杂的移动互联网环境下，用户真实的操作体验，故越来越多的移动应用性能监测服务不断涌现，本文针对其主要相关技术展开研究。

一、移动互联网发展概述

近年来，随着移动互联网技术的不断发展，智能手机、平板电脑等移动设备在全球迅速普及。Mary Meeker的《2014年度互联网趋势报告》指出：2013年，智能手机与平板电脑的增幅已经超过了PC，目前，全球52亿的手机用户中，智能手机用户占据了30%的市场份额，且随着时间的推移，还将有更大的成长空间，平板电脑的持有量已达到4.39亿台。在网络传输方面，移动端的数据传输量已占据了总流量的25%，年增长幅度达到了14%，移动数据传输业务整体已经达到了81%的增长。

在移动设备的操作系统方面，近年来也发生了巨大的变化，如图1所示，随着微软逐

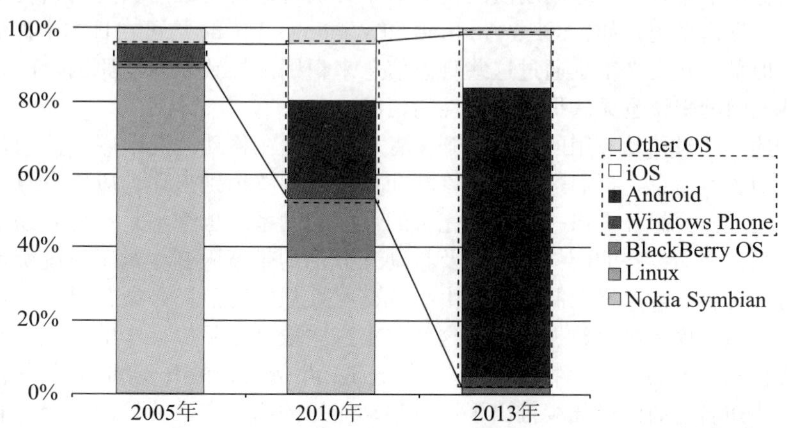

图1　2005年、2010年、2013年全球智能手机操作系统市场占有率对比

步完成对诺基亚的收购，苹果、三星设备的持续发展以及国产手机厂商的异军突起，原本占据市场较大份额的塞班系统已经退出了手机操作系统的主流市场，Android、iOS 占据了移动操作系统约 90%的市场份额。

鉴于移动应用市场带来的巨大收益，越来越多的软件开发厂商转向移动应用的开发，《百度 2014 移动分发趋势报告》指出：由于智能手机的普及、下载环境的改善等因素，用户的移动应用下载行为日趋活跃，截至 2014 年第二季度，每天有 27%的用户使用应用分发平台下载应用，人均下载量为每天 2.9 个，其中，搜索浏览、社交通信、新闻和购物成为 2014 年上半年整体下载量增长最快的四大应用类型。而对于这些移动应用的开发者来说，面临的挑战也越来越巨大，各类移动应用市场中的同类应用多如牛毛，如何全面掌握移动应用的各类性能指标，从而保障移动互联网的用户体验是他们面临的核心问题。

二、移动应用性能监测的背景

现在，各类移动应用市场中充斥着成百上千的不同类型的应用，用户通过这些应用能够随时随地完成不同类型的操作，如：浏览新闻、手游、网上购物，甚至通过银行的移动应用来实现即时转账等，移动应用已经成为人们生活中不可或缺的工具。对于开发人员来说，只有提升移动应用的质量，保障最终用户的体验，才能保持并不断吸引更多的用户。为了实现这一目标，必须要了解用户在真实环境下的各类性能数据。虽然，这些移动应用在上市前，都经过各类细致的测试，但是，对于移动应用来说，这仅仅是上市前的一个环节。由于移动互联网环境较为复杂，而移动应用的交互性又较强，所以很难在测试环境中模拟所有的情况，如：网络的接入方式（Wi-Fi 或 3G、4G）、GPS（Global Positioning System，全球定位系统）信号的质量、不同移动设备的支持情况等。所以，如何在应用上线后，收集用户在真实环境下的各类诊断和性能跟踪数据是开发人员面临的核心问题。除此之外，移动应用中频繁产生应用崩溃的现象对于开发者来说是最为头疼的情况，虽然，现有的主流移动操作系统，如：iOS、Android 和 Windows Phone 均可在日志中提供崩溃时的部分信息，但是，开发者很难通过这些日志信息来识别出导致崩溃的原因，而且这些日志对于诊断性能问题来说也无法提供实质性的帮助。

综上所述，针对移动应用的特性，开发者需要通过在移动应用中嵌入监测代码的方式来获取所需的各类信息，再通过专业的诊断和分析才能够识别出移动应用自身存在的各类性能瓶颈。但是，要想开发出一套功能完善的性能监测系统也绝不是一件容易的事情，移动应用由于受到移动设备的硬件限制以及移动互联网的带宽限制，对于系统资源、网络带宽的资源占用有着非常严格的制约，且由于其交互性强的特点，必须在保证正常的用户界面展现和响应的前提下进行数据收集，这就要求这些数据必须以异步的方式进行传送，这些功能需要投入大量的人力、物力资源，并且需要花费较长的开发周期。不过，近年来，国内外的一些知名厂商已经陆续推出了针对移动应用的第三方性能检测平台，它们通过基于 SaaS（Software-as-a-Service，软件即服务）的云端应用监测与管理平台来为广大的移动应用开发者提供服务。

三、移动应用性能监测的目标

为了不断提升用户体验，保持用户的持续增长，移动应用的开发者需要全面了解其应用在真实环境下的各类性能数据，主要包括以下几方面：

1．全面了解并持续提升移动应用的性能

- 了解移动应用响应慢是由什么原因造成的，主要出现在什么时间段；
- 处理请求的速度变慢是由于网络连接问题，还是服务器的问题；
- 基于用户行为，分析应用服务器上相关的业务逻辑，从而实现跟踪特定用户请求的目的；
- 对于不同的网络接入方式、运营商、移动设备、移动操作系统及用户所在的地理位置，通过查看相关的数据来评估应用性能；
- 实现对不同版本移动应用性能的比较。

2．查找崩溃或故障产生的原因，从而降低故障率

- 了解移动应用是在什么时间崩溃的，以及什么原因导致的崩溃；
- 了解崩溃是在什么环境下出现的；
- 创建崩溃快照，找出导致崩溃的功能以及这些功能所涉及的源代码、行号，尽可能在崩溃产生的时间点捕获栈跟踪数据，随后，基于这些数据能够对崩溃产生的具体原因进行分析；
- 了解网络错误发生的次数以及什么样的请求导致了这些错误。

3．深入了解移动应用用户的信息

- 了解用户所使用的设备、操作系统、使用的应用版本等；
- 查看用户主要位于的地域。

四、移动应用监测的实现方式

对于移动端的 Native APP（原生应用），需要通过在应用的源代码中插入监测代码才能够收集到各类实时数据及错误信息，这些信息将被发送到移动应用监测服务商的云端中央信息处理中心进行汇总、分类和统计，并最终以图表的方式进行展现。所以，要想实现对移动应用的性能监测，必须具有修改移动应用源代码的权限。

目前，各大主流移动应用监测服务商主要是以 SaaS 的方式提供服务，故移动应用开发者首先应在服务网站上注册应用，再针对不同的移动操作系统下载不同的 SDK（Software Development Kit，软件开发工具包），按照部署说明将相关代码及类库添加到自己的移动应用程序中，重新进行编译、上传即可完成部署工作。当前主流的服务厂商主要提供针对 iOS 和 Android 的 SDK，并且，对于不同的构建方式提供了对应的实施步骤说明，其中，iOS 主要提供了针对 Objective-C（扩充 C 的面向对象编程语言）和 Swift（苹果公司于 2014 年发布的新开发语言）这两种开发语言的实施步骤说明，而 Android 则提供了针对

Ant、Eclipse、Maven 和 Gradle 这四种开发工具的实施步骤说明。最后，移动应用开发者经过数分钟的等待就可以通过服务网站查看收集到的各类性能数据及相关报表。

五、移动应用监测的主要内容

移动应用监测服务的重点是原生应用的性能问题，而不是统计最终用户的行为数据，其任务为收集并报告移动应用的性能相关数据，如图 2 所示，移动应用开发者通过这些数据，能够基于运营商、网络接入方式、设备、操作系统、地域、应用版本等多重维度进行分析，并能够跟踪用户与移动应用进行交互的方式，协助诊断应用崩溃的现象。现在市场上主流的服务商均提供面向 iOS 和 Android 两大主流操作系统的监测服务。

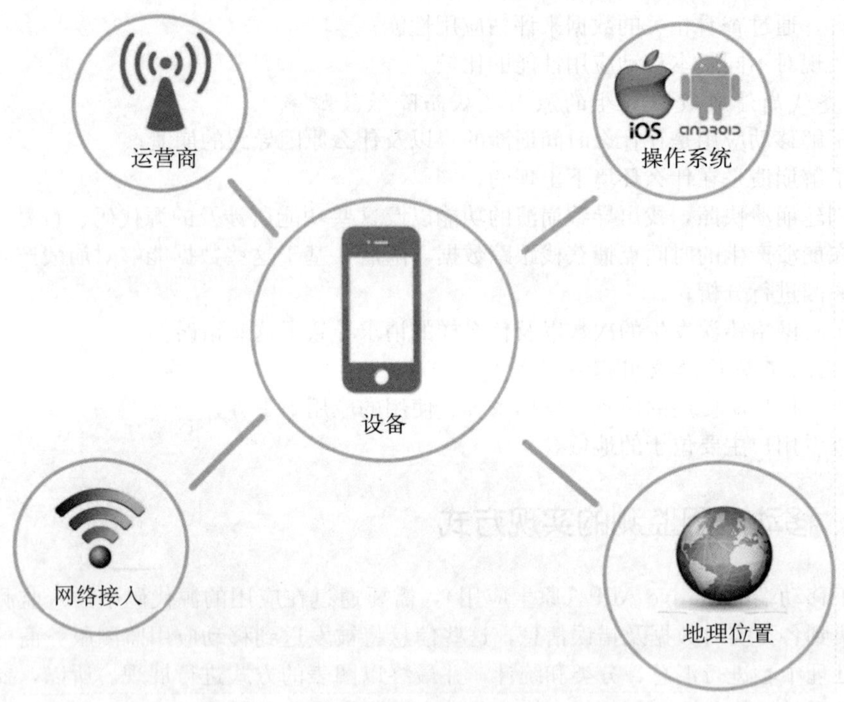

图 2　移动应用性能监测的五个维度

在监测内容方面，移动应用监测的重点是网络请求、HTTP 错误、网络错误以及崩溃情况四大方面，主要包含以下量度：

1. 网络请求

网络请求是指从移动端应用向服务器端应用发送的 HTTP 请求。对于 iOS 操作系统来说，当 NSURLConnection 类执行时能够监测到网络请求数据，而 Android 操作系统则是在 HttpURLConnection、HttpsURLConnection 或 HttpClient 执行时捕捉网络请求数据。主要量度包括：

- 网络请求时间：从用户在移动应用中触发事件开始到收到全部响应内容的时间，以毫秒为单位；
- 网络请求吞吐量：移动应用每分钟平均处理的网络请求数，单位为 rpm（Request Per Minute，每分钟的请求数）；
- 网络请求量：在指定的时间段内，新增的所有请求数。

移动应用开发者在服务网站中可以通过多种方式查看网络请求数据：

- 基于地理位置的视图能够了解哪个国家的网络请求数最多、故障率最高、请求的响应时间最长；
- 网络请求列表显示当前收到的网络请求，从而能够按照关键量度进行排序，如：最慢响应时间、最高错误率、最高负载等；
- 通过使用情况统计视图可以基于设备、运营商、操作系统版本、网络接入类型以及应用情况来了解关键的网络请求量度，如：可以了解哪个运营商的速度最慢及在哪些移动设备上故障最多。

2. HTTP（HyperText Transfer Protocol，超文本传输协议）错误

HTTP 错误主要指用户在发送 HTTP 请求后收到了响应，但是响应状态码指出在客户端（4XX 状态码）或服务器端（5XX 状态码）出现了错误。HTTP 错误通常表明网络服务正常。主要量度包括：

- 每分钟的 HTTP 错误数：每分钟返回的 HTTP 错误数量；
- HTTP 错误总量：在指定时间段内出现的 HTTP 错误总数。

3. 网络错误

网络错误指的是任何阻碍 HTTP 请求正常发送或成功接收响应的问题，典型的网络错误主要包括：主机无法解析、主机拒绝链接、链接超时、建立链接失败、设备故障、线路连接问题等。主要量度包括：

- 每分钟的网络错误数：每分钟返回的网络错误数量；
- 网络错误总量：指定时间段内出现的网络错误总数。

4. 崩溃统计

崩溃统计主要基于应用的崩溃日志信息和崩溃统计信息，帮助移动应用开发人员识别出崩溃的原因、频率、发生的环境等信息。主要量度包括：

- 崩溃总量：指定时间段内出现崩溃的次数；
- 崩溃率：单位时间内的崩溃比率。

当移动应用崩溃时将创建一个崩溃的快照，用以帮助移动应用开发者分析崩溃产生的原因：

- 崩溃的功能；
- 涵盖崩溃功能的源代码；
- 尽可能找出源文件中导致崩溃的行号；
- 在崩溃时间点上的栈跟踪。

对于iOS操作系统，当出现SIGSEGV信号或未处理的Objective-C异常时触发崩溃快照，而对于Android操作系统来说，当出现UI（User Interface，用户界面）线程挂起，即出现应用无响应错误信息或未处理的Java异常时触发崩溃快照。

移动应用监测服务基于以上量度，并从地域、运营商、网络接入方式、设备、操作系统这五个维度对移动应用的性能情况进行对维度、多角度的分析，实时获取相关数据。当一个网络请求相应的时间过长或者出现了网络或HTTP故障时，可以通过网络请求的列表去监测出问题的请求并可查找问题可能出现在什么地方。此外，通过设备、运营商、操作系统版本、网络接入类型以及应用的版本信息，能够掌握应用的整体使用情况；而按照地理位置的不同，能够了解到不同地区访问性能的真实情况。

六、移动应用监测服务的选择

由于移动应用监测服务需要通过在移动应用中嵌入监测代码的方式进行部署，并且要将收集到的所有与性能相关的数据上传到中心处理服务器，故在选择服务产品时，需要考虑多方面的因素：

1. 对移动应用自身性能的影响

鉴于性能检测代码需要部署在移动应用内部，故或多或少会对移动应用本身的性能及安全性带来隐患。移动应用的开发者在进行选择比较时，首先应对影响范围、程度及代码的安全进行评估，尽量选择那些市场知名度较高、服务较为完善的产品，此外，针对数据的安全性方面应尽可能通过合同约定的方式加以保护。

2. 对移动设备的CPU、内存及耗电量的影响

移动应用主要运行在手机、平板电脑等移动设备上，所以对移动设备本身的处理能力有着一定的要求，处理能力主要包括设备自身的计算能力，即CPU的性能，以及是否具有浮点处理器等；图形能力，是否具有图形处理器加速、GPU是否支持OpenGL、支持哪个版本等。此外，移动应用在设备上运行所造成的电池电量的损耗也是应用开发方关注的内容。所以，监测代码对于移动设备本身的影响必须要充分评估。

3. 对移动设备操作系统的适配

目前，市场上主流的移动应用监测服务主要针对iOS和Android两大移动操作系统，且对于这两个操作系统的版本也有要求，在iOS系统上通常是5以上，而Android系统则通常是2.2以上，移动应用开发者在选择监测服务时，需要根据应用的操作系统适配性去加以挑选。

4. 对移动网络带宽的占用情况

移动应用通常需要在不同的网络环境下运行，当用户使用2G、3G或4G网络时，如果在传输监测数据时产生较大的网络带宽占用，一方面会增加用户的开销，另一方面也会对移动应用本身的业务逻辑处理造成影响，故在选择时，应充分考虑监测数据的回传机制以及监测数据的打包方式，选择那些采取部分缓存、异步传输，并且对于各类网络故障提供完整同步机制的服务产品。

5. 部署代码的难度及成本

选择移动应用监测服务的目的是节省开发时间，能够获得较为全面的移动应用性能方面的数据。所以，移动应用开发者应选择那些更易于部署的监测服务，嵌入代码简洁，不需要大规模修改原有的应用程序，只需插入少量代码并重新编译、上传即可完成部署工作，是最理想的部署方式。

6. 是否能够及时获取相关数据

不同的移动应用监测服务承诺的获取数据的时间不同，这主要是基于收集数据的策略、中心处理服务器的处理能力。当然，如果能尽快收集数据，就能尽快对移动应用进行调整，对于快速提升用户的体验有较大好处。

7. 采集数据的保存期限

由于主流移动应用监测服务都是以 SaaS 的方式提供监测数据，而这些数据均保存在其云端，故数据的保存期限通常受到存储空间的限制，一般是一年到三年不等，应用开发者应根据自身的实际情况加以选择。

七、结束语

对于广大移动应用开发者而言，仅仅通过常规的测试手段很难获取移动应用真实的用户体验数据，而完全靠自身的研发能力又需要花费较高的时间及经济成本。鉴于目前国内、外一些专业公司已经陆续推出了一些免费或收费的移动应用性能监测服务，如：国外的 New Relic、AppDynamics、Compuware，国内的基调等，这些基于 SaaS 的服务，为广大移动应用开发者提供了较为便利的工具，使之能够通过简单的配置与部署实时获取相关数据，移动应用开发者可根据自身应用的特点加以选择。

（作者单位：中国国际广播电台采集制作中心）

参考文献：

1. Mary Meeker：*Internet Trends 2014*，http：//blog. sina. com. cn/s/blog _ 507de1780102ffzi. html.

2.《百度 2014 移动分发趋势报告》，http：//wenku. baidu. com/link? url=i71I9I3AVVCPoMd34SQM9d2ZFX1Pjqwhzu2k4H93vxu3u1SyXqn1wYzYzJeAVhFiSH5WkgYHVW3Qv6vdwTKH38Q _ wo3qK3Fd8bq1bPLMdDG。

3. 王丽：《移动应用软件测试探索》，《计算机系统应用》，2013 年第 22 卷第 1 期。

4. Lenin Ravindranath，Jitendra Padhye，Sharad Agarwal，Ratul Mahajan，Ian Obermiller，Shahin Shayandeh：*AppInsight：Mobile App Performance Monitoring in the Wild*，https：//www. usenix. org/conference/osdi12/technical-sessions/presentation/ravindranath.

国际台现场直播视频信号回传平台介绍

李国喜

近年来，国际台全面落实中央关于增强国际传播能力建设的总体部署，加快推进现代国际广播体系建设，努力打造现代综合国际新型的一流媒体，取得了重要进展。2014 年国际台共完成现场直播活动 109 场，其中重大活动直播 18 场。直播包括海外现场直播、国内重大政治活动直播，如“两会”、2014 APEC 领导人峰会、上海亚信峰会、澳门回归十五周年等，还有各对内外宣频率自主策划的长城电子音乐节、北京蟹岛梦想车展、环球资讯广州车展、轻松调频校园行等直播活动。从直播语种和数量来看，单一场次最多直播语种达到 10 种以上。除了音频直播平台，涵盖短播广播、对内对外落地调频广播和现场网络压缩之外，还可以把现场国际声和同传声信号实时传回台里，在主控机房以及后方直播间做直播（由于前方现场直播席位和技术资源的限制，无法满足国际台众多语种主持人的同时使用，所以大型活动的多语言直播多是在后方直播间完成）。为保证后方主持人也能实时了解活动现场的情况，保证播出的安全顺畅，将现场自采视频或现场公共视频信号实时传回后方是摆在国际台技术人员面前的一项常态化重要任务。

由于视频传输相较于音频传输，数据量更大，对抗干扰和抗衰减的要求更高，因此，传输方式应以光缆做主传、卫星做备传。光纤传输系统具有传输频带极宽、通信容量大、不受电磁噪声干扰、传输距离远等诸多优点。通过光纤网络传输视频信号安全可靠、保密性高，受自然和地理条件影响很小，视音频技术指标容易得到保证。

但在实际应用中，因为转播场地都是临时租用或借用，通常不会有固定的、长期的场地，所以外出转播要充分考虑技术系统的可移动性。而卫星通信也有传输距离远、通信容量大、链路安全可靠的优势，所以卫星转播车的使用更加广泛和便捷。随着新媒体技术、通讯技术、视频编解码技术的飞速发展，应用互联网、3G/4G 无线通信、宽带海事卫星等多种传输手段传输视频已成为可能。

互联网、3G/4G 无线通信网络均属于公用网络，用户群众多；宽带海事卫星平台最大带宽现在已能达到 650Kbps，但对于传输编码 MPEG-2、MPEG-4 等格式文件的视频流还远远不够。为了能在低码率环境下传输高质量画面信息，必须大幅度地压缩视频信号的数据率，H.264 就是目前在低带宽网络上传输高质量视频的一种主流编码技术。H.264 是 MPEG-4 第十部分，是由 ITU-T 视频编码专家组（VCEG）和 ISO/IEC 动态图像专家组（MPEG）组成的联合视频组提出的高度压缩数字视频编解码器标准，它不仅具有优异的数据压缩比，而且具有良好的网络亲和性，强丢包控制和误码恢复等优点，能够更好地适应 IP 和高误码率的无线网络传输。在同等的图像质量条件下，H.264 的数据压缩比能比当前 DVD 系统中使用的 MPEG-2 高 2—3 倍，比 MPEG-4 高 1.5—2 倍。因此，经过 H.264 压缩的视频数据，在网络传输过程中所需要的带宽更少，使用更经济。综上所述，从实际使用需求、系统建设成本、广播安全播出等角度考虑，国际台视频信号回传选择四种方式建设传输系统。

一、国际台现场直播视频信号传输技术方式

1. 互联网视频信号传输系统

互联网技术经过40多年的快速发展，基础网络建设和网络带宽越来越好，互联网覆盖几乎无处不在。目前来说，室内转播现场一般都可以提供有线网络环境，基本能保证传输信号的连续性，所以利用互联网传输视频到播出机房，几乎不受时间、空间的制约，甚至可以实现在全球范围内的不同地区、不同城市同时回传现场视频信号到后方的直播机房。相比卫星、光缆、宽带海事卫星等传输系统来说，互联网是一种比较经济的视频回传实现手段。外出转播时，接入互联网通常有LAN和ADSL两种方式，前者配置简单但独享性差，容易受到现场网络拥塞的冲击，后者独享性好但上行能力逊于下行，总体来说，两种方式带宽最低要求4M以上，推荐使用10M以上。该系统适合室内现场直播视频信号回传。

2. 车载卫星直播系统（宽带卫星）

国际台目前使用的卫星转播车是为迎接2008年北京奥运会而设计集成的，车载DSNG卫星传送系统使用标准的DVB-S2信道编码设备，Ku波段传输。系统能够传送1路标清视频信号和6路立体声音频信号的单向传输，在无刮风下雨的天气条件下信号稳定、质量良好。

此外，考虑各种现场传输条件，车上还配置了ISDN、3G、电话通信等终端回传设备，实现了多级网络平台的多路由传输、有线与无线系统的技术互补；利用2M的数据传输，并与综合业务终端设备配套，实现2路以上的立体声音频、1路网络专线、2路电话的综合信号传输。该系统适合在室外进行活动现场扩声及视频信号回传。

转播车通过租用卫星链路实现信号传输，具有线路稳定、频段宽、容量大、通信质量高、传输不受距离限制等优势，在很多直播活动中作为主路信号使用。缺点是实际应用中设备调试较为复杂，前期需要进行翔实的现场勘查和链路测试，传输链路尤其是Ku波段易受天气（日凌现象、雨衰现象）的影响，车体在天线展开时易受大风影响而抖动，导致信号不稳定，而且租用卫星转发器费用较为昂贵。

3. 3G/4G视频传输技术（无线网络）

通过3G/4G移动通信网络传送音视频，已经成为各电台、电视台转播的主要传输技术手段。目前国内三大电信运营商的3G无线网络覆盖了全国大部分城市及乡镇，部分城市已经实施4G网络覆盖，这标志着我们完全可以利用现有的无线通信技术实现新闻素材的快速回传。实现视频文件素材实时回传，3G/4G视频回传系统不但操作方便，而且维护成本低廉。

4G系统理论上能够以100Mbps的速度下载，上传的速度也能达到20Mbps，具有在不同速率间自由切换的能力，在移动背包领域能够与3G上网卡捆绑使用。一般建议，使用

3G网络传输标清视频信号，上传速率应稳定在1Mbps以上，而目前三个运营商的3G技术实际单卡上行速率大多都达不到要求或峰值能达到，这样是无法传输稳定标清信号的。因此，各个3G直播系统厂商都采用多卡捆绑的办法，通过链路叠加和聚合技术来提高通道的传输速率。多卡捆绑方式不仅可以将速率提升到600K—2.5Mbps左右，而且可采用不同运营商3G卡的捆绑组合，形成多链路传输，解决单运营商网络信号抖动带来的带宽资源下降的问题，使传输的质量得到更好的保障。

3G视频传输由于自身的技术特点，有着非常突出的优势和劣势，具体表现如下：

（1）全时段，全天候。使用时无需向运营商提前申请，只要有3G信号覆盖的地方，设备接通电源，即可实施事件现场视频信号的回传。

（2）使用成本低。只需交付运营商的宽带流量使用费用，用包年或包月的方式更为经济，与昂贵的卫星通信费用相比成本低廉。

（3）设备操作简单，携带方便。背包系统（可配电池）和3G上网卡小巧轻便，续航能力强，尤其适合突发事件报道或常规传输手段无法满足的情况下使用，通常只要一名记者、一名技术摄像即可完成视频传送任务。

（4）稳定性差。3G网络是公共资源，使用时存在和3G公众用户抢占带宽的情况，无法保证接入带宽，严重时会掉线造成传输信号中断；3G信号覆盖也有盲点，不同的地区覆盖效果不一样，室内覆盖不如室外覆盖效果好，大多地下室无覆盖，重大会议直播现场，无线电信号常被屏蔽；不同国家通信制式不同，兼容性不同。3G传输系统的3G卡、卡托和3G编码设备要相互兼容才能正常使用，在国外使用前要有充足的时间和资金支持，做好测试工作，目前来看困难较多。

4. 宽带海事卫星直播平台（卫星通信）

海事卫星通信系统经过多年的技术更新，如今已经发展成为第四代卫星及终端产品。海事卫星第四代通信网络，具有覆盖范围广、机动能力强、高可靠性的优势，尤其是在执行急、难、险、重任务时可提供高质量、高可靠的通信服务。系统具备在陆地、海上、空中提供便捷、高速移动宽带卫星业务的服务能力，实现真正的全球覆盖。用户在全球任何地方都可进行高速数据传输和视频通信。最新一代的终端平台探险家TT710最高支持650Kbps的上网速率，简单连接两台TT710可以获得双倍的传输速率，非常适用于媒体完成移动视频采集回传的任务。

通过宽带海事卫星通信系统传输视频、语音、数据等业务，可收发邮件、收发传真、收发数据、搭建视频会议系统，该系统包括PSTN、LAN、ISDN、USB、WLAN、蓝牙等设备。使用中具有小巧便携、对星容易、操作简单、无须申请的诸多优势。而传统的卫星转播车使用时机动性差、系统复杂、不易操作，必须有专业的技术人员操作。该系统适合应急救灾和欠发达地区的直播信号回传任务的实施。

二、现场直播视频信号回传综合技术平台

1. 系统组成

一套完整的视频回传系统通常由现场转播前端编码设备（采集压缩编码器端）、传输

设备和传输链路、后方接收服务器（解码器）组成。

前端设备由高清摄像机或高清照相机、视频切换台、卫星转播车、视音频编码器、海事卫星专用编码器等组成，实现视频信号采集、公共信号接入、信号编码压缩。设备通常要求配备制式较全面的输出端口。

传输设备主要包括网络便携传输器、3G/4G网络传输器、海事卫星传输平台等。除早期购置的卫星转播车系统采用MPEG-2编码方式外，新购设备统一采用H.264压缩编码标准，便于技术的统一管理和后期新媒体领域相关视频业务的对接。四个传输平台根据实际工作需要中相互补充。

后方接收服务器用于解码前方送回的编码流，解码封装后的视频信号可选择应用HD/SD-SDI、HDMI、CVBS等端口输出到16×16视频矩阵，用于码流监看或收录为本地视频文件，还可送入台内有线电视系统。

2. 工作流程

采集端将直播现场的公共视频信号或摄像机自采的HD/SD-SDI、复合视频信号（CVBS）嵌入AES/EBU、模拟平衡等多种音频格式的音频后，采用压缩技术进行压缩编码处理，再通过互联网、3G网络、宽带海事卫星发射出去，最终由位于主控机房的各自接收服务器接收并解码。互联网和3G网络接收端是经过国际台租用的电信部门专用光纤接入台内系统；宽带海事卫星通过北京海事卫星地面站到国际台主控的专线接入系统。多数视频编码设备都支持实时传送和非实时视频文件回传两种工作模式：实时模式以高速传输为优先，延时较低，帧速较低，支持现场实况直播；非实时的文件传输模式以保证图像质量为优先，延时相对较高，帧速较高，两种工作模式均可根据后方的需求设置。多数产品还具备自适应功能，可根据网络环境实时调整编码方式和帧速，最大程度地保证画质与流畅度的平衡。

3. 使用经验

通常传输视频信号带宽要保证在4Mbps以上，由专网专线传送，才有较好的收视效果，而现在通过互联网络、3G/4G通信网络、宽带海事卫星新兴技术传输压缩后的视频信号，无论码率还是感官体验，与电视播出的要求还有较大差距，但作为电视连线和视频回传监看等对画面质量要求不是很高的临时业务需求，是完全可以满足的。特别是对突发事件的直播报道以及无其他技术条件实现视频回传的情况下，利用此技术可以实现常态化直播。这就要求我们在使用这些新系统时，要熟悉设备操作，积累使用经验，尽量减少摄像机拍摄画面时动作过大，避免快速的推拉摇移等动作，有效地避免传输延时过大、丢包过多、马赛克、画面静帧或丢失等一系列问题。

4. 综合视频回传系统图（见下页）

三、结束语

当前，传统媒体面临来自新媒体的巨大挑战，固守单一的广播媒体必将遭到淘汰，很多传统媒体已经向多媒体转型，推出网上视频节目和移动端应用，相信各媒体对于视频资

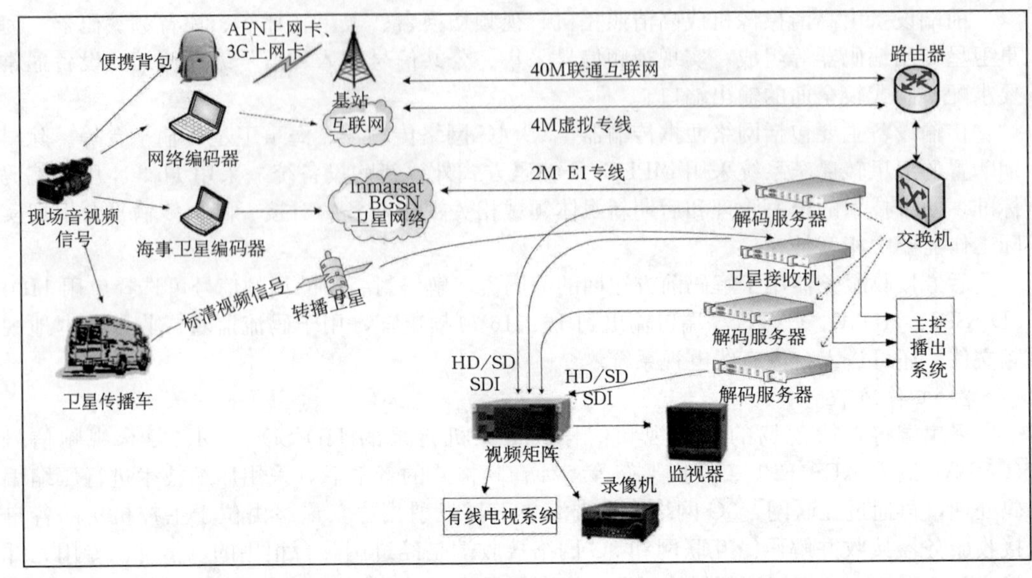

源的采编及实时传输需求在今后将会持续大幅增长。近年来，国际台紧跟时代步伐，遵循传媒发展规律，积极推进“多媒体融合、全媒体发展”的业务转型。全媒体的业务形态对直播常态化、多样化提出了新的要求，多语种直播是国际台宣传的一个重要平台，将直播现场视频信号实时传回台内供各直播媒体参考使用，对实现安全播出具有重要意义，也是我们技术人员适应国际台现场直播新常态的具体体现。

（作者单位：中国国际广播电台播出传送中心）

国际台环球广播节目传输系统运行分析

韦　伟

一、国际台环球广播节目传输系统建设背景

原国际台环球广播节目传输平台的总传输规模只有64路节目（16路立体声、48路单声道），已处于饱和状态。为了配合国际台节目制作及未来发展情况，原有卫星节目传输流容量在改建后扩大一倍以上，原系统平台的64路节目传输规模扩大到总传输容量为128路立体声编码规模。

二、国际台环球广播节目传输系统现状

传输系统由编码复用前端系统、地面传输系统、监控系统组成。系统单元全部按照1+1的方式进行配置，并采用各系统设备层分层保护，主备信号交叉保护的设计方式。地面传输系统将国际台的两路传输流通过光缆和微波方式传输到北京的卫星地面站，组成由主、备光缆和微波路由实施保护的地面传输系统。系统通过SDH技术实现光缆和微波路由的传输保护。系统实现无缝监控管理，所有设备实现网管化链接，不仅可通过网管对相关设备实施参数设置和码流切换管理，同时也对系统的设备状态实施运行监控。此外，在编码复用系统和传输系统的主要环节准备增加码流监控仪，这样可直接在网外实施对传输系统的监控。为了保证对卫星传输平台整体传输情况的了解，监控系统还包括开路卫星节目监控系统，直接监控卫星下行信号传输情况，以保证落地节目传输信号的安全。整体信号传输流程为：

合路器→主备编码器→ASI二选一→适配器→光端机→传输系统→北京卫星地面站。

1. 音频编码复用系统

音频编码复用系统由主、备两个子系统组成，是一套主、备两组信号互为交叉备份又相对独立的128路立体声编码压缩热运行系统。两套热互备子系统之间在编码层、复用层的输出级都通过各自独立的二选一切换器进行信号切换保护。当某一子系统的一台设备出现故障时，二选一切换器会将另一套的同层输出信号切换到下一层设备输入端，使故障不会立刻影响系统的正常运行。其中，单声道编码压缩部分的硬件单元是由两路数字音频节目通过一个立体声（或双声道）编码单元实现的编码压缩。音频编码复用系统采用DVB-S（Digital Video Broadcast）的卫星上行传输方式，卫星传输具有覆盖面广、节目容量大等特点。目前世界上许多国家都在发展这个技术，原因在于其独特的优点。首先，音频信号通过卫星传输后，接收端的信号质量可与发送端的相

比拟，这是因为它采用了数字传输和误码保护技术，不易受噪声干扰；其次，这套系统由于采用数字压缩技术及数字调制技术，传输音频节目通路较多，从而大大节约了空间频率资源；再次，采用大规模集成电路，使设备功耗降低，体积减小，可靠性提高并易于与计算机联网。所以，欧洲数字电视广播集团制定的这一 DVB 标准，在亚洲、澳大利亚、美国都得到了响应，通用性较好。

此外，该系统采用的音频压缩编码方式为 MPEG-1 Layer II（MP2），我们现行节目制作系统使用的 S48 格式就是一种 MP2 格式，这是广播常用的输出格式。每路立体声信号的压缩编码速率为 256Kbps。

具体的信号处理流程为：

（1）对于单声道广播节目，经过信号合路器将两路数字节目信号合路为一个数字双声道的音频基带信号，并以数字立体声信号相同的形式为编码器提供输入源（立体声节目将直接作为编码器信号源）；

（2）编码器对数字音频信号进行编码压缩，编码器输出码流到码流切换器，对每组编码器输出的码流信号进行交叉保护切换；

（3）复用器将每个编码器经切换器输出的码流信号进行再复用，形成最后的 TS 传输流信号；

TS（Transport Stream）流是一种传送流。由于 TS 码流具有较强的抵抗传输误码的能力，因此目前在传输媒体中进行传输的 MPEG-2 码流基本上都采用了 TS 码流的包格式，TS 流的本质是一段由数据包（Packet）组成的码流。

（4）复用器输出信号码流切换器，对最终的 TS 传输流进行主、备保护切换。

2. 传输系统

传输系统是将编码复用系统输出的两路信号通过光纤和微波两种方式传输到北京的卫星地面站。传输系统由主、备光缆路由和主、备微波保护路由组成。该系统使用的主要设备为：码流适配器、SDH（Synchronous Digital Hierarchy，同步数字体系）网络光传输设备、SDH 数字微波设备（室内单元 1+1 备份方式、传输容量 155Mbps，使用 7—8GHz 频段）和输出码流切换器等。

目前，国际台租用两家运营商的光缆线路，在线路路径上互相形成主备关系，完成光信号传输，维护工作由乙方承担；微波传输则是由放置在国际台的微波发射单元 SDH555 通过微波发射天线将信号送至卫星地面站。两种传输方式互为备份，并形成双系统，从安装至今未出现任何责任事故及人为事故。传输系统结构如图 1 所示。

3. 北京的卫星上星系统

国际台现阶段租用 IS 公司的多颗卫星的多个转发器覆盖全球大部分地区。

北京的卫星站负责将两路 TS 信号发射至两颗卫星的转发器，其他卫星的上行信号转发由 IS 公司负责。

国际台与北京的卫星站达成定期交换巡检记录的协议，每月进行一次总结，并商定在该系统的前级与后级，工作人员做任何切换操作，都要提前沟通预警，避免人为故障发生。

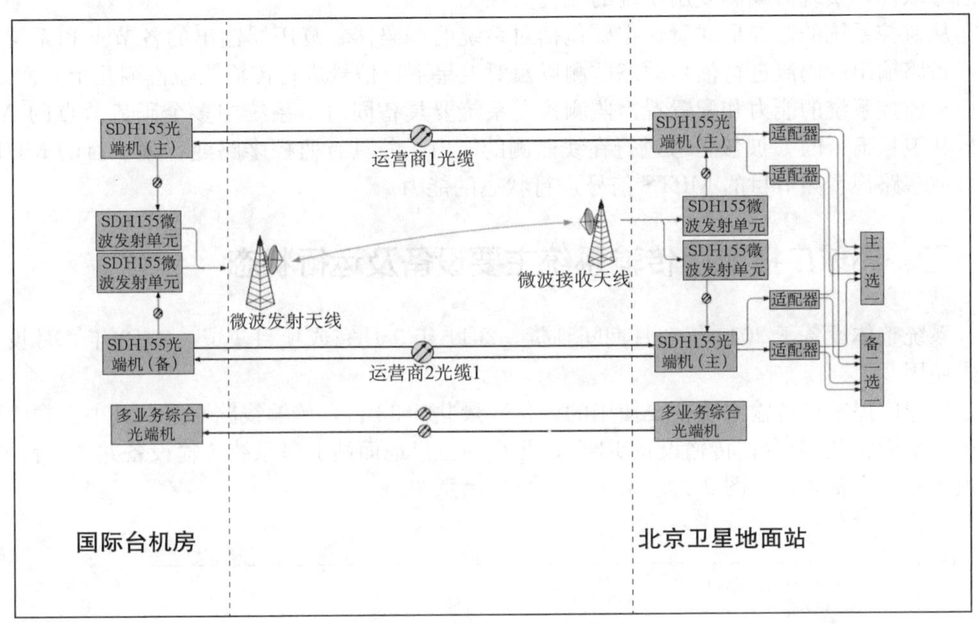

图1　传输系统结构图

4. 网管系统及监测预警系统

为了保证编码复用系统的运行安全可靠，环球广播落地节目传输系统还配备了网管系统及码流信号监测预警系统。这两套子系统都是独立于编码复用系统和传输系统的辅助系统，为安全播出保驾护航。

(1) 网管系统。

编码复用系统的相关设备都由主、备两套网管系统统一进行管理控制。系统的功能有以下几个方面：第一，可根据使用者需求选用主备网管的工作方式，根据系统运行需求，对主备网管的设置、状态、历史记录等需要进行自动数据同步或人工自动数据同步；第二，可对系统中每个设备进行参数配置、运行状态的监控和查询，可对传输系统设备的状态和故障进行报警，并能监控系统倒换等工作；第三，在系统运行时网管可对系统的节点故障直接报警（含图形、表格和文字形式），并且具备自动切换处理功能，以保障节目传输。

(2) 监测预警系统。

监测预警系统的主要功能有以下几个方面：第一，可同时对系统中多个码流节点的ASI信号和卫星下行的L波段信号进行在线监测；第二，对编码复用系统的各节点的码流信号进行状态监测，除对信号的一些具体表现特征和参数进行分析、监控外，还可将两路主要输出码流的所有音频节目以柱状图的方式显示出来，使值班人员可随时通过显示器观察码流状态和节目运行状态。当被监测系统信号发生中断或信号元素出现丢失的问题时，监控系统将通过声音和图表的形式进行报警。系统通过在编码复用系统中各设备层节点进行信号取样，实现对编码复用系统的无缝监控。

从监控系统的监控形式看，主要包括对系统的编码器、复用器输出的各节点和系统主路、备路输出的码流进行信号动态监测以及对卫星下行信号进行传输覆盖检测几个方面。

从监控系统的能力和配置看，监测预警系统要具备同时对系统中多个码流节点的 ASI 信号和卫星下行的 L 波段信号进行在线监测的能力，并具有监控多路纯音频节目的 MPTS 信号或多路视音频节目的 MPTS 信号进行状态的能力。

三、环球广播节目传输系统主要设备及运行状态

系统整体设备于 2011 年 3 月期间到货，2011 年 9 月完成项目集成，2012 年 8 月投入正式使用。

环球广播节目传输系统主要使用的设备数量共计 93 台，传输线路 6 条。其中音频编码复用系统设备共 57 台；传输设备 13 台；北京的卫星地面站上星系统传输设备共 20 台；监测预警系统设备 3 台。图 2 为子系统设备数量示意图。

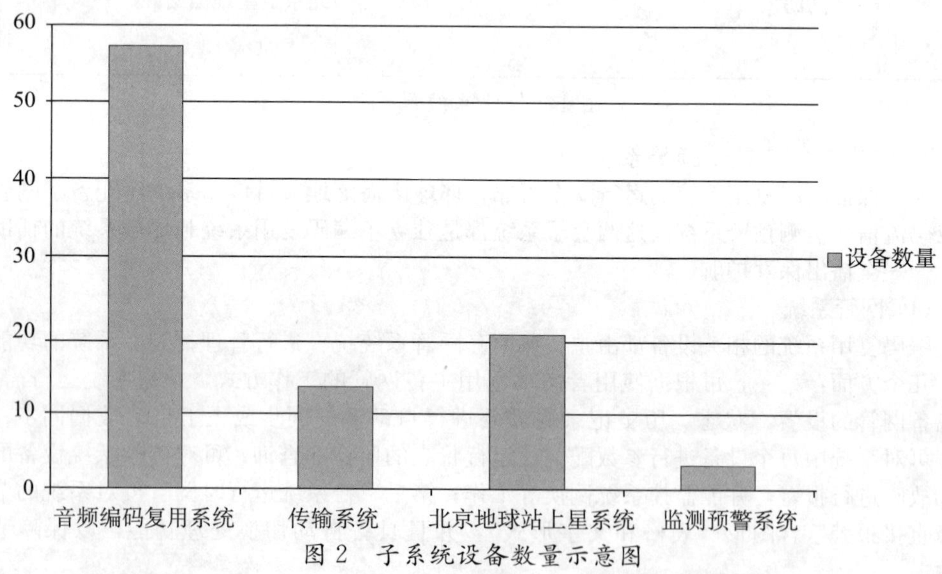

图 2　子系统设备数量示意图

从下述图表及巡检记录分析，系统集成两年后开始陆续出现软、硬件故障。（具体维修记录及故障类型如表 1 所示，故障次数示意图如图 3 所示）

表1 系统内故障设备记录表

子系统	故障设备名称	故障类型	首次故障时间	故障次数
音频编码复用系统	AUD编码器	硬件故障	2011.8	3
	切换网卡	硬件故障	2013.9	4
	国产适配器	硬件故障	2013.4	1
监测预警系统	国产监控系统	软件故障	2014.1	50

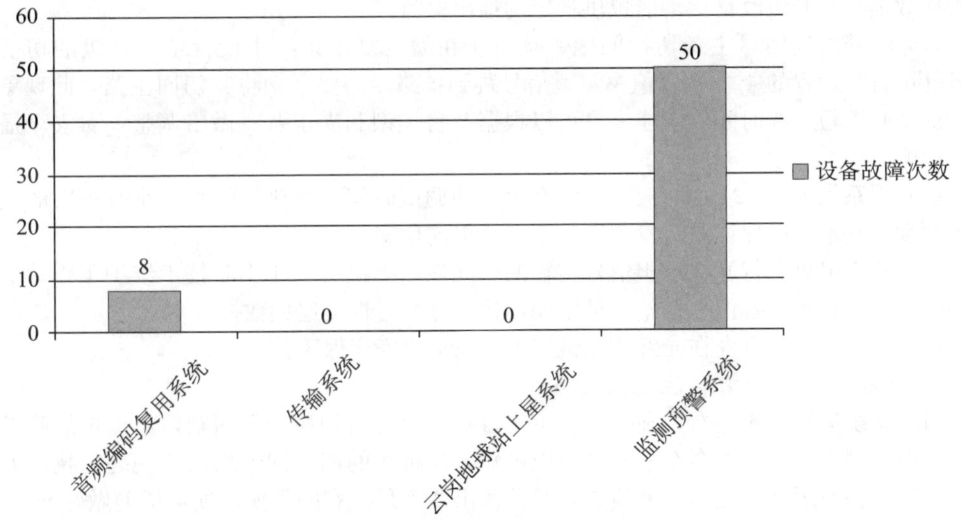

图3 子系统设备故障次数统计

维修记录表明，故障率较高的子系统为音频编码复用系统及监测预警系统。从硬件方面看，故障率较高的为切换网卡和编码器。其中网卡的更换率为40%，更换周期为一个半月，更换次数为4次，更换后使用至今未再出现问题；编码器更换率占库存数量的1/24，死机故障次数共计2次，至今仍有一台在维修中尚未返还。

从软件方面看，国产适配器在安装时运行一年半左右，出现过一次无码流输出，故障发生几分钟后，自动恢复正常。此外作为监控软件，国产监控软件频繁发生死机现象，平均一个月发生一次。该软件曾多次出现多画面软件蓝屏、大屏幕彩条消失、软件假死等现象。目前，该国产监控软件多画面控制器软件授权到期，对设置和维护造成一定的影响，正在与厂商沟通解决。

此外，由于环球广播落地节目音频编码复用系统中的复用器设计包含应急主备切换功能，当前方信号的码流值过低，系统会自动倒到备路并发出预警，这种自动切换现象自试运行到今共出现过约320次，由主备切换而引起的系统后级北京地球站主备切换次数为12次，占前级切换总数的3.75%。

在地面传输路径和北京上星系统从未出现过任何人为事故及责任事故。

四、系统运行分析

国际台环球广播节目传输系统符合安全播出管理条例要求的信号传输双设备双系统的要求，传输路径符合双链路的要求，在已经使用的时间内，未出现责任事故及人为事故，监测预警系统能够起到挽救事故的功能，总体安全可靠。

1. 系统运行维护存在的特点

(1) 经过对已出现的设备软硬件故障分析，系统运行初期一年到一年半内，软件故障出现次数最多，升级改良后均能提供稳定的播出保障。

(2) 频繁的复用器主备切换问题，是由于在编码复用系统中设置了毫秒级的切换应急，并由自行设置的4个PID值决定。信号跳到备路后需要手动将其切回主路，此现象发生后应及时缩短巡检时间。工作人员可以根据节目类型和需求及时做出调整，对安全播出没有影响。

(3) 因系统为7×24小时应用，没有单独的调试时间，现执行的每2小时一次的人工巡检制度，基本可以保证及时发现安全隐患，提前预警。

(4) 北京卫星上行站在承担信号传输的合同期内提供7×24小时技术维护工作，上行站内的光端机接收设备由上行站人员定期巡检，并及时提交巡检数据。

(5) 两家线路运营商在光纤传输链路上可以提供安全保障。

2. 日常巡检维护需要注意的几点

(1) 系统运行2年左右，硬件设备由于自身使用寿命和质量等问题，会出现故障发生的高峰期，网卡的使用寿命在整套系统中最短，同批次的四个网卡均出现问题，技术人员需要根据设备使用周期提前预警检查，并预留出2个月左右的更换周期，提前做好准备。

(2) 微波机房由于处于顶层，受房屋环境影响，在雨雪天气，要格外注意维护，以免漏水导致设备短路及人为损坏。

(3) 监测系统的软件需要定期升级，临近授权到期故障增多，要增加数据记录周期，手动重启并提前与厂商沟通。虽然监控系统不直接参与信号的播出传输，但经常性的软件死机问题会影响对整套系统的监控检查，埋下安全隐患。

（作者单位：中国国际广播电台播出传送中心）

云服务在媒体行业的应用前景分析

郭　磊

一、引言

十年以前，也许任何一家互联网公司也无法想象自己能够像今天的百度、阿里和腾讯（BAT）等互联网巨头一般，对人们的日常生活习惯和经济社会发展，乃至国家层面的产业结构产生如此重要深远的影响。随着互联网技术和运营模式的发展，如今的互联网企业已经不单单是通过互联网这一平台，向人们简单地推送内容和广告。移动互联网、智能终端、大数据分析和云平台等新技术和理念不断催生着新的运营模式和服务手段，不断地刷新人们对于互联网的认知和使用习惯。媒体行业在这一浪潮中更加不可避免地被卷入其中。随着互联网企业的不断发展和创新，传统的媒体行业所依靠的内容、渠道和用户这看似稳定的运营链条已经被打破，依靠传统的技术支撑体系已经无法迎接互联网的挑战和全媒体时代的机遇。

传统媒体已经感受到来自新媒体的压力，无论是从传播模式、业务模式还是运营模式，传统媒体都在做出适应时代的变化，不断地创新变化，适应市场，以用户为中心开展各项业务，并采用互联网思维推进业务的发展。能够适应这样高速发展的业务需要一套强有力的基础架构进行支撑。整个信息传播模式、传播手段产生了翻天覆地的变化，新的模式意味着新的需求出现，这就需要传统媒体去思考趋势是什么、方向是什么，然后通过云计算能够快速地部署和适配新的业务，满足媒体业务的高速发展。

本文将从技术应用的角度分析媒体行业如何借助新的技术应用方式——云服务架构，来满足自身的发展要求。传媒的最新发展使传统媒体的生产模式、传输方式、服务形态都将产生深刻的变化，主要体现在如下六个方面：

- 制片人产品经理化；
- 关于用户化粉丝化；
- 收视率单一考核指标向收视率、点击率、转发率等综合指标转换；
- 以有线、无线、卫星传播转变为充分借助互联网、移动互联网、社交媒体进行传播；
- 内容制作机构将转变为内容开发平台；
- 专业播出机构转变为内容分发平台。

二、现状分析

首先，我们要讨论云服务的概念和分类，在本文中，笔者不想太多地重复已有的概念描述，有关云服务和云计算架构的文章比比皆是，我们只是想通过媒体行业相关的应用场景和特点，剖析云服务的具体实现方式和实际效果，探讨媒体行业所需要的云服务平台到底是个什么东西，怎样为我们的业务运营提供支撑，能够提供哪些服务。

通常我们将云服务从技术架构上划分为 IaaS（Infrastructure as a Service，基础设施作为服务）层、PaaS（Platform as a Service，平台作为服务）层和 SaaS（Software as a Service，软件作为服务）层，同时，又从云服务的运营角度划分为公有云、私有云和混合云，下文我们将一一对这些划分进行梳理。

媒体业务的发展种类多样，业务模式与业务流程也将不断变化，需要采用更灵活的基础架构，支撑业务的多样性及不断变化的需要。云计算被认为是继微型计算机、互联网之后的第三次 IT 革命，是互联网发展的大势所趋。采用云计算技术作为实现媒体业务的底层支撑是必然选择。只有云才能实现用户的聚集，通过互联网来了解用户的思想、行为，汇聚互联网上的各种内容，基于互联网生产，基于互联网发布，实现以用户为中心的内容生产、消费。只有云才能够保证实现业务的快速上线，实现业务的自然生长，优胜劣汰。方案设计中将充分采用云计算的相关理念与技术，发挥云的优势与特色，支撑媒体发展的需要。

媒体业务，尤其是视音频业务因为具备很强的专业技术性，基于云计算基础设施（计算、存储和带宽）上构建视音频业务还需要做大量的工作，因此，需要专门针对媒体设计云平台。软件架构也需充分遵循云计算的平台服务与软件服务的思想进行规划与部署。

基础设施作为服务（IaaS）：通过虚拟化软件、云操作系统等各种技术将服务器、存储、网络设备等基础设施资源进行集中统一的管理，并且以服务的方式提供给上层应用，实现按需使用、按量付费；

平台作为服务（PaaS）：平台层应该提供面向媒体业务的标准化开放支撑平台，为快速开发新业务提供大量的立即可用的工具和服务。平台层要实现三方面的功能：一是对基础设施进行统一管理；二是提供服务的管理和集成机制，实现可扩展性和二次开发能力；三是提供各种基础的业务能力（如用户管理等）；

软件作为服务（SaaS）：该层部署的是面向用户的各种应用软件，这些应用使用了来自 PaaS 层的各种资源、工具和服务，自身也是以服务的方式提供给用户使用，以满足新兴媒体日新月异的众多业务需求。

云计算作为技术支撑体系能够不断发展演进的关键在于其开放性，它可以使云透过标准通用的方式服务于媒体用户和消费用户。云能力的门槛越低、越便利，使用范围就越广。云计算的能力开放，不仅方便使用者，也能使第三方企业能够利用开放的接口和服务，提供更多的云计算服务。

云计算作为通用的服务基础设施，必须能够被各种业务和应用使用才能够体现价值，否则只是封闭的专用系统。就像水和电，必须要有标准化的水管与电路才能够引入千家万户。因此云计算的各个层面，均需要进行开放并遵循相关的开放标准，实现通用的云服务。在 IaaS 层有 OVF（Open Virtualization Format，开放虚拟化格式）的虚拟化标准、标准的文件访问以及对象存储和块存储；PaaS 层是业务的提供和能力开放平台，这个层面服务本身千变万化，但我们可以遵循一些通用的设计原则保证服务接口的平滑升级以及服务的安全提供；SaaS层面是完整的业务提供，让第三方也能够快速开发各种业务。

笔者理解的IaaS层主要是指硬件设备的虚拟化以及针对虚拟化资源的有效管理和硬件环境交付，这一层是整个云平台的基础，通过硬件层的虚拟化和虚拟机的有效管理，可以大幅度减轻以往技术系统的建设和运维成本，而且会大幅度提升系统底层的安全性和健壮性。单从这一个角度来说，IaaS层所能提供的硬件交付服务和底层安全保障，对于媒体行业来说是具有实际价值的。最初的云平台建设可以从IaaS层做起，通过硬件层的云化，为软件系统的部署提供快速、高效、稳定的硬件支持，将IT运维人员从底层维护的疲于奔命中解放出来，可以说起到了事半而功倍的作用。对于IaaS层来说，从技术的角度来看，公有云、私有云或者混合云都是一致的，都是通过硬件的虚拟化实现硬件资源的高效交付，唯一的不同也许只限于对于虚拟化软件的选型和管理平台的开发以及运营模式。因此，无论是公有云、私有云还是混合云，对于IaaS的需求是一致的，IaaS对于媒体行业来说应当是透明的，当然这只是从技术的角度分析，后文我们将从媒体业务的角度分析它们的区别和选型。

PaaS层通过对于IaaS层所提供的硬件交付能力的有效调用和动态适配，为SaaS层应用的开发者们提供公共服务组件。说到这里不得不强调的是，笔者所理解的PaaS层服务和SaaS层服务的根本区别在于，通俗来说，PaaS层提供的服务是面向开发者的，这些服务需要经过开发者的设计、整合和包装，才能以SaaS层应用的形式为最终用户提供服务。我们这里说的最终用户指的是传媒的编辑制作人员和媒体受众用户这两大部分人群，也就是说，PaaS层面向技术开发者，SaaS层面向非技术人员的编辑记者和媒体受众。在服务关系上，技术开发者通过PaaS层的公共服务为编辑记者和媒体受众提供SaaS层方便快捷的云化应用服务，媒体编辑记者等制作人员通过SaaS层为媒体受众提供媒体内容和展现方式的媒体服务。新的技术体系必然催生新的媒体服务形式，这种新的服务形式就是SaaS层提供的多种多样的云服务形式。

三、我们该做什么

面对全媒体发展的需求，采用云计算技术建设新的技术支撑体系是必然选择。针对媒体业务的特点，媒体云服务平台的建设包括如下三部分内容：

1. 建设媒体私有云

媒体私有云致力于整合台内现有的资源，以新的云计算架构替代原有的全台网1.0架构，提升内容生产能力，满足面向全媒体的业务转型需求。媒体私有云完全由广电媒体机构自主建设和运维。

（1）整合台内有效资源。

媒体私有云平台的建设，需要依据云计算成熟的建设思路，针对自身现有系统特点，最大化地利用台内的现有系统和设备，在满足业务不间断的情况下，采用分步实施的策略，逐步整合台内的设备资源，使得现有台内系统能够平滑过渡到云计算体系架构中。

(2) 构建技术支撑体系。

现有台内技术支撑体系是适配传统广电播出业务的，其建设模式也是传统的规划建设的模式。而新的媒体私有云则是以云计算技术为中心，共享云计算和互联网技术发展，实现开放的、先进的技术支撑；以满足未来全媒体业务为根本，吸取互联网的技术发展特点，如业务的快速部署、自然生长式的产品更新迭代，以用户体验为中心实现双向互动。

(3) 提高内容生产能力。

现在台内的系统采用独立的烟囱式建设方式，所有系统相对独立，通过接口方式完成系统之间的交互。这种模式在运行效率方面存在瓶颈，资源难以共享。媒体私有云能够达到快速适配业务的发展和绿色节能环保，减少机房和设备的建设，节省电力和网络资源，实现终端的复用和办公环境的一站式服务。平台的建设以全媒体为业务需求，以提高节目生产能力为根本，充分考虑目前全台网 1.0 架构下的问题和瓶颈，实现节目内容生产融合的发展、效率的提升。

(4) 适应全媒体业务。

媒体私有云的建设不是为了满足传统制播业务的需求，而是面向全媒体的需求，充分满足面向互联网的节目生产分发和其他新的业务。媒体私有云需要根据发展的情况扩展能力，并通过与媒体专属云和公有云的互联来完成更多的需求。

2. 打造媒体专属云

媒体专属云的基础设施建立在公有云上，部署面向媒体运营的平台软件和应用软件。作为台内业务与互联网连接的渠道，实现靠近互联网的业务，同时联合相关媒体机构，实现内容的运营。媒体专属云由广电媒体机构与相关媒体机构、云服务提供商共同打造，自主运营。

(1) 强调媒体责任。

国际台作为面对海外的主流媒体，承担着弘扬主旋律，对外宣传的重任。通过媒体专属云的建设，使用成熟的公有云基础资源，构建面向互联网和媒体机构的平台，可以带领海外分支媒体机构实现业务的提升和技术变革，融合多地和多种媒体实现对外的宣传责任。

(2) 创造互联渠道。

媒体专属云以服务的方式完成台内和其他分支媒体机构的内容聚合，实现之前无法达到的互联，通过互联的渠道形成行业的合力，能够创造性地实现多种高品质的服务。

另一方面，媒体私有云由于建设在台内，承担着台内高质高效的生产任务，由于技术的原因还有一部分待云化的业务，有着特殊的安全播出和等级保护的需求，需要一个靠近互联网的更安全的专属云平台，实现新的以互联网为目标的业务。媒体专属云平台能够根据业务的需要实现与媒体私有云的安全对接以及与互联网上公有云的安全对接，提供台内业务与互联网联通的渠道。

(3) 搭建运营平台。

媒体专属云需要承载面向运营的业务，而不仅是内容的生产。具体体现在如下几个方面：

通过在公有云基层设施上部署与媒体私有云同构的面向广电的PaaS和SaaS服务平台，实现技术资源的运营，让各地媒体机构能够以服务的方式共享云平台的服务和软件，集约化使用资源；

各地媒体机构通过媒体专属云实现互联以后，可以进一步针对各自的特点开展B2B（Business To Business，商对商）业务，如版权、内容等多种经营，共享运营后的大数据。未来可以实现大数据的分析，提高节目生产的质量，提升媒体竞争力，实现良性循环；

媒体专属云由于靠近互联网，与广大消费用户的距离最近，同时媒体专属云上已经聚集了各地媒体机构的资源，可以进一步帮助各个媒体机构实现B2C（Business To Customer，商对客）业务，以行业的合力实现面向消费用户的经营。

（4）强化安全保障。

虽然媒体专属云构建在成熟的公有云基础设施之上，有专业的安全设备和人才对系统进行有效的维护，但是广电业务有着一定的特殊地位，还需要针对媒体特点提供相应的安全保障，从内容、数据、应用、用户等方面进一步强化安全措施，体现媒体专属云作为服务于媒体机构的云平台的特点。

3. 使用行业公有云

现有公有云平台存在大量已有的服务，其中能够适配广电业务需求，能够提供技术保障能力，或者满足业务和创新发展要求的服务，可以直接购买使用。对于广电媒体机构而言，这些公有云服务不存在建设和运营的问题，直接使用即可。

（1）适配广电业务需求。

云计算作为最新的技术架构，各行各业都在针对自己的业务特点建设云平台，未来的全媒体业务不仅需要与广电或者互联网进行融合，还需要借鉴或者使用云平台上提供的各行各业的服务，实现以用户为中心的业务扩展。同时，公有云上面针对广电行业特点的云服务也会层出不穷。广电媒体机构应该以开放的心态，选择其中适配自身业务需求的服务，进行购买使用。

（2）提供技术保障能力。

公有云以服务的方式进行提供，广电媒体机构只需要直接购买，无需关注基础资源的建设，服务的技术保障由云服务提供商负责，体现了服务的优势。同时，公有云由于完全部署在互联网上，已经是海量用户的聚集地，云服务和软件能够更好更快地满足用户的需求并有着强大的弹性扩展能力。因此，广电媒体机构可以通过媒体专属云的打造与公有云进行对接，为整个云平台提供在突发业务的情况下资源的弹性扩展。

（3）解决路由带宽工具。

在全媒体的背景下，未来通达用户的渠道已经不仅仅为现有的广电网络资源，更多的是与互联网进行对接。其中有很多成熟的云服务，如部署于不同地域的CDN（Content Delivery Network，内容分发网络）服务，可以直接购买使用，解决内容快速分发的路由带宽问题，提高用户体验。

（4）创新融合路径渠道。

全媒体作为广电行业的发展方向，很多创新的业务形式还需要不断探索，需要有一个试错和完善的过程。公有云平台则提供了创新业务的支撑平台，可以在上面快速开发业务，享用更好的创新模式和渠道。

四、小结

通过对于目前云服务发展现状的分析，我们不难看出，没有业务的转型和运营的创新，云服务在媒体行业就无法发挥其最大的优势，资金的投入也终将是竹篮打水一场空。只要媒体运营者能够真正从受众的需求出发，运用互联网思维，把握住新技术的优势，云服务在媒体行业的应用前景还是十分广阔的，传统媒体也只有插上云服务的翅膀，彻底转变思路，调整运营模式，才能够在未来的行业竞争中占有一席之地。

（作者单位：中国国际广播电台建设管理办公室）

国际台广播节目统一调度系统的设计与实现

潘　涛

近年来，中国国际广播电台播出的节目数量不断增加，技术系统规模不断扩大，同时节目运行调度的难度及复杂度也不断提高。为了减少安全播出故障，提高运维效率，国际台迫切需要建立一套智能化、信息化的节目统一调度系统来实现节目运行和技术资源的调度管理。本文以广播节目统一调度系统为例，主要介绍其开发背景、现状及问题、需求分析以及设计与实现。

一、开发背景

国际台的广播节目统一调度工作主要是完成广播节目播出业务中所涉及的一些关键技术资源的调配任务，同时按照广播节目播出安排制作各类专业图表以供值班人员和运行维护人员作为工作参考数据。比如直播服务器和录播服务器的通道号码、板块时长、栏目标识、交换矩阵的出入号、卫星 PID 号、冬夏令时的播出时刻等，这一系列资源都必须严格按照播出需要进行合理调度安排。这项工作直接关系到国际台广播节目的播出安全，一直是国际台确保安全播出的一项重点工作。多年来，该业务一直采用的是任务书结合节目运行图、监听卡的方式。以往的工作模式，均是以人工手动管理节目信息，业务档案也多以纸张为介质进行存档。随着国际台播出业务的不断增加，现有的节目调度模式已经很难满足业务发展需要，急需定制开发一套智能化的节目运行调度管理系统。

二、需求分析

经全面调查、综合分析，确定了该项目的总体目标就是要定制开发一套以节目运行图为基础，以任务书变更流程管理为主要处理对象，以三种来源的节目数据（录播系统的上单系统、播出监控告警系统和节目运行图管理及监督系统）互相校验比对为安全手段的广播节目统一调度系统。

该系统旨在通过实现运行图表管理、图表监听、图表任务书存档和节目调度等功能，对运行图实现信息化管理，提高节目调度工作的准确性和效率。国际台广播节目统一调度系统需要满足以下 9 种功能：

1. 矩阵及二级输入对应关系表管理

提供对现主控节目播出系统架构中的“功能矩阵”、“节目源矩阵”、“主汇聚矩阵”的抽象描述及管理，提供对矩阵属性的管理，对矩阵出口属性的管理；根据现行的“矩阵二级输入关系对应表”，提供基于数字信息化的管理手段，并结合矩阵关系确保各通道之间数据关联的合法性及准确性；对“矩阵二级输入关系对应表”提供基于现行版式的电子化集中展示以及对系统扩容后的支持。

2. 语种管理

提供对国际台全台语种信息的全面统筹管理，确保数据的完善、准确；针对现行运行图的出版要求，对目前全台语种提供“简称”属性值，以方便在运行图出版时能够充分显示出所需的信息。

3. 运行图输出版式管理

对运行图的输出版式提供基于模板与版本控制的多方位管理，能够创建和修改模板的属性值，从而使运行图的出版达到不同的效果，满足用户对运行图输出版式多方面的要求。

4. 用户操作变更管理

（1）用户操作变更记录的统计；

（2）用户操作数据版本校验；

（3）操作变更分类管理；

（4）操作变更的存储；

（5）操作变更的可视化预览。

5. 多版本、多用户运行图管理

绑定多用户操作，并进行安全隔离，对多用户操作进行冲突校验、提示和错误避免；支持多用户同时登录并保证操作事务的安全性，支持版本快照，对于当前用户的当前操作可以快速发布；提供基于多版本控制的运行图表管理，对操作数据的应用和运行图的生成启用“启用时间”；针对该系统内的所有数据及模块都采用统一的版本控制机制，确保数据的统一性。

6. 运行图展示

（1）运行图控制出版管理。

突破现有九图一表的限制，基于系统中的节目数据，灵活地根据需要进行定制化的展现，根据输出配置的要求，支持基于标签的自定义配置，设计运行图的样式，根据实际的节目运行数据量调节运行图显示大小和样式，并保存节目数据对象。

运行图的样式是基于模板控制的，系统可支持多模板的管理，即同一版本数据的运行图可自定义多种展现样式。

（2）运行图自定义展示控制管理。

基于运行图的展现方式，针对左、右两栏，底部属性栏以及图张的大小提供精细化的自定义调节、保存及出图。针对特定节目的播出属性，提供对特定区域字体颜色的显示要求。

（3）运行图导出管理。

提供 PDF 的导出功能，并且系统采用 SVG 标准渲染效果，渲染运行图表，提升运行图展现的质量。

7. 运行图监听检索

（1）对节目信息实时监听。

根据当前运行图表的跳源点实时反映功能矩阵中出口的节目源信息数据，并区别“新增源”、“带入源”、“无信号源”三种类型源信号。

（2）跳源点信息管理。

升级信源接入方式，自动从运行图表数据管理模块同步节目跳源点信息。

(3) 多条件的查询、检索功能。

提供以跳源点为单位的检索和查询功能，以及以星期为单元的和以跳源点为单位的设计信源采样规律的检索功能和预查询功能。

(4) 监听数据的同步管理。

保证节目监听数据的版本号与运行图数据的版本号一致。对多客户端的节目监听，当一方改变监听数据源时其他客户端能及时响应。

8. 调度管理

(1) 节目变更审查管理。

根据用户录入的节目源号或者录播服务器号加载相应的节目源信息，并根据该录播服务器（通道）的节目源信息对所要变更的条件审核反馈，提供可视化的管理，并对相应的节目源信息提供相关联节目信息的展示及变更管理。

针对节目源变更中所涉及的冲突节目信息加载及标记操作，用户只有激活已标记事件、提交并通过审核，才能正确地提交变更数据，从而保证数据的准确性和安全性。

(2) 节目变更审查存储管理。

对节目变更操作绑定用户，摆脱了节目变更对时间和工作中断的限制，同时提供节目变更初始化还原操作。该节目变更以最新版本的运行图数据为基础。

(3) 节目变更反馈报告。

对节目变更审查提供相应变更报告。

9. 运行图表变更与任务书

针对由功能矩阵翻译书、节目源运行图、功能矩阵运行图信息的变更提供变更报告。针对“矩阵二级输入关系对应表”的信息变更提供变更报告。

对任务书进行统一版本编号，录入保存。当由此任务书发起的节目运行图变更流程时，会将变更的版本编号和变更差异与此任务书关联，便于统计查询。

管理各种表格的变更和任务书之间的关系，确保查看某一版本任务书时可以查看或统计出相应变更的运行图表数据。同时确保某一版本的变更报告能够关联到相应的执行任务书。

三、系统设计

国际台广播节目统一调度系统采用主流的三层 B/S 结构，后台应用 J2EE 体系，基于 Java/Java Script 语言开发，支持 Servlet2.5 和 JavaServerPages2.1 的 Web 应用程序服务器，兼容 SQLServer2005 版本以上的数据库。

1. 数据库设计

E-R 图也称实体-联系图（Entity Relationship Diagram），提供了表示实体类型、属性和联系的方法，用来描述现实世界的概念模型。它从用户的观点出发对信息进行建模，主要用于数据库的概念级设计，本系统主要应用 PowerDesigner 软件构建概念模型图。

2. 系统安全性设计

(1) 系统级安全。

本设计方案将对访问 IP 段、连接数以及特定时间段内的登录次数等进行限制，是应用系统的第一道防护大门。

（2）程序资源访问控制安全。

对程序资源的访问进行安全控制，在客户端上，为用户提供和其权限相关的用户界面，仅出现和其权限相符的菜单、操作按钮；在服务端则对 URL 程序资源和业务服务类方法的调用进行访问控制。

（3）功能性安全。

功能性安全会对程序流程产生影响，如用户在操作业务记录时，是否需要审核，上传附件不能超过指定大小等。这些安全限制已经不是入口级的限制，而是程序流程内的限制，在一定程度上影响程序流程的运行，因此本设计方案也对程序流程以及上传附件的类型和大小进行限制。

（4）数据域安全。

本方案的数据域安全主要包括两个层次：其一是行级数据域安全，即用户可以访问哪些业务记录，一般以用户所在单位为条件进行过滤；其二是字段级数据域安全，即用户可以访问业务记录的哪些字段。

四、系统实现

1. 系统登录

该部分功能是将用户输入的用户信息和用户数据库的信息对比，验证当前登录的用户是不是合法用户，是则进入主界面，否则结束。系统登录流程图如图 1 所示。

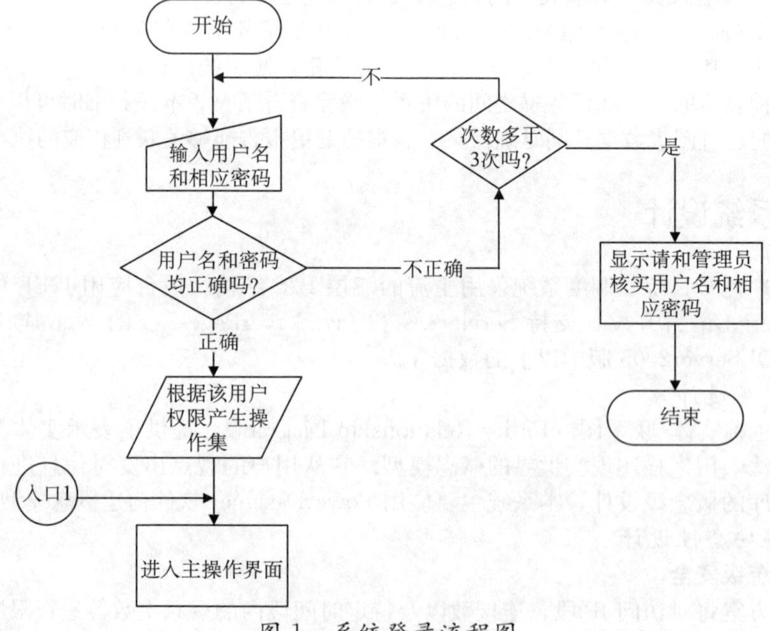

图 1　系统登录流程图

2. 矩阵及二级输入对应关系表

该模块功能主要是将矩阵翻译书中的节目编辑实时反映到运行图表中，并对由于冬令时、夏令时引发的节目变更提供方便的操作更改，同时支持字体样式及局部页面版式的自定义操作。矩阵与二级功能矩阵对应关系录入流程如图 2 所示。

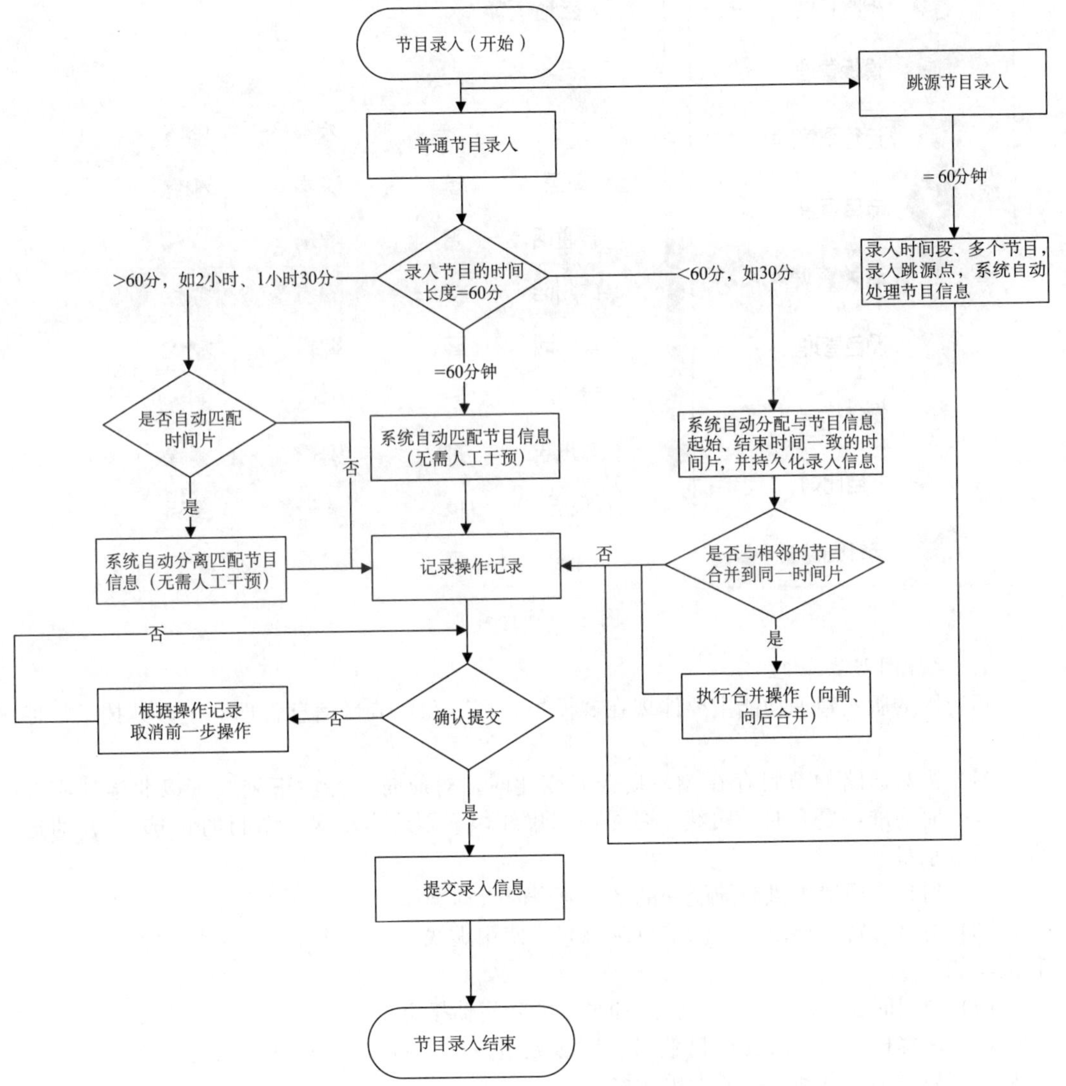

图 2　矩阵与二级功能矩阵对应关系录入流程

3. 语种管理

语种管理主要提供对国际台全台语种信息的全面统筹管理，涉及语种的录入、修改、删除以及信息接口等功能，实现设计界面如图 3 所示。

图 3 语种管理

4. 运行图版式管理

运行图的版式管理功能主要体现在“模板管理”和“节目信息管理”中，其技术特性如下：

（1）当某通路的节目存在冬、夏令时变化时，对应时段标注下划线（以北半球实施冬、夏令时为准：夏令时—实线、冬令时—虚线，下划线类型录入节目时可选），在通道前、后显示星号。

（2）对每个通道提供简捷统一的冬、夏令时管理操作。

（3）对具有特殊播出规律的节目源时间线使用虚线表示，并在该通道号设置可增加注释的功能。

（4）节目时长两端结点只与整点和半点的时间轴相交。

（5）注释栏可手动改变栏目数量（区域数量）；注释栏文字自动左对齐及换行，超出可显示区域后字体自动缩小适配单元格。

（6）每个通道文字需要着色，提供几种色差较大且显示突出的颜色可选。

（7）字体采用统一标准，即数字及英文字体使用 Tahoma，中文字体使用宋体。

节目源信息及出口信息在运行图中的显示如图 4 所示。

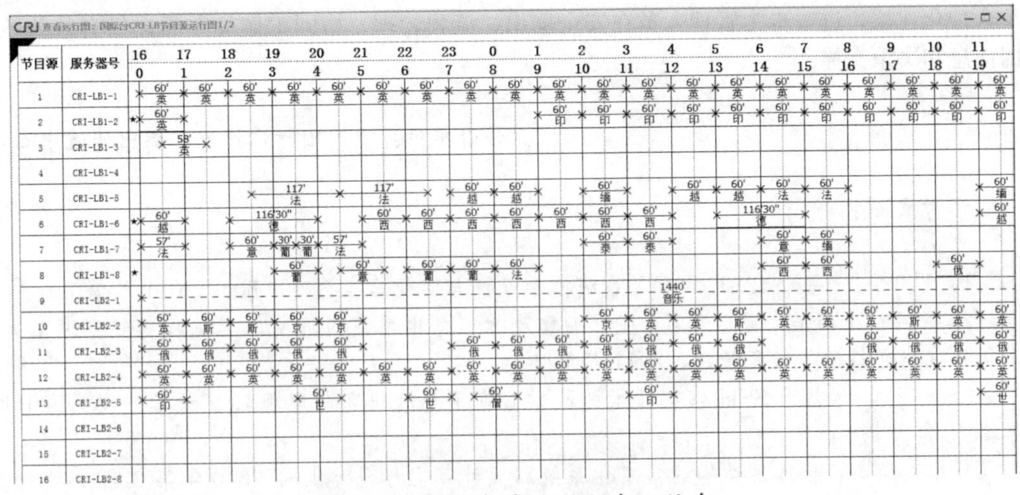

图 4　运行图中节目源和出口信息

5. 节目调度管理

在节目调度管理模块中，针对国际台全台节目变更所涉及的“整频率落地”和“节目改版”范围内发生的数据变更及各部门的配合工作将按照严格的流程执行，其中运行图表的数据变更区别于节目信息初始化录入的流程，具体如下：

（1）信息初始化流程将参照“先节目源后矩阵”的顺序执行；

（2）节目变更将在确保矩阵信息变更之后再去维护节目源，保证在节目源无用的情况下删除，即“先矩阵后节目源”流程。

6. 多版本控制

运行图表管理的多版本控制，能够实现对操作数据的应用和运行图的生成配备“启用时间”，并能保证在系统始终加载最新版本数据的基础上对上述功能进行操作，设计效果图如图 5 所示。

◆ 运行图管理

添加运行图

运行图名称	矩阵	起始出口	截止出口	模板	版本	创建时间	操作		
国际台CRI-LB节目源运行图1/2	CRI-LB节目源矩阵	1	32	CRI-LB节目源运行图	0.3	2012-05-27	删除	查看	导出PDF
国际台CRI-LB节目源运行图2/2	CRI-LB节目源矩阵	33	64	CRI-LB节目源运行图	0.3	2012-05-27	删除	查看	导出PDF

图 5　运行图多版本控制

国际台广播节目运行调度系统部署上线试运行一段时间后正式使用，各级管理人员和操作人员普遍反响较好。系统方便易用，实现了实时、动态、详细的数据管理，有效降低了广播节目统一调度工作的劳动强度和人力成本，大大提高了节目运行的安全性和准确性，优化了业务流程，增强了安全播出保障能力。将来该系统还可自动生成各类统计报表及合理化建议，进一步为管理人员在安全播出、流程管理、协同工作等方面提供有效的数据信息和决策支撑。

（作者单位：中国国际广播电台播出传送中心）

参考文献：

1. 周德荣：《基于J2EE的OA系统框架设计与实现》，《福建电脑》，2011年第7期。

2. 尹帆、康瑞华、薛胜军：《基于工作流的信息化系统的研究与实现》，《武汉理工大学学报（交通科学与工程版）》，2011年第2期。

3. 夏道春：《基于SSH框架技术的教学管理平台的研究与实现》，《科学之友》，2011年第15期。

4. 详玲：《基于B/S结构的信息化系统》，《计算机与现代化》，2010年第2期。

基于 H. 264 的 4G 视频传输探讨

尤　苗

近年来，网络视频发展规模逐渐壮大，用户数目不断增长。随着芯片速度提升、编程算法优化和信号传输手段的日益强大，网络视频成为互联网发展最为迅速的媒体形式之一。据 CNNIC 发布的《第 35 次中国互联网络发展状况统计报告》，截至 2014 年 12 月，网络视频用户规模达到 4. 33 亿，用户使用率为 66. 7%。[①]而且户外视频、卖场视频、车载视频、航空视频、公交视频正在丰富我们的衣食住行，广大互联网公司在视频移动端的技术、资金和人员上的投入持续增长，以抢占用户、抢占市场、抢占商机。

结合国际台的自身发展，从长远看，要建设现代综合新型传媒集团，满足节目视频化、直播化、交互化的需求；从眼前看，随着业务拓展和实际需要，将视频传输应用于传统音频直播，提升应急报道视频连线能力，是需要潜心钻研和学以致用的课题。

依靠已有的技术储备，视频传输已能应用光纤、电信专线、卫星转播车、海事卫星、3G 等形式实现，并越来越多地用于直播。随着中国 4G 网络建设的推进，应用 4G 强大的带宽优势实现视频传输成为一个前景光明的发展方向。信息论告诉我们，所有信号传输的构成和发展都离不开信源编码（及相应解码）和信道容量的双方优化，怎样通过高压缩比获得低带宽图像和保证良好图像质量是无线视频传输的两个难题。

一、先进高效的编码技术：H. 264

目前的视频编码方案有国际标准化组织（ISO）的 MPEG 系列、国际电信联盟远程通信标准化组织（ITU-T）的 H. 系列、微软的 VC-1、谷歌的 WebM 等，都拥有巨头开发公司的推动和众多应用厂家的力捧。其中 H. 264 占据主流，因其具有如下技术优势：

（1）更高的编码效率：比起 H. 263，码率减少 50%。在同等图像质量下，压缩后的数据量只有 MPEG- 2 的 1/8，MPEG- 4 的 1/3，极大地节约了用户下载时间和数据流量。H. 264 自适应采用从 4×4 到 16×16 的多种分块方式进行整数变换，可选择不同强度的滤波器，从而使计算量和运动物体的边缘误差都减小。[②]如今，业内多数 H. 264 编解码器都能在 2Mbps 以下实现分辨率 720×576 的视频传送。[③]

（2）更高的网络适应力：H. 264 的算法分为两层，一是视频编码层，表示被压缩编码后的视频数据序列；二是网络提取层，负责按需求对数据进行封装和传输，所以 H. 264 可以根据网络状况的实时变化使用不同编码效率，提供减少丢包和误码的错误处理方案。

（3）图像恢复能力强：H. 264 使用 UDP（User Datagram Protocol，用户数据报协议），可提取码流中的关键信息，在传输链路中断后以最快的速度重建图像链路，减少断路、静帧时间。[④]

二、蓬勃发展的无线传输技术：4G

1.4G的发展现状

4G在全球正式商用将近五年，全球用户超过2亿。其中美国、韩国、日本以及欧洲是全球4G发展的领跑者，美国威瑞森电信2013年末的4G用户已超过36%，韩国LG U+则高达65%。[5]

中国移动、中国电信、中国联通分别自2012年、2013年、2014年开始建设4G网络，每年投资100—500亿。中国移动采用的是TDD-LTE制式，需要重新建站，但起步领先，目前覆盖范围最广，信号最强；电信和联通采用的是FDD-LTE制式，理论上可以从各自原有的3G平滑过渡到4G，仅需增设板卡和软件升级。2015年2月27日，工信部向中国电信、中国联通颁发了FDD-LTE牌照，标志着我国全面进入4G规模商用时代。

2.4G的应用前景

尽管3G也可以实现多种类型的多媒体通信，但其本身存在带宽不足，图像质量受网络波动影响大，同时同区域用户过多会抖动、丢帧、马赛克，严重时还会静帧等问题，使得视频内容的发展存在难以突破的瓶颈。而4G能够提供4—10倍于3G的吞吐量，这就使以上问题可以通过足够的带宽冗余得到很大程度上的缓解，视频节目的制作和传播得以搭上高速列车，飞速发展。

随着4G与IPV6的结合，能够让我们身边的物品甚至衣装、手表、饰物通过无线接入互联网，推动包括智能家居、车联网在内的物联网产品更新换代和传统行业的信息化发展，以往憧憬的全城Wi-Fi、移动办公正在初具规模，远程家电、无人驾驶、云生活等正在逐步走下神坛，越来越近。

3. 4G对广电的影响

4G传输速率高、延时短、业务流畅，适用于广播电视直播。借助技术越加成熟、价格越加低廉的4G便携终端，电视直播和新闻采访可以摆脱有线电缆的限制，快捷地完成采集、编辑、发送、存储和后方机房实时播出的一条龙作业，极大提升采编播效率。现在，以地铁新线路开通、城市马拉松、大型运动会、抢险救灾和地区战事为代表的新闻事件常常使用4G连线甚至全程报道。

4G也在改变受众获取信息和收听收视的习惯，在信息爆炸、眼球经济横行、传统媒体与新兴网络媒体争宠、自媒体遍地开花的时代，受众的阅读、收看越来越碎片化和快餐化，人人都可能变身一线记者，人们渴望第一时间获得最新资讯，并通过微信、微博、朋友圈等形式争相转载，谁家的报道抢先面市，谁就能占领市场，拥有话语权，所以媒体都在千方百计和投入重金打造竞争力和影响力，要么不断创新内容，要么不断改进传播渠道，以求能将最优质独特的内容和最广泛快捷的传播平台紧密结合、捆绑销售。

三、基于H.264的4G视频传输

1. 编码器的设计功能与使用心得

自从国际台播出传送中心使用Comrex Liveshot无线编解码传输系统以来，3G无线视频回传已经应用了两年，后级通过接入有线电视系统将前方信号送到全台办公室，以模拟现场的方式供台内多语种直播使用，延时低、画面可控，一定程度上减小了对央视信号的依赖。但由于3G本身带宽的限制，即使运用多卡多模捆绑技术也只能达到2—3Mbps的上行速率，网络环境较好时才能较为稳定地传输标清视频信号。而目前根据测试，一张4G上网卡可实现2—4Mbps的上行速率，两张4G移动上网卡可实现4—6Mbps的上行速率，可见随着设备更新和技术进步，视频回传业务的质量提升潜力非常大。

综上所述，一款基于H.264的4G传输编码器应具备如下特点：

（1）一键网络接入：设备可以通过最少的操作，读取预设参数（传输参数和接收端IP地址）接入4G网络（或同时接入3G网络），侦测多运营商信号强弱并显示传输速率；能够根据实时带宽和稳定性，手动或自动选择最匹配的视音频编码方案和传输参数（通常包括分辨率、帧速、延时），以达到画质和流畅度最平衡的传输效果，并且具备改变配置的同时不中断业务传送的能力。

（2）丰富的接口和功能：为了方便应用，在产品尺寸足够小巧、重量足够轻便的前提下，接口和相应模块越多越好，其中HDMI、SD/HD SDI、Composite是标准配置，有些还配备VGA、单声道/立体声音频接口，进一步扩展应用范围。值得一提的是，越来越多的产品能够支持多个手机作为视频输入源，并内置切换台，能够使用APP连接和操控。除了音视频接口之外，产品也应具备RJ-45接口、电池接口（续航能力通常不低于2小时）、外置存储卡插槽，支持双向通话，能通过Wi-Fi、卫星链路传输。

（3）多卡多模捆绑：由于3家电信运营商的发展状况不同，用户群密度不同，4G网络在不同的区域信号强度也不同，为确保带宽要求，避免单一运营商信号不佳，需要采用多卡多模捆绑的方式，通过设备自动侦测、选择，对信号进行自适应传输，实现多信道相互备份，增强保险系数。同一运营商的多卡共用也不是简单的加和关系，而是随着卡的增多，带宽增长迅速递减，并且有一个极限带宽值。市面上的编码器普遍配备4—8个3G/4G卡接口供捆绑使用，据测试超过6张卡就不再有明显的带宽增长。

（4）缓冲区和延时：类似于观看网络流媒体时播放之前的缓冲，编码器会将编码后的数据先存入缓冲区，再从中调用并发送，这样能够有效避免实时传送和接收时因网络传输速率抖降和丢包造成的图像不良。缓冲区的大小通常使用延时值来设置，延时设定的大小是个权衡值，需要综合考虑实时性、网络QoS（Quality of Service，服务质量）、系统复杂度等多个因素。

（5）本地存储：设备应内置固态硬盘，在边拍边传的同时进行本地收录。当网络恶劣时，为保证画面流畅性会降低码率，后方接收低质量数据；当网络传输质量良好时，本地收录数据可再次回传。有的厂商还在编码器内安装了视频编辑软件，记者不再借助笔记本电脑即可完成素材剪辑和粗编。

下图为传输编码器的典型构造。

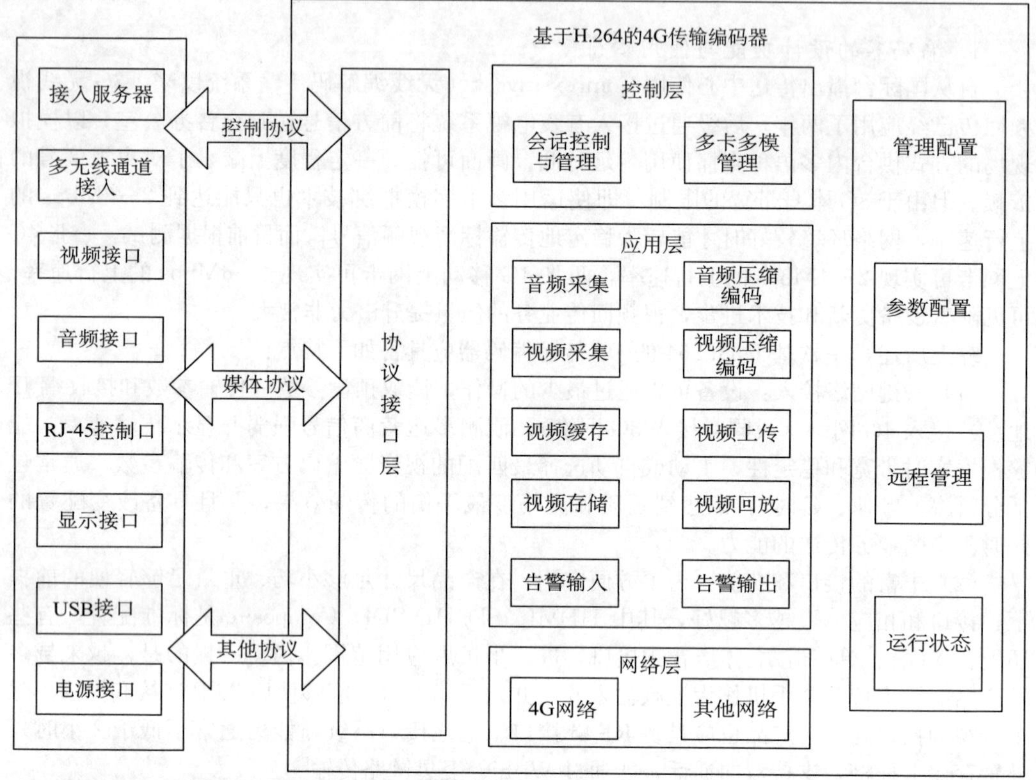

2. 优势

（1）图像质量高：4G 的带宽优势在 H. 264 编码大幅压缩的助力下，传输 720p 和 1080p 高清视频信号将成为可能，可达到广播级的视频图像质量。

（2）成本低廉：比起海事卫星按分钟或比特计算的昂贵通讯费，4G 传输价格优势明显；卫星转播车的造价昂贵，使用中还会产生上路费和保养费。4G 费用远低于卫星使用费，初期设备投入很低，VPN 专线租赁费（可保证从电信基站到主控机房的带宽，一定程度上缓解网络拥塞）与长时间的卫星租赁费相比也较低，可节约大量成本开支。

（3）快速反应：使用无需租用、注册，不受时间、气候影响，前方编码设备体积小巧，携带便捷，操作和设置（目前多使用触屏）日趋人性化，经过简单培训便可单人执行回传或连线任务，可显著提高记者的应急报道能力。

3. 劣势

（1）信号保障差：4G 属于非专线资源，目前尚无电信运营商能够保证大数据量使用时 4G 网络的带宽稳定，与同为无线传输手段的卫星转播车和海事卫星的独享通道相比有明显劣势。

（2）信号强度不稳：由于4G是一个不稳定的动态蜂窝状网络，基站覆盖程度和信号强弱都直接影响设备的正常使用，而且同一基站下会受其他用户占用带宽的影响（往往前期测试效果很好，直播当天多家媒体同时开机就难以抢到带宽），移动式拍摄还会遇到4G基站切换的情况。另外，某些重要直播现场会屏蔽4G等无线信号，导致传输无法进行。

（3）动态编码质量差：视频图像大致分为三类，分别是背景纹理平坦区域、背景纹理细致区域和运动区域，后两者产生的数据量和算法变化尤其大。[⑥] 由于H.264算法本身就很复杂，当拍摄动态画面或者镜头大幅度推拉挪移时，编码运算量过大会引起接收的图像质量和帧速的严重下降，甚至短暂静帧。

4. 4G直播案例和前景

案例一：深圳卫视实现全国首个4G直播新闻

2013年9月30日，深圳卫视报道国庆长假出行，利用4G实现无线高清直播，成为全国首个4G即拍即传行业应用。当晚在广深高速公路福田入口，记者在肩扛摄像机的传输模块上插入4G上网卡，连接中国移动4G网络，在拍摄的同时就把高清影像传回后方，观众看到的高清直播与现场实况误差不超过1秒，传输速度比传统电视信号平均早5—10秒。[⑦]

案例二：国航实现空中4G上网

2014年4月16日，中国移动联合中国国航完成“地空宽带通信”测试，航班上数百名乘客均可使用手提电脑、Pad（平板电脑）等电子设备在万米高空连接互联网、拨打IP电话、浏览网页、观看视频、使用微信等。实现原理：电信运营商采用LTE无线接入技术沿飞行航路或特定空域架设地面基站，向高空进行覆盖，可为不同高度层航线的飞机提供最高100Mbps的数据带宽，飞机再将4G信号转换为Wi-Fi信号供乘客使用。[⑧]

广电媒体比起互联网媒体，国际台比起地方媒体，对于新技术、新产品的引进和普及都是大大落后的。出于对安全播出的敏感性，对传统业务的依赖性，对新进产品的审慎性，国际台无论从技术手段还是人才储备都需要提升。就像电脑代替打字机、数字代替模拟、网媒蚕食纸媒，技术的发展是缔造历史的第一推动，落后就要挨打，与其被动应战不如主动出击，尤其已经输在起跑线上，就只有奋起直追。

随着新闻连线、视频会议、视频点播、流媒体服务的普及，H.264编码格式已成为行业主流。4G时代，随着视频传输瓶颈的突破，媒体业务与电信业务已更加紧密地结合在一起，融合发展的前景更加广阔。

H.264方兴未艾，H.265的大幕即将拉开。H.265使用更先进的技术用以改善编码和算法复杂度之间的关系，提高压缩效率、减少时延、减少信道获取时间和随机接入时延。H.264已经可以低于2Mbps的速度传送标清图像，H.265则可以传送720p的普通高清图像。这也意味着，未来我们的手机、平板电脑将能够直接在线播放1080p的全高清视频。

以往我们进行直播活动需在现场搭建直播间或者开卫星转播车，对场地环境、周边地貌、使用者技术能力的要求都很高，而且手续复杂，前期调试时间长。现在通过随身携带的一体化设备，用4G网络搭载H.264编码器即可进行视频即拍即传，使用简单，环境适应力强，采编播更加自由便利。我们应紧跟世界科技发展潮流，使视频业务常态化，应急报道专业化，打造品牌，完善服务，增强支撑全媒体传播的技术保障力。

（作者单位：中国国际广播电台播出传送中心）

注释：

①《第 35 次中国互联网络发展状况统计报告》，中国互联网络信息中心，2015 年 2 月。

② 叶萄、任矾：《基于 H. 264 视频编码技术的高清视频系统概述》，《科技广场》，2013 年第 8 期。

③ 章凌凡、苗晓峰：《基于 H. 264 技术的编解码器在应急通信中的应用》，《信息通信》，2013 年第 9 期。

④ 柏均、郑启宁、闫鹏：《应急通信中视频应用关键技术分析》，《无线通信技术》，2012 年第 4 期。

⑤ 游寰臻：《4G 混合组网已成全球标配开放竞争符合行业发展规律》，《通信信息报》，2014 年 7 月 2 日。

⑥ 叶萄、任矾：《基于 H. 264 视频编码技术的高清视频系统概述》，《科技广场》，2013 年第 8 期。

⑦ 廖志颖：《广东移动：4G 发力正当时》，通信产业网，2013 年 11 月 22 日。

⑧ 王鹏：《中移动完成地空宽带测试　用户可在万米高空访问互联网》，凤凰科技，2014 年 4 月 16 日。

GlusterFS 的特点及简单实践

熊　炜

随着局域网、互联网的持续发展，需要存储的数据越来越多。传统存储模式下的单个设备，面临着不能满足大规模数据存储系统的需要。数据的不断增长就要求存储系统的存储能力可以不断地进行扩展。高容量、高扩展性、高可靠性、价格相对低廉的存储系统是存储发展的方向。集群文件系统（Clustered File System，简称 GlusterFS），也可称为分布式文件系统（Distribute File System），是目前研究发展的热点。

一、传统存储的现状

传统存储架构有如下特点：

（1）存储的读写性能是相对固定的，不会被再次改变。只有磁盘 RAID 级别，冗余策略，会对读写性能产生影响。

（2）增加磁盘数量，只会扩充存储的容量。

（3）存储容量的扩展性一般。其最大容量，受限于存储型号支持的单体磁盘最大容量，以及支持的磁盘数量。

（4）传统的存储区域网络（Storage Area Network，简称 SAN）是基于光纤通道，具备较高的性能，但同时，软件、硬件成本高。与其配套使用的多路径软件 StorNext，价格高，升级不便，光纤网络的部署、维护成本，也都远高于以太网。

二、GlusterFS 的特点

在实现文件存储网络化方面，业界中比较有名的就是 Lustre（源自 Linux 和 Cluster 的混成词）文件系统、Hadoop 分布式文件系统（HDFS）和 Gluster 文件系统（GlusterFS）。

GlusterFS 是一个开源的集群文件系统，其架构清晰，高可靠，低成本，易维护。自从被美国 Redhat（红帽）公司收购以后，在分布式文件系统领域的名声越来越响。这也鼓舞更多的用户去研究发展，在商业环境中使用。

下页图 1 是官方网站上的 GlusterFS 基本结构拓扑图。每台提供磁盘空间的服务器，都是一个存储节点，节点之间采用高速网络：千兆、万兆以太网或者是 InfiniBand（InfiniBand 是一种支持多并发链接的“转换线缆”技术）。通过软件，多个节点组成存储池。通过全局命名空间，定位资源位置。对外服务采用标准以太 IP 网络。

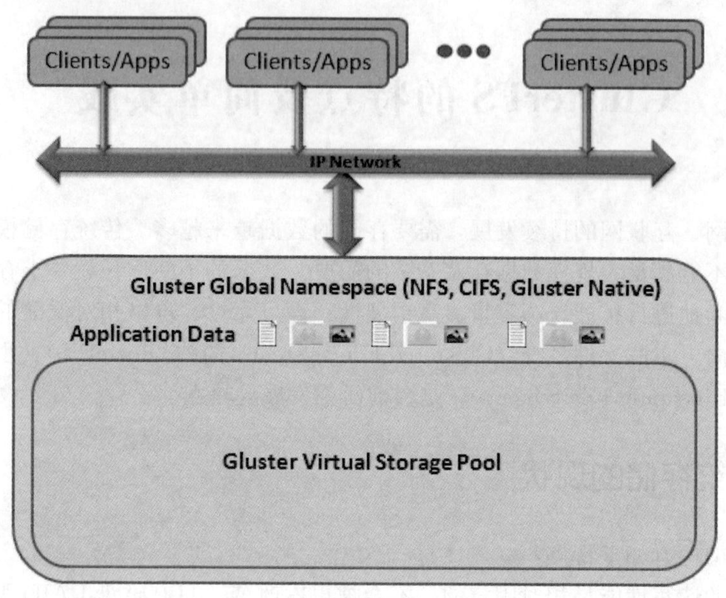

图 1

GlusterFS 主要特点有：高可扩展性、高可用性、全局命名空间、弹性哈希算法、弹性卷管理、支持标准协议接口。

1. 高可扩展性

线性横向扩展（Linear Scale-Out）架构允许通过简单地增加资源来提高存储容量和性能。增加磁盘可以增加容量，增加节点可以增加 I/O 带宽、容量。容量可以轻易支持 PB 级，甚至是更高级别。使用高速网络，支持的客户端数量可达数千。

2. 高可用性

对同一个数据文件，可在多个存储节点保存拷贝。在任一节点硬件发生故障的情况下，也能通过访问冗余数据，保证客户端正常运行。在发生文件数据不一致的情况下，能够通过冗余数据自动修复，文件修复以块单位进行拷贝，保证了复制的高性能。

3. 全局命名空间

全局命名空间，将磁盘和内存资源汇聚成一个单一的虚拟存储池，对上层用户和应用屏蔽了底层的物理硬件。

多个客户端访问存储上的相同数据时，通过命名空间，指向同一数据的不同的拷贝，分散了访问流量，避免了访问热点问题。

4. 弹性哈希算法（Elastic Hash）

元数据是定位用户数据文件的索引，一般采用独立的元数据服务器。元数据所在的磁盘、存储，或者是服务器，往往是 I/O 性能瓶颈、单点故障的关键点。GlusterFS 抛弃了元数据服务器，采用弹性哈希算法，存储系统的每个节点都可以智能地定位数据片段。这种设计机制，在数据块定位层面上，实现了并行访问，消除单点故障的可能性。

5. 弹性卷管理

服务器节点可以动态添加、删除，存储池中划分出来的逻辑卷也可以动态添加、删除、扩展、收缩。而这些操作不会中断、影响到上层应用系统的正常运行。

6. 基于标准协议

客户端可以通过不同协议来访问，如使用本地 Gluster 客户端，使用 Linux 广泛支持的 NFS 协议（Network File System，网络文件系统）、Windows 客户端支持的 CIFS 协议（Common Internet File System，通用网络文件系统），还有 HTTP、FTP 协议等。但只有使用本地 Gluster 客户端才可以支持高可用、并行访问。GlusterFS 采用 Linux 操作系统中主流标准的磁盘文件系统（如 EXT3、ZFS），因此可以使用通用软件访问数据。

三、拓扑结构

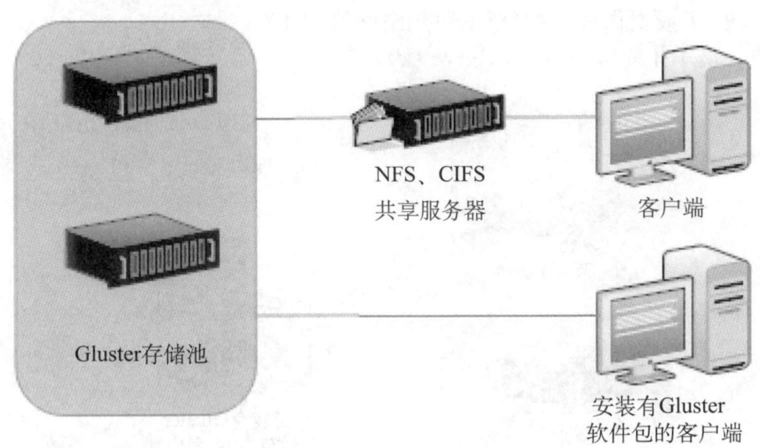

图 2

GlusterFS 存储的结构清晰明了：存储服务器、共享服务器、客户端。

1. 存储服务器

GlusterFS 是一套文件系统驱动程序，可以被部署于任何品牌的 Linux 系统之中，不论是红帽公司的 RedHat Enterprise Linux、社区企业操作系统 CentOS，还是国产的红旗 Linux 等。

2. 客户端访问

GlusterFS 可以通过多种不同协议实现客户端访问，包括本地 Gluster 客户端、NFS、CIFS、WebDAV（Web-based Distributed Authoring and Versioning，通过 Web 网页的分布式文件创作和版本控制）、HTTP 等。

基于标准的 NFS 及 CIFS 访问时，需要添加一台服务器，安装 Gluster 客户端软件包，用于共享存储空间。

3. 管理

管理工具包含图形化的 Web 管理端，还有命令行工具。命令行的使用过程也非常容易。

四、实际操作

设计目标为一个 1∶1 冗余的 12T 的文件存储，可以接受的硬件最大损坏程度是一台服务器加一块硬盘。服务器由 GlusterFS 保证容错，硬盘由主机的 RAID 卡来容错。

1. 系统

硬件：存储服务器选用两台华为 RH1288 v2。每台服务器配置如下：

1 * Xeon E5-2620 v2 CPU/16G 内存/4 * 4T SATA 硬盘/1GB cache RAID 卡/2 * 10GE 网口/双电源/无光驱。

每台的 4 块 4T 硬盘做成 RAID 5（可用空间约 12T）。

操作系统：最小化安装 rhel6. 5 _ x64。

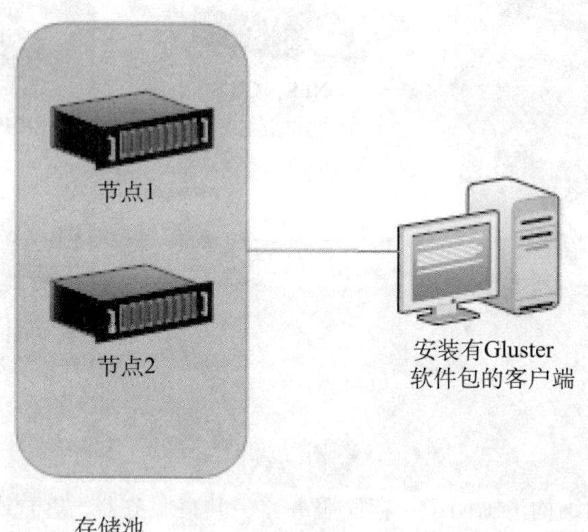

图 3

2. 部署说明

存储节点：

IP	主机名	Brick
192. 168. 0. 10 1	node1	/mnt/sda8
192. 168. 0. 102	node2	/mnt/sda8

客户端也安装 rhel6.5_x64，IP 地址 192.168.0.201。

3. 部署

（1）存储端安装。

为了便于安装，提前做好准备，所有安装包打包在 glusterfs.tar.gz 中：

```
rpm -ivh device-mapper-1.02.79-8.el6.x86_64.rpm
device-mapper-libs-1.02.79-8.el6.x86_64.rpm
device-mapper-event-1.02.79-8.el6.x86_64.rpm
device-mapper-event-libs-1.02.79-8.el6.x86_64.rpm
libaio-0.3.107-10.el6.x86_64.rpm libgssglue-0.1-11.el6.x86_64.rpm
libtirpc-0.2.1-6.el6_5.1.x86_64.rpm libudev-147-2.51.el6.x86_64.rpm
lvm2-libs-2.02.100-8.el6.x86_64.rpm rpcbind-0.2.0-11.el6.x86_64.rpm
glusterfs-3.5.0-2.el6.x86_64.rpm glusterfs-cli-3.5.0-2.el6.x86_64.rpm
glusterfs-fuse-3.5.0-2.el6.x86_64.rpm glusterfs-libs-3.5.0-2.el6.x86_64.rpm
glusterfs-server-3.5.0-2.el6.x86_64.rpm

chkconfig glusterd on
service glusterd start
```

（2）服务端配置。

ssh 密钥登录（192.168.0.101 上操作）[//如果所有服务器的 root 密码一样，此步骤不需要]：

```
ssh-kengen
ssh-copy-id -i .ssh/id_rsa.pub root@192.168.0.102
ssh-copy-id -i .ssh/id_rsa.pub root@192.168.0.103
```

其他节点做相同操作，除自身 ip。

建立 peer 关系（192.168.101.101 上操作）：

将两个存储节点组成一集群，只需要在任意节点执行就可以，本文在第一个节点执行。

```
[root@db1~] # gluster peer probe 192.168.0.102
Probe successful
```

查看集群的节点信息：

```
[root@db1~] # gluster peer status
Number of Peers: 2
Hostname: 192.168.0.102
Uuid: b9437089-b2a1-4848-af2a-395f702adce8
State: Peer in Cluster (Connected)
```

建立卷（192.168.0.101 上操作）：

以/data/gluster 为共享目录，创建名为 datavol 的卷，副本数为 2：

mkdir /data/gluster

[root@db1~] # gluster volume create datavol replica 2

192.168.0.101：/data/gluster 192.168.0.102：/data/gluster

Creation of volume img has been successful. Please start the volume to access data.

建立卷时，支持三种模式：条带化 Stripe（RAID 0）、镜像 Replicate（RAID 1）和 DHT（Distributed Hash Table，分布式哈希），默认是 DHT，后边跟的数字意思是几个为一组，此示例中为 2 个为一组建立 replica 卷，类似 RAID 1。

配置文件：/etc/glusterfs/glusterfsd.vol

启动卷：

[root@db1~] # gluster volume start datavol

Starting volume datavol has been successful

查看卷状态：

[root@db1~] # gluster volume info

Volume Name：datavol

Type：Distributed-Replicate

Status：Started

Number of Bricks：1 x 2 = 2

Transport-type：tcp

Bricks：

Brick1：192.168.0.101：/data/gluster

Brick2：192.168.0.102：/data/gluster

(3) 客户端安装配置。

安装：

rpm -ivh glusterfs-3.5.0-2.el6.x86_64.rpm

glusterfs-libs-3.5.0-2.el6.x86_64.rpm glusterfs-fuse-3.5.0-2.el6.x86_64.rpm

挂载：

mount -t glusterfs 192.168.0.101：/datavol /mnt/（挂载任意一个节点即可）

mount -t nfs -o mountproto=tcp，vers=3 192.168.0.101：/datavol /mnt/（使用 NFS 挂载，注意远端的 rpcbind 服务必须开启）

4. 测试

(1) 检查文件正确性。

dd if=/dev/urandom of=/data/navy bs=1M count=100 # 在挂载客户端生成测试文件

cp /data/navy /mnt/ # 文件拷贝到存储上

md5sum /data/navy /mnt/navy # 在查看客户端检查文件哈希

md5sum /data/gluster/navy ＃ 存储集群的某 2 个节点上会有此文件，检查其哈希

（2）宕机测试。

使用 GlusterFS 的用户空间文件系统（Filesystem in Userspace，简称 FUSE）挂载，即使目标服务器故障，也完全不影响使用。用 NFS 则要注意挂载选项，否则服务端故障容易导致文件系统停止服务。

＃ 将其中一个节点停止存储服务 service glusterd stop

service glusterfsd stop

＃ 在挂载客户端删除测试文件

rm -fv /mnt/navy

＃ 此时在服务端查看，服务被停止的节点上 navy 并未被删除

此时启动服务：service glusterd start

＃ 数秒后，navy 就被自动删除了。新增文件效果相同

5. 运维常用命令

删除卷

gluster volume stop datavol

gluster volume delete datavol

将机器移出集群

gluster peer detach 192. 168. 0. 102

只允许 192. 168. 0. 0 的网络访问 glusterfs

gluster volume set img auth. allow 192. 168. 0. *

加入新的机器并添加到卷里，由于副本数设置为 2，至少要添加偶数台机器

gluster peer probe 192. 168. 0. 103

gluster peer probe 192. 168. 0. 104

gluster volume add-brick datavol 192. 168. 0. 103：/data/gluster 192. 168. 0. 104：/data/gluster

可动态在线增加节点（brick），在线增加节点后，还需重新平衡各节点数据

gluster volume rebalance datavol start ＃开始平衡

gluster volume rebalance datavol status ＃查看平衡

收缩卷

＃ 收缩卷前 gluster 需要先移动数据到其他位置

gluster volume remove-brick datavol 192. 168. 0. 101：/data/gluster 192. 168. 0. 102：/data/gluster start

＃ 查看迁移状态

gluster volume remove-brick datavol 192. 168. 0. 101：/data/gluster 192. 168. 0102：/data/gluster status

＃ 迁移完成后提交

gluster volume remove-brick datavol 192.168.0.101：/data/gluster 192.168.0.102：/data/gluster commit

迁移卷

将 192.168.0.101 的数据迁移前，先将 192.168.0.107 加入集群

gluster peer probe 192.168.0.107

gluster volume replace-brick datavol 192.168.0.101：/data/gluster 192.168.0.107：/data/gluster start

查看迁移状态

gluster volume replace-brick datavol 192.168.0.101：/data/gluster 192.168.0.107：/data/gluster status

数据迁移完毕后提交

gluster volume replace-brick datavol 192.168.0.101：/data/gluster 192.168.0.107：/data/gluster commit

如果机器 192.168.0.101 出现故障已经不能运行，执行强制提交然后要求 gluster 马上执行一次同步

gluster volume replace-brick datavol 192.168.0.101：/data/gluster 192.168.0.102：/data/gluster commit -force

gluster volume heal datavol full

经过我们实际的部署和评估，GlusterFS 存储系统获得了较好的使用效果。在使用过程中，我们也获取了一些使用经验，供大家分享。

GlusterFS 提供给客户端的是文件系统层面的存储，不能提供裸设备 LUN 形式的磁盘空间。实际应用中，虚拟化软件 VMware ESXi 无法直接使用 Gluster 卷，只能通过 NFS 协议，读写虚拟机和其他数据文件。

NFS 3 协议有一定的局限性，并行访问性能差（NFS 4.1 将更好地支持并行访问）。客户端在同一时间只能与一个节点建立联系，发生读写的指令过程中，只能在相对应的节点中顺序进行，性能表现大幅下降。

由于没有元数据服务器，因此遍历文件目录，需要搜索所有的存储节点，占用了客户端的 CPU、内存等资源，因此不建议采用较深的路径。无元数据服务设计解决了元数据的问题，但 GlusterFS 并没有在 I/O 方面作优化，在存储服务器的操作系统，Linux 底层上仍然有大量小文件，本地文件系统元数据访问是瓶颈，数据分布和并行性也无法充分发挥作用。

现有的网络主要是基于千兆以太网，由于存储流量存在突发情况，客户端对网络带宽存在竞争，以太网共享带宽的优势，在此时成为一个薄弱点。目前，在市场上服务器、交换机的以太网接口主流还是千兆，万兆接口设备较少，且价格较高，这也将制约 GlusterFS 的存储性能。

鉴于 GlusterFS 的特点，考虑到目前的软件、硬件、网络条件，我们认为它更适合于

低 I/O 需求工作负载、对网络 QoS（Quality of Service，服务质量）要求不高的应用，如 Web 应用、归档文件、文件共享等。对于关键应用、视频制作等对 QoS 要求较高的程序，网络延迟和阻塞会造成程序卡顿，服务品质下降，需要提升网络带宽，平衡客户端数量。总的来说，作为一个通用型的文件系统，GlusterFS 在中小规模的存储集群中是个不错的选择。

（作者单位：中国国际广播电台采集制作中心）

参考文献：

1. Hdaoop 网站：http：//hadoop. apache. org/。
2. Gluster 网站：http：//www. gluster. org/。

企业无线网络设计与实例分析

王　铮

一、无线网发展现状

在日常工作中，随着移动终端的发展和无线技术的进步以及传统局域网络的技术局限性，无线网络变得越来越不可或缺，无线网络协议从最初的802.11a发展至支持更高传输速率和多输入多输出技术的802.11n，其主要优点包括：在网络中，接入设备的位置不受网络位置的限制，在无线信号覆盖的区域内都可以接入网络；出色的移动性，连接的无线网用户可以移动且能保持网络连接不中断；安装一个或多个接入设备，即可建立覆盖一定范围的局域网络，节省资源；不需要布线的环节，易于进行网络规划与改造，节省建设与改造成本；易于扩展，可以通过构建接入点快速扩大网络规模。

二、常用无线网络结构设计

（一）技术需求

无线网络作为非工作性网络，主要为终端用户（包括手机和笔记本电脑）提供无线网络服务，假定用户数为400，终端设备对网络带宽需求预计20M，对网络性能包括数据转发能力、稳定性和可靠性要求不高。

（二）设备选型

路由器为网络结构中重要的三层设备，主要用作接入互联网专线，完成NAT（Network Address Translation，网络地址转换）转换功能等。依据20M带宽的需求，常用的百兆路由器即可满足需求，综合考虑，选择华为NE20-2路由器，配置4个千兆以太电口，支持多种路由协议，完全满足400个无线网络用户的上网需求。

核心交换机作为数据汇聚的重要节点，对设备的稳定性和交换能力要求较高，综合多方面考虑，选择了华为的S9303作为核心交换机，配置了48千兆以太电口板，可以满足接入交换机的接入需求。

楼层接入交换机主要用作AP的上联接入，对交换性能的要求不高，对稳定性有一定要求，同时考虑性价比。对于此，选择了华为的S3700-28TP-SI交换机，提供支持4个上行千兆光口，24个下行千兆以太电口，完全满足两个楼层的AP（Access Point，访问接入点）接入需求。

AC（Access Controller，无线控制器）作为管理AP及交换数据的网络核心设备，要完成配置下发、用户接入控制等功能，由于网络用户数量不大，经过综合考虑，选择华为的 L-AC6605-16AP 无线控制器，可以管理 16 个不同型号的 AP 设备，并且满足数据交换的需求。

AP 设备作为无线网络用户接入设备，出于成本和兼容性的考虑，选择华为的 AP3010DN-AGN 设备。

在整体网络的设计中，无线网络对网络性能的要求较低，针对无线网络对接入终端的准入要求，以及无线网络自身对安全的要求，在设计上往往是独立于办公与生产网络的，即没有数据交换和物理连接，有独立的互联网出口。

（三）常用无线网络结构设计

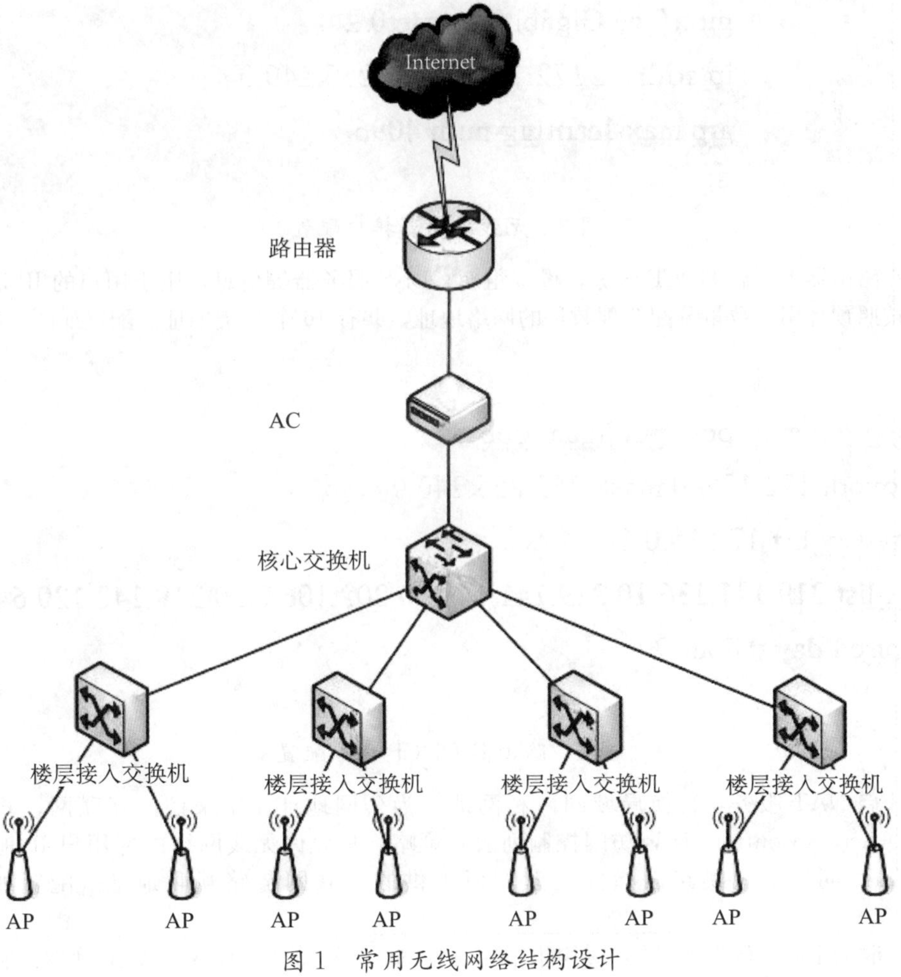

图 1　常用无线网络结构设计

如图 1 所示，路由器设备主要用于数据交换和管理 vlan。在路由器上设定两个 vlan（Virtual Local Area Network，虚拟局域网），一个用于无线网络用户接入，一个用于 AP

的管理。配置如图 2 所示。

```
#
interface GigabitEthernet0/1
descriptionTo_inside_lan
ip address 10.100.200.254 255.255.255.0
#
interface GigabitEthernet0/2
ip address 172.15.0.1 255.255.240.0
arp max-learning-num 4096
#
```

图 2　无线路由器接口配置

在路由器上开启 DHCP 服务，设置租期，DNS 服务器等信息，用于用户的 IP 地址分配，按照预计用户数量分配合理数量的网络地址，共有 16 个 C 类地址。配置如图 3 所示。

```
#
dhcp server ip-pool guojiguangbo
network 172.15.0.0 mask 255.255.240.0
gateway-list 172.15.0.1
dns-list 219.141.136.10 219.141.140.10 202.106.0.20 219.142.120.6
expired day 0 hour 9
#
```

图 3　路由器 DHCP 服务配置

开启 NAT 服务，转换局域网内私网地址为公网地址，用来访问互联网，并限定 ACL（Access Control List，访问控制列表）策略，只允许无线网络内部用户 IP 地址进行 NAT。同时下一跳路由指向运营商所提供的互联网链路互联地址。配置如图 4 所示。

一般采用成本较低的 AP，应用集中控制性 AC＋AP 的架构，在 AC 上管理控制所有 AP，设备之间采用 capwap 协议通信，首先在 AC 上配置 vlan 号，允许相关 vlan 信息转发，设立无线网广播 wlan 和 ssid，相关配置如图 5 所示。

配置管理 vlan 的 DHCP 服务，为接入的 AP 设备提供 IP 地址服务，为下一步与 AC 通

```
#
acl number 3020
rule 0 permit ip source 172.15.0.0 0.0.15.255
#
interface GigabitEthernet0/3
nat outbound 3020
ip address 106.120.223.234 255.255.255.252
#
ip route-static 0.0.0.0 0.0.0.0 106.120.223.233
#
```

图 4　路由器 NAT 与路由配置

```
#
vlan 952 to 953
#
wlan service-template 1 clear
ssid CRI-CIBN
bind WLAN-ESS 2
service-template enable
#
interface WLAN-ESS1
port access vlan 952
#
```

图 5　AC 设备中 vlan、wlan 和 ssid 配置

信提供条件，相关配置如图 6 所示。

新接入 AP 与 AC 通过 capwap 协议建立管理关系的过程如下：

(1) 新接入 AP 申请从管理 vlan 的 DHCP 服务器获取一个 IP 地址，可以把这个 DHCP 服务器配置在 AC 上面，为 AP 与 AC 的通信创造条件。

（2）AP获取了有效的管理IP地址，与AC建立联系，并接受AC的管理。

（3）AC在接受了AP管理之后，就会对其配置版本与AC上的版本进行比对，如果AC中的配置策略发生了变化，则AP将会从AC上同步最新的配置版本，并重启使新的配置生效。

（4）AP与AC之间正式建立两条隧道，分别用来传输管理vlan信息和用户网络数据。这两个隧道的使用相对独立，即不管在任何情况下，隧道都不能混用。

```
#
wlan auto-ap enable
#
dhcp server ip-pool ap-guanli
network 10.101.4.0 mask 255.255.252.0
gateway-list 10.101.4.1
expired day 0 hour 3
#
```

图6　AC设备中vlan和DHCP服务配置

AP与AC建立管理关系后，由AC下发统一的配置信息，一个配置实例如图7所示。

```
#
wlanap a-f10-01 model AP3010 id 67
ap-name id      AP01-F10
serial-id 219801A0CJC124000864
client idle-timeout 180
client keep-alive 180
radio 1
channel 6
service-template 1
radio enable
#
```

图7　AP配置实例

集中控制性 AC+AP 架构主要特点如下：

(1) 不需要对网络中的 AP 设备进行逐一配置，包括局域网地址、加密策略、访问接入控制策略等，均由 AC 设备自动下发。

(2) 便于管理，通过操作 AC 设备即可对整个 AP 设备组进行运维。

(3) 便于扩展，新接入 AP 设备无需配置，自动由 AC 设备发现并管理。

核心交换机主要用来汇聚数据和转发数据，楼层接入交换机主要用于接入 AP 设备，所有交换机上面都只传输管理 vlan 数据，用户 vlan 数据是通过增加数据包头长度在管理 vlan 中转发的。

核心交换机和接入交换机都配置管理 vlan 号，允许相关数据通过和转发，接入交换机通过 access 口下联 AP 设备，配置较为简单。

在这种无线网络结构中，个人用户只需要搜索无线网络 ID，连接即可接入无线网络，比较方便，但是缺点也十分明显：

(1) 无法控制用户接入，任何无线设备都可以接入无线网络。

(2) 过多的设备会占用 DHCP 资源，路由器默认 mac 表只能保存 1K 地址，超过地址表限制会出现部分用户无法获取 IP 地址的现象。

(3) 用户上网行为没有监控与限制，个别用户可以通过 P2P 软件下载，占用宝贵的带宽资源，导致其他用户访问互联网速度慢。

(4) 无法对用户使用的流量进行计费。

常用无线网络结构设计简单、设备数量少、网络层次较清晰、易于建设且建设成本低，可以满足一部分无线网络建设的要求，在实际应用中使用广泛。

三、基于 Portal 认证系统的无线网结构设计

(一) 技术需求

以中国国际广播电台为例，工作人员约 3000 人，无线网络用户同时在线使用用户约为 2000 人，相关设备 lisence 许可必须达到 2000。根据房屋原有建筑设计，楼内共 15 层，每层一般需要布置 AP 点 8 个，同时在会议室及类似人员聚集的地方，需要增加 AP 数量以保证用户的正常使用，共需要 AP 数量约 160 个，平均每层 11 个，需要连接上行端口 11 个，每两层需要连接上行端口 22 个，可以通过两层部署一台 24 口楼层接入交换机来实现。根据 2000 人的同时在线使用量，估计互联网带宽需求在 50M 左右。

在系统上，需要对接入的无线用户进行用户名/密码的认证，确保用户为中国国际广播电台工作人员；对每个用户的最高带宽占用量及每月使用总流量进行限制，对超过正常使用量的用户使用网络惩罚性限制措施；对网络流量协议进行有效调配，限制占用带宽较大的 P2P 协议流量，保证网络带宽资源的正常使用。

(二) 设备选型

核心交换机选择了华为的 S9303，配置了 24 千兆光口板，可以满足楼层接入交换机的

接入需求。

楼层接入交换机主要用作楼层 AP 的上联接入，对交换性能的要求不高，对稳定性有比较多的偏重。对于此，选择了华为的 S5700-28C-EI 交换机，提供支持 4 个上行千兆光口，24 个下行千兆以太电口，并且可以支持扩展模块，完全满足两个楼层的 AP 接入需求。

AC 作为管理 AP 及交换数据的网络核心设备，要完成配置下发、用户接入控制等功能，经过综合考虑，选择华三的 WX5004 无线控制器，可以管理最多 256 个不同型号的 AP 设备，提供 4 个千兆关口和 4 个千兆以太电口，同时满足数据交换的需求。

AP 设备作为无线网络用户接入设备，需求数量大，对单一设备性能要求不高，出于成本和兼容性的考虑，选择华三的 WA2612 设备。

流量控制设备主要作用是流量过滤，对全网流量进行审计和控制，属于重要的网络汇聚节点。由于无线网络总体带宽为 50M，所以选择网鼎芯睿 NFE8080 产品，该产品大规模应用于高校无线校园网建设，可以充分满足中国国际广播电台无线网络的需求。

MydBase 网关主要功能是为用户的汇聚、认证、计费等环节提供服务，接收流量控制设备转发过来的数据包，转发用户认证信息，配合 Portal 认证服务器完成用户认证功能，传输用户所需数据包。综合考虑，选择北京迪威达康公司的 MydBas-4000，该产品性价比出众，功能齐备，充分满足需求。

Portal 认证服务器和 3A 服务器用来发布用户认证网页、存贮用户认证信息、用户计费等功能，对设备性能要求不高，出于对系统兼容性的考虑，选择北京迪威达康公司的软件产品。

路由器方面，依据 50M 带宽的需求，支持百兆背板带宽、支持超过 2000 名用户 NAT 的路由器即可满足需求，选择华三 SR6602 路由器，自身带有 4 个千兆光口，4 个千兆以太电口，支持多种路由协议，最多支持 NAT 最大并发连接数 400 万，转发性能 15Mpps，完全满足 2000 个无线网络用户的上网需求。

互联网出口链路，最终选择的是中国电信联通性 99.9%的 50M 互联网专线。

（三）基于 Portal 认证系统的无线网结构设计

1. 3A 系统与认证常用技术

为了控制用户接入行为，保证网络运行性能，同时更好地提供无线网络服务，我们需要在无线网络系统中部署 3A 系统，即认证、授权和计费系统。

相对来说，3A 系统的认证环节是第一步骤，主要指终端用户与 3A 服务器的通信并建立关系的方式，往往也是最重要的，目前常用的技术有 pppoe、Portal 和 802.1x。

pppoe 技术主要通过 pppoe 协议，用户通过建立以太网桥的方式启动 ppp 会话，配合远端接入设备接入网络。目前运营商的互联网用户认证更多地使用 pppoe 技术，更加适合点对点的接入认证。

802.1x 认证技术起源于 802.11 协议，最初即为解决无线网用户接入认证制订的，是基于设备端口的访问控制与认证。限制未授权用户接入网络，用户可以使用软件进行 802.1x 认证，目前 802.1x 更多地用于有线局域网的用户认证。

Portal 是基于 web 页面的认证，用户访问互联网时，Portal 认证强制用户登录到特定 web 页面，必须在 web 页面进行用户名/密码的认证，只有通过认证后才可以正常接入网络访问互联网资源。

2. Portal 认证的特点与认证过程

Portal 认证的特点：

（1）基于 web 认证的方式，方便快捷，更适合现在的手机用户接入。

（2）不需要开发和安装终端用户软件。

（3）在用户没有通过 Portal 认证的情况下，也可以访问 web 认证网页上面的资源。

（4）方便维护和管理，更加适用于商业运营的环境。

Portal 认证的过程如图 8 所示：

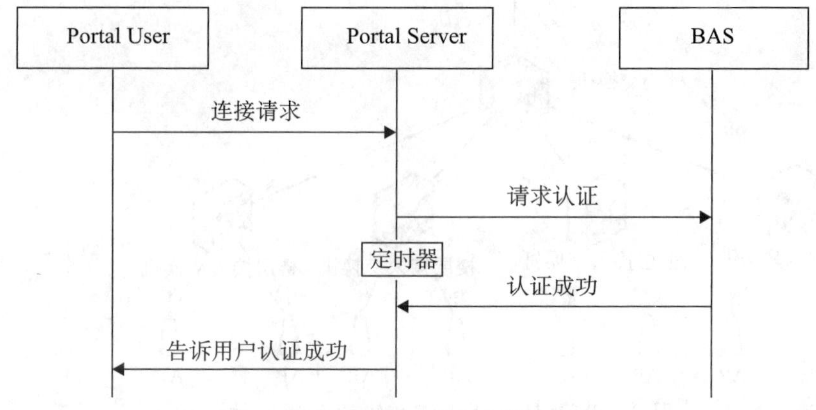

图 8　Portal 认证过程

（1）用户在连接到无线网络后，通过向 DHCP 服务器发送请求，获取 IP 地址。

（2）用户获取 IP 地址后访问任意 web 网页时，根据无线网络的访问策略，将用户访问的互联网地址强制指向 Portal 认证服务页面。

（3）用户登录 Portal 认证页面，输入已经分配的用户名和密码。

（4）Portal 认证服务器把用户数据发送到 BAS 服务器进行数据验证。

（5）BAS 服务器配合数据库系统验证用户数据，返回 Portal 服务器认证成功消息。

（6）Portal 认证服务器返回用户认证成功，允许用户正常使用无线网络访问互联网资源。

3. 基于 Portal 认证系统的无线网结构设计与实现

如下页图 9 所示，此设计中设备包括流量控制设备、MydBas 设备、Portal 认证服务器、3A 认证服务器、AC、AP、路由器和交换机，相比较简单无线网络结构而言，增加了流量控制系统和用户认证系统。

流量管理设备可以部署 P2P 相关协议的限制策略、设置流量安全策略、进行用户组策略管理、黑名单策略等。在报表功能中，可以提供总流量排名（TOP 10）、实时流量排名（TOP 10）和报警信息等报表功能，配置页面如下页图 10 所示。

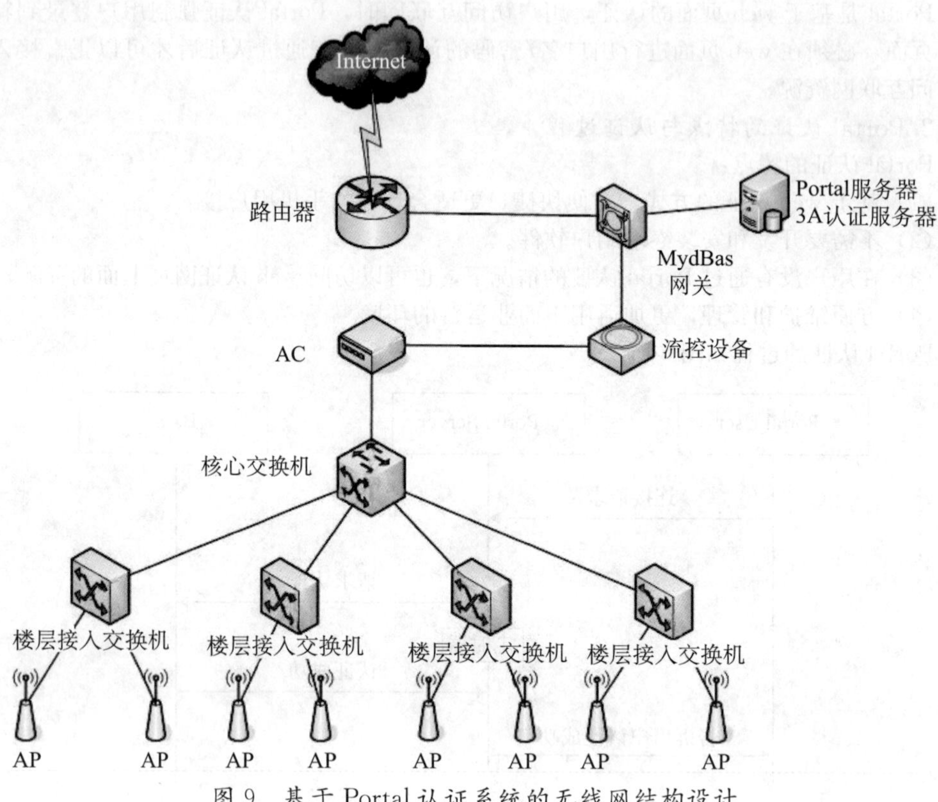

图 9　基于 Portal 认证系统的无线网结构设计

图 10　流量控制设备配置页面

路由器的主要功能为转发数据至运营商，进行 NAT 转换，保证用户正常访问互联网，开启 telnet 用于远程登录进行操作，设定登录密码，开启超级管理员设置，以防止技术人员误操作。相关配置如图 11 所示。

```
#
interface GigabitEthernet0/3
 nat outbound 3000
 ip address 116.120.213.234 255.255.255.252
#
 telnet server enable
#
 super password level 3 cipher $c$3$o1jrlBnKIVhr5s6BS5Ck3pcLXC1rYqyg
#
user-interface con 0
user-interface aux 0
user-interface vty 0 4
 set authentication password cipher $c$3$JvB3TU6DkwokktR2uX/6vlwv+9P
#
 ip route-static 0.0.0.0 0.0.0.0 116.120.213.233
#
```

图 11　无线路由器配置

引入的 Portal 认证服务器解决个人用户认证的问题，用户通过 http 访问外网资源，首先必须登录 Portal 认证 web 页面，输入用户名和密码，在认证通过后方可通过无线网络访问互联网资源，3A 认证服务器配合 Portal 认证服务器管理用户数据，提供数据库信息和下发用户管理策略。页面如图 12 所示。

图 12　Portal 登录页面

3A 服务器可以提供多项用户服务，配合 Portal 认证提供完整的用户准入控制功能，具体配置如图 13 所示。

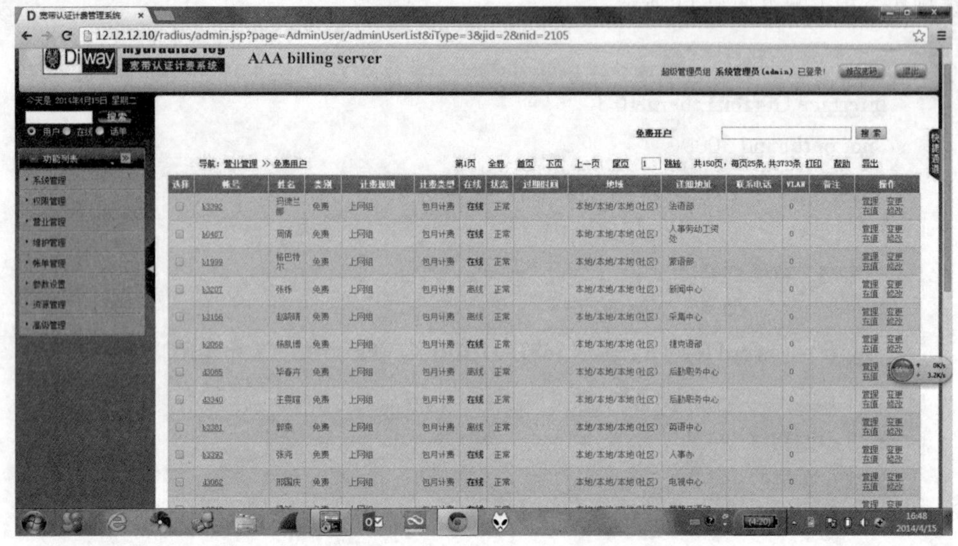

图 13　3A 服务器配置页面

从图 13 中可以看出，3A 服务器可以对接入用户进行细化操作，限制流量、流速、控制用户计费总流量等，同时可以提供更加详细的用户上网行为统计列表，较为细致地描述用户网络使用情况。

MydBas 设备即宽带接入服务器，可以提供 DHCP 服务、定义用户 vlan 和用户增值服务等。在无线网络整体结构设计中，MydBas 设备主要作用即为终端用户提供 DHCP 服务，并且配合用户认证系统，做到便利的免用户重复登录功能。该设备为 Linux 系统，主要配置文件内容如下：

```
main.conf
# THIS FILE IS AUTOMATICALLY GENERATED
cmdsocket       /usr/local/var/run/chilli.eth6.sock
unixipc         chilli.eth6.ipc
pidfile         /usr/local/var/run/chilli.eth6.pid
net             10.100.0.0/255.255.240.0
uamlisten       10.100.0.1
uamport         3990
dhcpif          eth6
uamallowed      "10.100.0.1,, 192.168.4.2, 12.12.12.10"
coaport         3799
coanoipcheck
```

```
lease                3600
leaseplus            3600
ieee8021q
maxclients           4096
challengetimeout     300
challengetimeout2    360
definteriminterval   360
macauth
macreauth
#macauthdeny
#uamanyip
#uamnatanyip
uamanydns
dynip 10.100.0.5/255.255.240.0
nasip "172.15.0.2"
domain "lan"
dns1 "218.140.136.12"
dns2 "218.140.140.12"
wwwdir /usr/local/etc/chilli/www
wwwbin /usr/local/etc/chilli/wwwsh
uamuiport 4990
locationname "My HotSpot"
radiuslocationname "My_HotSpot"
radiuslocationid "isocc=, cc=, ac=, network=Coova,"
```

从 MydBas 配置文件上可以看出，定义了 DHCP 地址池 10.100.0.0/255.255.240.0，包括 4096 个地址，DNS 服务器地址分别是 218.140.136.12 和 218.140.140.12，Portal 认证页面为 http://12.12.12.10。

AC 设备通过集中控制性架构管理网络中的全部 AP 设备，设备之间通过 capwap 协议传输相关数据，下发管理配置信息，前文已经说明，这里不做重复性叙述。

核心交换机和楼层接入交换机主要用于无线网络内部的数据传输，在配置信息中，只有管理 vlan 的信息，因为从 AC 至 AP 的传输不需要用户 vlan 的信息，用户 vlan 的数据是经过封装在管理 vlan 中传输的。

四、免用户重复登录功能的设计与实现

在企业的无线网络中，用户群体较为固定。用户不愿意每天多次登录无线网络，多次在 Portal 页面进行重复性认证。

以中国国际广播电台为例，因为单位大楼的设计原因，大楼内区域无线网络信号有强有弱，局部地区甚至没有无线网络信号，用户在此区域停留甚至经过此区域，无线网络都会中断。在用户下一次使用无线网络时，都需要重新在 Portal 页面输入用户名和密码。极端的情况下，用户在楼层里走动，根据路径的长短会出现多次网络中断的情况。

(一) AC 配合 Portal 认证的免用户重复登录功能设计

如何实现免用户重复登录功能，首先来说明在没有 MydBas 设备时的情况。

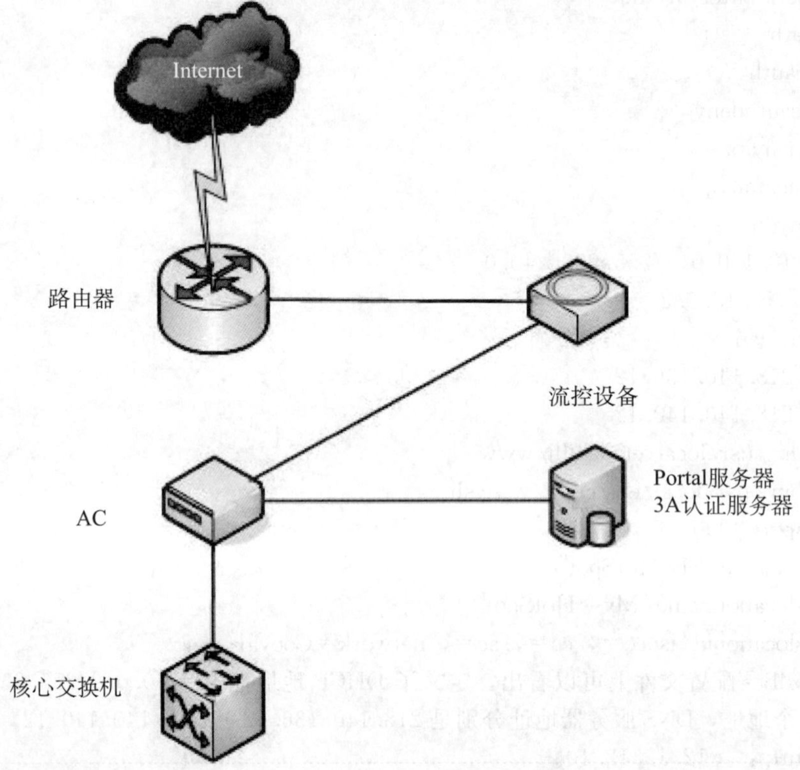

图 14　AC 配合 Portal 认证的免用户重复登录功能的设计

如图 14 所示，AC 是可以和 Portal 服务器配合进行 web 页面认证的，具体实现过程如下：

(1) 在路由器上开启用户 vlan 的 DHCP 服务，设定 DHCP 地址池和租期。

(2) AC 上面配置 Portal 认证服务信息，配合进行认证，并定时和 Portal 服务器更新已认证的用户 IP 地址和 mac。

(3) 由于需要用户免重复认证功能，所以在用户第一次认证通过后，Portal 服务器配合 3A 认证服务器永久保留用户信息，使得 Portal 认为用户在第一次登录后，始终在线，没有做下线操作，故同步到 AC 的信息也是永久保留的，AC 始终保留用户的 IP 及对应的 mac 地址。

（4）用户再次登录无线网络时，只要 IP 地址没有变化，即可不用进行 Portal 认证，属于已认证用户正常使用无线网络。

在实际的使用中，用户 IP 地址不可能保持不变，并且 DHCP 服务器的地址分配和认证系统无关。在很多情况下如果用户的 IP 地址发生变化，在访问无线网络时，AC 经过对比自身的 IP 和 mac 地址对应表后，发现一个用户的 mac 地址对应了两个 IP 地址，会认为用户最新的 IP 地址是错误的，而不会为用户跳转 Portal 认证 web 页面，3A 服务器中的用户登录信息也不会得到更新，所以变更 IP 地址后的用户无法继续使用无线网络。如果用户新获得的 IP 地址为其他用户释放的 IP 地址，由于 AC 设备上永久保存了用户曾经登录认证后的信息，所以 AC 设备会报警，提示 IP 地址冲突。

（二）部署 MydBas 设备的免用户重复登录设计

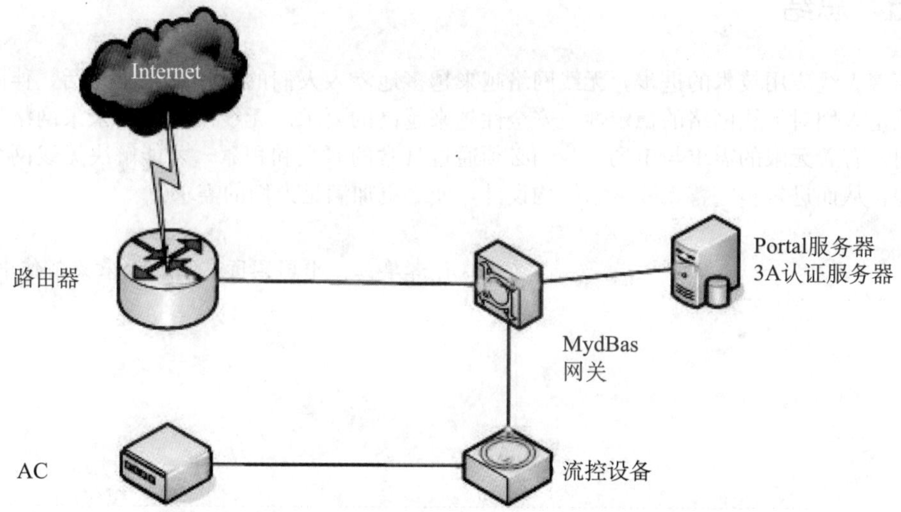

图 15　部署 MydBas 设备的免用户重复登录设计

如图 15 所示，在部署了 MydBas 设备的网络结构，主要功能是将 DHCP 功能和 Portal 认证功能紧密地结合起来，设计初衷是为避免 IP 地址的变化影响免用户重复登录功能的正常使用，具体实现过程如下：

（1）在 MydBas 设备上开启用户 vlan 的 DHCP 服务，设定 DHCP 地址池和租期。

（2）在 MydBas 设备上面配置 Portal 认证服务信息，配合进行认证，并定时和 Portal 服务器更新已认证的用户 IP 地址和 mac。

（3）在用户第一次认证通过后，Portal 服务器配合 3A 认证服务器永久保留用户信息，同步已认证用户信息至 MydBas 设备，同时 MydBas 设备始终保留用户的 IP 及对应的 mac 地址。

（4）用户再次登录无线网络时，只要 IP 地址没有变化，即可不用进行 Portal 认证，属于已认证用户正常使用无线网络。

（5）用户再次登录无线网络并且 IP 地址发生变化，因为 DHCP 服务位于 MydBas 设备上，MydBas设备经过对比mac地址表，不对用户进行跳转Portal认证的操作，用户可以正常使用无线网络。

（6）MydBas设备更新用户IP及对应mac地址信息，同时发送更新信息至3A认证服务器。

（7）3A认证服务器更新自身已验证用户信息。

基于Portal认证系统的无线网结构设计，其方便快捷的web页面认证、丰富的用户增值服务、精细化的用户上网流量控制和独特的免用户重复登录功能，可以满足人们对于高性能无线网络的需求。

五、总结

随着无线应用技术的进步，无线网络越来越多地渗入人们的工作和日常生活，伴随而来的就是人们对无线网络的稳定性、安全性越来越高的要求。无线网络作为未来网络发展的方向，有着无限的需求与市场，我们必须通过日常的研究和积累，才能解决无线网络中的问题，从而进一步完善无线网络结构设计，使之更加满足人们的需求。

（作者单位：中国国际广播电台采集制作中心）

浅谈云计算技术在新媒体中的应用

王　晟

一、引言

当前受众对媒体的需求已经从广播电视等传统媒体中解放出来，向以内容形式丰富、多样化、移动化、双向化、个性化为特征的新媒体形式发展。随着新媒体用户的迅速增多，为了满足用户需求，同时保障媒体传播过程中的稳定和安全，新媒体的技术支撑手段面临着新的要求，包括：海量数据内容的存储和快速检索、用户的深度分析和个性化推荐、媒体业务的迅速定制和重新组合、各种终端和传输网络的接入和适配。云计算技术可以很好地解决以上问题。本文探讨了云计算技术在新媒体中采集制作、数据管理和播控安全及用户接入等方面的应用。

二、云计算技术介绍

云计算技术提供了一种统一组织、协调计算机资源解决问题的方法。在云计算中，计算、存储、网络等计算机相关资源被虚拟化成标准的虚拟化资源，在所有资源互联互通的基础上，通过软件实现对这些资源的分配与调度以满足不同的资源需求，以此实现资源按需分配和负载均衡的目的。因此在云计算的框架下，可以低成本地实现资源的合理利用并能保障相关服务的稳定性，满足业务快速定制的需求，达到组织资源以服务、组织技术以实现、组织流程以应变的低成本、高效率的技术实现模式。

云计算整合计算机资源，将资源以服务的形式提供给用户，这些服务包括基础设施即服务（IaaS，Infrastructure as a Service）、平台即服务（PaaS，Platform as a Service）、软件即服务（SaaS，Software-as-a-Service）。在新媒体时代，媒体形式多以服务的方式提供给用户，与新媒体相关的计算包括采集、编辑、处理、检索、挖掘、推荐等，其中涉及音、视、图、文各种媒体内容。云计算可以实现海量媒体内容、用户数据的采集、存储；大运算量计算任务的快速处理；各种访问终端的适配。以上优势可以很好地解决基于包括有线、无线多种网络的新媒体应用服务所需要的大运算量、大存储量、高效稳定、自由定制等需求。媒体内容提供商和运营商可以基于这些服务灵活定制自身业务，统一组织利用自身IT资源，通过标准的平台化业务定制，向用户提供媒体服务。

三、云计算在采集制作中的应用

1. 高效化媒体采集制作过程

传统的媒体节目制作过程包括素材的采集、编辑、审核、发布，这一流程需要一定的时间完成，从而降低了新闻节目的时效性；且媒体直播需要前方记者、技术人员、通讯网络、后方切换、处理等多个部门配合完成，耗费大量人力、物力。

云计算技术可以在节约成本的情况下，大大提高媒体节目制作、发布的时效性。云计算通过后台统一的服务器集群提供媒体的快速编辑、处理能力，可快速在海量媒体资源中调用、检索与制作媒体相关的素材，并提供自动编排、实时发布功能；基于云计算，结合高速的通讯网络，媒体从业人员通过简易的终端，甚至通过浏览器即可以完成媒体的采集、编辑、发布。云计算的分布式存储技术和针对大数据的快速检索能力可以高效地保存查询媒体资源，为编辑制作节目提供更加丰富、相关度更高的新闻素材，进而提高编辑的制作效率。节目在异地制作后，通过网络快速上传至平台端，利用统一标准的文件格式和服务器集群快速转码技术，结合内容分发网络支持用户随时、随地通过各种终端访问，媒体从业人员可以根据用户反馈情况实时调整媒体发布信息。

2. 高效化业务定制流程

新媒体时代，媒体的展现形式更加丰富，多数媒体内容提供商将音、视、图、文等媒体内容信息打包成服务提供给用户，供用户订阅。如何更全面、更精准、更具时效性地为用户提供媒体服务是内容提供商成功的关键所在，如果要持续保持较高的用户黏合度就需要持续地为用户创造新鲜感，为各种用户群量身定制媒体服务，根据用户需求实时调整媒体服务。要实现上述目标首先要拥有丰富的媒体资源和大量的用户数据，以此了解用户的喜好；针对某一个媒体事件、不同的用户群体，快速制订报道计划，全方位提供宣传手段，有针对性地采取用户互动方式，实时根据用户反馈调整宣传方式。在以APP为展现方式的新媒体时代，实现以上内容需要后台提供更加灵活的业务定制能力。

在传统的技术体系中针对业务开发新的应用，需要考虑如下问题：(1) 新应用软件的开发；(2) 服务器的配置与部署；(3) 相关数据的同步；(4) 与现有系统异构系统的数据通信；(5) 系统上线测试、运维人员的培训等。以上过程需要较长的时间，且许多工作带有重复性。云计算在业务定制方面较传统技术体系的优势在于通过统一的标准化减少重复性的工作。云计算通过构建统一的标准化平台，为应用的部署提供存储和运算能力。通过统一的分布式数据总线实现各系统间数据的自由传递，通过标准的软件服务接口实现功能的灵活调用，在此基础之上，运用分布式调度系统并以工作流引擎为驱动，快速地针对特殊的业务需求构建应用，并可在各服务交付系统中快速部署。一言以蔽之，云计算中可以通过模块化、积木化的功能性组合快速实现应用，以此实现媒体业务的快速定制、开发、部署，在以“变”为特征之一的媒体时代可以有效提高媒体竞争力。

四、云计算在数据管理、安全播出中的应用

1. 高效存储、利用数据资源

在新媒体时代，媒体需要面对的是海量的数据资源。以下是 Facebook 在 2013 年每天产生的数据量：

（1）25 亿 Facebook 上分享的内容条数；

（2）27 亿“赞”的数量；

（3）3 亿上传照片数；

（4）500＋TB 新产生的数据。

Facebook 每半小时通过数据系统扫描的数据多达 105TB；单个 HDFS（分布式文件系统）集群中的磁盘容量超过 100PB（1PB＝1024TB）。

面对如此庞大的数据，需要解决的核心问题仍然是两个：存储与利用。对此传统存储系统面对如下压力：（1）高吞吐量、离散的数据访问，基于单服务器的数据组织难以满足广域网多用户条件下的吞吐性能和存储容量需求；（2）海量数据的有效管理和稳定保存，需要保证存储系统内部分服务器崩溃不会对存储服务的提供造成影响。要解决海量数据快速检索问题和不同存储系统之间的异构数据调用问题。

云计算存储系统联合不同的存储设备进行虚拟化，并将存储设备集中监控、动态分配存储资源，向上层提供统一的存储服务，以此实现存储资源的按需分配；云存储服务器间的数据资源相互备份，在异常情况下可实现存储服务无缝接管，以此提高数据存储的稳定性；分布式的数据存储构架综合考虑存储设备的读写速度、数据结构和使用频度分层设计，有效地提高了整体的数据读写速度；在数据检索方面云计算的数据存储系统的构建与部署方式更加合理，数据的存储与检索方式更加高效。

利用云存储的以上优势，媒体可以有效地管理、组织、利用已有数据，采集积累新数据。以往的音、视、图、文媒体资源在云存储构架中可以高效地交叉利用，分布式的集群存储构架可以弹性地支持大规模用户访问和媒体内容数据的读写，数据的多重冗余备份机制可以增强媒体传播过程中的稳定性和安全性。

在数据分析方面，云计算一方面可以提供高速的数据读取能力，一方面可以用统一的标准调用存储系统内的所有数据，结合云计算强大的计算能力可以实现大规模数据的统计与分析。这对以用户为中心的媒体尤为重要，与媒体相关的信息包括内容信息、海量的客户信息、用户浏览访问信息、在线交易记录及社交媒体数据等。如果要实现准确地为用户提供有针对性的内容服务，关键是要能够更加广泛地搜集数据，并从各种大规模、异构的数据中洞察价值，而具备高效收集并分析这些数据能力的媒体将在竞争中拥有显著优势。

2. 安全与稳定

安全性与稳定性一直是媒体工作的重要部分，媒体内容的安全播出需要保障播出信号的安全优质，维护用户的收听、收看权益。广播领域的安全播出是指在广播电视节目播出、传输过程中的节目完整、信号安全和技术安全。为了保障安全，需要支撑播出的技术

体系运行稳定，包括从信号采集、内容生产、内容播出、传输整个过程的稳定性。保障节目播出的稳定性需要综合考虑、预防、应对多种情况，包括节目制作问题、自身技术系统异常问题、外界干扰破坏、自然灾害等。

目前广播电视领域在保障安全播出方面投入巨大，在该领域有成熟的技术和经验积累。但在新媒体时代，媒体形式更加多样化、离散化，分布广泛、性格各异的受众与海量丰富的媒体内容传递给新媒体传播的安全与稳定带来了新问题：(1) 如何对数量巨大、形式多样的媒体内容进行过滤；(2) 如何对用户行为进行有效的监管；(3) 如何保障媒体内容基于有线、无线的多种网络传播过程的安全性；(4) 如何保障支撑新媒体技术系统服务器集群的稳定性。将以上问题进行量化，在量少的情况下依靠现有的技术系统可以很好地解决；但新媒体时代，媒体技术系统需要解决的本质问题即海量的数据和庞大的运算量，因此一个成功的媒体面对上述问题必然会量变引起质变，必须依靠云计算思维解决。

云计算技术体系解决安全性和稳定性的核心是系统通过负载均衡提高稳定性，通过自管理降低监控成本，通过数据相互备份降低风险，通过业务自恢复缩短应急时间。云计算的分布式技术体系可以将复杂的监控任务进行分割，实现海量数据的实时监控，这可以很好地解决内容、用户和传输网络的监控问题；在云计算技术系统内部，各服务器集群以组为单位，组内成员数据相互备份且互相监控，其中一台服务器异常，空闲服务器可自动接管工作。同时，云计算系统通过统一的分布式调度系统动态调配计算资源，在节约资源的前提下实现系统整体负载均衡。

五、云计算在用户服务的应用

1. 提供个性化服务，实现用户内容精准推荐

新媒体时代，用户逐步从被动的接受媒体信息者向主动的寻求媒体信息者转变，这是由于媒体信息更加丰富多元化，且更易获取，用户的兴趣也随而更加广泛，更具个性化；而且媒体向用户提供的除了媒体信息本身外，还有与之相关的互动、社交、广告推送等服务，好的推送服务提供需要建立在对用户的深入了解基础之上，这需要实现针对用户喜好的大数据分析。

成熟的推荐服务是建立在丰富的内容选择和庞大的用户数据基础上的。如果内容收录不全，用户选择余地过小，定制就失去了意义；同时如果用户信息过少，就难以此为基础进行数据挖掘。推荐服务相关的数据挖掘算法面对的是TB乃至PB级的海量数据运算，同时这些数据本身也是实时变化的。这些数据的多样性和异构性增加了运算的复杂度，如用户的年龄、性别、地域、购买信息、浏览记录、用户的社交关系，用户好友的购买信息、浏览记录，某图片、视频的浏览次数等，推荐算法要综合考虑这些信息，协同过滤，挖掘关联性。如此庞大的运算量需要用云计算来实现。云计算通过分布式调度系统组织计算资源，能同时分析上百万条用户数据，可高速完成内容和需求的精确匹配。云计算的存储结构可以承载数据量的大规模增加，通过对用户的网络行为模式深入挖掘，可以个性化、精确化、智能化地进行媒体信息的精准推荐。

2. 丰富媒体展现方式

新媒体时代，用户终端需要展现更加丰富的媒体形式，对移动终端的展现提出了更高的要求，媒体通过手机APP向用户推送音、视、图、文等各种媒体内容，同时终端需要完成文本的展现和多媒体渲染等多重任务，尤其涉及用户交互计算、网络游戏等运算需要耗费终端较多的运算量，这使多媒体内容的展现受到了终端计算能力、内存和电池寿命的限制。

利用云计算技术结合高速的通讯网络，可以解决上述问题。通过云计算技术终端可以把多媒体渲染任务从客户端转移到服务器上，降低客户端的计算负荷。云渲染通过资源配置策略，可以根据客户端的计算能力，将客户端全部或计算密集部分的渲染任务在服务器端完成，高效、动态地在客户端和云之间分配渲染资源，由此可以实现更加丰富的媒体展现形式，将媒体创造力从计算限制中解放出来。

3. 自适应提高用户体验

新媒体时代以用户为中心，向用户提供媒体服务，核心是提高用户体验，但是面对海量、分布广泛、性格各异的用户，要提高用户体验，媒体技术系统需要解决以下技术问题：(1) 如何处理异构的多媒体服务，技术系统需要为海量的用户提供流媒体音、视频内容，照片共享、搜索，视频编码转换及适配等，因此需要合理的组织、分配资源以提供如上服务；(2) 如何保证不同服务的服务质量，用户使用不同终端、通过不同网络、接受不同类型的媒体服务，技术系统需综合考虑用户特点及需求，不同的网络特性、带宽和时延，不同类型的接入设备的适配性，在此基础上动态地调整服务质量，这涉及状态采集、数据分析及数据编转码、分布存储等诸多技术问题。

在云计算构建的云媒体中，通过在线、离线分析用户、内容投递等运营数据，可以挖掘用户喜好。构建媒体边缘云，根据用户地理位置推送媒体内容，这样与用户适配的媒体内容在与用户地理位置较近的服务器中，以此降低处理、传送时延。云计算强大的运算和存储能力可以实现音、视频的实时和离线转码，云适配收集终端设备定制参数（如屏幕尺寸、带宽），网络延时情况，用户预先设定的服务需求等，根据这些参数离线或在线产生不同比特率、帧率和码率的各种内容版本，以此为基础根据每个用户实际情况实时调整服务质量。

（作者单位：中国国际广播电台播出传送中心）

参考文献：

1. 吴秋萍：《大数据时代云计算在新媒体平台的应用研究》，《信息与电脑（理论版）》，2013年第10期。

2. 邵守志：《浅议云计算在媒体存储中的应用》，《中国新通信》，2013年第8期。

3. 倪万：《“云计算”的媒体应用及核心价值》，《编辑之友》，2011年第9期。

大屏幕信息显示系统在国际台主控机房应用的设想

魏　楠

本文对国际台主控机房安装大屏幕信息显示系统的设想进行探讨和研究，以国际台业务发展需求为出发点，全面分析大屏幕信息显示系统在国际台主控机房应用的可行性方案，结合主控机房现状探讨如何选择显示单元，并从系统架构角度探讨大屏幕信息显示系统的设计要点。

一、引言

国际台主控机房业务复杂，承担节目播出、切换、传输、实时交互等任务和大规模信号监控任务。如何选择监控显示系统尤为重要。大屏幕信息显示系统具有多媒体互动、多种信息接收处理显示的特点，其各项技术参数及使用特点非常适合国际台主控机房的业务需求。大屏幕信息显示系统能整体显示高清画面，可多屏处理图像，实现画面任意缩放，利用以上优点，各种主控业务信息包括智能告警信息、录播服务器的节目单查询信息、生产管理软件业务信息、矩阵节目单、直播间监控视频等均能通过大屏系统综合汇总显示。通过构建智能化的集中显示平台，可以整合主控监控信息，提高指挥调度及应急效率；可以有效提高主控应急维护人员的工作效率，同时能有效反映故障点，降低播出事故发生概率。

二、概述

大屏幕信息显示系统通过对接入计算机图文及网络信息、视频图像信息的综合处理，完成所有信息的显示需求，该系统综合运用了 PC 机、信号控制、视频监控、网络通讯等高新技术，其核心显示屏幕由图形拼接处理器以及多个显示单元构成，可灵活定义显示模式，支持多窗口显示或独立窗口显示。同时单一输入视频单元可跨屏幕显示，也可自由分割后拼接显示。

根据显示单元的成像技术特点，目前主流的大屏幕拼接系统显示技术包括 LCD（Liquid Crystal Display，液晶显示）技术、PDP（Plasma Display Panel，等离子显示板）技术，及 DLP（Digital Light Procession，数字光学处理）技术等多种类型。

LCD 技术是通过液状晶体反射背光管光源成像，液状晶体偏转角度由可变电压控制。LCD 技术拼接的优点是轻质量、低功耗、薄厚度、低能耗、长寿命、无辐射、安装环境要求低，适用绝大多数环境；但是液晶面板也有比较突出的缺点，液晶面板容易老化，出现故障需要更换整个液晶屏，所以维护成本略高。液晶拼接与 DLP 拼接相比最大的劣势是拼接缝隙较大，最小也只能做到 5mm 左右，不能做到真正的无缝拼接，这令许多潜在用户望而却步。

PDP 技术通过等离子显示技术成像，工作原理为通过显示管内部气体放电发光成像，近似日光灯成像原理。这种成像原理色彩感强，对比度高，同时由于气体放电具有亮度高的特点。但是保持气体持续放电无法克服持续性发热的问题，同时也会耗费较大电量，这种热度长期存在会影响显示屏寿命。此外，目前市面上等离子拼接幕墙价格较高，对于大多数普通用户来说，等离子大屏幕显然不是最优选择。

DLP 技术的显示过程为两步：第一步对视频进行模数转换，第二步进行数字光学投影。DLP 技术内部关键元件为 DMD（Digital Micromirror Device，数字微镜元件），该元件为数字微镜镜片，光信号数字化主要依靠该元件完成。其具体过程如下：通过光学积分器均匀化输入光源，通过光学过滤器将均匀化光源分解成三原色，最后将 R、G、B 色光在 DMD 中进行数字成像处理。通过同步电讯号控制，对连续光以灰阶为单位进行数字采样，最后通过三原色表述投影成像。DLP 内置转换模块，输入信号通过转换输出为全图形帧信号，因为 DLP 采用背投技术成像，因此显示屏亮度衰减较小，且屏之间的接缝可忽略不计，同时产生的图像元素更加丰富，对屏幕损耗更低，能耗少且使用寿命长。

DLP 大屏幕信息显示系统由 DLP 投影机和拼接图形处理器组成。DLP 投影分为前投影和背投影，总的来说背投的色彩还原质量要远好于前投影，所以背投是现在主流的投影方式。DLP 拼接屏可接受任意格式的信号，输入信号通过转换最后的输出形式为全图形帧信号，因为 DLP 采用背投技术成像，因此显示屏亮度衰减较小，且屏之间的接缝可忽略不计，使得画面整体显示效果良好。而且，DLP 拼接系统的安装对环境的可适应性较强，比较符合国际台主控机房的需求。

三、国际台主控机房大屏幕信息显示系统的构建

国际台大屏幕显示系统的设计、建设需要综合考虑国际台应用现状，满足国际台特有技术需求，除监控主控机房内各技术系统信号外，还要能同时监控国际台制作的电视节目、直播间和主控机房视频监控信号。系统设计应遵循安全性、稳定性、可靠性、易用性、高效性、可扩展的设计原则。

1. 项目需求分析

搭建大屏幕信息显示系统首先要对国际台主控机房当前播出的监控业务进行深入的需求分析，通过技术需求制定完备的功能性指标，包括单屏及大屏拼接后的物理尺寸、单屏及整个大屏拼接后的分辨率、安装环境、DLP 显示单元的光源类型、大屏幕的安装方式、前级接口以及矩阵输入输出的路数等指标。随着技术的发展，大屏幕拼接是否支持高清信号的显示已经成了判断大屏幕拼接系统优劣的重要指标，大屏幕主流分辨率为 1920×1080，要达到该分辨率要求信号传输过程中使用高清线缆，保证无损传输。

该系统建设要充分考虑主控机房的使用需求，重点从显示成像技术能力及效果、设备损耗及稳定性、信号处理及展示方面考虑，保障大屏幕投影具有较强的可用性和较高的易用性，屏幕显示效果清晰真实，同时可长时间稳定运行，散热量小，保证在正常的主控机房环境下显示清晰明亮的图形、图像效果。

本项目以建设一套 50"2×5（单屏为 50 寸，2 行 5 列）为组成方式的 DLP 综合信息显示系统为例详述以下几点技术需求：

（1）整个大屏拼接系统（包括信号源、拼接图形处理器、矩阵以及配套视频线缆）要完全支持 1080p 全高清显示。

（2）根据国际台主控机房的环境特点，采用 50 英寸 DLP 投影单元，以 50" 2×5（单屏为 50 寸，2 行 5 列）的拼接方式组装，为了便于维护光源要采用双灯模式。

（3）系统支持多种输入信号，输入模块可根据用户需求定义，支持 VGA、CVBS、S-Video、YPBPR/YCBCR、DVI、HDMI 等多种输入信号格式，同时支持 IP 流信号。输入信号的显示模式通过软件控制，用户可以将输入信号在显示端随意切换，并可实现对显示图像自由变换和重组叠加等多样化操作。

（4）大屏幕投影单元物理分辨率为 1400×1050，投影单元输出亮度大于等于 790cd/m2，采用 LED 光源。大屏幕投影单元之间的光学拼缝小于 0.5mm，屏幕中心到边缘亮度均匀性好，整体均匀性大于 95%，并且无抖动，无闪烁，无色差。

（5）图像控制器应可接入不少于 128 路独立信号，其中独立高清计算机信号不少于 40 路，独立视频信号不少于 4 路，网络计算机信号不少于 84 路，可选一路或多路独立信号，直接在单屏、若干组合屏和全屏范围内实现任意缩小、放大、移动、漫游、拖拽、画中画等显示模式。

（6）管理软件针对易用性原则设计，操作简便，具备用户权限管理模块，用户可在权限范围内对显示方式进行自由设计，并可保存设计模板，以供后期调用。

（7）拼接显示单元必须满足可靠性和易用性的设计原则，保证全年不断电持续显示。针对稳定性要求，系统平均故障间隔时间不能低于 60000 小时。

2. 系统选型

根据目前的技术体系，大屏幕综合信息显示系统由三个子系统组成，即显示子系统、信号处理子系统、管理控制子系统。显示子系统即大屏幕显示单元；信号处理子系统包括图形拼接处理器、视频矩阵及接入信号源；管理控制子系统包括大屏幕控制 PC 及大屏幕控制管理软件。大屏幕显示单元作为整个系统中最关键的系统模块，也是整个系统中造价最高的部分。在系统设计时要根据自己的预算选择相匹配的大屏幕显示单元，目前市场上三种主流大屏幕拼接方案中，DLP 显示单元成本最高，PDP 显示单元次之，LCD 显示单元成本最低。

显示单元的选择为大屏幕显示系统的设计重点，本系统综合分析亮度、对比度、分辨率、使用寿命、拼缝等屏幕硬性指标，同时综合考虑了使用场所、安装环境及建设和维护成本。对比 DLP 背投、液晶及等离子三种显示单元在实际应用中的优劣，我们可以发现，液晶屏最显著的特点是成本低，对环境的适应性强，且亮度范围广，屏幕分辨率大，但缺点也比较明显，即拼缝较大，如果对于整体要求效果高的大屏系统，液晶屏难以胜任，但对于诸如显示计算机信号的低预算及维护成本的应用场景，液晶屏可满足技术需求。DLP屏的亮度范围和分辨率不如液晶屏，且灯泡寿命短，增加了后期的运维成本，同时DLP大屏的成本也是三种屏幕中最高的，但是其特有的小于0.5mm的拼缝是任何拼接大屏都不可能达到的指标，因此，基于这个特有优势，DLP大屏适合演播室和对于整体要求效果高、能承受建设和运维成本的应用场景。等离子大屏在使用寿命、分辨率及亮度方面不如LED大屏，且拼缝方面与LED大屏属于同一数量级，而且还有功耗高、散热量大的缺点，因此该技术目前市场占有率很低，正在被逐步淘汰。

综上所述，采用DLP显示技术的大屏幕拼接系统在显示效果、建设成本及后期运维等方面更能满足国际台的实际需求。且经过实地测量，国际台主控机房的现场安装环境也能满足DLP大屏幕拼接系统对安装环境的要求（图1）。因此，选择DLP显示技术的大屏幕拼接系统是目前最好的解决方案。

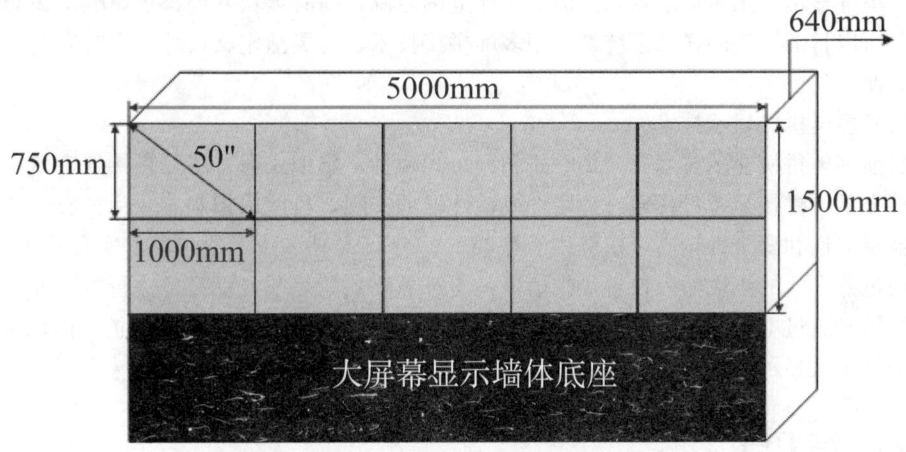

图1　国际台主控机房大屏幕拼接系统示意图

3. 控制管理软件

大屏的作用在于灵活调度，集中显示输入信息。各种输入终端传递的视频信号，可以在大屏中任意位置单独显示，同时可以支持单屏显示、跨屏显示、分区显示和整屏显示等多种显示模式。以上功能需要管理控制软件来完成，该控制软件基于BS构架设计。目前大屏的信号汇集端有矩阵汇集和终端采集两种方式，矩阵汇集即通过矩阵进行输入输出视频信号的切换，终端采集是将输入视频信号IP化，通过交换机进行IP流视频信号的切换。以上两种方式都需要管理控制软件集中控制管理，采集模块支持多种信号源和外围设备，包括计算机终端、电视输出、摄像机云台及镜头控制器等。管理控制软件整合输入音、视频信号，系统状态信息，根据用户自定义需求对输入信号进行切换显示，可以对显示图像进行缩放，以此实现对大屏的显示控制。为了方便用户使用，管理控制软件可以预先设定显示模式，用户可以根据需求预先设定几种常用的显示预案，随时调用，缩短显示配置时间。

4. 关键技术

大屏显示系统需要综合利用音频、光学、通讯、计算机管理等多种技术。其核心技术包括以下三部分：

(1) 投影显示技术。

目前市场上使用最多的投影技术包括 LCD 技术、CRT（Cathode Ray Tube，阴极射线管）技术、DLP 技术、PDP 技术和 LCOS（Liquid Crystal on Silicon，硅基液晶光）技术等，综合考虑显示效果和建设维护成本，目前市场上广泛应用的是 LCD、PDP 和 DLP 技术。

(2) 大屏幕拼接技术。

大屏拼接通过安装方式分类为单整屏和多屏幕拼接技术。顾名思义，单整屏即显示信息通过单屏显示，虽然显示效果好但受尺寸范围限制，同时大尺寸屏幕也影响运输与安装过程。所以目前主流的显示系统都利用多屏拼接技术，可灵活定义尺寸，同时安装维护也相对方便。

(3) 多屏拼接显示技术。

目前多屏拼接显示技术分为集中式和分布式两种，集中式通过图形拼接处理器实现多屏拼接显示，拼接显示过程通过纯硬件或软件辅助实现，目前以控制芯片为核心的纯硬件控制器稳定性和安全性较高，市场占有率较高。分布式显示技术通过软件实现集中控制，硬件通过分布式的终端输入设备接收信号，通过分布式的终端显示设备进行视频显示，所有视频信号通过 IP 流传输。分布式拼接技术采用模块化设备易于安装和维护，但稳定性相对不如集中式显示技术。

四、结束语

综上所述，大屏显示系统可融合音、视、网络等多种信号进行集中显示、综合应用，能直观地将分布的信息进行统一管理，由此实现多种信息多元化应用、提高工作效率的目的。目前的大屏显示系统在广播、气象、商业、教育、军事和公共事业领域被广泛应用。在广播电视领域，利用大屏显示系统可以集中展现整合的媒体资源及各种监控信息，在大型演播室和主控监控室及应急调度中心，利用大屏显示系统可以有效地提高工作效率。随着技术的发展，媒体领域正发生着翻天覆地的变化，尤其是以移动互联网为基础的新媒体领域。媒体形式正从传统的电视、广播方式向综合了音、视、图、文及互动社交的融合媒体形式转变，为支撑媒体的采集、制作、播出、监控技术的更新换代带来了挑战和机遇。目前国际台在音、视频播控平台，媒资管理，数字直播、录播机房建设和节目安播保障等方面向满足新媒体需求的方向迈进，构建以大屏为中心的综合信息显示系统，可以更好地满足节目制作需求，强化节目监控手段，提高节目应急效率，加强指挥调度能力，为打造现代化国际媒体传播集团提供有效的技术支撑。

（作者单位：中国国际广播电台播出传送中心）

参考文献：

1. 董航程：《集成化的大屏拼接显示系统》，《中国安防》，2013 年第 6 期。

2. 丁海涛：《主流大屏幕数字拼接墙显示技术和应用情况分析》，《信息通信》，2013 年第 1 期。

浅谈国际台 IT 服务外包及其应用管理

武林博

一、IT 服务外包的由来及优势

随着信息时代的到来，IT 技术的应用日益普及。但是由于 IT 技术的广泛性以及复杂性，企业不可能配备掌握全方面技术的专业人员从事自身的 IT 工作。IT 服务外包（IT Outsourcing Managed Service）因此应运而生。简单地讲，IT 服务外包是指企事业单位等机构将 IT 部门的职能全部或者部分外包给专业的第三方 IT 外包公司进行管理的一种方式。在既往的企事业单位管理中，企业内部经常会出现专职的 IT 运维服务人员不足的情况，而将这类 IT 服务流程、IT 设备（包括办公硬件）、网络及外设的维护工作转交专业从事 IT 运维服务的公司来进行全方位的维护，一方面可以节省企业的人力资源成本，另一方面也可以集中精力发展本企业的核心业务。

随着 IT 技术的成熟及其管理思想的不断发展，IT 外包（Outsourcing）的概念正在企事业单位等机构的视野中占据一席之地。从 20 世纪 90 年代起，IT 服务外包开始逐渐兴起，目前已成为一个快速成长的行业，这种快速成长在进入 21 世纪后，开始呈现大幅度增长的趋势。单以美国而言，目前已经有 60％的企业选择借助专业的 IT 服务外包来迅速扩展自身的业务。企事业单位依据其与 IT 技术服务提供公司所签订的协议，在规定的服务水平基础上将其 IT 服务及管理责任转嫁给第三方执行。

IT 服务外包这种新兴的管理模式能有效降低企业成本，增强企业核心竞争力。从公司管理的角度来看，IT 服务外包通过借助外部资源，达到了整合内部资源的效果，从而降低了企业成本，提高了工作效率，增强了自身的核心竞争力。在当前市场竞争激烈的环境下，IT 服务外包这种能有助于提高企业对环境应变能力的特性，成为了越来越多国内外企业选择它的重要原因。

1. 技术上更专业，服务上更全面

相比较于传统的 IT 部门而言，IT 服务外包要求把用户的需求进一步地细化分类，从而更好地制定工作各流程并合理安排人员，针对外包的网络以及软硬件系统来设计一个分工明确的小组从事运维服务。这一小组包括：软件系统工程师、硬件系统工程师、IT 设备采购员等。通常服务提供商在这方面占据明显优势，可利用自身拥有的各方面专业人才，及时为客户提供全方位服务，提升企业的 IT 系统运行质量。

2. 人员成本降低，企业效率提升

资本雄厚的大企业自设 IT 部门有其相对的工作便捷性，但是独立的 IT 部门所消耗的各类成本并不是所有企业都可以承受的，同时系统的正常运行又离不开以上各种专业人员。IT服务外包，可以让企业在无须长期聘用的情况下同样拥有各种IT专业人员，以更低的成本拥有高水平的技术团队。同时，专业的第三方服务提供商，不但可以提供日常的系统运行维护，也会提供适合企业的其他增值服务，例如对企业的员工进行定制培训，提高信息化应用效率等。

3. 使企业增加了主营业务的核心竞争力

选择IT服务外包不仅能使企业解除系统维护的后顾之忧，而且可以极大地提高企业的信息化应用效率，从而使企业借助信息系统集中精力拓展自己的核心业务，强化了企业主营业务的核心竞争力。

二、IT服务外包管理在国际台的应用

中国国际广播电台是我国国家级媒体单位之一。截至目前，国际台的业务范围已由最初的传统广播拓展到了电视、网络、移动、平面等多个媒体领域。下辖子媒体除传统的无线广播外，还有电视频道、报纸杂志以及移动和互联网多媒体发布端口等。业务范围覆盖全世界，与国内外多家媒体单位都有着广泛合作。

由于国际台业务的复杂性，其内部技术系统的复杂性也可想而知。如此庞大而复杂的技术系统的运行维护，需要大量专业技术人员在日常从事相关劳动。因此IT服务外包也是国际台不可避免需要考虑的问题。目前，国际台除了直接与安全播出、涉密等相关的技术领域外，其他许多系统的运维都采用了IT服务外包，如网络、数据库、服务器、终端、机房的运维等。这些IT服务外包项目增强了国际台技术体系的支撑和保障能力。

以国际台网络安全与机房运行维护的服务外包项目为例，这一项目是单纯以计算机和网络系统运行维护服务进行外包的项目，服务内容主要是为国际台提供终端桌面运维以及机房的监控运维。具体包括以下几个方面：服务台支持服务、桌面支持服务、机房监控服务以及IT服务的监控与执行、培训等。要求服务商能提供7＊24小时的现场技术服务。同时，作为甲方的国际台项目管理人员将通过以下几个方面对项目进行全程实施的管理工作。

1. 在项目招投标阶段，针对IT服务外包商所进行的管理

由于提供该项目服务外包的外包商是通过政府采购公开招标的方式确定的，因此国际台对外包商的要求除具备通常的ISO体系认证资质及财税、优质服务案例等证明外，还特别强调了服务商的专业能力，包括具有ITIL、PMP等管理类认证资质的项目管理能力；具有CCIE、CCNA等技术类认证资质的技术业务能力；具有ISO相关系列、ITSS以及微软合作伙伴等认证资质的运维服务能力；要求公司技术人员具有ITSS或ITIL授权培训机构的证书。通过对以上这些资质的要求，确保最终确定的服务商具备较高的系统运维服务能力，这是IT服务外包项目成功的关键的第一步。

2. 在合同签署阶段，针对IT服务外包合同的管理

合同是IT服务外包管理的最基本依据，也是IT服务外包管理最重要的方面。作为甲

方的国际台项目技术管理人员，在合同的技术要求上特别注意了服务范围、服务内容、考核指标这三个方面的内容，从而尽可能地使合同的服务范围标示明确，服务内容罗列详尽，考核指标清晰标准，最终达到管理方与服务提供方的权责分明。为了使管理更为有效，需要进一步细化合同的内容。一方面要对外包服务的物理范畴进行明确，从而界定外包服务的服务范围；一方面也要对外包服务的业务范围进行梳理，从而明确外包服务的具体工作。除此以外，还要在考核的基础上对服务商派驻本项目人员的能力水平进行统一规范，用以保证整体服务质量的稳定。

3. 在项目实施阶段，针对 IT 服务外包过程的管理

在 IT 服务外包项目的实施中，对于各项技术服务工作的管理主要是由承包商方面来负责，国际台的项目管理人员主要的管理职责是协调和监督。依据双方签订的合同，以及相应建立起来的各项规章制度和标准化的工作流程，对该项目实施情况进行定期或不定期的监督与检查，及时发现在项目实施过程中出现的各种问题，及时与服务提供商就具体问题进行沟通并协调解决，从而有效地进行监督，以确保服务的质量。

在国际台的这一 IT 服务外包项目中，最关键的是建立各项规章制度和标准化的工作流程，使之逐渐落地，并在实践中不断完善和修改，以适应国际台的业务发展需要。这也是对合同的各项约定的细化，从而便于加强管理和监督。在这一项目中建立的制度和工作流程主要有：

周和月工作例会制度：定期通报和交流工作情况，协调相关工作，商讨存在的问题及解决办法，落实和改进相关制度和流程等；

建立服务目录：在合同基础上把 3 个大的服务类别细化成 27 个服务科目，对各个科目的具体服务内容进行了详细的描述，规定了服务承诺和服务时限；

制订标准化的作业指导书：例如，各类应用软件的安装手册、Windows 7 安装作业指导书、用户新建账户申请指南、网络直播监控作业指导书等一系列标准化作业文档，对各项服务的实际操作做了标准化的详细规定；

规范技术文档模板：包括技术文档模板、值班监控记录模板、故障报告模板、服务报告模板、问题记录模板、会议纪要模板等。通过一系列标准化的模板对 IT 服务项目实施过程中产生的各类文档进行统一规范，便于文档的归类和查询；

梳理工作流程：按照不同的服务岗位、工作角色、事件分类和优先级别，制订了各自详细的工作流程。例如，故障类流程包括服务台工作流程和现场工程师支持流程。

三、国际台 IT 服务外包中的“Case 网上管理系统”

在国际台所进行的这一运维服务外包项目质量管理中，“Case 网上管理系统”是其重要的管理手段之一。其主要依据仍然是合同规定的相关考核标准。按照 SLA 指标和服务考核指标对考核标准进行量化，通过数字来说话，这也是评价 IT 服务外包质量的最有效的手段。（如表）

◆ SLA（服务品质协议）指标

优先级	7＊9以内		7＊9以外	
	响应时间	解决时间	响应时间	解决时间
1	≤10分钟	≤30分钟	≤10分钟	≤30分钟
2	≤30分钟	≤1小时	≤1小时	≤2小时
3	≤1小时	≤2小时	≤2小时	≤4小时
4	≤4小时	≤8小时	/	/

注：表中所示优先级由呼叫中心依据事件的紧急度和影响度选择，其定义如下表：

优先级		紧急度（设备重要程度）				
		桌面端设备（台式机、打印机及多功能一体机、扫描仪）	系统账号的创建、吊销、移组、密码重置	更换备品备件及外设	笔记本设备类故障报修	装机、移机
业务影响度	A	1	1	1	1	2
	B	2	2	4	4	4
	C	3	3	4	4	4

注：A类用户：在重大播出报道活动期间进行业务办公的编播用户；正在进行录播、直播任务的用户；台领导、中心领导。

B类用户：针对贴有终端二维码并且加入制作网、有线综合业务网编播及职能部门用户。

C类用户：其他未加入制作网、有线综合业务网编播及职能部门用户；其他特殊情况用户。

其中，响应时间和解决时间的定义如下：

响应时间＝工程师到达用户现场的时间—服务台人员接到用户报修的时间；

解决时间＝工程师解决工单并离开用户现场的时间—工程师到达用户现场的时间。

◆ 服务考核指标

指标	承诺标准	考核依据
服务及时响应率	≥95%	计算方法：阶段内及时响应的事件数量/阶段内事件总数
服务及时解决率	≥95%	计算方法：阶段内及时解决的事件数量/阶段内事件总数
服务报告提交及时率（次月10日）	100%	实际提交时间

续表

用户满意率	≥95%	计算方法：阶段内反馈满意的事件数量/阶段内反馈的事件总数 满意度统计说明：按照工单进行统计，5分为最高分，1分为最低分，3分（含）以上为满意
投诉	≤5次/季度	计算方法：由于工程师失误导致的有效投诉，且双方都认可

在国际台这一服务外包项目中，为了能够对项目进行实时跟踪和抽查，作为该项目的一个亮点，就是利用技术手段建立了一套适合国际台自身特点的“Case网上管理系统”。

利用“Case网上管理系统”生成的月统计分析报告，可以按月获得服务考核指标完成情况。例如：2015年2月份给出的统计结果如下：

◆ 月主要指标完成情况

指标名称	服务标准	本月实际	指标状态
服务及时响应率	≥95%	99.1%	正常
服务及时解决率	≥95%	98.5%	正常
服务报告提交及时率	100%	100%	正常
用户满意率	≥95%	N/A	系统暂不支持
投诉	≤5次	0	正常

◆ 按优先级月统计情况

优先级	高	中	低
工单个数	10	5	1223
响应时间（分钟）	34	0	1420
平均响应时间（分钟）	3	0	1
暂停时间（分钟）	343	0	29141
处理时间（分钟）	376	234	12791
平均处理时间（分钟）	37	46	10

◆ 工程师按事件解决数量月排名

工程师姓名	解决工单数量
张某某	203
李某某	197
王某某	180
程某某	169
赵某某	149
何某某	131
备份工程师	3
李某某	2
网络安全组	1
王某某	1

这一“Case 网上管理系统”可按工单查看正在进行或已完成的服务全过程，包括：工单状态、服务类型和优先级、服务对象、服务响应时间、具体解决方案和操作过程、用户满意度等。

此外，通过这一“Case 网上管理系统”还可以对正在提供服务的技术人员的工作情况以及状态进行统计，归类各种故障并分析其故障率，统计用户的满意度等，从而进一步有效解决监督中的各种问题，确保为用户提供更好的服务。

四、结语

IT 服务外包对推动中国国际广播电台信息化建设很有帮助。无论是通过对当前国内外先进的 IT 服务外包管理经验的研究与借鉴，还是 IT 服务外包本身在国际台技术项目中的应用，我们都可以充分认识到 IT 外包业务存在的价值和意义。同时，IT 服务外包管理也对提升国际台的整体技术管理水平提出了更高的要求。因此，通过全面的分析，做出合理、有效且符合国际台战略发展目标的 IT 服务外包决策，可以有效地防范和化解各类 IT 服务外包过程中出现的各种风险，对国际台各项事业的持续健康发展、全面提高核心竞争力发挥巨大的作用。

（作者单位：中国国际广播电台采集制作中心）

基于云计算的音频制播系统整合应用设计

何　伟

随着国际台业务不断拓展，各语言部及子媒体音频节目制播量不断增加，技术系统规模不断扩大，而现有各直播频率音频制播系统相对独立，无法实现资源共享和统一管理，目前系统架构相对单一无法实现高可用性，已不能满足国际台不断发展的业务需求。要打破现有音频制播系统的局限性，就需要引入云计算技术来建立和整合音频制播系统并进行统一管理。

一、引言

音频制播系统是国际台业务发展中重要的技术支撑系统，现有的音频制播系统包括采集、制作和直播各子系统，但各子系统之间面临接口不统一，相互通信不顺畅；各子系统服务器用冷备份的方式，系统容错率和冗余度不高，且扩展性差，当有新的需求变更时，无法在不影响现有业务的前提下实现升级；另外，现有音频制播系统无法实现与新媒体采集及播出系统的对接，严重影响工作效率，不利于编播部门开展新媒体业务。

近年来国际台为促进全媒体发展、多媒体融合，已要求加快推进重点子媒体建设，为了做好技术支撑，急需对现有音频制播系统进行整合升级，并应用云计算和分布式存储技术来实现系统的高可用性、扩展性和安全性。

二、系统总体设计

1. 架构设计

为了有机地整合我台节目采集系统、节目制作管理系统、节目发播平台及节目播出平台，拟将系统从逻辑结构上分为五层架构，分别为基础平台、资源管理、应用支撑平台、业务实现和终端访问等，各层之间通过 SOA 结构规范进行衔接。系统架构设计如下页图 1 所示。

基础平台提供系统运行的环境，由网络环境、数据中心和应用服务器集群等组成，其中数据中心和应用服务器可与现有节目管理系统和媒资系统等进行对接；资源管理平台主要负责管理媒资库、音频素材库、播出库和统一用户数据库；应用支撑平台为用户提供相关应用子系统并实现应用管理，由节目制作管理、发播平台、业务管理、系统管理、统一用户管理和外部通讯接口等组成；业务实现层是为用户直接提供相关服务，包括节目制作、检索、节目编排、节目发播和节目播出等。

2. 系统部署

音频制播系统整合采用云计算方式部署，另外，由于音频制播系统各子系统分别部署

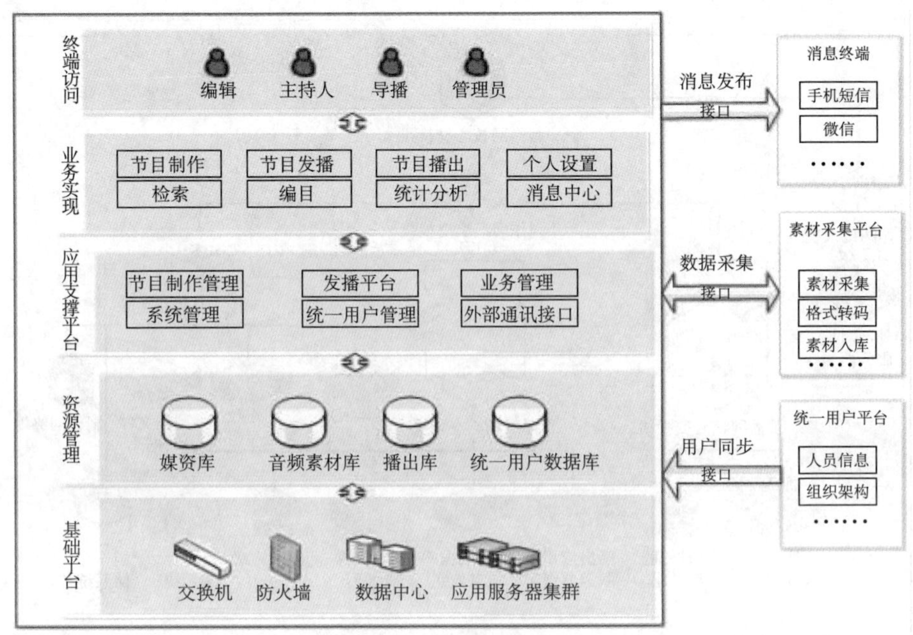

图 1　系统架构图

二级制作网、三级制作网和播出网内，为了各子系统间安全有效地通信，在三级制作网和播出网间需部署两台网闸。系统部署架构如下页图 2 所示。

图 2 中，制作网和播出网应用均采用虚拟化部署方式，使用微软的 HYPER-V 和故障转移集群技术实现，其中制作网应用分为节目采集、节目制作和节目发播，三个应用分别部署在不同的虚拟主机上，同时为三个应用部署备用虚拟主机，并设置故障转移集群，以便主应用发生故障时，备份应用可及时启用。播出网应用分为播出编排和系统管理应用，采用和制作应用同样的部署方式。

系统制作和播出数据库采用镜像方式部署，另外系统还部署了播出文件服务器用于管理各类文档，而播出和制作存储系统采用 IPSAN 存储方式，用于存储音频制播系统所需要的各类数据及文档，包括虚拟机镜像文件。

三、系统功能设计

1. 节目制作管理

多媒体节目制作与管理平台注重统一管理、分类存储，音视频、图、文可独立编辑，也可组合编辑。该平台可充分利用现有节目和素材资源管理系统，实现与现有系统的对接，也具有独立的数据库用于存储各类素材索引信息和扩展信息等。

(1) 与音频节目素材系统对接。

XStudio 是国际台音频节目制作管理软件，本身采用 SOA 规范，拟采用通用的 ESB 总

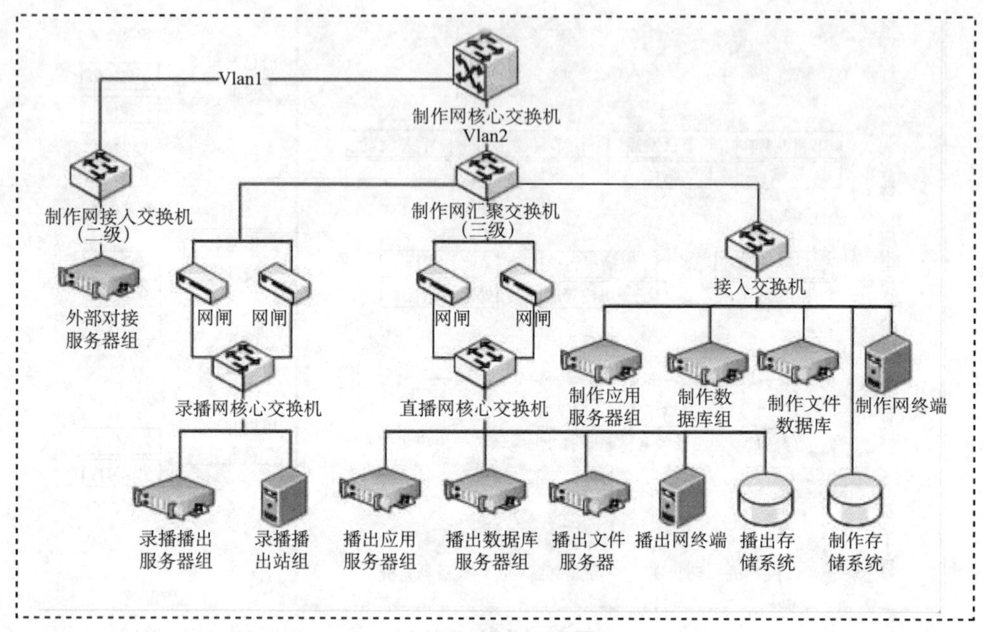

图2 系统部署图

线与之对接，多媒体节目制作管理平台通过调用XStudio系统中定义的WebService服务来实现节目下载、审听和编辑。

（2）与媒资平台的对接。

与媒资平台对接需跨中心、跨部门协作，对接的原则是存储和管理在原有系统，多媒体节目制作管理平台负责调用服务的方式进行检索，采用按需调取的方式进行二次制作，制作后的节目需存储在本系统内。

（3）与新闻制播平台的对接。

采用与媒资平台对接的类似方式进行对接，对接时需考虑图文和音频的对应关系，以保留其内在的关联关系。

（4）新媒体信息采集平台。

新媒体信息采集平台主要负责采集微信、微博等新媒体平台的用户交互信息，包括音、视、图、文等各种形式的信息，编辑可对其进行转码、二次制作和审核后，将节目进行发播。

2. 节目发播平台

节目发播平台主要负责将制作好的全媒体节目发播至各种类型的播出平台，包括传统的广播、电视播出平台，还包括网站、微信、微博、移动聚合电台等新媒体发布平台，以便实现一次制作，多平台发播，提高节目制作和播出效率。考虑到《广播电视安全播出管理规定》，传统广播节目发播在三级制作网进行，新媒体发播在二级制作网进行。

（1）传统广播节目发播。

国际台现有广播节目分录播和直播两种，其中录播和直播系统分别部署在不同的子网内，节目发播时不能在同一子网内终端进行，全媒体发播平台可将终端部署在三级制作网内，通过调用音频直播或录播 WebService 的方式将节目分别发送至直播或录播系统，音频直播系统主要支持 AIR5 音频直播系统，音频录播系统为一播八录播系统。

（2）新媒体发播。

新媒体多为融合媒体的表现形式，可以是音、视、图、文等融合的方式。通过新媒体发播平台可以利用 WebService 方式透过隔离网闸获取制作网内的相关节目内容进行发播，其中新媒体发播编辑站部署在二级制作网内，可将节目发送至微信、微博、微电台、移动聚合电台等新型媒体。

3. 业务管理

（1）业务监控。

业务监控系统对节目采集、制作、发播和直播情况等相关数据进行实时汇总，并做分类统计和展示，以便频率或节目管理人员掌握本频率或者本部门节目制作和发播业务情况，及时调整管理策略。业务监控功能主要包括数据采集、统计分析、检索和分类展示。

数据采集主要负责采集各类型节目制作信息，采集发播的广播节目和新媒体节目播出信息，采集用户使用数据；统计分析主要对采集的相关节目制作和发播信息及用户使用信息按照节目类型、中心、部门、机房和时间段进行汇总统计，统计各中心节目制作和发播量等；编辑、频率管理员、系统管理员等各类用户可按照时间段、节目类型、节目名称等各字段进行简单检索，也可输入各类条件进行复合检索，并对检索的结果进行分类展示。

（2）数据报表。

用户在使用系统时所有的操作和所产生的业务辅助信息都应归档到数据库中，方便用户查询和生成报表。系统内置常用的报表模板，还具有自定义报表模板功能，不同管理者可根据需要选择报表字段，定制符合特色需求的模板。为了对统计数据进行直观展示，方便管理人员总结对比、发现规律，进而进行策略调整和优化管理，系统可按照曲线图、饼状图、柱状图等图形化方式展示，展示结果可保存或导出。

系统管理员可根据业务部门的实际需求，并结合系统实际运营情况制定全媒体节目制作和播出情况的汇总报告，确定模板的固定部分和变量，确定报告中使用的图标类型等；然后，对制定好的模板的变量部分进行参数配置，将相关变量与数据库中的字段或者综合处理后的相关数据对应起来，还包括相关图表的具体尺寸等进行配置；最后，系统根据制定和已配置好参数的模板，选择需要生成报告的时段和相关部门，生成相应的统计分析报告。

4. 统一用户管理

统一用户管理为音频制播系统整合平台提供统一的身份认证平台，以实现“单点登录、统一认证”的目标，为各个子系统提供用户登录的统一管理，实现一次登录、各系统间自由切换的良好体验，也便于和其他相关对接系统使用统一用户登录信息。统一用户管理主要包括用户管理、组织管理、角色管理、权限管理、应用管理和统一认证管理等。

5. 接口管理

接口管理主要分为系统内部应用管理和外部通讯接口管理，其中系统内部应用管理负责注册应用和应用管理，外部通讯接口则定义了统一接口规范和接口功能。

(1) 内部应用管理。

内部应用管理是在系统中注册应用及模块的管理模块，通过应用管理模块，对应用设置不同的访问用户或角色。系统可通过接口信息，实现对系统内新的应用系统的添加和注册使用；另外，可通过后台配置，修改或删除已添加的各类应用，如链接指向、数据库指向等信息。

(2) 外部通讯接口管理。

作为国际台音频节目制播的核心平台，系统未来将与各种新媒体素材采集平台和播出平台以及其他应用系统有频繁的对接需求，还考虑到便于系统升级，为其预留了丰富的接口，并对接口规范和接口功能予以定义，包括提供系统升级和功能扩展接口、第三方调用接口、数据库访问接口、消息发布接口和用户同步接口等。

四、关键技术

1. 虚拟化

虚拟化技术很早就在计算机体系结构、操作系统、编译器和编程语言等领域得到了广泛应用。该技术实现了资源的逻辑抽象和统一表示，在服务器、网络及存储管理等方面都有着突出的优势，大大降低了管理复杂度，提高了资源利用率，提高了运营效率，从而有效地控制了成本。由于在大规模数据中心管理和基于互联网的解决方案交付运营方面有着巨大的价值，服务器虚拟化技术受到人们的高度重视，人们普遍相信虚拟化将成为未来数据中心的重要组成部分。

云计算现在已不仅仅是利用虚拟化技术实现虚拟管理，更重要的是它将IT服务管理变得更加自动化和标准化。它充分利用了最新技术，不仅利用了虚拟化的伸缩性，使得资源利用率更高，服务和资源的管理维护更加便捷，还可以使得程序部署更加灵活，可以方便地部署应用在不同的虚拟主机中，当有一个应用宕机后不会影响其他应用，让用户体验更好，而且减少了运维成本；另外，它使得程序开发和交付更加便捷，提高了新系统上线的效率。云计算目前已经应用于各大行业，技术热点和热门产品不断出现，广电行业也在加紧利用云计算技术升级和融合制作、播出和传输等各个系统，这将对未来的广电行业技术革新产生深远的影响。

2. 分布式存储

分布式存储是通过使用多台独立的设备对数据进行分散存储，它通过集群应用、网络技术和分布式文件系统等，将各式各样不同类型的存储设备通过上层应用软件进行聚合，进行有效协同工作，共同对外部提供数据的存储和业务访问的接口，外部服务或者应用可以通过接口进行统一的资源调配，从而为用户提供冗余性和扩展性极强的存储服务。利用分布式存储，不仅使系统更加可靠，还使其更易于扩展和提高系统资源利用效率。

3. 故障转移集群

故障转移集群是一种热备份机制，它需要至少两台计算机，其中一台为在线主机，其他作为冗余备份节点，一旦主机出现故障导致系统无法正常工作，则备份节点在收到主机未正常工作的心跳后接管故障主机的服务，从而实现在线热备，也就是通常所说的“故障转移”。这种机制使得系统运行更加可靠，目前已经成为普遍使用的有效系统部署机制。

故障转移集群必须基于域的管理模式部署，以“心跳机制”来监视各个节点的健康状况；备用服务器以心跳信号来确定活动服务器是否正常，要让备用服务器变成活动服务器，它必须确定活动服务器不再正常工作。

五、总结与展望

基于云计算的音频制播系统整合应用设计，不仅能够充分利用硬件资源实现高可用性，有效提高系统安全性和可扩展性，还可以通过制播网间隔离和统一标准接口将节目采集、制作和发播等业务环节有机融合，便于媒体资源的共享和再利用，缩短从节目制作到播出的时间跨度，提高时效性。该应用设计方案将为国际台音频制播系统革新奠定良好的基础，为各直播频率业务发展需要提供强有力的技术支撑，并为国际台在新媒体融合和技术系统整合方面进行先行性探索。随着系统应用进一步展开，数据统计分析模块将对长期采集的数据进行再度挖掘，提炼更有效的改进音频制作播出业务的方法，从而为国际台外宣事业构建便捷有效的技术体系。

（作者单位：中国国际广播电台播出传送中心）

参考文献：

1. 杨延嵩：《基于云计算的呼叫中心系统应用研究》，《计算机科学》，2012 年第 10 期。

2. 王慨：《Hyper-V Server 2008 R2 的服务器虚拟化应用研究》，《南通职业大学学报》，2011 年第 2 期。

3. 周毅、杨淮、袁敏：《广电云体系研究与实现》，《电视技术》，2012 年第 36 卷第 20 期。

4. 李育林：《云计算在广播电视领域中的应用研究》，《有线电视技术》，2012 年第 1 期。

中国数字音频广播应用场景设想

康文婷

传统广播业务形式单一，声音是唯一的模式，但随着时代的发展，受众对媒体的需求越来越全方位、多元化，现有声音广播的形式、质量、数量已经难以满足听众日益增长的需求，而来自互联网的冲击，更加剧了听众的流失。数字音频广播采用数字技术，克服了传统广播的诸多缺点，广播行业也势必要与新兴媒体紧密结合，加快发展数字音频广播以实现业务形式以及媒体形式的多样化。本文介绍了数字音频广播背景及其应用场景的功能分类，并将典型的应用场景列举出来，希望给予相关从业人员一些启示并达到抛砖引玉的效果。

一、数字音频广播背景概述

声音广播是广播影视行业的重要组成部分，是我国舆论宣传的主要媒体阵地，近年来随着数字技术和互联网技术的发展，媒体格局发生深刻变化，新媒体对传统媒体产生巨大冲击，但声音广播以其覆盖面广、覆盖人群广泛、接收方式便捷、制作及传播成本低等特性，依然是受众获取信息、丰富生活的重要媒体渠道之一。调频广播因其优秀的音质和抗干扰性能强等优势，已经成为我国城市广播覆盖的主要手段。随着我国城镇化发展加速、城市规模日益扩大，调频广播在舆论引导、弘扬社会主义核心价值观等方面发挥着越来越重要的作用。

目前我国广播接收终端拥有量超过 5 亿台①，受众每天收听广播的时间是 66.8 分钟②，庞大的听众群体和受众长时间收听广播，彰显了广播媒体的影响力和市场价值。此外，广播的应急功能也越来越受到重视。比如广播在汶川地震、北京特大暴雨灾害等重大突发事件中，发挥着重要的应急功能。可以预见，中国广播仍有很大的市场潜力和发展机会。

随着中国经济的快速增长和文化事业的迅速发展，人们对信息的需求量成倍增长，传统广播面临着频谱资源严重不足以及业务形式过于单一等问题。据不完全统计，美国每天共有约 14000 个广播电台播出节目，泰国目前有超过 2000 家广播电台。我国的电台总数只有美国的约 1/100，泰国的不到 1/10。③

目前，世界各国在广播数字化方面已经做了很多有益的尝试，全球已经有超过 40 个国家和地区的 3.3 亿人可以收听到 600 多套数字音频广播节目。④其中卫星数字音频广播系统主要有欧洲的 SR（Digit Satellite Radio，数字卫星广播）、DR（Digital Radio，数字广播）、世广卫星广播系统和美国的天狼星卫星广播系统等，地面数字音频广播系统主要有 DAB（Digital Audio Broadcast，数字音频广播）、DRM（Digital Radio Mondiale，数字调幅广播）和 HDRadio（High-Definition Radio，高清广播）三种。就世界范围看，数字广播已经进入了数字多媒体广播的时代，在欧美发达国家以及亚洲的韩国、新加坡等国家，数字广播已经开始向提供包括音频、视频、数据等多媒体服务方向发展，这些为我国数字声音广播的研究提供了参考。

数字技术的日趋成熟和广泛应用，使数字化以它的技术本身成为国家信息化的重要标志，模拟向数字转换已成为广播业务发展的必然趋势。数字广播的发展和推广受到了我们国家主管部门以及各级媒体机构的重视。《我国国民经济和社会发展十二五规划纲要》提出“统筹布局新一代移动通信网、下一代互联网、数字广播电视网、卫星通信等设施建设，形成超高速、大容量、高智能国家干线传输网络”的指导要求。国家广电总局在“十二五”科技发展的总体要求中明确提出“加快研究制定我国数字声音广播技术体制，积极利用各种先进成熟技术，加快推动声音广播的数字化，研究开展推送式点播等数字化服务新模式”。

我国从20世纪90年代初开展声音广播数字化研究，经过多年的技术研究探索和试验，确立了我国必须建立符合我国国情、具有自主知识产权的广播数字化技术体系。[5]2011年国家广电总局成立了数字音频广播（China Digital Radio，简称CDR）技术工作组，正式启动了声音广播数字化技术研究试验及规模推广工作，这标志着数字广播的发展正在从战略规划和准备阶段转入战略实施阶段。根据国内广播频率分布现状，调频广播在经济、技术相对发达的城市范围业务丰富，条件完善，其基础建设、经济实力等处于较高水平，因此调频频段适合优先进行数字广播尝试。

中国自主研发的数字音频广播系统，充分利用其自身优势，并与互联网结合应用，可产生多样的业务形式，实现更多生活化、个性化、便利化的应用场景。

二、应用场景功能分类

1. 基本广播

用户可以通过收音机、车载导航仪、多媒体播放器等多类型CDR终端，以漫游、时移、延时等方式收听立体声、5.1环绕声及其他类型的音频广播节目，查看与当前节目相关的其他音、视、图、文信息，并支持用户自主选择收藏感兴趣的频道、栏目或节目，形成可管理的个人频道列表，方便查找和收听。同时，系统还可根据用户的收藏、收听和搜索等行为习惯向用户推荐节目。

当发生自然灾害、事故灾难和社会安全等国家规定的紧急情况和突发事件时，用户通过多类型CDR终端可及时获取全国或地方发布的紧急广播信息，以有效减轻、消除突发事件引起的社会危害。

2. 互动广播

在双向通道的网络环境下，用户可以通过掌上电脑、桌面终端和智能手机等具有存储功能的双向CDR终端，点播或下载收听点播库中的节目，并可通过音、视、图、文等形式，与CDR业务平台自有交互系统或第三方交互系统（第三方交互系统包括但不限于微信、微博、论坛、热线电话、短信等）发生互动，参与广播节目的制作和播出过程。

此外，该场景还支持随意组合收听，在广播剧的多情节发展转折点，用户可根据广播提示的多情节发展方向，选择自己喜好的后续情节进行收听。在广播剧完整播出之后，内容提供商结合用户行为数据分析，重新合成符合大多数用户喜好的固定剧情广播节目。

3. 公共服务

用户可以通过收音机、车载导航仪、多媒体播放器等多类型 CDR 终端，接收并查看政务、警务、交通、卫生、教育、生活等非紧急广播级的公共服务信息，如：政府公告、民生警务、交通预警、卫生防疫、教育资讯、生活服务等各类当地服务资讯，为公众及其组织从事生产、生活、发展和娱乐等活动提供方便。

对于支持双向通道的终端，支持开展关于公共信息方面的咨询答疑、民意征集、调查评议等互动交流服务，便于政府部门更好地服务公众。

4. 资讯服务

用户可以通过收音机、车载导航仪、多媒体播放器等多类型 CDR 终端，接收并查看通过广播通道下发的电子报刊、交通诱导、股市助手等各种增值服务资讯，享受数字化广播带来多样化、个性化的信息内容服务体验，丰富获取各类信息的渠道。同时，集团用户可根据自身用户群体的特性，量体裁衣定制集团内部的资讯服务。

运营商可以通过提供增值资讯服务，扩展商业运营模式，提高用户黏着度，增加在本行业内以及跨行业的商业合作，以开展更加灵活的商业运营。

5. 融合移动互联网应用

基于具备双向网络接入的智能终端或广播客户端，形成广播业务与移动互联网业务相融合的应用，通过与多个业务平台互联对接，实现跨平台的关联业务应用，通过与多个社交平台互联对接，实现社交类型的业务应用。关联业务平台可包括新闻门户、购物、医疗、交通等，用户可在收听广播节目的同时通过广播平台发送的指定链接打开相关网页，实现富媒体形式的收听、观看；用户可以通过客户端或者移动门户与主流社交平台进行关联，将感兴趣的内容通过社交平台进行推荐或分享。

三、典型应用场景示例

1. 紧急广播

(1) 安全级别。

根据《国家突发公共事件总体应急预案》所述，突发公共事件主要分为四类：自然灾害、事故灾难、公共卫生事件、社会安全事件。各类突发公共事件按照其性质、严重程度、可控性和影响范围等因素，一般分为四级：Ⅰ级（特别重大）、Ⅱ级（重大）、Ⅲ级（较大）和Ⅳ级（一般）。

(2) 广播区域。

紧急广播根据紧急事件的级别和类型，分为全国紧急广播和地方紧急广播。

全国紧急广播消息向全国覆盖，地方广播网收到全国紧急广播消息必须立即转发；地方紧急广播消息通过本地广播网覆盖，也可以提请全国播出前端发送。

广播区域的覆盖最小精度为某一发射台站的覆盖范围。

（3）展示方式。

采用强制替换插入音频广播，伴随文字滚屏、图文显示等展示方式进行紧急广播的播送。紧急广播系统播出的紧急广播信息遵循相关标准和规范进行数据封装和传送。

CDR 终端具有待机唤醒、自动触发等功能。CDR 终端的提示方式可以有响铃、闪灯和提示框。

2. 公共信息发布

（1）发布区域。

公共信息发布可以分为全国发布和地方发布。全国公共信息发布面向全国播出，地方公共信息发布面向本地播出。

（2）信息内容。

公共信息包括政府公告、警务信息、交通预警、卫生防疫、教育资讯、生活服务等，通过公众信息服务平台进行审核、发布。全国公共信息发布应支持跨区域信息更新。

（3）终端支持。

CDR 终端采用文字滚屏、图片或其他方式展示。CDR 终端具有存储能力。用户可以通过修改设置对信息进行选择定制并显示。

3. 交通诱导

（1）基本交通信息发布。

与电子地图相结合，显示和更新当前所在位置的实时路况，伴随滚动字幕、语音等方式发布交通管理、突发事故和交通气象等信息。

（2）交通出行诱导。

根据用户当前位置、关键词搜索或直接地图选择等方式提供路线查询，支持根据不同出行方式（步行、公交、自驾）与实时交通信息结合提供交通出行最佳路线诱导。

（3）兴趣点信息及增值服务。

提供用户当前位置附近的兴趣点信息，如停车场的车位空闲、车位紧张、无空车位等实时车位信息，以及周边加油站、服务区、收费站、医院、超市、银行、餐厅、酒店、KTV、旅游景点等，并可根据兴趣点的类型提供与兴趣点相关的商业增值服务信息。

（4）终端支持。

支持地图显示的终端提供各类导航信息，无地图显示的终端仅提供交通信息接收。

4. 股市导航

（1）行情中心。

提供包括股票市场交易品种、基本行情数据、历史数据、回补数据及逐笔数据等基本股市数据，还可包括开放式基金、国内期货、外汇行情和外盘期货等其他金融行情信息。根据上述信息可提供各股票市场的涨跌排行、热门板块、板块相对强弱指数等关键性分析参数供用户参考选股。

（2）综合资讯。

综合资讯主要包括政策要闻、深度解读、自选行业资讯、自选股资讯、对实盘进行解读的资讯、搜牛以及其他各种分类资讯（如大盘分析、新股资讯、产经快讯、基金新闻、基金重仓等）。

（3）广播中心。

用户在查看股市信息的同时可以实时收听数字广播电台的各类财经节目，可根据节目类型、收听频次、好评度、参与度等相关参数进行个人收藏、节目录制和查询等操作。

（4）个人中心。

用户可以根据个人喜好，自主定义股市导航业务的界面、设置个人信息，还可收藏感兴趣的行情、广播、资讯信息在自己的个人列表中，方便查找和反复收听。

5. 行业信息推送

（1）发布方式。

根据特定行业或集团用户的需求，编排特定的信息内容，按指定用户群分组编号，进行有效管理，有针对性地推送，指定用户群外的其他人群不能接收。定制的信息包括音频、视频、图片、文字、游戏等多媒体内容，以打包方式推送并存储到相应终端上。

（2）发布内容。

针对特定行业用户群，如学校、医院、酒店、商场、交通、旅游、楼宇等定制的图文、音频和视频等多媒体业务，包括行业资讯、服务介绍、专项应用、背景音乐等，具有行业共性特点的内容按需定点轮播推送，终端可自动播放，无需专人值守。

针对集团用户群，如各类俱乐部会员（证券俱乐部、母婴俱乐部、羽毛球俱乐部等）定制的各类图文、音频和视频资讯，实现定时推送。用户不仅可以收听收看音视频内容，还可以浏览推送式广播所发送的图片、文字等内容。

不同类别的用户群，不同级别的用户，享受不同的信息内容。用户可通过重新定制的方式重新选择接收内容。

6. 交互广播

（1）内容互动。

用户通过 CDR 业务平台提供的交互方式参与广播节目互动。互动信息由多种方式呈现（音频、文字、图片、视频等）。

（2）话题互动。

广播节目的互动话题提前推送给用户。用户在节目开始前进行评论，为节目制作提供参考，或在节目播出过程中边听边评。

（3）情节互动。

多情节广播剧（或广播节目）支持用户随意组合收听，用户在多情节广播剧的提示断点，根据自己的喜好，选择相应的后续内容进行收听。依据用户的行为数据，内容提供商重新合成符合大多数用户喜好的传统广播节目。

7. 点播下载

（1）直播广播节目下载。

支持用户在收听当前直播广播节目过程中下载，以及根据节目列表对感兴趣的节目设置预约下载。下载通过 CDR 广播通道完成，不占用双向网络的流量。

（2）点播节目列表收听。

用户通过对点播节目列表的查询，选择感兴趣的内容进行实时收听或下载收听。终端自动将点播节目录制成带 DRM 保护的 mp3 等标准格式的音频文件，并进行存储。

（3）热点节目阀值下载。

为热点节目提供阀值下载。当下载用户达到预定阀值时，通过广播通道进行推送，节约各方资源，用户享受阀值下载优惠。

下载方式、存储时间、资费及版权保护等由运营商自定义。

8. 精准广告投放

精准广告投放是在对用户喜好和地理位置等信息进行采集统计分析后，通过 CDR 广播通道进行分类数据推送，较传统广播的广告投放业务更智能、更高效。

（1）智能分析型。

通过智能引擎收集用户的个人信息、收听收藏习惯等，基于大数据和语义字典基础，准确分析用户需求，精准推送相应广告。避免广告商撒网式的投放，针对性强。

根据个人信息推送：

按照用户注册信息，根据广告目标人群的性别、年龄、教育程度、个人收入等投放与之匹配的广告。如推送母婴类、婴幼儿教育类广告。

根据收听收藏习惯推送：

对用户收听节目的习惯进行行为分析，推送与其收听习惯相关的一系列广告。如给经常收听流行音乐的用户推送演出及演唱会广告、歌手签售或出席活动的广告。

根据个人喜好推送：

将广告分类编辑，如娱乐类、服务类等，支持用户在收听节目的同时自主选择广告类别，根据用户选择重点推送某一类别的广告。

（2）导航定位型。

在具备导航的终端上，通过 GPS（Global Positioning System，全球定位系统）或北斗系统定位用户，精准推送其所在地理位置附近的广告商的相关广告，如苹果的广告业务。

内嵌广告：

在终端中预先存储广告商的广告信息，用户在使用终端导航时，通过反馈其所在的地理位置，直接推送附近广告商的广告。

区域广告：

用户在使用终端导航时，通过反馈其所在的地理位置，推送定点投放的区域广告。区域广告由广告商选择区域竞价购买。如商场打折促销广告、影院开业或电影上映广告。

（3）附近的人。

为用户推送附近其他用户实时点击率高的广告作为参考，满足用户需求的可能性较大。广告推送方式支持地图上直接标注，如餐厅、影院、商场信息，也支持在导航空闲中直接播放音、视频广告。终端中存储的广告信息通过数字广播通道进行更新。

此外，还有社交广播、个人频道等基于互联网融合类的场景应用。

四、小结

通过以上对数字音频广播功能分类和应用场景示例可以看出，将广播业务与互联网技术结合起来会产生更多样的业务形式，因此广电系统应尽快推动示范试验网建设，为用户提供高质量、多样化的无线广播业务，以应对日趋严峻的行业竞争，更应充分融合互联网和移动互联网的资源，结合广电自身特点，充分利用无线资源，尽快研发出新一代数字音频广播关键技术，使上述场景设想尽快在我们的日常生活中得以实现。

（作者单位：中国国际广播电台播出传送中心）

注释：

① 张光华、门爱东：《关于中国数字声音广播的讨论》，《电声技术》，2011 年第 8 期。

② 黄学平：《移动互联时代受众的媒体接触行为与习惯——兼谈广播的新媒体融合之路》，《赛立信媒介研究》，2014 年 1 月。

③ 周小普、吴盼盼：《中国广播现状与前瞻：频率有限 未形成全国市场》，《传媒》，2011 年第 6 期。

④ 杨叶青：《如何迎接数字广播时代》，《中国记者》，2006 年第 10 期。

⑤《世界广播日：CDR 等数字声音广播蓄势待发》，科讯广电网，2014 年 2 月。

参考文献：

1. 广电总局广播电影电视行业标准 GY/T268. 1-2013 调频频段数字音频广播第 1 部分：数字广播信道帧结构、信道编码和调制。

2. 广电总局广播电影电视行业标准 GY/T268. 2-2013 调频频段数字音频广播第 2 部分：复用。

其 他

浅议国际台驻外记者视频报道能力的培养

龚　铭

在媒体融合的大趋势下，中国国际广播电台开始整合全台视频力量和资源，集成社会视频资源，围绕环球购物、环球奇观、CIBN互联网电视、手机电视台、天地视频网站等视频媒体品牌，打造涵盖从传统电视到新兴媒体视频领域的全视频业务媒体群。无疑这是一种战略层面的考虑，经过几年的实践证明的确行之有效。但这种战略层面的考虑似乎没有涵盖国际台驻外记者这个群体。由于国际台曾经是一个传统媒体，驻外记者的工作也和传统媒体的需求吻合，以文字和音频报道为主。国际台在多媒体融合、全媒体发展的过程中，记者团队也应当适应融媒体的需求转型，不仅应当具备文字报道能力，而且应当具备视频报道能力，驻外记者概莫能外。本文拟从驻外记者视频报道能力培养的必要性入手，对如何进行视频报道能力的培养及视频报道在各个媒体平台的使用提出一些初步的看法。

一、驻外记者具备视频报道能力的必要性

国际台驻外记者需要具备视频报道能力，从根本上说，是国际台多媒体融合、全媒体发展的战略需要决定的。当前的国际台早已不只拥有传统广播这一种传播手段，而是已经成为包括电视、平面媒体、互联网、移动新媒体在内的全媒体传播集团。同时，全媒体的传播要求国际台进行深度媒体融合，对资源重新整合定位，并且再造媒体产品的生产、运行流程，这样的转变是国际台顺应大趋势的整体转型，势必影响到每一个业务单元，作为国际台优势资源的驻外记者站当然也不例外。在新形势之下，驻外记者需要了解台内多媒体的需求，掌握文字、音频、视频等报道手段。

国际台培养驻外记者的视频报道能力有一个前提条件：基于互联网＋传统媒体的变化，也就是要服务于国际台多媒体的报道需求，一专多能，而不是把驻外记者培养成传统电视媒体的编辑记者。在新的媒介生态下找准定位、发挥优势、形成风格，国际台驻外记者的视频报道是具有独特优势的。

1. 体现媒体视角、表达中国立场

随着中国深度融入世界政治经济格局，中国越来越需要认识世界。在这方面，媒体起到了重要的作用，国际台的宗旨之一就是让中国了解世界，向世界报道世界。

一直以来，国内的国际新闻视频素材的主要来源还是美联社、路透社、法新社等几大西方通讯社，虽然说新闻报道把真实客观作为根本，但是西方媒体在进行报道时往往以自己的价值观来左右镜头选择，尤其在一些涉及中国的报道上并不能做到客观真实，有些甚至戴着有色眼镜来评判。我们需要看到中国媒体对世界的观察记录，奔赴新闻现场的采访报道，对国际热点的分析解读。

国际台的驻外记者进行视频报道，从某种意义上来说不只是解决一个国际新闻报道稿源、丰富报道形式的问题，它直观地体现了媒体视角，是一种中国表达，传播了中国的立场和观点。

2. 交流无障碍，生动深入地报道世界

国际台目前使用65种语言全天候向世界传播，是全球使用语种最多的国际传播机构。多语种是国际台的一大优势，而这个优势在驻外记者身上体现得很明显。国际台派驻海外的记者大多是学习外语出身的，他们能够熟练地掌握驻在国的语言，或者是当地官方的通用语言进行无障碍的工作交流。在国际台有很多这样的真实故事，当驻外记者用流利的采访对象国家的语言进行交流时，他们经常能在众多媒体中脱颖而出，受到特别的关注，上至政要、下至百姓往往愿意首先接受国际台记者的采访。

语言是文化的载体，掌握了驻在国的语言就可以更加直接和真切地了解驻在国家和地区的历史文化、社会发展、风土人情；在采访报道中通常会更方便地掌握最直接的信息。驻外记者发挥自己的语言优势，如果能够在进行文字报道的同时，对一些重要事件进行视频报道，无疑会丰富报道内容，增加报道的可信度和生动性，“内容为王”的优势在此显现。

二、驻外记者视频报道能力的培养

国际台驻外记者应具备的视频报道能力是一种综合能力，它包括对国家外交和对外传播政策的学习；对国际台多媒体融合、全媒体发展战略及自身定位的了解，以及对视频拍摄制作技能的掌握，能力的培养也需要从相应的这几个方面入手。

1. 学习外交及外宣政策，指导报道工作

前面提到国际台的驻外记者进行视频报道，是一种国际新闻的中国表达，传播了中国的立场和观点。要做好这项工作，必须要学习领会国家的外交和对外传播政策，并以此为准则指导日常工作，这是驻外记者做好采访报道的前提条件。

国际台在驻外记者待派阶段，安排了系统的培训，其中重点就包括对外交和对外传播政策的学习。还会邀请大使、国际问题专家、资深记者，针对中国和不同国家的双边、多边关系，以及地区敏感问题进行专题讲座和研讨，分析以往报道的经验得失，这些可以帮助驻外记者在未来的采访报道中把握根本、明确方向。

2. 了解国际台未来规划，明确自身定位

国际台的驻外记者需要明确，自己不再是传统广播媒体的派出记者，因为国际台已经拥有了全媒体的传播手段，正在进行传统媒体和新兴媒体的融合发展，这样的顶层设计开始逐步影响到整个采编制作流程的再造，以及组织架构的调整。

对接驻外记者的平台早已由单一的广播，拓展到了网络、微博、微信、移动客户端，新媒体的传播需要包含视频、音频、图片、文字等多形式的报道内容。理论上国际台的驻外记者已经被赋予了新的定位，他们需要有媒体融合的意识，在做好传统的文字、音频报道的基础上，一专多能，掌握多媒体报道的基本技能，尝试实现新闻信息一次采集、多媒体渠道产品生成。

3. 掌握拍摄制作基本技能，完成视频报道

20世纪末，在互联网技术勃然兴起的时候，国际台预见到随着网络技术的发展，视频将会成为网络传播的优势内容。从那个时候起，国际广播就提出了从业人员需要学习和了解视频采集制作的常识，掌握相关基本技能，并成立了负责视频业务发展的专门机构。

2004年，国际台开始对驻外记者进行视频业务培训。伴随国际在线多语种网站的开通和建设，以及很多语言部门开设了自己的微博、微信、移动客户端，拍摄制作原创视频的需求也在增加，在这样的背景之下，针对驻外记者的视频培训时间也越来越长，从最初的半天到后来的一周，再到近几年的一至两个月，培训的内容也从简单介绍视频拍摄的常识到系统学习理论和自己动手实践，培训结业的时候还要求记者能独立拍摄制作短新闻和短片。

因为移动互联网技术的飞速发展，传媒生态发生了前所未有的变化，智能手机的普及使得视频的拍摄、发布、分享变得非常便利，所以对驻外记者的培训又增加了新媒体培训的内容，重点介绍新媒体视频的种类、结构、特点及发展；介绍新媒体视频制作的基本概念及流程，其中也包括手机、平板电脑摄影、摄像的培训内容。

经过系统的培训，驻外记者基本掌握了从传统媒体到新媒体的视频报道技能，国际台也为他们配置了用于视频拍摄制作的设备。在海外驻站的工作将对他们的意识和能力进行检验。

三、驻外记者视频报道的使用

承担着国际传播的社会职能，具有独特优势的国际台驻外记者的视频报道，理论上应该是不缺乏需求和传播渠道的，一方面可以通过国际台媒资平台的后期处理，生成多个媒体产品，借助电视、网络、移动客户端等不同的渠道发布；另一方面，一经发布的内容也会得到其他媒体的广泛转载。在当今的媒介生态下，优质内容的传播比传统媒体时代更快捷、更广泛、更精准。

2014年年初，国际台联合甘肃广播电视总台制作了深度国际新闻栏目《同步世界》，并且调动国际台的优势资源策划推出了“记者看世界”板块，就是邀请国际台驻世界各地的记者以视频和图片的形式，尤其鼓励拍摄视频，用自己的镜头表现驻在国独特的人文风情、新闻事件的花絮侧记、当地的奇闻轶事、各国先进的生活理念等内容。截至2015年4月，“记者看世界”共播出95期，32个驻外记者站中的30个参与了这个板块的报道，其中近一半是驻外记者的视频报道。这个小板块首播是在卫视平台，经个性化加工后，通过中华网、搜狐视频和微信公众号再次传播，它在中华网上的日均点击量有4万多，搜狐视频上的活跃用户达到30多万。

“记者看世界”的媒体实践证明了国际台驻外记者的视频报道是具有内容传播优势的，但它仅是一个栏目行为，并没有形成足够的规模和影响力。目前，国际台的媒体融合战略还没有真正涵盖驻外记者这个群体，在资源的使用上还存在部门分割、指挥不畅、任务重

复、缺乏激励等问题，暂时只能做到适度的资源共享，一个能够整合各类报道资源，对接不同媒体平台，全天候即时发布的机制还没有真正建立起来，而这也正是国际台下一步媒体融合需要解决的问题。如何做到，在国际、国内都有一些先进的经验可以借鉴。

英国广播公司（以下简称BBC）与国际台有相似的背景，同为国际传媒集团，同样曾经是传统媒体，BBC在过去十多年间不断尝试创新，开拓了各种不同的新媒体平台，并已成为全球领先的全媒体传媒机构之一。

在2007年11月，BBC进行了重大架构改革，把原来各自独立运作的广播新闻中心、电视新闻中心和网络新闻中心“合三为一”，成立了多媒体新闻中心（multimedia newsroom），它包含了各个平台的编辑、记者，有很多资源是共享的。这样一方面确保了三个平台的新闻菜单和内容制作更为一致，同时也加强了彼此之间的信息、人员及采访嘉宾等资源的共享，实现了BBC的媒体融合。

在国内，2015年6月11日，“深圳广电融合新闻中心”正式上线；同时，上海广播电视台正在着力打造一个扁平化的全媒体指挥中心。他们的举措有共同的地方，就是通过开放式的新闻运作平台，把资源、策划和创意放在云端，供大家分享，实现新闻信息的一次采集、多媒体渠道产品生成。

“互联网＋”应用于大众传播领域，深刻地影响了当今的媒介生态，国际、国内同行都在变革中寻求出路，并在摸索中认识和掌握了一些规律，用于指导未来的传播实践。“三人行，必有我师焉”，国际台可以借鉴它们的经验，结合自身的特点，重构再造采编流程，指导建设兼顾国际、国内统一的新闻信息采集、制作、发布、交换、展示机制，规划国际台的多语种多媒体融合项目。

我们探讨国际台驻外记者视频报道能力培养的必要性，以及视频报道在各个媒体平台上的使用，有一个前提条件，就是媒体融合的大势所趋，探讨这个问题得到的启示，举一反三，同样有益于国际台其他媒体资源的整合开发。最终是为了推出更好的媒体产品，得到海内外受众的广泛认可，实现国家赋予国际台的讲好中国故事，传播好中国声音的媒体职能。

（作者单位：中国国际广播电台华语环球广播中心）

浅谈国际台外宣译者应具备的素养

何　滨

外宣翻译肩负着塑造、建构、传播国家形象的伟大使命。外宣翻译中，稍有不慎就可能给国家形象带来负面影响。外宣译者的素养决定了外宣译文的质量及其传播效果。外宣译者要努力使自己具备理想的素养，以便更好地为承担外宣翻译的使命服务。笔者认为，外宣译者理想的素养起码包括三种意识、两种能力以及一种态度，即政治意识、跨文化意识和受众意识，驾驭双语的能力、善于学习的能力以及严谨的态度。唯有具备上述素养的译者，方能做好外宣翻译工作，成为一名合格的外宣译者。

中国国际广播电台（以下简称国际台）是我国的主流外宣媒体。国际台语言广播部门的外语人才身处外宣翻译第一线，承担着“向世界介绍中国、向中国介绍世界，向世界报道世界”的任务，是我国外宣译者队伍中一支重要的力量。本文结合笔者自身对外报道翻译实践，浅略地谈谈国际台外宣译者起码应具备的意识、能力和态度。

一、外宣译者应具有的意识

（一）政治意识

外宣翻译旨在对外介绍宣传中国的政治、经济、文化、社会等领域的历史和现状，让世界了解中国，从而在国际上树立和维护中国的良好形象。从这个意义上来说，外宣翻译具有很强的政治性，对译者政治方面的修养要求很高。外宣译者要正确译介我国国情、对外政策，让全世界能够全面、真实地了解中国，必须具备过硬的政治思想素质，即政治立场坚定，坚决拥护和积极宣传党和国家的方针政策，维护国家利益。

国际台是我国唯一一家进行对外传播的国家级电台，其对外传播往往会被视为代表中国的立场、国情、原则，从而对建构中国的国际形象有直接的影响。对外报道的内容涉及国家立场、政策，这就要求译者要具有很强的政治意识，自觉维护国家的形象和利益。维护国家利益是外宣翻译政治意识的最高层次和最终目标。对外报道中译者的政治意识包含政治准确性和政治敏感性两个维度。

首先是政治准确性。确保译文的政治准确性是外宣译者政治意识的基本体现。政治上不准确的译文既可能损害本国的形象与国家利益，也可能造成侵害他国主权、干涉他国内政之嫌，因此外宣译者应时刻保持清醒的政治头脑，谨防政治陷阱，否则会造成政治误译。过家鼎曾提出，译者“必须注意掌握用词的政治含义和政治分寸”；程镇球也指出，“政治文章的翻译要讲政治……要注意掌握分寸，用词轻重要恰如其分”。两位译界前辈所说的“分寸”强调的就是政治准确性。

对外报道中经常会涉及国家主权与领土完整等敏感话题，译者应仔细推敲，慎之又慎，切不可走样，以确保译文的政治准确性。例如，谈到台湾问题时经常提及的“和平统一”一词，译介为法文时，应译为“réunification pacifique”，而不是西方媒体所常用的“unification pacifique”。这样译介是有道理的。“统一”的法译按字面意思应为“unification”，而加上前缀“ré”意在强调我们的国家要重新统一。由于历史的原因，台湾尚未回到祖国的怀抱。现在常说祖国的和平统一，实际上指的是台湾重新回到祖国的怀抱，是指祖国的重新统一，而不是第一次统一。“和平统一”译成“réunification pacifique”既突出了我国的政治观点与立场，又向海外受众揭示了“台湾自古以来就是中国领土不可分割的一部分”的历史事实，增强了外宣翻译的传播效果。对“和平统一”一词的正确理解和准确翻译，有助于更好地促进国际社会对中国和平发展道路的了解，维护中国良好的国际形象。外宣译者要充分了解我国的政策方针，透彻理解外交语言的政治环境，在准确把握“和平统一”这个词语权威解释的基础上，将其应有之义准确表达出来。这正是外宣译者政治意识的体现。

对外报道中要确保译文的政治准确性，译者要正确理解原文的含义。例如，对外报道中经常会涉及一些国际组织。一般国际组织都是由主权国家组成的，如联合国、世界卫生组织等，但亚太经合组织的成员中有地区经济体，如我国的香港和台湾等。在译介亚太经合组织成员时，应译为“membres de l'APEC”或“économies de l'APEC”。如果照搬某些别有用心的西方媒体的译法“pays membres de l'APEC（亚太经合组织成员国）”，则会掉入政治陷阱，造成政治误译。

国际台对外广播传递的是“中国的声音”。国际台的外宣译者更应该牢牢绷紧政治这根弦，力求译文的政治准确性。这也是外宣译者最起码的政治素养。

其次是政治敏感性。政治敏感性是落实外宣译者政治意识的前提。外宣翻译具有较强的输出性，集中体现源语的主流意识形态和文化价值观，是反映源语政治和文化的“窗口”，带有明显的宣传目的和官方色彩。这一特殊性决定了外宣译者要有很高的政治敏感性。

对外报道中经常会碰到一些诸如领土、主权、人权、外交、宗教等的敏感话题，译者对此必须保持高度的政治敏感性才能捕捉到字里行间的政治含义，进而准确传播。例如，谈及两岸关系时经常会提及的“中国大陆”一词，缺乏政治敏感性的译者会译为“la Chine continentale”，这也是西方媒体所惯用的译法。但这样的译法却是后果严重的政治性误译，因为“la Chine continentale”的意思是大陆中国，其言外之意还有一个“台湾中国”，从本质上讲，也就是“两个中国”。这是目前外宣译者最容易犯的政治性误译，实在要不得。因此，在遇到“中国大陆”的法译时，译者要将其译为“la partie continentale de la Chine”，绝不可译成西方媒体所惯用的“la Chine continentale”。同理，当遇到“大陆和台湾”的表述时，应译为“la partie continentale et Taiwan”，而不是“la Chine et Taiwan”，否则又会译出个“一中一台”。在译介这类敏感词语时，外宣译者必须保持高度的政治敏感性，绝不能掉以轻心，不可轻信外媒相关表达，更不能不加甄别，拿过来即“为我所用”，否则稍不留神就会造成诸如“两个中国”之类的政治性误译。

政治敏感性还体现在外交的严肃性上。外宣是为外交服务的，译者应时刻提醒自己尊重其他国家的主权、领土完整、国家体制及其相关机构，不因翻译的不到位而造成忽视国际礼仪、有辱他国形象甚至干涉他国内政之嫌、之实。例如，当报道中涉及双方都宣称拥有主权的地名时，如韩、日争议岛屿问题上韩国称“独岛”而日本则称“竹岛”，在这种情况下，译者应译出“Dokdo（独岛）”的同时译出“Takeshima（竹岛）”，以示对两国主权的尊重。总而言之，对外报道翻译实践中，译者应保持敏感的“政治神经”，避免犯外交常识性、礼仪性甚至政治性错误，防范政治风险，避免政治事端。例如，法国媒体普遍将朝鲜的国名译为“la Corée du Nord”，但朝鲜官方并不认可这样的译法。因此，我们的译者应采用朝方认可的国名译法“la République populaire démocratique de Corée”，即朝鲜民主主义人民共和国，否则会招致朝方不满，甚至引发外交抗议。

综上所述，对外报道内容的政治性强、政策敏感度高，其译文的内容与质量直接关系到一个国家的利益及其在国际上的形象建构。国际台的外宣译者须时刻保持高度的政治敏感性，清醒的政治头脑，追求译文的政治准确性，以便更好地承担外宣使命。

（二）跨文化意识

外宣翻译绝不是两种语言之间的简单转换行为，而是典型的跨文化交际活动。跨文化意识是外宣译者的必备素养。外宣译者不仅要熟悉本国和外国文化，而且要将两种文化加以比较以了解它们之间的差异，从而提高自己的跨文化素养，把外宣翻译做得更好。

“在一种文化里一种不言而喻的东西，在另一种文化里却要花费很大力气加以解释。”译界前辈王佐良的这句话说的就是两种文化的不同，即文化差异。文化差异是外宣翻译中不可忽视的因素。中西文化上的差异，导致思维习惯和表达方式上的明显不同。许多中文里约定俗成的词句原封不动地译成外文后，因其话语建构方式违背西方受众的习惯传统，难以得到受众的认同，从而无法取得译文的预期效果。要做好外宣翻译，最重要的是要理解所用语言背后的文化，要细心体会用这种语言的人如何看待事物、如何观察世界，熟悉他们特有的交流方式。特别重要的是，要了解中国文化与外国文化之间的不同，甚至巨大的差异之处。外宣译者只有具备了一定的跨文化意识和跨文化素养，才有可能将原作中的文化信息和文化内涵准确地传递给受众。

国际台面向全球广播，其受众多是文化背景截然不同的外国人。东西方文化之间的差异，导致了不同文化背景下的人对于同一新闻报道中的事件或理念有着不同的理解和解释。如果译者缺乏跨文化意识，不注意受众的文化背景，可能会造成受众与原作者之间理解上的差异，甚至误解。对外报道翻译中最大限度地减少跨文化交流失误，要求译者时刻保持高度的跨文化意识。如果译者缺乏跨文化意识，往往只顾及语言层面的文字转换，而忽视了其背后文化内涵的传递；译者一心只顾到译语中寻找“地道”的对应词，往往就会掉入“望文生义”的陷阱里，从而导致不应有的文化误读问题发生。

（三）受众意识

国际台是做国际传播的。为实现更好的传播效果，国际台的译者要有受众意识。译者的受众意识体现在翻译过程中就是译前要知道受众是谁、受众需求是什么，翻译时要根据受众需求选择翻译策略，使得译文能够为受众所接受，从而达到预期的传播效果。

对外报道翻译过程中，译者应保持清醒的受众意识，始终谨记“外国人不是中国人”。

要考虑国外受众的兴趣与需要、信仰与价值观，熟悉他们的文化背景和社会心理。编译前应对新闻内容加以选择，这样报道才会有较强的针对性、贴近性及适应性，能够为尽可能多的海外受众所接受，从而达到更好的传播效果。

中国译协副会长黄友义曾提出“外宣三贴近”原则，强调外宣翻译要“贴近中国发展的实际，贴近国外受众对中国信息的需求，贴近国外受众的思维习惯”。这也是译者受众意识的具体体现。国际台的译者“最应该注意的是要潜心研究外国文化和外国人的心理思维模式，善于发现和分析中外文化的细微差异和特点，时刻不忘要按照国外受众的思维习惯去把握翻译”。①

“国新办”前主任赵启正曾反复提倡外宣工作要“内外有别”，也是强调中外受众的思维、心理差别，不能按我们自己的习惯向他们宣传。试图将本土的思维方式、价值取向和宣传手段强加、生硬地传递给不同文化背景的受众，这种做法是不理智的，因为这样的译文代表着另一种截然不同的生活方式和社会价值观，“强势入侵”必然会受到抵制。因此，译者具备受众意识，应遵循“内外有别”的原则，翻译时采取必要的策略，用受众喜闻乐见的话语建构方式，有效发挥对外宣传翻译的作用。

二、外宣译者需要具备的能力

（一）双语驾驭能力

茅盾曾说过：“精通本国语文和被翻译的语文，这是从事翻译工作的起码条件。”外宣翻译任务重、时间紧，这就要求译者具有扎实的语言功底，既包括外语的功底，也包括母语的功底。一句话，一个合格的外宣译者要具备驾驭双语的能力。

双语驾驭能力是译者语言素养的体现，也是衡量译者翻译水平的一个重要标准。翻译是将一种语言转换成另外一种语言。要想做好翻译，译者需要对两种语言进行对比、分析、研究，弄清它们之间的异同之处，巧妙化解它们之间的差异，掌握语言转换的规律和技巧。这要求译者具有较强的双语驾驭能力。

外宣翻译政治性强、影响大，特别是许多重要的方针政策的译法，反映党和国家的立场以及各方面的成就，会对海外舆论产生影响和导向作用，这对译者的外文水平要求很高。要及时、准确地传递这些信息，译者必须有扎实的外文功底。只有译者精通译语，译文才会流畅；符合译语的逻辑语法、语言方式，译文的内容和形式才会贴近译语受众的语言文化规范和惯例，才会被译语受众所接受，从而最有效地发挥译文的信息功能，达到翻译的目的。

同时，译者也要有深厚的中文功底。对于外宣译者而言，中文功底好有助于理解力的提升，凡是具有深厚中文功底的人，他的理解、分析能力都要强一些。对外传播中经常会涉及与我国历史文化、哲学思想等有关的成语、典故以及现行的政治、经济体制等方面的内容，没有好的中文驾驭能力，译文很难做到“信”与“达”，更遑论“雅”了。一个合格的外宣译者在重视外文学习的同时，绝不能忽视中文能力的培养。

总之，译者的语言能力至关重要。语言基本功绝非一句空话，亦非一日之功，是译者赖以工作、需要坚持不懈进行磨砺的武器。译者要多阅读，提高双语语言能力和文化修养，这会有助于翻译水平的提高。

（二）善于学习的能力

外宣翻译涉及的内容十分广博，上至天文，下至地理，军事、政治、历史、经济、文化、社会习俗，无所不包。这必然要求译者具有很强的学习能力，各个领域的知识都要涉猎，都要及时有针对性地学习，才能胜任外宣翻译工作。

广博的知识面是译者的学习能力的体现。吕叔湘曾说过，翻译家必须是一个杂家。"杂"就是指知识要广博。作为一个译者，最好是什么都知道一点。要做到这一点，译者要善于学习，博览群书，涉猎百科知识。在翻译中，无论是对原文的理解，还是译文的表达，都有赖于译者丰富的知识体系。如果译者没有较广泛的知识，翻译时就会很吃力，译文的质量也就会受影响。译者知识面的宽窄在较大的程度上决定了其翻译质量的高低和速度的快慢。译者的知识面愈广、愈丰富、愈深刻，译文的表达就愈达意、愈贴切、愈完善。知识面的扩大主要靠平时不断的学习积累。要拓宽知识面，译者须勤于学习，同时还要多向专业人士虚心讨教，不断在翻译实践中获取新知识。

在互联网时代，新鲜事物层出不穷，新的词语也如雨后春笋般不断涌现，外宣译者应具备不断学习新鲜知识并快速运用知识的能力，这样才能够准确地传递原文信息，更加顺利地完成翻译任务。

译者还需要学习如何考据求证。遇到难题，译者应该知道如何查词典和百科全书等工具书，知道哪些地方可以找到答案。懂得正确使用工具书以及网络浏览查询，就等于有许许多多的专家随时接受自己的咨询，既省时，又准确，能够起到事半功倍的效果。

三、外宣译者需要具备严谨的态度

翻译是一项极为复杂的工作，从理解原文，到选择翻译策略，再到表达，任何一个环节如果出现偏差，都会影响译文的质量。这要求译者必须有严肃认真、一丝不苟、精益求精的工作态度。科学严谨的态度是对外宣译者的基本要求，也是成为一名合格的外宣译者的必要保证。

译者的态度决定着对外传播的效果，影响着受众对传播内容的理解和认识。有些译者明知自己对翻译资料一知半解，甚至一窍不通，还勉强翻译；有些译者粗心大意，大小写不分，拼写错误，标点符号乱用，句法错误百出。这是译者缺乏职业道德意识和责任心的表现。

外宣译者需要以严谨的态度来对待翻译工作。要勤查词典和工具书，避免望文生义；翻译之前要字斟句酌，反复推敲；翻译之后，要不厌其烦地进行检查和校改，小到一个字、一个标点符号也不能疏忽，否则就可能造成严重的后果。例如，朝鲜民主主义人民共和国的法文缩写是 RPDC，刚果民主共和国的法文缩写是 RDC，倘若译者不严谨，翻译时漏掉一个字母，一字之差，却谬以千里，后果不堪设想。

外宣译者自身必须了解外宣翻译的重要性，牢记外宣译者的使命，即以正确对外宣传我国国情和对外政策为己任，从思想上认真对待每一次翻译任务。

当今世界，西强我弱的舆论态势在短时间内很难改变。国际台等我国主流外宣媒体肩负着在国际上传递中国声音、建构中国形象的使命。这需要一批素质过硬的外宣译者。外宣译者应具有高度的政治意识、强烈的跨文化意识、清晰的受众意识，不断学习，努力提高自身的双语水平，以严谨科学的态度对待每一次翻译任务。唯有如此，方能达成“向世界报道中国，让世界了解中国”的使命，提升我国的国际形象。也唯有如此，才能称得上一名合格的外宣译者。

（作者单位：中国国际广播电台法语部）

注释：

① 黄友义：《坚持“外宣三贴近”原则，处理好外宣翻译中的难点问题》，《中国翻译》，2004 年第 6 期。

参考文献：

1. 张健：《外宣翻译导论》，国防工业出版社，2013 年。
2. 黄友义：《坚持“外宣三贴近”原则，处理好外宣翻译中的难点问题》，《中国翻译》，2004 年第 6 期。
3. 朱义华：《从“争议岛屿”来看外宣翻译工作中的政治意识》，《中国翻译》，2012 年第 6 期。
4. 洪玉蓉、王敏：《论全球化背景下外宣翻译人才的基本素质》，《西藏民族学院学报（哲学社会科学版）》，2011 年第 3 期。
5. 刘春阳：《谈外宣翻译人才的基本素质》，《外语学刊》，2013 年第 1 期。
6. 果笑非：《外宣翻译人才基本素质论析》，《边疆经济与文化》，2012 年第 5 期。
7. 武敏：《略谈外宣翻译人才的基本素质》，《安阳师范学院学报》，2012 年第 4 期。
8. 李锦艳：《新时期对外宣传翻译人才培养研究》，《新闻知识》，2011 年第 10 期。

海外特别活动的策划与相关理论运用浅析
——以“不一样的中国味”活动为例

刘苏闽

海外特别活动是国际台外宣工作中特有的一种活动形式，一次成功的海外活动，不仅能够吸引当地受众，更能在对象国打下良好的品牌基础，极大地提高国际台在当地的知名度，助推国际台在当地的业务发展。

2014 年 9 月至 12 月，国际台保加利亚语部开展了“不一样的中国味”特别活动，从线上到线下，从编辑到受众，全方位、多角度地开展了一场以中餐为主题的文化宣传活动。

2014 年 12 月 8 日，作为整个活动的收官，保加利亚语部在保加利亚首都索非亚举办了地面活动，吸引了包括保加利亚国家电视台在内的多家当地重要媒体进行报道，产生了较好的反响，提升了国际台保加利亚语广播在对象国的知名度和影响力。

本文尝试从传播学和公共关系学理论的角度对此次活动的策划进行分析，总结经验，以期对未来海外特别活动策划提供一定的借鉴作用。

一、“不一样的中国味”活动简介

活动于 2014 年 9 月开始预热，选定“不一样的中国味”作为活动主题。9 月 30 日网络专题正式上线，主要内容包括 30 道中国菜食谱；8 种食材的中、保餐烹饪对比；中国餐饮习俗与文化；春夏秋冬四季的食疗养生等内容。10 月中旬启动“筷子大师”与“刀工大师”网络视频征集比赛，号召保加利亚网友观看我们的示范视频，并拍摄自己使用筷子以及切“蓑衣黄瓜”的视频短片，在社交账户上发布或者直接发给我们。我们随后在网页专题上发起投票评选。同时我们在官方社交账户上推出了“我最喜欢的中国菜”投票活动以及“我给中国菜起名字”征集活动，以配合主题活动网络专题，参与者广泛。

活动最终于 2014 年 12 月 8 日在保加利亚首都索非亚举行了地面活动暨颁奖典礼，为在线活动的参与者与优胜者颁发纪念品。

二、传播学中受众选择性心理理论在活动策划中的运用

传播学理论指出，在信息被接受的过程中，会产生一系列的心理反应来进行自己的选择。这个过程中的心理活动被称为“选择性心理”，是影响受众选择最重要的心理活动。选择性心理就是“受传者在传播活动中对所接触的各种信息和传播方式本身进行选择的过程中表现出的思维现象。”[①]美国传播学学者约瑟夫·克拉珀在其 1960 年出版的《大众传播

的效果》一书中针对“选择性心理”进行了阐述，将其总结为三个特点，即选择性注意、选择性理解和选择性记忆。这三个心理特点在受众接受信息的不同阶段对其产生着不同的影响。

在中国文化的外宣工作，我们要考虑到受众的这种心理反应过程，以使所传达的内容能更好地被接受。本次“不一样的中国味”主题活动在这一方面进行了有益的尝试，下面就此话题从三个层次来具体分析。

(一) 选择性注意——选题的研究

传播学中所说的注意，是心理活动对一定事物或活动的指向或集中。人们处理信息的过程中会有舍弃和选择，这便是注意力集中的过程。受众在面对丰富而杂乱的外界信息时，并不会对它们都加以注意，并做出反应。在处理这些复杂信息时会经过一个注意的选择过程，即对信息舍弃和集中的过程。在受众进行这一过程时，借以恰当的外部刺激，可以对其行为加以调节，便可引导其更有效地处理更重要的信息。从传播内容方面来说，受众在接触信息时会自觉或不自觉地注意那些与自己原有观念、态度和价值观相吻合的信息，回避或拒绝那些同自己观念和态度相反的信息。②

针对中国文化的外宣工作，选题尤为重要。要使信息准确到达受众认知领域，必须要引起受众的注意，使其发生兴趣。而在中国文化的范畴内，可选主题众多。以往的外宣工作，特别是广播行业，习惯于从中国传统文化入手，向听众介绍中国节日、中国习俗、古代故事等内容，而这些内容对国外听众，尤其是西方国家的听众来说，晦涩难懂，且与其自身意义不大。而就实践经验和网站浏览数据来看，保加利亚网民对中医养生、饮食等内容的兴趣远远高于我们网站中的其他内容。虽然中餐馆在保加利亚并不少见，当地民众对其并不陌生，但又不是非常了解。所以本次“不一样的中国味”主题活动选取“中餐”作为主题，是迎合了受众的兴趣，利用了受众选择性注意的心理特点，以达到有的放矢的传播效果。

(二) 选择性理解——切入点与内容的确定

虽然信息已被受众选择性注意，但并不代表这些被注意的信息能够全部被其完整接受。在选择性注意之后，还有一层对信息理解的筛选，传播学中称其为“选择性理解”。对于一条相同的信息，不同文化圈、不同心理特点、不同社会关系的人们会有着不同的理解和阐述。在受众理解信息的过程中，文化背景、思维习惯、理解动机、所处立场甚至想象力都会对其理解过程产生影响，进而产生对相同信息的不同解读。

虽然已选定“中餐”作为活动主题，切入点的选择仍然是非常重要的。保加利亚受众与我们有着不同的心理特征和文化背景，如果一味地讲述一家之言，恐怕很难达到良好的宣传效果。在此考虑之下，我们选择了 8 种中、保两国都很常用的食材，拍摄了一系列中、保烹饪对比的短片。短片中一位中方主持人、一位保加利亚籍主持人，两人使用同一种食材，分别用本国的方式进行烹饪，然后将成品进行对比。在这种形式下，保加利亚受众能够找到自己熟悉的内容，同时通过对比，引入中国菜的烹饪，使其在潜意识中更容易接受和理解本次活动需要传达的主题内容。采用中、保烹饪对比的切入点，引导保加利亚受众对内容进行理解，起到了迎合受众选择性理解的心理特点，牵着受众的“手”，将其

"请入"宣传活动中来的效果。

(三)选择性记忆——活动亮点的打造

在上述两个过程之后，顺利通过"选择性注意"和"选择性理解"的信息，若是无法被受众记住，那么这次信息的传播也是失败的。在这之后，传播学指出存在选择性心理的第三层——"选择性记忆"。记忆的过程其实是忘记大部分大脑判定为无用的信息，从而记住大脑判定为有用的信息，这种取舍就是选择性记忆。而对于"有趣"、"印象深刻"、"实用"的信息，人脑往往会将其判定为"有用"，这便为我们专题活动的策划提供了指导思路。

与前两种心理机制不同，选择性记忆并不是由受众自主选择的注意点，而往往是一种无意识的心理行为。为了给受众提供一个中餐文化的"抓手"，我们开展了"筷子大师"以及"刀工大师"的视频征集比赛。从网民参加的热烈程度来看，比赛达到了我们预期的效果。"筷子"作为中餐最具代表性的元素，可以说是保加利亚人一提到中餐马上就能想到的物品。而"筷子大师"这一比赛性质的活动，又满足了网民们在互联网生活中的"炫耀"心理。在网上将自己使用筷子的技巧"晒"给朋友看，通过这种主动参与的形式，加深了对此次活动的记忆，由"筷子"这一意象载入中国饮食文化的丰富内容。受众往往只记忆对自己有利、符合自己兴趣或与自己意见一致的信息，提供一个"晒技能"的机会给受众，便是迎合了有利、有兴趣的关键点，满足了受众的期待，从而引导受众的无意识心理行为——选择性记忆。

三、媒介公关相关理论在活动设计中的运用

首先是公共关系的沟通原则在活动设计中的运用。在公共关系沟通中的"有效原则"指导下，"不一样的中国味"活动的策划把握了沟通的四个阶段：

1. 知晓阶段

通过网站及 SNS 进行活动预热阶段的前期准备。

2. 兴趣阶段

通过烹饪视频、互动环节等有趣的内容吸引受众，逐渐积累受众数量，形成规模化传播。

3. 评价阶段

受众数量形成一定规模以后，通过投票、评论、转发、邀请好友等形式，进一步推进活动进程。同时通过受众的评价，修正活动方案，进一步完善活动策划。

4. 行动阶段

受众踊跃参与线上活动之后，开展地面活动，作为整个活动的高潮阶段，总结活动效果，树立媒体形象。

其次是媒介公共关系理论在活动目标设计中的运用。媒介公共关系理论是指媒介组织为改善与其相关公众之间的联系状况，增进公众对媒介组织的认识、理解和支持，建立并树立良好的媒介形象而进行的一系列传播管理活动。其中，良好的媒介形象是媒介公关的

最终目标。

在这一理论指导下，本次“不一样的中国味”传播活动在设计活动目标时有更长远的追求。具体体现在：

1. 组织一次好的公关活动是品牌战略，而不是营销战术

这方面首先需要搞清的问题是：何为战略，何为战术？战略是指面对宏观问题的思路，而战术是指对于局部问题的解决方法；战略是指长期的方针，而战术是求短期的效果；战略是根本方向，而战术是具体方案。

因此，在本次活动中，作为国际台保加利亚语部，我们所做的并不是一次营销活动，而是一次品牌形象的塑造。在追求活动效果的同时，更重要的是与相关机构、合作方建立稳定的合作关系及良好的互信基础；在受众中建立良好的口碑，寻找受众的兴趣所在，进一步了解受众的需求。

而品牌形象则是受众通过点滴的品牌接触逐渐形成的。要通过一切接触点的管理来寻求与受众之间的长期共赢关系。因此，在“不一样的中国味”活动中，利用文字、图片、音频、视频等多媒体形式的综合报道手段，广播、网站、SNS、APP数字媒体平台的全方位立体宣传报道，线上互动、线下活动、好友邀请等多维度的活动方式，通过这些不同的途径来增进活动效果，树立品牌形象，与合作方及受众建立良好的长期关系。

2. 一次好的公关活动必须以受众为中心出发

对于媒体来说，一次活动的核心是受众，只有在活动策划中充分考虑了受众的需求和兴趣，才能吸引并维持受众的注意力。若依旧按照“媒体本位”的陈旧观念，孤傲地与受众进行没有反馈互动的单向沟通，则不可能达到前述效果。媒介要培养与受众之间和谐自然的亲密关系，它的公关实践必须是从“受众本位”出发的互动行为。

本次活动基于对保加利亚现状的分析，对保加利亚人日常兴趣的分析，主动选择更贴近受众兴趣的餐饮作为活动主题。利用“中餐”这一个具体、易懂、亲切的意向作为切入点，使中国文化的对外传播融于“中餐”这个具体的形象中，既便于实施，又便于效果的检验，执行的过程中也不会因为对博大的“中国文化”没有抓手，而使传播者和受众都感到无所适从，从而达到提升中国文化魅力、提高外宣工作效果的作用。

3. 成功公关活动的背后是多赢平台的搭建

一次成功涉外宣传的公关活动背后，一定是文化、政治、经济、教育等各个系统之间的有机搭配，在多方配合的作用下，才能产生最佳的互动效果。通过在活动前后与相关各方的交流与沟通，一个活跃、互利、互信的多赢平台初具雏形。

在这方面，我们力图做到以下几点：

首先，在客观上满足保加利亚受众的信息需求，以他们身边的中餐馆入手，教授中餐做法、吃法、理念。

其次，与在保加利亚的各个中保机构进行健康积极的合作，如孔子学院、保加利亚国家电视台、中餐馆、报业集团等，并维持良好的长期关系。这对将来工作的良性循环开展将起到较大的促进作用。

再次，与中国驻保加利亚使馆巩固合作关系，巩固在当地良好的政治基础，为将来的合作打下基础。

以上几点，即本次活动中处理好媒体、受众、合作方之间的关系，符合品牌战略的理念，长远来看是可持续发展的。而通过良好的合作关系所建立的多赢平台，更为下一次的成功活动做好了充分的保障。

在特别活动的策划中，从选题到结构搭建，从线上专题到线下活动，再到细节斟酌都试图结合相关理论的运用，达到预期的效果，可以说是一次成功的尝试。此次活动给我们的经验是，在中国文化的外宣工作中，常以“五千年文化”自居的傲气不可有，中国文化中一些平常的切入点往往是文化外宣工作中最佳的选题入口。抓住受众的兴趣进行展开，并打造亮点加强受众印象，如此一来，良好的选题、完善的理论指导、细致的策划，必能使活动更加成功。

（作者单位：中国国际广播电台保加利亚语部）

注释：

① 段京肃、罗锐：《基础传播学》，兰州大学出版社，1996 年。
② 李正良：《传播学原理》，中国传媒大学出版社，2007 年。

找准专业性与贴近性的平衡点 提升广播经济报道的可听性

赵新宇

环球资讯广播作为中国国际广播电台重要的对内外宣出口，经济报道一直是其国际问题报道的重要组成部分。特别是在中国已经成为世界经济大国，高速发展的中国经济已经成为国际社会目光焦点的时候，加强外宣报道中的经济报道无疑成为提升国际传播内容构建、增强国际传播影响力的重要支撑。

一、提升经济报道质量的重要性

在当今世界的传播格局中，以美国媒体为首的西方主流媒体以其政治、经济、军事上的优势为后盾，几乎垄断了全世界的眼球，垄断了对各类重大事件的话语权。不同于时政、社会、文化等方面的报道，经济报道以其与国家利益、受众需求紧密相关的特点，越来越受到众多媒体的重视，国际台要加强环球资讯经济报道，需从以下三方面考虑。

1. 消除误解，树立经济大国形象

中国作为世界经济大国的地位不容置疑，但在国际经济报道中处于主流地位的西方媒体仍没有放弃戴有色眼镜看中国的习惯。价值观的差别、社会制度和文化传统的差异，使其对中国的基本立场难以改变，也导致西方媒体不可能完全客观公正地报道中国。对中国的误读、误断仍然充斥西方媒体，特别是在中国经济高速稳健发展的时期，西方社会一时无法抛弃传统思维的束缚，对中国发展的质疑和不安都影响了中国在西方媒体中的形象。

比如，在经济结构优化调整、增速放缓的中国经济“新常态”下，对中国经济下滑的担忧再度兴起。其中，中国经济将掉下“财政悬崖”、中国面临硬着陆风险甚至将迎来金融危机的观点不时占据西方媒体市场。而伴随着2015年2月28日的降息，各种议论再起。高估中国经济困难的观点不绝于耳。而此时就需要媒体第一时间用专业的观点和权威的数据对中国经济政策进行正确解读，而不是曲解或以偏概全博关注度。

再以备受关注的中非经贸合作为例，双方的合作已经进入全面、稳定、快速发展的阶段，中国已经成为非洲第二大贸易伙伴，多年来的贸易合作为非洲国家的经济发展、人民生活水平的提高提供了巨大的帮助。非洲国家对此更是普遍认可，认为中非关系体现了坚持友好、共谋合作的精神，开辟了国际关系上友好合作的新篇章，国际社会也给予了很高的评价。而这些成果却被一些西方媒体诬蔑为“新殖民主义”和“掠夺非洲资源”。

显然，在中国经济发展与对外经济交往中遭遇的这些问题都需要我们在对外报道中予以高度关注，通过报道讲明中国立场，答疑解惑，为实现中国总体外交战略、提升国家形象服务。

2. 充分认识经济问题在政治外交关系中的作用

经济合作与交往是国际交往的重要内容。中国已经成为在任何组织或机制讨论研究国际事务时都无法忽视的重要国家，国力的增强使中国在国际上众多国际组织和国际会议中都发挥着日益重要的作用。例如，在亚太经合组织里，中国的参与是该组织的承诺能否实现的关键因素；中国以及新兴国家参与八国集团峰会对话，反映了国际关系结构和力量对比格局的变化，等等。而在当今世界，只有融入国际体系，作为负责任的世界大国发挥建设性作用，争取修正现有不公平、不合理的国际法规和秩序，才能维护本国和发展中国家的利益，建立公平、合理的国际政治经济新秩序。

同样，在大国关系中，经济关系不容忽视。例如，中美战略与经济对话，就是中、美双方就事关两国关系发展的战略性、长期性、全局性问题进行的战略对话。自2009年至今，该对话已经成功举行了六轮，对中、美两国关系产生了重要影响。同时，作为全球具有重要影响力的两大经济体，中美对话也对世界经济产生了重大影响。然而，从经济对话角度看，尽管中美战略与经济对话对中美经贸关系的健康发展以及世界经济的强劲、可持续和平衡增长做出了重要贡献，但对话达成的具体成果以及两国后续执行完成情况仍存在需进一步完善的地方。认真总结前几轮对话的成果与经验，对于促进中、美两国经济及世界经济的发展都具有重要意义。

世界各国在政治、经济、文化等领域的交往合作日益密切，经济全球化的步伐不可阻挡。中国经济的高速发展为各国的经济发展提供了机遇。在这样的局面下，对外宣传报道应该抓住中国发展的特点，抓住世界政治经济关系变化的趋势，充分报道，做好文章，为维护中国核心利益营造良好的舆论环境。

3. 满足受众不断增长的对经济新闻的需求

当前，受众对于全球经济、财经资讯的需求已经达到了全新的高度。中国的经济规模和贸易规模都已经处于世界前列，无论是世界经济形势的变化发展，还是中国经济的走势都已经成为全世界关注的热点。随着中国经济对外开放和融入全球化进程的加快，大量的中国公民、企业和资本走出国门，漂洋过海，闯荡异域；大量的海外人才、企业和资本流入内地；国内外金融市场交融互通，一个24小时不间断交易的全球性市场已经形成。所有这些因素，都带来了迅猛增长的国际经济资讯需求。

二、经济报道巧选题

在《中国新闻实用大辞典》中为经济新闻作的定义是："经济新闻是有关生产、流通、分配、消费等一切经济领域新闻的总称。覆盖全部社会经济生活和与经济有关的领域。"以国际台驻外记者为例，涉及最多的经济报道包括：驻在国重要财政政策的出台、年度财政预算的公布、该国经济增速数据、当地股市的大幅波动、国际跨国公司的相关消息，有的记者还需要盯住原油期货价格的走势。除了这些"硬消息"外，还有不少有关吃、住、行的“软素材”，那么做好选题工作，找好报道角度无疑将为出色的经济报道打好基础。以下是笔者的几点粗浅建议。

1. 抓住重大事件

无论是20世纪90年代末的亚洲金融风暴还是2008年的全球金融危机，重大经济事件绝对是经济报道中的关键组成部分。这类事件不但受到全球范围内舆论的关注，更是受众最为关心的内容，是决不能漏掉的报道。在报道此类经济大事时，快速反应、积极策划、选好角度都是让报道出彩的关键。

例如，2014年年中，国际油价步入下行通道，到年底已“腰斩”，甚至跌破50美元大关。油价下跌还带动大宗商品和基础金属价格走低，这些变化对世界经济影响好坏不一。一方面俄罗斯等资源型国家出口收入失源、增长失力，另一方面能源资源进口依存度较高国家的经济运行成本降低。而国内成品油价格则走出十三连跌，一度进入5元时代。环球资讯广播在此期间多次就油价波动对于各国以及国内经济变化造成的影响进行报道，既探究国际油价波动的原因与各方得失，也关注中国石油企业在低油价时代的机遇与自我变革。

2. 关注敏感问题

在经济全球化背景下，随着中国经济的快速发展，在经济领域，各国与中国的摩擦也不断发生，西方发达国家借机对中国施压的事情也不少，中国曾连续13年成为遭受反倾销调查最多的国家，遭受的反补贴调查数量也已居全球第一。在当前的国际经济背景下，美国等西方发达国家的贸易保护主义可能会表现为进攻性措施，对中国的市场开放提出越来越多的要求。例如，2015年2月，世贸组织认定中国对日、欧无缝钢管采取反倾销措施违规，等等。

经济报道中涉及的贸易摩擦问题、反倾销问题、人民币汇率问题、产品质量问题等都是比较敏感的话题。对于这些敏感话题，报道得好，效果事半功倍；报道不好，愈加被动。而对于这样的话题，中国媒体当然不能避重就轻，要敢于报道、积极面对，才能争取主动，赢得话语权。

必须要明确的是，敏感问题的报道首先要严格把握报道分寸，也就是要选好报道角度，用事实说话，用受众听得明白的行文方式讲道理，这样才能做到帮忙不添乱，有效地传递中国的声音，让世界了解中国的观点立场。

3. 选择贴近性话题

经济生活与每个人的日常生活息息相关，因此除了金融危机、迪拜地产危机这类大块头的“硬事件”，经济报道也需要关注经济生活的点点滴滴。例如，关注日常生活中的各种经济现象、消费者价格指数（CPI）的变动、反映出的通胀通缩的踪迹；丰田全球召回数百万辆汽车反映出的外国企业与美国政治间的背后关系；各国雾霾治理的经验让与环保相关的财经话题成为股市、民众关注的焦点；人民币汇率下跌与贸易交往、国人出境、留学等日常活动的关系等。诸多经济问题与普通人密切相关，也是受众喜闻乐见的选题。

三、求新求变让经济报道更好听

1. 做准确权威的解读，多与专业人士互动

从宏观上来说，经济报道要注重经济全球化发展趋势和国家利益，报道要站在更高的视野上看经济问题。经济问题的专业性强，要扣准经济脉搏、认准经济形势需要有深入的研究和分析，报道才能取信于受众。这就要求记者要对中国以及主要经济体的发展有着比较全面深入的了解，准确掌握中国经济发展的数据；要认真学习领会党制定的各项经济领域的方针政策、国家发展的各项规划。

另一方面，与专业人士的互动也必不可少。但需要注意的是，在采访诸如经济学家、银行家、重要政府官员这样的专业人士时，问题的设置需要精心的策划思考，不能漫无目的，避免出现“面对金融危机，新一届美国政府会有所行动吗”这类较为“外行”的问题，或是“您对这个事件如何评论”、“您是怎么看这个问题的”这类过于宽泛、让被采访对象不好把握的问题。

2. 出新出彩，不做数字的“俘虏”

各类经济数据是经济活动情况的具体体现，也是经济报道中的重要内容，对于那些实打实的“硬新闻”，也就是根据相关部门公布的统计数据或政策内容而来的经济报道一定要注意准确、易懂。文中到底是“环比增加”还是“同比增加”一定不能混淆。基于广播稍纵即逝的特性，在广播报道中，还要注意控制出现的“数字”量，只要传达出最核心的信息就足够了。比如，《春节期间赴日游火爆　45万游客消费近60亿人民币》这样的报道，既能唤起注意，信息密集，又容易接受。

更多的时候，经济报道其实是写给普通人的，连《华尔街日报》、《经济学人》这样的媒体也要求讲究文章的可读性和深入浅出。毕竟太多的专业词汇、数据列表只会让人昏昏欲睡。

3. 以人为本，贴近受众

一般来说，经济报道难免过于理性和冷硬，这就需要在报道中避免枯燥，同时保持报道深度。因此从小事入手，小切口深挖掘，才容易减少宣传味道，做到“润物细无声”。

记者则需要有敏感的“新闻嗅觉”，善于捕捉身边的经济新闻点。这意味着一名好的经济报道记者要时刻关注全球和国家的宏观经济运行情况。在全球化高度发展的今天，地球另一端的重要事件很可能会对万里之外的地区经济产生影响。例如《环球记者连线：西非国家埃博拉疫情严重　恐将影响国际巧克力供应》这样的报道，独特的角度让听众对于全球化时代疫情的影响乃至西非国家的经济特点都有了不同的认识。而《环球记者连线：希腊新政府资金或只能维持到三月　没钱还能不能任性》则以通俗的标题让复杂的经济问题变得引人注意。

综上所述，中国经济“新常态”的到来和世界经济局势的变化，对经济报道提出了更多更高的要求，也提供了更多的报道题材，更为提升国际传播内容的构建提供了机遇。做好经济报道，要慎用善用自己手中的笔，不能跟着西方媒体的论调跑，要充分掌握相关报

道要求，以中国立场、国际视野看问题，胸怀大局唱响报道的主旋律。

（作者单位：中国国际广播电台新闻中心）

参考文献：

1. 严三九、包鹏程、王虎：《经济新闻写作教程》，北京大学出版社，2007 年。
2. 谭云明、杨天洁：《经济新闻写作如何创新》，《新闻与写作》，2009 年第 10 期。

关于做接地气的广播军事评论的几点思考

鲁晓冬

中国国际广播电台对内广播频率“环球资讯广播”有一档《军事观察》节目。该节目在每天17：00到19：00的晚间新闻时段内播出，内容是对当前国际及中国周边重大军事话题进行分析评论。《军事观察》节目时长在5分钟左右，节目形式为主持人与军事观察员直播连线对话。笔者有幸自2012年起，以国际台军事问题观察员的身份参与了近300期《军事观察》节目的录制。本文尝试运用案例分析的方法，就如何把广播军事评论做得更接地气进行初步探讨，希望对类似节目的制作具有一定的参考价值。

一、用老百姓的话解读国际军事话题

目前，有关新型军事装备以及军事科技的话题时常登上各种新闻媒体的显要位置。包括中央电视台在内的国家主流媒体也时常邀请专家对最新出现的武器装备和军事技术进行分析和评论。这些节目聚焦热点，专家观点精到，分析鞭辟入里、深入浅出，受到国内受众的广泛欢迎。

作为一个关注国际军事问题的新闻工作者，笔者也是这些节目的忠实受众，并且从这些节目当中收获良多。笔者首先从一个普通受众的角度来品读这些军事评论节目，在感觉专家分析独到解渴的同时，也感到军事评论是一个多学科交叉具有高度专业性的领域。每一个军事话题的背后，都有一连串的专业知识和背景。如果受众不具备一定的自然科学、历史、地理、国际政治背景知识的话，想要完全领会节目中专家的观点，还是比较吃力的。

军事类节目当中专家多用学术语言，是这个学科自身特点所决定的。专家在节目中选用一定的专业术语，从传播的角度上看，可以提升节目的权威性。当然，如果学术语言过多，超过了一定限度，就会造成受众的接收障碍。

如何能让缺乏专业背景知识的普通受众听懂军事科技话题，并且迅速抓住其中的要点呢？笔者认为方法有二：第一，多用类比的方法帮助听众在脑海里形成一幅图景，增强内容的形象感、现场感，让听众首先对你讲的内容提起兴趣。第二，要仔细分析所要介绍的新鲜事物，抓住其主要特点，尤其是它可能对未来战争规则带来的改变，作为重点“拎”出来详细介绍。其他细枝末节可以忽略，避免冲淡主题。在介绍新鲜事物的主要特点时，也要注意和大众生活中一些常见的事物作类比，这样才能引起听众的共鸣，最终使听众接受你的观点。

比如在2015年1月15日的晚间6：00上半时段播出的《军事观察》节目当中，就用到了这两个方法。该期节目讲的是美国国防部长为新一代隐形轰炸机项目进行游说的话题。

在介绍美军正在研制的新型轰炸机的造价时，笔者运用了类比的方法，当天节目连线内容如下：

“哈格尔这么说，是为了在卸任前给 LRS-B 轰炸机项目进行最后一次游说。根据美军的测算，LRS-B 这个项目无论再怎么省，一架下来也要 5.5 亿美元。目前一架空客 A380 的目录价格也就不到 3 亿美元。美军打算装备超过 100 架 LRS-B，无疑是美军历史上最大的一笔军备投资。”

3 亿美元也好 5 亿美元也罢，对于大多数人而言都是天文数字，现实生活中完全没有可以对应的概念。如果平白地把这些数字念出来了事，听众不会留下任何印象。笔者查阅了目前世界上最大型客机空中客车 A380 的目录价格，然后把 A380 的价格拿出来和美军新型轰炸机的价格作比较。目前 A380 已经在中国开有多个航班，一些人已经坐过这个飞机，大多数人即使没坐过也听说过。听众听到了立刻会在脑海里联想出 A380 的庞大身躯。再一听美军轰炸机的价格，能够达到 A380 的两倍，就会对美军不惜重金打造新型战争机器的“慷慨”有所领悟了。

在节目中谈到美军正在研发中的新型轰炸机因可能采用无人驾驶技术而面临的风险时，笔者又引用了一部经典科幻电影里面的情节，意在帮助受众展开联想，进而认识到将威力巨大的轰炸机引入无人驾驶技术的危险性。节目内容如下：

“……此外，新轰炸机最抢眼的就是可以采用无人模式作战。因为美军预测未来有可能是无人机的天下。但因为新轰炸机要执行核打击任务，美军担心会出现电影《终结者》里面的情况，就是以后云端超级电脑威力很大，如果它具有了智能操控带着核弹的无人轰炸机对人类宣战，那后果不堪设想。所以，美军未来的 LRS-B 轰炸机上即便具有无人自动作战功能，它也要留有驾驶员的座椅。在执行核打击任务时，必须要有人类驾驶员在上面把最后一道关。”

当介绍到俄罗斯正在研制的新一代隐形轰炸机时，笔者运用了比喻的方法，帮助听众在脑中展开联想，使广播节目具有了画面感：

“除美国外，俄罗斯也在研制新一代战略轰炸机，它叫远程航空作战系统，总体布局也是飞翼式的，像个大蝙蝠，雷达隐身。航电设备是高度智能化的。这个项目已经公开了，正在设计，但具体细节就是机密了。”

在分析美、俄等军事大国未来一代轰炸机采用隐身技术的必要性时，笔者运用了比较生活化的大众语言来增强感染力：

“通过对比研究美国、俄罗斯的未来轰炸机项目可以发现，隐形是必须的，如果你连隐形都做不到，那就免谈啦。因为目前防空武器还有战斗机都发展到了第四代。像 B-52 这样不能隐形的老式轰炸机，炸阿富汗塔利班还可以，要去炸一个拥有现代化防空系统的国家，那纯属于跑到人家的探照灯底下裸奔。”

能够做到用通俗的语言解读军事话题，关键在于作为观察员首先自己要把问题读懂，然后把问题放到自己肚里消化吸收，领会其中的思想内核，再经过一番“反刍”变成老百姓能够接受的话语表达出来。做节目要进行换位思考，要考虑到听众的收听条件。听众不大可能正襟危坐地像看电视那样专注地听广播节目，他（她）有可能正在下班开车回家的路上。如果在节目中使用过多的专业词汇只会加重听众负担，只有用平实的语言化繁为简，才能帮助听众对纷繁复杂的国际军事问题形成一个大致的了解。

再比如2015年1月16日晚间的《军事观察》节目话题是印度和法国谈判“阵风”战斗机采购案。这起曾经是世界上金额最大的一笔战斗机跨国采购案，目前有“黄”了的危险。那如果这笔生意做不成，究竟是买家印度着急，还是卖家法国着急呢？这不仅仅是几百亿美元巨额资金流动的问题，背后更折射出国际政治格局以及军贸市场的激烈竞争。节目运用老百姓的家常话把这个问题作了深入浅出的解读：

主持人：“在这笔生意当中，目前真正着急的是哪一方？”

观察员：“着急的自然是法国人，因为他们等不起啦。法国‘阵风’战斗机，名义上号称‘欧洲三雄’，其实就是个鸡肋。自它研制成功以来，只装备了法国军队，从来没有成功出口过一架，从商业角度看，这个飞机是亏本的。虽然法国人从2002年开始就不遗余力地向外推销，向包括印度在内的十个国家推销过‘阵风’，但是前九个客户都拒绝了。因为‘阵风’这个飞机论性能赶不上美国货，论价格又比俄罗斯飞机贵好多。现在印度人为什么不着急，他是脚踩两只船。除了这个‘阵风’采购案，还有一个更高大上的项目，就是和俄罗斯联合研制第五代隐形战机。其实就是把俄罗斯的那个T50放在印度组装。由于俄罗斯T50现在已经试验得很有眉目了，估计印度引进的步伐会加快。这个月10号的时候，俄罗斯就说了，俄罗斯和印度已经开始就印度版的T50初步设计方案达成一致。如果印度版的第五代战斗机项目正式启动，那‘阵风’就完全成了鸡肋。所以，留给法国人讨价还价的时间已经不多了。如果‘阵风’再次失去印度这个126架的大合同，以后等F35、T50，甚至中国的FC-31这些隐形第五代战斗机投放市场了，‘阵风’就彻底没戏了。主持人。”

又比如2014年7月17日的《军事观察》栏目当中，也运用了一些类比法及平实生动的语言，来将“高大上”的军事科技话题与日常生活作“链接”。当天节目的话题是瑞典在范保罗航展上展出其最新型的“鹰狮NG”战斗机。当天节目内容如下：

主持人：“在2014年范保罗航展上，瑞典战机制造商萨博带来的新款‘鹰狮’战机等比例模型非常醒目。萨博公司将其视为‘欧洲未来战机之星’，它究竟具有什么样的先进性能？”

观察员：“主持人好！一说瑞典，好多人第一个想起宜家，卖家具的，还有那的肉丸子。其实瑞典是北欧一个国防工业很发达的国家，可以独立研制战斗机。‘鹰狮’战斗机就是瑞典研制的，是世界上第一种进入服役的三代半鸭式布局的战斗机，具有重量轻、灵活、性价比高等特点。虽然总体性能，赶不上法国的‘阵风’和英国、德国、意大利和西班牙联合研制的‘台风’，但是凭借性价比高的优势，出口得还很不错，匈牙利、捷克、南非、泰国等都购买了‘鹰狮’。”

节目一开始，观察员就用“宜家家居”还有瑞典肉丸这些大家生活中能够接触得到的“瑞典元素”把一个远在北欧的国家一下子拉到听众们面前，使原本模糊的形象在听众面前变得立体和清晰起来。然后话锋一转，讲瑞典不仅出产家具和肉丸子，人家工业也很发达，自己能造战斗机。这种转折式的讲话方式，可以抓住听众的注意力，使听众的思维紧紧跟住你的节目内容。同样的节目，如果完全用白开水似的说明文字来应付，一五一十干巴巴地把飞机性能参数念一遍，听众是不会留下任何印象的。

二、巧用类比的方法处理敏感军事问题

时下军事类新闻节目在各级广电节目当中都拥有很高的收视率和收听率。中央电视台4套的《今日关注》节目，就时常就国际军事问题展开评论。地方省级卫视军事类节目就更多了，像甘肃卫视、湖北卫视、深圳卫视、黑龙江卫视、云南卫视等，纷纷在晚间第二黄金时段的新闻节目中，加入大量的军事新闻，足见海内外华人受众对于军事类新闻评论的渴求之迫切。

而在这些军事新闻当中最吸引眼球的，是关于中国军力尤其是中国新型武器研发的报道。涉及中国新型武器研发及军事科技进步的新闻评论，是最难做的。这类新闻所涉及的内容大多是高度涉密的。有些武器型号不要说是具体性能指标，就连型号本身都是机密。一些本属机密的国产新式武器之所以会被披露，是由于别有用心的人网络泄密。评论员如果把关意识不强，只顾内容火爆吸引人气，就很有可能成为网络信息的传声筒，为国家、单位和个人都带来不必要的麻烦。

还有一些国产高新武器，虽然型号已经公开，但它的具体技术细节和性能指标是核心的机密，如果对这些内容评论不当，也有授人以柄的危险。然而，如果一味回避这类敏感新闻话题，完全无视受众的关注，则会使节目的受关注度下降。

在面对敏感问题的时候，如何能够把握好尺度，既坚守了原则底线又能够给听众一个交代，这就需要巧用类比的方法。笔者还是引用2015年1月15日的这期节目。在这期节目中提到，美国国防部长哈格尔游说国会为新型隐形轰炸机增加预算的一个由头就是“中国的防空系统日益高端”。主持人也很敏锐，紧接着就问了：“那哈格尔所说的中国的防空系统日益高端，指的是什么？”

一个国家的防空武器系统的作战性能，是这个国家高度保密的军事机密。首先作为媒体评论员是不可能知道的。其次，根据网上的各种内容进行转述也是绝对不可以的。但主持人的问题总得回应，怎么办呢？当天节目原文如下：

“那哈格尔怎么说服国会为新型轰炸机项目批准预算呢，就得找辙呀。所谓中国、俄罗斯的威胁，这就是美国军备建设永恒不变的主题。至于中国的防空系统升级得有多高端，这么些年过去了，手机都从翻盖的换成触屏的了，谁的防空系统还不升级？”

最后，笔者把大家每天都在用的手机拿出来作比。最近几年随着电子科技的飞速发展，大家手里的手机快速地更新换代，相信大家都有体会。一提起手机，就把听众引入了他们所熟悉的生活领域，由此引着他们意识到当前电子技术的日新月异，那听众自然就会联想，作为一个国家国防重器的防空武器系统，必然也会随着电子科技的提升而升级。笔者的这个回答完全在大家的意料之外，但又完全在情理之中。

三、引导受众放眼全球客观理性地看待中国军力发展

当下，受网络媒体普遍浮躁的气氛影响，一些媒体在军事报道中对于中国军力的报道，往往“用力过猛”。这首先是迎合了广大受众期盼军队强大的正面心态。但如果对于中国军力的发展报道过头，对内会使我们的群众对形势造成错误判断，盲目骄傲自信，对外会给那些制造“中国威胁论”的人以口实。因此，在报道中国军力尤其是先进武器装备发展时，一定要客观、冷静、适度，并留有余地。在帮助受众看到我们的成就的同时，也要引导受众放眼全球，让他们认识到我们在发展的同时，其他国家也在快速发展。

比如 2015 年 2 月 13 日晚间时段的《军事观察》节目就谈到了英国国际战略研究所发表的一篇报告中称中国海军将建成“世界第二神盾舰队”以及“中国军费世界第二”等话题。英国机构抛出的这篇报告，实际上是“中国威胁论”的老调重弹。但所谓中国海军将建成“世界第二神盾舰队”这一提法，看起来还比较新颖，因此在网上赚到不少点击量，同时也为中国网民所盲目追捧。如果在节目中不假思索地“顺杆爬”，岂不成了帮着西方机构鼓吹“中国威胁论”？另外对于帮助听众开阔眼界也没有好处。因此作者首先抓住受众最感兴趣的点，就是那个所谓“世界第二神盾舰队”的提法进行了分析：

主持人：“英国国际战略研究所发布的报告称中国海军近年来进入大规模造舰时代，已经超过日本成为‘世界第二神盾舰队’，你认为他们的报告是否客观?”

观察员：“英国机构报告里的这个结论，属于单方面强调某一方面的因素，而故意忽视其他方面，分明是有意要把中国海军往‘世界老二’的位子上架，用《甄嬛传》里的话讲，写报道的人是‘有心了的’。那中国海军是否真的像报告里说的，多了几条‘神盾舰’就成世界老二了呢？我觉得未必。如果按这个逻辑，那印度现在有两条航母，超过日本和中国，甚至超过俄罗斯、英国、法国，那是不是应该推印度海军当世界老二呢？所以，这种逻辑看似蛊惑，实际上很滑稽。

“海军实力排名是综合各项指标以后得出来的。即便装备的话也不能光看数量，还要看质量。同样是2014 年，美国的‘朱姆沃尔特级’万吨级驱逐舰下水，英国的‘伊丽莎白女王级’航母下水。他们下水的舰不多，一条两条，但有一个算一个，全都是换代的产品。平心而论，这些舰的技术指标，都在我们之上。像‘朱姆沃尔特级’采用了全新的网络化控制理念，上万吨的大舰，人员编制只相当于一只护卫舰。英国的那个新航母，实现了全电力推动。主持人。”

在评论中，笔者首先用印度的例子作比，证明了外媒评论的荒谬性，同时指出外媒炒作“中国海军是世界第二神盾舰队”是别有用心的，指出这不过是“中国威胁论”的又一个版本而已。笔者接下来点出美国和英国在 2014 年下水的两条具有指标性意义的新型战舰，意在说明美国、英国等西方大国在海军军备建设上也没少投入，无论性能指标还是资金都只在中国之上，讲出事实来听众自有公论。

四、站到更高角度俯瞰国际军事问题

许多国际军事热点问题，它的产生、发展、演进是受到国际政治格局，本国国内政治、经济、社会等各方面因素影响的。要把一个军事问题分析透，不能局限在纯军事领域分析，那样就成了钻牛角尖，落入“技术宅男”的窠臼。在分析国际军事问题时，必须要做到旁征博引、纵横四海、古今中外。必要的时候要能跳出来，站到一个更高的角度去俯瞰问题，才能把节目做好。比如在2014年12月30日晚间的《军事观察》节目中，话题是俄罗斯武装力量总参谋长提出要大力发展战略核威慑力量，并且要大幅度翻新俄军的装备。俄军高层在这个时机做出这个决策，并且对外广而告之，是有着深层战略意图的。对于俄军提出在2020年前将新武器的比例提升到70%，笔者在做了一番调查后是这么分析的：

主持人：“格拉西莫夫在讲话中说，俄军要在2020年实现新武器的比例达到70%，达到世界先进水平，你认为他们能否如期达成这个目标?”

观察员：“格拉西莫夫的这句话不是他的原创，是有出处的。在2010年12月31日，时任总统梅德韦杰夫批准了《2010至2020年国家武器发展纲要》，要重整俄军，至2020年，俄军现代化武器和军事技术装备所占比例将达到70%。这个纲要也透露了一个隐含的信息，那就是俄罗斯军队目前的武器装备是比较陈旧的，新装备的数量肯定是远远低于70%，这些武器已经落后于时代了。

“俄罗斯庞大的国防工业的产能，这十几二十年来，实际上一直依靠中国、印度、越南、委内瑞拉等国家来帮他消化。从2010年开始，俄罗斯开始加大军费开支，军费占GDP的比重年年在3%以上，明年的军费开支预计占GDP的比重超过4%。俄罗斯加大投入的这部分钱，可以带动本国军事工业的发展，带动周边制造业，提高产能，扩大就业，也是对本国经济的一个拉动。还有一点值得注意，这些增加的军费不一定会流入本国军火商的腰包，俄罗斯军队有可能从国外采购。俄军将在军备采购上引入竞争机制，让本国军工企业感到竞争的压力，继续提高效率。这看似分走了俄军工企业的一些收入，实际上从长远看，对于俄军工企业的发展是有好处的。”

在这个话题的评论中，如果仅仅站在单纯的军事观点去纠结俄军到底有多少老旧的飞机、坦克，旧到什么程度，需要更换多少，节目难免就陷入了数字罗列、资料堆砌。节目站到了一个更高的角度，从俄罗斯政府企图通过扩大军事订货来激发整个高端制造业活力，并且为国家经济发展注入能量来评述，使受众能更容易理解。

综上所述，做好接地气的广播军事评论节目的关键，用八个字来总结就是“硬题软做，外圆内方”。所谓硬题软做，就是需要观察员利用生活化的语言、打比喻式的方法、适当的语气转换等把原本刚硬冰冷的军事话题变得像“唠家常”那样向听众娓娓道来，帮助听众打消对于军事评论类节目的距离感。

所谓外圆内方，指的是虽然我们做节目的语言像家常话，节目形式很灵活，但我们的内心必须有坚定的原则和底线。底线就是军事评论类节目不能偏离爱国、保密、客观、冷静的原则。虽然当前受众受网络信息的影响，对于军事新闻“爆料”的需求很高，但我们不能为了迎合受众的这种需求而突破底线。

（作者单位：中国国际广播电台东南亚地区传播中心编辑部）

对残疾人广播节目制作初探

赵 燕

对残疾人广播节目是指广播电台专门为残疾人制作播出的广播节目，它的宗旨是为残疾人服务，宣传党和政府以及社会各界对残疾人和残疾人事业的关怀和重视，多角度、多层面反映我国残疾人事业取得的成就；弘扬全社会扶残助残、向残疾人献爱心的传统美德，在健全人和残疾人之间架起理解和沟通的桥梁；深入探讨残疾人在就业、就学、扶贫、法律援助、文化生活等方面遇到的热点问题，热情讴歌残疾人自强自立的奋斗精神，鼓励广大残疾朋友奋发向上，与健全人一起平等参与社会生活。对残疾人广播节目是我国广播事业的重要组成部分，是重要的节目样式，为我国残疾人事业科学发展营造了和谐健康的舆论环境。

一、做好对残疾人广播节目的重要意义

首先，做好对残疾人广播节目是构建和谐社会的需要。残疾人是社会的组成部分，是特别需要给予关爱的弱势群体。2014 年 5 月 16 日，习近平主席在北京会见第五次全国自强模范暨助残先进集体和个人表彰大会代表时强调，残疾人是社会大家庭的平等成员，是人类文明发展的一支重要力量，是坚持和发展中国特色社会主义的一支重要力量。残疾人的事迹感人肺腑、催人奋进，他们身上充分体现着以自强不息为主要内容的民族精神、时代精神，同时充分体现着我国社会主义核心价值观。由此可见，作为具有社会责任感的广播媒体，更有责任有义务在党的号召下积极参与残疾人事业的发展与建设，贡献自己的一份力量。这也是广播媒体积极承担社会责任的题中应有之意。

其次，做好对残疾人广播节目是满足受众精神生活需求的需要。美国传播学者施拉姆认为，受众接触新闻“是为了获得新闻所提供的和。即时性补偿主要满足受众的信心需求，满足个人的生存和发展需求。延时性补偿对受众的心理作用更持久，体验更深刻”。现今的现代化传播手段极大地开阔了残疾人的视野，然而与此同时，有关残疾人的康复、就业、婚姻、子女上学等问题又困扰着他们。媒体所能提供的生活服务信息难以满足残疾人的生活需求，媒体应从残疾人的长远需求出发，增加信息的人文内涵的外延，注重残疾人的人生价值，满足残疾人的各类精神需求。因此，制作并提升对残疾人广播节目的品质，具有非常重要的意义。

二、国内优秀对残疾人广播节目的分析

通过分析国内优秀对残疾人广播节目，可以从中总结出做好这一类型节目的成功

经验。

1. 中央人民广播电台《残疾人之友》

《残疾人之友》于1987年1月1日开播。它是一档以残疾人为主要服务对象的节目。节目针对残疾人听众的特点和需求，增强服务性、参与性、陪伴性。通过栏目设置、内容的选择和主持人亲切、清新的主持风格，使节目成为一档清晨时间播出的既轻松、自然，又有可听性的对象性节目。节目下设《助残信箱》、《说说我自己》、《启明星》、《心目影院》、《帮你来康复》五个节目板块。其中，《助残信箱》栏目的主持人白云峰本身就是一位肢残人，他的语言风格精炼、到位、亲切、自然，解答残疾人朋友的问题，深受听众喜爱。《说说我自己》栏目邀请残疾人敞开心扉说自己的故事，与残疾人及其家属共同讲述自强不息、努力康复的故事，听起来格外让人感动，激励残疾人及健全人更加勇敢地面对生活的挫折。《心目影院》栏目邀请电影讲述人大伟定期为盲人讲电影，使盲人们在准确、生活化、形象化及更易于他们理解的语言描述中，感受电影的魅力。

《残疾人之友》节目开办至今已经走过了20多年的历程，在每周六、周日早晨播出，通过电波搭建起了与残疾人朋友沟通的桥梁，深受残疾人朋友喜爱，已经成为业界极具代表性的节目。不仅如此，这一节目也成了进一步促进广播类残疾人专题节目交流、提升作品质量的平台。2014年5月，节目中陆续播出了2012—2013年各地方广播电台对残疾人节目的优秀作品，向全社会展示了残疾人的先进事迹，宣传了残疾人自尊、自信、自强的精神面貌，受到社会各界广泛好评。

2. 天津人民广播电台《共享阳光》

天津人民广播电台生活频道为残疾人开办的节目《共享阳光》，于每周日晚7：00到8：00播出，下设《诉说我的故事》、《你是我的眼》、《为盲胞读书》等栏目。其中《你是我的眼》栏目为寻找生命另一半的残障朋友搭建了一个交友平台，残障朋友可以通过短信、热线电话、微信等多种途径进行报名。节目为残障人士交友提供了便利，真正体现了对残疾人精神层面的关爱。《为盲胞读书》栏目，充分利用了自媒体的优势，通过微博、微信等平台设立公众号，网友可以自行录制有声读物上传，盲人同胞可以随时随地自行收听。与此同时，节目还经常举办线下活动，组织文艺演出，并定期邀请残疾人艺术家参加广播节目为听众献上精彩的表演。

《共享阳光》节目最大的特点就是与听众互动性强，交流平台多样灵活，极大地丰富了残障人士的业余生活。此档节目制作的专题节目在中央人民广播电台组织的各地人民广播电台优秀残疾人节目评选中多次获奖。2013年该节目制作的《为明眼人指路的盲人》在第十届评选中荣获一等奖。

三、做好对残疾人广播节目的几点建议

1. 选材上要充分体现人文关怀

在内容选择上，要注意选择充满人情味的故事，大力弘扬残疾人的自强精神，慰藉他们孤独的心灵，关注残疾人的婚姻和家庭生活。在选择内容时，一定要注意展示残疾人有

血有肉的生活，关注残疾人的实际生活包括心理健康方面的问题，并且要给予关怀和切实的帮助。

2. 节目采编播过程中要充分尊重残疾人

首先，采访过程中要自然、平等。敏感和自卑是残疾人的普遍心理特征，他们不愿在别人面前展现自己的内心世界，尤其是在健全人面前。因此，记者在采访残疾人时，要从心底尊重他们，平易近人，消除双方心理隔阂。在采访过程中，要让对方有情感共鸣，感到人格平等，这样采访过程才能轻松、真诚。

其次，后期编辑要真实。后期编辑要时刻以真实准确为原则，避免为盲目追求轰动效应而添枝加叶，夸张歪曲事实。这样做不仅是对采访对象合法权益的侵害，也是对听众的不负责任，违背了记者的职业道德。

再次，对残疾人广播节目主持人应掌握分寸，注意技巧。要细致观察残疾人群体在日常生活、学习、工作中所体现出的鲜明个性特征，找出他们与健全人思考和处理问题的差异。在词语运用方面，要避免出现“残废”、“瞎子”、“弱智”等带有刺激性的词语。在语言内容方面要朴实，声音要平和，不论提问还是引导，都要求通俗易懂、简洁并且有条理，多以征求意见的口吻进行交流。除此之外，可以考虑聘请优秀的残疾人来担任主持人，这样可以和残疾人更顺畅地沟通，让残疾人听众接受度更强，更有亲切感。

最后，后续报道要及时。记者可以有选择地确定一部分长期交往的采访对象，与他们成为朋友，关心他们的命运，并制作成系列报道，使得整个故事更加丰满动人，也让被采访的残疾人深刻感受到社会的持续关爱。

3. 充分利用媒体影响力，组织助残公益活动

公益活动是媒体形象资源开发的极好形式。对残疾人广播节目可以充分利用媒体平台，开展各类助残活动，包括某一特定群体为残疾人举办的活动，如大学生助残系列活动；向社会展示残疾人才艺技能及自立自强精神的比赛，如残疾人才艺大赛；向企业推荐优秀残疾人人才的活动，如拓宽残疾人就业渠道的就业招聘会；向社会各界寻求帮助的活动，如慈善晚会、捐赠商品慈善义卖等活动。

公益活动对塑造媒体形象十分有利，同时可以扩大企业知名度，使更多的残疾人得到精神和物质上的帮助，因此它是多方受益的活动。作为具有社会责任感的媒体，应积极组织、参与，并为这些社会活动提供良好的宣传和报道平台。

4. 利用自媒体先进技术，提高社会参与助残程度

近年来，自媒体随着科学技术的发展逐渐兴起。自媒体也叫“个人媒体”，是指私人化、平民化、普泛化、自主化的传播者以现代化、电子化的手段，向不特定的大多数或特定的单个人传递规范性及非规范性信息的新媒体的总称。随着智能手机的普及，各种自媒体类型不断出现，使得普通人参与媒体活动的能力大大加强。残疾人，尤其是肢残人士参与社会活动有多种不便，自媒体时代也为残疾人参与社会生活、向社会寻求帮助提供了更好的渠道。作为传统媒体的广播媒体，在制作节目的时候，也要充分利用这一平台，从而在为残疾人提供更好更全面的服务的同时，使更多的健全人通过更多样的途径了解到需要帮助的人的信息，真正起到助残的积极作用。

前文当中提到的天津人民广播电台的对残疾人节目《共享阳光》中，不仅利用了热线电话、短信等传统沟通手段，还开设了微博的官方账号、微信公众号等平台，为残疾人的生活交友提供了更多的便利。还可以开发残疾人服务 APP，安装在个人电脑、iPad、手机等中，残疾人不仅可以通过这类软件及时收听节目，更可以自己变身成为主播，讲述自己的经历、感悟，分享给更多的人。

5. 对残疾人广播节目需要注意的几点

首先，人文关怀要贯穿始终。"人文关怀"就是俗话说的"人情味"，它是对人生存状态的关注，主要着眼于人性、道德、情感、精神等方面的关怀。它的核心是对人的精神价值的重视以及对人性的根本关怀。对残疾人节目虽然不像新闻报道那么敏感及时，但也不能只停留在见证、记录社会发展进程的层面，而是要完成构建人类精神文化的根本任务。因此，无论是选题、采访，还是主持、编辑、后续等工作都应遵守这一原则，以情感人，以情动人，将"情"字作为贯穿节目制作的主线，这样才能得到残疾人的支持和喜爱。

其次，以为残疾人服务为核心。对残疾人自强自立的典范要大力弘扬，以此提升他们的社会价值，并能为更多残疾人树立信心、增加勇气。为此，可以开设 24 小时"助残志愿者热线"，搭建助残桥梁。同时，在现实生活中也多组织各种助残志愿活动。

再次，以拓宽渠道，加强外联为重点突破口。对残疾人节目不仅可以成为残联工作开展的窗口，还可以成为联系社会热心助残人士的桥梁。各级残联通过与电台合作开设对残疾人节目，可以宣传当地的残疾人政策、残疾人工作，同时也可以通过这个窗口，及时了解残疾人的思想动态，不断调整工作方式方法，提高工作效率。不仅如此，在残联的支持下还可以直接和社区建立联系，为残疾人提供更加持续立体的服务体系。此外，还可以举办各种助残活动，增强与企业的联系与合作，吸引商家参与助残活动。对于大多数商家来说，和媒体联合开展公益活动颇具吸引力，商家可以以较小的投入，获得活动的大范围传播，同时提高了活动档次，扩大了社会影响力，有事半功倍的效果。

最后，以促进社会和谐为终极目的。对残疾人节目不仅可以增强全社会的助残意识，还能健全净化人的心灵，陶冶情操。健全人通过参与节目以及助残活动，可以与贫困残疾人家庭建立互助关系，自身及子女都能受到深刻教育，促进社会和谐的建设，并且在节目中应多多宣传报道这些感人的助残事迹，为助残创造良好的社会氛围。

（作者单位：中国国际广播电台朝鲜语部）

参考文献：

1. 付纯：《自媒体时代的新广播》，《中国广播》，2014 年第 6 期。

2. 谢梦：《主持人如何把握残疾人主题广播节目》，《中国广播》，2005 年第 6 期。

3. 叶发钦：《论残疾人心理服务存在的问题及对策》，《广西教育学院学报》，2010 年第 3 期。

4. 张卫东：《残疾人广播节目中的人文关怀》，《中国广播》，2007 年第 2 期。

浅谈舆论导向的重要性和运用新闻舆论导向作用的原则

刘 峥

当今世界已经进入了信息社会，新闻对于人们来说不仅仅是指时政消息，人们生活中的各种事件，娱乐、经济、文化等各个领域的资讯都成为人们所关心的内容。而包括广播、报纸、电视等传统媒体和互联网、手机等新兴媒体和媒体终端在内的多种传播方式都开始向着信息领域多元化的方向发展，这其中舆论导向性作用也逐步被淡化。那我们如何理解舆论导向的重要性，以及如何能够更好地让新闻在引导舆论方面发挥更积极的作用呢?

一、舆论导向对于新闻媒体的重要性

首先我们来了解一下舆论导向的定义：舆论导向，又称舆论引导，是一种运用舆论操纵人们的意识，引导人们的意向，从而控制人们的行为，使他们按照社会管理者制定的路线、方针、规章从事社会活动的传播行为。通过定义我们可以看出，从国家层面来说，舆论导向在社会管理方面可以起到十分重要的作用，通过对舆论的引导，可以将人们的观念引导到正确的方向，让人们从思想上按照正确的规则行使自己的权力，并承担义务。

导向性是新闻媒体的基本功能之一。新闻媒体在对新闻事件进行采访后，要对新闻进行编写和发布。在这一过程中，新闻的编辑人员会通过一定的宣传手段和文字表现形式对新闻进行加工，在突出新闻所要表达的内容的同时，突出新闻事件中的正面因素，引导人们从正确的角度看待新闻事件。通过这样的手段，新闻媒体让人们以正确的角度来思考社会现实和政治观点，从而达到引导人们思想的目的。作为新闻特有的一种性质和作用，舆论导向作用无论在人们的生活中，还是在国家建设和社会管理过程中都起着相当重要的作用。

1. 正确的新闻舆论导向能够促进和谐社会的发展

在过去的几年里，新闻媒体通过飞速的发展在传播的形式和内容上呈现出多样化和复杂化的发展趋势，但是新闻媒体作为把握舆论导向的重要工具依然发挥着宣传、监督和引导的重要作用。我党将新闻媒体的舆论导向工作作为一项思想政治任务，充分利用新闻媒体来宣传党的政策、正确的指导思想、国家方针、政策和法律法规等。人们在收听、收看新闻的同时能够充分了解以上这些内容，同时树立正确的发展理念和思想，促进社会主义和谐社会的发展。所以说正确的新闻舆论导向可以为和谐社会的发展提供前提条件。

2. 正确的新闻舆论导向能够规范人们日常生活当中的行为

在现今社会中，新闻已经成为人们生活中一个必不可少的组成部分。新闻不光是人们茶余饭后的谈资，更多的人开始根据新闻来了解社会，安排自己的生活，甚至规划自己的人生。新闻媒体在报道各类事件的时候，也不只是报道一些积极向上的新闻，同样也会报道一些负面新闻，包括违法犯罪、贪污受贿，或者报道一些人坑蒙拐骗的手段，以提醒民众不要上当受骗，或者是避免成为违法犯罪的受害者。在这种时候，一定要把握好舆论导向，要让全社会树立正确的价值观，否则很有可能影响到受众的心理健康和生活作风，甚至是效仿犯罪。错误的舆论导向甚至会助长犯罪，造成不良的社会风气，影响社会安定。所以只有正确的新闻舆论导向才能够引导人们的正常社会生活，为社会的安定和谐做出贡献。

二、运用新闻对舆论进行引导时应注意的几点基本原则

在运用新闻对舆论进行引导时，我们应当注意以下几点原则：

1. 党性原则

舆论导向一直以来都是中国共产党对新闻单位及思想宣传部门在宣传政治方向方面的要求，在发挥新闻的舆论引导作用时，应注意将党性原则放在第一位。新闻单位及思想宣传部门在发布舆论信息和评价舆论时应注意有选择地进行报道，同时对已有的社会舆论进行正确的引导。这一原则体现着党在执政能力方面对民众意识形态和思想的影响力。社会舆论纷繁复杂，舆论当中的观点和看法也不尽相同，各个阶级和各个利益集团都会在社会舆论当中发表自己的意见，支持符合自身利益的观点和看法。当今随着传媒的发展，主流的意识形态已经不能仅仅通过政治手段进行传播，而更多地是倚靠大众传媒来进行，所以有效地利用大众传媒来宣传主流意识形态，引导社会舆论将对我党提高执政水平，巩固党在宣传阵地的重要地位起到关键作用。《中共中央关于加强党的执政能力建设的决定》指出，要牢牢把握舆论导向，正确引导社会舆论。要做到把握舆论导向，首先要保证党管控媒体的原则，这样才能够在舆论工作中占主导地位，掌握工作的主动权。其次，舆论导向工作应建立在为人民服务的基础之上，将人民的愿望和党的方针统一起来，向正确的方向引导舆论。在传统媒体的宣传当中应巧妙运用多种形式和技巧，避免刻板的政治性宣传，多用群众感兴趣的话题及方式潜移默化地达到宣传目的。

2. 正面引导原则

在引导舆论时，应着重注意的一点就是正确引导原则。我们在日常生活中看到的新闻报道，有正面的新闻也有负面的新闻，尤其是在报道负面新闻的时候，我们应当注意在报道过程中对坏人坏事进行批判，引导民众正确的道德观和价值观。

现今媒体成多元化发展趋势，以互联网为主要载体，以电脑、手机等为终端的新媒体已经更多地成为人们收看新闻的手段。通过这些新媒体，人们不再是被动地收看新闻，而是有选择性地收看自己所关心的新闻，或者是比较吸引眼球的新闻，在这种条件下，新闻已经成为了消费品。新闻媒体市场化的同时，必定会带来行业竞争，一些媒体开始倚靠一

些出位的新闻来吸引受众关注。比如之前一些电视相亲节目中出现的“拜金女”形象，或者一些网络上出现的“极度自恋”且不遗余力吹捧自己的网络红人，有些娱乐圈内的人甚至靠在网络上发布自己的不雅视频或是不雅照来提高自己的知名度。以上这些都属于社会生活中的反面案例，过多的出位报道不仅会让人觉得世风日下，也会助长社会不正之风，报道这些事件的媒体实际上成了他们的帮手，一些别有用心的人难免会效仿这些手段来达到目的。所以对于这种事件，我们应尽量减少报道篇幅，且加以批判。

再比如一些社会生活中的重大事件里，常常会有一些引起争议的问题，关系到切身利益的人群往往会有不同的观点和看法，这类事件也容易成为舆论的焦点。人们由于所处环境不同，社会地位不同，思想认识不同，教育程度不同，所处的利益集团不同，对于同一个事件有不同的看法，这就需要我们在综合各种看法的同时，引导正确的舆论方向。在汶川地震时曾经出现了一个被叫做“范跑跑”的人，对于这个人曾经产生两种看法：一种是说他是出于本能，无可厚非；另外一种则对他持坚决的否定态度，认为他没有尽到老师的责任，同时道德缺失，有损人民教师的形象。对于此类事件，我们应当将各方观点综合看待，选取其中顺应民心且正面的观点加以引导。在报道的同时，媒体可以选取更多老师英勇保护学生的事迹，让民众更多地将注意力集中到正面的事例上来，达到引导舆论向正确价值观发展的作用。

因此，把握正确的舆论导向，用正确的舆论引导人，就能形成良好的社会风气，社会就可以健康有序地运转和发展。在这方面，舆论的作用是特殊而巨大的。舆论反映人心所向，舆论对于人们的行为没有强制性的作用，无法规定或者约束人们的行为，但是舆论可以产生一种精神上的无形压力，让人从道义的方向出发考虑问题。一些时候，舆论的谴责甚至比法律和组织纪律的处罚更能达到效果。所以，马克思把舆论看作是一种普遍的、隐蔽的和强制的力量。

3. 真实性原则

舆论引导的真实性原则分为两个部分的内容：

（1）新闻真实性。

真实性是新闻的最基本特点之一。真实性是新闻的生命线，偏离了真实，新闻就没有了存在的意义和价值。我党一直以来都强调舆论导向的党性和正确引导性，但这些都是以新闻和舆论导向的真实性为基础的。我们新闻媒体应当坚决维护新闻的真实性原则，正确的舆论导向应当以真实的新闻为基础，要坚决防止和杜绝弄虚作假、任意拔高和凭空杜撰等不良现象，不能为了引导舆论而制造、捏造或改编新闻事实。这样做不仅会让我们的新闻媒体公信力大打折扣，甚至在虚假新闻公之于众后，将社会舆论引导到相反的方向，所以我们应当将舆论引导的真实性和新闻的真实性提高到职业道德的高度来对待。坚持新闻的真实性也同样属于新闻伦理范畴，也是新闻工作者的生命线，这要求新闻工作者以事实说话，实事求是，将新闻事件真实准确地发布给群众。新闻的真实性还要求，新闻媒体应在每一篇报道中做到真实、客观和全面。

比如说，一些媒体在报道某些地区在经济建设等方面取得的成就时没有按照实际情况进行报道，而是添油加醋，有些做得不足的地方甚至用虚假的数据和事实来掩盖。在当今信息社会，虚假的数据或者事实其实很容易被大家发现并揭穿。涉嫌虚假宣传的媒体也会因为违反新闻职业道德而受到社会舆论的谴责，同时这些背离事实的新闻也会起到相反的作用。

所以在正面报道中，我们一定要注意报道的真实性，做到实事求是，在强调运用舆论导向时，我们应坚持新闻的真实性原则，加强新闻工作者的职业素质教育，杜绝虚假宣传等事件的发生，维护新闻媒体在群众当中的公信力。

(2) 当舆论迷失方向时，向真实的方向进行引导。

在我们的社会生活中，总有一些事情在事件的真实情况没有被摸清的时候就被报道了出来。尤其是一些通过社交媒体或网络媒体发布出来的新闻事件，当事人由于并不是新闻工作者，或者是并没有负责任地通过调查发掘事件的真实情况就将新闻发布出来。民众作为社会舆论的制造者通过对这些信息的模糊了解很容易树立多种错误的观点，也就会形成错误的舆论环境。

比如一则题为《外国小伙骑车撞中国大妈被讹》的事件通过网络媒体被报道了出来，文中的作者并没有对事件做深入的调查和追踪，也没有对监控录像进行审核，仅仅凭自己的印象和揣测就将事件呈现在了网络上。由于文中的描述和一些图片的配发，开始大家很容易就认为外国小伙是无辜的，而中国大妈“无事生非、讹诈钱财”的行为也受到了人们的谴责，大家都认为大妈给中国人丢脸了。更有甚者，一些电视媒体仅凭网络上的人对于事件的描述就给事件定了性，在节目中对大妈进行批判。但事实并不是大家开始想的那样，在央视 2013 年 12 月 4 日的《新闻 1+1》栏目中，播出了题目为《撞倒的有“大妈”，有真相，还有……?》的一期节目，节目中央视新闻记者通过对交通监控录像的仔细观看，发现大妈确实是被外国小伙撞倒了。而且在一些网友提供的视频录像中，当时外国小伙也不像原文中说的那样无奈被讹诈，不仅没有及时承认自己的交通肇事行为，还用中文对大妈恶语相向。在节目中，大妈表示，先前的报道引发了社会舆论对她的不公正评判，特别是电视节目中她本来十分喜欢的节目主持人也在没有了解事件真实情况下对她横加指责，这让她感到很受伤害。在事件中肇事的外国小伙经调查实际上是在华打黑工的三无人员，且驾驶摩托车时为无照驾驶，严重违反了交通规则，现根据法律已经被遣送回国。

通过这个事例，我们可以看出，在没有真实情况被发布的情况下，舆论也常常是迷茫的，盲目的报道会颠倒黑白，甚至严重伤害报道对象。对于社会生活中事件的报道，我们应当做到在深度调查新闻事实的基础上报道新闻事件中最真实的一面，通过对于事实的报道将社会舆论引导到正确的方向上来。

4. 有度原则

对于社会中事件的报道，我们还应遵循有度原则，否则容易产生意外的“副产品”，也就是说，过度的报道除了会让受众麻木，还会让受众产生逆反心理，同时制造出不好的舆论观点。

比如，一些媒体在报道贪污受贿案件的时候，过度报道了犯罪嫌疑人的种种劣迹，却忽视了这些报道对于舆论的负面影响。更多地报道检察人员的工作才能更好地体现法律的严肃性。

再比如，对于一些灾难性事件的报道，我们也应当注意有度原则，过多的报道不仅会让受众感觉麻木，也会在多次重复灾难事件的同时对受害人家属造成伤害。过度使用煽情的词汇会加重家属们的伤痛情绪。这样做也违背了新闻工作伦理，是十分不可取的。

所以在报道时，我们应当综合考虑各方面的因素，遵循在报道新闻事件时应注意的度的原则，通过比较适合的篇幅和言语来报道新闻事件。

（作者单位：中国国际广播电台捷克语部）

浅论广播孔子课堂的特点和优势

步万祺

随着中国经济的迅速发展和综合国力的日益增强，中国在世界舞台上发挥着日益重要的作用。外部世界纷纷将目光聚焦于中华大地，开始对这个古老而又现代的国家及其深厚的人文底蕴产生浓厚的兴趣，并掀起一股学习汉语的热潮。

在这样的时代背景下，以教授汉语和传播中华文化为宗旨的孔子学院应势而生，孔子学院对传播优秀中华文化起到了积极的作用，起到了让世界了解中国、文化交流的作用。这其中，在国家汉办（全称为国家汉语国际推广领导小组办公室）的支持下，国际台在海外建立的广播孔子课堂充分发挥国际台品牌优势、语言优势、听众优势和驻在国人脉优势，在推动汉语教学和中外文化交流合作方面发挥了积极作用。

一、广播孔子课堂建设的历史与现状

（1）广播孔子学院的建立。2007 年 12 月 6 日，经国家汉办授权，广播孔子学院在国际台成立，时任国务委员、孔子学院总部理事会主席陈至立出席成立仪式并为广播孔子学院揭牌。2008 年 8 月，广电总局正式批复国际台设置汉语推广部门建制。广播孔子学院的建立，开创了国际台汉语国际推广的新局面。

（2）广播孔子课堂的建立与发展。2008 年 9 月至 11 月，国家汉办批复国际台关于建立巴基斯坦、斯里兰卡、孟加拉、突尼斯、意大利、蒙古、尼泊尔等广播孔子课堂的请示，广播孔子课堂建设由此正式拉开帷幕。截至 2014 年年底，国际台已在肯尼亚、孟加拉、巴基斯坦、意大利等国建立起 13 家广播孔子课堂，共有注册学员两万多人，尤其近几年注册学员大幅增加。

（3）广播孔子课堂业务建设不断推进。自建立以来，广播孔子课堂依托国际台多语种、多媒体优势，秉持“用母语教汉语”的理念，相继开发了《每日汉语》、《实景汉语》等深受学员喜爱的多语种教材，搭建了无线广播、网络传播、互联网电视、IPTV 等多媒体、多终端汉语教学平台，推出和承办了《你好，中国》等重要文化推广项目。

在广播孔子课堂的业务建设中，除传统的汉语教学外，教学内容和形式日益丰富是突出的亮点之一。例如，分别向巴基斯坦和肯尼亚等孔子课堂派出由河北邯郸学院推选的太极拳教师。太极拳教师赴任后，积极开展太极拳教学和太极文化的宣传推广活动，并由此形成了一批“中国文化迷的朋友圈”，受到所在国民众的热烈欢迎。肯尼亚内罗毕广播孔子课堂开设的课程中加入了中国太极拳课和书法课，学习太极拳的学员多达百余人。此外，课堂还积极发挥外派汉语教师的才艺特长，在学校组建了舞蹈队和合唱团，学习中国舞蹈和歌曲。中国文化课程和兴趣班的开设不仅活跃了教学气氛，还大大增强了课堂的影响力和凝聚力。

在做好日常汉语教学工作的基础上，广播孔子课堂还积极组织形式多样的中国文化推广活动，包括“中国电影周”、图片展、摄影展和画展，在海外课堂兴建茶艺教室等，取得了良好的外宣效果。

(4) 广播孔子课堂的建设得到了各方积极评价。2012 年 10 月，到孟加拉国访问的时任中共中央政治局常委李长春同志对国际台孟加拉广播孔子课堂的建设和管理工作给予赞赏。国家新闻出版广电总局局长蔡赴朝也给予了充分肯定。

2012 年至 2013 年，国家汉办主任许琳在视察国际台部分广播孔子课堂后分别称赞孟加拉国、斯里兰卡和意大利广播孔子课堂为“全世界办得最好的孔子课堂”、“最优秀的孔子课堂”以及“联通中国和欧洲的‘欧洲之星’特快列车”。2014 年 7 月，国家新闻出版广电总局副局长聂辰席在视察肯尼亚内罗毕广播孔子课堂时对课堂工作给予高度评价，他连用三个“好”表达了对课堂工作的肯定：认为同学们演得好，不论是武术还是中国歌舞表演，都有模有样，体现了同学们的聪明才智和学习汉语及中国文化的实际成效；老师们教得好，国内派来的中方负责人和优秀教师用自己的知识和心血，为传播中国文化做出了突出贡献；中肯合作双方配合得好，孔子课堂中方院长和肯方合作学校领导积极协调，密切配合，为汉语教学工作搭建了良好平台。他勉励课堂师生将内罗毕广播孔子课堂办得越来越好，培养更多的肯尼亚优秀汉语人才，为进一步促进中、肯两国人民友谊做出更大贡献。

尼泊尔驻华大使马斯基先生在参加广播孔子学院纪念大会时表示：“我非常高兴，我知道广播孔子课堂在全世界都很有名。广播孔子课堂通过传播文化和教授汉语，搭建起中国和全世界交流的平台，取得了巨大的进步和成功。”

二、广播孔子课堂的特点与优势

广播孔子课堂成立 7 年多来，在办课堂与办媒体相结合、课堂教学与参与节目制作相结合、培养人和使用人相结合、文化传播与媒体推介相结合这“四个结合”思想的指导下，走出了一条独具特色的汉语国际推广之路，13 家孔子课堂良性、健康发展。简要分析，广播孔子课堂具有以下特点和优势：

(1) 充分发挥媒体资源和优势，整合全台资源，前、后方合作开展汉语推广工作，打造品牌广播孔子课堂。

各广播孔子课堂结合自身特色，充分依托国际台媒体优势开展工作，打造出一批在所在国颇具影响力的广播孔子课堂。例如，国际台意大利广播孔子课堂作为唯一一家在意大利外交部大楼办公的外国机构，凭借其媒体特色独树一帜。2014 年 4 月至 5 月，该课堂分别协办和承办了“汉语桥”世界大学生和中学生中文比赛意大利赛区预选赛。国际在线意大利文网站连续 5 年成为这两项赛事的唯一媒体支持单位，在网站上专门设立“汉语桥”比赛意大利赛区投票官网。两项赛事的网络投票总数创历史新高，突破了 300 万次，总投票人次超过 100 万。意大利人由此认识并喜欢上“汉语桥”比赛。此外，国际台还邀请当地主流媒体对活动进行报道。

(2) 注重文化推广，广播孔子课堂备受关注和好评。

秉承“文化传播与媒体推介相结合”的指导思想，广播孔子课堂在教授中文的同时以传播中国文化为主要目的，取得了良好的外宣效果。在各广播孔子课堂组织的文化推广活动中，比较有影响力的包括：俄罗斯广播孔子课堂举办的全俄茶艺技能比赛、孟加拉国广播孔子课堂举办的“中国经典电影展”、斯里兰卡广播孔子课堂举办的“红红火火过中国年”活动、意大利广播孔子课堂举办的“中国文化节”等。

广播孔子课堂逐步得到有关各界特别是所在国使领馆的认可。据统计，2014 年以来，中国驻斯里兰卡大使吴江浩、驻肯尼亚大使刘显法、驻叶卡捷琳堡教育领事李炳国、驻突尼斯使馆文化参赞沈中文等多位使馆领导到相关广播孔子课堂视察过工作，对课堂工作表示满意。各国政要 20 余人出席过广播孔子课堂组织的活动。

(3) 国际台主战场在海外，广播孔子课堂与海外总站、节目制作室以及记者站等海外机构密切合作，取得了事半功倍的传播效果。

以肯尼亚广播孔子课堂为例，该课堂与国际台非洲地区总站、节目制作室和记者站充分合作。在当地落地调频节目中，无论是英文、斯瓦希里语或是中文普通话节目，都有汉语教学节目，包括国际台制作的《每日汉语》、《实景汉语》等，这些都成为广播孔子课堂学员重要的教辅材料。同时，非洲地区总站和节目制作室还时常邀请优秀学员作客录音间参与节目；并借助广播节目组织知识问答，受到学员欢迎，极大地提升了他们学习中文的兴趣。

在广播孔子课堂举办大型活动或决策重大事宜时，国际台多家海外机构也会密切配合、积极参与，保证了课堂良性、高效地运作和发展，在提升课堂影响力和知名度的同时，也增强了国际台的品牌凝聚力。

(4) 积极推进多语种汉推教材和项目开发工作，为广播孔子课堂提供优质教辅材料。

国际台广播孔子课堂利用广播、网络、新媒体等传播手段，开发多语种声像、多媒体汉推教材。继完成 38 语种《每日汉语》多媒体网络课件及有声化教材之后，自主研发、推出了一批多样化的多语种汉推教材或读物，包括分别使用英语和意大利语制作的大型多媒体汉语教学视频系列节目《实景汉语》和《中意》双语杂志等。这些项目受到了所在国各界的普遍认可。

同时，国际台指导海外广播孔子课堂开发出一批有针对性、实效性强的本土化教材，包括蒙古国广播孔子课堂和斯里兰卡广播孔子课堂牵头编撰的《蒙汉小词典》、《中国导游手册》。意大利及芬兰广播孔子课堂则分别制作出上百期汉语教学广播节目，借助当地调频广播定期播出，拥有大量忠实听众。

《你好，中国》则是国际台广播孔子课堂精心策划、开发的一项大型多媒体文化推广项目。它选取 100 个最能代表中国文化精髓的词语，制作出 100 集电视片、图书等多媒体产品。到目前为止，已完成 10 多个语种图书的出版发行和 30 多个语种视频片的译制工作，在多个国家主流媒体播出，受到广泛欢迎。《你好，中国》先后获得第四届中华优秀出版物奖音像出版物奖和第三届中国出版政府奖音像制品奖提名奖。

三、推进广播孔子课堂发展的几点建议

广播孔子课堂应加强与国家汉办的合作，争取更大的政策及财政支持。在汉语教学中，应更加突出特色，充分整合资源，形成合力才能更加凸显特点与优势。教育学是一门复杂的学科，单纯的教授汉语是一种比较传统的方法，其过程漫长、单调、枯燥，而国际台可进一步利用语言、多媒体优势，利用广播、在线、教师输出、自编教材等一系列方法，开拓海外汉语市场。其方法应坚持突出国际台的特点，应进一步体现多媒体优势。

（1）进一步加强与国际台海外机构合作，形成合力。国际台主战场在海外，近年来，在积极推进节目本土化、机构本土化建设过程中，国际台已形成了海外整频率落地电台、海外地区总站、驻外记者站、海外节目制作室业务发展新模式。在此新形势下，广播孔子课堂应加强与国际台海外机构的合作，同时也可和当地学校合作办学。只有形成合力才能进一步开发海外汉语市场；应进一步发挥海外调频台、无线和网络新媒体的全球传播和覆盖优势，搭建全球拥有语种最多的汉语教学多媒体平台和学习语境，并投入更多的人力及物力资源开发内容丰富的汉语教学文化产品，为国家汉办开发非通用语种考试体系。

（2）我们应聘请相关的教育学专家为我们出谋划策，使汉语国际推广工作迈上一个新台阶。与此同时，应继续努力，使汉语教学多样化，要不断举办多种多样的汉语活动，如举办广播孔子课堂夏/冬令营活动，通过对中国文化近距离的接触，强化其自身对于中国语言及文化的认知，更准确地感受和了解一个真实的中国。传统汉语教学比较单调，上述的活动使教学多样化，更具吸引力。

（3）我们应进一步认识孔子课堂的发展现状。现在孔子课堂正像雨后春笋般遍及世界各地，为世界人民提供了一个了解中国的平台。但目前来看，大多数孔子课堂的活动仅停留在教授汉语的初级阶段，并且，师资匮乏和教材滞后也是孔子学院发展过程中的两大瓶颈，在孔子课堂迅速发展的过程中，师资和教材明显无法跟上孔子课堂的发展速度。对于正在成长的孔子课堂来讲，提高教学质量，用优质教学来吸引学生已成了当务之急，也是孔子课堂可持续发展的保障。笔者认为，此时也是国际台利用自身的语言和多媒体优势，扩大国际影响的大好时机。国际台应进一步发挥自身的媒体优势为全球孔子课堂和全球汉语学习爱好者提供更优质的服务，更好地推广中华文化；应在政策、师资培训、汉语水平考试资格认证等方面加强与国家汉办的合作。

总之，广播孔子课堂虽然还只有 13 家，仅占我国海外孔子课堂很少的一部分，但实践证明，利用语言和多媒体优势可取得事半功倍的效果，同时也可提升广播孔子课堂的知名度。只有不断引进“创新引擎”，充分利用国际台本身的优势资源，才能够不断提升国际台孔子课堂的国际影响力。

（作者单位：中国国际广播电台国际合作交流中心）

浅谈中希交流历史、现状及未来展望

霍　伟

中国是典型的大河文明的古老国度，而希腊则是海洋文明的国家。在漫长的岁月中，中、希两国交集并不很多。自1972年中、希两国建立外交关系以来，中希交流虽然在各个领域都取得长足发展，但仍远远逊色于其他双边关系。本文旨在呈现中希交流的历史与现状，并结合笔者的工作经历谈几点建议，力图对未来推进两国各领域交流合作有所裨益。

一、尊重、友好是中希交流历史的传统基调

中国和希腊的交往，一直遵循着相互尊重和十分友好的传统。公元前5世纪，希腊历史学家克特西亚斯首次提到丝国、丝国人，这个概念是我国战国至东汉时期古希腊学者对与丝绸相关的国家和民族的称呼，一般认为指当时中国或中国周边地区。由此可见，从那时起古希腊人就开始对中国有所耳闻。

中国著作对希腊的首次描述出自《后汉书》，东汉时期，班超的部下甘英出使大秦（古代中国对罗马帝国及近东地区的称呼）。甘英经过条支（西亚古国名，在今伊拉克境内底格里斯河和幼发拉底河之间）沿海时，一安息船民向甘英表示："海水广大，往来者逢善风，三月乃得度。若遇迟风，亦有二岁者，故入海者皆赍三岁粮。海中善使人思土恋慕，数有死亡者。"[①]甘英听见后，决定原路返回。清华大学历史系教授张绪山的研究认为，安息船民所述之"海中善使人思土恋慕，数有死亡者"很可能来自希腊神话中塞壬的故事。[②]至唐朝时，两者之间仍有交往。据《旧唐书》记载，公元643年（贞观十七年），时任拜占庭皇帝君士坦斯二世遣使来唐，送来赤玻璃、绿金精，而唐朝则赐予拜占庭绫绮。[③]至公元711年（景云二年）和公元742年（天宝元年）仍有拜占庭帝国与唐朝交往的记录。[④]

1972年6月5日，中华人民共和国与当时的希腊王国（1974年改为共和国）建立大使级外交关系，双方于当日在阿尔巴尼亚首都地拉那签署《关于建立外交关系的联合公报》。自建交以来，两国关系稳步发展、日益增强，并在联合国及其他国际组织合作密切。[⑤]1979年，时任总理康斯坦丁·卡拉曼利斯访华，成为首位访华的希腊政府首脑。2006年1月，中华人民共和国和希腊建立全面战略伙伴关系。自2007年来，两国高层交往频繁。2008年，时任中华人民共和国主席胡锦涛访问希腊，成为首位访问希腊的中国国家元首。2008年，时任希腊总统卡罗洛斯·帕普利亚斯访华，成为首位访华的希腊国家元首。2010年，时任国务院总理温家宝访问希腊，成为首位访问希腊的中国政府首脑。

二、深化全面战略伙伴关系——当前中希交流进入新阶段

2013年以来，中希全面战略伙伴关系持续发展，各领域友好合作不断扩大。2014年2月，国家主席习近平在出席索契冬奥会活动期间会见帕普利亚斯总统。6月，李克强总理对希腊进行正式访问，双方共同发表《关于深化全面战略伙伴关系的联合声明》。同年7月，习近平主席过境访问希腊罗德岛，希腊总统和总理均亲赴会见。

两国政府间频繁的互动促进和发展了两国的友好关系，增进了两国人民的相互理解和共识，达到了推动中希合作再上新台阶的目的，更推动了中希文明的交流互鉴。

近年来中希友好交流与合作的事例很多，比较突出的就是利比亚撤侨行动，以及希腊陷入债务危机时中国的支持。2011年2月，利比亚国内政局持续混乱，内战不可避免。2月下旬至3月初，中国从利比亚大撤侨，总人数达35000余人，这是中国政府最大规模的有组织撤离海外中国公民的行动。在这次大规模撤侨过程中，希腊起到了至关重要的作用。之所以选择希腊和马耳他，不仅因为这两个国家与利比亚距离较近，而且因为它们是欧盟各国中与中国关系相当亲近的友邦。尤其是希腊，曾于1997年、2006年两次出动军舰协助中国从阿尔巴尼亚和黎巴嫩撤离人员。[⑥]时任中国国务院总理温家宝和副总理张德江也于2010年希腊债务危机最严峻的时刻访问雅典，为艰难时刻的希腊人民提供了宝贵支持。[⑦]

语言文化交流是两国交流合作的重要方面。近年来，随着中国经济的日益强大，古老而神秘的东方文化如磁石般吸引着越来越多的希腊民众，希腊学习汉语的热潮正在不断升温。2009年10月，雅典经济大学与中国对外经济贸易大学合作创办的雅典商务孔子学院在雅典举行了揭牌仪式，这是希腊第一家孔子学院，学院的开设拉近了中、希两国人民之间的距离，为两国人民提供了交流观点和知识的平台，也为希腊人民提供了了解中国这个当前最有活力经济体的机会。希腊语属于印欧语系希腊语族，为希腊和塞浦路斯的官方语言，也是欧盟官方语言之一，目前约有1500万人使用希腊语。目前中国国内开设希腊语课程的院校包括上海外国语大学和北京外国语大学。

此外，中远投资比雷埃夫斯港口项目无疑是中、希两国经贸交流中最重大的项目。项目启动以来，该港口的装卸量从2010年的68.5万标准箱增至2014年的298.7万标准箱，而且给当地带来大量就业，改善了港口的基础设施，提高了港口的生产效率，工人的工作环境、待遇等都有大幅提高。

三、关于进一步加强中希交流合作的思考

（一）进一步重视中希交流合作

首先，从历史上看，推进中希关系有利于推进两种文明的交流互鉴。中、希两国都拥有悠久的历史。古希腊人在戏剧、雕塑、建筑、哲学等诸多人文领域有很深的造诣，古希腊文明对罗马帝国有过很重大的影响，罗马帝国将古希腊文明吸收并发展传播到地中海地

区和欧洲其他地区，因此一般认为古希腊文明是现代西方文明的基础。古老的中华文化，忠、孝、礼、义、廉、信、勇则深深影响着东亚及东南亚地区，形成了广阔的儒家文化圈。可以说中国和希腊两国在漫长的历史长河中分别影响着东、西方的世界。推进中希关系，有利于推进东、西方两大文明之间的交流互鉴。

其次，推进中希关系是实现“一带一路”构想的重要一环。2013 年 9 月，习近平主席在访问哈萨克斯坦时提出构建“丝绸之路经济带”的构想，同年 10 月，习近平主席在出席 APEC 领导人非正式会议期间提出建设“21 世纪海上丝绸之路”的倡议。根据构想，其中的一条线路经过希腊首都雅典，这里具体指位于雅典西南部的比雷埃夫斯港。2014 年年底，李克强总理在出席第三次中国—中东欧领导人会晤上，宣布将与中东欧国家共建中欧陆海快线。由于希腊地处巴尔干半岛南端，得益于其地理优势，中东欧铁路快线势必将与比雷埃夫斯港联结，可以使中国货物等更加快速地抵达欧洲腹地，这将为中国对欧出口和欧洲商品进入中国开辟新的便捷航线，且航程缩短 10 天左右，成本也会大幅降低。

再次，推进中希关系有利于推进中欧关系。希腊地处欧洲南部，无论从政治还是从经济等角度衡量，希腊都是小国，但就像中国前驻希腊大使杜起文介绍的一样，希腊可以说是欧盟内对中国最友好的国家之一，因此其欧盟及欧元区成员国的身份，在中欧交流中，可以起到非常独特的作用。希腊是欧盟内与中国关系最为良好的国家之一，在未来的交往中，中希关系可以被视为中欧关系的重要支点。

（二）互相尊重，进一步推进中希经贸交流合作

首先，彼此尊重是合作推进和长久发展的基石。中国企业在希腊市场开拓经营的时候，应更加尊重当地的实际情况，如市场风格、劳动力状况，我们的企业经营不仅需要在经济层面取得回报，同时也需要将自己的（中国）企业风格和价值讲给当地的民众听，避免给对方造成大国沙文主义、霸权主义的印象。精神层面平等的交流，对于长久地扎根对象国市场是非常重要的。而希腊方面也应信守承诺，加强沟通与合作，使两国之间既有的双边协议得到遵守和执行。

其次，进一步借助经济软实力“走出去”。虽然国与国的交流主要是人流、物流、资金流等方面，但我们的企业在对希腊投资过程中更需要注重品牌的塑造。我们需要借助包括管理方式、经营理念这些软实力，帮助中国企业在“走出去”过程中走得更扎实，更稳健。

再次，进一步推进旅游产业合作交流。众所周知希腊是旅游胜地，阳光、海水和石头被誉为希腊的三大瑰宝，再加上诸如“西方文明的摇篮”、“神话的国度”和“奥运会的发祥地”等名号，希腊成为近年来中国游客心驰神往的旅游胜地。希腊丰富的历史文化、多样的自然风光是有待开发与推广的。双方在旅行线路的开发上应加强合作，希腊旅游部应为中国游客提供翻译、讲解方面的便利，中国旅行社方面应在全方位的旅游线路开发上提供更多选择。

（三）推进文化交流，进一步夯实两国友好交往之魂

首先，加强语言方面的交流与合作。语言是人类沟通交流的桥梁，不同民族、不同种族的人类出于爱好，学习着对方的语言，很自然就会促进相互的理解和信任，消除误解和

分歧，甚至可以化解矛盾和纠纷。加强中、希两国交往中精通汉语、希腊语双语人才的培养对促进中、希两国交流合作的发展有至关重要的作用。

其次，以影视译制为切入点，推进中国文化“走出去”。中国国际广播电台国家多语种影视译制基地承担着国家影视剧“走出去”的战略任务，多部国产优秀影视剧如《北京爱情故事》、《媳妇的美好时代》等在非洲、亚洲等多个国家实现了播出。根据笔者对希腊电视节目的观察统计，希腊荧屏更多播放的是美剧、土耳其剧等。鉴于中希人民在性格上的相似性，可以尝试将中国电视剧译制成希腊语，寻求在希腊电视台播出的可能性，推动中国影视产业更好地“走出去”。

再次，加强双方媒体间的交流与合作。中国的新闻机构尤其是国际台的希腊语平台要加强报道力度，同时与希腊主流媒体合作，向希腊介绍中国，向中国介绍希腊，报道彼此间的交流合作，报道彼此的重大关切点和受众兴趣点。目前，包括新华社、中央电视台在内的国家媒体均在希腊设有常驻记者，中国国际广播电台也已于 2011 年开设 24 小时落地调频，电台以中国话题、中国元素为亮点，性格鲜明、风格轻快、话题多样，在希腊广播市场形成独特的风景。但我们的落地电台在当地播出时，需要更好地了解并尊重当地受众的喜好，要避免陷入自说自话的怪圈。

最后，进一步借鉴希腊在平衡遗产保护和经济发展之间的做法。希腊是西方文明的源头，在其 13 万多平方公里的土地上有众多的名胜古迹，其中 17 处被联合国教科文组织列入世界遗产名录。在遗产保护和经济发展两者之间保持平衡，是希腊人的目标，而他们的努力也得到了外界认可。今天人们在雅典乘坐地铁时，在许多站点都能看到玻璃橱窗保护的公元前 4—5 世纪的文物古迹。目前中国正处在大规模的城市化过程中，传统与现代无时无刻不在相互冲击着，希腊在平衡文物保护和城市快速发展建设过程中的做法和思路是非常值得中国借鉴学习的。

（四）进一步整合发挥经贸合作组织的作用

目前，中国和希腊之间各种协会组织多达 20 多家，名称也非常多，包括希腊华人华侨联合总会、希腊华人旅游业联合会、希腊华侨华人总商会、希腊中国和平统一促进会、希中商会、希腊友谊之门协会、希腊友谊网等。中、希两国交流本身体量就很小，林林总总的组织将导致结构分散、力量不足的状况发生，众多的协会组织需要统一整合，走专业化、集成化的方向，这样才能将交流平台做大做强，更好地促进两国各领域交流。

国之交在于民相亲，民相亲在于心相通。性格灵魂上的相似点，为中、希两国交流提供了无可比拟的便利性。作为一名新闻从业人员，尤其是重点面向希腊受众的新闻广电人，深深期待中、希两国能够在各个领域上进一步合作，这需要我们的共同努力，而对于新闻从业人员来说，我们需要做的就是用自己的话筒和镜头，架设起媒体沟通的桥梁，展示两国丰富多彩的世界。

（作者单位：中国国际广播电台希腊语部）

注释：

① 范晔：《后汉书》卷88《安息列传》，中华书局，1965年。
② 张绪山：《甘英西使大秦获闻希腊神话传说考》，《史学月刊》，2003年第12期。
③ 张绪山：《唐代拜占庭帝国遣使中国考略》，《世界历史》，2010年第1期。
④ 张绪山：《唐代拜占庭帝国遣使中国考略》，《世界历史》，2010年第1期。
⑤《中国同希腊的关系》，中华人民共和国外交部，2014年8月。
⑥ 何建：《中国有史以来最大的海外撤侨行动纪实》，《法制晚报》，2012年10月。
⑦ 何建明：《国家——2011中国外交史上的空前行动》，作家出版社，2012年。

试论图书成本核算的方式

韩祖浩

图书成本是指图书在出版过程中所涉及的各种费用的总和，具体包括纸张、装帧材料、制版费、印刷费、装订费、稿费、管理费及发行费等多方面。从本质上讲，它同其他产品或商品的成本相同，是该产品或商品取得收益所支付的全部支出。

从传统意义上来讲，图书成本核算包括编纂、设计、校准及排版、印制、装帧等生产流程产生的所有直接或间接支出。笔者经过长期的一线调研认为，现代意义上的图书成本核算应该是集研发、出版和营销为一体的图书成本核算。在核算图书成本时要客观、精确而完整地反映出图书的所有支出。图书成本的范畴是时时变化的，它会伴随出版经济的发展变化而变化，不断对结构进行调整，对内容进行丰富。下面，笔者将分析图书成本的构成，并引入单品种核算的概念论述如何进行图书成本核算。

一、图书成本的构成

1. 图书策划成本

在出版领域，图书策划，尤其是选题策划工作所占地位日渐突出，发挥的作用也越来越大。由于图书商业市场竞争日渐激烈，该部分成本所占比例大幅上升。图书选题策划是否成功直接关系着该图书未来能否取得较好的经济和社会效益。

图书策划工作包括市场调查研究、方案论证以及为方案选择而举行的各种活动，比如选题会、专家座谈会等。它是生产流程之前发生的调研、开发活动。可以说，图书策划成本在图书成本中所占比重将越来越大，它将大幅度超出纯粹的制造成本。

2. 图书营销成本

图书作为一种有着市场预期的商品，必然产生营销成本。图书营销成本是指为图书举行宣传营销活动而付出的成本。为推广、宣传某种图书而举行的营销活动包括多种形式，如参加展会、举办新书发布会或签名售书、在网站上进行宣传等。出版社的营销推广活动已经从简单的出书、发行转变为以现代管理为基础，突出营销的现代出版活动。相应地对图书成本核算也就提出了新的标准和要求。

值得一提的是，图书营销和研发是紧密相连的。在图书方案选择阶段，早期的宣传、推介活动已经启动。并且，随着市场竞争的激烈程度日益提高，图书营销的竞争也在不断增强，图书营销花费的成本逐渐提高。对出版社看好或力推的某些重点图书来说，其营销成本已大幅度超出出版成本。因此，对图书成本核算而言，必须客观、精确、完整地反映图书成本结构中营销部分的内容。

3. 图书出版成本

通常来讲，一本书出版发行的相关费用可以分为：印刷前设计、出版、印刷。又具体分为：录排（含出片）、封面设计（含出片）；书号费（管理费）、编审费；封面印刷（含纸张、印刷、覆膜、后期）、内文纸张、内文印刷、装订等。

至于个人出书，情况比较复杂，根据经验，个人首次出书一般很难盈利，但一本书是否盈利决定因素很多，如选题、内容、包装、营销、渠道开拓等，这些都取决于具体如何操作。

二、如何进行图书成本核算

1. 单品种核算的概念

目前大多数出版社都实行粗放式经营，除了生产成本采用单品种核算外，其他内容在财务处理中都力求简单化。要进行单品种核算，对于出版社的首要要求就是细化管理。进行单品种核算后，对于一本图书以及某个批次，从完整的生产流程和财务处理流程分析，图书数据齐备，条理清晰，其生产成本、摊销费用、库存、在途、已售、销售成本、已实现利润、有无亏损、资金占用情况等，都可以清楚地表现在账务中。在这样的账务核算数据基础上，编辑个人及部门的核算、考核也就有了翔实、准确的方法。

单品种核算的另一个重要意义是在某种程度上能规范出版社的管理。在未实现单品种核算时，主要是通过生产流程图或相似的方式管理某个图书的生产过程，管理者很清楚地了解该图书目前处于什么阶段。与此同时，在财务账面上，只是体现了对该图书实际结算的相关成本费用。通过实施单品种核算，出版社进一步增强了对于图书生产的控制。实施单品种核算之后，能够查询到单品种的盈利能力和单品种的盈利贡献率，而且是大量翔实、准确的数据。因此，单品种核算对于图书生产控制的贡献也是无法估量的。

2. 单品种核算的方法

要进行完整的图书单品种核算，就需要将每本书的生产成本、应计生产成本、库存商品（产成品、在途等）、销售成本以及其他信息核算到单书。当销售成本实行按成本单书核算时，“应计生产成本”就成为一个必不可少的科目。

单品种核算的前提，是将图书成本的财务完工结转的时间点提前，从以前由成本核算会计挑选成本费用齐备的卡片，提前至销售发生或图书入库时。这样处理不仅便于软件系统识别，同时对库存也能实现单品种核算，结转时间点应该放在图书首次入库的当期，而此时图书的成本费用大都没有齐备，因此我们相应引入“应计生产成本”科目来解决此问题。生产成本的归集，应按照权责发生制原则，以合同、付印单、工价协议、材料市场价、稿酬合同等为依据，计算应计入生产成本但尚未发生支付或尚未取得结算发票的款项，这就是进行应计生产成本的核算。

首先，为了准确核算应计生产成本，应计生产成本科目应与生产成本科目对应设置，即生产成本有什么子科目，应计生产成本也应该有和生产成本相对应的子科目，同时应建立应计生产成本的图书核算卡片。

其次，确定应计生产成本金额的提取方法。由于应计生产成本金额是实际尚未发生支付或尚未取得结算发票的款项，在财务部门需要应计时，上述业务结算单据主要分布在各业务部门，收集费时费事，而且投入人力大，协作能力要求强，如果没有软件系统支撑的话，收集难度相当大。出版社一般采取按比率估算的方法确定。第一种方法是计算往年成本费用各项占总码洋的比率，这种方法误差大，即：

实洋（应收款）＝图书定价×册数×发行折扣

（图书出版三个最基本的概念：发行码洋＝图书定价×册数　　发行折扣：图书定价的百分比，如75折〈图书定价×75％〉；55折〈图书定价×55％〉）

第二种方法是，按本单位各类图书计算往年各类图书成本费用各项占总码洋的比率，这种方法误差相对较小。

上述两种方法都以比率计提应计生产成本，类似以前计算成本率的方法，必然存在误差，从而失去计提应计生产成本的意义。

第三，应计生产成本计提的原则。在实际情况中，在出版物入库后，稿酬发放标准、材料耗费等成本基本已经确定，唯独印刷、装帧等费用因实际状况，无法确定金额，因此，我们建议仅对印刷、装帧等金额不能确定的项目提取应计生产成本，其他项目纳入应付账款或其他应付账款。同时，在其中各项成本费用计算提取时，除稿酬、劳务费应含税外，其他材料费、印刷费、装帧费等应去税计算提取。

最后，需要对应计生产成本进行调整。无论采用哪种计算提取方法，在目前出版行业的现状下，最后都有出现余额的情况，这个余额即计算提取时产生的误差，贷方余额为多提，借方余额为少提（因为计提应计生产成本是：借指生产成本，贷指应计生产成本；而以后再发生成本是：借指应计生产成本，贷指银行存款或现金等支付科目）。余额必然需要调整，调整涉及一个周期的问题，一般应以出版社的结算周期为准（三个月、半年或一年）。调整的方法是，重新计算单册成本，并以库存商品数量余额（出版社存、印厂库存、委托代销）调整库存商品账面数，其他计入当前损益（主营业务成本）。

3. 单品种核算的优势

综上所述，在进行单品种核算时采用应计生产成本科目，可以给出版社带来三大好处：

（1）使图书单品种核算从库存到销售，以至销售成本，。都得以实现；

（2）使原来在账面上没有反映的应付款项得以充分体现；

（3）可以减少原来图书结转后又有款项发生而无法入账的情况。

单品种核算是目前出版行业信息化建设的必由之路，也是出版社管理上一个新台阶的必由之路。

结合图书成本核算工作的实际不难看出，如果把分摊到每本书的费用都归集到该本书的成本中，可以最大限度地减少公共费用和均摊费用，这样才能形成以成本核算为激励的有效机制，引导包括策划、编辑到营销等各领域的工作人员努力降低自己所负责领域的成本，达到最大可能提高效益的目的。

我国的出版社正致力于从事业型向企业型转变、从计划型向市场型转变的重要变革时期，以编辑加工为出发点，逐渐实现向研究开发、生产营销的现代企业转变。为适应现代化企业的要求，出版社的财务管理相应地必须从理念、内容、形式等方面进行调整。财务管理的辐射范围越来越大，图书成本核算所涉及的领域越来越多，这是符合出版改革的大势的。图书成本核算内涵的变化从侧面反映了现代出版企业的转变，也体现了这种转变给出版社财务管理带来的新要求。做好成本核算，对于加强出版社管理、提高经济效益具有显著意义。

（作者单位：中国国际广播电台财务管理中心）

参考文献：

1.《什么是标准书号，一个标准书号能出多本书吗?》，《山东纺织经济》，2006 年第 4 期。

2. 金花：《谈谈出版企业管理信息化建设中的两个措施》，《出版发行研究》，2008 年第 9 期。

图书在版编目（CIP）数据

国际传播论文集. 第16辑 / 王明华主编. — 北京：中国国际广播出版社，2015.7

ISBN 978-7-5078-3802-2

Ⅰ. ①国… Ⅱ. ①王… Ⅲ.①传播学 — 文集 Ⅳ. ①G206-53

中国版本图书馆CIP数据核字（2015）第126955号

国际传播论文集（第十六辑）

主　　编	王明华
责任编辑	杜春梅　赵　晶
版式设计	国广设计室
责任校对	徐秀英
出版发行	中国国际广播出版社（83139469　83139489 [传真]）
社　　址	北京复兴门外大街 2 号（国家广电总局内） 邮编：100866
网　　址	www.chirp.com.cn
经　　销	新华书店
印　　刷	北京艺堂印刷有限公司
开　　本	710 × 1000　　1/16
字　　数	430千字
印　　张	29
版　　次	2015 年 7 月　北京第一版
印　　次	2015 年 7 月　第一次印刷
书　　号	ISBN 978-7-5078-3802-2/G · 1542
定　　价	78.00元

CRI 中国国际广播出版社　欢迎关注本社新浪官方微博　官方网站 www.chirp.cn